KU-485-115

colección textos/69

Con la colección TEXTOS, Editorial Planeta se ha propuesto ofrecer al público una serie de documentos que, por la personalidad de sus autores, por la importancia de su contenido, o por el impacto que su aparición causa en la opinión pública, son de lectura imprescindible para la cabal comprensión de los problemas socio-políticos de nuestro tiempo.

La colección TEXTOS se postula como complemento de la colección ESPEJO DE ESPAÑA, y como ella responde a una voluntad de testimonio abierto y objetivo.

El cambio político español y la Constitución

Antonio Hernández Gil

El cambio político español y la Constitución

NOTTINGHAM UNIVERSITY LIBRARY

Planeta

COLECCIÓN TEXTOS
Dirección: Rafael Borràs Betriu
Consejo de Redacción: María Teresa Arbó, Marcel Plans y Carlos Pujol

© Antonio Hernández Gil, 1982
Editorial Planeta, S. A., Córcega, 273-277, Barcelona-8 (España)
Diseño colección y cubierta de Hans Romberg (foto Europa Press y reali-
    zación de Jordi Royo)
Primera edición: enero de 1982
Depósito legal: B. 42039 - 1981
ISBN 84-320-0639-4
Printed in Spain - Impreso en España
Talleres Gráficos «Duplex, S. A.», Ciudad de la Asunción, 26-D, Barcelona-30

1000608351

Índice

Prólogo

Escribo estas líneas después de terminado el libro. A lo largo de él he aludido a mis propósitos, por lo que ya he deslizado ideas y observaciones más propias quizá del prólogo. No obstante, asumiendo el riesgo de incurrir en alguna reiteración, en aras de la claridad y con la excusa de que los libros, si se leen, no siempre se leen íntegramente, tal vez sea oportuno decir de entrada cómo ha sido concebido éste y cuáles son sus motivos, su orientación y su peculiaridad.

Don José Manuel Lara, que en las letras españolas es el prototipo del editor con imaginación e iniciativas, me visitó un día para sugerirme que escribiera las memorias correspondientes a mi etapa de Presidente de las Cortes. Por las razones que aduzco en otro lugar, agradecí la propuesta, aunque la decliné. Sin embargo, quedó en mi interior la preocupación de si, por otros cauces o en un ámbito literario distinto, sería oportuno ocuparme de lo que generalmente se llama la transición política española. Me hizo perseverar en la idea la circunstancia de que por entonces fui invitado por la Universidad Nacional Autónoma de México para participar en un Congreso sobre la Teoría general del Estado contemporáneo, y con tal motivo elaboré una ponencia sobre la tipología del cambio, en la que si bien no me adentraba en nuestro caso concreto, hice un ensayo de teorización general que me dejaba como a sus puertas. Me encontré, pues, con una experiencia intensamente vivida, con las reflexiones que había suscitado en mí y con la predisposición que siempre he sentido por la racionalización de los fenómenos de la convivencia social. Algunos días después volví a encontrarme con el señor Lara, y al decirle cuáles eran mis dudas e inquietudes, me animó a escribir y se ofreció a publicar lo que resultara, aunque no fueran, como no lo son, unas memorias.

He ahí las más inmediatas motivaciones de este libro. Como suele ocurrirme con frecuencia, no estoy del todo satisfecho con la labor realizada, en la que aprecio defectos y excesos, por más que representa el intento, seriamente asumido, de comprender y explicar. Aun cuando las páginas que siguen carecen, en conjunto, del intimismo personal y de la diacronía propia del discurso en forma de relato, no faltan algunos atisbos; pero, sobre todo, están presentes en ellas, incluso en lo que puedan tener de anecdótico, mis preocupaciones de jurista. La circunstancia histórica de la transición y la elaboración de la obra legislativa de mayor rango, como es un texto constitucional, actuaron de estímulos desencadenantes de la reflexión acerca no sólo de conceptos de pertinente empleo como los del poder constituyente, el cambio de sistema y en el sistema, la reforma constitucional y la revolución, sino también de cuestiones de más amplio espectro entre las que figuran: la conexión entre el derecho y la sociedad y su recíproco condicionamiento; las quiebras del formalismo estricto que reduce el derecho a una función puramente instrumental despreocupada de los valores y los fines, sin pensar en su inmanencia intrínseca, omitida también cuando desde perspectivas sociológicas se le considera como simple reflejo de la acción política; el atrayente problema de determinar su especifidad; la improcedencia de identificar el derecho con lo resuelto por los jueces, ya que si es relevante el momento de la aplicación técnica de las normas también lo es el de su formulación, e indiscutible su presencia en la vida diaria de las relaciones entre los hombres sin llegar hasta la sentencia; el tratamiento, como cometido jurídico y no sólo ideológico, de la transformación correctora de un orden dado para el logro de la homogenización social compatible con la individualidad de la persona; el significado de la coacción a la que no creo exclusivamente definitoria de las normas; la correspondencia entre el derecho y el lenguaje como productos culturales y estructuras de la comunicación, y tantas otras cuestiones, incluso epistemológicas, como me han salido al paso. Hay, por consiguiente, en el libro, junto a la singularidad del proceso de cambio protagonizado por los españoles, el replanteamiento, a propósito del mismo, de viejos y nuevos problemas políticos, jurídicos, filosóficos y científicos de carácter muy general. Por eso, pensando en el lector, temo que si busca los datos (y no digamos las anécdotas) le parecerán escasos y le sobrará carga doctrinaria, mientras si se inclina por la teoría, aparte de parecerle insuficiente, acaso le resulten innecesarias algunas concreciones. Pese a estos inconvenientes de los que me he dado cuenta durante la elaboración del trabajo, me atengo a lo hecho porque, sobre todo, no he querido y no habría podido prescindir del mundo de mis inquietudes intelectuales y sociales que están en el derecho y más allá de él. He preferido dejar así testimonio de lo personal antes que entregarme a otro tipo de intimismo (la revelación sorprendente, la denuncia, la propia justificación de lo que uno ha hecho) bastante utilizado en nuestro tiempo y de mejor mercado, pero para mí, con pleno respeto para otros criterios, menos atractivo. Al autor no le ha interesado tanto describir en términos históricos o autobiográficos todo lo que ha tenido ocasión de conocer cuanto convertirlo en pensamiento para someterlo a una comprensión racional y, en lo posible, teórica, lo que supone siempre cierta dosis de abstracción.

Con todo, estas páginas aportan algunos datos en versión de primera mano. Me tocó vivir muy de cerca la puesta en funcionamiento de las Cortes democráticas, para lo que fue preciso elaborar unos criterios normativos provisionalísimos o provisorios, conforme a los cuales se reunieron las Juntas Preparatorias, se constituyeron sucesivamente las Mesas de Edad y las Mesas Interinas de ambas Cámaras y se celebró la solemne sesión de apertura de las Cortes con asistencia de sus Majestades los Reyes. En el debate de la Constitución hay zonas diáfanas y otras apenas entrevistas. Entre estas últimas figuran los trabajos iniciales de la Ponencia Constitucional del Congreso, que asumió la nada fácil tarea de trazar la estructura de la norma fundamental. Es poco también lo que ha trascendido a la opinión pública la deliberación final de la Constitución en el seno de la Comisión Mixta Congreso-Senado, donde, sin llegar en ningún caso a la votación, se resolvieron las aproximadamente doscientas discrepancias existentes entre los textos de una y otra Cámara para llegar a un texto único que sería el definitivo. En la más completa oscuridad ha quedado, comprensiblemente, el estudio hecho por el Presidente de las Cortes sobre el primer texto del Anteproyecto de la Constitución, del que dispusieron e hicieron uso, que les agradezco, los miembros de la Ponencia en su ulterior labor. Este estudio, que se encuentra archivado en el Congreso de los Diputados y en el Senado, figura como anexo de la presente publicación. También me refiero al clima de las deliberaciones en la Comisión Mixta y, de modo particular, trato algunos de los puntos sobre los que hubo de pronunciarse. Día a día nos vamos separando de aquellos acontecimientos. Sin embargo, no pierden interés, porque en igual medida que se apartan de la actualidad, penetran, si lo merecen, en la historia.

Como jurista, creo haber dado suficientes pruebas desde hace años de no someterme a las limitaciones del positivismo formalista y aséptico. Siempre he ponderado la realidad y la impor-

tancia de los hechos sociales, así como el significado conformador de los valores y de los fines. Por eso me resisto a reducir al derecho al monopolio de la fuerza, para ver en él la aspiración y el esfuerzo de los hombres por una paz justa. En el desarrollo de la tesis del libro he sido fiel a mis ideas, de las que he creído encontrar algunas comprobaciones en el despertar democrático de España. La Constitución de 1978 es un documento prometedor porque se ha llegado a él por el trabajo y la comprensión desde ideologías discrepantes y porque contempla en el derecho, al mismo tiempo que la voluntad del pueblo, la esperanza ética de la libertad y de la razón.

I. Ensayo de una tipología comprensiva de las distintas manifestaciones del cambio

1. LAS PREGUNTAS SOBRE EL CAMBIO; CONCEPTO Y TIPOS

Este libro trata de ser un estudio del cambio político que se ha producido en España con el tránsito desde un régimen autocrático, que con el transcurso del tiempo se autodenominó democracia orgánica, a la democracia basada en el sufragio universal. Ante esta realidad, como ante cualquier otra de la misma clase, podemos adoptar diversas actitudes y hacer distintas preguntas. La más elemental de todas y posiblemente la menos comprometida sería ésta: ¿qué ha sucedido? La respuesta correspondiente, en primer término, habría de ser histórica y consistiría en la puntual descripción de los acontecimientos. Ahora bien, la historia de lo inmediato, sin profundizar en el pasado, está muy cerca de la sociología, que tiende a sobrepasar la estricta individualidad de los acontecimientos, como también se lo proponen los modernos criterios historiográficos. En definitiva, la respuesta sería, principalmente, histórico-sociológica; lo cual no quiere decir que la historia y la sociología se detengan en el estricto nivel de análisis consistente en un dar cuenta. Muy cerca del *qué* interrogativo aparece el *cómo* hermenéutico, dirigido fundamentalmente a la explicación de las cualidades y propiedades del objeto captado mediante la intelección y la comprensión del significado. Éste emana de la realidad; pero la significación no es la realidad por sí misma, sino lo que nos dice o le hacemos decir al ponerla en contacto con los cuadros conceptuales utilizados para representárnosla. El paso de la percepción a la representación es el paso de la individualidad del acontecimiento a su explicitación generalizadora. Un cambio en particular está constituido por aquello en que consiste en su facticidad y por la integración que hacemos de los hechos en lo que concebimos como cambio. La tercera pregunta posible la expresa el *por qué*. Los dominios de éste son amplísimos y complejos por cuanto remiten al gran tema de la causa y del causalismo, que hoy, en contraste con el estado de la ciencia un siglo atrás, se halla en crisis al menos en el sentido de que todo el determinismo no es necesariamente causalista, a la vez que la noción cuatripartita de la causa aristotélica, tan rigurosa, tiende a relativizarse en las funciones atribuidas a la condición, a las correlaciones y a las regularidades estadísticas.

La respuesta acerca del *cómo* y el *por qué* del cambio tiene una doble dimensión: la propiamente científica corresponde a ciertas parcelas sociológicas, como la sociología política y la sociología del derecho, así como también a la psicología social, a la ciencia jurídica y a la ciencia política. En la dimensión política del problema nos encontraríamos que el libre juego de la causa, sin preocupaciones científicas, daría lugar a múltiples enfoques y debates. El ideólogo, y más concretamente el político de profesión, sigue siendo un ferviente causalista y un audaz vaticinador. Éstos son dos de los grandes tópicos del discurso político, el más pobre de todos los discursos porque las ideas son —e incluso han de ser— pocas, aunque los hechos, las circunstancias y las intenciones con que se emitan sean muy variables. El político tiene siempre a la mano una explicación dependiente de factores que han provocado este o aquel desenlace. El presente es para él algo así como el tercer acto de una obra dramática. Si juzga el desenlace satisfactorio, el político se apropia de la causa; si no, la atribuye al contrario o a los imponderables. El causalismo enlaza con la profecía. En aquél, desde el presente, la mirada se dirige hacia atrás, ya para atribuirse los bienes, ya para liberarse de los males. En la profecía, el político actúa más libremente. Todo queda en el futuro. Éste es, sin duda, su tiempo por excelencia. Pero no todo consiste en mirar hacia adelante; es necesario el sentido de la anticipación. Si algo ya ha comenzado, el político llega tarde. El político hace la historia; no la escribe. Mas para que el hacer no consista en figurar en ella, es indispensable la imaginación creadora. El riesgo de equivocarse es preferible a la postración. La política es la negación de lo inerte en el sentido sartriano de la palabra.

De las diversas preguntas posibles acerca del cambio me sitúo preferentemente en el campo de la segunda: cómo ha sido el cambio. Sin embargo, en algún momento pasaré al campo de la tercera: el por qué. Aun con todas las correcciones que se han de introducir en una explicación de esta clase, la pregunta sobre la causa o sus subrogados resulta especialmente pertinente cuando algo deja de ser como fue, se transforma o cambia. Si llevo varios días escribiendo sobre una mesa blanca bien iluminada por una pantalla, puedo no experimentar ninguna tentación causalista; pero si un día me encuentro con que la mesa es verde y falta la iluminación, inmediatamente me preguntaré por la causa, por una causa no esencial sino circunstancial, exclusivamente referida a la mutación, que no afecta al ser de la mesa porque subsiste, ni al ser de la luz porque simplemente la iluminación falta. Dicho de otra forma: cuando estoy dentro de un sistema, le acepto y parto de él; mas si algún elemento del sistema se altera o desaparece, dejo de encontrarme en él y habré de preguntarme en términos de explicación causal por la alteración. De todas formas, me sitúo preferentemente ante el cómo del cambio. Los problemas que planteo y estudio conciernen principalmente a su catalogación y calificación. Para afrontarlos con rigor es necesario colocarse antes en el plano de una teoría general. Dentro de ella es indispensable operar con conceptos, modelos y tipos. A veces, estas tres expresiones se utilizan sin la suficiente discriminación. Creo preferible alguna precisión no fácil de alcanzar y sobre todo difícil de observar de un modo coherente. El cambio lo trato preferentemente como un concepto, y el concepto como la comprensión de un objeto. En cuanto concepto, implica un proceso de racionalización y de abstracción. El objeto es lo designado. Consiguientemente, el concepto es un modo de designar dentro del cual quedan lo designado y el propio criterio seguido para la designación. Cuando guiados de una preocupación científica convertimos las palabras en conceptos, su semántica natural y general resulta, en parte, aceptada y, en parte, corregida por la acomodación de la misma a un objeto y a un fin determinado. La palabra se hace más rigurosa e incluso convencionalmente más arbitraria. Con base en el concepto de cambio, se cataloga y explica una realidad integrada en el mismo, como también quedaría integrada cualquier otra de igual o similar significado. El cambio construido conceptualmente y aplicado impone un doble juego, una combinación de elementos; unos proceden de la realidad, otros emanan del concepto. Se alude a algo que históricamente se ha producido, a una mutación; mas para que lo dado como realidad, para que la mutación apreciada en la misma —que supone la comparación con la precedente— sea configurable como cambio, es indispensable que esa singularidad histórica tenga encaje en el concepto —racional, universal, convencional— de cambio. Se requiere el reconocimiento en los hechos del sentido que conceptualmente designamos como cambio. Se pasa, pues, de la observación de los hechos y de su relato a la interpretación de los mismos para su ingreso o no en el concepto de cambio. No hay aquí un puro malabarismo verbal porque, como veremos, no todas las mutaciones, no todo el movimiento de las sociedades, integran, desde nuestro punto de vista, el concepto de cambio, que supone una reducción cualificativa.

Aun operando con un concepto de cambio válido sólo para los fenómenos sociales y para el conocimiento social, al ponerle en contacto con lo designado, surgen diversas variedades o modalidades. Para referirnos a estas variedades podríamos hablar de clases, modelos o tipos. Un esfuerzo dirigido a la delimitación de estas categorías, que tienen significados propios o predominantes, sería arduo e innecesario. Podría citar textos en los que los términos de clase, modelo y tipo se utilizan para definir cada uno de ellos, y así se dice que los tipos son modelos o clases, que las clases son modelos o tipos, que los modelos son tipos, etc. Esto no quiere decir que falten tratamientos epistemológicos muy depurados. Pero no es éste el lugar para el planteamiento de esta cuestión. Como las nociones de clases y modelos tienen adscripciones teóricas más acusadas (lógica de clases, filosofía analítica, estructuralismo, etc.) y la noción de tipo tiene más tradición en la sociología (sobre todo a partir de Weber), hablaré con preferencia de tipos para referirme a las variedades del cambio, lo que, por otra parte, no implica aceptar la teoría weberiana de los tipos-ideales en su estricto significado, conforme al cual en el tipo prepondera lo ideal-racional, de suerte que siempre ha de haber una distancia entre la construcción ideal y el desarrollo real. Esta configuración del tipo se acerca al apriorismo o entraña, por lo menos, una conjetura no dependiente de la realidad, ya que lo pretendido es averiguar el resultado del comportamiento o de la acción social si se hubiera atenido a la pura racionalidad. Para nosotros el tipo se obtiene con la aportación indispensable de datos empíricos, aunque por sí solos no sean suficientes. Fijado el concepto de cambio como una mutación cualificada, el tipo resulta de la combinación de diversos factores. Uno, meramente cuantitativo, está constituido por la magnitud. Sólo a partir de determinada magnitud la mutación es cambio; pero además, éste tiene magnitudes variables, en las que el grado mínimo lo representa el paso siguiente a la movilidad social y el grado máximo la revolución. Otro factor es la materia u objeto del cambio, que no suele presentarse de manera pura, sino con interferencias e irradiaciones. A tal fin, colocamos en serie decreciente el cambio cultural, el social y el político. Finalmente, más allá de lo cuantitativo y con referencia a cualquier materia, el cambio es cualitativo cuando un sistema es reemplazado por otro. Con esto no quiere decirse que fuera de los cambios de sistema no puedan darse cambios cualitativos, sino que ése es el cambio cualitativo prototípico.

2. EL CAMBIO A PARTIR DEL DICCIONARIO Y DE HERÁCLITO

Disto mucho de ser un experto en la Ciencia política y en la Teoría del Estado. Soy un jurista procedente del campo del derecho civil, aunque tentado por otras muchas inclinaciones intra y extrajurídicas. Me falta, en verdad, el hábito del análisis sociopolítico del especialista, pero puedo ofrecer acaso una visión general que me gustaría despertara algún interés.

Comenzaré por una anécdota. Los franceses son muy propicios a iniciar sus estudios por el examen de la palabra clave en el diccionario. Generalmente acuden al *Littré*, sanctasanctórum de las significaciones. Los españoles y creo que, en general, los latinoamericanos, no solemos utilizar este recurso con tanta frecuencia. Uno considera que si ha acumulado un conjunto de datos procedentes de la literatura en torno a la materia a tratar, poco puede decirle la pura semántica gramatical de la palabra. No obstante, en esta ocasión he acudido al *Diccionario de la Lengua castellana*. Quizá más bien llegó él hasta mí. Un día, encontrándome en la Real Academia Española de la Lengua, me situé a pocos centímetros de un ejemplar de la primera edición, de 1726, y pude comprobar con sorpresa que el sustantivo «cambio» sólo aparece recogido con el significado de «trueque o permuta» y no con el de mutación. Lo mismo ocurre en las sucesivas ediciones hasta la décima inclusive, de 1852. Es necesario llegar hasta la undécima edición, de 1869, en la que aparece con la acepción de «variar, mudar o alterar» para desaparecer la de «trueque o permuta». No pude evitar el juego de fechas. ¿Influiría en este cambio de significados la revolución de 1868, llamada popularmente «la Gloriosa»? Parece una conjetura aventurada, si bien la coincidencia es curiosa.

Así como para adentrarse en la génesis de la noción de Estado e ilustrarla con la sabiduría griega es preceptiva la cita de Aristóteles, el concepto de cambio tiene como representativo el nombre de Heráclito. Frente al inmovilismo de Parménides, que le llevó a hacer inmutable al ser y a reputar las transformaciones como meras apariencias mostradas por los sentidos, para Heráclito, por el contrario, todo es movimiento, dinamismo, la negación, en fin, de lo estático. Las cosas no son; están siendo, devienen. El ser consiste en un constante fluir. La existencia es incompatible con la quietud, la estabilidad y la duración. He ahí enunciado el cambio perpetuo, con lo que lo único no susceptible de cambiar es el propio cambio en cuanto lleva consigo la propia movilidad. «Nunca nos bañamos dos veces en el mismo río» es la frase que consagra su pensamiento. Tenía una idea circular del todo. Por eso dijo también: «A medida que algo se aleja del fuego se acerca a él.»

No cabe duda que el dinamismo ha corrido mejor suerte en la modernidad —y no digamos en nuestro tiempo— que la inmovilización del ser. La crisis de la metafísica y del pensamiento sustancialista, así como el creciente desarrollo de las explicaciones dialécticas, fenomenológicas y estructurales se ha sobrepuesto al mecanicismo de las cosas para dar paso a la acción, los procesos y las relaciones. Ni siquiera la naturaleza, donde los juristas —y un buen ejemplo es Kelsen— tendemos a contemplar el paradigma del ser en sí atenido a la categoría de la causalidad, llega a tener una entidad propia completamente apartada de nosotros, pues como subraya Heisenberg [1] la imagen de la naturaleza no es separable de su interacción con el hombre, con lo que también llega a penetrar en ella —podría decirse— la fluencia propia de la historia y la cultura.

3. LA NOCIÓN DE CAMBIO EN EL DERECHO CIVIL

Si nos trasladamos de este plano tan general al más circunscrito del derecho, una primera observación susceptible de ser formulada es la de que el concepto del cambio ha sido mejor asimilado y desenvuelto por el derecho civil que por el derecho político. Para la dogmática civilista el cambio —entendido en sentido técnico-jurídico, no social— equivale a la transformación o modificación operada en el seno de una relación jurídica o de una situación. Cubre aquellas variaciones que, afectando a algún elemento de la relación, dejan subsistentes otros, con lo que se estima subsistente, en su conjunto, la misma relación. Dentro del cambio no quedan comprendidos los fenómenos del nacimiento ni de la extinción. El nacimiento (ya sea de la persona, ya de

1. Heisenberg, *La imagen de la naturaleza en la física actual*, trad. española, 1976, pp. 24-25.

una obligación, etc.) no se configura como cambio porque falta un punto de referencia anterior respecto del cual haya de predicarse. La extinción se contrapone al cambio precisamente porque hay un perecimiento o una desaparición. La dogmática civilista, a través del cambio, armoniza la variación con la continuidad; pero el fin principal perseguido es la continuidad pese a la variación. Así, cambia la posesión (o lo que es lo mismo no se constituye una situación posesoria nueva ni se extingue otra precedente) si, manteniéndose la tenencia de una cosa o el disfrute de un derecho, pasa a ser otro el concepto en que se posee, como ocurre cuando el poseedor en concepto de dueño adviene poseedor en un concepto distinto, con lo que aquí el significado del cambio es predominantemente anímico o intencional, de tal forma que la misma situación de hecho es valorada de modo distinto en función de que el concepto posesorio se ha alterado. Toda la categoría de la sucesión (dentro y fuera del derecho hereditario) está construida sobre la base de que el patrimonio o el conjunto de las relaciones jurídicas (sucesión a título universal) o una determinada relación (sucesión a título particular) se transfieren de una persona a otra, por lo que hay cambio en los sujetos, mas no en las relaciones jurídicas, que subsisten aunque sus titulares varíen. En la novación de las obligaciones ocurre otro tanto; la variación de los sujetos puede hacerse a través de ella sin que haya extinción; y las modificaciones en el objeto, si éste no queda por completo reemplazado, también tienen encaje en la novación meramente modificativa, corrigiéndose así el rigorismo romano para el cual cualquier alteración traía consigo el perecimiento de la obligación precedente y el nacimiento de otra nueva.

El cambio también es contemplado por el derecho civil, desde otro punto de vista, como la alteración sustancial operada en las circunstancias económicas existentes y tenidas en cuenta en el momento de la conclusión del contrato, que determinen un desequilibrio en la equivalencia de las prestaciones. Frente al estricto *pacta sunt servanda*, que impone el mantenimiento de lo convenido, se han abierto paso correctivos (como la *cláusula rebus sic stantibus*, las cláusulas oro, las de escala móvil, la revisión judicial de los contratos, etc.) en virtud de los cuales tiende a mantenerse o restablecerse el equilibrio contractual. El cambio en estos casos tiene lugar fuera del derecho, en la realidad socioeconómica, si bien las normas ordenadoras, para evitar la ruptura de la justicia conmutativa, ponderan sus consecuencias y buscan una reacomodación de los hechos al derecho.

4. EL CAMBIO EN EL DERECHO POLÍTICO Y EN LA TEORÍA DEL ESTADO; SUS PROBLEMAS

En el derecho político se aprecia una formulación técnica menos depurada del concepto de cambio que la elaborada con base en el derecho civil. Mientras conforme a éste existe una clara distinción entre el cambio, que es sólo mutación, y no nacimiento ni extinción, así como también se distingue entre el cambio operado en los elementos de una relación jurídica y el que tiene lugar fuera de ella, estos temas, con relación al Estado, suelen abordarse en términos menos nítidos por los expositores del derecho político. A la falta de claridad contribuye, de un lado, el positivismo jurídico con la conexión o la identificación que establece entre el Estado y el derecho, así como a algunos dogmatismos a la vez severos e imprecisos, y de otro lado, la diversidad de perspectivas desde las que se aborda el cambio en el Estado, ya que en tanto unas veces quiere llevarse a cabo una labor de conceptualización jurídica, otras lo que se describe es simplemente el proceso histórico de la transformación del Estado.

Como ejemplo de lo primero podemos acudir a Jellinek. Este autor, que tanta autoridad ha ejercido entre los iuspublicistas, expone su tesis atenido al positivismo que campea en todas sus construcciones y, en general, a su modo de concebir la ciencia jurídica. Para él ésta no tiene por objeto la comprensión teórica de las cosas reales de la naturaleza o de los hechos de la realidad empírica. El conocimiento de esta realidad, de los fenómenos en que se manifiesta y de los acontecimientos regulados jurídicamente, forman la materia propia de la investigación histórica y sociológica. La ciencia jurídica se abstrae de este campo de problemas para hacer objeto de su investigación las normas y los conceptos. Cómo es necesario pensar la propiedad, el Estado u otra noción jurídica para que las normas relativas a ellas formen un sistema sin contradicciones: ésa es la misión del jurista. En coherencia con estas ideas Jellinek formula la siguiente explicación: El Estado «no puede fijar un derecho que sirva de base a su propio origen, porque para esto necesitaría precisamente existir él con anterioridad, es decir, para poder crear el derecho... El Estado es primeramente una formación histórico-social a la que se adosa el derecho, pero que no pudo crear a éste, sino que es más bien el fundamento de su existencia. Los hechos jurídicos preceden al nacimiento de los individuos humanos y se enlazan con ellos. Pero el acto del nacimiento mismo, queda completamente fuera del derecho. Por esta razón, la existencia jurídica del Estado sólo puede descansar en su propia voluntad.»[2] La conexión del derecho y el Estado llevada hasta sus últimas consecuencias determina que en el origen de un Estado haya siempre un vacío jurídico insalvable, ya que si para haber derecho ha de haber Estado (y a la inversa), el nacimiento del Estado no le puede preceder una regulación procedente de él mismo. La similitud con el nacimiento de la persona no es correcta, pues si bien aquí se parte de un hecho biológico —de igual manera que al Estado le precede una «formación histórico-social»—, ese hecho biológico penetra en la ordenación jurídica que le precede, a diferencia de lo que ocurre con el Estado, desde el propio punto de vista de Jellinek, ya que falta una ordenación previa y coetánea al nacimiento. Lo mismo ocurre con la extinción. El derecho internacional no resuelve el problema si el reconocimiento por la comunidad internacional no es constitutivo del Estado, sino declarativo, según consideran los partidarios de la teoría que antepone el derecho interno al internacional.

Tal modo de entender el nacimiento y la extinción del Estado es, si se quiere, una mutación cultural, pero difícilmente puede configurarse como un cambio configurado jurídicamente. Ahora bien, Jellinek distingue entre la formación primaria y la formación secundaria de los Estados. La primaria equivale al comienzo del Estado. Diversamente, la secundaria supone «la formación de nuevos Estados dentro de los mismos plenamente desenvueltos».[3] Hay, pues, una diferencia de grado e incluso una diferencia cualitativa, pues para Jellinek no parece ser la formación primaria sólo la fundación, originaria, de un Estado (no procedente de otro), sino el origen o la génesis histórica de la noción del Estado, de manera que, habiéndose producido ésta dentro de un contexto cultural, las formaciones ulteriores serán siempre secundarias.

Otros autores distinguen entre la formación originaria y la derivativa. Pérez Serrano[4] considera como principales casos de formación derivativa la emancipación, la cesión o separación, la división, la fusión por incorporación y las federaciones. Posiblemente el profesor Francisco Porrúa es el que más se aproxima a la técnica civilística. En el capítulo XXXIV de su *Teoría del Estado*[5] titulado «Formación, modificación y extinción de los Es-

2. G. Jellinek, *Teoría General del Estado*, trad. de Fernando de los Ríos, Ed. Albatros, Buenos Aires, 1978, p. 205.
3. Jellinek, ob. cit., p. 199.
4. Pérez Serrano, *Tratado de Derecho político*, Ed. Civitas, Madrid, 1976, pp. 222 y ss.
5. México, 1.ª ed., de 1956; 9.ª ed., de 1976.

tados», utiliza un esquema explicativo-sistemático similar al utilizado para las relaciones jurídicas, las obligaciones y los contratos. Dentro del concepto de la modificación, terminológicamente distinto del de formación y extinción, comprende la mutación del Estado y la del poder, entendiendo esta última «generalmente, como cambios en la forma de gobierno o en su órgano supremo».[6]

Si llevamos más allá la aplicación de la dogmática iusprivatista ¿podrá aislarse la llamada formación secundaria o derivativa como un concepto o tipo en el que se comprendiera el cambio en el sentido de una variación no constitutiva del nacimiento ni de la extinción del Estado, sino de la subsistencia del mismo como un contenido diferente? En favor de esta tesis operaría el principio de la antiguamente llamada perpetuidad del Estado que, aún no siendo aceptable en ese significado riguroso, cabría admitirle como expresión de la perdurabilidad o de la subsistencia pese a las variaciones, incluso siendo sustanciales. No obstante, una configuración estrictamente rigurosa en estos términos resulta muy difícil y aun arriesgada. Por lo pronto, Jellinek no lo entiende así. La formación secundaria es para él un «cambio» de Estado; pero este cambio no entraña la sola modificación. Por eso escribe: «El *cambio* en los Estados existentes, es decir, el proceso secundario de la formación de los mismos, tiene lugar mediante hechos que quedan completamente fuera del derecho. La guerra o la coacción, en cualquiera de sus modos, crean nuevos Estados y destruyen los existentes.»[7] Consiguientemente, existe el mismo vacío jurídico que en la formación primaria. También lo que Jellinek llama cambio es un puro *factum* de donde emana la destrucción de un Estado y el surgimiento de otro, sin una regulación jurídica coetánea. Otra dificultad que suscita el intento de considerar la formación derivativa como un cambio que implique sólo modificación, radica en que no es utilizable respecto del Estado o los Estados la fórmula de la sucesión que en el derecho civil es la prototípica de una adquisición derivativa. Como advierte con acierto Mortati,[8] que también emplea las denominaciones de formación originaria y derivativa, esta última «no tiene el sentido literal de la derivación del título de investidura del poder de voluntad de otro Estado (porque esto sería contrario a la naturaleza de las cosas)». El único significado posible, según el propio autor, es el de que «el surgimiento del Estado sea concomitante o se presente como la consecuencia de

6. Ob. cit., p. 448.
7. Ob. cit., p. 201.
8. Mortati, *Instituzioni de Diritto público*, CEDAM, Padua, 1979, pp. 69-70.

la extinción o de la modificación de otro Estado que ejercitaba sobre el mismo territorio la potestad de imperio». Aunque Mortati alude, después de mencionar la extinción, a la modificación de un Estado precedente, falta la base para reducir el total fenómeno a la modificación o cambio, ya que no cabe combinar un Estado que se modifica (el precedente) con otro que surge. Si hay uno que surge no nace, esto es bastante para que la hipótesis del cambio como mera modificación quede descartada.

No obstante, la hipótesis puede darse, pero no dentro de la formación derivativa. En principio, el cambio es modificativo cuando se producen mutaciones en el ordenamiento constitucional por importantes que éstas sean. Tal cambio afectará a órganos e instituciones del Estado, al sistema mismo, si bien no se habrá extinguido el Estado precedente ni surgirá de nueva planta otro distinto. El cambio *en* o *dentro* del Estado no desborda el esquema de la modificación. A mi juicio, siempre que haya una comunicación jurídica, por mínima o débil que sea, entre el orden jurídico precedente y el nuevo, la identidad del Estado se mantiene. El caso típico es el de la reforma constitucional predeterminada normativamente; pero no parece indispensable que haya de seguirse el camino o procedimiento previamente configurado en el ordenamiento jurídico para que sólo haya modificación. Si existe un nexo de unión entre el orden anterior y el nuevo, incluso aunque aquél quede totalmente reemplazado por éste a escala constitucional y con todas las consecuencias derivadas para el resto del ordenamiento jurídico, el cambio será modificativo.

La cuestión a que nos venimos refiriendo resulta más simplificada colocándose en la posición de la teoría pura que, además de identificar el Estado con el derecho, no deja desasistido a aquél de una normatividad en ningún momento. En virtud del fenómeno de la total juridificación, Kelsen prescinde del estudio de la formación, modificación y extinción del Estado para limitarse a considerar «el *ámbito temporal de validez* del orden estatal»,[9] atenido a lo que él llama «principio generalísimo», que enuncia así: «la duración de la validez sólo puede ser limitada por determinación jurídica positiva, debiendo de rechazarse como de derecho natural todo intento de derivar la cuestión en torno a la validez de una norma jurídica de la naturaleza de las cosas». En el ámbito de la validez temporal del orden estatal se producen, según Kelsen, sólo «modificaciones» representadas por la terminación de la validez de una norma y el comienzo de la va-

9. Kelsen, *Teoría general del Estado*, trad. de Luis Legaz Lacambra, Editora Nacional, México, 1979, pp. 194-195.

lidez de otra referida al mismo objeto. El Estado subsiste, y es necesario que subsista, para dar lugar a la creación y derogación de las normas. Lo que se modifica o cambia es, por tanto, el derecho. Kelsen imputa a la doctrina dominante en el momento que escribe (luego ha seguido manteniéndose) que en contraste con la atención prestada al «espacio», incluido entre los elementos del Estado, no dispensa igual tratamiento al «tiempo». A nuestro juicio, lo cierto es que la doctrina tradicional —también jurídico-positiva, aunque sin tan alto grado de formalismo— desplaza el problema del tiempo hacia la formación y extinción del Estado, en donde también estudia la modificación. El Estado formado y no extinguido subsiste en el tiempo, aunque se modifique, si bien no suele utilizarse el tiempo como categoría ordenadora. Sin embargo, ha de reconocerse que la doctrina tradicional considera como casos de modificación los cambios en el territorio o en la población —que, en verdad, llevados a sus últimos extremos pueden ser algo más que meros cambios—, mientras el gran jurista austríaco sitúa el cambio modificativo en el plano del ordenamiento jurídico sin tomar en consideración sus proyecciones materiales.

El origen o formación del Estado y su extinción tiene para Kelsen otro planteamiento: el procedente del derecho internacional. El conflicto entre el primado del orden jurídico interno, que exige el reconocimiento del derecho internacional por los Estados, y la tesis contrapuesta, que exige el reconocimiento del Estado por parte de la comunidad jurídica internacional, lo resuelve en favor de esta última (el primado del orden internacional), pero con una matización importante. El reconocimiento de un Estado que ingresa en la comunidad internacional no se verifica mediante la declaración individual de las voluntades de los Estados que ya forman parte de ella, sino mediante una norma jurídica general. Conforme a este criterio —aclara Kelsen— «el origen del Estado, que desde el punto de vista del primado del orden estatal constituye un problema metajurídico, se convierte en problema de derecho positivo, idéntico al que suscita el nacimiento de una asociación cualquiera dentro de la legislación de un Estado».[10] Consiguientemente, el Estado no queda desasistido en ningún momento de una ordenación jurídica que pueda pronunciarse sobre su nacimiento o su extinción. La ordenación coetánea, que no puede emanar de un Estado antes de constituirse como tal, la facilita el derecho internacional. Lo que, desde otros planteamientos, corresponde al derecho natural o es un puro hecho no orde-

10. Ob. cit., pp. 165-166.

nado jurídicamente, conforme a la teoría pura penetra en el terreno de la norma configurada como un supuesto y una consecuencia jurídica. El mantenimiento de este criterio en su pleno alcance lógico impone atribuir al reconocimiento un valor constitutivo y no meramente declarativo, tema sumamente debatido, que ha dado lugar a soluciones eclécticas y realistas, como la de Verdross, según el cual, aunque no sea defendible en términos estrictos el valor constitutivo «como quiera que los supuestos de hecho que dan lugar al "nuevo Estado" sólo resultan evidentes a través del reconocimiento, éste no es una simple formalidad, sino que tiene una gran significación práctica».[11]

5. REFLEXIÓN EPISTEMOLÓGICA Y METODOLÓGICA

Evidentemente, en el seno de una estricta teoría jurídica del Estado no se contemplan los fenómenos de la vida real que son los cambios sociales y políticos. Lo mismo que la figura del negocio jurídico, tan nutrida de categorías conceptuales, con varios grados de abstracción superpuestos, difícilmente permite descubrir lo que es la realidad práctica de los contratos, los testamentos, la constitución de sociedades, etc., lo mismo también ocurre con la teoría del Estado formalmente entendida. Este estrechamiento unilateral de la visión no procede sólo de que al Estado se le encierre en el reducto del derecho. La limitación tiene su origen en el modo de entender el derecho exclusivamente circunscrito a un deber ser normativo positivamente establecido. Los frecuentes reconocimientos de que las realidades históricas, sociales, económicas y políticas están ahí y han de ser objeto de análisis por las ciencias sociales, mas no por la ciencia jurídica, no hacen sino agravar la situación de ésta, porque sin negar competencias a otras disciplinas, no debe colocarse en una posición inhibitoria o de apartamiento.

A mi juicio, el saber acerca del derecho tiene planteados ante sí dos problemas y dos quehaceres que, pareciendo de signo distinto y aun contrapuesto, se complementan. Por un lado, todavía está pendiente de conseguir la precisa identificación de la especificidad de lo jurídico, lo que llamo el derecho a solas, sin otros componentes o matizaciones, siempre que esta significación de lo específicamente jurídico no se resuelva viendo en ella una mera forma capaz de recubrir a cualquier contenido, que es el grave

11. Verdross, *Derecho internacional público*, trad. esp. de Truyol Serra, ed. de 1976, Madrid, pp. 229-230.

pecado del positivismo normativo, como puso de manifiesto la segunda guerra mundial. Luego el fin que se propusieron la ciencia dogmática y la teoría pura todavía está pendiente y no debe de considerarse abandonado. Creo que hay un derecho con entidad propia e intrínseca encarnado en unas reglas: las reglas de las reglas, es decir, no las normas elaboradas, sino los criterios formativos y combinatorios que dan lugar a que algo sea derecho, como algo es lenguaje o música. Por otro lado, en contraste con esa interiorización o introversión, que debe preocupar al conocimiento jurídico, es indispensable adoptar en el proceso cognoscitivo otra actitud, distinta y paralela, de signo expansivo, que consiste en ampliar el campo de acción de tal suerte que, teniendo como punto de referencia el derecho positivo, alcance a la total realidad designada y afectada por las normas. Éstas (desde luego las escritas e incluso las consuetudinarias) son enunciaciones lingüísticas que tienen unos referentes ante los que es preciso situarse. Los juristas —más señaladamente quizá en la esfera del derecho privado que en la del derecho público por la mayor complejidad y por la más larga tradición cultural— hemos propendido a una labor de reconstrucción de la propia norma, o del pensamiento alojado en ellas, antes que inquirir la total realidad afectada. En este punto, el criterio interpretativo propugnado por Savigny, al que tanto le sigue debiendo la ciencia jurídica, ha resultado —en contra de su general concepción del derecho— regresivo o anquilosador porque la reconstrucción de la voluntad, más si es la del legislador que la objetivada de la ley, estimula una tendencia al retorno y al inmovilismo antes que a la progresiva evolución, con la consiguiente variabilidad del sentido, que es hoy regla interpretativa en el Código civil español en cuanto exige que en la interpretación se tenga en cuenta la realidad social correspondiente al tiempo de aplicación de las normas. Como jurista práctico, estoy convencido de que los hechos afectados por la ordenación jurídica no han de quedar limitados a ser considerados luego de haber obtenido un sentido determinado; los hechos requieren ser ponderados, como elementos sensibilizadores, para la comprensión de las propias normas que sólo son pautas para la determinación del sentido.

La ampliación del campo cognoscitivo se manifiesta tanto en el objeto como en su tratamiento metodológico. Sin renunciar a la conexión derecho/Estado, tiene que incorporarse la conexión de ambos a la sociedad, considerada globalmente, como un conjunto; pero acercándose también a los elementos que la integran como son las personas, los grupos o agregados, las instituciones, la conducta, las relaciones de coordinación y subordinación y los bienes; todo ello contemplado en la simultaneidad del contexto o de la sincronía y en su desarrollo diacrónico.

Para afrontar el análisis del objeto así entendido es indispensable un pluralismo metodológico. Cuando hace muchos años propugné el sincretismo, hubo quien lo reputó una herejía o un eclecticismo acomodaticio y de difícil realización, y hoy es la ortodoxia que cuenta con más adeptos, lo mismo en el estudio de la naturaleza que en el de la sociedad. En el pluralismo han de concurrir principalmente criterios lógicos, sociológicos y estructurales.

No creo que se imponga —ni siquiera en nombre del vitalismo o del empirismo— el abandono de la lógica y su tergiversación mediante fórmulas tópicas o retóricas, porque sin lógica no hay ciencia posible. La formalización del discurso científico es indispensable y no dice nada en contra de la realidad. Todos los pasos que se den hacia adelante —y el saber es siempre una marcha lineal hacia el futuro y ascendente en la creación y resolución de las dificultades— requieren seguir este camino. El retorno y el simple estancamiento son rechazados por la más elemental probidad epistemológica. La formalización del discurso no tiene que ver nada con el formalismo nominalista como mero culto a la abstracción. Quienes imputan a la dogmática tradicional el pecado de la lógica suelen verle representado por el exceso, cuando no es así; porque si ha habido excesos, no proceden tanto del empleo de la lógica como de haber tratado de utilizarla en exclusiva, y además, paralelamente, se ha incurrido en marcados defectos, porque la ciencia dogmática ha descuidado la revisión de su instrumental lógico. Le ha dejado enmohecer y ha hecho un uso del mismo dirigido principalmente a obtener conceptos, y no tanto para conseguir un cálculo proposicional riguroso. Por eso, a la vez que sobrados de lógica, estamos faltos de ella. Pero sobre todo importa dejar bien claro lo siguiente: la mera lógica de las normas es lo que ha de rechazarse por insuficiente, ya que el objeto del conocimiento ha de estar constituido por la penetración analítica en la realidad social de la que uno de los elementos son las propias normas integradas en ella. El esfuerzo de comprensión requiere ser enriquecido por lo que concierne a los datos y en el tratamiento de los mismos. Teorizar no es prescindir de la realidad, sino captarla y explicarla en sus diversas manifestaciones.

El análisis sociológico, además de corresponder a la sociología general y a las diversas sociologías regionales (como la del derecho o la de la política) es un elemento cognoscitivo a utilizar en las investigaciones jurídicas. Hace tiempo que me opuse a esa distribución de campos demasiado absoluta y simple que dice: las normas para los juristas y los fenómenos sociales para los sociólogos. El que algunos han llamado momento social del derecho necesita ser ponderado por la ciencia jurídica. Aun cuando en el derecho hay algo que le pertenece en exclusiva —su especificidad— es evidente que se mueve a impulsos de la acción política y de las ideologías y le condiciona la estructura social subyacente. Una de las quiebras de la dogmática tradicional tiene su origen en no darse cuenta de esta dependencia y consagrar como dogmas no pocas aseveraciones meramente ideológicas. La denuncia de Kelsen fue acertada y oportuna, aunque no lo fuera creer que el jurista cumple su misión con desentenderse de las ideologías, pues identificarlas y constatar la medida en que inciden en las conformaciones normativas forma parte del propio saber jurídico.

Considero que la ciencia jurídica, a diferencia de lo ocurrido con la lingüística, no es convertible de manera exclusiva en una investigación estructural. Sin embargo, el estructuralismo constituye otro de los criterios metodológicos a utilizar, si de verdad quiere renovarse el estilo de nuestras investigaciones un tanto anquilosadas y rutinarias. Frente al sistema entendido conforme al idealismo kantiano como un *a priori* generador de deducciones (que, con alguna variante, es el del iusnaturalismo) y frente al sistema positivista que lo reduce a una generalización inductiva a partir del ordenamiento dado, el estructuralismo ofrece otro planteamiento de la sistematicidad que tampoco es el propio de una concepción organicista. La mayoría de los que se han preocupado del análisis estructural consideran como tema preferente del mismo el estudio de las correlaciones entre la estructura socio-económica y la jurídica. Este tipo de investigación está más cerca del materialismo histórico e incluso del estructuralismo sociológico que del jurídico. Sin descartar esta posible aplicación, a mi juicio, la noción de sistema ideada por el estructuralismo (con base en las relaciones, las oposiciones, la solidaridad y la preeminencia del todo) es aplicable al derecho mismo; es, diríamos, la penetración en su profunda interioridad, preexistente al ordenamiento. Sin constituir un *a priori*, el ordenamiento presupone un sistema que es preciso descubrir mediante los modelos explicativos de las relaciones, oposiciones y combinaciones de los elementos solidarios entre sí y respecto de un todo.

6. LA INSUFICIENCIA DEL ESTADO Y DE LA TEORÍA JURÍDICA DEL ESTADO COMO TEMA CENTRAL EN EL ANÁLISIS CIENTÍFICO DE LA POLÍTICA

Creo que las ideas expuestas encuentran corroboración en el campo de nuestras preocupaciones. No es, ciertamente, un hecho de hoy que la política suscita multitud de estudios y análisis que van desde la ciencia propiamente dicha hasta el más trivial de los comentarios o de los relatos. Posada, al llevar a cabo, siguiendo la tendencia de la época, la sistematización de todas las disciplinas políticas, enunció una *Enciclopedia política* compuesta de numerosas ramas, todas ellas concurrentes en torno a un objeto común: el Estado.[12] El proceso se ha mantenido e incluso acusado, si no desde el punto de vista estricto del número de las disciplinas (ya que Posada consideraba como tales saberes puramente aspectuales que carecen de autonomía), sí en el sentido de considerarse una diversidad cognoscitiva recogida en ciencias propiamente dichas o que aspiran a serlo. Por eso ha podido decir Manuel Ramírez Jiménez en su libro *Supuestos actuales de la ciencia política*,[13] muy inspirado en las opiniones de Sánchez Agesta, Ollero, Ramiro Rico y Murillo Ferrol, que «el pluralismo y su teoría están hoy envueltos en la realidad del Estado de nuestro siglo». Junto al *Derecho político* y a la *Teoría del Estado* como disciplinas predilectas del positivismo jurídico, desbordando aquéllas y éste, florecen la ciencia política, la sociología de la política, la no muy precisa politicología, una genérica ciencia social susceptible de contenidos heterogéneos, y, en fin, otras muchas variantes.

El fenómeno de que estamos dando cuenta no tiene sólo un significado expansivo y multiplicador. Se observa paralelamente una transformación intrínseca o de fondo. Es ostensible la insuficiencia del Estado como categoría centralizadora o aglutinante de la política y del conocimiento de la misma. Tanto en el ámbito del pensamiento que los juristas solemos denominar continental, comprendiendo también la América latina, como en el anglonorteamericano y en el correspondiente a los países socialistas, hace ya tiempo que tiende a reemplazarse la noción del Estado por la del poder político, ampliamente entendido como participación en las decisiones, para introducir en el análisis facetas del comportamiento que antes quedaban desatendidas. No creo, sin embargo,

12. Posada, *Tratado de Derecho Político*. I, Madrid, 1928, pp. 30-31.
13. Madrid, 1972, p. 65.

que baste con esta fórmula para dar cuenta de la total realidad política. En definitiva, si el poder no es el Estado, está en sus cercanías. En el poder prima la nota de la lucha por la dominación que alcanza su cenit en el Estado. Hay, evidentemente, junto a la crisis del Estado (me refiero principalmente a su crisis epistemológica) «la decadencia de la teoría del Estado que tiende a ser sustituida por una teoría del sistema político que engloba factores estatales y sociales».[14] Un ejemplo muy significativo en este sentido lo ofrece Sánchez Agesta, que subtituló su *Manual de Derecho político* en su primera edición como *Teoría de la política y del Estado*, para sobre esta base dar vida luego a sus *Principios de teoría política*,[15] concibiéndola como «un sistema de saberes enunciados como aserciones o hipótesis sobre la realidad política, que expliquen su estructura y procesos como un contorno del mundo en que vivimos y fundamenten su estimación con un criterio práctico de conducta».

A nuestro juicio, el movimiento revisor no debe quedar circunscrito a la búsqueda de otras áreas de conocimiento. Es necesario también que el conjunto de los saberes científico-políticos, incluyendo asimismo sus denominaciones tradicionales, tomen conciencia de la renovación. Dicho en otras palabras: no todo consiste en reemplazar una teoría del Estado por una teoría del sistema o de la política. También la teoría del Estado, como el derecho político y el derecho constitucional, necesitan superar el rígido positivismo de las normas. Del mismo modo que el saber político dejó de ser una propedéutica del gobernante para, perdiendo su tono prescriptivo y personalista, convertirse en una reflexión sobre el Estado, del mismo modo también hoy estamos desbordando la etapa en que durante tantos años nos hemos desenvuelto.

Creo que en España la Constitución de 1978, elaborada con la cooperación de todas las fuerzas políticas que obtuvieron representación parlamentaria en las elecciones generales de 15 de junio de 1977, puede ser un buen estímulo para romper las amarras con el estricto positivismo de la Ley. El Estado social y democrático de derecho que en ella se configura implica un adentramiento muy extenso y profundo en la vida social y política, en las diversas situaciones en que puede encontrarse la persona por sí misma y en los grupos y agregados en que se integra. Sujeto de la potestad ordenadora y de la acción directiva no es sólo el Estado, ya que esos cometidos se asignan al conjunto de los poderes públicos. No se configura un orden encerrado en una lega-

14. García Pelayo, *Las transformaciones del Estado contemporáneo*, Madrid, Alianza Editorial, 1977, p. 25.
15. 3.ª ed. revisada, Editora Nacional, Madrid, 1970, p. 27.

lidad estáticamente entendida, sino que ésta se coloca en dependencia de valores superiores como son la libertad, la justicia, la igualdad y el pluralismo político.

Todas estas consideraciones me llevan a pensar que una teoría jurídica del Estado de corte formalista no es el marco en el que puede intentarse una tipología del cambio social y político. Ya hemos visto que, colocando el cambio en función de la categoría conceptual del Estado, sólo nos conduce a estas hipótesis: el nacimiento, la extinción del Estado y su modificación. El nacimiento y la extinción desbordan el fenómeno del cambio para remitirse a la génesis y el perecimiento del Estado en sus significaciones individuales (un Estado que surge y otro que termina) e incluso globales (aparición de la idea del Estado y desaparición del Estado tal y como lo propugna la ortodoxia marxista). Por su parte, el cambio en el sentido de la modificación o se explica en términos excesivamente materiales, como las mudanzas en el territorio o en la población, o, por el contrario, se reduce al tema de la validez temporal del orden jurídico, con lo que se desdibujan los contenidos afectados. El cambio social y el político conciernen al sistema, a las instituciones, a los órganos y las funciones. Se manifiestan en hechos históricos concretos que sobrepasan la que puede considerarse la normal movilidad de los sistemas. Mientras no pocos autores se limitan a omitir en la teoría del Estado estos procesos de cambio, así entendidos, otros se plantean el problema. Éste es el caso de Radomir Lukic [16] que dice: «Cada modificación histórica práctica se hace de un modo histórico concreto; su descripción y su explicación no son el fin de la teoría del Estado y del derecho, sino de la historia o de las ciencias positivas del derecho.» [17] No obstante, Lukic no excluye por completo estos estudios del nivel cognoscitivo en que se desenvuelve. Y así considera que «en los procesos de desarrollo de estas modificaciones hay ciertos fenómenos generales y leyes que deben ser expuestos y estudiados por la teoría del Estado y del derecho». [18] Tal es también, con diferencias de matices, el criterio que sustento; pero como la tesis no es dominante y entre las ciencias existen pugnas fronterizas (de las que no deberíamos sentirnos celosos ni prisioneros) me limito a expresar el siguiente convencimiento: hay que salirse de la teoría general de corte tradicional para llevar a cabo un estudio del cambio; es necesario penetrar en la sociología y hasta en la filosofía; no importa demasiado que esta clase de problemas todavía no constituyan el lenguaje común de la teoría del Estado;

---

16. Lukic, *Théorie de l'Estat et du droit*, Dalloz, París, 1974.
17. Ob. cit., p. 126.
18. Ob. cit., p. 126.

pero es deseable una revisión de sus planteamientos y enfoques. El conocimiento jurídico ha alcanzado grados de formalización superiores a los de otras ciencias sociales. Si ha tendido a proyectarlos principalmente sobre las normas, sería conveniente poder utilizarlos en el ámbito más extenso de las estructuras, las relaciones y los procesos sociales. En particular, por lo que concierne al proceso del cambio, hace tiempo que me pronuncié en el sentido de que debe ser asumido en la investigación de un orden dado. No basta con que *a posteriori* se describan las transformaciones. El movimiento de las relaciones sociales y la tensión dialéctica con las correspondientes conformaciones normativas requiere una reflexión crítica. A esto ha de unirse que aún siendo la ciencia evidentemente descriptiva, precisa ponderar en la propia descripción las direcciones que marca hacia la transformación de los fenómenos sociales. Este tipo de análisis no debe quedar entregado en exclusiva a la historia —a la historia de los hechos o de la ciencia—, sino que requiere ser utilizado también en el estudio coetáneo o directo propio de las ciencias jurídico-sociales.

7. EL CAMBIO DESDE UNA PERSPECTIVA SOCIOLÓGICA GENERAL

a) Gran parte del pensamiento especulativo y científico del siglo XVIII —anterior al surgimiento de la sociología y en buena medida la propia sociología del siglo XIX— se dirigen a explicar las transformaciones socio-culturales —el cambio— con arreglo a estos postulados básicos: considerar globalmente a la humanidad como sujeto del proceso; entender que la llamada «dinámica social» se manifiesta en tendencias siempre lineales y constantes; y reputar como denominador común de tales tendencias el progreso y la evolución que, conforme a la llamada ley de entropía social, terminan en un equilibrio sociocultural fijo que es el fin de la humanidad.

El siglo XX —hablando en términos aproximativos— marca un rumbo diferente. Las explicaciones totalizantes —herencia metafísica— tienden a desaparecer. Fue preciso arrojar el lastre de las utopías. Los campos de análisis propenden a diversificarse y reducirse. El propio saber sociológico se descompone en múltiples corrientes. Algunas de ellas, como la estructuro-funcionalista, se desentienden del cambio, porque éste es diacronía, y sus investigaciones van dirigidas principalmente al análisis sincrónico de los sistemas en equilibrio. No ocurre lo mismo con otras directrices que siguen preocupadas con el problema del cambio social.

Sin embargo, es distinta la perspectiva y son diferentes los métodos, a saber: deja de considerarse la humanidad como «unidad del cambio»; se observa que las propias «unidades de cambio» (inferiores) experimentan transformaciones internas; y las tendencias no se reputan constantes y lineales, ya que hay mutaciones de ritmo y regresiones.

La preocupación de la sociología por el problema del cambio social no quiere decir que éste resulte propugnado o vaticinado desde su seno. Hay, sí (¿qué no hay en los dominios del pensamiento?) posiciones disidentes como la de Myrdal, que además de ser un acerbo crítico de la sociología norteamericana (tachada por él de positivista y conservadora) patrocina resueltamente «una ciencia social que contribuya de un modo activo a modificar la sociedad». Abunda asimismo en este sentido la literatura culturalista que opina con desenvoltura de todo. Queda aparte el bloque mental marxista, al que luego me referiré. Ahora bien, tomar partido por una ideología y colocar a su servicio la ciencia no cabe en el seno de una ortodoxia científica definida por su neutralismo.

El profesor Francisco Murillo Ferrol, en sus *Estudios de sociología política*, dedica un capítulo al «cambio social». Contraponiendo la actitud del investigador de la sociedad a la del teólogo y a la del filósofo, escribe: «El sociólogo... ha de limitarse modestamente a dar razón de una zona muy limitada del cambio social; limitada en cuanto a su extensión; limitada también hacia el pasado y hacia el futuro. En su estadio actual, la sociología puede hacer poco más que dar constancia del cambio. A lo sumo, indicar asociaciones o correlaciones entre fenómenos y sugerir tímidamente algunas tendencias probables, siempre a corto plazo y con precaria probabilidad... El don de la profecía le ha sido negado al sociólogo, al menos por ahora.»[19]

La opinión de Murillo Ferrol es realista y quizá un punto escéptica. De todas maneras, ser consciente de los límites del conocimiento tiene un valor epistemológico. La brillantez especulativa del filósofo no es siempre un modo de acercarse a la verdad. El «don de la profecía» o del vaticinio no son en ningún caso cometidos propios de la ciencia. Ésta, en su sentido pleno, describe, demuestra y prevé. La previsión científica, en cuanto resultante de un método y de unas leyes, no es oficio de profetas. Falta, ciertamente, en los dominios de las ciencias sociales un desarrollo suficiente de esa tercera fase del saber —la previsión, la probabi-

19. Murillo Ferrol, *Estudios de sociología política*, Editorial Tecnos, Madrid, 1972, p. 82.

lidad—, propia de las ciencias físicas, que las hace espectaculares. No obstante, un conocimiento detallado y profundo de la dinámica social introduce la problemática del cambio en la estructura cognoscitiva más rigurosa.

b) Otro campo de radicación y de influencia del problema del cambio está representado por el historicismo. Éste no tiene unidad de significado ni siquiera en sus explicaciones más generales, como la de Dilthey, cifrada en que el hombre todo lo experimenta a través de la historia. No siempre el historicismo es la hermenéutica del cambio. Pueden distinguirse, al menos, dos acepciones:

1.ª *La inseparabilidad del pasado.* El pasado no desaparece simplemente porque pasó. Al transcurrir, deja impresas sus huellas. El presente está en función del pasado, que lo determina. El historicismo en este sentido es eminentemente causalista. Impide el libre juego del arbitrio porque descarta el omnímodo voluntarismo. Y no se trata sólo de que el pasado determina al presente, sino que, en algún aspecto o faceta, sigue alojándose en él.

Un buen ejemplo de esta posición historicista es la Escuela histórica y en particular de Savigny, que realizó su gran obra de innovación de la ciencia jurídica sobre la base de decantar la efectiva subsistencia del derecho romano.

Hay, por tanto, una combinación del cambio y la continuidad.

2.ª *El relativismo.* Actualmente el sentido que prepondera del historicismo es muy distinto. En lugar de mostrarnos una historia de la sociedad distendida y remansada, resalta las aceleraciones profundas, a la vez que historifica el mundo físico y biológico. Es relativismo exacerbado, conciencia espisódica de la historicidad, gradual perecimiento de todo. La noción de la «naturaleza humana» como centro antropológico-metafísico de nuestro ser está quedando reducida a una de tantas expresiones lingüísticas dependientes de un contexto que puede ser reemplazado. Se ha dicho que «la modernidad es el descubrimiento del carácter perecedero de nuestra cultura» y que «nosotros vemos la cultura como perecedera por primera vez en la historia».[20]

Lógicamente, este historicismo es el mejor caldo de cultivo para los cambios, pero también los relativiza. Así, mientras el pensamiento biológico-social del siglo XIX hacía del cambio una ley constante, la tesis historicista rigurosa relativiza —pone en trance de perecer— la propia «legalidad» del cambio.

Contrapunto de la eclosión historicista es el estructuralismo, que provoca la elipsis del cambio.

20. Raymon Ledrut, «La pensée revolutionaire et le fin de la metaphisique», *L'Homme et la Société*, 1971, 21, p. 18.

c) Sin duda, la mayor apología del cambio social está representada por el materialismo dialéctico e histórico en cuanto cauces metodológicos del marxismo, que es la preconización científica del cambio radical en el sistema de convivencia.

Toda la formulación marxista está orientada hacia la transformación, con base en la última tesis sobre Feuerbach. Mientras la dialéctica hegeliana conduce a justificar el orden existente, la marxista toma desde el principio el rumbo contrario: la negación. Ahora bien, la negación no se agota en el nihilismo, sino que lleva a lo otro, a lo contrapuesto. El pensamiento marxista no admite la disociación entre teoría y práctica. Ambas concurren en una sola vía o en tres vías completamente paralelas. Una, la de más largo recorrido, es un mesianismo político, lleno de reivindicaciones y promesas que sitúa el ideal en la implantación de la sociedad feliz del comunismo después del *iter* socialista. Otra, la acción revolucionaria. Y en el orden metodológico —tercera vía— una instrumentación científica que erige la materia —en los dominios de la naturaleza— y la economía —en los dominios de la historia— en factores explicativos que sobrepasan al hombre y a la razón abstracta.

8. VERSATILIDAD SEMÁNTICA DEL CAMBIO

Cuando aludo al «sentido del cambio» no trato de reducir el problema a un mero formalismo terminológico. Ahora, eso sí, concedo suma importancia a las palabras, que no son caparazones o envolturas de las ideas o de los hechos, sino componente inescindible. No todo queda reducido al lenguaje. Mas nada hay que le sea ajeno. De algún modo está en todo. Porque con él se hace inteligible el mundo y él cumple la primera función social humana que es la comunicación.

La significación y la semántica sobrepasan hoy ampliamente su aspecto o faceta estrictamente gramatical. De un lado, porque a través del gradual proceso de decantación de los conocimientos, cada ciencia e incluso cada técnica van creando en su derredor sus propios campos semánticos. Y de otro lado porque el significar no emana sólo del lenguaje natural, sino de las múltiples expresiones simbólicas de la cultura que van desde los mitos hasta las modas.

Hablo de sentido y no de significado. No es indiferente. Puntualizaré. Quizá obedezca a un convencionalismo personal. El sentido matiza el significado, porque trasciende de la palabra para ponerse en relación con el contexto léxico y con el propio contexto real o social en que la palabra se utiliza.

Dada la conexión que existe entre el sentido de los términos y sus áreas de aplicación, los diversos sentidos del cambio son incipientes formalizaciones de unos hechos reales concretos. En torno a la expresión cambio hay diversidad de sentidos que aluden a otros tantos tipos. De estos sentidos, unos tienen como soporte la misma palabra (con determinados complementos como cuando decimos «cambio social») en tanto que otros sentidos se obtienen mediante otras palabras o series de palabras más o menos propias o polisémicas.

La riqueza de significación es muy grande. Hagamos la prueba de añadir a «cambio» diversas preposiciones que son términos sin ningún valor significativo propio, por lo que cumplen la denominada función sincategoremática.

—Cambio «de»... Cambia lo que hagamos sujeto del cambio: el régimen... de comidas, el sistema. Hay un desplazamiento, eliminación.
—Cambio «en»... Aquí el cambio se interioriza. No hay eliminación. En este sentido se refiere al cambio Kant en la *Crítica de la razón pura*: «Un sujeto permanente es modificado en algún o alguno de sus caracteres.»
—Cambio «con»... Lo mismo puede resultar radicalizado (cambio con revolución) que mitigado (cambio con continuidad).
—Cambio «sin»... Afecta también a su alcance («cambio sin ruptura», «cambio sin límites»).
—Cambio «hacia»... Imprime al cambio una finalidad, marcha o tendencia.
—Cambio «por»... Está más cerca del «intercambio» o sustitución de una cosa a «cambio» de otra.

9. CAMBIO CULTURAL Y CAMBIO SOCIAL

Posiblemente el tipo más absoluto y cualitativamente diferenciado de cambio está constituido por el *cambio cultural*, siempre que por tal entendamos una transformación que, afectando a la unidad misma de la cultura, la reemplace. El cambio así considerado tiene preferentemente una demarcación antropológica más que sociológica. Claro es que también puede reputarse cambio cultural el movimiento o desarrollo dentro de una cultura.

¿Qué diferencia y qué relación se aprecian entre el cambio cultural y el cambio social? A mi juicio, hay un cambio cultural que sobrepasa al social y otro que queda comprendido dentro de éste. Wilbert E. Moore propone la siguiente fórmula: el cambio social se refiere al comportamiento humano efectivo, mientras el cambio cultural se refiere sobre todo a los símbolos con significado cultural producidos por los seres humanos.[21] El propio autor comprende que la línea de demarcación es muy relativa y que existen correlaciones. «Cierto —dice— que el cambio cultural necesita de unos agentes o actores sociales para producirse y que el cambio social irá probablemente acompañado de cambios culturales; pero los cambios ocurridos en ciertos subsistemas culturales (p. e., en el lenguaje, en las artes y quizá en los sistemas teológicos o filosóficos) pueden estudiarse haciendo abstracción del comportamiento humano concreto... Y, análogamente, cabe considerar las fluctuaciones en la moda del vestido como "autónomas", aunque también sea lícito ver esas modas como pautas apropiadas dentro de la esfera del comportamiento social. (Kroeber, 1957.)»[22]

No creo que ninguno de los dos cambios sea completamente aislable del comportamiento. Tal vez ocurre que en los símbolos culturales hay un grado de sometimiento o de irreflexividad más acusado que en otras manifestaciones del comportamiento. El inserto en una sociedad despliega una conducta que, ateniéndose a los símbolos, no los pone en cuestión, como suele poner en cuestión otras partes de la convivencia. La cultura, con sus tradiciones y sus mitos, nos tiene aprisionados. La cultura no es sólo una manifestación de la inteligencia, sino algo distinto y aun contradictorio, como ocurre con el mantenimiento de las viejas costumbres y tradiciones. Indudablemente William F. Ogburn está muy influido por una concepción sociológica resistente al cambio; mas no deja de encontrar comprobaciones su tesis que, en términos de aserción e interrogación, formula así: «La cultura se presenta a veces con un grado tal de persistencia que parecería resistir realmente al cambio. Ciertamente, como puede comprobar cualquier reformador social moderno, existe una resistencia al cambio. ¿Por qué les resulta tan difícil cambiar la cultura a quienes pretenden promover el progreso? ¿Se debe a alguna característica de resistencia por parte de la cultura? ¿O se debe a características de los seres humanos que se resisten al cambio social?»[23] No son muy convincentes las respuestas que formula Ogburn con

21. Cfr. la voz «cambio», en la *Enciclopedia Internacional de ciencias sociales*, trad. esp., Aguilar, Madrid, 1974.
22. Ob. cit.
23. William F. Ogburn, «Inmovilidad y persistencia de la sociedad», estudio inserto en el libro de Nisbet y otros, *El cambio social*, trad. de Néstor Míguez, Alianza Universidad, 1979, pp. 52 y ss.

base en consideraciones psicológicas en torno al conservadurismo y a la inclinación hacia el orden como modo de evitar la confusión social. Antes que una oposición al cambio cultural, como actitud reflexiva, lo que hay más bien es la falta de receptibilidad al cambio en ciertos niveles de la cultura. Los ejemplos citados por Ogburn, como el uso del muérdago en las Navidades, el caballo sin jinete en el funeral, el uso del anillo en la ceremonia matrimonial, los juegos infantiles con el arco y las flechas y las diferentes supersticiones, prácticas mágicas y proverbios, son más bien casos de resistencia o de supervivencia que no excluyen el cambio cultural aunque persistan algunos elementos de estadios anteriores.

Un cambio cultural, aun cuando sea profundo, es compatible con el mantenimiento de algún elemento precedente. Ciertas expresiones de la cultura sobreviven a las revoluciones más radicales. El cambio hay que referirlo al conjunto, al sistema.

El cambio cultural se encuentra por encima del cambio social; o mejor, éste queda absorbido por aquél. Fijémonos en la explicación de la historia como la narración de un solo discurso, el de la raza humana, tan frecuentemente repetida por los antropólogos. En esta explicación, la unidad de escala más pequeña es la sociedad étnica o comunidad de relaciones personales en la que cada uno de los miembros puede conocer a los otros, y no se conoce el dinero. Al surgir las ciudades, la sociedad étnica se convierte en campesina, vinculada a la ciudad porque encuentra en ella un mercado y queda sometida a la autoridad política radicada en la ciudad, si bien conserva la sociedad campesina su sistema de relaciones sociales y morales. Después viene la etapa en que fuerzas procedentes de las ciudades afectan de modo directo a la sociedad campesina, reclutando de ésta hombres en calidad de asalariados, a los que someten a una educación de la que carecían.[24] Pues bien, estos tres grandes pasos suponen un cambio cultural, dentro del cual quedaría comprendido el cambio social. El ser distinto de las correspondientes sociedades procede de estadios distintos de la cultura que actúa como raíz del cambio. No ocurre otro tanto en el tránsito del sistema social feudal al burgués, de éste al capitalista y del capitalista al socialista. Éstos son cambios sociales. En ellos, la cultura ha variado y habrá contribuido al cambio; pero las diferencias pueden explicarse en términos histórico-sociales, sin llegar a diferencias antropológico-culturales.

Claro es que también puede hablarse de un cambio cultural

24. Cfr. Lucy Mair, *Introducción a la antropología social*, trad. de Carlos Martín Ramírez, Alianza Editorial, 1970, pp. 306 y ss.

P.V.P. 900 ptas.

EL CAMBIO POLÍTICO ESPAÑOL Y LA CONSTITUCIÓN

Antonio Hernández Gil

EDITORIAL PLANETA, S.A.

REPONGAN .... ejemplares

P.V.P. 900 ptas.

EL CAMBIO POLÍTICO ESPAÑOL Y LA CONSTITUCIÓN

Antonio Hernández Gil

EDITORIAL PLANETA, S.A.

Pedidos .... ejemplares

día ....

o de expresiones culturales del mismo, dentro del cambio social. La corrección de la tasa del analfabetismo, el establecimiento de una educación general obligatoria, la facilitación del acceso a la Universidad, etc., son cambios expresados en términos de cultura dentro del cambio social. Mas entonces no varía la unidad de la cultura; se trata de que ésta se extiende a mayor número de miembros de la sociedad que, por lo mismo, se homogeneiza. Prefiero, sin embargo, dejar el cambio cultural en las grandes dimensiones de la antropología y entender por cambio social, con los consiguientes componentes culturales, aquél que se da en una escala inferior, sin implicar necesariamente el paso de una unidad cultural a otra.

10. EL CAMBIO SOCIAL (EN PARTICULAR)

A) Aun aislando el cambio social de su dimensión propiamente antropológica, su alcance es muy general y variable dado el grado de poder designativo de lo social.

Prescindiendo de las llamadas sociedades frías (inmóviles o de una movilidad imperceptible, que tanto han interesado a Lévi-Strauss) las sociedades históricas son dinámicas y muestran una interacción o metabolismo. Si partiendo de la movilidad inherente a la vida de la sociedad nos preguntamos por el cambio, podemos establecer: *la movilidad es cambio y el cambio es movilidad; pero para construir con el cambio una categoría diferente y superior a la de la movilidad, es preciso inquirir qué se añade a la movilidad o cómo ha de manifestarse para constituir ese estadio superior de la movilidad que llamamos cambio.*

Si para llegar a un concepto de cambio social es indispensable eliminar la movilidad inherente a todas las sociedades, esto no significa que, sobrepasada la escala de la movilidad, penetremos en un tipo único. Que la mutación no sea explicable como simple movilidad es el mínimo requerido para adentrarnos en el cambio social. Sin embargo, dentro de éste, también se aprecian variaciones. Los modelos o tipos para integrar y consiguientemente describir y diferenciar el cambio social están constituidos por el cambio *en* o dentro del sistema y el cambio *de* sistema».[25] Uno

25. La distinción ha sido formulada especialmente por Parsons, *El sistema social*, trad. al castellano, *Revista de Occidente*, Madrid, 1966. Lewis Coser, en *Nuevos aportes a la teoría del conflicto social*, trad. al castellano, Amorrortu, Buenos Aires, s. a., se sirve de los tipos de Parsons, aunque mantiene con él, según expresa, «numerosas e importantes diferencias» (p. 33, n. 21).

y otro designan, además de magnitudes diferentes, tipos cualitativamente distintos. Por diferencia cualitativa entendemos la que explica el paso de un tipo a otro. Pero este paso o tránsito es variable en el tiempo. Por eso, históricamente, un proceso de cambio puede quedar integrado en un tipo para desembocar luego en otro. De ello se infiere que uno y otro tipo de cambio pueden llegar a un punto de tangencia. Tal punto de tangencia es posible por cuanto las mutaciones dentro del sistema, gradualmente acumuladas, llegan a determinar un cambio de sistema. O sea, el cambio *en* el sistema mantiene a éste como tal, que por tanto no resulta desbordado. El sistema subsiste pese a las mutaciones producidas. En el cambio *de* sistema, éste es eliminado y reemplazado. ¿Qué supone la desaparición de un sistema y su sustitución por otro? La respuesta frecuente en los sociólogos consiste en sostener que el cambio de sistema implica una transformación que afecta a sus estructuras, sus rasgos y sus pautas. Coser dice: «Proponemos hablar de cambio *de* sistema cuando todas las relaciones estructurales principales, sus instituciones básicas y su sistema... de valores han sido drásticamente alterados.»[26] La noción de estructura ha sido utilizada también directamente, en lugar de la de sistema, para explicar el alcance del cambio. Ésta es la tesis de Radcliffe-Brown, que configura dos tipos de cambio según quede o no alterada la estructura. Al primero le denomina cambio de tipo y se produce cuando una sociedad, a consecuencia de las alteraciones provocadas, bien por su evolución interna o bien por un impacto recibido desde fuera, cambia su forma estructural. Al segundo le considera como un «reajuste» del equilibrio en el seno de la misma estructura social. Y cita el siguiente ejemplo: «Dos individuos anteriormente no emparentados o en una relación de parentesco especial, se unen ahora entre sí, como marido y mujer; se ha organizado un nuevo grupo que se convierte en familia... Hay cambio dentro de la estructura; pero no afecta a la forma estructural de la sociedad.»[27] A mi juicio, esta distinción tiene uno u otro significado según el ámbito del que se predique el cambio. Si el cambio se refiere a la sociedad en su conjunto, el paso de una relación no constitutiva de parentesco a otra determinante de éste, no supone un cambio en la estructura de la sociedad; pero el mismo fenómeno debería ser explicado como un cambio en la estructura de la familia; todo depende de la entidad de la estructura que se tome como punto de referencia.

Robert Nisbet se atiene a la distinción entre el cambio como

26. Coser, ob. cit., p. 33.
27. Cfr. Radcliffe-Brown, *A Natural of Society*, Fre Pres, Nueva York, 1957, p. 87.

reajuste y el cambio de tipo; pero radicaliza sus diferencias y considera improcedente que la simple acumulación gradual de mutaciones desemboque en un cambio de tipo. A su juicio, por la línea de la continuidad no se llega nunca a la expresión más radical del cambio que, por el contrario, supone la discontinuidad. A modo de ejemplo del cambio como mero reajuste o desviación cita la utilización de drogas, social o legalmente prohibidas, el robo, el asesinato o la burla de las normas de la conducta sexual generalmente aceptadas. Considera que en el orden social se ha producido un cierto tipo de cambio cuando aumenta el número de individuos desviados. «Pero —dice— no hay antecedentes de que los cambios de esta índole se acumulen hasta el punto de llevar a la creación de un nuevo tipo social. El orden social puede redefinir de vez en cuando el carácter de las desviaciones de lo bueno y lo correcto..., eliminando así la desviación mediante la introducción de un nuevo criterio al respecto. Sin embargo, no ha de esperarse que, por mucho que aumente el número de asesinatos en una sociedad, se llegue alguna vez a abandonar la prohibición de matar a los inocentes.»[28] La posición sustentada por Nisbet significa, en su conjunto, una crítica a la teoría del cambio desenvuelta por gran parte de los sociólogos, atenidos principalmente a una concepción genética y continuista, en virtud de la cual siempre hay una relación de antecedente/consecuencia y una acumulación de factores. Invoca en su apoyo la autoridad de Durkheim y Max Weber. Del primero recuerda aseveraciones como éstas: «El estado previo no produce el siguiente; la relación entre ambos es exclusivamente cronológica; o «los estadios que sucesivamente atraviesa la humanidad no se engendran uno a otro». Nisbet considera que la explicación dada por Max Weber al origen del capitalismo rectifica la concepción «emanacionista» de Max y Engels que encuentran la génesis del capitalismo en el feudalismo y la del socialismo en el capitalismo. Busca el apoyo de Kuhn para establecer una equiparación entre el cambio social de tipo y las «revoluciones científicas», en las que hay un cambio de paradigma que no puede deducirse ni entenderse en función de un cambio meramente adoptativo o secundario.[29] Critica la tradición aristotélica que identificaba el cambio social con el crecimiento orgánico, por lo que siempre era factor indispensable la continuidad, así como el evolucionismo de Darwin, y coloca el énfasis en la

---

28. Cfr. el estudio de Robert Nisbet, «El problema del cambio social», que figura como introducción en el libro del mismo autor, Thomas S. Kuhn, Lyn White y otros, *Cambio social*, trad. esp. de Alianza Universidad, Madrid, 1979, p. 27.
29. Cfr. Thomas S. Kuhn, *Revoluciones en el pensamiento*, trabajo inserto en el mismo libro, pp. 144 y ss.

naturaleza discontinua del cambio social, para sostener: «No hay pruebas de ninguna índole de que los macro-cambios que periódicamente se presentan ante nosotros en la historia de todas las instituciones, las de orden "revolucionario", sean el producto acumulativo de reajustes y modificaciones más pequeñas que pueden haberlos producido.»[30] No obstante, junto a pasajes muy radicales, se encuentran en el estudio de Nisbet otros en los que introduce algunas puntualizaciones correctoras. Quizá el texto que sigue refleja, en conjunto, su punto de vista: «... Esto no implica que el cambio principal deba por tanto considerarse como llovido del cielo, o como un misterio inexplicable. En absoluto. Tampoco significa que el conocimiento de la estructura que lo contiene... no haga al caso. Bajo ningún concepto. No podríamos confiar en llegar a comprender las condiciones que subyacen a los cambios principales sin entender primero buena parte de las mismas estructuras, así como los efectos sobre estas estructuras de la mayor o menor intensidad de los pequeños cambios de reajuste que se producen constantemente. A veces, el factor decisivo de un cambio importante es cierta *crisis* precipitada por la incapacidad absoluta de lo viejo para continuar funcionando... Pero, aun aceptando todo esto, continúa siendo cierto —y de la mayor importancia— que existen cambios esenciales, de transformación, mutacionales, en la historia social que no pueden considerarse como resultado de un simple efecto acumulativo de una larga serie de cambios pequeños en constante actuación».[31]

Nisbet pretende, al mismo tiempo que romper la nota de la continuidad o la evolución en el cambio social, historificarle. Por eso establece una conexión entre el cambio social y los acontecimientos históricos. Considera que el cambio «no es inherente a ninguna estructura social»; a ésta le es inherente la interacción social, indefinidamente combinable con estabilidad del tipo o la estructura; mas con uno y otra es incompatible el cambio. El papel desencadenante de la mutación se lo asigna al acontecimiento, entendiendo por tal el «hecho o suceso que tiene el efecto, por breve que sea el tiempo, de suspender, o al menos interrumpir lo normal». El acontecimiento sería, por tanto, algo externo o llegado desde el exterior, y no emanado desde el interior de la estructura. Pero, como en la explicación anterior relativa a la discontinuidad, también se considera obligado Nisbet a introducir alguna atenuación. Relativizando, pues, su posición, dice: «... No sostendría que no puedan producirse grandes cambios a consecuencia de fuerzas «internas» de un sistema o estructura social

30. Cfr. Nisbet, estudio cit.
31. Cfr. Nisbet, ob. cit., p. 32.

como, por ejemplo, la razón y el deseo premeditado. Me limito a afirmar que, tomando los cambios principales de la historia humana en su conjunto, pocos son los que pueden entenderse sino en función de acontecimientos exteriores, acontecimientos que, o bien provocan una crisis, o ellos mismos están ocasionados en parte por una crisis ya existente».[32] Como el mejor ejemplo contemporáneo de la combinación entre cambio, acontecimientos y crisis recuerda el de las relaciones sociales en los Estados Unidos durante este siglo. Si se compara la situación en 1900 con la actual, el cambio es profundo. No sé si interpretaré bien el pensamiento de Nisbet, intentando distribuir el proceso de ascensión del negro americano en los tres conceptos que él utiliza sin la suficiente delimitación. La segunda guerra mundial, a la que se refiere como desencadenante de mutaciones en la esfera del poder político y del bienestar económico, representaría el acontecimiento. La crisis, según el propio autor explica, estaría constituida por la preocupación consciente y articulada, que es para los norteamericanos, desde el año 1950, la existencia de las relaciones entre los blancos y los negros. Entre el acontecimiento y la crisis hay conexión, aunque ésta no venga determinada exclusivamente por el acontecimiento; éste vendría a despertar algo latente y como adormecido. Con el concepto de cambio se designa al conjunto. El mismo esquema lo utiliza Nisbet en la explicación de las revoluciones americana, francesa y rusa. Reconoce como indudable la existencia de tensiones, miseria, infelicidad y disfunciones durante siglos. Pese a ello, cree que las crisis no se autogeneran, ni tampoco los cambios, sólo por factores inmanentes.[33]

B) Retomando ahora la cuestión que inicialmente dejamos planteada, es decir, si la alteración en la estructura puede ser explicativa del cambio *de* sistema, son diversos los problemas que se plantean. Ante todo, tenemos la propia equivocidad de los conceptos, o mejor, el uso de los mismos. Para que la alteración en la estructura opere como factor explicativo de suerte que un cambio *en* el sistema no afecte a la estructura que, por el contrario, quedaría afectada por el llamado cambio *de* sistema o cambio de tipo, es preciso asignar al sistema y a la estructura significados distintos. Esto no ocurre siempre así. En muchos casos vemos que los autores tienden a identificarlos o los usan de manera alternativa o no suficientemente diferenciada. La diferencia o la equiparación dependen del ámbito que se asigne al concepto de estructura. Si, como frecuentemente sucede fuera del estructuralismo específico (entendiendo por tal el de origen saus-

32. Ob. cit., p. 35.
33. Ob. cit., p. 41.

suriano aplicado a las ciencias sociales principalmente por Lévi-Strauss), se opera con un concepto global de estructura aplicable a una sociedad por entero o a un modelo de sociedad, no es fácil designar con la estructura una totalidad distinta de la de sistema, entendiéndose en una y otra hipótesis que operan al mismo nivel como un conjunto de elementos interrelacionados o funcionalmente interdependientes que expresan un orden autorregulado. En la sociología estructuro-funcionalista, la estructura viene a ser el reflejo de las funciones, de suerte que mientras en el organismo natural es aislable la estructura orgánica respecto de su funcionamiento, no ocurre otro tanto con la estructura social que depende del funcionamiento, por lo que no siempre es separable la estructura social de las relaciones sociales. Sólo en el estructuralismo específico encontramos una noción de estructura rigurosamente configurada; mas no como algo existente en la realidad empírica, sino como modelos construidos para explicarla.[34] La estructura, desde este punto de vista, opera como un *prius* determinante del sentido de las relaciones y de las funciones. Junto a esta inversión o anteposición de la estructura respecto de la función, aparece también —y esto la diferencia del sistema global— que falta una estructura social unitaria, ya que va referida a determinados grupos de relaciones (parentesco, intercambio de bienes, lenguaje) en los que prima la idea de comunicación. Pero si nos situamos en este estructuralismo, junto a la ventaja que representa encontrar un concepto de estructura más elaborado, nos encontraríamos con una restricción muy importante, ya que tiende a verse en la estructura no sólo una regularidad, sino una estabilidad, lo que dota a la estructura de suma rigidez. La estructura, cabría decir, no se distiende o se modifica; puede romperse, pero escapa a la manipulación humana. Por lo tanto, un cambio que hubiera de explicarse como alteración de la estructura no tiene la misma entidad si se parte de un concepto genérico de estructura que si nos atenemos a la explicación estrictamente estructuralista. Para quienes equiparan las estructuras con la organización, las instituciones o el conjunto de las relaciones, el cambio explicado con base en las mismas, aun siendo profundo, no es tan radical como cuando se parte de un concepto completamente rígido de estructura. De la utilización de uno y/u otro criterio surgirían, en consecuencia, dentro del cambio *de* sistema, dos modalidades de grado menor o mayor.

La tesis de que el cambio *de* sistema, explicado o no con la

34. Cfr. Sobre los diversos significados de estructura social, Hernández Gil, *Metodología de la ciencia del derecho*, II, Madrid, 1971, pp. 293 y ss.

utilización del concepto de estructura, exija siempre la discontinuidad y la presencia de un acontecimiento exterior, restringe en exceso el tipo. No creo que sea válida la equiparación de todo cambio social de ese alcance con la revolución científica. En los dominios de la ciencia, que se dan en el plano del pensamiento, se producen unos cortes epistemológicos que no tienen por qué encontrar un equivalente en la vida de las sociedades, en las que el pensamiento es sólo uno de los factores integrados en una realidad mucho más extensa y heterogénea. La revolución copernicana no es utilizable como paradigma del cambio de sistema social. Es admisible que en alguna hipótesis el cambio *de* sistema o de tipo sea equiparable a la revolución científica. Entonces habrá discontinuidad. Sin embargo, todos los cambios sociales, aun en su dimensión más profunda, no excluyen cierta dependencia del sistema anterior. Luego la acumulación de mutaciones en el seno de un sistema determinado puede conducir a un cambio de sistema. Menos convincente —y aun incongruente— es la intervención necesaria de acontecimientos exteriores. Así suele ocurrir en el cambio social. El ejemplo de la guerra es el frecuentemente utilizado. ¿Pero hasta qué punto cabe considerar como tal la guerra civil española en cuanto, en gran parte, emanó de la propia conformación de la sociedad? La explicación de que vinieron a contender en España potencias extranjeras rivales no es admisible con un alcance general. Se responderá, desde otro punto de vista, que el hecho de que se tratara de una guerra civil, es decir, interna, la priva de exterioridad. Bien, pero la segunda guerra mundial, formalmente exterior respecto de los Estados intervinientes, no siempre podrá considerarse ajena o extraña a las correspondientes sociedades. ¿Sostendría alguien que el sistema político de la Alemania nazi era un factor interno al que llegó desde el exterior la contienda? Sin duda, las explicaciones de los cambios sociales debidos a Durkheim y a Max Weber son contrapuestas a la doctrina de Marx que considera el sistema subsiguiente (capitalismo, socialismo) como emanado, necesariamente emanado, del precedente (feudalismo, capitalismo). Lo verdaderamente peculiar de la explicación marxista no radica en el reconocimiento de una conexión, sino en considerar que *únicamente* al feudalismo y al capitalismo les incumbe esa función determinante. Si tal grado de necesaria emanación no se considera admisible, ello no trae consigo que siempre falten correlaciones y haya de encontrarse a toda costa la discontinuidad, o lo que es lo mismo, la falta o la insuficiencia de una mutación interna cumulativa con entidad para pasar de un sistema a otro.

No creo que Durkheim se atenga siempre al criterio metodológico recordado por Nisbet, es decir, que el estadio previo no produce el siguiente. Repasando las páginas que Durkheim dedica en sus *Lecciones de sociología* [35] al análisis de la propiedad, se aprecia su esfuerzo por demostrar la existencia de una conexión causal desde la propiedad sagrada colectiva hasta la propiedad privada (profana) individual. Reconoce que la propiedad inmobiliaria y la mobiliaria han sido y siguen siendo diferentes; la primera más afectada de cargas y de prohibiciones por su inicial origen religioso; la segunda, por razón de su movilidad, más libre y entregada al arbitrio de los particulares. Sin embargo, Durkheim las comunica y hasta las enlaza históricamente. «Por más real que sea esta dualidad —dice—, no debe hacer perder de vista que una de estas propiedades surgió de la otra. La propiedad mobiliaria, como entidad jurídica distinta no se formó sino a continuación y por imitación de la propiedad inmueble; es una imagen debilitada, una forma atenuada de ésta. La institución de la propiedad inmueble fue la primera que estableció un lazo *sui generis* entre los grupos de personas y de cosas determinadas. Hecho esto, el espíritu público se encontró naturalmente preparado para admitir que, en condiciones sociales parcialmente diferentes, pueden existir, mediante puntos de unión, lazos análogos, aunque diferentes, no sólo en las colectividades, sino en las personalidades individuales. Pero ésta no era sino una aplicación a circunstancias nuevas de la reglamentación anterior. La propiedad mueble es la propiedad inmueble modificada según los caracteres particulares de los muebles.» [36] La disparidad que evidentemente existe entre la explicación marxista y la weberiana del origen del capitalismo, no sirve, sin embargo, para utilizar a Weber como argumento en favor de la discontinuidad reputada presupuesto de todo cambio de sistema. Si falta en Weber el «emanacionismo» de Marx no por eso se aparta de una explicación causal o genética. Todo el planteamiento de su tesis descansa sobre estas proposiciones esenciales: el afán de lucro y la tendencia a enriquecerse son inclinaciones generales observables en las más diversas clases de personas (desde cualquier profesional hasta el ladrón) que sólo reflejan un concepto elemental e ingenuo del capitalismo por grande e ilimitada que sea la ambición; el capitalismo en su significado económico o como un acto de la economía capitalista descansa en la expectativa de una ganancia debida al juego de las recíprocas probabilidades de cambio que deparan una rentabilidad; ahora bien, el capitalismo en Occidente tiene una importancia y unas

35. Editorial Schapire, S.R.L., Buenos Aires, 1966, pp. 138 y ss.
36. Ob. cit., p. 158.

formas, unas características y unas direcciones que no se dan en ninguna otra parte; estas peculiaridades del capitalismo proceden de su conexión con la organización del trabajo; a su vez, tal organización guarda relación con los conceptos de «burgués» y de «burguesía», así como de «proletariado», propios de Occidente y del régimen del trabajo libre como industria; tal forma de organizar el trabajo procede de que «sólo Occidente ha puesto a disposición de la vida económica un derecho y una administración dotados de esa protección formal técnico-jurídica»; es manifiesta, por tanto, la existencia de un racionalismo peculiar de la civilización occidental en lo concerniente al tratamiento de la economía y el trabajo; y este racionalismo procede de la idea del deber ético sustentada por el protestantismo.[37]

Lo que hay fundamentalmente de distinto entre la explicación de Marx y la de Max Weber radica en la inversión o contraposición de los factores. Marx parte de la materia, de la economía y del régimen de producción para explicar el concepto de capitalismo. Max Weber antepone lo racional; no porque parta de un *a priori*, pero sí porque el elemento racional es determinante de unos hechos reales, y ese elemento racional —entendido como organización, técnica, derecho— todavía se idealiza más por su dependencia de una moral religiosa. Sin embargo, la explicación causal sigue existiendo. Cuando Max Weber marca los pasos analíticos que le conducen a establecer lo que hay de propio y específico en el capitalismo de Occidente muchas veces se acerca a los mismos factores examinados por Marx; pero hay una inversión metodológica y hasta cierta posición sincrética que falta en Marx. El siguiente pasaje de Weber es muy revelador: «Esta investigación —dice— ha de tener en cuenta muy principalmente las condiciones económicas, reconociendo la importancia fundamental de la economía; pero tampoco deberá ignorar la relación causal inversa, pues el racionalismo económico depende en su origen tanto de la técnica y el derecho racionales como de la capacidad y actitud de los hombres para determinados tipos de conducta racional.»[38] La explicación genética y causal es innegable. Si se tiene en cuenta que el capitalismo irrumpe a partir de una fase histórica determinada, la explicación de él resulta interna y sin una marcada discontinuidad. Precisamente Max Weber cree que en algunos tipos de racionalización «el fundamento de hecho se encuentra en determinadas cualidades hereditarias». El estado en

37. Cfr. Max Weber, *La ética protestante y el origen del capitalismo*, trad. al castellano de Luis Legaz Lacambra, Ediciones Península, Madrid, 1969, pp. 5 y 55.
38. Max Weber, ob. cit., pp. 17-18.

que a la sazón se encontraba la psicología y la neurología no le permitieron una penetración más profunda. Pero si algo hay que sea configurable como prototipo de la continuidad, es la herencia.

Todo ello nos lleva a creer que el cambio de sistema social no supone necesariamente una ruptura, lo cual implica que no son descartables por entero los movimientos internos acumulados como modo de llegar, con el concurso de otros factores, al cambio social de grado superior. No ocurre lo mismo en el cambio político donde, en efecto, la ruptura cuenta de un modo decisivo para alcanzar el grado máximo de la escala.

Cuestión distinta es la de la validez de las explicaciones causalistas, cualquiera que sea su emplazamiento. En la historia de la ciencia, el causalismo determinista que sustituyó a las teorías de la «ideación» de base teológica ha conocido muchos siglos de esplendor para ir decayendo. El golpe más duro lo ha recibido del famoso físico Heinsenberg, que anunció el «principio de la indeterminación» en la naturaleza, con lo que sufre un duro golpe la contraposición kelseniana —básica para su tesis— entre el ser físico (causal) y el deber ser jurídico.

En las ciencias sociales, si bien ha hecho crisis el causalismo mecanicista, que imponía la rigurosa colocación de los fenómenos en relación de causa-efecto, seguimos preguntándonos por las causas, aunque sólo sea en términos aproximados, como circunstancias y situaciones desencadenantes o propulsoras de la dinámica social.

La fórmula metodológica de la variable independiente y las variables dependientes opera con un conjunto de factores en el que uno —el erigido en variable independiente— funciona como elemento causal, mientras las variables dependientes actúan como elementos de cooperación concurrentes y subordinados al representativo de la variable independiente.

En la tesis del materialismo histórico el papel de variable independiente lo desempeña la economía o más en concreto el régimen de producción. Por el contrario, conforme a la doctrina weberiana, priman los factores psíquicos y espirituales. Modernamente ha adquirido gran pujanza la teoría cifrada en erigir en variable independiente la tecnología.

No cabe la absoluta globalización de la génesis, que depende en gran medida del grupo social de que se trate y del medio histórico. El papel de variable independiente, más bien que la exclusividad, implica cierta preponderancia. Como variables no operan sólo grandes bloques —lo material, lo espiritual, etc.—, sino, dentro de ellos, algunos factores determinados y concretos.

11. CAMBIO POLÍTICO

Sin duda, no hay concepto tan flexible y versátil como el de cambio político, susceptible de múltiples denotaciones. Mientras el cambio social, además de constituir un tipo genérico, permite las subdivisiones, el cambio político se resiste incluso a una tipificación genérica. Puede considerarse como una de las manifestaciones del cambio social, ya que uno de los componentes de la realidad social es la vida política y consiguientemente su conformación. Todo cambio *de* sistema social incorpora necesariamente un cambio *de* sistema político por la mayor comprensión del primero. Entonces existe una completa correspondencia, en la que la mutación política es uno de los modos de expresarse la mutación social (general). Por el contrario, un cambio *en* o *dentro* del sistema social puede engendrar un cambio *del* sistema político. Con ello quiere decirse que lo no susceptible de engendrar una sustitución del sistema social puede tener entidad para significar una sustitución del sistema político. La situación recíprocamente inversa, por tanto, no se da: el cambio que opera sólo dentro del sistema político no determina otro que implique la sustitución del sistema social. Más aún: son perfectamente posibles cambios políticos que no modifican o apenas modifican el sistema social.

Operando sólo con el concepto de cambio político, lo que él signifique depende del nivel del análisis. La significación más amplia y radical aparece cuando nos preguntamos por el origen del sistema político de la convivencia, entendiendo por tal la superación de unas relaciones establecidas sobre la base del parentesco y la organización tribal o en otros grupos de la convivencia, para pasar a la afirmación de la individualidad de las personas adscritas a un territorio bajo la dependencia de una autoridad común. Éste sería el proceso de la politización. Entonces no se trataría de la sustitución de un sistema político, sino más bien de la aparición de éste.

Siempre que refiramos el cambio político a un sistema, el concepto de cambio adquiere mayor entidad. Así ocurre con el tránsito de la autocracia a la democracia. Si descendemos en la escala y nos referimos sólo al régimen o a la forma de gobierno, la entidad del cambio decrece. Todavía decrece más si utilizamos únicamente las expresiones de «cambio» y «político». Entonces todas las mutaciones que afecten a la polifacética realidad política pueden significar algún cambio. Lo habrá no sólo si, por ejemplo, en una democracia un partido de una ideología es reemplazado por otro de ideología distinta, sino incluso cuando el mismo partido en el gobierno anuncia un cambio de política. Así como al explicar el concepto del cambio social hemos dejado fuera de él la movilidad de las interacciones sociales que pueden considerarse como normales en la vida de los pueblos, otro tanto debe hacerse con el cambio político. Éste ha de afectar al sistema, aunque no lo sustituya. Determinadas mutaciones, posibles dentro del sistema, en cuanto no supongan una mutación propiamente dicha del mismo, deberán quedar fuera del concepto de cambio político. Un gobierno que orienta de modo distinto su política con relación a los diferentes sectores (la educación, la industria, la agricultura, etc.) está impulsando fluctuaciones en la acción política que, sin embargo, no tienen la entidad del cambio, si queremos utilizar un concepto que incorpore la delimitación indispensable para configurarle y entendernos.

12. DIVERSOS MODOS DE REALIZARSE EL CAMBIO

Una cosa es el modo de concebir el cambio (la ideología, la mentalidad) y otra los modos de realizarse. En el cambio siempre hay un proceso y un resultado. Los dos quedan comprendidos en la misma palabra. Sin embargo, los referentes de ésta y las hipótesis conceptuales difieren. En una hipótesis, el cambio se encuentra en curso; en la otra, se le designa como ya realizado.

Los modos de realizarse el cambio son integrables en diferentes tipos procedentes de ciertas generalidades observables en la realidad. Por razón de ritmo, puede ser *lento* o *gradual* y *rápido*. Un cambio rápido en el sentido de instantáneo no se da ni siquiera en la hipótesis extrema del cambio revolucionario. El hecho revolucionario es sólo la puesta en marcha o la iniciación de un proceso.

La catalogación tipológica, frecuentemente utilizada, que distingue entre el cambio *espontáneo* (o fluyente) y el *voluntario*, requiere alguna puntualización. En la sociedad post-industrial, la estricta espontaneidad, inconsciente e involuntaria, no se da; es incompatible con la comunicación y con la conciencia, cada vez más generalizada, de la sociedad global. El grado de historicidad y de reflexión crítica a que hemos llegado nos hace tener una conciencia coetánea del propio decurso de la vida colectiva y sus problemas. Por tanto, el cambio es espontáneo o fluyente cuando, aun asumido como vivencia, sin atenerse especialmente a un programa o proyecto determinados, va produciéndose en el seno de la vida social y política. Podría quedar comprendido entre la movilidad social, como escala inferior, y el cambio *voluntario*. Éste no es sólo un grado superior. Incorpora características cualitativas diferenciables. Hay una acción, querida y practicada, que tiende directamente a la transformación político-social. El cambio voluntario puede implicar una mutación completa del sistema de convivencia y del orden jurídico; mas no es indispensable, ya que la voluntariedad, si bien puede ser presupuesto de un cambio profundo o radical, no va necesariamente ligada a un cambio del máximo alcance. Como expresión y acaso como variante del cambio voluntario —en algunas ocasiones incluso contrapuesto— figura el cambio *dirigido*. En tanto el voluntario le asume la sociedad en su conjunto o como tendencia dominante, en el cambio dirigido no es indispensable una adhesión social, ya que puede resultar impuesto por la hegemonía o preponderancia de una corriente o por una autocracia. En el cambio propuesto democráticamente es posible cierto dirigismo o encauzamiento; puede ser afrontado desde una legalidad con propósitos renovadores; pero si el cambio es o llega a ser democrático, el protagonismo no corresponde al poder establecido que lo propone, sino al pueblo que, participando, aunque no le haya correspondido la iniciativa, lo discierne y asume.

Consideramos como modos prototípicos de realizarse o instrumentar el cambio la *reforma*, la *revisión* y la *revolución*.

13. LA REFORMA Y SUS DIFERENTES SENTIDOS

De la reforma puede hablarse en los siguientes sentidos principales: como una ideología política o pensamiento reformista; como la realización de una reforma; y en un sentido específicamente técnico-jurídico, como la modificación constitucional conforme a criterios previamente establecidos.

A) Suele considerarse la «Reforma protestante» como paradigma histórico del pensamiento y de la práctica reformista. Se trata más bien de la consolidación de la palabra por su uso que del establecimiento de un prototipo. Hay quienes, lejos de ver en el protestantismo una actitud reformista, lo califican de verdadera insurrección revolucionaria.[39] En la «Contrarreforma» no se encuentra sólo una posición inmovilista, sino que, partiendo de los principios tradicionales, además de a su reafirmación, se tiende a su renovación, por lo que en la «Contrarreforma», o más ampliamente, en el clima espiritual que la impulsa, hay algunas actitudes que podrían considerarse «reformistas», aunque no en el significado eclesiástico del término.

39. Cfr. Jorge Santayana, *Dominaciones y potestades*, Madrid, 1953, p. 382.

Posiblemente la más amplia ambición de una «reforma de la sociedad» se encuentra en el saint-simonismo y en el fourierismo.[40] Sin perjuicio de sus disparidades y aun de sus contraposiciones, ambas ideologías tienen de común su fe en una ciencia de la sociedad que, anteponiendo la economía a la política, permitiera llevar a cabo un programa de mejora material y moral de la clase obrera.

Bernstein forjó su tesis social-demócrata contraponiendo al socialismo revolucionario un socialismo reformista. Frente a la concepción marxista que consideraba al socialismo un producto arrancado revolucionariamente a la sociedad capitalista, Bernstein creía que de tal forma resultarían destruidos los que, a su juicio, eran puntos de partida indispensables para el nuevo orden socialista: la riqueza social de la producción y los medios para alcanzarla. Consideraba, no ya suficiente, sino necesario, para llegar a la meta de una sociedad socialista la progresiva transformación de la democracia política en democracia social y la lucha parlamentaria. Reputaba utópicas la revolución por sí misma y la muerte del Estado.[41] El socialismo bernsteniano no es reformista simplemente porque adopte una posición menos radical que el absolutamente fiel a la ideología marxista, sino también porque adopta, en la operatividad práctica, métodos consistentes en las reformas graduales. Sólo a través de ellas podría alcanzarse la meta final de la revolución. Por el contrario, para Rosa Luxemburgo la reforma, aunque se reitere, no pasaría de acumular modificaciones cuantitativas, que, por lo tanto, no llevarían nunca al cambio cualitativo encarnado en la revolución.[42]

El reformismo, como modo de afrontar la organización de la sociedad en un sentido renovador, ha estado muy presente en España. El pensamiento de la Ilustración, que no tuvo entre nosotros secuelas revolucionarias, se canalizó a través de las llamadas «reformas borbónicas» que llegaron hasta las postrimerías del siglo XVIII. La apertura de España hacia la democracia, que tanta inestabilidad produciría a lo largo del siglo XIX, dejó sin alcanzar la normalidad política. Al margen o por encima de la acción de los partidos y de los gobiernos, se consideraba necesaria una acción ciudadana como medio indispensable para resolver los problemas de la convivencia que giraban en torno a estas dos preocupaciones principales: el desarrollo económico beneficioso para todos y la tutela de la clase trabajadora sumida

40. Cfr. Jean Touchard, *Historia de las ideas políticas*, trad. de J. Pradera, Tecnos, 1979, pp. 428 y ss.
41. Cfr. Kurt Lenk, ob. cit., p. 158.
42. Cfr. Lenk, ob. cit., p. 169; y Touchard, ob. cit., pp. 559 y ss.

en el abandono cuando no en la miseria. Durante el último tercio del siglo XIX y hasta bien entrado el primer tercio del presente —por referirnos al período de tiempo central— persistió, con las naturales vicisitudes de florecimiento y de crisis, un pensamiento y una acción directa que se propusieron el *reformismo social*. Expresiones como «el problema social», «la cuestión social», «la política social» y «la justicia social» están a la orden del día. El denominador común de las mismas es «la reforma social». En torno a ésta convergen ideologías y posiciones diferentes como son: el krausismo, el catolicismo social, el establecimiento y desarrollo del saber sociológico y un genérico reformismo que permitía adscripciones ideológicas de signo muy distinto. Gumersindo de Azcárate publicaría en el año 1881 un libro con el título de *El problema social*.[43] Éste, a su juicio, consistía en llevar a cabo la «reorganización de la sociedad» que debería afrontarse desde el siguiente no fácil sincretismo: por el individuo, inspirándose en «la solución cristiana»; por la sociedad, inspirándose en «la solución socialista», y por el Estado, inspirándose en «la solución individualista».[44] Cultiva una sociología de inspiración krausista como la iniciada por Francisco Giner de los Ríos, muy distante del positivismo estricto, para enlazar con una filosofía y una ética de la sociedad, tendentes al perfeccionamiento de ésta, como lo demuestra lo que habría de llamarse un «arte social».[45] Joaquín Costa, más que un sociólogo de escuela, es un investigador del derecho en la realidad viva y en sus manifestaciones locales concretas, de donde extrae enseñanzas para el regeneracionismo social. Daba como hechas las que llama «reformas liberales» (reconocimiento de los derechos individuales, sufragio universal y juicio por jurados), pero estimaba pendientes la «reforma política» y la «reforma social».

Posiblemente uno de los más fervorosos expositores de un pensamiento reformista de amplio alcance es Eduardo Sanz y Escartín, autor, entre otros, de dos libros fundamentales como son *El Estado y la reforma social* (1893) y *El individuo y la reforma social* (1896).[46] Adoptando una posición crítica respecto del socialismo, se declara partidario de una ciencia positiva, «que domina actualmente —dice— en las clases cultivadas»; mas no cree que el conocimiento positivo «sea la abdicación de las más

---

43. Gras y Compañía, Editores.
44. Ob. cit., p. 146.
45. Azcárate, *El concepto de la sociología*, Barcelona, 1904, pp. 60 y ss. Cfr. Enrique Gómez Arboleya, *Estudios de la teoría de la sociedad y el Estado*, Instituto de Estudios Políticos, Madrid, 1952, pp. 660 y ss.
46. Tercera edición de 1900. Por esta edición se hacen las citas.

nobles facultades del espíritu».[47] Exalta lo que podría calificarse como un pietismo social, de base católica, que trata de armonizar las exigencias de la razón y de la moral. Se refiere insistentemente a todas las manifestaciones de la reforma: la política, la económica, la social y la legal. Considera que la «reforma social consiste en la distribución equitativa de los bienes de este mundo dentro del respeto debido a los derechos esenciales del individuo», entendiendo por bienes de este mundo «no sólo la riqueza, sino también, y en primer término, la moralidad, la salud, el saber, los goces del arte y de la naturaleza, la familia y la dignidad».[48] Ésta es la gran reforma, que ha de realizarse en «las costumbres y en los sentimientos» y de la que viene a ser una anticipación la «reforma legal favorable al pobre, al obrero, al proletario».[49] Sanz y Escartín contempla la revolución en el pasado. Supuso la consagración de la libertad; pero sus resultados no fueron satisfactorios. Las instituciones políticas y jurídicas surgidas están, dice, «en abierta oposición más de una vez con las costumbres, las ideas y los sentimientos del país en que se aplican».[50] Contemplando el futuro, Sanz y Escartín descarta como soluciones posibles la «violencia individual del anarquista y la violencia colectiva del revolucionario».[51] La revolución dejó, pues, pendiente muchos problemas relativos a la organización social. ¿Cómo afrontarlos? Sanz y Escartín, escribe: «El método científico no autoriza ni el proceder revolucionario ni el retroceso. Si deseamos mejorar la constitución legal de nuestro tiempo, debemos imitar a la naturaleza en su lentitud, pero también en la eficacia de sus métodos. Cuando una reforma tiene fundamento objetivo bastante, es preciso que se formule, que se demuestre su necesidad, que la acción de la inteligencia preste su calor y su fuerza el sentimiento, y entonces la reforma estará madura para la realidad, será algo semejante al brote, al nacimiento verdaderamente fisiológico, en armonía con el medio y en equilibrio interno, de un organismo sano y normal.»[52] Ahora bien, la exclusión de la revolución, por una parte, no elimina la resistencia o la insurrección ante el abuso de poder y, por otra parte, tiene por base, según Sanz y Escartín, la libertad de pensamiento y expresión. Me parece de interés transcribir el siguiente fragmento por el valor que todavía hoy puede tener: «Sólo cuando los medios de acción se hallan prohibidos, sólo cuando el poder aten-

47. *El individuo y la reforma social*, p. 11.
48. Ob. cit., p. 24.
49. Ob. cit., p. 329.
50. Ob. cit., p. 279.
51. Ob. cit., p. 281.
52. Ob. cit., p. 280.

ta a los derechos que arraigan hondamente en la conciencia pública, es lícito resistir a la autoridad política, ya mediante la resistencia pasiva, ya mediante la acción de la fuerza, el movimiento insurreccional. Este caso es hoy rarísimo en los pueblos civilizados, y únicamente se produce en algunas repúblicas hispanoamericanas, donde lo exiguo de la población encona las luchas intestinas y donde la falta de hábitos jurídicos mantienen vivo el caudillaje con todas sus consecuencias. En España los movimientos militares, que constituyen página triste, aunque necesaria quizá, de nuestra historia, se han hecho casi imposibles. El espíritu público los rechaza, y los partidos que, considerándose progresivos, ponen hoy su principal esperanza en los cuarteles, dan pruebas harto claras de su falta de condiciones para regenerar la vida política nacional—»[53] Sanz y Escartín considera indispensable la libertad de pensamiento y de expresión, pese incluso a los abusos. Precisamente por eso el reformismo puede ser propugnado desde todas las ideologías. «Las reformas políticas —escribe—, las reformas sociales, las que afectan al derecho privado, todas pueden defenderse con la pluma y con la palabra; los propagandistas del socialismo, los enemigos del orden de cosas fundado en la propiedad individual, gozan de la más completa libertad para defender sus ideas.»[54] En definitiva, la tesis de la reforma social es propugnada por Sanz y Escartín, en cuanto supone el mejoramiento de las condiciones de vida de las clases trabajadoras, como el medio de conseguir lo que no se conseguiría por las vías del desorden y de la guerra. De ahí su tendencia a generalizarse. «No hay partidos —dice— que prescindan de ellas [de las cuestiones sociales], y precisamente en Inglaterra y Bélgica— las grandes leyes orgánicas de reformas se han debido a partidos conservadores.»[55]

El Instituto de Reformas Sociales, fundado por Real Decreto de 23 de abril de 1903, del que surgiría el Instituto Nacional de Previsión, supuso la organización y la institucionalización del reformismo, que fue dando impulso a la protección social del trabajador y, en general, de la persona. Fueron numerosos los adalides de la idea. Generalmente actuaban en el doble plano de la especulación teórica y de la acción práctica. Dentro del pensamiento social, dos grandes focos de orientación vendrían a ser, en el ámbito nacional, «Las Semanas Sociales», y en el ámbito internacional, el Código social de la Unión de Malinas patrocinado por el cardenal Mercier, en donde se dirá que «la sociología

53. Ob. cit., p. 280.
54. Ob. cit., p. 281.
55. Ob. y p. citadas.

estudia las manifestaciones de la vida social, tales como son y *tales como debieran ser*» (II, 6). Un lugar destacado lo ocupa Severino Aznar, titular de la única cátedra de Sociología en la Universidad española durante muchos años. Como dice Gómez Arboleya, Aznar, en su época, «no es sólo el sociólogo más positivo, sino a la par el más técnico, el que perfecciona en España las técnicas de una profunda reforma social».[56]

B) Si, dentro del concepto de reforma, otorgamos significación propia a la ideología reformista (a la que hemos aludido antes) y a la reforma constitucional (a la que aludiremos después) ¿qué decimos o queremos decir cuando nos referimos genéricamente a la reforma y a su puesta en práctica? La reforma se presenta como el exponente del cambio dirigido. Al menos, se trata del cambio más susceptible de una instrumentación. Una síntesis muy afortunada de lo que es el dirigismo reformador la consigue Poniatowski con la expresión «conducir el cambio».[57] La adopción del criterio y la utilización del procedimiento de la reforma como respuesta a determinados problemas relativos a la organización de la convivencia implica, a mi juicio, estas tres cosas: el apartamiento de una actitud conformista; la adopción de una posición crítica, y la creencia en la función conformadora y rectificadora del derecho. La reforma, para su puesta en práctica, requiere de una instrumentación legislativa. No obstante, los reformistas suelen distinguir entre las reformas legales, más estrictas, y una reforma social, más amplia, que alcanza a las costumbres, a las pautas, y llega incluso hasta los sentimientos. Creo que detrás de la reforma, más cerca o más lejos, aparece la ley. No cabe duda que una sociedad puede por sí misma asumir y protagonizar transformaciones; pero estas transformaciones se dan dentro de un marco legal o de un orden jurídico determinado. Por ejemplo, la elevación del nivel de cultura de una sociedad no es ajena a la política educativa y la política educativa ha necesitado ser establecida a través de la regulación legal correspondiente. Algo similar ocurre cuando una reforma se califica de política. En ésta se ven con mayor claridad las siguientes fases: una ideología política pone en marcha determinadas medidas legislativas; si estas medidas conciernen a la organización y al funcionamiento de las instituciones llamamos política a la reforma en cuanto corrige, altera o innova tales instituciones; pero la reforma política no queda detenida en las instituciones

---

56. Gómez Arboleya, ob. cit., p. 669.
57. La expresión es el título de un libro. Hay trad. española. Ed. Dopesa, Madrid, 1975.

mismas afectadas por la modificación, sino que además, a partir de esta modificación, se espera conseguir resultados reputados políticamente como deseables o beneficiosos.

La reforma tiene siempre como punto de partida un sistema determinado. Las modificaciones introducidas, que pueden ser de mayor o menor entidad, encuentran como límite el propio sistema, que no resulta reemplazado. Claro es que todo depende del conjunto, más o menos extenso, que tomemos en consideración. En todo caso, parece cierto que nunca una reforma del sistema social —que es el conjunto de mayor comprehensión— puede traer consigo la eliminación del propio sistema y su sustitución por otro. Para esta hipótesis reservamos nosotros la expresión cambio *de* sistema. Si, como hemos sostenido, la revolución significa un cambio *de sistema*, mas éste, para ser revolucionario, requiere la *praxis* revolucionaria, nos encontraremos que un cambio *del* sistema social no es encajable en la reforma, no ya sólo porque la reforma pugne con la revolución, sino porque la reforma, al menos con referencia al conjunto global máximo, no significa en ningún caso cambio *de* sistema social. Si designamos como sistema a otro de menor amplitud, un subsistema como es el político, entonces puede admitirse que a partir de la reforma resulte profundamente modificado y aun sustituido. Pero constituye una hipótesis máxima y no frecuente. Cuando se da —y esta hipótesis la comprobaremos en el cambio político español— el cambio *de* sistema político, si bien se parte de una reforma, suele incorporar en su curso la presencia de otros factores determinantes de la mutación. Descendiendo en la escala —por ejemplo, reforma agraria, establecimiento de un régimen de seguridad social, sustitución del matrimonio indisoluble por el disoluble, etc.— es perfectamente posible que la reforma quede dentro no sólo del sistema social, sino también dentro del sistema político.

Generalmente, la reforma se enmarca con preferencia en las coordenadas de la modernización y el perfeccionamiento. Ésta es, desde luego, la posición ideológica del reformismo. Aunque no haya de considerarse necesariamente toda reforma como proyección de esa ideología, se ha de admitir sin embargo como su principal impulso y como el criterio dominante. La razón del cambio no es el conflicto o el fracaso del sistema, sino más bien el desajuste o la falta de armonía entre la realidad social —entendida como un proceso— y las correspondientes conformaciones político-jurídicas que se consideran desbordadas. En la reforma se parte de lo establecido; no lo niega de raíz, aunque lo trasciende. La reforma tiene su apoyo normativo en el propio orden jurídico dentro del cual se va a producir la mutación. Mantiene lo que sigue reputándose válido y eficaz; rectifica o reemplaza lo caduco. Supone una revisión del orden jurídico que, recayendo de modo directo sobre un punto o puntos determinados, se irradiará al conjunto del ordenamiento. Ahora bien, así como para obtener la figura del cambio social es preciso sobrepasar el normal movimiento o fluencia de las sociedades, así también para llegar a la reforma es necesario que la mutación tenga una entidad superior a las constantes variaciones a que está sometido el orden jurídico y su ordenamiento. El derecho natural racionalista y la Codificación —inspirada por él— representaron en su día los dos grandes intentos de ir a una enunciación definitiva del derecho. El curso del tiempo ha demostrado que no es así. El derecho natural sólo puede mantener su permanencia a base de la suma generalidad de sus principios, compatible con aplicaciones o encarnaciones concretas variables. La Codificación, que inicialmente se concibió como una meta en la que definitivamente se mantendrían estabilizados los sectores del ordenamiento afectados, se ha convertido en un proceso dentro del cual se produce la gradual acomodación de las normas jurídicas a las nuevas realidades. El derecho consuetudinario, si bien tiene por base la reiteración, no por eso deja de experimentar movimientos, aunque sean lentos e imperceptibles, más tal vez que los del lenguaje. El derecho judicial, como carece de una enunciación global, enlaza la tradición del precedente con la fuerza cambiante de los hechos. Donde más se percibe la movilidad es en el derecho legislado, primero por su enunciación global, y también porque los actos de elaboración y promulgación son externos. La incesante actividad legislativa del Estado moderno toma estas dos direcciones: o se extiende a zonas antes no ordenadas, o bien, recae sobre una ordenación precedente. Todo acto creador de la ley implica una reforma entendida de un modo genérico. Es evidente que la posterior ordenación legislativa de lo previamente ordenado supone introducir una modificación, pues de lo contrario no se justifica la nueva ordenación. Pero también hay modificación cuando la ley cubre espacios antes vacíos de ordenación jurídica, porque si bien falta una legislación precedente que pudiera resultar modificada, el hecho de introducirla en donde antes faltaba supone una variación. Podría decirse que es inherente al proceso legislativo un proceso de reforma. Legislar es reformar. Sin embargo, la reforma con relación a un sistema social y a un sistema político, tiene un alcance distinto y superior al de la normalidad reformadora o modificativa implícita siempre en los actos de creación legislativa del derecho. La legislación es la más frecuente y rápida generadora de reformas. Ya lo fue también en Roma.

Ahora bien, no toda reforma de la ley o en el ordenamiento jurídico da lugar a la reforma como modelo o tipo de mutación en el ámbito de la sociología política y como concepto propio de ésta. El sistema tiene que resultar afectado. Para ello no es suficiente que su contenido varíe. Son numerosas las variaciones de contenido que resultan por completo indiferentes al sistema. Aun cuando con la reforma no haya nunca cambio *del* sistema social ni generalmente tampoco del propio sistema político, es necesario que la reforma modifique alguna regla de la sistematicidad. Por sistematicidad entiendo las reglas conformadoras del sistema, y estas reglas y no sólo el contenido del sistema tienen que verse afectadas en todo cambio, y también en el cambio representado por la reforma.

La reforma, en la temática del cambio, tiende a representar una posición moderada o de equilibrio, equidistante de los extremos. Es la mayor concesión progresista que puede hacer el pensamiento conservador, en tanto representa un mínimo para una posición progresista. Se opone a la revolución en cuanto ésta supone necesariamente la ruptura, y se opone a la reacción que implica inmovilismo o retorno.

La oposición de la reforma a la revolución es absoluta desde el punto de vista del procedimiento, los hechos o la práctica. Lo que niega la reforma sobre todo es el hecho revolucionario, la irrupción violenta, el *partir* de una ruptura que excluye toda comunicación con el orden precedente. En la revolución no hay tránsito, aunque su realización no sea ni pueda ser instantánea, mientras la reforma presupone el tránsito. El tránsito o la transición connotan la eliminación de la violencia, la graduación sucesiva en el adentramiento en el cambio y la aceptación de una legalidad precedente como medio de modificar esa misma legalidad. Sin embargo, la reforma puede proponerse una meta o un resultado próximo o quizá similar al propuesto por la revolución. Por el contrario, la reforma siempre está en pugna con el mantenimiento de la situación dada que propugna una posición reaccionaria o estrictamente conservadora. Es, por tanto, mayor la diferencia cualitativa entre la reacción y la reforma que entre ésta y la revolución. La inclinación a ver en la reforma una posición de centro no parece completamente cierta. Operando sólo con las abstracciones conceptuales, ciertamente, si la reforma no es revolución ni inmovilidad, equidista de ambas. Pero en un contexto histórico, todo depende de las opciones políticas que figuren en el mismo. En una distribución dualista de las fuerzas políticas falta el centro, y entonces el reformismo significará una posición de derechas o de izquierdas según cual sea la posición contraria no patrocinadora de la reforma. Para colocar en el centro el reformismo es necesario que haya centro. Luego el reformismo no es de suyo centrista, aunque el centrismo pueda ser reformista.

La contraposición, tan difundida en España, entre la reforma y la ruptura, no es tan simple y concluyente como a veces se piensa. Ciertamente, la ruptura es factor indispensable en la revolución; actúa en ella como condición necesaria. Pero si, como nosotros pensamos, el cambio no se define como revolucionario en función sólo de la ruptura, sino que antes es preciso el hecho de la revolución, nos encontramos con que, si bien la revolución es ruptura, no toda ruptura es, sin más, revolución. Entonces, entre la ruptura generada por una revolución y la reforma que no es ruptura, queda una situación intermedia: la ruptura en el sistema. Si esta ruptura no procede de la revolución ¿podrá proceder de la reforma? De admitir que las transformaciones acumulativas pueden desembocar en un cambio *de* sistema, y a tal equivale la ruptura, habrá de admitirse también que la reforma, si no por sí sola, puede contribuir a esa ruptura. Lo que en ningún caso es posible es que la reforma se produzca y manifieste como ruptura en cuanto se inicia con base en el sistema y no fuera o enfrente del mismo. Es posible, sin embargo, que en el desenlace de la reforma termine por haber ruptura. Ésta es un efecto representado por la existencia de solución de continuidad. No cabe, por tanto, situar en el mismo plano a la revolución, a la reforma y a la ruptura. Con la ruptura designamos exclusivamente un efecto. Por sí sola no se da. En términos generales, se presenta dependiente de la revolución; pero si no se la quiere considerar exclusivamente con esa subordinación, habrá que poder derivarla también de la reforma; si bien hay siempre una diferencia: mientras la ruptura opera como condición necesaria de la revolución, únicamente se da en algunas modalidades de la reforma y, más en concreto, cuando ésta no se ofrece en su estricta expresión técnico-legal por concurrir con ella otros factores determinantes de la transformación. Alguna ruptura puede resultar de una reforma; la ruptura plena es presupuesto de toda revolución.

C) Un concepto del cambio jurídicamente configurado y tecnificado que da lugar a un concepto, también juridificado y tecnificado de la reforma, está representado por la reforma constitucional. Cobra un particular sentido en las constituciones escritas y rígidas. En las constituciones flexibles la reforma no ofrece un matiz diferencial, puesto que puede llevarse a cabo mediante leyes ordinarias. Desde el punto de vista del contenido, cualquier cambio en el texto constitucional es reforma; lo mismo si consiste en un cambio mínimo o parcial como si es total.[58] Lo que cualifica a la reforma es el procedimiento a que ha de ajustarse, el cual, aunque varíe según cual sea el alcance de la modificación, es siempre un procedimiento especial dirigido a dificultar la reforma para impedir que las eventuales fluctuaciones de la mayoría permitan el cambio constitucional. La especialidad y la restricción pueden concernir a los órganos competentes para la reforma o sólo al procedimiento. Biscaretti di Rufia señala, desde el punto de vista de los órganos, las siguientes modalidades, según se desarrolle por medio de una Asamblea constituyente, o Convención; de una Asamblea Nacional formada por las dos Cámaras parlamentarias reunidas conjuntamente; del condicionamiento de toda la reforma a un referéndum obligatorio; o de la intervención de los Estados-miembros particulares, cuando se trata de reformar una Constitución federal.[59] Los procedimientos legislativos agravados a seguir por los mismos órganos son variadísimos. El propio Biscaretti di Rufia recoge los siguientes: la mayoría calificada; la doble aprobación distanciada temporalmente; la aprobación repetida en la legislatura sucesiva y después de las elecciones con el significado de referéndum; y la integración con un referéndum facultativo. Hay otras variedades, en cuanto a órganos y procedimiento, como veremos más adelante.[60]

14. LA REVISIÓN

Con las palabras reforma y revisión pueden decirse cosas tan parecidas que, para mantener ambas diferenciadas, es preciso, si no establecer, sí subrayar convencionalmente sus respectivos sentidos y sus límites.

En el derecho procesal español se denomina recurso de reforma al que se interpone ante el mismo Juez que ha dictado la resolución recurrida. La reforma en este caso tiene por objeto que el mismo Juez reconsidere su propia resolución y la modifique en sentido favorable para el que recurre; por ejemplo, en

---

58. Cfr. Karl Loewenstein, *Teoría de la Constitución*, trad. de Alfredo Gallego Anabitarte, Editorial Ariel, 1979, pp. 175 y ss.
59. Paoló Biscaretti di Rufia, *Derecho constitucional*, trad. prólogo y notas de Pablo Lucas Verdú, Ed. Tecnos, Madrid, 1973, p. 275.
60. Ob. cit.

el recurso de reforma contra un auto de procesamiento, se insta que el procesamiento se alce, con el fin de que quien fue inicialmente procesado, deje de estarlo. El recurso de revisión en nuestras leyes procesales civiles, penales y contenciosoadministrativas es el único medio de impugnar, ante el Tribunal Supremo, sentencias firmes, generalmente porque al dictarse éstas no se pudieron considerar elementos de juicio conocidos con posterioridad o porque alguna actuación fraudulenta influyó en el fallo. Entonces la sentencia recurrida en revisión no se reconsidera desde su interior ni por el mismo Juez o Tribunal que la dictó, sino que, interviniendo un Tribunal distinto y superior, la sentencia recurrida, en sí misma correcta, es impugnada por causas extrínsecas a ella, pero con influjo en la cuestión decidida, que, si el recurso prospera, la hacen decaer. Estos significados procesales de la reforma y la revisión, que he enunciado muy genéricamente con la indicación de lo indispensable para entenderlos, no son coincidentes, sino más bien contrapuestos a los valores semánticos usuales de las palabras, porque la reforma es la modificación, el cambio o la reparación de algo previamente establecido sin necesidad de que proceda del mismo órgano que dio lugar a lo luego reformado; comprende toda disparidad de criterio respecto del previamente formado o establecido. Diversamente, la revisión supone más bien la reconsideración del mismo tema o problema procedente desde el interior y no desde fuera. Y nos encontramos con que, por el contrario, en el orden procesal, la reforma se produce dentro de la misma instancia o fase procesal antes que quede agotada, mientras la revisión, aparte de tener un carácter marcadamente extraordinario, se produce en una fase procesal distinta y superior. He acudido a estos significados para poner de manifiesto el grado de convencionalismo y aun de arbitrariedad que puede haber en ellos.

Si repasáramos las Constituciones de los diversos países veríamos que usan indistintamente los términos «reforma» y «revisión». En las Constituciones españolas se observa alguna preferencia por la palabra «reforma», si bien se usa también como sinónima o equivalente la palabra «revisión». La Constitución de 1812 hizo figurar en la denominación del título X la frase «modo de proceder para hacer variaciones en ella» y en el articulado habló siempre de «reforma». El título XV de la Constitución de 1856 lleva como rúbrica «De la reforma de la Constitución», pero en el artículo 87 estableció que «Las Cortes con el Rey tienen la facultad de declarar que ha lugar a *revisar* la Constitución...». La Constitución de 1869 (título XI) y la de 1931 (título IX) mantuvieron siempre la palabra «reforma». En la de 1978, el título X se denomina «De la reforma constitucional» y en los artículos correspondientes se repite la misma palabra, si bien en una ocasión (art. 168) puede leerse: «Cuando se propusiere la *revisión* total de la Constitución o una parcial...», con lo que hay un uso polisémico de ambas palabras. La Constitución de 1978 no ha querido decir nada conceptualmente distinto con cada una de ellas.

Hay, pues, si no completa identificación, sí contigüidad semántica. Los significantes, esto es, los signos lingüísticos en su expresión acústica y gráfica difieren más entre sí que los respectivos significados. No obstante, tal vez pueda establecerse una línea divisoria. La función designativa de la palabra reforma, acudiendo a los referentes a que puede llegar, es mayor y más heterogénea que la función designativa y las referentes de la palabra revisión. Según el *Diccionario crítico etimológico* de Corominas,[61] de «reformar» proceden además de «reforma», «reformable», «reformación», «reformado», «reformador», «reformatorio» y «reformista»; y «revisar», además de a «revisión», da lugar a «revisor», «revisoria», «revista», «revistar», «revistero» y «revisto». La revisión concierne más al hecho o acto de realizarla que al resultado. Si, por ejemplo, digo que reviso un texto, el texto revisado puede seguir siendo el mismo; lo que importa es que se haya producido la revisión como garantía de su autenticidad; la revisión es, antes que una modificación o rectificación, la constatación de un sentido originario. También puede tener alcance modificativo; mas no es indispensable. Por el contrario, en la reforma cuenta siempre el resultado. Un texto reformado ha de ser necesariamente distinto, en el todo o en alguna de sus partes, al texto precedente. En virtud de la revisión subsiste la identidad de lo revisado. Diversamente, la reforma puede ir dirigida a la pérdida de esa identidad. En el lenguaje sociológico o en el de la teoría política, la reforma es la transformación no revolucionaria referida a un sistema. Para dotar a la revisión de un sentido propio y suficientemente diferenciado hay que situarla más en el sujeto actor de la misma. Mientras nada se opone a que un texto revisado sea el mismo, la revisión del sistema implica una modificación, si bien efectuada desde el interior.

En filosofía se ha hecho, a veces, un uso muy generalizado de la revisión hasta el punto de que, según sostiene G. L. Kline, «la historia de la filosofía occidental puede ser vista como una serie de revisiones acumulativas, empezando con la revisión platónica de Parménides y terminando con las revisiones contemporá-

---

61. Edición Gredos, de 1976.

neas de Husserl, Heidegger y Wittgenstein».[62] En medio quedan gran parte de las posiciones filosóficas, que se manifiestan como correcciones de otras precedentes, aunque hay también posiciones originales, como las de Platón o Hegel. Lo que se llaman «revisiones», advierte Ferrater Mora, podrían llamarse también «influencias».[63] Quizá la «influencia» contribuya a determinar el sentido que nosotros pretendemos encontrar en la «revisión». Porque quien adopta un punto de vista revisionista empieza por recibir o admitir aquello que luego reconsidera o rectifica.

Sin duda, es en el campo de las ideologías donde el revisionismo cuenta con más específicas manifestaciones e incluso con un significado propio y constante. En principio, cualquier posición es susceptible de considerarse como revisionista en cuanto, situándose en una ideología, trata de llevar a cabo sobre ella una remodelación generalmente influida por nuevas circunstancias. Así, el neoliberalismo de hoy no es en modo alguno el clásico, ya que la posición abstencionista del Estado ha sido sustituida por otra mucho más amortiguada constituida por el principio de la subsidiariedad, o como dice Myrdal «en tanto los primeros autores postulaban una no intervención del Estado, hoy el postulado de libertad está rodeado de una larga lista de limitaciones».[64] Nadie como Marx ha engendrado un cuadro tan amplio y diverso de posiciones revisionistas. El revisionismo marxista toma unas veces como punto de vista al propio Marx o a la ortodoxia oficial de la filosofía soviética. Unas veces el revisionismo se presenta como el retorno a la reputada como doctrina auténtica originaria; otras veces es el apartamiento de ciertas interpretaciones; otras, la acomodación del marxismo a las nuevas realidades. Aunque con mayor frecuencia se considera revisionista la actitud de quienes no aceptan en su integridad el modelo marxista-leninista, como ocurre con el eurocomunismo. Revisionistas son también las abundantes nuevas lecturas de Marx. En todos estos casos no se pretende la negación de la doctrina, sino una mayor fidelidad a su espíritu y a sus fines. En el plano estrictamente intelectual las dos grandes versiones están constituidas por quienes la consideran como una teoría crítica, para lo cual consideran importante la continuidad de Hegel en Marx y las aportaciones del Marx joven (como es el caso de Lukács, Gramsci, Goldman, Adorno, etc.), y por los que rechazan el cri-

62. En su obra *Kolakowski and the Revision of Marxism*, 1965, cit. por Ferrater Mora, *Diccionario de Filosofía*, Alianza Editorial, 1979.
63. Ferrater Mora, *Dic.* cit., voz «Revisión».
64. Cfr. Gunnar Myrdal, *El elemento político en el desarrollo de la teoría económica*, trad. de José Díaz García, Editorial Gredos, 1967, p. 123.

ticismo como ideología para concebir el marxismo como una verdadera ciencia en la que Marx aparece libre de las ataduras hegelianas y de su propia juventud (como sostienen Della Volpe, Althuser, Godelier, etc.).[65] El propio marxismo surgió originariamente como una revisión superadora del socialismo utópico.

En la revisión, por tanto, puede permanecer lo revisado. Es más un problema de redefinición o reinterpretación que de cambio.

15. LA REVOLUCIÓN COMO CAMBIO SOCIAL Y POLÍTICO

He aquí un término predicable de todo, colmado de distintos usos y manifestaciones, acaparador de éxitos semánticos, menos en la *Enciclopedia Británica* que no registra la palabra «revolución».

Un concepto válido de revolución en el área de nuestro tema, cabría enunciarlo en las siguientes proposiciones:

1.ª Es el modo más *radicalizado* de concebir, propugnar y realizar un cambio, y, específicamente, el cambio social.

2.ª La revolución ocupa siempre en el análisis dialéctico de la realidad *la posición de la antítesis*. No es nunca comienzo ni progresión. Constituye la negación de algo dado o establecido. La negación viene hecha desde ella misma y desde una afirmación contrapuesta, construyéndose así el aspecto negativo-positivo de la tesis representada tanto por el no ser de lo negado como por el ser de lo afirmado, en tensión contradictoria.

3.ª Sigue siendo problema debatido en sociología si en la explicación de la sociedad prima la nota del cambio o la del equilibrio. El entendimiento de la revolución desde dentro del pensamiento revolucionario (que también tiene importantes asistencias sociológicas) supone siempre la preeminencia del cambio. Una sociología que considere la realidad en función del conflicto ve la revolución como manifestación, siquiera sea exacerbada, del cambio. Por el contrario, la sociología centrada sobre el equilibrio contempla la revolución como una anormalidad. En cualquier caso, el cambio radicalizado por la revolución tiene como presupuesto el *conflicto social* en cuanto exponente de una tensión entre fuerzas antagónicas.

4.ª Mientras la reforma y la revisión son cambios instrumen-

---

65. Cfr. Alvin W. Gouldner, *La sociología actual: renovación y crítica*, versión castellana de Néstor Miguez, Alianza Universidad, Madrid, 1979, pp. 394 y ss.

tados mediante un programa de desarrollo gradual, que a veces sólo anticipa lo que podría ser fruto de la movilidad social o del cambio espontáneo, la revolución, aunque suponga una estrategia y una planificación, en su ámbito social y político, como irrupción en el poder, parte siempre de la ruptura. Ésta no es únicamente el resultado, lo conseguido, sino el comienzo del propio hecho revolucionario. Crea, por tanto, inicialmente, un vacío jurídico que, en el curso de la revolución, se va nutriendo de la legalidad del nuevo orden. Una reforma muy progresiva puede terminar con una ruptura o con lo que prácticamente la equivalga mediante la completa mutación del orden jurídico; mas, aparte de que la hipótesis es excepcional, en ningún caso la ruptura se encuentra en el comienzo, o lo que es lo mismo, carece de la significación fáctica inicial y total que tiene siempre en la revolución. La llamada «revolución desde arriba», pese al nombre o más bien por él, no pasa de ser un reformismo anfibológicamente designado.

5.ª En tanto la reforma propende a suavizar el cambio y es compatible con el pensamiento conservador, la revolución trata de agotar todas las posibilidades de cambio y suele identificarse, políticamente, con una posición de izquierdas. Ésta no es tanto una exigencia conceptual e ideológica cuanto una constante histórica.

Lo dicho tiene sentido respecto del aspecto social-político de la revolución, que, siendo el preponderante, no es el único.

16. MAGNITUDES Y SIGNIFICADOS VARIABLES DEL CONCEPTO DE REVOLUCIÓN

El concepto de revolución tiene un campo de aplicación más amplio que el social-político, así como también existen concretos procesos históricos que se consideran prototípicamente revolucionarios. Schieder, al ocuparse del significado histórico de las revoluciones, escribe: «Cuanto más amplio llega a ser el campo de aplicación de un concepto, tanto más difícil es determinar su específico significado. Esto vale también para el concepto de revolución.» [66] A medida que el ámbito de aplicación de un concepto es más extenso, ha de ser más genérico y abstracto como único modo de comprender en el mismo contenidos reales diferentes. Sin embargo, todo no queda reducido a un problema de

66. Theodor Schieder, «Revolución», en *Marxismo y Democracia*, Enciclopedia de conceptos básicos, Política, 7; trad. esp. de Joaquín Sanz Guijarro. Ediciones *Rioduero*, Madrid, 1975, p. 54.

magnitud que pueda resolverse flexibilizando el concepto o distendiéndole para dotarle de una elasticidad acomodable a distintas situaciones. Los significados también varían y difícilmente, salvo en unas líneas muy generales, puede mantenerse la unidad de significación.

A) El significado originario de *revolutio* (sustantivación del verbo *revolvere*), que indica el movimiento circular, como el de los astros,[67] queda muy lejos y al margen de lo que designamos como revolución en las transformaciones de las sociedades y del derecho.

En los dominios de la ciencia (y también de la filosofía) el exponente máximo de la revolución se identifica con el sistema heliocéntrico de Copérnico sobre el movimiento de los planetas en torno al sol. Éste es el mayor contenido de diferenciación cualitativa o contraposición radicalmente antagónica que es atribuible a una revolución en cuanto refleja, respecto del anterior sistema geocéntrico, un cambio total y súbito. El cambio no tiene lugar en la naturaleza, sino en la historia y específicamente en la historia del conocimiento. Se trata de una mutación operada en la esfera del conocimiento; lo que hoy llamaríamos sustitución del modelo teórico explicativo. Por eso precisamente son posibles los grados más extremos del radicalismo. En la naturaleza nada ha experimentado la menor alteración. El sol, la tierra y los planetas siguieron, imperturbables, los movimientos de siempre. El cambio va referido a lo que no ha cambiado, a una realidad que se mantiene. Ha cambiado, sin embargo, la correspondencia entre la realidad y su explicación; antes ésta no coincidía con aquélla. Hacer coincidir el dato empírico con la teoría: eso fue todo; pero como el dato empírico permaneció inmutable, todo ocurrió en la teoría, en definitiva, en la mente de un hombre. Como faltó una conciencia coetánea del cambio en cuanto fue negado por muchos, los apegados al nominalismo de los conceptos entienden que, en rigor, no hubo una revolución por cuanto la nueva teoría tardó largo tiempo en imponerse. Creo que no es así. Desde el momento en que la inteligencia humana descubrió la verdad, que suponía la radical negación de lo antes considerado como cierto, la revolución se produjo. Lo que ocurre es que esta revolución, como sucede no pocas veces, sólo se ha comprendido después. Así surgiría con el tiempo el concepto de la que luego se llamaría «revolución copernicana» como modo de designar metafóricamente otras mutaciones fundamentales, frecuentemente en

67. Cfr. Kurt Lenk, *Teorías de la revolución*, trad. de Jordi Brandts y Alfredo Pérez, Ed. Anagrama, Barcelona, 1978, p. 14.

el plano del pensamiento, desde que Kant se sirvió de la comparación para explicar —como una revolución equiparable a la copernicana— el nuevo giro que supone el papel asignado al hombre en su sistema de conocimiento.

A propósito de las revoluciones científicas en particular, se ha planteado el problema de si suponen necesariamente colocarse en un paradigma nuevo que destruye el precedente, o bien si, desde el precedente, sin reemplazarlo, es posible llevar a cabo conquistas revolucionarias. Este problema tiene su equivalencia o correspondencia con el ya examinado antes acerca de si un cambio social cumulativo, es decir, experimentado dentro del sistema, puede significar la modificación profunda o la sustitución incluso del propio sistema. Ya hemos expresado nuestra opinión acerca de que en el campo de la vida social la mutación puede emanar de su interior y, en concurrencia con otros factores, provocar el cambio; no tiene que haber necesariamente una discontinuidad, si bien dejamos a salvo que pueden suceder las cosas de modo distinto cuando un cambio específicamente revolucionario se manifiesta en la ciencia. En concreto, se ha suscitado la cuestión de si la teoría de Einstein sólo puede aceptarse reconociendo el error de Newton. Se considera como dominante la tesis de que subsiste lo que podría considerarse un Newton rectificado o modificado.[68] Frente a este criterio, T. S. Kuhn,[69] al que tanto le ha preocupado la cuestión, acumula razones vigorosamente enunciadas. Su línea argumentativa radica en entender que los paradigmas sucesivos o nuevos no se limitan a decir algo distinto de la naturaleza, sino que se dirigen también a la propia ciencia que los establece. «Son —aclara— la fuente de los métodos, el ámbito de los problemas y los criterios de solución que una comunidad científica madura acepta en un momento determinado. En consecuencia, la recepción de un nuevo paradigma requiere muchas veces la redefinición de la ciencia correspondiente. Algunos de los viejos problemas pueden quedar relegados a otra ciencia o ser declarados completamente "acientíficos". Otros, que previamente no existían o que se consideraban triviales, pueden convertirse con el nuevo paradigma en los verdaderos arquetipos de un logro científico significativo.»[70] A mi juicio, aquí radica precisamente lo que singulariza las «revoluciones científicas», utilizando esta expresión en su sentido intracientífico o epistemo-

68. Esta posición ha sido principalmente estimulada por el positivismo lógico.
69. Cfr. Kuhn, en el libro colectivo cit. de Nisbet y otros, *Cambio social*, pp. 144 y ss.
70. Ob. cit., pp. 154-155.

lógico, cuando queremos decir no que la ciencia es causa de revoluciones —por ejemplo, al hacer depender de la ciencia la revolución postindustrial—, sino que ella misma tiene momentos revolucionarios. Como la revolución se ofrece en el plano del pensamiento —sin perjuicio de las consecuencias que se deriven—, de ahí que no sea completamente asimilable la revolución científica al cambio social ni a la revolución social. Hay que admitir que las ciencias humanas o culturales también tienen sus momentos revolucionarios, como por ejemplo, el que ha experimentado la lingüística, aunque, si con la revolución quisiéramos designar en este ámbito mutaciones ajenas al propio proceso cognoscitivo, no sería fácil encontrarlas en la realidad como encontramos en ella las revoluciones procedentes de las ciencias físicas.

B) Cuanto mayor sea el contexto que se considere, menores serán los procesos o fenómenos revolucionarios. En los grandes espacios antropológicos y en la temporalidad histórica de largo alcance, la revolución se condensa y hasta se abstrae en síntesis que absorben multitud de acontecimientos que sólo pueden considerarse revolucionarios como elementos del conjunto y no en su individualidad. El filósofo yugoslavo Gajo Petrovic, en una Ponencia presentada al I Congreso de Filosofía de México, celebrado en Morelia, en 1975, propuso como concepto de la «revolución total» la creación de un modo de ser esencialmente distinto, que difiere del no humano, del antihumano y del aún no completamente humano, y encarna «el ser como libertad».[71] Poniatowski, tratando de comprender toda «la historia de la humanidad» identifica cuatro revoluciones. La primera estaría representada por el *homo sapiens*. La segunda, por la aparición de la agricultura y la formación de comunidades permanentes. La tercera, por el desarrollo de la industria, el consumo en masa y las grandes ciudades. La cuarta tendría este significado: «mundialización de los problemas, extensión de la información y atenuación progresiva de las relaciones jerárquicas.»[72]

Prescindiendo de la revolución total, que es un planteamiento filosófico, el sumo reduccionismo marca los siguientes pasos: la fase o manifestación de la *cultura inconsciente*, que se da en tanto el hombre genera la cultura sin representársela en cuanto tal, como son los casos del lenguaje, los mitos y el parentesco; la fase o manifestación de la *cultura reflexiva*, que tiene lugar cuando el hombre asume su explicación racional y la del mundo;

71. Da cuenta de esta ponencia Ferrater Mora, en su *Diccionario de Filosofía*, última edición de Alianza Editorial, Madrid, 1979, t. IV, voz «Revolución».
72. Ob. cit., p. 124.

y la fase o manifestación de la *cultura crítica*, caracterizada por el pleno sentido histórico de la cultura protagonizada como tránsito y puesta en cuestión. Hablo de fase o manifestación porque, aunque haya un orden sucesivo ascendente, no se trata de fases que se excluyan. Desde este punto de vista, la revolución se manifiesta más en el avance, en el desarrollo de la capacidad discursiva, que si bien impone el abandono o la negación de algunos precedentes, no lleva aparejada la completa destrucción. De todas maneras, la revolución como fórmula explicativa de los grandes cambios antropológico-culturales pierde las connotaciones de crueldad o violencia difícilmente separables de las revoluciones políticas. En este orden de cosas lo revolucionario está en el cambio, en los descubrimientos; no en una acción determinada. Falta en absoluto el ritmo rápido. Aunque un descubrimiento signifique desde el principio la apertura de una nueva vía, la proyección de sus consecuencias al conjunto de la sociedad se produce con cierta lentitud. Estas revoluciones no se viven como tales; ni siquiera existen. Únicamente después nos cabe comprender que han existido. Carecen de un presente que nos haga participar conscientemente en los hechos revolucionarios con un sentido de la coetaneidad.

C) Si tomamos en cuenta un contexto histórico más limitado y próximo a nosotros, el número de las «revoluciones» se acrecienta considerablemente. A ello contribuye también que la propia revolución ha adquirido carta de naturaleza ideológica y gnoseológica.

a) La revolución francesa es, en su planteamiento, predominantemente política, aunque con marcadas consecuencias sociales. Sigue siendo «la» Revolución. Ella misma sobrepasa los hechos para constituir un «tipo». Señala el paso de la sociedad estamental a la clasista, erige en dominante a la clase burguesa y enuncia el postulado de la democracia política. Frente al anterior gregarismo social o asociativo, convierte en centro del sistema político al individuo en sí mismo considerado, como expresión de libertad. La tensión revolucionaria enlaza con singular énfasis el rechazo del viejo régimen con la implantación del nuevo en el que las afirmaciones (el llamado aspecto positivo de la revolución) son siempre formas de negación del anterior. Enraizada en el pensamiento de la Ilustración, de ella procede la idea del derecho emanado de la razón, que se contrapone al derecho romano, al consuetudinario y al contenido en las ordenanzas, como si estas conformaciones jurídicas no tuvieran su componente racional. Lo contrapuesto no es tanto el derecho natural de la razón al derecho de la historia cuanto el derecho *creado* al derecho *recibido.* Adueñarse el Estado de los actos creadores del derecho, mediante la ley: tal es lo verdaderamente decisivo.

b) La revolución industrial, de origen preferentemente inglés e impulsada por el progreso material en los medios mecánicos de producción, señala el tránsito de la sociedad agraria-artesana a la manufacturera-industrial. Transfiere la hegemonía del poder económico de la tierra a la fábrica. Supone la consagración del capitalismo y del libre comercio como base de la producción, de la división del trabajo y de la distribución de los bienes. Sus presupuestos son esencialmente económicos, si bien irradian al conjunto de la organización social.

c) Las revoluciones agrarias son mucho más antiguas históricamente que la revolución industrial, al menos en cuanto rebeldías y reivindicaciones del campesinado frente a los señores territoriales. No obstante, la *revolución agraria* en su significado propiamente revolucionario es posterior a la industrial. Tónica dominante en todos los casos es la redistribución de la tierra en beneficio de los que la trabajan. Sin embargo, es irreductible a un solo tipo; aunque se construya muy genéricamente, influyen mucho los factores nacionales. O la revolución agraria es la faceta campesina de una revolución de más amplio alcance o queda reducida a una reforma agraria más o menos profunda.

d) Aunque la *revolución social* no resulta completamente absorbida por el marxismo, se le han de reconocer ciertas prioridades. Una es su tendencia a lo que llamaría «apropiarse» de la revolución como teoría, práctica y mito. Resaltando esa totalidad revolucionaria, ha podido decir Ledrut [73] que la revolución no se da en el pensamiento formal y abstracto, sino en el pensamiento real de la revolución real. Por eso la tesis directamente marxista es la de que por primera vez la revolución tiene un alcance *social pleno.* Las anteriores revoluciones son consideradas como meramente políticas. Una clase de la sociedad se atribuía ficticiamente la representación de la sociedad; por tanto, sólo podían alcanzarse transformaciones limitadas. Con la revolución proletaria, entendida como profundamente social, la ficción y la limitación desaparecen. La peculiaridad de la revolución comunista radica en que su agente, la clase proletaria, está dotada de universalidad *negativa* o *pasivamente* puesto que figura excluida de la sociedad tal como existe, y esa posición determina que asuma *activamente* lo que le es negado. Las medidas revolucionarias prácticas irrumpen contra el régimen tradicional de la propiedad y contra el

73. «La pensée revolutionaire», en *L'Homme et la Société,* 1971, p. 21.

sistema capitalista, para atribuir al Estado todos los medios de producción.[74]

e) Hoy entendemos por *revolución postindustrial y científica* la supranacionalización y mundialización de los problemas, el consumo en masa, la creciente tecnificación de todos los contactos con el mundo exterior, la multiplicación de las interacciones y de las comunicaciones, la percepción incesante de la información, la creación sintética de la inteligencia, la tendencia hacia el sentido interplanetario de la existencia y, en conjunto, un sistema de vida cada vez más interdependiente y solidario, que acerca a todos los bienes de la cultura y pone al alcance del hombre la posibilidad de una destrucción colectiva. Una revolución en la ciencia lo fue ya la copernicana, a la que siguieron el descubrimiento de las leyes de la variabilidad de los fenómenos de la naturaleza y de los conceptos correspondientes que acentuaron la comprensión del mundo como un proceso y la superación del átomo como el último elemento de la estructura de la materia, dando entrada sucesivamente a la física electrónica, là mecánica cuántica y la física nuclear.[75] Lo que actualmente caracteriza al incontenible progreso científico es su asimilación práctica por la sociedad a través de la tecnología. Aquí radica la nota definitoria de la sociedad postindustrial y de la revolución que se designa con este nombre. Se trata de una revolución incruenta en sus planteamientos, a la vez de ritmo rápido y continuo, determinante de mutaciones de proyección general.

17. PUNTUALIZACIONES SOBRE EL SIGNIFICADO SOCIAL, POLÍTICO Y JURÍDICO DE LA REVOLUCIÓN

El estudio sociológico de la revolución ha puesto de manifiesto que, aun circunscrito el concepto a la organización social y política, son diversos los grados y las matizaciones de los fenómenos que se consideran como revolucionarios. La calificación, unas veces, es intensa y plena; otras veces, lo es en grado muy limitado o meramente aproximativo. Schieder, apoyándose principalmente en Johnson, considera que, desde el punto de vista del ámbito, cabe señalar estos tres grupos de cambios revolucionarios: 1.º, *del gobierno*; 2.º, *de la forma de gobierno*, y 3.º, de la

74. Cfr. principalmente. *El Manifiesto Comunista, La Ideología alemana,* y la síntesis de Jean-Yves Calvez, *El pensamiento de Carlos Marx,* trad. esp. de Edit. Rialp, Madrid, 1966, pp. 536 y ss.
75. Cfr. B. Kédrov, «Criterio de la revolución científica», en *Problemas del mundo contemporáneo,* 1979, pp. 53 y ss.

constitución de la sociedad.[76] Conforme a este criterio, el golpe de Estado de De Gaulle pertenecería al primer grupo; la revolución alemana de 1918 quedaría incluida en el segundo grupo, y las revoluciones modernas, claramente comprendidas en el tercer grupo, serían la francesa, la rusa y la china.

Esta articulación en grupos se resiente de estar formulada con excesiva laxitud y concisión. Parece obvio que cualquier cambio de Gobierno, aun no atenido a las reglas establecidas, no puede considerarse como una revolución. Tampoco el «golpe de Estado» supone de suyo un cambio en la forma de Gobierno.

El *Tratado de Derecho político* del maestro Pérez Serrano, escrito en gran parte durante la guerra civil española, es una buena pauta para aproximarse al concepto de revolución y distinguirle de lo que puede entenderse por «golpe de Estado». Su síntesis definitoria es la siguiente: «La revolución en el orden jurídico-político, consiste en un movimiento de fuerza, brusco, violento y de raigambre popular, que altera rápida y sustancialmente las instituciones y el régimen del Estado.» Pérez Serrano recuerda la fórmula utilizada por Azcárate para describir la revolución («hecho de fuerza ejecutado para derrocar el poder constituido, el poder oficial del Estado»), que le parece —y está en lo cierto— demasiado amplia porque esos caracteres se dan también en el golpe de Estado, del que Pérez Serrano ofrece esta muy precisa descripción: «Constituye... un suceso político que modifica violenta, brusca e ilegalmente el régimen jurídico establecido, y cuyo agente no es el pueblo, sino la autoridad depositaria del poder. Pudiera decirse que es una revolución hecha por los imperantes, aunque ello exigiría aclaraciones. Lo esencial es que, al margen del derecho, que no puede prever, ni regular, ni menos consentir su aparición, se produce un movimiento, de origen no popular, aunque a la postre reciba aliento y asenso nacional en ocasiones, y en que el propio Jefe del Estado, o autoridades supremas y caracterizadas de él, se apartan de la legalidad y alteran perentoriamente las instituciones fundamentales. Podrá no hacerse uso material de la fuerza; pero será porque haya bastado para vencer resistencias con la simple amenaza de emplearla, pues el golpe de Estado necesita de la apelación a ese resorte. Podrá prolongarse algo la lucha originada por la subversión, aunque es caso algo insólito; mas ello no resta verdad a la nota de transformación brusca que acompaña al fenómeno. Y, sobre todo, el síntoma *patognómico* (ya que de patología política hablamos) radica en ser los titulares del poder los que lo

76. Schieder, ob. cit., pp. 54-55.

esgrimen y utilizan para derrocar la estructura a que servían.» [77]

Tampoco la mera «revuelta» es una revolución. Dice bien André-Vicent: «La revuelta no entra en la historia... La miseria engendra la revuelta; no la revolución.[78] Así como el golpe de Estado emana del oportunismo de quienes encarnan el poder o están en sus aledaños, la revuelta es la protesta de los marginados. Puede ser uno de los fermentos que propicien el desenlace de un proceso revolucionario; pero de suyo la revuelta tiene más el destino de ser dominada que el de dominar. Es un grito de desesperación y de angustia sin entidad suficiente para engendrar el lenguaje articulado de las revoluciones; o si se prefiere, es una disfunción social, una grieta abierta en el orden de la convivencia que sigue manteniéndose. Desde el poder constituido, la revuelta es una alteración que pone en marcha la fuerza represora; desde el poder revolucionario en gestación, las revueltas sucesivas o acumuladas se contemplan como la lucha de guerrillas que forman la avanzada de un cambio profundo en ciernes.

Dentro del proceso de modernización [79] que, de una u otra manera, alcanza a todas las sociedades, son hoy perceptibles tendencias a la desorganización y dislocación social, así como a la reconstitución de la convivencia sobre nuevas bases. Crecen de manera incesante los movimientos de protesta que tienen un marcado carácter reivindicativo. La juventud, la familia, los grupos ocupacionales, el empleo del tiempo libre, la plena realización personal, los problemas derivados de la urbanización y la migración, etc., constituyen centros de impulsión de la protesta respecto de una organización de la convivencia en la que han hecho crisis los símbolos de la cultura tradicional y resultan insuficientes o inadecuados los mecanismos de control social.[80] Todo esto engendra una movilidad social crepitante y arrítmica.

En la revolución hay, creo, una doble o muy acusada conciencia histórica: la referida al hecho revolucionario y la proyectada hacia el futuro. La historia deja de considerarse como un pasado perecido o como un pasar irremediable. La revolución es, ante todo, la conciencia de que los hombres son los protagonistas de la

77. Pérez Serrano, ob. cit., pp. 420-421. A Nicolás Pérez-Serrano Jáuregui, que tan estimable prueba de amor a su padre y al saber ha dado al reconstruir los originales que forman este gran libro, yo le he pedido —y ahora se lo digo públicamente— algo más: la actualización de la obra, hacerla llegar a nuestro tiempo, hasta la constitución de 1978.

78. Ph.-J. André-Vicent, Les révolutions et le droit, L.G.D.J., París, 1974, p. 11.

79. Al concepto de modernización nos referiremos después.

80. Una visión muy pormenorizada de estos problemas en los diversos modelos de sociedad, puede verse en S. N. Eisenstand, Modernización. Movimientos de protesta y cambio social, trad. de Carlos Gallo, Amorrortu Editores, Buenos Aires, 1972.

historia y pueden imponerle un rumbo emanado de ellos mismos y no de las ciegas fuerzas de la naturaleza. No se trata sólo de que las revoluciones dejarán una huella; es que asumen el papel de creer en el cambio, de quererlo y conseguirlo. Todo puede condensarse en la expresión *conciencia de la historicidad*. O lo que es lo mismo: así como cada hombre encarna un proyecto de vida, así también lo encarnan las sociedades o los pueblos; y así como el hombre para realizar su proyecto de vida requiere de una libertad que impide su incondicional y resignada entrega a un destino ajeno a él, así también ocurre en la construcción de la convivencia colectiva entendida como participación en un destino que no ha de ser impuesto. Las creencias, las pautas de comportamiento, la asignación de roles, la distribución de bienes, profesiones y oficios parecen perderse en una tradición cuyo comienzo no se identifica. En consecuencia, cada proyecto de vida individual viene determinado por factores concernientes al origen, al medio, al estrato social, a la formación alcanzada y a las oportunidades de que se haya dispuesto dentro de unos límites muy estrechos. La revolución es, ante todo, como un despertar del sueño de la tradición, de la quietud y de la indiferencia, a la luz de la razón, del movimiento y de la crítica. Esto no quiere decir que consagra el puro racionalismo. El ardor revolucionario capaz de prender en las masas requiere el favor de una mística; requiere también el simbolismo de los mitos. Son indispensables simplificaciones tan elementales como el «bien» y el «mal», el «culpable» y la «víctima», el «mesías» y el «opresor». Los antagonismos están radicalizados. Existen; pero es preciso exaltarlos, exacerbarlos. El discurso revolucionario es desvelador de dogmas, mas no antidogmático porque también crea los suyos; sus dogmas y sus tópicos.

La «revolución» es una totalidad semántica que todo lo impregna. En ella se encuentran el intelectual y el desposeído. Mientras es muy difícil comunicar el mensaje del «Estado» (con su carga conceptual) o de la «democracia» (en donde la connotación numérica de la mayoría se sobrepone a su raíz etimológica), la revolución suscita inmediatamente sus adeptos y sus oponentes. El sufragio universal, que en su día supuso una conquista revolucionaria, no le servía a Lassalle como mensaje cuando se dirigía a los obreros de Frankfurt, a los que advertía en términos esclarecedores: «Cada vez que diga sufragio universal, debéis entender revolución y siempre de nuevo revolución.»[81]

La revolución supone un cambio de marcha en la historia; tam-

---

81. La frase de Lassalle está tomada de Kurt Lenk, ob. cit., p. 137, que a su vez la recoge de Bernstein.

bién un cambio de rumbo. Incluso éste es el aspecto subrayado porque la revolución entraña la idea de lo distinto, del cambio. Ésta es principalmente una hipótesis, ya que no siempre estamos en condiciones de saber cuál habría sido el desenlace histórico sin la concurrencia de la revolución. El cambio y la discontinuidad, que efectivamente figuran en la revolución, pueden ser en ocasiones realizaciones históricas no impuestas necesariamente por un hecho revolucionario. Hay sociedades a las que llega por el progreso lo implantado en otras sociedades revolucionariamente. El mismo cambio puede obedecer a procesos distintos. No obstante, siempre podrá pensarse que la mutación histórica no revolucionaria no se habría producido de faltar la mutación revolucionaria. En cualquier caso, el ritmo histórico en la revolución pasa a ser otro; hay, pues, un proceso de aceleración, un ritmo rápido, que desborda la fluencia histórica normal. Esto hace que algunos autores la configuren como un «cambio dirigido». Es cierto que una situación social no creada con conciencia revolucionaria es susceptible de provocar o propiciar una revolución que luego se organiza o implanta, si bien, a nuestro juicio, una estrategia y una organización revolucionarias programadas frente al poder establecido no conducen al llamado cambio dirigido. El dirigismo del cambio queda más bien dentro del pensamiento y de la estrategia reformadores que de la estrategia y el pensamiento revolucionarios, ya que la dirección del cambio que le imprime el carácter de lo dirigido radica en que se efectúa desde dentro del poder, por medios políticos instrumentados jurídicamente.

Las más frecuentes definiciones o caracterizaciones de la revolución consideran como consustanciales con ella el cambio, la ruptura y la fuerza o la violencia.[82] El cambio es el punto de partida obligado, aunque no todo cambio es revolucionario. En primer término, ha de tratarse de un cambio *de* sistema, lo cual implica la modificación cualitativa y excluye la meramente cuantitativa por importante que sea. Siendo el cambio *de* sistema condición necesaria, no es sin embargo condición suficiente porque para el cambio revolucionario se necesita, a nuestro juicio, que sea precisamente el resultado de un hecho o proceso revolucionario. Esto significa que la revolución no viene determinada exclusivamente por la entidad de lo conseguido. El cambio puede tener, en sus consecuencias jurídicas, tanta entidad como si procediera de una revolución, pero si falta el hecho, la acción o la *praxis* con el carácter de revolucionarios en su realización histórica, falta también

82. Cfr. A. S. Cohan, *Introducción a las teorías de la revolución*, trad. esp., Espasa-Calpe, Madrid, 1977, pp. 45 y ss.

la revolución. De donde se infiere que lo cualitativamente diferenciador no está constituido sólo porque el cambio sea *de* sistema, sino además porque proceda de una acción revolucionaria. La ruptura abunda en igual idea. Calibra la entidad del cambio; subraya la discontinuidad; quiere decir que desde un sistema a otro no se ha pasado de modo exclusivo a partir del primero; hay, pues, una posición de enfrentamiento con el sistema precedente.

Sin embargo, no siempre se piensa así. A veces, los conceptos de revolución y ruptura se utilizan exclusivamente para poner de manifiesto que falta la comunicación entre uno y otro sistema, o todavía más genéricamente, que cualquiera haya sido el procedimiento seguido, al final hay una ruptura. Este criterio lo mantiene, por ejemplo, el profesor Héctor Quiroga Lavie en su *Derecho constitucional*.[83] Para él la llamada «*revolución por ruptura* de la validez jurídica» engloba «toda modificación de la constitución con violación de las prescripciones contenidas en ella»; y la que denomina «revolución por cambio del contenido constitucional a través de la reforma», que queda reducida a una reforma si cumple las prescripciones constitucionales, también puede desembocar en una revolución porque, según cree el profesor Quiroga, que no acepta la distinción entre poder constituyente originario y derivado, éste no ha de atenerse a las normas prescriptivas de la reforma y, en ese caso, también generará la revolución.[84] Desde tal punto de vista, la revolución es todo cambio constitucional no atenido a la propia Constitución. Ése es asimismo el significado de la ruptura: no observar el procedimiento de reforma constitucional. He aquí un concepto de la revolución eminentemente juridificado. Si tal concepto jurídico de la revolución, eminentemente formalista, de clara inspiración kelseniana, contribuyera a evitar lo que tienen las revoluciones de cruentas, merecería la pena seguirle. Pero, claro es, nada tiene que ver una cosa con otra y todo se resuelve en un nominalismo.

La necesidad de ir más allá del formalismo jurídico y de los cambios de validez de las normas para expresar el concepto de revolución, no supone que hayan de acogerse la violencia o la fuerza en sus significaciones extremas de la agresión, la lucha armada y la sangre. Por desgracia, así ha sido a lo largo de la historia en muchas ocasiones y no faltarán otras. La distinción entre lo que se ha llamado violencia número 1 y violencia número 2 se utiliza para situar en un mismo plano la acción opresora o represiva, que sería la violencia número 1, y la acción revolu-

83. Cooperadora de Derecho y Ciencias Sociales, Buenos Aires, 1978.
84. Ob. cit., pp. 47 y 60.

cionaria, que sería la violencia número 2.[85] Quienes se encuentran en la posición de revolucionarios aspiran a que no quede del lado del poder establecido el orden y la paz y del lado de la revolución exclusivamente la violencia. La generalización de ésta o su distribución en los dos campos no mitiga el fenómeno revolucionario, aunque delimite las correspondientes responsabilidades y tiendan a justificar el comportamiento violento. Viene a ser una versión actualizada del antiguo derecho a la resistencia. Pensamos que aun cuando los datos históricos muestren las revoluciones como un intercambio de crueldades, con un triste y doloroso cortejo de héroes, verdugos, mártires e inocentes, el tipo ideal a construir, si ha de recoger esta realidad, no debe hacerlo de modo exclusivo en esa versión ciertamente predominante. Por violencia hemos de entender también la tensión contradictoria existente entre un orden establecido y quienes ansían la fundación de un orden nuevo y mejor, sin que para conseguirlo se les ofrezca una vía atenida a la legalidad. El hecho de que ésta se les niegue, si impide el camino de la ley, no excluye por completo una estrategia pacifista. Cuando hay consenso social acerca del cambio, la razón es muy poderosa y la mera detentación por la «autoridad» de unos instrumentos del poder, sin hallarse asistida por el pueblo ni por las instituciones y las fuerzas sociales, propiciará el derrumbamiento. Cualquier contienda armada, el enfrentamiento incluso en una guerra civil, no es sólo por eso revolucionaria. La revolución exige un espíritu, unos ideales; algo más que el mero afán de la codicia dominadora, el revanchismo o la victoria. La estricta legalidad no es fundamento legitimador en un entendimiento auténticamente democrático de la convivencia, y lo es, sin embargo, el principio de la libre autodeterminación de los pueblos. Si el poder no se entiende como una apropiación del derecho a formular mediante la ley, sino como el derecho de todos los hombres y los pueblos en que se integran a decidir acerca de su destino, las posibilidades de una tensión revolucionaria decrecen porque no queda reducida la estructura social a una tensión entre la ley y los hechos. Todo lo no recogido por la ley no puede considerarse como negación del derecho. Como dice Radbruch, «el derecho no puede proceder sólo del derecho; siempre hay un nuevo derecho que crece de raíces silvestres».[86] En definitiva, entiendo que la ruptura en la continuidad del ordenamiento jurídico no es por sí sola revolución; pero para que lo sea, no pretendo aliar a ésta necesariamente con la violencia identificada con la lucha armada.

85. Cfr. André-Vincent, ob. cit., p. 15.
86. Radbruch, *Filosofía del derecho,* trad. de Medina Echevarría. Ed. Revista de Derecho Privado, Madrid, 1933, p. 121.

Es siempre arriesgado invocar a Sorel por sus contradicciones y su exaltación poética propensa a los simbolismos. De todas maneras, la apología que hace Sorel de la violencia como componente indispensable de la revolución, le permite, al menos en ocasiones, apartarla de la brutalidad, para verla, sobre todo, en la actitud, en la ideología, en la intransigencia y en el «gran mito» de la huelga.[87]

A. S. Cohan, al enfrentarse con el concepto de la revolución señala como teoría dominante la que lo explica mediante la concurrencia cumulativa de los siguientes factores: «1. Alteración de valores o de mitos en la sociedad. 2. Alteración de la estructura social. 3. Alteración de las instituciones. 4. Cambios en la formación del liderazgo, tanto en el personal de las *élites*, como en la composición de las clases. 5. Transferencia no legal o ilegal del poder. 6. Presencia o predominio de la conducta violenta que se manifiesta en los acontecimientos conducentes al derrocamiento del régimen.»[88] Cohan no comparte el criterio de la imprescindible necesidad de la violencia y realiza grandes esfuerzos para eliminarla. «Durante el siglo XX —dice— nos hemos ido familiarizando cada vez más con la noción de revolución no violenta. El movimiento masivo que Gandhi dirigió y que contribuyó a lograr la independencia de la India, tuvo por base una filosofía de la no violencia enseñada por su líder. Es verdad que se dan actos violentos, pero pudieron haber sido reacciones contra las campañas de resistencia pasiva, como ocurrió con el movimiento pro derechos civiles dirigido por Martin Luthero King en los Estados Unidos, en un período crucial. Luthero King vivió del credo de la no violencia predicado por Gandhi; un acto de violencia acabó con la vida de ambos. Quizá sea la contrarrevolución, más que la misma revolución, la que evoca el fantasma de la inevitable violencia.»[89] Evidentemente, un pensamiento o un mensaje revolucionario como la afirmación de la verdad, el bien o la igualdad entre los hombres se subliman por la falta de violencia e incluso por sucumbir a causa de la violencia. La figura de Jesucristo constituye el prototipo ejemplar. Pero el concepto socio-político de la revolución, en sus términos estrictos, es inseparable de una irrupción en el poder y un cambio radical en el sistema social. Una cosa es la actitud revolucionaria y otra el proceso de la revolución triunfante. Cohan intenta eludir la violencia a base de la configuración

---

87. Cfr. la exposición que hace de su pensamiento, Chevalier, *Los grandes textos políticos*, trad. de Antonio Rodríguez Huescar, Aguilar, 7.ª ed., 1980, pp. 325 y ss.
88. Cfr. Cohan, *Introducción a las teorías de la revolución*, cit., p. 55.
89. Ob. cit., p. 50.

marxista de la revolución centrada en el cambio de la composición clasista de las élites, en la eliminación de las anteriores instituciones políticas, en su sustitución por otras y en los cambios de la estructura social que se reflejan en la organización de las clases y en la redistribución de los recursos y las rentas.[90] Aun así, reconoce que la revolución es «un término muy evocador y las nociones generales de violencia y cambio de valores encierran mucho del "romanticismo" que ordinariamente se asocia al dramático cambio social».[91] No cabe, por tanto, prescindir de la violencia. Todo radica en dos cosas. Una es la consistente en considerar como violencia la tensión contradictoria entre un determinado sistema social y el ideal revolucionario, lo que impone apartarse de la legalidad para irrumpir en el poder; aquí está la violencia indispensable para elaborar el concepto, y no es la material utilización de la fuerza. La otra observación a hacer es matizar en el proceso revolucionario, además del sentido de la violencia, la relación en que se encuentra con el cambio radical. Si éste falta, aunque haya violencia, no hay revolución; si el cambio es radical, aunque la violencia no tenga la expresión material máxima, hay revolución. Excluido el cambio radical, queda excluida la revolución; sin una violencia radicalizada y materializada puede, sin embargo, haberla. Luego partiendo de que el concepto de la revolución lo integran el cambio y la violencia, el cambio ocupa el primer plano e implica necesariamente su radicalidad, mientras que la violencia, subordinada siempre a ese cambio, no incorpora de modo indispensable su propia radicalidad. Con este criterio la revolución portuguesa de 25 de abril es calificable, en efecto, de revolución, aunque faltase la faceta cruenta del hecho revolucionario.

18. REVOLUCIÓN, DERECHO NATURAL Y DERECHO POSITIVO

Está muy difundida la tesis de que como fundamento de la revolución política y con la función de legitimarla, sólo puede intervenir el derecho natural.[92] Desde este punto de vista, el derecho positivo carece de sentido revolucionario respecto de la revolución política, si bien se le reconoce aptitud para provocar una revolución social. La función revolucionaria y legitimadora del derecho

90. Ob. cit., p. 55.
91. Ob. cit., p. 56.
92. Se ha ocupado de este tema y expone tal teoría Emilio Lamo de Espinosa, «Derecho, revolución y cambio social», *Revista de la Facultad de Derecho de la Universidad Complutense*, número 55, 2.ª época, 1979, pp. 80 y siguientes.

natural se encuentra específicamente en el de base racionalista (el iusnaturalismo de la Ilustración) que, en oposición al derecho históricamente dado (positivo), coloca ese otro, superior, emanado de la razón natural, que contiene en sí mismo el fundamento intrínseco de su propia validez. Como argumento de autoridad se utiliza a Max Weber, que presenta al derecho natural como la forma específica y única consecuente de la legitimidad de un derecho que subsiste cuando decaen «la revolución religiosa y la santidad hereditaria de la tradición», por lo que «el derecho natural es la forma específica de la legitimidad del ordenamiento jurídico revolucionariamente creado».[93]

Creo excesivamente radical la tesis del acaparamiento por el derecho natural de la función legitimadora de la revolución. Ese derecho natural superior y mejor, insensible a la historia, emanado de la conexión naturaleza/razón, difiere del derecho natural de raíz aristotélico-tomista desenvuelto y completado por los teólogos y juristas hispanos de los siglos XVI y XVII, que no es por necesidad la contradicción del derecho positivo, sino su fundamento inspirador, lo que impide una separación tan marcada. Además, en contraste con la fuerza revolucionaria del derecho natural racionalista, no han faltado quienes, diversamente, le han tachado de elemento conservador y contrarrevolucionario, por cuanto propende a reputar inmutables ciertos postulados. Tampoco faltan en la historia revoluciones tradicionalistas; mas no lo son las de nuestro tiempo. El derecho natural significa, ante todo, mostrar una actitud crítica y revisora respecto del ordenamiento jurídico, positivamente establecido; la no aceptación de un orden con independencia de su contenido y de la solución a que conduzca.

Ahora bien, toda disconformidad con un derecho positivo dado no impone la necesaria adscripción a la filosofía y la ideología del iusnaturalismo; es, sí, la superación del positivismo de la ley y la colocación de ésta y el derecho en dependencia de valores que impiden aceptar como derecho cualquier contenido. El propio Max Weber no puede ser utilizado para afirmar en términos apodícticos la función revolucionaria del derecho natural racionalista. Max Weber completa lo que antes ha dicho con la siguiente aseveración: «Es verdad que no todo "el derecho natural" es, de acuerdo con la significación que se le otorga, "revolucionario", en el sentido de que justifique la imposición, frente a un orden jurídico existente, de ciertas normas, ya sea por una acción violenta

93. Max Weber, *Economía y Sociedad*, I, trad. de Medina Echevarría y otros, Fondo de Cultura Económica, México, Buenos Aires, 1964, p. 640.

o por resistencia pasiva. No sólo los más diversos poderes autoritarios han pretendido también una legitimación "iusnaturalista", sino que hubo también un influyente "derecho natural de lo acaecido históricamente" como tal, frente al puramente fundado en reglas abstractas o creador de ellas.» [94]

La verdad es que la revolución política propiamente dicha (no cualquier mutación) pugna con el derecho positivo concreto en un país y en un momento histórico determinados; pero no pugna con todo posible derecho positivo. El ordenamiento contra el que se pronuncia la revolución no tiene en ella, ciertamente, otro cometido que el de verse derrocado. Sin embargo, el derecho que, para cubrir el vacío creado, instaura la revolución no tiene que ser, necesariamente, un derecho entendido conforme al paradigma del iusnaturalismo racionalista, sino otro ideal jurídico, con vocación de positividad, corrector del derrocado. Lo que no puede salvarse desde una teoría iuspositivista es el mantenimiento de la continuidad cuando irrumpe la revolución; pero que ese derecho positivo haya de estar fundado precisamente en una ideología racionalista del derecho natural es problema diferente. Porque ha de tenerse en cuenta que ni siquiera la categoría «derecho natural» es, a la altura de nuestro tiempo, unitaria por ser muchos los modos histórico-doctrinarios de entenderle. La unidad falta por completo en el derecho positivo. Los derechos positivos se multiplican de un modo similar a los Estados. Luego lo que impulsa a la revolución y luego implanta es *otro* derecho positivo, o si se prefiere, *otro ideal* del derecho positivo.

Que el derecho positivo, inapto para la revolución política, sí lo sea para una revolución social, sólo parece admisible con algunas matizaciones. Estoy convencido —y lo vengo resaltando desde hace tiempo— de la función social específica del derecho y los derechos y de la tendencia a la socialización que, según mi planteamiento, se traduce en lo siguiente: la transformación programada en el sentido de una sociedad más homogénea en orden a las libertades, a los derechos y a la general tutela de la persona, ha dejado de ser ideología política para convertirse en general exigencia del derecho que no tiene por misión el estricto mantenimiento de un orden, sino también transformarse en beneficio de la persona, de la convivencia y, en definitiva, de la sociedad. A este fenómeno le he llamado «revolución intrajurídica incruenta». Uso el término «revolución» en un significado más bien aproximativo o metafórico. Siempre que la transformación se haga desde el orden establecido, mediante graduales mutaciones, el pensamiento y el pro-

94. Ob. cit., p. 640.

cedimiento son reformistas, aunque la reforma, desde el punto de vista de los logros, puede considerarse como «revolucionaria».

19. LA REVOLUCIÓN Y EL DERECHO SEGÚN LA TEORÍA PURA. PROBLEMAS QUE SE SUSCITAN

En abierto contraste con la expuesta perspectiva de la revolución se encuentra la doctrina de Kelsen atenida a los cánones de la teoría pura. En ella para nada cuenta un derecho distinto del positivo, si bien la revolución no tiene el mismo significado en el plano del derecho interno estatal que en el plano del derecho internacional.[95] Para Kelsen, conforme al principio de la legitimidad, derivado de la Constitución, las normas «permanecen válidas mientras no son derogadas en la forma que el mismo orden jurídico determine».[96] Tal principio, sin embargo, no es inconmovible. «Deja de valer» (y, por tanto la validez depende de la eficacia) «en el caso de una revolución, entendida esta palabra en su sentido más general, de tal manera que abarque el llamado *coup d'Etat*». Sin duda, esta generalización que asigna Kelsen a la revolución es la máxima posible. Casi podría decirse que le atribuye convencionalmente el significado, porque cualquier golpe de Estado no puede considerarse como equivalente a una revolución o comprendido en ella. Tal vez, aunque se sirva de la expresión «golpe de Estado», no está refiriéndose a todos los posibles, porque presupone que determine una pérdida de eficacia del orden jurídico, y no siempre es así en la práctica. O por lo menos en la práctica hay que preguntarse si el golpe de Estado determina esa consecuencia no implícita, histórica y conceptualmente, en él mismo. Pero, prescindiendo de esta y de cualquier otra observación, sostiene Kelsen que «una revolución, en este sentido amplio, ocurre siempre que el orden jurídico de la comunidad es nulificado y sustituido en forma ilegítima por un nuevo orden, es decir, cuando la sustitución no se hace en la forma prescrita por el orden anterior».[97] Es indiferente o carece de importancia cuál haya sido la causa o la circunstancia desencadenante de la sustitución; puede tratarse, según especifica, de un levantamiento contra los individuos que hasta entonces tenían el carácter de órgano «legí-

95. Para el tratamiento de la revolución como tema del derecho interno, seguimos su *Teoría general del derecho y del Estado*, traducción de Eduardo García Maynez, UNAM, México, 1979; y para el enfoque desde el derecho internacional, *Teoría general del Estado*, trad. de Luis Legaz Lacambra, Editora Nacional, México, 1979.
96. Kelsen, *Teoría general del derecho y el Estado*, p. 137.
97. Ob. cit., p. 137.

timo», de un movimiento emanado de la masa del pueblo, o de la acción de personas que ocupan posiciones dentro del gobierno. Para Kelsen «desde el punto de vista jurídico, el criterio decisivo de una revolución es que el orden en vigor es derrocado y reemplazado por un orden nuevo, en una forma no prevista por el anterior».[98] El derrocamiento o la anulación no tienen que ser totales. «Comúnmente —sigue diciendo— los nuevos hombres a quienes la revolución lleva al poder únicamente anulan la Constitución y ciertas leyes de significación política superior, poniendo en su lugar otras normas. Una gran parte del viejo orden jurídico "permanece" válida, incluso dentro del marco del nuevo orden.» Ahora bien, la permanencia de la validez no es, según puntualiza, una descripción válida del fenómeno, porque «únicamente los contenidos de tales normas son los que no cambian, no su razón de validez». La razón pasa a ser otra. Las normas ya no son válidas en virtud de haber sido creadas en la forma prescrita por la vieja Constitución. Ésta pierde su fuerza obligatoria y es reemplazada por una nueva Constitución que ya no representa el resultado de una modificación constitucional de la anterior. La validez de las normas precedentes les es comunicada por la nueva Constitución. ¿Cómo? Kelsen lo explica así: «Si ciertas leyes promulgadas bajo el imperio de la vieja Constitución "continúan siendo válidas" bajo la Constitución nueva, ello únicamente es posible porque la nueva Constitución les confiere validez, ya expresa, ya tácitamente. El fenómeno es un caso de recepción (semejante al del Derecho romano). El nuevo orden "recibe", es decir, adopta, normas del viejo orden; esto significa que el nuevo considera válidas (o pone en vigor) normas que poseen el mismo contenido que las del precedente. La "recepción" es un procedimiento abreviado de creación jurídica.»[99] Esta manera de explicar la permanencia de los contenidos de las viejas normas con renovada validez, le sirve a Kelsen para la siguiente generalización de signo inverso: «Ello revela —dice— cómo las normas del viejo orden son privadas de su validez por el movimiento revolucionario, en forma que no concuerda con el principio de legitimidad. Y tales normas no pierden su validez solamente *de facto*, sino también *de iure*.» Kelsen, muy seguro de su razonamiento, lo considera inconmovible. Termina así: «Ningún jurista sostendría que incluso después de la revolución victoriosa la vieja Constitución y las leyes fundamentales en ésta permanecen en vigor por el hecho de no haber sido abrogadas en la forma establecida por el orden precedente. Todo jurista habrá de presumir que el viejo orden —al cual ya no corresponde

98. Ob. cit., p. 138.
99. Ob. cit., p. 138.

realidad política alguna— ha dejado de ser válido, y que todas las normas que tienen validez dentro del nuevo, reciben ésta en la forma exclusiva de la nueva Constitución. De lo anterior se sigue, desde este punto de vista jurídico, que las del viejo orden no pueden ya reputarse como válidas.»[100]

Lo expuesto lleva a Kelsen a encontrar en la revolución la mayor prueba del significado que atribuye a la norma básica. Todo depende de que quienes irrumpen en el poder triunfen o fracasen. Si les asiste el éxito y el nuevo orden empieza a ser eficaz, entonces es considerado como válido. Si fracasan y el orden que trataban de implantar permanece ineficaz, su empresa ya no es interpretada como un acto creador del derecho o como el establecimiento de una Constitución, sino como acto ilegal. Pero si triunfan, el nuevo orden «presupone la existencia de una nueva norma básica».[101]

¿Qué significado atribuye el derecho internacional a la revolución? Como hemos visto, para Kelsen, en el orden interno, la validez y el principio de la legitimidad ceden ante la ineficacia, o lo que es lo mismo, las normas pasan a tener la eficacia derivada del nuevo orden revolucionario. Pero hay una ruptura; uno y otro orden, el derrocado y el implantado, carecen de comunicación, porque se interpone entre ambos una discontinuidad. Esa discontinuidad, que para explicar sociológica o históricamente los cambios de sistema suscita muchas dudas, según hemos expuesto, aquí viene resueltamente proclamada. En algún momento, hay un vacío; falta una regulación del hecho del cambio. Ahora bien, el vacío se cubre partiendo del primado del orden jurídico internacional, porque entonces el hecho revolucionario significa «no que la mutación carezca de ley, sino que no se ha verificado con arreglo a la ley del orden jurídico interno, sino según una ley de grado superior, según una ley del derecho internacional». ¿Y qué dice esta ley? Lo siguiente: «Es una norma de derecho internacional, universalmente admitida, que la revolución triunfante o el usurpador victorioso se convierten en poder legal.» Consecuencia: «La continuidad jurídica no se ha roto más que relativamente y, en realidad, ha quedado asegurada, al mismo tiempo que se ha mantenido también, en el ámbito temporal, la unidad del sistema jurídico. De este modo se evita la idea de un caos de etapas sucesivas, sin el enlace de una ley jurídica común.»[102]

¿Es coherente la doctrina kelseniana de la revolución con su propio modo de concebir el derecho? La pregunta puede parecer

100. Ob. cit., pp. 138-139.
101. Ob. cit., p. 139.
102. Kelsen, *Teoría general del Estado*, ed. cit., p. 167.

atrevida porque, sin duda, la teoría pura tiene dos grandes pretensiones: la pretensión de la totalidad y la pretensión de la coherencia. Construir un sistema cerrado en el que las funciones de sus diversos elementos guarden completa correlación y se mantengan en relaciones de interdependencia y armonía: ése es el gran propósito y el gran mérito de la teoría pura. Las exigencias representadas por conseguir una explicación total y coherente las paga a buen precio. Sería una paradoja que el precio de la coherencia supusiera alguna incoherencia. Para llevar a cabo su labor, Kelsen cuida de situarse siempre en el terreno de la ciencia; y la ciencia es descripción y no valoración; así como el derecho es indiferente a los valores, así también lo ha de ser el conocimiento científico del mismo. Por eso es difícil, situados en el mismo plano en que él se coloca, formularle cualquier observación. Es posible que, al hacerlo, nos estemos saliendo de su ámbito discursivo. Y entonces podrá haber crítica; pero no desde dentro, sino desde una perspectiva distinta, con lo que la crítica estará o no justificada, mas no consistirá en una imputación de incoherencia, sino en la atribución de un error. En el concepto del derecho elaborado por Kelsen, o más exactamente, en su concepción, a través del máximo reduccionismo, busca y obtiene la máxima comprensión. El reduccionismo consiste en eliminar del derecho todo elemento, componente o connotación que no consista en reconocer su positividad y vigencia, de suerte que aquello que rige como derecho, lo es. Por eso, todos los ordenamientos jurídicos, sin límites en el tiempo ni en el espacio, deben quedar comprendidos en una definición del derecho.

¿Esta actitud adoptada para la definición del derecho sirve también para la revolución? ¿Si cualquier orden dado como jurídico ha de aceptarse, también ha de aceptarse la revolución como negación de ese orden? ¿Cuando se produce un hecho revolucionario hay que estimar cancelado, eliminado, sin más, el orden contra el que actúa para sólo tomar en cuenta el que la revolución puede fundar? Estoy tratando de emplazar el problema en el propio marco teórico en que lo coloca Kelsen. Fuera de ese marco se me ocurriría decir, por ejemplo: si el derecho es, en definitiva, el monopolio de la fuerza, la coerción organizada, la fuerza y la coerción son en extremo frágiles, porque caen al primer empujón revolucionario; podría hablarse de la debilidad de la fuerza; o de una fuerza sin respuesta, sin réplica o posibilidad de rechazo. Las situaciones límites son éstas: o se pronuncia una sentencia de condena por un delito (traición, rebelión, sedición, según los casos) contra el grupo revolucionario o el grupo revolucionario viene legitimado como creador del derecho. El monopolio de la fuerza cambia fácilmente de mano. Todo depende no de la fuerza en sí, sino del éxito con que se la emplea. Kelsen se resguarda de estas objeciones diciendo que prescinde de las consideraciones morales y de los fenómenos políticos, porque su juicio es exclusivamente jurídico. Su teoría ha sido reputada siempre como rigurosamente formalista. Pienso, sin embargo, que en esta materia prima la facticidad sobre el formalismo. No se trata tanto de que el criterio jurídico quede al margen o por encima de una realidad política, sino que se pliega por entero a esa realidad, está escrito a su dictado. Un atentado posesorio recibe una configuración jurídica que, en cambio, no lo recibe la revolución. La invasión violenta en el predio ajeno por sí misma no engendra la posesión; al menos durante un tiempo, la cualidad de poseedor sigue residiendo en el despojado. Por el contrario, la invasión del «predio» del Estado confiere, no ya la posesión, sino la prerrogativa legitimadora del orden jurídico. Muchas veces he pensado que mientras las instituciones del derecho civil encarnan una regulación ajena o no completamente permeable al decisionismo político, las instituciones del derecho público están más condicionadas por la política. En este caso no es tanto la política, atenida a sus reglas, que las tiene, la triunfadora; es la política desbordada y agresiva la que lo decide todo. Al hablar así no lo hago en nombre de un pacifismo antirrevolucionario. Aferrarse al mantenimiento de un orden por el solo hecho de que se halle establecido no es tampoco la sublimación del derecho. El llamado imperio de la ley no se justifica por la sola razón de imperar. La simple detentación del poder puede carecer de legitimación lo mismo que el asalto. Donde únicamente haya el monopolio de la fuerza —la fuerza como resistencia desde dentro o como agresión desde fuera— el derecho se encuentra en una situación incierta y comprometida.

Volvamos al intento de la crítica desde dentro. ¿Cómo explica Kelsen la validez y la eficacia de las normas? ¿Son coherentes todos los pasos que marca para establecer su independencia, primero, su correlación, después, y, por último, la subordinación con que aparece la validez respecto de la eficacia ante el hecho revolucionario? En primer término, al ocuparse Kelsen de la validez y de la eficacia como requisitos de la norma propugna entre ellas una marcada separación. El siguiente pasaje es muy significativo: «¿Cuál es la naturaleza de *la validez, en oposición a la eficacia del derecho?* [103] La diferencia puede ser ilustrada por un ejemplo: una norma jurídica prohíbe el robo, prescribiendo que todo ladrón

103. Cfr. Kelsen, *Teoría general del derecho y del Estado,* cit., p. 35. Los subrayados son nuestros.

debe ser castigado por el juez. Esta regla es "válida" para todas las personas a quienes de esa forma se prohíbe el robo, es decir, los individuos que tienen que obedecer la misma regla, los "súbditos". La norma jurídica es "válida" particularmente para aquellos que realmente roban y al robar "violan" la misma regla. *Esto quiere decir que la regla vale incluso en aquellos casos en que carece de "eficacia"*... La regla en cuestión no sólo es válida para los súbditos, sino también para los órganos encargados de aplicar el derecho. *Pero conserva su validez aun cuando el ladrón puede escapar y el juez resulte incapacitado para castigarlo y aplicar la regla*... Decir que una norma es válida equivale a declarar su existencia, o lo que es lo mismo, a reconocer que tiene "fuerza obligatoria" frente a aquellos cuya conducta regula. Las del derecho son normas en cuanto tienen validez. Son, para hablar de manera más precisa, normas que prescriben una sanción.» Queda, por tanto, bien claro que la eficacia —porque aquel a quien la norma se dirige se sustrae a ella o porque el juez no está en condiciones de aplicarla— no afecta a la validez. Cuando en un pasaje ulterior Kelsen vuelve sobre el tema esa autonomía de los conceptos de validez y eficacia se desvanece: «La afirmación de que una norma es válida y la de que es eficaz son, en realidad, diferentes. Pues si bien validez y eficacia son dos conceptos enteramente distintos, entre ellos hay, sin embargo, una relación muy importante. Una norma es considerada como válida sólo bajo la condición de que pertenezca a un sistema normativo, a un orden que, *considerado en su totalidad, es eficaz*. Así pues, la eficacia es condición de la validez, pero no la razón de la misma. Una norma no es válida *porque* es eficaz; es válida si el orden al cual pertenece tiene, en *general*, eficacia. Esta relación entre validez y eficacia sólo es cognoscible, sin embargo, desde el punto de vista de la teoría dinámica del derecho, que se ocupe en el problema de la razón de validez y en el del concepto del orden jurídico. Desde el punto de vista de una teoría estática sólo viene en cuestión el problema de la validez.»[104] En el texto transcrito, Kelsen, por medio de nota, se remite al tema de la revolución, en donde, después de haber formulado su teoría de la revolución, termina por subordinar la validez a la eficacia. Esto no lo proclama así resueltamente. Pretende incluso eludir la subordinación, el sometimiento. Coloca la validez y la eficacia en una relación de condicionalidad; no de dependencia.[105] «La eficacia del orden jurídico total es condición necesaria de la validez de cada una de las normas que lo

104. Ob. cit., p. 49. Los subrayados son nuestros, salvo el de *«porque»*.
105. Ob. cit., pp. 139-140.

integran. Trátase de una *conditio sine qua non*, no de una *conditio per quam*. La eficacia del orden jurídico total es una condición, no la razón de la validez de las normas que lo constituyen. Éstas son válidas no en cuanto el orden total tiene eficacia, *sino en cuanto constitucionalmente son creadas*. Son válidas, sin embargo, sólo *a condición* de que el orden jurídico total sea eficaz; *dejan de serlo no solamente cuando son derogadas de acuerdo con el procedimiento constitucional, sino también cuando el orden jurídico total pierde su efectividad.*»[106] Aquí, al final, ya se está dando entrada a la revolución. Hay dos medios de poner fin a las normas, a su eficacia, y con ella a su validez: la derogación y la revolución. En castellano, la única similitud entre ambas palabras es fonética; sus valores semánticos son contrapuestos; pero el derecho, creador de una semántica propia, los unifica en cuanto a sus efectos.

Pocas cosas pueden negarse a Kelsen. Una de ellas es su dominio del lenguaje. Los textos transcritos lo prueban. Su capacidad matizadora es sorprendente. Hay un constante intercambio de sintagmas asertóricos, complementarios y adversativos. ¿Consigue a expensas de tantas matizaciones la coherencia? ¿La conclusión —eficacia sobre todo— es congruente con la primera premisa —validez sobre todo—? Aceptando que en el plano lingüístico hubiera unidad o correlación ¿las habría también en el contenido del discurso y en sus referentes? Esto es lo que dudo. Estoy convencido de que Kelsen ha querido decir lo que ha dicho. Las palabras son fieles a sus ideas. ¿Son las ideas plenamente subjetivas o han de reconocérseles algún patrón de medida distinto del modo de expresarlas? Admitiendo la cabal gramaticalidad de lo expresado ¿existe también una cabal logicidad? Aunque los conceptos lógicos, dentro de un sistema elaborado por uno mismo, pueden ser convencionales ¿se mantiene siempre la misma convención? También lo dudo. ¿Cómo consigue Kelsen ir, sin contradicciones, desde la anteposición de la validez al sometimiento de la misma a la eficacia? La primera atenuación que introduce es la de sostener que si bien los conceptos son enteramente distintos, existe entre ellos una relación muy importante. Pienso que la autonomía de los conceptos, más aún si es total, los hace irreductibles el uno al otro, aunque entre los mismos existan relaciones. Las relaciones determinarán esta o aquella consecuencia, expresable incluso en otro concepto; mas en ningún caso habrá de suponer la pérdida de la autonomía conceptual, porque el concepto requiere una identidad, la delimitación de un contenido, que, si desaparece, deja de

---

106. Ob. cit., p. 140. Repetimos lo dicho sobre los subrayados.

estar el concepto dotado de significación propia. Esto es una exigencia del propio concepto, subrayada cuando además se ha afirmado su autonomía. ¿Querrá decir Kelsen, tal vez, que la autonomía queda en el plano de los conceptos sin que haya de referirse también a su funcionamiento o a la realidad designada por ellos? Creo que ésta no puede ser la puerta de escape, porque precisamente para Kelsen el derecho está siempre alojado en los conceptos. Y, al propio tiempo, todo el esfuerzo de la construcción kelseniana consiste en dotar al derecho de significación independiente respecto de otros órdenes o de otras realidades; luego la autonomía no la presenta sólo como emanada del concepto, sino como inherente a la norma articulada en los conceptos. Queda flotando, al menos, cierta perplejidad cuando, tras establecer el aserto de la autonomía de los conceptos, se los somete a una manipulación por virtud de la cual van a perderla.

Cierto que para conseguir el desvío desde una independencia inicial a la dependencia final, Kelsen da unos pasos graduales en los que extrema las matizaciones lingüísticas. Uno de esos pasos es el que ya hemos examinado. Veamos otros. En el plano de la premisa mayor, Kelsen deja establecido y clarificado con ejemplos cómo el hecho de que una norma carezca de eficacia, porque el afectado por ella no quede sometido a la misma o el juez no la aplique, nada dice en contra de su validez; si sobre el ladrón no recae la sanción representada por la norma primaria, esta norma primaria (la sancionadora) y la norma secundaria (enunciativa del deber) siguen siendo obligatorias y válidas sin merma alguna para su significado de normas, por más que en uno o en muchos casos carezcan de eficacia. Luego, podría pensarse, si el ladrón que niega el derecho (en cuando deber ser) y escapa a su eficacia (evitando la sanción) no priva de validez a la norma, los intervinientes en un golpe de Estado o en un hecho revolucionario (que para Kelsen se identifican), al negar el derecho y sustraerse a su eficacia, tampoco en virtud de ese comportamiento privarán de validez a la norma. Pero no es así, según Kelsen. La relación que media entre los conceptos de validez y eficacia no significa que la norma sea válida porque sea eficaz; la eficacia no es la causa determinante de la validez; pero sí es la condición de la validez. Ahora bien, esto no ocurre cuando nos planteamos el problema de la aplicación de una norma a quien ha cometido un acto supuestamente ilícito o al que ha incurrido en un incumplimiento contractual, porque entonces, aunque la norma configuradora y sancionadora del comportamiento carezca de eficacia por no haberse aplicado, conserva su plena validez. Ésta es independiente. La validez pierde su independencia de la eficacia y queda condicionada a ésta cuando «un orden... *considerado en su totalidad*, es ineficaz». Consiguientemente si el orden jurídico, considerado en su totalidad, no es eficaz, falta la validez. ¿A qué le falta la validez? Al orden, al ordenamiento, o a la norma en cuanto integrada en el ordenamiento. Sucede, conforme a la tesis kelseniana, que la validez de la norma y del orden jurídico de que forma parte no viene regida por igual criterio: la norma es válida, aunque no sea eficaz; el orden es válido, en tanto sea eficaz. A la parte y al todo se le da un tratamiento distinto. Parece que hay cierta falta de correlación lógica. Una consideración predominantemente cuantitativa, una falta de eficacia de mayor alcance, hace depender de ella la validez, si no en un sentido causal, sí en un sentido condicionante. Me pregunto: ¿Cuál ha sido el camino discursivo en la elaboración del argumento? ¿Partiendo de que la revolución hace ineficaz el orden jurídico se le reputa privado de validez? O a la inversa: ¿porque el orden jurídico ha de tener una eficacia total, como condición de su validez, cuando falta ésta por el hecho revolucionario queda privado de validez? Esto quedará siempre en el enigma. Prefiero pensar que el razonamiento discursivo ha ido tal y como se le presenta; de lo general a lo particular. Como tras haber propugnado la independencia de los conceptos de validez y eficacia, se los relaciona y de la relación resulta que la validez está condicionada por la eficacia, la revolución es, por consecuencia, *prueba* de la falta de eficacia y no la *causa* de que, por atentar a la eficacia del orden, éste deja de ser válido. Entonces, al menos argumentalmente, viene un tanto mitigado el tratamiento de la revolución: no opera ésta como factor determinante o eje en torno al cual gire la construcción. De todas maneras, aun admitiendo que la revolución se traduzca en una pérdida de la eficacia del orden jurídico, no es nada fácil establecer a partir de qué momento y cómo ha de entenderse producida tal pérdida de eficacia. El aserto se enuncia teóricamente de un modo impecable. Enunciado en términos condicionales y prescindiendo de todo trascendentalismo o cuestión de principios, estaremos ante una verdad lógica: si la revolución niega (o derroca) un orden jurídico, éste deja de ser eficaz. Pero las revoluciones, aunque tengan la que podría considerarse su hora punta, no son un impacto, sino un proceso. ¿En qué fase del proceso revolucionario deja de ser eficaz el orden jurídico en su totalidad? No siempre la revolución, y menos el golpe de Estado, eliminan de raíz el viejo orden. Jellinek, refiriéndose a la realidad histórica, observa: «Los golpes de Estado y las revoluciones de la historia moderna jamás han anulado la totalidad de la situación jurídica, y la continuidad del derecho no se ha roto mediante aquellos movimientos, sino en algunos puntos, siquiera sean muy importantes.» [107] Conforme a este criterio, nos encontraríamos con una continuidad no completamente rota; la situación o el orden precedente subsistirían en parte. No habría una falta total de eficacia del orden al que se ha enfrentado la revolución. ¿Podría entonces sostenerse una falta parcial de eficacia y de validez de aquella parte del orden jurídico afectado por la revolución y la subsistencia de aquella parte no afectada? En la práctica así ocurre; pero una teoría acoplada a esa realidad práctica no sería susceptible de enunciación precisa. Kelsen toma otra vía para resolver —o para eludir— el problema. Considera que la parte subsistente del ordenamiento no mantiene su validez precedente, sino que la recibe de la «Constitución nueva». Es una simplificación; mas como suele suceder con las simplificaciones, no todo viene resuelto. Si el proceso revolucionario ha desembocado ya en una Constitución nueva, todo es mucho más sencillo. La nueva Constitución será el punto de partida y el fundamento del orden establecido; la revolución queda ya atrás o es asumida constitucionalmente. La nueva Constitución, como toda ley posterior, derogará las leyes anteriores incompatibles. Pero aquí estamos ya en otra fase, en otro problema: un orden jurídico establecido, en su base constitucional, se sobrepone al precedente. ¿En qué medida, con qué amplitud? Dependerá del nuevo orden. Ya la revolución no opera por sí sola, como hecho o mediante una legislación de urgencia, y es la revolución por sí, en su facticidad real, antes de formular un nuevo orden, la que plantea las dificultades, que no son resueltas por la doctrina kelseniana ni posiblemente por ninguna otra.

Nos queda el tercer punto del escalonamiento argumental de Kelsen dirigido a hacer depender la validez de la eficacia, sin descartar del todo la autonomía de la primera. Advierte que la relación entre ambos conceptos —y, en definitiva, el valor condicionante de la eficacia, debe añadirse— se da desde el punto de vista de una teoría dinámica del derecho (y aquí se remite a la revolución); no desde el punto de vista de una teoría estática en la que sólo cuenta la validez. La distinción entre la estática y la dinámica es muy socorrida. A ella acude con frecuencia Kelsen. ¿Qué quiere decir en sí misma y en particular sobre la autonomía y la relación entre validez y eficacia? La teoría o visión estática del fenómeno jurídico muestra a la norma en estado de reposo como una pieza del sistema y, a la vez, con aquellos elementos constitutivos por virtud de las cuales es norma. La teoría o visión

107. Jellinek, *Teoría general del Estado*, trad. de Fernando de los Ríos, Buenos Aires, 1979.

estática ofrece una perspectiva de las normas jurídicas, del derecho, en movimiento desde el acto de creación hasta el de aplicación o al de la no aplicación. La primera es una fotografía de las normas; la segunda, una biografía que comprende el nacimiento y el decurso vital hasta el perecimiento. Considero que la distinción, siendo posible como criterio de argumentación cartesiana del conocimiento y del objeto a conocer, sirve para contemplar el derecho en dos posiciones, mas no para decir que tiene dos modos de ser. El concepto del derecho ha de ser unitario y comprenderle en su totalidad. No hay un derecho estático, previo a su vida o a su función, y luego, separadamente, una vida y una función del derecho en movimiento. El concepto del derecho y, por tanto, el de norma, tiene que recoger, sintetizar y expresar todos sus elementos constitutivos y funcionales, su estructura y su función. La función ha de encontrar el correspondiente reflejo en la estructura. El concepto del derecho no es indiferente o insensible a su ciclo vital. Cierto que la validez del derecho se manifiesta desde que la norma se formula; y cierto que su eficacia sólo es cognoscible después. Sin embargo, la validez y la eficacia, aunque sean perceptibles en distintos momentos, se integran en la unidad conceptual. ¿Qué papel se le asigna a la validez si lo único que pudiéramos decir con ella es que la norma es válida aunque todavía no sepamos si es o no eficaz? La eficacia procede de lo que ocurra con la realización del derecho; pero cuando falta la eficacia no sucede, llevando a todas sus consecuencias la tesis kelseniana, que un derecho válido carece de funcionamiento o efectividad, sino que falta también la validez y, en suma, el derecho. Por tanto, decir que hay un momento en que se conoce la validez y no la eficacia no es conceder a la validez un significado autónomo respecto de la eficacia. La única autonomía reconocida por Kelsen a la validez estriba en que la ineficacia de una norma derivada de que un destinatario de la misma se sustraiga a su aplicación no la hace inválida; mientras, por el contrario, cuando el orden jurídico resulta ineficaz por un proceso revolucionario, ese orden es inválido y con él cualquier norma comprendida en el mismo. Aquí es donde está la clave y la quiebra de la cuestión; donde se aprecia la incoherencia, sin que valgan paliativos argumentales como este último de las visiones estática y dinámica. Para una visión de conjunto la dualidad no resulta explicable o suficientemente explicada: mientras la ineficacia de la norma determinada por la conducta de un «súbdito» no afecta a la validez, la ineficacia del orden procedente de un «revolucionario» excluye la validez.

20. REFLEXIONES SOBRE LAS CRÍTICAS A KELSEN (ROSS, STONE) Y SUS RESPUESTAS

Hasta aquí he argumentado sin buscar apoyo en la críticas a Kelsen. La crítica ha sido abundante y, entre otros temas, ha recaído sobre el que nos venimos ocupando. Algunos expositores de Kelsen tan autorizados como Legaz Lacambra y Recaséns Siches subrayaron la independencia y hasta la contraposición de los significados de validez y eficacia. Así, el primero llegó a sostener que la expresión «derecho válido» enuncia un juicio analítico y *a priori*, en tanto la expresión «derecho vigente» (y dentro de la vigencia queda comprendida la eficacia) es un juicio sintético y *a posteriori* derivado de un hecho que puede o no producirse.[108] En la misma línea Recaséns advertiría: «Urge... tener muy presente que la validez de la norma es total y absolutamente independiente de su *acción o influencia real o eficacia*. La norma no consiste en que sea observada, sino en que lo que estatuye *debe ser*. Cabalmente, sólo puede concebirse un *deber ser* en tanto que se da la posibilidad de que no acontezca lo que éste exige... De la norma en sí sólo puede predicarse la validez; la representación psíquica de la norma, en cambio, ya puede ser *eficaz* o *ineficaz*, según que llegue o no a producir la conducta prescrita.» [109] Ambos conceptos, así entendidos, quedan enclavados en mundos distintos y sólo uno de ellos —la validez como deber ser— acapara la esencia del derecho. De ahí que luego resultara complicado asignar un puesto a la eficacia. Recaséns lo intentará así: «Si las normas, y especialmente las normas jurídicas, tienen un contenido que no logra en la realidad eficacia alguna, entonces no pueden ser *supuestas* por la teoría pura como *normas vigentes*.» [110] La validez concierne, pues, a la esencia; la eficacia, a la vigencia. Sigo apreciando una contradicción. Porque si el deber ser es independiente del ser y por tanto indiferente respecto de que se observe o no, pero luego el no observarse condiciona al deber ser, éste queda destruido y con él la esencia de la norma. El hacer concurrir dos términos opuestos sin que se contradigan es un imposible lógico.

No es extraño que la doctrina kelseniana en el aspecto tan importante de su propia enunciación haya sido objeto de críticas. Destacan las formuladas por Alf Ross y Jules Stone. Estas críticas

---

108. L. Legaz Lacambra, *Filosofía del derecho*, 1953, p. 246.
109. Luis Recaséns Siches, *Panorama del pensamiento jurídico en el siglo XX*, Editorial Porrúa, S. A., México, I, 1963, pp. 144-146.
110. Ob. cit., p. 146.

dieron ocasión a que Kelsen reformulara su tesis en algún aspecto. Agustín Squella, en el estudio titulado *Validez y eficacia del derecho en la teoría de Hans Kelsen*,[111] considera que Kelsen, en trabajos publicados en los años 1959 y 1965 y en la segunda edición de su *Teoría pura del derecho*, modificó su posición inicial. Literalmente escribe el profesor de Valparaíso: «Kelsen ha variado su punto de vista por lo que respecta a la manera de entender la relación validez-eficacia en el caso de tratarse de una norma aislada, sosteniendo ahora que la eficacia *en todo caso*, es condición de la validez, sea que se trate de un orden jurídico estimado como un todo o de una norma aislada del sistema.»[112] Con este cambio de punto de vista resultaría sobrepasada la contradicción argumental que nosotros le imputamos sobre la base de lo sustentado por Kelsen en su *Teoría general del derecho y del Estado*, coincidente con lo mantenido en la primera edición de la *Teoría pura del derecho*. Nos encontraríamos, por tanto, con que no sólo la revolución como pérdida de la eficacia del orden jurídico condicionaría la validez de éste, sino que también la ineficacia de una norma aislada condicionaría la validez de la misma. Hay variación, sin duda. ¿Pero la variación tiene ese alcance en términos absolutos? ¿Podría hablarse de un segundo Kelsen?

El maestro vienés no reconoce que rectifique su posición inicial. La verdad es, sin embargo, que él se refiere a su doctrina con apoyo en la edición de 1960 de la *Teoría pura del derecho*, no siempre coincidente con la primera. El profesor Jules Stone imputó a Kelsen que, según su doctrina, «para que una norma sea válida debe satisfacer dos requisitos: primero, debe ser parte de un sistema de normas; segundo, el sistema de normas a que pertenece debe ser eficaz». A este modo de interpretar su tesis, Kelsen opone algo que, sin duda, ha mantenido siempre: «la eficacia del orden jurídico es sólo condición de la validez, no la validez misma». Y ejemplifica o compara: «Así como para que un ser humano viva, debe haber nacido, y para mantenerse en vida deben cumplirse otras condiciones, por ejemplo, debe alimentarse. Si estas condiciones no se cumplen, perderá la vida. Pero la vida no es lo mismo que nacer o alimentarse.» Seguidamente, Kelsen, sin cita expresa de ningún texto anterior, en su estudio titulado *El profesor Stone y la Teoría pura del derecho*, escribe: «La validez

111. El trabajo de Squella aparece inserto en el libro sobre Hans Kelsen (1881-1973) editado por la Revista de Ciencias Sociales (de la que es director Squella), publicación oficial de la Facultad de Ciencias Jurídicas, Económicas y Sociales de Valparaíso (Chile). Este trabajo es parte de la tesis doctoral presentada con el mismo título en la Universidad Complutense de Madrid, que tuve la satisfacción de dirigir y que mereció un «Premio Extraordinario».
112. Squella, ob. cit., p. 182.

está condicionada por la eficacia en el sentido de que un orden jurídico como un todo, *lo mismo que una norma aislada, pierde* su validez si no llega a ser, *en forma general*, eficaz.» [113] En la frase concurren la ambigüedad y el matiz. La validez y la eficacia se predican del ordenamiento y de la norma aislada. ¿Pero la ineficacia o falta de eficacia «en forma general», determinante de la pérdida de la validez, hay que entenderla referida al orden jurídico como un todo y a la norma como parte de ese todo, de suerte que carecerán de validez el orden y la norma cuando, en general, sea ineficaz el orden, o bien, la general ineficacia de una norma determinaría su invalidez, aun cuando ésta no alcanzara al orden en su conjunto? Si lo primero, estaríamos en donde estábamos; si lo segundo, nos encontraríamos no sólo con la pérdida de la validez de una norma aislada como efecto reflejo de la general invalidez del orden, sino con la *pérdida aislada* de la validez de la *norma aislada*, aun subsistiendo la general eficacia y validez del orden. En cualquier caso, una hipótesis habrá de excluirse por disparatada: el hecho de que una vez —o varias veces— una norma no sea conformadora de la conducta ni imponga la sanción correspondiente no condiciona la validez de la misma, ya que la ineficacia ha de ser general, y la ineficacia general referida al ordenamiento jurídico quiere decir que predominantemente carece de aplicación, aunque alguna norma aislada se aplique, mientras referida a una norma aislada significará que no suele aplicarse, lo que no puede ser el resultado de que una o varias veces no se haya aplicado. También es muy claro lo siguiente: mientras la general ineficacia del orden jurídico implica la de todas las normas, la ineficacia de una norma no afecta a la eficacia ni a la validez del orden.

En la controversia mantenida por Hans Kelsen con Alf Ross también hay algunos elementos de juicio aprovechables para el problema planteado.[114] Kelsen entiende que una teoría positivista del derecho tiene que encontrar el justo medio entre dos posiciones extremas insostenibles. Estas posiciones extremas son: la de la absoluta independencia de la validez respecto de la eficacia y la de la completa identificación de la validez con la eficacia. La primera, sería una tesis idealista; la segunda realista. Kelsen tacha de falsas ambas tesis. Es falsa la tesis idealista, «pues no puede negarse que un ordenamiento jurídico, considerado como un todo, al igual

---

113. Cfr. el citado trabajo, pp. 62-64, inserto en Hans Kelsen, «Contribuciones a la teoría pura del derecho», trad. de Eduardo A. Vázquez. Centro Editor de América Latina, Buenos Aires, 1969. Los subrayados, excepto el de «pierde», son nuestros.
114. La respuesta de Kelsen a Ross figura en el trabajo del primero: «Una teoría "realista" y la teoría pura del derecho. Observaciones a Alf Ross: sobre el derecho y la justicia», inserto en la ob. cit., pp. 7 y ss.

que una norma jurídica, no puede ya ser considerada como válido, es decir, pierde su validez, cuando deja de ser eficaz». Y es falsa la tesis realista porque «no puede negarse que existen numerosos casos en los cuales las normas jurídicas son consideradas como válidas aunque no sean eficaces, es decir, aunque de hecho no se las acate ni se las aplique». Sobre la base de estas dos grandes aseveraciones, Kelsen rechaza la doctrina de Ross, tanto al identificar la validez con la eficacia, como al considerar la eficacia circunscrita a la aplicación judicial del derecho. Una vez más, escribe: «La eficacia de las normas jurídicas —como asimismo su creación por medio de actos humanos— es condición de su validez, pero no es la validez misma, ni es la eficacia fundamento de la validez... *La eficacia es condición de la validez en el sentido de que la eficacia debe añadirse a la creación para que, tanto el ordenamiento jurídico como un todo, como también una norma individual, no pierdan su validez.*» [115] Parece que aquí la pérdida de la validez del ordenamiento jurídico y de la norma individual se mencionan paralelamente, en el mismo plano, por lo que cabe pensar en una pérdida de la validez de la norma individual, provocada por su ineficacia, y no derivada necesariamente de la general ineficacia e invalidez del orden jurídico o del ordenamiento. Pero donde está más claro este pensamiento es en la segunda edición de la *Teoría pura del derecho*, en la que escribe: «La eficacia del orden jurídico, como un todo, y la eficacia de una norma jurídica aislada son, junto con el acto de instauración normativa, condición de la validez; y la eficacia es condición en el sentido de que un orden jurídico como un todo, y una norma aislada no es considerada ya válida, cuando ha cesado de ser eficaz.» [116]

De todas maneras, lo que siempre subraya y matiza Kelsen es cómo la eficacia y la ineficacia no actúan nunca como fundamento de la validez o de la pérdida de ésta. Se trata siempre de algo añadido, externo, al acto de la válida creación de las normas. Por eso encuentra situaciones en las que no hay una validez influida por la eficacia, como cuando el juez aplica por primera vez una norma recientemente promulgada; pero la verdad es que si la eficacia y la ineficacia no influyen en la creación válida de las normas, cuando influyen, sobre todo cuando influye la ineficacia, ésta destruye la norma válidamente creada. Es mayor el influjo de la ineficacia que el de la eficacia. El acto creador de la norma es previo y no puede ir acompañado de la eficacia para que tenga

115. Loc. cit., pp. 22-24.
116. Cfr. Kelsen, *Teoría pura del derecho*, 2.ª ed. de 1960, trad. al español de Roberto J. Vernengo, UNAM, México, 1979, p. 223.

validez; pero la posterior ineficacia termina por sobreponerse a la validez. Luego si el legislador da vida a las normas con sólo atenerse al proceso de creación formalmente correcto, la ineficacia pone término a la norma válidamente creada. Y como la revolución engendra la ineficacia, la revolución se sobrepone a la norma básica presupuesta, a la Constitución y a todos los actos creadores de la validez de las normas amparados por la Constitución. Impresiona en la teoría pura ver cómo la «revolución del derecho» elaborada a base de la juridificación más estricta (libre de ideologías, realidad social, adscripciones filosóficas, connotaciones morales, etc.) cede ante la «revolución de los hechos». Aunque éstos no son nunca el fundamento del orden jurídico, en el momento decisivo, pronuncian su condena de muerte. ¿Importa mucho, entonces, distinguir entre el fundamento y la condición? ¿No es la verdad que si la validez es el fundamento —lo más, lo intrínseco, lo esencial y constitutivo— y la eficacia la condición —lo menos, lo extrínseco y meramente funcional— termina la condición por hacer decaer el fundamento, por producir un efecto ante el que el fundamento cede?

De todo ello se infiere que, en conjunto, la concepción de Kelsen es idealista en tanto un orden dado mantiene su regularidad y su vigencia sin ser puesto en cuestión. Pero en cuanto se cierne sobre ese orden un fenómeno de crisis y de revolución, que conmueve la situación establecida, con el consiguiente resquebrajamiento de su eficacia, el edificio idealista amenaza con venirse abajo y declina, con lo que se alza sobre las ruinas del idealismo una construcción realista.

21. OTROS INTENTOS JURIDIFICADORES DE LA REVOLUCIÓN

Si, como hemos sostenido antes, no cabe considerar que sólo en nombre del derecho natural puede dotarse de sentido jurídico a la revolución, paralelamente ha de reconocerse que en el positivismo jurídico estricto, tal y como aparece en Kelsen, la situación en que se desemboca es muy descarnada: el hecho (la revolución) en conflicto con el derecho (un orden jurídico establecido). Si la revolución fracasa —lo que no es nada sencillo determinar coetáneamente— todo quedará reducido a un problema de derecho penal; conforme a él serán juzgados los que, habiendo asumido el papel de revolucionarios, quedan reducidos al de delincuentes. Si la revolución triunfa, el orden jurídico anterior será derrocado y sustituido por otro impuesto revolucionariamente. Ahora bien, desde el inicio de un proceso revolucionario hasta su desenlace en uno u otro sentido, la incertidumbre es lo que impera. Esa situación de tránsito la describe muy bien Kuhn así: «Las revoluciones políticas aspiran a cambiar las instituciones políticas de una manera que estas instituciones prohíben. Su éxito requiere, por tanto, que se abandone parcialmente un bloque de instituciones en favor de otro, y, en el interior, la sociedad no es gobernada completamente por ninguna institución. Inicialmente, la sola crisis disminuye el papel de las instituciones políticas... En número cada vez mayor los individuos van marginándose progresivamente de la vida política y conduciéndose cada vez más excéntricamente respecto de ésta. Luego, conforme la crisis se profundiza, muchos de estos individuos se adhieren a algunas propuestas concretas para la reconstrucción de la sociedad en una nueva estructura institucional. En ese punto, la sociedad se divide en campos o partidos rivales, los que buscan la defensa de la vieja constelación constitucional y los que tratan de instituir una nueva. Y una vez que se ha producido la polarización, *falla el recurso político*.» [117] Si hay una polarización en la que falla el recurso político ¿qué no diremos del recurso jurídico? Porque en el curso revolucionario, la acción violenta suele anteponerse a la acción política y, sin duda, la acción política va por delante de la ordenación jurídica. Por todo ello se comprende que la revolución en marcha se resista a cualquier intento de configuración jurídica. Hay etapas que escapan por completo a ser definidas por las normas de un modo seguro. Sólo es esto posible cuando el proceso ha alcanzado ciertos niveles. En el derecho internacional se encuentran algunas soluciones prácticas, como el reconocimiento *de facto* de un gobierno, el mantenimiento de relaciones con un gobierno en el exilio, la doctrina Estrada,[118] la aplicación del principio de la efectividad, etcétera.[119] No obstante, ello no excluye un planteamiento del problema más a fondo. La tesis del derecho natural, como modo de eludir el vacío jurídico provocado por el hecho revolucionario y como fundamento de la revolución, que tiene el gran valor inherente a la posición filosófica e ideológica en que se sustenta, no puede sin embargo ser utilizada como explicación general y única. La revolución francesa estuvo impulsada por un pensamiento racionalista y metafísico que presuponía el derecho natural, aunque curiosamente su tarea radicalmente transforma-

117. Thomas S. Kuhn, en su trabajo citado, en el libro también citado, de Nisbet y otros, p. 145.
118. Cfr. Alfred Verdross, *Derecho internacional público*, trad. de A. Truyol Serra, nueva edición. Aguilar, Madrid, 1976, pp. 302 y ss.
119. Cfr. Manuel Díez de Velasco, *Instituciones de Derecho internacional público*, Ed. Tecnos, Madrid, 1978, p. 179.

dora vendría luego a desembocar en el positivismo jurídico de la ley. La revolución rusa, por el contrario, negando el derecho —todo derecho— hubo luego de aceptarle, si bien con carácter instrumental. Una concepción sociológica tampoco resulta de suyo suficientemente explicativa, porque el derecho emanado de la sociedad se forma lenta y gradualmente, en tanto en la revolución hay lo que pudiera considerarse un rápido salto normativo. Se comprende, por tanto, que se hayan utilizado otras vías para no dejar a solas el hecho revolucionario enfrentado con el orden precedente y forjando un orden nuevo.

Es frecuente acudir a la justicia, al bien común y a una concepción institucional del derecho. La justicia tiene el atractivo de ser un valor con gran fuerza de convocatoria. A ningún orden se entrega de manera exclusiva y definitivamente. Escapa a la apropiación, aunque concita a todos al encuentro. Por supuesto, la justicia tiende a verse fuera o más allá del derecho positivo. Es más frecuente considerar a un derecho injusto que justo. En el proceso revolucionario hay una crisis de la ley y del derecho. La justicia, en cambio, parece resurgir rejuvenecida.

Pérez Serrano, al ocuparse en su *Tratado de Derecho político* del fenómeno revolucionario, reputa inadmisibles, tanto su desconocimiento por entender que el régimen precedente conserva su legitimidad, como la posición contraria que pliega por entero el derecho al poder triunfante. A su juicio, «el Estado, la comunidad política, subsiste y aun conserva su identidad nacional, su esencia inconfundible, a pesar del cambio radical; no hay sucesión entre el Estado anterior y el revolucionario, sino mantenimiento del propio ser, con modificaciones de organización más o menos sustanciales». Por eso «todo lo no alterado —dice—, todo lo no incompatible con la nueva fisonomía, perdura por propio imperio, y desde luego el régimen jurídico que, en conjunto, prosigue, siquiera una mayor o menor parte de su contenido haya sufrido reforma o supresión por vía anormal, aunque de virtualidad innegable».[120] Subsiste, pues, lo que Broglie llamaba en 1823 «ese derecho delicado y terrible que dormita en todas las instituciones humanas como su postrera y triste garantía».[121] En la misma línea del profesor Pérez Serrano hay que situar el estudio *Crisis del Estado y fuentes del derecho*, de Rafael Mateu-Ros, que con base en una concepción institucional del derecho, en algunos criterios del derecho internacional favorecedores de la identidad del Estado y acudiendo a las normas del derecho civil que restringe la posibi-

120. Ob. cit., Cívitas, Madrid, 1976, p. 424.
121. Pérez Serrano, ob. cit., p. 426.

lidad de modificar las relaciones jurídicas y más aún la de extinguirlas, afirma la existencia de una «inmanente ordenación jurídica de la vida social ajena a los hechos políticos», lo que le inclina a propugnar la subsistencia del ordenamiento jurídico, «en tanto no se produzca una modificación expresa o tácita, pero necesaria de sus principios y normas».[122]

La noción del bien común también ha sido utilizada para moderar y juridificar el significado de la revolución. Partiendo de que el derecho es la representación colectiva del orden conforme al bien común, Burdeau piensa que «la revolución no es una ruptura del derecho: es una transformación de la sustancia del derecho».[123] Este punto de vista lo adopta André-Vicent en *Les révolutions et le droit*.[124] Su propósito es evitar la absoluta contraposición entre la fuerza de los hechos y el derecho, para lo cual se opone a una concepción puramente voluntarista de éste y del ejercicio del poder. Uno y otro han de considerarse conformados y definidos por el bien común caracterizado así: es el fin social a que tienden todas las instituciones de la comunidad; no es una idea platónica, sino que existe por sí mismo en los elementos (personas y cosas) que constituyen la sociedad; esencialmente objetivo, comunica a todos los poderes su objetividad; como la naturaleza, es anterior a la historia, pero se realiza en el tiempo; impone al poder político y al poder judicial la distinción y el respeto de sus funciones; dota de sentido a la ley; resuelve las dificultades de interpretación; preside la diferenciación entre lo público y lo privado; polariza la dialéctica de la moral y la política que determina las situaciones jurídicas, y, en fin, consagra como esencia de las cosas la unidad y no el conflicto.[125] ¿Mas cómo actúa el bien común en las revoluciones? André-Vicent considera que la revolución tiende a crear un derecho nuevo, el cual, a su juicio, «es esencialmente conciencia renovada del bien común»; un aspecto o sentido del bien común es rechazado y otro que permanecía en la sombra sale a la superficie. La revolución es, por tanto, un cambio de sentido que deriva de una modificación del bien común; o bien, «la sustitución de una idea del derecho por otra». En este concepto se comprenden todas las revoluciones nacionales y liberales del siglo último y, en el siglo XX, las revoluciones fundadoras de nuevas nacionalidades después de la descolonización.

---

122. Mateu-Ros Cerezo, trabajo citado, inserto en *La Constitución española y las fuentes del derecho*, Instituto de Estudios Fiscales, Madrid, 1979, II, pp. 1373 y ss.
123. Burdeau, *Traité de sciences politiques*, L.G.D.J., París, 1966-1973, vol. IV, p. 596.
124. L.G.D.J., 1974.
125. André-Vicent, *Les révolutions et le droit*, cit., pp. 111-115.

Las revoluciones del Tercer Mundo y especialmente las de América latina —dice André-Vicent—, si bien tienden a crear un derecho nuevo, reconocen la permanencia del orden jurídico, al menos en ciertas estructuras constantes, por lo que han de reputarse «creadoras de derecho; no creadoras *del* derecho». Una mayor fuerza creadora tuvo la revolución de 1789, aunque también en ella encuentra André-Vicent «el sentido de la perennidad del derecho». Únicamente escapa a esta catalogación, según escribe al final del libro, la revolución inspirada por Marx, que «disuelve la existencia del derecho en una dialéctica histórica asumida por su voluntad creadora».[126]

Estos y otros muchos criterios explicativos de la revolución [127] responden al encomiable propósito de evitar que el derecho en todas sus manifestaciones aparezca en la posición de enfrentamiento y de víctima ante el hecho revolucionario. Es indiscutible que la identificación del Estado con un orden jurídico construido a partir de la Constitución y desarrollado a través de la ley propician la pugna entre el orden jurídico y el fenómeno revolucionario que, cuando logra sobreponerse, hace girar el ser y el no ser del derecho en dependencia de un conflicto resuelto por la fuerza. Si quiere impedirse ese radical antagonismo, es preciso que la distribución de campos supere el simplicismo que significa ver exclusivamente el derecho en el poder establecido y considerar que niega el derecho todo enfrentamiento con el poder. Si el Estado no se reduce al derecho emanado de él mismo, sino que se le considera como una realidad histórico-cultural susceptible de realizarse a través de unas u otras conformaciones normativas, es claro que puede mantenerse la identidad del Estado, por más que la acción revolucionaria engendre mutaciones profundas en el sistema político. Por la misma razón, si se concibe el derecho como expresión de la vida social, algo inmanente a la convivencia de los hombres, tampoco decae por entero con la acción revolucionaria que, consiguientemente, tampoco representará la nada jurídica. La noción del bien común también contribuye a dotar al derecho de una consistencia superior a la procedente del estricto volun-

126. Ob. cit., pp. 115-134.
127. Escapa a nuestros propósitos dar cuenta de las diversas teorías jurídicas sobre la revolución. Acerca de ellas, cfr. Mario A. Cattaneo, *El concepto de revolución en la ciencia del derecho*, trad. al castellano de Ediciones Depalma, Buenos Aires, 1968, pp. 19 y ss. Dejando aparte el positivismo tradicional para el que la revolución queda fuera del derecho, de la ciencia jurídica, las demás concepciones le asignan una significación jurídica, resaltando en tal sentido la tesis institucionalista de Romano, quien ve en la revolución el ordenamiento jurídico originario, y la tesis marxista que ve en la revolución la destrucción del derecho burgués y/o el establecimiento de la nueva legalidad socialista.

tarismo. Con todo ello, sin embargo, la configuración jurídica de la revolución no es una empresa realizable con criterios válidos para las múltiples manifestaciones históricas con que se presenta. Sin ruptura jurídica no hay revolución. Y pensar que esta ruptura esté conformada normativamente, parece un imposible. Imaginemos que el bien común esté por encima del poder, dote de sentido a la ley y encarne la razón suprema de la armonía entre los hombres y las cosas del mundo exterior. ¿Pero en qué consiste ese ideal y cómo se le entiende y se realiza? Depende de las interpretaciones y de las posiciones ideológicas desde que se le contemple. La revolución es un modo distinto, nuevo, de entender el bien común. No significa su descubrimiento. Supone ante todo una actitud crítica. El sistema contra el que se alza el mensaje revolucionario, precisamente porque ya tiene tras sí una ejecutoria histórica, habrá incurrido en desvíos, abusos y conculcaciones, aunque posiblemente cuando se estableció enarbolaría la bandera del bien común —con ese nombre o con otro— y no la considerará tal vez completamente arriada.

22. CONCEPTOS RELACIONADOS CON EL CAMBIO: EVOLUCIÓN, PROGRESO, PROCESO Y DESARROLLO; MODERNIZACIÓN

A) En una misma línea quedan la evolución y el progreso.

La *evolución* se contrapone en igual medida a la revolución y a la permanencia. Pone de manifiesto una transformación gradual. Enmarca el cambio en un «tempo» lento.

El *progreso*, considerado sociológicamente, es equiparable a la evolución. Los evolucionistas del siglo XIX identificaron el cambio con el progreso, viendo en éste un cambio acumulativo o sostenido. La dirección sostenida del cambio supone la regularidad de la evolución, que se manifiesta más claramente si se observan períodos largos.[128] En el plano de la política, el progreso incorpora connotaciones ideológicas y valorativas que no figuran necesariamente en la evolución. Mientras en el evolucionismo prepondera su significación científica —procedente de las ciencias naturales— y por eso tiende a ser aséptico, el progreso queda más del lado de las creencias y de las estimaciones; por eso supone un avance y un perfeccionamiento moral-social. Así, el aumento de la violencia podrá considerarse como un cambio o una evolución, mas no como síntoma de progreso.

128. Cfr. Wilbert E. Moore, *Enciclopedia internacional de ciencias sociales*, trad. esp. voz «Cambio Social».

Bertrand Russell marca bien estos matices cuando dice: «El cambio es científico y el progreso es ético.» [129] Victor Hugo llamó al progreso, en términos románticos, «el gran viaje humano hacia lo celeste y divino». Creo que Proudhon se siente más cautivado por la fe en la felicidad del progreso que por el comunismo. Desde posiciones neotomistas (como es el caso de Maritain) se ve en el progreso el tránsito de lo sensible a lo racional, de lo racional a lo espiritual, de lo menos espiritual a lo más espiritual. La escala, en orden a los valores, es siempre ascendente.

En política, el progresismo puede ser avanzado o contrarrevolucionario. Es avanzado en cuanto tiende a una mejor conformación de la sociedad. Y es contrarrevolucionario en tanto evita las acciones cruentas. Hay una evolución natural (o sea, espontánea) y necesaria (es decir, inevitable). No obstante, también puede ser estimulada.

La evolución, como paradigma epistemológico, da lugar al evolucionismo. Entre los grandes apóstoles del evolucionismo figuran Darwin, Spencer, Bergson y Teilhard de Chardin. En política, la evolución natural desemboca en cierto conformismo. La evolución estimulada se acerca a la reforma.

B) *El proceso y el desarrollo* son otros modelos descriptivos del cambio. El *proceso* supone neutralismo ideológico. Es una construcción de la ciencia. Viene a reemplazar la noción de sustancia para describir la realidad como movimiento. Se diferencia de la evolución y del progreso en que si bien indica la persistencia en el cambio, no señala una dirección determinada. Expresa la temporalidad y periodicidad del cambio.

La noción del *desarrollo*, que ya aparece en las primeras manifestaciones de la sociología, ha sido durante mucho tiempo una categoría preferentemente económica, para adquirir luego una dimensión humana total. El desarrollo es, actualmente, un progreso potenciado mediante la asistencia técnica y la ayuda económica, aunque no circunscrito a los aspectos materiales. La UNESCO incluye con preferencia entre sus planes la protección del desarrollo, así definido: «El concepto del desarrollo debe comprender los factores económicos y sociales, así como los valores morales y culturales que condicionan el fortalecimiento del ser humano y de su dignidad en el seno de la sociedad.» [130]

Cuando el cambio político español no se había afrontado y se hacía frecuente uso del concepto de «desarrollo político», el profesor Carlos Ollero llevó a cabo un agudo estudio del mismo sobre

129. *Diccionario del hombre contemporáneo*, trad. esp., p. 33.
130. Kirpal, en la publicación de la UNESCO conmemorativa del XXV aniversario, *Dans l'esprit des hommes*, 1972, p. 138.

la base de entenderle como «el proceso hacia la instalación real y efectiva de un sistema socio-económico y político democrático».[131] Consideraba el «desarrollo político» inexcusablemente asociado a la democracia, específicamente a la occidental y, en concreto, a la europea. Oponía al «cambio entendido como la sustitución repentina de un orden sociopolítico y jurídico institucional, el «desarrollo político», a condición de entenderle dirigido hacia la democracia sin tergiversaciones y realizarle sin otra dilación que la aconsejada por su solidez e irreversibilidad. Excluyendo del desarrollo político el cambio súbito, consideraba no obstante que le es inherente un cambio, porque si éste puede prescindir del desarrollo, el desarrollo supone siempre un cambio. Si tenemos en cuenta la fecha en que Carlos Ollero expresó estas ideas (conferencia pronunciada en la A.E.C.E. el 20 de noviembre de 1973) fácilmente se comprende cuál era su propósito: propiciar el cambio desde el interior del sistema, mediante la reforma constitucional del mismo y teniendo como paradigma la democracia occidental europea.

C) La *modernización* es otra de las manifestaciones de la teoría del cambio. La modernización, como concepto o tipo, es utilizada principalmente por la sociología estructurofuncionalista para dar cuenta del cambio gradual y generalizado. También es una ideología, que precisamente consiste en neutralizar las posiciones ideológicas clásicas para propugnar una tendencia hacia la modernización. Ésta aparece muy enlazada con el desarrollo y la industrialización. Como, a su vez, el desarrollo y la industrialización proceden de la revolución científica, también la modernización se conexiona con las aportaciones sociales de la ciencia. Sin embargo, modernización, desarrollo e industrialización no se identifican. Según David E. Apter, la modernización es un caso particular del desarrollo que «requiere tres condiciones: un sistema social capaz de realizar innovaciones constantes sin desfallecer (y que incluya dentro de sus convicciones esenciales la convicción del cambio); estructuras sociales diferenciadas y sensibles, y una organización social que brinde la capacitación y el conocimiento necesarios para vivir en un mundo tecnológicamente avanzado».[132] El propio Apter sostiene: «La industrialización, un aspecto especial de la modernización, puede definirse como el período en el cual los roles funcionales estratégicos de una sociedad se relacionan con la fabricación. Puede intentarse modernizar

131. Carlos Ollero, «Desarrollo político y Constitución española», separata del *Boletín Informativo de Ciencias Políticas*, números 13-14.
132. Cfr. David E. Apter, *La política de la modernización*, versión castellana de Enrique Molina de Vega y Sara María Llosa de Molina, Ed. Pardos, Buenos Aires, 1972, p. 71.

un país determinado sin necesidad de una gran industria, pero no industrializar sin modernizar.» [133]

Todos estos valores semánticos de los términos utilizados son muy relativos. ¿Por qué no cabría considerar el desarrollo como una faceta e incluso una consecuencia de la modernización? Más claro parece considerar la industrialización como una manifestación de la modernización. Por el contrario, algunos expertos en ciencias políticas limitan la modernización a las transformaciones derivadas del desarrollo industrial.[134] Esto no es así. La modernización es algo más complejo y culturalmente de mayor alcance. La contraposición «tradicional/moderno» es muy antigua y, sin duda, precede a la revolución industrial. El propio concepto de «modernidad» se remonta siglos atrás. «Para las sociedades de Europa Occidental —escribe Black—, las instituciones tradicionales son las de la Edad Media, y el reto de la modernidad al sistema tradicional se produjo en los siglos XVII y XVIII. En todas las demás sociedades pueden observarse épocas tradicionales comparables ante el reto de la modernidad.» [135] La modernización viene a ser la modernidad a escala de nuestro tiempo. No obstante, ya no señala un conflicto con lo tradicional. La modernización se asume sin necesidad de negar la tradición. Incluso ciertas manifestaciones de la modernización incorporan la conservación de las expresiones de la cultura tradicional, si no en los modelos de la convivencia social y política, sí, por ejemplo, en el respeto al pasado y en la conservación de la naturaleza. Cierto que, por lo demás, la modernización va muy ligada al impulso y a la comunicación de la tecnología. La modernización tiende a comprender a todas las sociedades. Unas son productoras o impulsoras de la modernización; otras simplemente receptoras. Por eso los niveles de la modernización son diferentes. En las sociedades más avanzadas, el grado de modernización es superior; en otras sociedades consiste tan sólo en aproximarse a lo ya alcanzado por las sociedades más avanzadas. Sin perjuicio de su diversa entidad y de su dependencia también del sistema social y político de los distintos países, tiende a internacionalizarse o universalizarse. Por eso no significa sólo la «europeización» o la «occidentalización».

Un concepto restringido de modernización es el formulado por Carlota Solé.[136] La definición en que le sintetiza es la siguiente: «*La* (rápida y masiva) *aplicación de ciencia y tecnología basada*

---

133. Loc. cit.
134. Cfr. Cyril E. Black, *La dinámica de la modernización*: un repaso general, en el libro colectivo de Nisbet y otros, cit., pp. 231-232. Black no comparte el criterio.
135. Ob. cit., p. 232.
136. *Modernización: un análisis sociológico*. Ediciones Península, 1976.

en la fuerza motriz de las máquinas o esferas (total o parcialmente) *de la vida social* (económica, administrativa, educacional, defensiva, etc.), *implementada o puesta en práctica por la intelligentsia indígena de una sociedad.*» [137] La modernización así entendida tiene por base la penetración en la sociedad de la ciencia y la tecnología; pero para alcanzarla es preciso que esa penetración se efectúe a impulsos de la *intelligentsia* de la propia sociedad. Se trata, por tanto, de un concepto endógeno de la modernización. Ello presupone la necesidad de una previa educación de los componentes de la sociedad. Atribuyendo a la modernización un significado tan restringido se consigue designar con el término y el concepto correspondiente una modalidad del cambio con un sentido peculiar no confundible con otras manifestaciones del mismo. También se evita que la modernización pueda considerarse como el simple resultado de un neocolonialismo tecnológico. Sin embargo, es muy problemático que la modernización, en todas sus fases, pueda considerarse como completamente interiorizada. Mientras la cultura es la expresión del propio modo de ser de los pueblos, por lo que hay siempre expresiones culturales autóctonas, no ocurre otro tanto con la ciencia y la tecnología. El concepto de modernización formulado por Carlota Solé servirá para decir que una sociedad no se moderniza por el sólo hecho de que sea receptora de conquistas tecnológicas no procedentes de ella misma. Habrá de esperarse a que la propia sociedad las asuma; mas para asumirlas es indispensable el contacto con otras sociedades más avanzadas.

Distinto de la *modernización* es el *modernismo*. El común presupuesto de la modernidad toma sentidos diferentes. La modernización concierne a la estructura socioeconómica. El modernismo es predominantemente un concepto cultural. En la poesía, en la pintura y, en general, en las artes tiene significados retrospectivos; le contemplamos en el pasado. Sin embargo, algunos sociólogos actuales le utilizan como categoría descriptivo-tipificadora. Éste es el caso de Daniel Bell, que abandonando una concepción holista de la sociedad, cree que para comprender, al menos, la sociedad contemporánea ha de considerársela formada por tres ámbitos distintos: la estructura tecnoeconómica, el orden político y la cultura.[138] La cultura ejerce en Bell tal atractivo que le hace sobrepasar en sus estimaciones la posición del sociólogo. En este ámbito es donde se manifiesta o sigue manifestándose el modernismo. Considerado en su conjunto, está en la misma línea en que

137. Ob. cit., p. 212.
138. Daniel Bell, *Las contradicciones culturales del capitalismo*, versión española de Néstor A. Miguez, Alianza Universidad, 1977.

las ciencias sociales del pasado pusieron de manifiesto la racional superficialidad de las apariencias que ocultan una realidad, como entendieron Marx, Freud y Pareto. «También el modernismo —dice Bell— afirma la carencia de sentido de la apariencia y trata de desvelar la subestructura de la imaginación. Esto se expresa de dos maneras. Una de ellas, la estilística, es un intento de anular la "distancia" —la distancia psíquica, la distancia social y la distancia estética— e insistir en el absoluto presente, la simultaneidad y la inmediatez de la experiencia. La otra manera, la temática, es la afirmación del imperio absoluto del yo, del hombre como criatura que se "autoinfinitiza" y es impelida a la búsqueda del más allá.» [139] Ambos aspectos, el estilístico y el temático, pueden considerarse interdependientes. Porque la eliminación de la distancia como modo de sentirse instalado en el absoluto presente es la forma de encontrar el más allá no estrictamente temporalizado. Luego el modernismo así entendido viene a cubrir un vacío religioso.

139. Ob. cit., p. 57.

II. La transición española como fenómeno de cambio: marco legal y presencia de las fuerzas políticas

1. APROXIMACIÓN AL TEMA. CRITERIOS PARA SU ANÁLISIS

¿Cómo encuadrar en la tipología propuesta el cambio operado en España? Ésta es una pregunta ambiciosa que exige un largo recorrido. La aproximación al tema me lleva a formular de manera introductoria algunas observaciones y clarificaciones.

Escribo con base en tres medios de información principales. Uno, haber vivido, como tantos españoles, este proceso político. Otro, haber tenido en él participación como Presidente de las Cortes desde el 15 de junio de 1977 hasta la entrada en vigor de la Constitución de 27 de diciembre de 1978. El tercer medio de conocimiento está constituido por los diversos trabajos y estudios consagrados a un tema tan atractivo.[1]

---

1. Pablo Lucas Verdú, en su estudio «Derecho político y transformación política española», *Revista de la Facultad de Derecho de la Universidad Complutense*, Nueva época, 1979, pp. 5 y ss., facilita una referencia bibliográfica muy completa, en su momento, de las diversas publicaciones españolas y extranjeras, además de afrontar él directamente el estudio del proceso. Cfr. también Pedro de Vega García, «La transición política española a la luz de los principios democráticos de legalidad, publicidad y racionalidad», en *Las experiencias del proceso constitucional español*, Universidad Nacional Autónoma de México, 1979, pp. 247 y ss. En la misma publicación, Francisco Rubio Llorente, «Los partidos en el proceso constituyente», pp. 163 y ss. Luis Sánchez Agesta, en *Sistema político de la Constitución española de 1978*, Editora Nacional, Madrid, 1980, dedica una primera parte al proceso constituyente (pp. 21-63). Como expresamente dedicados al tema bibliográfico pueden consultarse: Miguel Herrero Lera, «Repertorio bibliográfico sobre la transición sociopolítica española» en *Revista del Departamento de Derecho político*, UNED, 4, 1979, pp. 279 y ss.; y Miguel M. Cuadrado y Francisco J. Vanaclocha, «Introducción bibliográfica al sistema político español», en *La Constitución española de 1978. Estudio sistemático dirigido por los profesores Alberto Predieri y Eduardo García de Enterría*, Ed. Civitas, Madrid, 1980, pp. 853 y ss.

El hecho de haber participado en el proceso, que ahora intento describir y comprender en términos científicos (con base en el conocimiento jurídico, en el politicológico y en el sociológico), suscita de entrada un problema y, desde luego, una preocupación que se inscriben en la sociología del conocimiento. Doy por seguro que esa situación o circunstancia sirve de estímulo a mis ideaciones. Quien ha consagrado su vida principalmente a la teoría y a la práctica del derecho civil, aunque también haya penetrado en los campos de la filosofía y de la sociología jurídicas guiado principalmente de inquietudes metodológicas con el propósito de revitalizar y transformar el saber acerca del derecho, posiblemente no habría llevado a cabo un estudio como éste de haberle faltado la experiencia directa.

Muchas personas me han preguntado si voy a escribir las memorias correspondientes a esta etapa histórica. Algunas me lo han aconsejado. La verdad es que no me lo he propuesto; más bien me he propuesto lo contrario. Ésta es, al menos, mi inclinación. El simple relato de lo vivido me atrae poco. Cuando hace ya mucho tiempo me asomé al campo de la literatura fustigué el mero realismo como reflejo o reproducción de lo dado. Claro es que los hechos influyen en la mente del escritor; pero tienen que ser transformados o trascendidos a través de la imaginación. Algo similar ocurre en otros dominios del pensamiento o de la «escritura». Considero que en el campo de las ciencias sociales y singularmente en el de la ciencia jurídica, la experiencia, en tanto que *praxis* o realidad tiene que ser objeto de fijación y análisis como punto de partida indispensable. Sólo sobre algo históricamente dado y establecido puede versar el conocimiento. Pero bien entendido que la propia realidad, aun siendo previa al conocimiento, no es ajena a él por cuanto es preciso determinar cómo ha sido o cómo está siendo. Lo que a cualquier lector de hoy le sorprende de la doctrina de Rousseau acerca de la superioridad del hombre salvaje en estado de naturaleza, respecto del hombre adentrado en la cultura y en la sociedad, es la falta de sensibilidad histórica. El «salvaje» en el relato rousseauniano no es un hecho antropológicamente comprobado, sino un concepto ideado metafísicamente. Falta la elemental distinción entre el hecho y la teoría. Todo es teoría, aunque a veces Rousseau aluda incidentalmente al testimonio de algún viajero que contempló una tribu primitiva. Parte del *a priori* de que en el estado de naturaleza la igualdad —la igualdad no sólo de los hombres entre sí, sino en relación incluso con los animales— y la libertad son espontáneas y fácilmente compartidas. Con suma sencillez nos dirá: «Todos se nutren con los mismos alimentos, viven del mismo modo y hacen exactamente las mismas cosas.»[2] Ésta es la igualdad: una generalización desprovista de base empírica. La libertad luce en los textos de Rousseau, además de en generalizaciones similares, en ejemplos tan ingenuos como los siguientes: «Si se me arroja de un árbol, libre estoy para ir a otro; si alguien me molesta en un sitio ¿quién me impedirá marcharme a otra parte?»[3] La forma verbal y la pronominal (la primera persona y el pronombre) no pueden ser más intimistas; de intimismo metafórico y poético. El Juan Jacobo que con tanta facilidad cambia de árbol o de sitio es pura fantasía.

Naturalmente, los hechos a que debo referirme como punto de partida no son tan remotos como aquellos en el tiempo ni tan recónditos e indefinidos en el espacio. Se trata de hechos vividos, de una realidad protagonizada. Si en Rousseau la quiebra está en no acudir al saber antropológico e historiográfico para determinar qué hicieron los primeros hombres, aquí la dificultad radica en la excesiva cercanía, en lo inmediatividad. El problema no consiste en establecer qué es lo sucedido, sino en interpretarlo y calificarlo en términos que sobrepasen el mero relato y la opinión política.

Sin ánimo de crítica (pues cada uno puede proceder como considere oportuno) debo decir que advierto como tónica dominante en los cronistas e historiadores de nuestra contemporaneidad, en los sociólogos y hasta en los cultivadores de la ciencia política, demasiadas inclinaciones a la aprobación y a la reprobación. Es muy discutido si en las ciencias sociales hay o no una instancia valorativa. Considero que el discurso científico no incluye necesariamente la valoración, aunque la prepara o aporta elementos de juicio para llevarla a cabo en el discurso filosófico, en el político y en el moral. En todo caso, la valoración científica no hay que confundirla con cualquier estimación personal. Una cosa es identificar los valores que dotan de sentido a la acción social y otra opinar libre y personalmente. Aunque no acepte en este punto la total tesis weberiana, creo que hay que prevenirse, como dice Max Weber, del «peligro de insertar valoraciones incontroladas en la investigación empírica y, sobre todo, de deslizar la apología de un *resultado*, que a menudo está individualmente condicionado en el caso particular y es, por lo tanto, meramente casual».[4]

---

2. *Discurso sobre el origen de la desigualdad de los hombres*, ed. de los profesores Rivacova y Squella, Valparaíso, 1979, p. 127.
3. Ob. cit., p. 128.
4. Max Weber, *Economía y sociedad*, trad. de Medina Echevarría y otros, Fondo de Cultura Económica, I, México, Buenos Aires, 1964, p. 32.

2. LA OBJETIVIDAD CIENTÍFICA Y EL INTERÉS POR UNA DETERMINADA INVESTIGACIÓN

Soy un convencido, según ya he sostenido en diversos libros y publicaciones, de que en el estatuto epistemológico común a toda investigación científica, ya verse sobre la naturaleza o sobre la sociedad, debe figurar como básica la regla de la objetividad. Unamuno dijo sarcásticamente —cito de memoria y no respondo de la literalidad— que sólo podría ser «objetivo» cuando fuera «objeto». Si alguien hizo gala de un espíritu anticientífico fue precisamente él, por lo que su juicio es más bien el rechazo personal de una vocación por la ciencia, punto de vista en el que quiso situar a España y a los españoles cuando acuñó la famosa frase: «que inventen ellos».

La objetividad es, ciertamente, problemática. Proponérsela no quiere decir conseguirla; si bien la dificultad de conseguirla no libera de proponérsela. Aunque no aparezca siempre en el resultado, ha de figurar en el método, en la actitud. Sólo así nos desenvolveremos en el universalismo propio de la ciencia. La dificultad es mayor cuando el análisis versa sobre la sociedad que cuando recae sobre la naturaleza. Este aserto es hoy un lugar común. Sin embargo, en el nacimiento de la ciencia moderna supuso una dura lucha aislar un concepto de la naturaleza liberado de la carga metafísica y lógica con que se venía ofreciendo desde Aristóteles, con la posterior suma de los confesionalismos religiosos. Ésta es la gran obra que encarna y simboliza Galileo, recibida con tantas incompresiones. Es bien significativo el siguiente pasaje que figura en su correspondencia con Képler: «¿Qué dirás de los primeros filósofos de nuestra alta escuela, que, a pesar de haber sido requeridos una y mil veces para ello, jamás han querido mirar a los planetas o a la luna por el telescopio, cerrando los ojos por la fuerza a la luz de la verdad? Estos hombres creen que la filosofía es un libro como la *Eneida o la Ilíada,* algo que no se descubre y escruta por el mundo mismo de la naturaleza, sino que sólo puede encontrarse (tales son sus palabras) mediante el cotejo de los textos. ¡Cómo te reirías si oyeses cómo el más ilustre de los filósofos de nuestra escuela se esforzaba en borrar y arrancar del cielo los nuevos planetas a fuerza de *argumentos lógicos,* como si se tratara de fórmulas mágicas!»[5] No obstante, el propio Galileo incurrirá, aunque desde otro punto de vista, en el apasio-

5. Tomo el texto de Cassirer, *El problema del conocimiento,* trad. de W. Roces, Fondo de Cultura Económica, México I, 1974, p. 346.

namiento y en el subjetivismo. Por eso, pese a todas las aportaciones que va a hacer a la teoría del conocimiento, Cassirer dice de él que no es un sistemático de la epistemología porque tiene el convencimiento, anterior a toda reflexión filosófica, de la completa armonía entre el pensamiento y la realidad. «La certeza de sí mismo —escribe Cassirer— con que el pensamiento científico se siente dueño de sí y se afirma en su propia seguridad, es precisamente lo característico de la investigación de Galileo. Si, de una parte, ello le cierra todos los caminos por los que pudiera remontarse de nuevo a los problemas más generales de la crítica del conocimiento, le guarda, por otra parte, de la tentación de querer explicar y deducir el origen de la verdad científica partiendo de un principio *metafísico* superior.»[6] El convencimiento galileano y tantos otros son los que van a ir haciendo sucesivas crisis en el curso de los siglos, hasta el punto de que una imagen plástica y uniforme de la naturaleza tiende a desaparecer de nuestra mirada. Si en los comienzos de la ciencia, ésta se mostraba como la verdad y la objetividad frente a la especulación filosófica, después van a ser las propias ciencias —incluso la física y la matemática, siempre más avanzadas en el plano epistemológico— las que experimentarán mayores convulsiones en sus fundamentos.

De todas maneras, el esfuerzo y la lucha por la objetividad, aun siendo comunes al investigador de los fenómenos de la naturaleza y de la sociedad, presentan características diferenciales. En la investigación recayente sobre la naturaleza, el objeto nada dice de suyo. Se mantiene inalterable en su ser y en su fluencia; todas las diversidades y los cambios proceden de las distintas posiciones y actitudes que adopta el científico. Éste ha de preservarse de las ideologías, de las intenciones y, en la medida de lo posible, de los condicionamientos capaces de detectarse en un determinado contexto histórico. Puede hablarse en sentido propio de descubrimiento porque lo «descubierto» preexiste, aunque hasta un determinado momento haya sido ignorado. Consiguientemente, lo aportado es un conocimiento anteriormente inédito y sujeto, sin duda, a posteriores rectificaciones.

En las ciencias sociales ocurre algo que, en parte, es igual y, en parte, muy distinto. El objeto de nuestras investigaciones figura integrado por sí mismo en los dominios de la cultura. Aunque tenga componentes físicos y biológicos, éstos quedan absorbidos por su significado humano y social. El propio objeto muestra unas vivencias y unos significados en los que está presente el pensamiento y la conducta del hombre. Está presente en él incluso el

6. Ob. y tomo citados, p. 350.

propio investigador, quien se dispone a llevar a cabo su análisis. De aquí se deriva que en las ciencias sociales sea menos nítida la separación (o la distancia) entre lo dado al conocimiento y el proceso seguido para su captación. Toda la ciencia siempre parte del proceso cognoscitivo. En él queda esencialmente. No figura en el objeto, no la suministra éste, aunque influye en él de tal modo que se le identifica a través de nuestras representaciones cognoscitivas. Ahora bien, cuando el análisis recae sobre lo que no es culturalmente inerte sino vivo, humano-social de suyo, el acto de conocimiento de algún modo se desenvuelve a través de una interlocución. No cabe, pues, el sometimiento, la dominación exclusivamente intelectual. El investigador es un hermeneuta que interpreta signos en busca de su sentido. En tanto el cultivador de las ciencias físicas constata datos e inquiere leyes o regularidades que le permiten explicar o predecir, el consagrado a las ciencias sociales fija y comprende significados. Su campo de acción lo forman los conjuntos de relaciones intersubjetivas a través de los cuales se manifiesta la vida social y la propia vida individual. Por eso este tipo de conocimiento, en el que el hombre dialoga consigo mismo, requiere una especial autovigilancia crítica en la elaboración del discurso. Nadie tomará como un discurso científico la divulgación que pueda hacer el periodista de la teoría de la relatividad o el canto dedicado por el poeta a la montaña, al bosque o al río. No es tan clara, sin embargo, la línea divisoria entre el ensayismo cultural relativo a un fenómeno político y el análisis sociológico de éste. En el ámbito del conocimiento social hay un problema de fronteras necesitado de estricta observancia. Para establecer la línea divisoria cuentan mucho el rigor y las ideologías. El rigor, aunque no exclusivo de la ciencia, es necesario en ésta. En cambio, las opiniones, las creencias y los convencimientos personales hay que evitarlos.

Cuestión distinta es cómo se despierta el interés por determinada investigación. Creo que este interés puede estar legítimamente influido por factores biográficos, siempre que luego se observen las reglas del método. También es cuestión distinta el ulterior aprovechamiento, en beneficio de la convivencia social y política, de las dilucidaciones alcanzadas en el desarrollo de una actividad científica. Ésta, durante su curso, ha de mantenerse preservada de las preferencias ideológicas y, en general, de las intencionalidades extracientíficas. Ello no excluye su posterior aplicación al servicio de determinada ideología. Sin duda, en *El capital* de Marx hay una motivación biográfico-ideológica, así como el propósito —y el hecho— de su ulterior utilización al servicio de un dogma político. Empero la obra en sí tiene rigor científico. No ocurre igual con todos los tributarios de la doctrina marxista, que muchas veces acuden a la ideología como fundamentación de la propia ciencia, con lo que ésta desemboca en un confesionalismo que también se ha cultivado en sectores del pensamiento antimarxista. Aquí radica, a mi juicio, uno de los grandes problemas de las ciencias sociales: por una parte, necesitan estar atentas a las más modernas pautas metodológicas para fortalecerse y conseguir los máximos niveles cognoscitivos; y, por otra parte, a partir de ellas pero más allá de ellas, necesitan lograr, sin abdicaciones en la articulación de los conceptos, su aprovechamiento social de tal manera que el mayor saber contribuya a la mejor organización de la convivencia.

3. TEORIZACIÓN DE UNA EXPERIENCIA

Con todas estas disquisiciones y hasta digresiones estoy abusando del lector en cuanto todavía no le he situado ante esa realidad histórica que le anuncié. Llegará al cabo de una aproximación lenta. De todas formas, el estudio que trato de hacer tiene —y tendrá en todo momento— este carácter. Quien busque con preferencia la anécdota o el episodio se sentirá frustrado. Intento la teorización de la experiencia. Más exactamente: entender la experiencia vivida y decantarla teóricamente con criterios críticos y constructivos. Insisto en que el relato y la opinión no me interesan demasiado. Con ello no menosprecio a quienes piensan de otro modo. Tal vez yo mismo, más adelante, escriba el libro que ahora no he querido comprometer con el editor Lara. ¿Qué menos puede hacer el escritor sino elegir o establecer una escala de prioridades? ¿Es un capricho, una evasión? Algunos pensarán que no quiero coger el toro por los cuernos. A éstos debo decirles que para mí los cuernos del toro no son unas afiladas puntas políticas, como pudieran ser mi reencuentro con Fraga o mi primera conversación con Carrillo, sino más bien unas puntas intelectuales nutridas de contenido humano y también de abstracción conceptual. En contra de lo que tal vez algunos piensen, este tipo de preocupaciones no son meros devaneos especulativos propios de una actitud elitista. Son las respuestas más auténticas que encuentro en mí como modo de dar cuenta de una situación. No sé dónde están la razón ni la verdad, aunque me esfuerce por inquirirlas; tratar de apropiármelas me parece sustraérselas a otros, sobre todo a quienes piensen de modo distinto. Evito en lo posible enjuiciar a las personas. Eludo hacer conjeturas sobre el futuro. Y esto por dos órdenes de consideraciones. En primer término, por el riesgo que se asume cuando uno se desenvuelve en el campo del conocimiento social; la naturaleza produce, dentro de un contexto determinado, muchas menos sorpresas que la sociedad. Y en segundo término porque no me infunde demasiada inquietud el futuro contemplado desde una perspectiva democrática. La mayor conquista de la democracia está en sus posibilidades infinitas de repetición. Los pueblos que tienen tras sí varios siglos de vida democrática estarán mejor o peor en un momento determinado; no por ello se libran de la crisis o de las enfermedades. Lo que, sobre todo, infunden es tranquilidad. Quizá aquí radique una de las fundamentales razones por las que el cambio político que ha protagonizado España no ha traído consigo graves traumas. Ha discurrido a favor de la corriente. La historia, en general, discurre hacia la democracia, aunque, de hecho, no todos los pasos marquen esa directriz y haya en muchas ocasiones faltas de impulso y rumbos contrapuestos. El caminar o el desenlace no democráticos de una acción política se considera como una regresión o como un compás de espera.

4. VISIÓN GENERAL DE LA' INTRODUCCIÓN DE ESPAÑA EN EL PROCESO DE CAMBIO

El cambio operado en España aparece histórica y políticamente enlazado con un cambio previo preconfigurado como sucesión en la Jefatura del Estado según las siete Leyes fundamentales.

La sustitución de una persona por otra en el seno de una relación o situación jurídica, derivada de la muerte de la primera, tanto en el derecho civil como en el derecho constitucional de la monarquía, se explica como un fenómeno integrado en la sucesión *mortis causa*. No toda sucesión lo es por causa de muerte. Sin embargo, es en ésta donde la sucesión tiene su plenitud de sentido porque hay un sujeto que desaparece y unas relaciones, titularidades o situaciones de poder que, para no crear un vacío, han de mantenerse. La sucesión, según los conceptos iusprivatistas (con eco en el derecho público) es la reducción del cambio a lo inevitable. Únicamente el sujeto cambia a consecuencia de la muerte. Mas esa mutación, impuesta por un hecho real, se limita al sujeto mismo que es reemplazado por otro que viene a ocupar la misma posición jurídica, de tal manera que, sin solución de continuidad, hay una continuación. Por tanto, aún cuando cambie el sujeto, es como si no hubiera cambiado porque el derecho, que naturalmente no puede impedir la muerte, impide sin embargo sus consecuencias extintivas. Claro es que esta plenitud de sentido de la sucesión expresa el concepto en su manifestación culminante, mas no en su significación total. La sucesión es traslativa cuando no existe diferencia alguna entre la posición jurídica del causante y la del sucesor. Ambas posiciones son idénticas, o más exactamente, el sucesor pasa a ocupar la misma posición que correspondía a su causante. No ocurre igual en la llamada sucesión constitutiva, en donde se da el fenómeno de la derivación, en cuanto la posición jurídica del sucesor procede de la que correspondía al causante, si bien no hay identificación o identidad.

El cambio preconfigurado en la Ley de Sucesión en la Jefatura del Estado de 26 de julio de 1947 y en la Ley Orgánica del Estado de 10 de enero de 1967 vino determinado por la muerte de D. Francisco Franco Bahamonde el 20 de noviembre de 1975. En este momento se produjo lo que eufémicamente se llamó el «cumplimiento de las previsiones sucesorias». Conforme a ambas Leyes tuvo lugar el acceso de D. Juan Carlos a la Jefatura del Estado con el título de Rey.

A tal fin es singularmente importante lo establecido en la disposición transitoria primera de la Ley Orgánica del Estado, conforme a la cual, según su apartado 1, «cuando se cumplan las previsiones de la Ley de Sucesión, la persona llamada a ejercer la Jefatura del Estado a título de Rey o de Regente, asumirá las funciones y deberes señalados al Jefe del Estado en la presente Ley». Mientras la Ley de Sucesión en la Jefatura del Estado, incluso después de su reforma por la Ley Orgánica del Estado, configuraba la sustitución en la Jefatura del Estado como una sucesión y denominaba al que la asumiera el «llamado a suceder» o el «designado sucesor» (arts. 6, 7 y 8), la disposición transitoria primera de la Ley Orgánica del Estado eludía estas expresiones directas. Con la fórmula «cuando se cumplan las previsiones de la Ley de Sucesión» evitaba dos cosas: una, aludir expresamente a la muerte de Franco; y otra, referirse al sucesor. A éste, la misma disposición transitoria, con cierta anfibología, le designaba como «la persona llamada a ejercer la Jefatura del Estado, a título de Rey o de Regente». La idea del ejercicio es más propia de la Regencia, que, en efecto, consiste en ejercerla, que del Rey, pues en este caso el ejercicio es una consecuencia de ser el Jefe del Estado, como hoy dice con mucha claridad el art. 56 de la Constitución.

En cualquier caso, se quisiera o no huir del término «sucesor», lo cierto es que la sucesión preconfigurada no tenía el significado pleno de la sucesión traslativa, sino el más limitado de la derivativa o constitutiva. Franco, según la disposición transitoria primera de la Ley Orgánica del Estado, además de las funciones y los deberes señalados en esta Ley (apartado 1), conservaba las atribuciones conferidas por las Leyes de 30 de enero de 1938 y 8 de agosto de 1939, así como las prerrogativas derivadas de los arts. 8 y 13 de la Ley de Sucesión (propuesta de la persona llamada a sucederle y propuesta de exclusión de la sucesión). Como tales atribuciones y prerrogativas tenían el límite temporal de que se produjera el supuesto contemplado en el apartado 1 (cumplimiento de las previsiones sucesorias) es evidente que se convirtieron en personalísimas y vitalicias y, por tanto, en intransmisibles. Algo similar ocurría con la Jefatura Nacional del Movimiento. Conforme al apartado 3 de la disposición transitoria primera, correspondía «con carácter vitalicio a Francisco Franco», y cumplidas las previsiones sucesorias habría de pasar al Jefe del Estado y, por su delegación, al Presidente del Gobierno. En este aspecto, el carácter vitalicio de la atribución no significaba que, muerto Franco, dejara de existir; la diferencia estaba en su delegabilidad por el nuevo Jefe del Estado.

Sin duda, el cambio previo en la Jefatura del Estado intervino como factor desencadenante del que se presenta luego como cambio político propiamente dicho. Jurídicamente, aquél no se integra en éste porque se enmarcan en legalidades distintas y, sobre todo, en diferentes interpretaciones de la realidad. Mas es claro que sólo cuando el Rey Don Juan Carlos pudo proyectar sobre el país sus criterios acerca de la convivencia y el entendimiento de los españoles, se puso en marcha este importante proceso histórico, al que ha contribuido una voluntad claramente mayoritaria, que si no expresa la unanimidad (prácticamente imposible en la democracia directa), sí ha supuesto un reiterado consenso.

El cambio y el consenso no se encuentran siempre en un mismo plano y hasta pueden aparecer en planos contrapuestos. Así, el consenso muchas veces expresa precisamente lo contrario de una voluntad de cambio, es decir, la conformidad sustancial con un orden establecido. Especialmente los teóricos del derecho constitucional de la República Federal Alemana, preocupados todavía por lo que supuso el acceso al poder de Hitler con base en la mayoría, tienden a ver en el consenso una función legitimadora, distinta de la estricta legalidad, que coloque al sistema democrático y su corolario indispensable, los derechos fundamentales y las libertades públicas, a recaudo de cualquier mayoría eventual que le comprometiera. Mas también el consenso puede formarse y consolidarse como la contestación y la protesta frente a un determinado régimen político, si éste se apoya más en el ejercicio de la coacción que en la participación ciudadana. Es, en definitiva, la presencia de la sociedad en el Estado lo que esencialmente significa el consenso. Así es como ha operado en el caso de España.

Presupuesto y fruto, a la vez, de esa generalizada aceptación del cambio ha sido una coincidente voluntad de paz. De todos los calificativos aplicables al cambio, el primer lugar corresponde a su entendimiento como una solución pacífica. En el horizonte histórico del pasado, del que cada vez nos íbamos distanciando más, estaban vivas las crueldades de la guerra civil. La división entre una y otra España determinada en muchos casos por accidentales circunstancias geográficas antes que por razones políticas, aunque éstas hubieran dado lugar a aquéllas, seguía manteniéndose. La España vencedora no había llegado a suscribir, siquiera fuese simbólicamente, ningún armisticio, si bien al cabo de los años se habían hecho tímidas concesiones. La paz, por tanto, suponía de manera ineludible una reconsideración del pasado. Tenía que desaparecer el «orgullo» de la victoria, como igualmente era preciso evitar retornos reivindicativos. Ésta era la paz que podría considerarse como liquidatoria; retrospectiva y rectificadora en sus planteamientos, pero con un valor actual. Ahora bien, más allá de esa paz como fórmula, demasiado tardía aunque siempre beneficiosa, de dirimir una discordia, estaba la propia paz del presente que permitiera construir el futuro con base en la participación de todos.

La perspectiva era ilusionante para muchos e incierta para no pocos. Quienes no se habían incorporado a la vida política de España por haber permanecido en el exilio exterior, o en el interior, contemplaban la apertura de España, rápida y apremiante, hacia la democracia, como un bien absoluto y como exigencia de inexorable realización. A quienes, por el contrario, habían vivido la etapa autocrática, simplemente como ciudadanos o asumiendo responsabilidades políticas, aunque comprendieran la imposibilidad de su mantenimiento indefinido, les asaltaban estas preocupaciones principales: la dificultad de salir de una dictadura; el viejo anatema de la ineptitud de los españoles para gobernarse por sí mismos, y el temor a una interferencia del Ejército en los problemas de la convivencia civil, en nombre de los valores encarnados por la disciplina, la autoridad y la patria. Cada una de estas preocupaciones, sin estar exentas de precedentes y de alguna verosimilitud, no podían o debían considerarse como dogmas en torno a los cuales hubiera de girar de manera necesaria y exclusiva el desenlace, o mejor aún, la falta de desenlace.

Si la salida de las dictaduras crea, en efecto, dificultades, no por eso encuentra justificación su subsistencia. Un sistema que descansa en la negación de la libertad, aun cuando sea cómodo para quienes identificar la política con el poder de dominación, escinde la sociedad en gobernantes y gobernados sin recíprocos intercambios. El orden a toda costa y a cualquier precio, erigido en el mayor de los bienes, aunque arrastra adeptos, conduce a la atonía política del conjunto social. En estos casos, el· llamado Estado-aparato se convierte en un artificio, a la vez robusto y débil, en cuanto desconoce al Estado-comunidad. Sólo queda para los otros la posición del rebelde o del enemigo. La eficacia de las obras y las realizaciones, la previsión planificada, el estímulo del desarrollo y, en general, las múltiples manifestaciones de la industrialización y la tecnocracia, por más que sean realidades y tónicas dominantes en la organización actual de la convivencia, no suplen la falta de una legitimidad procedente de la soberanía del pueblo, y el empeño de transformarlas en una mística adormecedora del libre juego de las ideologías es, a la larga, baldío. El dirigismo social y la función tuitiva del Estado deparan, ciertamente, ventajas económicas y aumentan el nivel de vida; pero eso no es todo. Para la demanda de las necesidades, las dictaduras pueden tener una respuesta, incluso una respuesta rápida y eficiente porque las decisiones son más resolutivas que cuando requieren el recorrido de la reflexión compartida, la crítica y el debate. Carecen, sin embargo, de una respuesta para la demanda definitoria del hombre mismo que es el reconocimiento de su libertad. Por· eso los grandes edificios, los complejos industriales y las vías de comunicación, que atraen a la vista y ofrecen logros materialmente satisfactorios, no mueven a la disculpa y menos aún a· la comprensión. El gran sacrificado es el derecho entendido como racio-. nalización del comportamiento social y de la acción política. Si vemos en él la eliminación del arbitrio, la función moderadora del límite en el ejercicio del poder y el respeto de los individuos por el Estado, la dictadura siempre supone el desvío y la excepción, más o menos radicales y, en su expresión rigurosa, el desconocimiento de toda conformación jurídica atenida al criterio de la libertad. La consecuencia es que el derecho se instrumentaliza al servicio de fines no determinados por él mismo; se hace acomodaticio y manipulable; eficaz en igual medida que despreocupado. Sólo importa el resultado preestablecido como una decisión. No deja de invocarse la justicia, el bien común y, sobre todo, el orden. Ahora bien, estos valores, desprovistos de un presupuesto democrático en su determinación, quedan reducidos a mero nominalismo o un voluntarismo peligroso.

La supuesta ineptitud del pueblo español para la democracia es un juicio totalizante elaborado con más audacia histórica que consistencia real. A un determinado nivel de la cultura, en el que indudablemente nos encontramos, no cabe considerarnos globalmente como incapacitados para una convivencia ciudadana y necesitados de la tutela de algunos dirigentes a la vez autoritarios y benefactores. El español tiene su idiosincrasia como el inglés o el suizo. Nuestra ejecutoria como pueblo o conjunto de pueblos alcanzó cotas culminantes cientos de años atrás, cuando apenas se iniciaba en Europa la construcción del Estado moderno. En verdad, no tenemos —o no hemos creado— en el pensamiento político figuras equivalentes a Montesquieu, Hobbes o Rousseau ni quizá tampoco las haya equiparables a nuestros genios de las letras o de la pintura. El clasicismo filosófico hispano se adentra más en la teología y en la moral que en la lógica. Inspirado por el cristianismo, germinó un pensamiento jurídico de fondo humanista e igualitario, que sobrepasó el ámbito de la nación como territorio del derecho para afirmar, por primera vez en la historia, la existencia de una comunidad internacional que podría institucionalizarse como órgano de decisión para resolver los conflictos entre los Estados con renuncia de éstos a la guerra. Nuestro siglo XVIII no fue revolucionario en la política ni en la ciencia. Identificamos progresismo con afrancesamiento. La Ilustración fue recibida y no alumbrada. La revolución del 68 no se consolidó y la posterior restauración tomó de la democracia el ejercicio alternativo del poder antes que el sufragio universal, tardíamente introducido, y neutralizado con la institucionalización, al menos fáctica, del caciquismo. Durante la segunda República se concentraron en un corto período demasiadas tensiones. Había llegado el cambio político con facilidad, hasta con sorpresa, y a los pocos meses venía a reflejarlo una Constitución técnicamente correcta, obra principalmente de expertos juristas; pero la normatividad constitucional no llegó a arraigar en la práctica y las fuerzas políticas pasaron de la confrontación electoral y el debate parlamentario a la lucha abierta en busca de la hegemonía excluyente del punto de vista opuesto. Acaso nos sea imputable a los españoles la falta de un grado de racionalización suficiente para comprender que la democracia, en sus bases esenciales, no permite su apropiación por una ideología. Tal vez propendamos a nutrirla de una excesiva carga utópica, que nos hace confiar en unos frutos óptimos y prematuros difícilmente alcanzables. Posiblemente pasamos sin apenas solución de continuidad de la exaltación al desencanto. Nuestro sentido crítico se inclina por lo hiperbólico antes que por lo reflexivo. De algún modo hemos tendido a subrayar nuestros hechos diferenciales y a sentirnos autoexcluidos de la plenitud de Europa, que es la cuna del autogobierno. Mas estas y otras peculiaridades, provistas de cierto alcance explicativo de lo que irremediablemente sucedió, no eran a la altura de nuestro tiempo razones bastantes para pensar seriamente que nuestra solución única sea un redentorismo mesiánico.

La posible actitud o respuesta del Ejército, en la iniciación del proceso de cambio y durante su transcurso, constituyó un tema en sí mismo delicado y propicio además a las conjeturas y a las especulaciones, que ejerció evidente influjo en el planteamiento y en el desenlace de la mutación. Hubo de pasar algún tiempo hasta que esta materia se abordara públicamente y con claridad.

En torno al Ejército se fue creando una incógnita. También, una sospecha. Aparte de los pronunciamientos militares que jalonan nuestra historia política y le confieren peculiaridad, había el hecho indiscutible de que la posición de las Fuerzas Armadas en la guerra civil contribuyó de forma decisiva a resolverla en favor de uno de los bandos. En tanto las dificultades que crea la salida de los regímenes de autoridad sólo podían servir de estímulo a los partidos políticos y a las corrientes de opinión, que anteponían el interés común del adentramiento en la democracia a cualquier otro, el problema concerniente en concreto al Ejército, dotado de propia fisonomía, de algún modo escapaba a las iniciativas políticas, lo que ensombrecía el panorama, infundiendo temor e incertidumbre sobre todo a quienes encarnaban más acusadamente la experiencia, incluso personal, del pasado. Por esto mismo, los juicios acerca del Ejército pecaban a veces de retrospectivos, en el sentido de que su conducta posible se subordinaba demasiado rígidamente a la observada en una concreta coyuntura histórica. Si este paralelismo simplicista cabía superarlo a través de un ponderado análisis, por lo pronto causaba impresión. Era, sin embargo, obligado advertir que no en vano habían transcurrido cuarenta años de historia en España y en el mundo. Junto a diversos factores de suma importancia, como la repercusión desfavorable que tendría en el orden internacional una irrupción coactiva en el poder, había de valorarse especialmente la desaparición, sin posible relevo, de la figura singular que fue en su día Franco, un general joven, con acreditada experiencia africana, bien dotado para el mando, de prestigio entre sus compañeros y con cierta aureola de popularidad, todo ello en el marco de una Europa por lo menos parcialmente propicia a la exaltación de los personalismos y de las grandes decisiones. La base de un Ejército y sus cuadros dependen esencialmente de la cúspide; la misma base es una u otra según quien encarne su jefatura en el momento de la acción. Las circunstancias cuentan de manera terminante y el azar juega su propia baza. La misma proclamación de Franco, en 1936, como Generalísimo de los Ejércitos estuvo, al menos en parte, influida por contingencias ajenas a él, sin perjuicio de la singularidad de su figura. Mientras en la guerra civil aún perduraba la evocación del valor personal acreditado por algunos de sus protagonistas en las luchas marroquíes, los largos años de vida sedentaria y programada, con predominio del acuartelamiento y los servicios rutinarios, salvo alguna pequeña acción episódica, contribuyeron poco al eco popular. Todo esto impedía la parificación de las situaciones. El Ejército se había mantenido fiel a sus sentimientos patrióticos y al dogma ordenancista. Identificado con el sistema, pero reducido a una organización profesionalizada y burocrática, careció de especial presencia política concreta durante la democracia orgánica, aunque se sintiera comprendido. Algunos de sus miembros que habían destacado durante la contienda, si trataron de asumir un protagonismo o imponer criterios acerca de la orientación del régimen, fueron más o menos discretamente apartados. El tiempo, sometido a tan rigurosa computación en la milicia, iba eliminando, o convirtiendo en hombres de edad avanzada, aunque se mantuvieran en sus cargos, a los generales significados. La idea de que el Ejército es defensor de la integridad y la permanencia de la patria se mantenía en pie, si bien atemperada por la no identificación del papel de custodio de un orden con las actividades políticas ordinarias. Es cierto, sin embargo, que la interpretación de ese cometido de alta vigilancia, permite diversos modos de entenderlo, y así no faltaron, desde dentro y desde fuera de las Fuerzas Armadas, quienes estimaran previsibles el ejercicio de un mesianismo salvador. Pero el sentido de la jerarquía y la disciplina, el reconocimiento como inevitable de un cambio, aunque con discrepancias en cuanto a sus grados, y la acogida no sólo legal sino natural del mando supremo por el Rey como encarnación de la tradición monárquica, mantuvieron al Ejército en una actitud, si no de indiferencia y, tampoco, de entusiasmo, sí de comprensión, observada, ya que no con unánime aceptación personal, sí con predominante cordura.[7]

El consenso en cuanto voluntad predominante de cambio, se sobrepuso a la posición continuista. Ésta, que propugnaba simples rectificaciones formales con la sustancial conservación del sistema político precedente, quedó eliminada como opción posible desde que se sometió a consulta popular la Ley para la Reforma política. Quienes analizan históricamente el proceso, a partir del 20 de noviembre de 1975, marcan, al mismo tiempo como etapas y como posturas, estas tres: la continuista, la reformista y la rupturista. Ahora bien, si prescindimos de los preliminares y nos

7. Estas líneas, como todo el libro, salvo algunas correcciones normales, se escribieron antes del 23 de febrero. La introducción de este hecho en el relato alteraría, tal vez más en los detalles que en el fondo, los términos de la descripción. De todas formas, he preferido dejar testimonio de una visión no extendida a ese acontecimiento ni condicionada por él.

adentramos en lo que ya es el proceso de cambio, las posiciones quedan reducidas a dos: la reforma y la ruptura. Aunque en determinados momentos las tesis se representaban como irreconciliables, terminaron por aproximarse. Pero tal cuestión requiere un análisis detenido que efectuaremos más adelante.

5. LA LEY PARA LA REFORMA POLÍTICA COMO CONFORMACIÓN JURÍDICA DEL CAMBIO

Todo el proceso de cambio no se encierra en la Ley para la Reforma política que, aprobada mayoritariamente por el referéndum de 15 de diciembre de 1976, se publicó el 4 de enero de 1977 como ley n.º 1. La propia Ley es ya expresión de ese proceso que hubo de alcanzar manifestaciones superiores y aún distintas de las que ella misma presuponía o encarnaba. Sin embargo, aunque el proceso de cambio no se agota con la Ley, no debe restarse a ésta importancia. Son muchas las consideraciones que suscita en el plano de un análisis estrictamente jurídico y en el plano de un análisis jurídico-sociológico. Incluso brinda la ocasión para plantearse algunos problemas concernientes a la sociología del conocimiento y al ser mismo del derecho.

La experiencia que nos ofrece la Ley es curiosa y aprovechable. Frecuentemente, en la elaboración de una ley y en la aplicación de la misma, suele ocurrir: que es marcada la distancia, la separación en el tiempo, entre la creación de las normas y su aplicación; que la aplicación se dispersa en múltiples actos separados sin conexión entre sí; y que en tanto la elaboración corresponde al legislativo, la aplicación, al menos la más relevante, concierne al poder judicial. No ocurre así en nuestro caso. Ello obedece, en principio, al carácter reformador del ordenamiento anterior que ostenta la Ley y a la fase o momento constituyente en que irrumpe. Tal es, ciertamente, la causa genérica por la que concurren características que no se dan cuando se opera con el derecho constituido, aunque éste se modifique. Aún siendo así, las peculiaridades aparecen subrayadas. En efecto, apenas hubo solución de continuidad entre la formulación de la Ley y su aplicación y desarrollo en la práctica. No es, como ocurre en el procedimiento normal de la revisión constitucional, que se aplicara, generalmente en un tiempo muy posterior, la cláusula o norma previamente establecida a tal fin. La Ley tuvo por objeto, aunque no de manera exclusiva, crear *ex novo* un procedimiento para la «reforma constitucional» que había y hubo de aplicarse de modo inmediato. Luego la creación de la norma o conjunto de normas guarda conexión marcadísima con su realización o efectividad. Si estrictamente no fue sólo uno el acto de aplicación, sino una serie, es muy claro que entre los diversos actos integrados en la serie hay manifiesta continuidad y correlación. El hecho de que las normas, legislativamente creadas, tuvieran como destinatario el legislador encargado también de aplicarla, queda atenido a la función propia de cualquier norma reformadora o revisora. Con todo, lo importante es la contigüidad, el acercamiento entre el fin determinante de la Ley y la consecución del mismo. No fue una ley dictada en previsión de una posible reforma, sino que incorporó ella misma la decisión de reformar con un alcance que, según lo establecido en su artículo 1, significaba el abandono del propio sistema político del que emanó.

En el pensamiento jurídico atenido a los cánones del positivismo y el formalismo, la aplicación de la ley se considera siempre separada de la formulación de la misma. Cada uno de los cometidos y, en su caso, cada uno de los órganos, tiene sus competencias, que funcionan como limitaciones recíprocas. He aquí una de tantas exigencias de la doctrina clásica de la división de los poderes. Savigny es coherente con esta doctrina, la acogiera o no estrictamente, cuando concibe la interpretación como la reconstrucción del pensamiento del autor de la ley. La norma viene dada o establecida de antemano. Todo lo que contiene aparece en la misma desde el momento de su formulación. El problema hermenéutico radica en encontrarlo y extraerlo con fidelidad mediante los criterios gramaticales, lógicos y sistemáticos. El intérprete nada introduce; carece por completo de prerrogativas creadoras y sólo aporta la fidelidad de los medios de conocimiento. Por eso el juez no pasa de ser un mediador entre la norma y los hechos de la vida real regidos por el contenido ordenador de aquélla, que él se limita a conocer y aplicar. Kelsen, sobreponiendo en este punto su criterio unitarista a cualquier otro, identifica la creación y la aplicación del derecho. Uno y otro concepto no se oponen. Cada acto implica, al propio tiempo, creación y aplicación, porque la creación de una norma jurídica es aplicación de un precepto de grado más alto, que regula su creación, así como la aplicación de una norma superior es normalmente creación de otra inferior determinada por la primera. A su juicio, una decisión jurídica es un acto por el que una norma general, una ley, es aplicada; mas al mismo tiempo opera como una norma individual que impone obligaciones a una parte o a las partes en conflicto. Literalmente escribe: «La legislación es creación del derecho; pero si tomamos en cuenta a la Constitución descubrimos que también es un proceso de aplicación jurídica. En todo acto legislativo conforme a las prescripciones constitucionales, la Constitución es aplicada. La elaboración de la primera Constitución puede igualmente considerarse como una aplicación de la norma básica.»[8] Esta norma básica es la supuesta, que no existe sino en cuanto posición gnoseológica del jurista. El círculo trazado por Kelsen es completo, abarca todas las manifestaciones del derecho y queda cerrado sin ninguna fisura: siempre la creación es aplicación y ésta creación. Hemos dicho que superpone el unitarismo a cualquier otro criterio, como cuando refunde los conceptos de derecho objetivo y subjetivo, público y privado y tantos otros, si bien no por eso abandona otros dos criterios, cuales son el formalismo —por el que reduce todo el tema de las normas al de su validez— y el del sentido jerárquico y subordinado del total ordenamiento jurídico. Precisamente por esto, que introduce paliativos a la tesis, no es en Kelsen donde se encuentra la más radical negación de la doctrina tradicional. Procede, en cambio, de tantas manifestaciones como ha tenido y tiene la concepción realista que cuenta con su expresión plena en el sistema jurídico anglonorteamericano y, fuera de él, va desde el segundo Jhering, que acentúa la nota de la realización del derecho, hasta las diversas inflexiones de la facticidad, sobre la que tanto ha enfatizado Olivecrona.

Sin acoger en toda su significación las consecuencias derivadas de la última de las hipótesis, es decir, el realismo antinormativista, partiendo de la categoría y la función de las normas como momento diferenciable, aunque no único, en la expresión y en la vida del derecho, parece oportuno recordar también el viejo tema de la relación de las normas con la realidad social. La posición normativista rigurosa, que recientemente ha recibido el refuerzo de la lógica deóntica, no puede aspirar a ser una explicación total de la estructura y la función de la norma, aun cuando contribuya a la determinación de su sentido. Cada día gana terreno la tesis de la presencia en la norma de una realidad constituida por el conjunto de creencias, aspiraciones, situaciones y circunstancias con vigencia en un contexto histórico. Las normas, evidentemente, no se forman a expensas de unos criterios racionales ajenos a la realidad, para descender luego a ésta en la fase de aplicación. A mi juicio, tampoco se limitan a reflejar algo socialmente dado de antemano. Su cometido, según ya he expuesto en anteriores publicaciones, y consiguientemente, su sentido, es más complejo. Sin duda, la norma es exponente de esos datos que en términos genéricos llamamos realidad social; mas no se circunscribe a reflejarla

8. Kelsen, *Teoría general del derecho y del Estado*, trad. de E. García Maynez, UNAM, México, 1979, p. 157.

o asumirla de manera que, sin más, dote de vigencia jurídica a lo ya dotado de vigencia social. Cumple también una misión conformadora. Es la respuesta que los criterios de ordenación inherentes al derecho dan a lo socialmente existente. Mas no se configura en exclusiva a su dictado. De ahí precisamente la dialéctica del cambio que incorpora la idea de la modificación respecto de la propia realidad. Y esto es así, tanto porque el derecho, si no hacemos de él estricta facticidad, incorpora sus propios puntos de vista, como también porque la denominada realidad social se nos ofrece en una doble faceta. Por una parte, es lo efectivamente dado como consecuencia de combinar los hechos sociales con la regulación correspondiente a los mismos, ya que las sociedades no nos muestran un acontecer en el vacío, ajeno a toda ordenación. Pero, por otra parte, hay en ella una a modo de tendencia o aspiración hacia otros derroteros. Me parece una explicación demasiado simplicista la cifrada en considerar que la realidad social y el poder político condicionan las normas al margen de la llamada «objetividad ontológica-social» del derecho.[9] Hay una más nítida trabazón entre los distintos factores. Actúan de manera concurrente en la formación de las normas. No vale decir que la realidad opera en el campo de la infraestructura y el poder político en el de la superestructura, ni que uno y otro actúen por su cuenta en zonas de influencia distintas de la representada por la objetividad axiológica. Si el poder político lo situamos en una democracia parlamentaria y vemos en él al Gobierno o al partido que presentan un proyecto o una proposición de Ley y al Parlamento que los aprueba, parece obvio que la presencia de la realidad social se habrá canalizado a través del poder político actuante; en el plano de la elaboración de la Ley no operan en instancias diferentes una y otro. El poder político, que impulsa a la norma y la crea, interviene como receptor de la realidad que no incidirá de un modo directo, sino a través de la ideología encarnada por el poder.

Otro tanto ocurre con el significado valorativo o axiológico del derecho. Pocos tan convencidos como yo de que tal significado existe. Mas, evidentemente también, carece de una enunciación uniforme y acabada. En la fase de creación de las normas, cuando se elaboran y aprueban con base en el poder político, considero que éste no hace (y en todo caso, no debe hacer) simple profesión de fe ideológica. El derecho no es mero convencimiento ideológico, porque algo hay en él de suyo o de propio. Claro es que la especificidad de lo jurídico no se encuentra e identifica en estado de

9. Cfr. Nicolás María López Calera, *La estructura lógico-real de la norma jurídica*, Ed. Nacional, Madrid, 1969, pp. 154 y ss.

pureza, sino en la visión de la misma deparada por quienes se proponen captarla. Luego realidad social, poder político y derecho se hallan en relaciones de concurrencia e interdependencia. El poder encarna el impulso y la decisión. En cuanto político, incorpora criterios de oportunidad, conveniencia, creencia, etc., y en tanto que dirigido a la formulación del derecho supone un modo de dotar a éste de significado para lo que cuentan la realidad social y lo específicamente jurídico. Una vez más se da aquí el doble juego de lo inmanente y lo trascendente, el ser y el deber ser, el dato empírico y el ideal ordenador.

Por lo que en concreto concierne a la realidad social, su presencia en las normas no es sólo una hipótesis científica explicativa, sino mandato legal, ya que, según el art. 3.1 del Código civil, entre los criterios interpretativos para la determinación del sentido de las normas figura «la realidad social del tiempo en que han de ser aplicadas». El Código civil parte del hecho frecuente del envejecimiento de las normas. Éste se produce cuando hay una falta de armonía entre la realidad social correspondiente al momento del nacimiento y al de la aplicación. La ley en su enunciación formal no ha variado, pero para que deje de ser anacrónica es necesario atenerse al tiempo de aplicación. La previsión normativa del Código civil resulta especialmente importante cuando se aprecia una acusada transformación social, que no se manifiesta sólo como un derecho de nueva planta, sino también a través de una interpretación del anterior flexible a las circunstancias. El precepto del Código civil supone el claro reconocimiento de que las normas se insertan y han de ser comprendidas en dos contextos: el contexto sistemático —al que también alude— y el contexto histórico. Esto significa que no han de considerarse como meros enunciados lingüísticos desentendidos de sus referentes o con los referentes inmovilizados en el texto, ni tampoco como meras categorías lógico-formales. Siempre hay una comunicación de las normas con el conjunto del ordenamiento jurídico (contexto sistemático) y con la realidad social (contexto histórico).

Ciertamente que el Código civil toma en cuenta la interpretación de las normas y no su formación. Ello nada dice empero contra la presencia de la realidad social en el momento de la formulación; si en la interpretación ha de ponderarse, supone que, a mayor abundamiento, operará también en el proceso formativo, aparte de que la línea divisoria entre el surgimiento de la norma y la interpretación no puede radicalizarse, ya que si la interpretación implica el conocimiento de la norma, la averiguación de su sentido, no cabe sostener que una es la norma en un momento y otra en el posterior, sino que la misma norma ha variado en su sentido con el curso del tiempo, de suerte que el sentido sobrepasado deja de existir como tal y como norma. Cierto también que el Código civil antepone el tiempo posterior al precedente, lo que supone precisamente reconocer que en el tiempo precedente actuó una realidad social distinta de ia que luego pasa a configurar el sentido. En definitiva, el mandato legal de que se pondere la realidad correspondiente al tiempo de aplicación es coherente con la tesis de que en el proceso formativo interviene la realidad social, que actúa como elemento de la variación del sentido del mismo enunciado lingüístico. El Código civil la presupone en el legislador y por eso la exige al intérprete; no para que éste la inquiera retrospectivamente y coloque la ley en dependencia de una realidad social sobrepasada, sino para que tenga en cuenta esa conexión en el momento de interpretar la Ley y de aplicarla. La realidad social es, en consecuencia, todo lo contrario de un factor inmovilizador; es un elemento dinámico dependiente de la historia como realidad y no como estricto pasado.

6. LA PRESENCIA DE LA REALIDAD SOCIAL EN LA LEY PARA LA REFORMA POLÍTICA Y OTRAS CUESTIONES

Las anteriores consideraciones contribuyen a clarificar una visión de conjunto de la Ley para la Reforma política. Con relación a ella, la doctrina tradicional de la separación entre el acto creador de la norma y el de su aplicación, resulta en gran parte corregida. Quizá estemos en uno de los casos límite; pero así es. En el proceso formativo de la ley coloco tanto el hecho de elaborarla como el de la necesidad de su inmediata aplicación. Ésta y sus resultados fueron los preferentemente tenidos en cuenta. Aunque suscitó de inmediato la atención de los estudiosos, no llegó a desenvolverse una interpretación de la misma por los teóricos de la ciencia política. Intervinieron más como opinantes, defensores o críticos que como tales teóricos. Tampoco fue objeto de desarrollos judiciales, aunque en algunas ocasiones se utilizara como elemento de juicio. Elaborada la Ley por el legislador, por éste hubo de ser preferentemente interpretada. La diferencia principal que se aprecia entre el acto de creación y el de aplicación radica en que, si bien se trataba del mandato de un legislador a otro legislador, ambos legisladores eran esencialmente distintos en razón del cambio político introducido por la Ley misma, de tal modo que el mensaje emitido por el legislador de las Cortes orgánicas no iba dirigido a él mismo, sino al legislador de las Cortes democráticas. Pese a esta diferencia desde un punto de vista formal, la Ley para la

Reforma política se integra más cómodamente en la doctrina unitarista de Kelsen. Con ello no quiero decir que necesariamente, en todos los casos, la creación del derecho suponga la aplicación de una ley ni tampoco que la aplicación de la ley implique la creación del derecho. La observancia estricta de este criterio exigiría una revisión drástica en materia de fuentes del derecho.

Sin embargo, cuando una reforma en el ordenamiento jurídico aparece preconfigurada, no hay duda, guste o no en su estimación política, que la norma creada deriva de la aplicación de la norma con base en la cual se ha elaborado. Claro que este juicio requiere diversas puntualizaciones. La primera es que aun cuando la Ley para la Reforma política desempeñara un papel importante en el cambio operado, no hay que considerarle sólo desde esa limitada perspectiva, pues cooperaron a él otros muchos factores políticos y sociales que, sin ser canalizados legalmente, contribuyeron de modo decisivo al logro de la transformación. La segunda puntualización es que, como ya he observado y luego estudiaremos, la Ley para la Reforma política no puede considerarse de manera exclusiva como un procedimiento para rectificar el ordenamiento. Y, por último, como tercera puntualización formulo la de que el unitarismo kelseniano resulta especialmente atrayente, más que para establecer una conexión entre dos legalidades, para ver cómo la misma Ley refleja la presencia del momento aplicativo en el acto de crearla. No es como los preceptos del Código penal, en el fondo de los cuales late el propósito de que no necesitaran ser nunca aplicados, ni como muchos preceptos del Código civil que requieren ser acogidos por la voluntad de los particulares para la regulación de sus relaciones. Es una Ley de necesaria, de ineludible aplicación, justificada en razón exclusiva de ésta. Por lo tanto, algo más que el *ius cogens*, o éste en su expresión máxima, pues para que haya coactividad basta que, si se da la hipótesis contemplada en la norma, su aplicación sea necesaria, mientras en nuestro caso la coactividad llevaba por vía directa a la efectividad práctica. Las dudas que pudiera infundir a muchos de sus autores no la liberaba, objetivamente considerada, de irrumpir en el orden jurídico, modificándolo.

Curiosamente, la misma Ley, que en algún sentido resulta coincidente con la teoría de Kelsen, en otro se la ha de considerar como enfrentada. Claro es que quizá este juicio suponga ya una desviación de Kelsen, porque lo que sea la Ley no es lo que cuenta, según su manera de pensar, sino el modo de entender la posición a adoptar por el jurista en el plano de la reflexión científica. No cabe duda que la Ley para la Reforma política se integra en un proceso, es parte del mismo, y en él hay (y penetra en la

Ley) fluencia política, mutación histórica, en definitiva, cambio de rumbo en la organización de la convivencia. Bien sé que esto no lo negaría Kelsen. Se limitaría a colocarlo en un lugar aparte, lejos de la teoría del Estado y no integrado tampoco en la teoría jurídica de la política. Todo quedaría reducido a explicar los problemas relativos a la validez y a la técnica de elaboración. Aun cuando en nuestro estudio está siempre presente la preocupación por hacer ciencia y teoría, consideramos otro el planteamiento y distinto el camino. Si el saber científico supone ciertas dosis de abstracción, ésta no puede derivar del estrechamiento del objeto a conocer. La abstracción no faculta para omitir reflexiones sobre el contexto histórico del que forman parte las propias normas.

El general fenómeno de la incidencia de la realidad social como factor componente del sentido de las normas se muestra aquí con especial énfasis. Como también ofrece particularidades la actuación del poder político. España, desde la derogación tácita de la Constitución de 1931, dejó de tener Constitución y careció de ella durante largos años, si bien fue teniendo gradualmente Leyes fundamentales, revisadas en el curso del tiempo, pues ellas mismas respondían a momentos y fundamentos distintos que se consideró pertinente coordinar. En el régimen surgido en y a raíz de la guerra civil actuaron como factores orientadores principales: el resultado del conflicto que se concibió como un triunfo sobre la República, el marxismo y la democracia; los regímenes fascistas de Italia y Alemania —al menos, parte de su sistema de ideas— y una Iglesia católica propicia a la confesionalidad del Estado e inmersa en una posición ideológica muy apegada al concreto régimen establecido. Esto condujo al monismo político y al monismo social: el primero encarnado por el partido único y el segundo por la unidad y la verticalidad sindical, a su vez relacionados entre sí, con lo que las fuerzas políticas y sociales se integraban en un solo bloque.

El paulatino apartamiento de la contienda civil, por más que ésta no llegara a olvidarse, la derrota y liquidación del fascismo por la segunda guerra mundial, el nuevo triunfo de la democracia como ideal político de Occidente, la necesidad de buscar cauces de participación en el orden internacional y más tardíamente notorios cambios de posición en la Iglesia católica —tanto en general como en su actitud respecto de España— fueron algunas de las numerosas causas determinantes de que se pasara del inicial unitarismo, lógicamente uniforme, a cierto organicismo que permitía algunas participaciones y variaciones dentro de la unidad. Tal fue la llamada democracia orgánica. El sustantivo —democracia— ya significaba una concesión, si bien el adjetivo —orgánica— venía a desvirtuarlo. Con todo, la actuación en el poder de los tecnócratas introdujo alguna racionalización. Aunque la democracia de origen seguía ausente, se dio entrada a cierto juego «democrático» —la concurrencia de pareceres, las deliberaciones en las Cortes, la agrupación de los procuradores de diversas procedencias, etc.— y se elaboraron algunas leyes administrativas dignas de estima. El revestimiento jurídico de la democracia orgánica suscitó más interés mientras se elaboraba que una vez elaborado. Algunas normas habían experimentado mutaciones y la libertad había tenido tímidos asomos; mas la democracia continuaba lejos y, desaparecido Franco, con la incorporación a la Comunidad Europea congelada, con un exilio cada vez menos cómodo y justificable y, sobre todo, con el establecimiento de la Monarquía como forma de gobierno, la situación, que siempre había tenido considerable dosis de artificio, aunque hubiese dado algunas pruebas de eficacia, se hacía difícilmente sostenible.

La España «diferente», mercancía turística atractiva, no era una forma política dotada de consistencia y con posibilidades de afrontar serenamente el futuro. Mientras éste se contemplaba desde una dictadura, todo era de suyo corto y transitorio. Mas no ocurría lo mismo contemplado desde la Monarquía. Porque sin el Rey podía haber —dicho como mero juicio de hecho— un dictador; pero con el Rey, o lo era él o lo era otro con su tolerancia, y ambas fórmulas resultaban amenazadoras para la institución monárquica a la altura de nuestro tiempo. Si quería encontrarse en ella el valor del continuismo institucional, se imponía una desconexión con el pasado inmediato. Tampoco el problema quedaba resuelto con buscar el entronque en un pretérito remoto. Para la Monarquía sólo había un aliado: la democracia. Si el ser Rey de todos los españoles había de sobrepasar el verbalismo retórico o la expresión de unos buenos deseos, era necesario dotarlo de una base cierta: la soberanía del pueblo. Éstas fueron las principales causas desencadenantes de la Ley. La realidad social presente y la previsible carecían de vibraciones en el ordenamiento jurídico. En buena medida se estaban dando las espaldas. Y si una realidad social actuando por su cuenta es un riesgo, una ordenación jurídica insensible a ella es un entorpecimiento.

El poder político a la sazón vigente asumió el problema de su propio cambio. El fenómeno es interesante y original. Porque, como hemos dicho, el poder político canaliza la propia ideología como modo de configurar la ordenación jurídica que, aun no siendo exclusiva proyección de las ideologías, alcanza uno u otro significado según cuáles sean éstas. En nuestro caso no ha sucedido exactamente así. Porque si algunos fueron movidos por la ideología impulsora de la Ley, no era esta ideología, ciertamente, la de muchos. El resultado procedente de las Cortes orgánicas no fue una democracia orgánica perfeccionada o rectificada; fue la democracia inorgánica del sufragio universal. Ahora bien: ¿hay en ello un contrasentido? ¿Puede sostenerse, como tantos han dicho, que procedieron las Cortes a su propio holocausto? No me parece ésta una explicación suficiente; tiene el atractivo de la contradicción; sin embargo, no es por completo rigurosa. En la investigación del pensamiento o la voluntad de la ley no hay que inquirir las concretas opiniones de quienes cooperan a su elaboración. El espíritu de la ley de algún modo se objetiva o despersonaliza. De hecho no se habría llegado a él sin la concurrencia de las opiniones de quienes la elaboraron; mas, una vez elaborada, cobra vida propia. A su vez, la presencia de las ideologías no supone necesariamente la consagración de la encarnada por los intervinientes en el acto de creación. Basta con que exista una reflexión, un punto de vista. La propia circunstancia de que aquellas Cortes carecieran de una articulación basada en los partidos políticos hacía especialmente ambiguo el propio tema de la orientación política. Además, la democracia no es simple ideología; encarna un valor de alcance general; es un sistema explicativo y organizativo del poder.

Por otra parte, la Ley para la Reforma política fue sometida a referéndum. El procedimiento de revisión del ordenamiento jurídico, en su nivel más alto, el de las Leyes fundamentales, era el del referéndum. La Ley de 22 de octubre de 1945 establecía un referéndum nacional potestativo para el Jefe del Estado cuando la trascendencia de las Leyes o el interés público lo aconsejaran. Los artículos 10 de la Ley de Sucesión en la Jefatura del Estado y 7, ap. c) de la Ley Orgánica del Estado configuraban un referéndum preceptivo para la derogación o modificación de las Leyes fundamentales. La Ley para la Reforma política acogió el referéndum preceptivo como mandato dirigido al Rey. Por tanto, esta Ley se atuvo al requisito básico de la derogación o la modificación; aplicó lo dispuesto para la reforma. Consiguientemente, el cambio introducido, propuesto por las Cortes, fue protagonizado y resuelto por el pueblo en la consulta que se le hizo. Aquí radica la razón de ser definitiva de la Ley. Hubo un pronunciamiento del pueblo. Podría decirse que se le dio la ocasión de pronunciarse, con lo que el cambio no emanó sólo de las Cortes orgánicas. Con todo, habrá de reconocerse que éstas antepusieron la actitud crítica o revisora a la simple opinabilidad ideológica; mas no podrá decirse ni que la Ley para la Reforma fue obra exclusiva de ellas ni que ellas consumaron el holocausto. Ocurrió, sí, que la reforma apareció ligada a una revisión ideológica asumida y propuesta por las propias Cortes orgánicas.

7. SOBRE EL ALCANCE DE LA «PREPOSICIÓN «PARA» Y EL CARÁCTER INSTRUMENTAL DE LA LEY. CRÍTICA DE LA CONCEPCIÓN DOMINANTE

En el curso de la elaboración de la Ley y en los más inmediatos juicios y comentarios que suscitó, así como en los posteriores, se subrayaba como muy importante el dato lingüístico de que la Ley se denominara «*para* la Reforma política». Del *para* al *de* —un *de* anterior o simplemente posible— había, según muchos opinantes, un abismo. El uso de la preposición *de* se ligaba a una posición continuista: la reforma entendida como perfeccionamiento conservador. Por el contrario, en la preposición *para* se descubría un reformismo no entregado al principio de la continuidad, abierto y progresivo, que si no satisfacía las exigencias de la ruptura, se le acercaba. Estrechamente unido a tal significado figuraba este otro: a la Ley se le reconocía un carácter instrumental; era una pieza introducida en el ordenamiento jurídico para llevar a cabo una reforma de alcance constitucional.

Ninguna de ambas aseveraciones están exentas de alguna justificación; pero no por ello han de reputarse exactamente descriptivas y ciertas. Hay en ellas más carga e intencionalidad política que rigor gramatical y jurídico.

Las preposiciones, en la lengua castellana, suplen la declinación sintáctica.[10] Aunque las verdaderas preposiciones son siempre separables, carecen de un significado separado, es decir, aisladamente consideradas; ni «de» ni «para» indican nada de suyo. La función que cumplen es, por tanto, relacional o nexitiva: no siempre claramente diferenciable por su «gran polisemia»,[11] y porque pueden formar parte de locuciones adverbiales y conjuntivas. La preposición *de* desempeña una preponderante función atributiva (como cuando digo «la casa *de* Antonio», mientras en la preposición *para* aparecen como «marcas específicas» el «movimiento», «hacia»[12] y, en definitiva, la causa final (como cuando digo «la casa *para* Antonio»). En el primer caso la atribución representada por

10. Cfr. Pérez Rioja, *Gramática de la lengua castellana*, 5.ª ed., Tecnos, 1964, p. 225.
11. Cfr. Quilis, Hernández y De la Concha, *Lengua Española*, Valladolid, 1971, p. 97.
12. Bernard Pottier, *Gramática del español*, Ediciones Alcalá, Madrid, 1970, p. 55.

de, enlazando casa y Antonio, atribuye a éste la casa en todas las formas posibles; desde luego la más plena, introduciendo connotaciones jurídicas, será la atribución en propiedad, si bien cualquier otra atribución —en usufructo, en arrendamiento, etc.— también quedará comprendida. Si incluyo la frase en un conjunto sintáctico superior, y digo «voy a pasar la tarde *en* la casa *de* Antonio», todas las atribuciones son posible, aunque a Antonio, por ejemplo, sólo le ligue con la casa un arrendamiento de temporada, o bien, aunque sólo sepamos que Antonio está en la casa. Por el contrario, si el conjunto sintáctico es «voy a comprar la casa *de* Antonio», se está presuponiendo que le pertenece en propiedad, por más que no sea siempre necesario, como ocurre cuando «la casa de Antonio» opera exclusivamente como modo de identificarla o designarla porque algún día perteneció a quien se llamaba así, aunque haga años o siglos que desapareciera. La función atributiva toma otra dirección, se interioriza, si la preposición *de* no enlaza dos nombres —uno común, «casa» y otro propio «Antonio»—, sino que opera con nombres comunes, como cuando digo «casa de madera», con lo que se está predicando una atribución, una cualidad concerniente a la propia casa. En el sintagma «casa *para* Antonio» la función atributiva no desaparece del todo, pero se desvanece ante un predominante significado causal finalista; quiere decir que la casa tiene como destino servirle a Antonio. Ahora bien, el fin desemboca también en atribución, porque si yo he comprado la casa «para Antonio», el fin de la adquisición desemboca en la atribución de la casa a Antonio, con lo que termina siendo «la casa *de* Antonio».

El significado de la conexión o enlace, propia de las preposiciones, da lugar a separaciones o individualizaciones muy relativas, pues son marcadas las interferencias. Si operando con ejemplos totalmente ajenos a la Ley vemos que la función conectiva propia de las preposiciones es relativamente convencional y dependientes de los conjuntos sintácticos, entre los que puede haber, a su vez, interconexiones, otro tanto ocurre con las preposiciones que enlazan «Ley» y «Reforma política». ¿Qué atribuye «de» a «Reforma política»? Sin duda, «ser *de* reforma», tener esa cualidad; pero en el mundo del comportamiento el «ser» se reemplaza o desemboca fácilmente en un «hacer». No hay que dar ningún salto semántico desproporcionado para que el «ser de reforma» equivalga a «hacer la reforma». Y a un «hacer la reforma» lo mismo puede precederle un *de* que un *para*; el *para* resulta semánticamente más directo, evita el rodeo; eso es todo. No se encuentra, sin embargo, en contraposición con *de*. Ello aparte de que la preposición *de*, si bien no subraya tanto la finalidad, intensifica la conexión entre los dos términos que enlaza por cuanto uno es atributo o cualidad del otro. Cabría decir, quizá, que en un caso la conexión es sustancial y en el otro teleológica.

En el plano de la gramática, ni siquiera en el todavía más amplio del uso del lenguaje, no hay base para atribuir a la Ley un alcance radical o moderado en dependencia de una u otra preposición. Ese alcance distinto se obtiene a expensas del contexto político y de las intencionalidades de este orden, incluso en virtud de concretos datos personales.

Salgamos del terreno de la política inmediata. ¿Se apreciaría alguna diferencia entre «Ley *de* Enjuiciamiento civil», que es como se llama, o «Ley *para* el enjuiciamiento civil»? ¿Podría decirse que resultaría más progresista la misma Ley introduciendo un *para* en su designación? Sin duda, no. ¿Ocurriría algo similar si, en vez de «Código *de* comercio», dejáramos «Código *para* el comercio»? Sin duda, tampoco, y en este caso se incurriría en imprecisiones, ya que se suscitaría la idea de que el Código comprende en su regulación todo el comercio, cuando no es así. Una Ley profundamente innovadora fue la relativa a la Reforma agraria y se llamó «Ley *de* Reforma agraria». Todo procede, pues, de la singularidad del contexto y hasta del anecdotario personal. Porque se había concebido una «Ley *de*...» por quien o quienes *a posteriori* podían considerarse políticamente más moderados, se atribuyó a la expresión «Ley *para*...», procedente de quien o quienes se consideraban más progresistas, una posición más avanzada. En definitiva, la política también alcanza a las palabras. El fenómeno es completamente natural y explicable. Pero una cosa es que esto suceda y otra querer convertir el suceso en criterio para la calificación y la valoración de la Ley.

Tampoco es correcto entender que, en conjunto, la Ley es instrumental, como tantas veces se le ha llamado. Tiene una parte, ciertamente, instrumental. En concreto, la que prevé la «reforma constitucional» y establece el procedimiento para llevarla a cabo. Debe reconocerse que ésta fue la justificación esencial de la Ley y su motivación política profunda. Una Ley así, en contradicción con el ordenamiento jurídico precedente, si no hubiera introducido la fórmula de corrección de la reforma a realizar, habría creado un caos legislativo y constitucional. Se produjo, en verdad; pero atenuado por la transitoriedad. Sin embargo, ni la Ley es exclusivamente instrumental ni toda la modificación quedó representada por la reforma constitucional prevista. Hay que distinguir, por tanto, la modificación inherente a la Ley en su conjunto y la derivada de la aplicación, en concreto, de la cláusula de reforma constitucional.

Aunque la Ley carecía de disposición derogatoria, produjo los efectos de la derogación tácita desde su entrada en vigor. «Todo aquello que en la ley nueva, sobre la misma materia, sea incompatible con la anterior», según establece el art. 2,2 del Código civil, quedó derogado. La derogación tácita aparece configurada en el Código civil en términos que combinan la ambigüedad con alguna precisión. La idea básica es la incompatibilidad entre la ley nueva y la anterior, que determina la eliminación de ésta como supuesto indispensable para que tenga vigencia material la nueva ordenación. A través de la derogación (expresa o tácita) se atiende a dos fines principales: la mutación del ordenamiento jurídico en el tiempo y su coherencia sistemática.

Mientras es fácil determinar la norma determinante de la derogación, siempre resulta problemático —de faltar una derogación expresa— qué es lo derogado. Cuando falta la expresa derogación, determinar si la hay y con qué alcance, se convierte en un tema de interpretación. La idea de la incompatibilidad es la rectora. El Código civil, al referirse a lo derogado, se expresa con premeditada ambigüedad. La derogación se extiende a «todo aquello... que sea incompatible». No dice, por tanto, que se deroga la ley o la norma o las disposiciones; derogado es todo aquello a lo que alcance la incompatibilidad. Puede tratarse, por tanto, de una ley en su totalidad, de un conjunto de leyes, de normas o conjuntos de normas, o bien, de sólo una parte de aquéllas o éstas. La variación, en principio, no tiene más límites que los del propio ordenamiento. Cuanto quede integrado en él es susceptible de derogación. Lo no integrado, lógicamente, no se deroga, pero tampoco existe. Cabe perfectamente una ordenación de nueva planta que pase a integrar el ordenamiento jurídico sin modificación del precedente. Entonces el ordenamiento varía o cambia, si bien sólo en el sentido creciente de extenderse o ampliarse, y no en el de experimentar modificaciones en los criterios de la ordenación. Dicho con mayor exactitud: el nuevo criterio ordenador en virtud del cual el ordenamiento recibe normas de las que antes carecía supone una variación y hasta una modificación en el ordenamiento jurídico, por cuanto éste no es el mismo que era, si bien tal modificación no es correctora de lo anteriormente establecido. En estos casos no hay incompatibilidad, puesto que las normas incorporadas cubren una zona de la realidad social antes no organizada jurídicamente. La incompatibilidad queda subordinada a que la ley nueva verse «sobre la misma materia» que la precedente, según dispone el Código civil. La doctrina explica este fenómeno diciendo que la sustitución de una norma por otra se da cuando, siendo similares los hechos que presuponen, difieran en la forma de cualificarlos o regularlos.[13] Creo que el requisito de la similitud en los hechos, de exigirse con rigor, restringe o complica la función derogativa, y si no es así queda reducido a un giro verbal más o menos afortunado. Parece preferible la identidad de la materia. Mas tampoco la identidad ha de tomarse muy literalmente. ¿Añade algo a la incompatibilidad, o bien, puede darse ésta si falta la identidad de la materia? Pienso que no. La derogación por incompatibilidad requiere que entren en conflicto las normas, de tal manera que no puedan integrarse en una relación de coordinación ni de subordinación, porque la una excluye a la otra y, por aplicación del principio «lex posterior derogat legi priori», la primera ha de ceder ante la última. Sólo pueden encontrarse en una situación de conflicto cuando la materia sea la misma. La identidad de la materia, en consecuencia, no es algo que se añada a la incompatibilidad, sino algo presupuesto por ésta. En cualquier caso, la incompatibilidad y la identidad de la materia habrán de entenderse de una manera flexible y conforme a estimaciones principalmente finalistas. Para ello es muy importante atenerse al contexto entendido como el conjunto del ordenamiento. La irradiación de cada norma en el ordenamiento y el reflejo de éste, en cuanto todo, en las normas requiere ser ponderado para precisar el alcance derogatorio.

La Ley para la Reforma política eludió introducir una norma derogatoria. A nada habría conducido la fórmula, frecuentemente utilizada, de que se derogaran las normas o disposiciones incompatibles con la nueva Ley. Esto ya resulta así del art. 2,2 del Código civil y del principio general, recogido por el mismo, que confiere primacía al derecho posterior sobre el anterior. Enunciar la derogación en términos expresos, puntualizando las leyes o normas derogadas, hubiera creado problemas complejos. Posiblemente formó parte de la estrategia reformista no proclamar abierto en el ordenamiento jurídico un gran vacío, que efectivamente existió, pero quedaba un tanto en la penumbra. Se prefirió cierta ambigüedad a la claridad ostensible. En rigor, la sola afirmación de la supremacía de la Ley como expresión de la soberanía del pueblo —contenida en el apartado 2 del art. 1— hacía decaer, en sus cimientos, el sistema político anterior. Se consideró preferible, de momento, silenciarlo. Una norma tan breve como ésta tenía gran extensión derogatoria. Por otra parte, desde el punto de vista técnico, también se planteaban problemas porque la nueva Ley, si bien desmontaba el sistema precedente, no organizaba otro. Además, subsistían algunas de las instituciones anteriores, como

13. Cfr. Gino Capozzi, *Temporalitá e norma*, Jovene Ditore, Nápoles, 1979, p. 244.

la del Consejo del Reino —expresamente mencionada—, sin que pudiera mantenerse con la misma organización ni le fuera posible el cumplimiento de todas las funciones que tenía asignadas.

La falta de derogación expresa en la Ley para la Reforma política trasladó el tema derogatorio al momento constitucional. Ninguna Constitución española anterior a la de 1978 contenía disposición derogatoria, que también suele faltar en la mayoría de las constituciones extranjeras. En cambio, la cláusula derogatoria de nuestra Constitución de 1978 es sumamente especificativa. En ella queda reflejado el haberse eludido antes la cláusula derogatoria. La única Ley derogada por la Constitución de modo expreso e incondicionado es la Ley de 4 de enero de 1977. Respecto de las Leyes fundamentales, la derogación va precedida del siguiente condicionamiento: se derogan por la Constitución «en tanto en cuanto no estuvieran ya derogadas por la anteriormente mencionada Ley». Esta cautela derogatoria refleja el escrúpulo del legislador constituyente; quiso evitar con ella la superposición de dos derogaciones; no derogar lo ya derogado. Como no hay una previa determinación de lo derogado por la Ley para la Reforma política, la cautela se traduce en una tesis y en una hipótesis. La tesis es ésta: la Ley para la Reforma política y la Constitución han derogado en su integridad las precedentes leyes fundamentales. Ahora bien, la imputación a una u otra de lo derogado no se ha hecho en el plano legislativo, por lo que se desemboca en la siguiente hipótesis: la Constitución deroga lo no derogado anteriormente por la Ley para la Reforma política. Dado que en ésta, por falta de disposición derogatoria expresa, sólo opera la tácita por incompatibilidad y dado que la Constitución configura la derogación en términos condicionales, falta la determinación legislativa de a cuál de las leyes posteriores corresponde atribuir y en qué medida la derogación de las precedentes. ¿Supone esto la existencia de una laguna o vacío legislativo que requiera la utilización de un medio para suplirla como la analogía y/o la aplicación de los principios generales del derecho? Creo que laguna propiamente dicha no llega a producirse, así como tampoco es aplicable, en conjunto, el mecanicismo integrador representado por la analogía. La analogía es configurada por el art. 4,1 del Código civil sobre la doble base de que las normas «no contemplan un supuesto específico» y sí otro semejante entre los que «se aprecia identidad de razón». Requiere, pues, la dualidad imprevisión/previsión, con ámbitos distintos; y esta dualidad trae consigo, habiendo identidad de razón, que la regulación correspondiente al supuesto previsto se utilice analógicamente como reguladora del no previsto. La noción de supuesto es clara en las normas reguladoras de la conducta, en las que se distingue, de un lado, el hecho, el comportamiento, algo, en suma, que se produce como un acontecimiento de la vida real, y la consecuencia jurídica ligada a ese comportamiento constituida por la atribución de un significado jurídico, ya con valor de calificación, de efecto, de derecho o de deber. No es tan nítida la utilización de la categoría del supuesto en las normas que tienen por objeto ordenar el propio sistema jurídico, como ocurre con la que regula la derogación por incompatibilidad. Imaginemos que no contáramos todavía con la norma constitucional relativa a la derogación de las disposiciones no derogadas por la Ley para la Reforma política. Partiendo de que el ordenamiento jurídico ha de considerarse como un conjunto unitario o sistema, la falta de previsión derogatoria no crea una laguna porque el supuesto (si quiere hablarse así) queda cubierto por el artículo 2,2 del Código civil. Luego no hay laguna. Cuando posteriormente la Constitución deroga lo no derogado ya por la Ley para la Reforma política, lo que hace es no pronunciarse sobre qué fue lo derogado por ésta; pero no crea una laguna. A lo sumo, deja de aprovechar la oportunidad para haber clarificado el alcance derogatorio de la Ley precedente. La cuestión queda, después de la Constitución, exactamente lo mismo que estaba en la Ley para la Reforma política. Sin en ella no había laguna, tampoco surge después. Determinar la proyección derogatoria de la Ley para la reforma política era y sigue siendo un tema de interpretación no necesitado de tratamiento analógico, que además plantearía serias dificultades en el campo de la *analogía legis*. Porque para construir la dualidad no previsión/previsión es preciso acudir a la propia Ley. En ella (disposición transitoria tercera) se contiene una implícita previsión derogatoria al establecer que se aplicaría el Reglamento de las anteriores («actuales» dice el texto legal) Cortes «en lo que no esté en contradicción con la presente ley», lo cual supone el reconocimiento del efecto derogatorio derivado de la incompatibilidad. Podría, en consecuencia, decirse: si la Ley no prevé, en general, su eficacia derogatoria, pero contempla un supuesto en el que, al admitir la vigencia de la norma anterior en lo que no contradiga a la norma nueva, presupone la derogación por ésta de aquella norma, lo mismo ha de sostenerse siempre que cualquier norma precedente sea contraria con el contenido de la Ley para la Reforma política. Sin embargo, con este *excursus* analógico no daríamos ningún paso más allá del resultante de aplicar el Código civil. A lo sumo, serviría para comprobar que la propia ley refleja el mismo criterio. Tampoco nos diría nada nuevo el principio «lex posterior derogat legi priori», porque, en definitiva, éste es el principio recogido por el Código civil.

En resumen y puntualizando, si todas las leyes fundamentales son derogadas por la Constitución «en tanto en cuanto no estuvieren derogadas ya por la mencionada Ley», esto significa:

1.º No que se desconozca, en términos generales, si aquella Ley tuvo o no eficacia derogatoria, pues es evidente la incompatibilidad de la misma con gran parte del ordenamiento anterior, sino que tuvo un alcance derogatorio no delimitado de manera expresa ni por la Ley para la Reforma política ni por la Constitución.

2.º Que a propósito de la derogación de las Leyes fundamentales concurren la derogación tácita o por incompatibilidad implícita en la Ley para la Reforma política y la derogación expresa contenida en la Constitución.

3.º Que formulada como una hipótesis condicional la derogación expresa de la Constitución, si bien de la hipótesis hay que eliminar, como ya hemos dicho, que no tuviera alcance derogatorio la Ley para la Reforma política, queda sin embargo como tema a resolver interpretativamente cuál fue el alcance derogatorio que efectivamente tuvo la Ley para la Reforma política.

4.º Que siendo total la derogación a partir de la Constitución, derogatoria también de la Ley para la Reforma política, la determinación del ámbito derogatorio de ésta sólo es planteable en el tiempo intermedio comprendido entre ella y la Constitución.

En consecuencia, la Ley para la Reforma política penetró en nuestro ordenamiento jurídico desde su entrada en vigor. Como la penetración no consistió en cubrir zonas antes no reguladas, sino en regularlas de modo distinto, la penetración de la Ley supuso la derogación de todo lo incompatible. En tanto queda en la penumbra o en la indeterminación lo derogado, el que podría llamarse aspecto destructivo de la norma, se muestra en la superficie su efecto constructivo. Pero bien entendido que este efecto constructivo no es la mera remodelación del ordenamiento anterior, sino su configuración nueva, distinta y contrapuesta de la organización política de la sociedad. La Ley para la Reforma política, en su conjunto, entró en vigor a los veinte días de su publicación en el Boletín Oficial del Estado, ya que al no establecerse nada en contrario —y el establecerlo puede decirse que había llegado a convertirse en cláusula de estilo— quedó atenida al plazo de *vacatio legis* del artículo 2,1 del Código civil. También desde entonces entró en vigor el precepto relativo a la reforma constitucional, aunque su aplicación se llevara a cabo en un tiempo posterior. En toda ley hay que distinguir entre la vigencia y la aplicación. La vigencia determina su aplicabilidad, mas no equivale a la aplicación. Para que ésta se produzca es condición necesaria, pero no suficiente, la entrada en vigor.

8. LA LEY PARA LA REFORMA POLÍTICA COMO MÍNIMO NORMATIVO PARA EL TRÁNSITO DE UN SISTEMA POLÍTICO A OTRO

Considerada en su conjunto la Ley para la Reforma política, podría calificarse así: es un mínimo normativo de naturaleza esencialmente política y de carácter constitucional, en el que resaltan la nota de la temporalidad y el fin a llevar a cabo: el tránsito de un sistema político a otro.

. Hablo de mínimo normativo porque la Ley, ostensiblemente, es breve. Pese a su brevedad, contiene unas pautas importantes preferentemente referidas al legislativo. No trata de ser, en el ámbito que comprende, una ley completa, sino sólo suficiente.

La naturaleza política y el carácter constitucional de la Ley están en estrecha correlación. Llamar a la Ley política por referirse a esta materia parece una obviedad. Aparte de que sin embargo debe decirse, para calificarla, aunque resulte obvio, puntualizo que con ello quiero poner de manifiesto cómo el cambio, contemplado tanto en su realidad social como en el plano de la ley, ha sido eminentemente político. Habrá tenido y seguirá teniendo las correspondientes repercusiones sociales y económicas; pero se ha mostrado, ante todo, como una voluntad de transformación política. Así lo pone de manifiesto la Ley, pues todos los preceptos conciernen a la política como organización o como actividad. Con ello vino a reflejar algo que estaba en el ambiente.

Si contemplamos el pensamiento reformista de los intelectuales de la generación del 98 (ampliamente entendida), como Ganivet, Costa, Unamuno y Ortega vemos que la reforma política no era la aspiración dominante entonces. Ocurría más bien lo contrario. Postergando los aspectos políticos, quería llevarse la transformación a la sociedad y al hombre mismo. Es comprensible. Aquellos intelectuales vivieron la experiencia de una movilidad política infructuosa, y por eso pensaban en una reforma de mayor fondo. Ahora no era lo mismo. En España, tras superar los primeros tiempos de miseria y de apartamiento, con el sacrificio de la emigración, la invasión del turismo, el proteccionismo estatal y ciertas ayudas internacionales, se habían alcanzado estimables cotas en el desarrollo económico, a la vez que mejoras sociales. La sociedad de consumo había hecho acto de presencia. Lo por completo ausente era el desarrollo político. Se comprende, pues, que éste ocupase el primer plano. Ello trajo como consecuencia que a los partidos políticos propugnadores de sistemas sociales distintos les resultara atractiva la transformación política que se les ofrecía como un primer paso común. Todos coincidían en el llamamiento a la libertad como base del pluralismo ideológico y de la democracia.

En la Ley para la Reforma Política son claramente distinguibles las siguiente normas:

A) *Normas dogmático-declarativas*. Aquí se comprenden los apartados 1 y 2 del art. 1. Declaración esencial es la siguiente:

«La democracia en el Estado español se basa en la supremacía de la Ley, expresión de la voluntad soberana del pueblo.»

Mientras la colocación en primer término de la palabra democracia puede considerarse como significativa, el modo de articularla con el Estado resulta un tanto cauteloso e impreciso. No se dice que el Estado es democrático —como vendrá a decirlo luego la Constitución—, sino que, en el Estado español, la democracia tiene por base la supremacía de la ley. Tal supremacía es quizá una evocación del Estado de derecho, que hubiera resultado más clara con la declaración del sometimiento del Estado a la Ley que con afirmar la supremacía de ésta, que puede entenderse como la afirmación de su rango jerárquico superior. Posiblemente lo que ante todo se quiso significar fue la despersonalización del poder político. Esta idea es la que, inmediatamente, subraya el precepto en su inciso final, cuando, sin ninguna conjunción o expresión copulativa, en términos asertóricos, inmediatamente después de ley, dice: «expresión de la voluntad soberana del pueblo». Aquí es donde el cambio se hace, a la vez, ostensible y profundo. La democracia no es únicamente supremacía de la ley ni la supremacía de la ley es de suyo democracia. Sí lo es la voluntad soberana del pueblo en cuanto origen y fundamento de la democracia, de la ley y del Estado. Algunos comentaristas advirtieron que la voluntad soberana tiene el sabor rousseauniano de la voluntad general. Es sencillamente la soberanía del pueblo; su proclamación. Ningún texto constitucional español había sido antes tan rotundo. La fórmula, expresa o implícita, de la soberanía de la nación fue la preponderante desde la Constitución de Cádiz hasta que la de 1931, sin mencionar expresamente la soberanía, dijera que todos los poderes emanan del pueblo (art. 1,2), en el que reside la potestad legislativa. La Ley para la Reforma política es en este punto más avanzada que la Constitución de 1978. El art. 2,2 de la Constitución, enlazado con la tradición, se sirve del concepto de la «soberanía nacional», para decir luego que reside en el pueblo, mientras la Ley para la Reforma política, directamente, sin mediación alguna, reconoce la soberanía del pueblo. Sin duda, en la

Constitución influyó el debatido tema de la unidad y las autonomías. Con el concepto de «soberanía nacional» no se pretende restar nada al pueblo, del que —según puntualiza inmediatamente el mismo precepto— «emanan todos los poderes». Con la proclamación de que la soberanía nacional reside en el pueblo la Constitución subraya el carácter indivisible de la soberanía. Esto es lo que, a la vista del art. 2, permitirá decir que la diversidad de las nacionalidades no supone una distribución o ruptura de la soberanía. En todo caso, lo cierto es que la Ley para la Reforma política fue más simple y rotunda al identificar el pueblo y la soberanía.

Plenamente congruentes con la soberanía del pueblo son la potestad de elaborar y aprobar las leyes atribuida íntegramente a las Cortes, y el sufragio universal como sistema de elección de los componentes de las Cortes, con la sola excepción de los senadores reales.

Dentro del propio art., el párrafo segundo del apartado 1, al formular la declaración de que «los derechos fundamentales de la persona son inviolables y vinculan a todos los órganos del Estado», incorpora a la Ley una norma típica de la parte dogmática de las Constituciones. No contiene, claro está, la enunciación de los derechos fundamentales que luego habrá de hacerse con generosidad en el texto constitucional; pero ya es importante el reconocimiento de la categoría de los derechos fundamentales. Supone, ante todo, un correctivo al voluntarismo jurídico y a la omnímoda hegemonía de la ley. El poder, en sus orígenes y en su ejercicio, es inseparable de la idea de límite, y el límite, en su base esencial, descansa en los derechos fundamentales que designan como centro de protección a la persona. Ésta, por consiguiente, no es mera consecuencia o reflejo de la ordenación jurídica. Tiene una existencia previa; si bien el ordenamiento habrá de dotarla de significación, es preciso que pondere ese sentido de prioridad incorporado por la persona como titular de unos derechos emanados de ella misma. Si en un primer momento histórico los derechos fundamentales, con otras denominaciones (como las de naturales o innatos) fueron una de las vías de penetración del racionalismo individualista y más tarde exponentes del liberalismo democrático, celoso de respetar la autonomía de la persona, hoy, con su tutela internacional y su generalizada aceptación por los sistemas políticos, han dejado de ser filosofía o ideología, para constituirse en el núcleo del *universum ius*.

B) Normas organizativas. Este carácter tienen especialmente las comprendidas en el art. 2, referido por completo a las Cortes, que fue el órgano del Estado afectado de modo total por la Ley. El artículo 2 establece: el régimen bicameral del Congreso y el

Senado; el sufragio universal directo y secreto para elegir los diputados y los senadores (salvo los senadores de designación real); la duración de cuatro años del mandato; el reconocimiento de la potestad reglamentaria de las Cámaras, la elección por éstas de sus respectivos Presidentes y la designación por el Rey del Presidente de las Cortes. Comparando el artículo 2 con la Ley constitutiva de las Cortes de 17 de julio de 1942 (modificada por la Ley Orgánica del Estado) bien puede decirse que hay una incompatibilidad casi absoluta con los consiguientes efectos derogatorios.

La figura del Presidente de las Cortes y del Consejo del Reino, tal como fue contemplada por la Ley para la Reforma política, no siendo de nueva planta, tampoco quedó reducida a reflejar lo que era en la precedente legalidad. El nombramiento de Presidente de las Cortes orgánicas habría de partir de la propuesta en terna elaborada por el Consejo del Reino, mientras, conforme a la nueva legalidad, el Rey podía nombrar libremente al Presidente, sin limitación ni formalismo alguno en orden a la persona y al procedimiento. El hecho de que el nombramiento recayera en un senador de designación real era un criterio de coherencia, mas no una exigencia legal.

El Presidente de las nuevas Cortes, a diferencia del de las anteriores, dada su composición bicameral, lo era de ambas Cámaras. La Ley no regulaba con carácter general sus funciones. No obstante, en las normas de procedimiento para la reforma constitucional se le asignaba la presidencia de la Comisión Mixta encargada de resolver las discrepancias entre el Congreso y el Senado, cometido que también incumbía a la misma Comisión en la elaboración de los Proyectos de Ley ordinaria. En las normas transitorias, con invocación de los arts. 12 y 13 de la Ley Constitutiva de las Cortes, se preveía la constitución de una Comisión de urgencia legislativa y otra de Competencia legislativa, que también habría de presidirlas el de las Cortes. Siguió siendo cometido suyo someter al Rey, para su sanción, las leyes aprobadas, que deberían promulgarse en el plazo de un mes desde su recepción, según establecía el art. 16 de la Ley constitutiva de las Cortes, posiblemente el único precepto que se observó en su integridad. Aunque no hubiera previsión expresa, de la misma naturaleza de las cosas se derivaba que el Presidente de las Cortes, al haber Presidente de cada una de las Cámaras, no presidía éstas, salvo cuando celebrasen sesiones conjuntas. Por igual razón, al Presidente de las Cortes le incumbía presidir las reuniones conjuntas de las Mesas de ambas Cámaras. Las reuniones de las Mesas fueron muy frecuentes y tuvieron a su cargo todo lo relativo al régimen interior que afectaba en común al Congreso y al Senado. Las dos sesiones conjuntas de las Cámaras más importantes fueron la de la apertura solemne de la legislatura, celebrada el 22 de julio de 1977, previo Real Decreto de convocatoria, y la celebrada el día 27 de diciembre de 1978 para la sanción por el Rey de la Constitución.

C) *Normas relativas a las atribuciones del Rey.* La Ley para la Reforma política prescinde de las denominaciones preferentemente utilizadas en la legislación anterior de Reino, Monarquía y Corona, para referirse de un modo directo al Rey. No figura en ella ninguna norma configuradora de la institución monárquica. Claro es que el Rey la presupone y encarna; pero es a él en cuanto persona al que se designa siempre como titular de determinadas atribuciones, que eran éstas: sancionar y promulgar las leyes (art. 1,2), nombrar al Presidente de las Cortes y del Consejo del Reino (art. 2,6), someter preceptivamente a referéndum la «Ley de Reforma Constitucional» (art. 1,3) y «someter potestativamente» al pueblo una opción política de interés nacional, fuera o no de carácter constitucional, para que decidiera mediante referéndum, cuyos resultados se impondrían a todos los órganos del Estado» (art. 5).

a) *La promulgación y la sanción de las leyes. Precedentes y diversos significados.* ¿Al decir la Ley para la Reforma política que el Rey «sanciona y promulga las leyes», le confería una atribución, una potestad o un deber? ¿Supone la sanción una coparticipación en la formación de la Ley o, por el contrario, es un requisito formal que no concierne a la Ley en sí, sino a la promulgación de la misma? García de Enterría, al plantearse este problema con vistas a la Constitución de 1978, expone como doctrina clásica de la sanción regia de las leyes la formulada por Laband. Según este criterio, la sanción formaba parte de la legislación. «La institución —puntualiza García de Enterría— vendría a expresar un verdadero reparto de competencias entre la representación popular, a la que correspondería la "fijación del contenido de la ley", y el Monarca, que incorpora a esa definición el mandato, la orden de cumplimiento *(Gesetzesbefehl)*, que es lo que la conferiría la "eficacia externa", esto es, lo que la hace vinculante a destinatarios, autoridades, Tribunales y funcionarios. La representación popular no puede dar órdenes, dice Laband expresamente, puede simplemente acordar, declarar, una voluntad.» Y comenta el ilustre administrativista español: «La técnica de la sanción vendría a consagrar así un verdadero concurso de decisiones entre las dos fuentes o principios del Estado dualista.» [14]

14. Cfr. Eduardo García de Enterría y Tomás-Ramón Fernández, *Curso de Derecho administrativo*, I, 3.ª ed., Civitas, Madrid, 1980, p. 125.

La participación del Parlamento y del Rey —conviene aclarar— no son concurrentes, es decir, no se producen en el mismo plano. Al Rey se le ofrece una ley elaborada y aprobada; pero como sin su sanción la ley no despliega efectos, aunque al Rey no le corresponda el mismo cometido que al Parlamento, le incumbe una función indispensable para que la ley valga y sea eficaz como tal. Su concurso no se proyecta en el contenido de la ley; pero sin él, traducido en la sanción, es como si aquel contenido no existiera. Para que tal modo de entender la sanción tenga ese significado, es necesario reconocer al Rey un derecho a oponerse, a impedir que la ley valga como tal y despliegue efectos, lo cual se consigue mediante el veto.

Esta doctrina, considerada como prototípica del «principio monárquico», no siempre fue recogida en sus estrictos términos por las Constituciones de la Monarquía española. Unas veces aparece desbordada, otras acatada y otras, en fin, no alcanzada. Más allá de ella, desbordada, aparece en aquellas constituciones que enunciaban la fórmula de que «la potestad de hacer las leyes reside en las Cortes con el Rey», recogida en diversos textos del siglo XIX. La amplitud del término «hacer» permite pensar en una participación paritaria en el sentido de que las leyes, en su conjunto, incluso en su contenido, proceden tanto de las Cortes como del Rey. No obstante, la coparticipación del Rey en «hacer» las leyes tenía uno u otro alcance según cuales fueran los efectos derivados de la negativa del acto sancionador. Así, conforme a la Constitución de 1812 —que confería además al Rey la facultad de proponer leyes a las Cortes (art. 171)— si bien se le reconocía un derecho de veto retardatario durante dos años sucesivos (arts. 145 a 148), cuando por tercera vez se le sometiese por las Cortes el mismo proyecto, se establecía la presunción de que el Rey sancionaba la ley; luego no era posible una corrección del contenido de la ley ni tampoco un veto indefinido o definitivo. La Constitución de 1876 confería al Rey un veto suspensivo por virtud del cual si «negase la sanción», lo mismo que si los Cuerpos colegisladores desechasen algún proyecto de ley, no podía volverse a proponer «otro proyecto de ley sobre el mismo objeto en aquella legislatura». La utilización del concepto «proyecto de ley», tanto para el desechado por las Cortes como para el no sancionado por el Rey, lleva a pensar en la tesis de la coparticipación en los términos más estrictos, y otro tanto resulta de que, a diferencia de la Constitución de 1812, la de 1876 no estableciera una exclusión del veto sucesivo indefinido. En oposición a estas y otras Constituciones, la de 1869 sustituyó la fórmula de la coparticipación en el ejercicio de la potestad legislativa por la de que «la potestad de hacer las leyes reside en las Cortes», para establecer seguidamente que «el Rey sanciona y promulga las leyes», sin conferirle ningún derecho de veto, con lo que la sanción venía a ser un acto debido y un requisito formal. Luego la Constitución de 1869 no llega a recoger la denominada doctrina clásica.

En una línea diferente hay que situar la Constitución de 1931. Por una parte, sustrae la sanción al Jefe del Estado —Presidente de la República— para encomendársela al Congreso, mientras al Presidente le asiste sólo la facultad de promulgar las leyes; pero a esta facultad van ligados unos efectos de lo que carecía la facultad de sancionar en la Constitución de 1869, ya que al Presidente de la República, salvo las excepciones de la ley declarada urgente y de la Ley de presupuestos, le asistía un derecho de reenvío determinante de una nueva deliberación por el Congreso, que exigía la aprobación por los dos tercios de los votantes para que la promulgación se convirtiera en obligatoria (art. 83).

En la legalidad inmediatamente anterior a la Ley para la Reforma política se habían introducido mutaciones y rectificaciones para la Ley Orgánica del Estado dirigidas a atenuar el riguroso personalismo, incluso en el entendimiento y ejercicio del poder legislativo. De las Cortes con sólo una misión preparatoria y elaboradora de las leyes, se pasó a unas Cortes con la misión de elaborarlas y aprobarlas. Las llamadas leyes de prerrogativas se habían extinguido con la vida de Franco. Aunque siguiera faltando la democracia de origen, se buscaban algunas similitudes formales en orden al funcionamiento. La norma básica pasó a ser el art. 1 de la Ley Constitutiva de las Cortes (modificada) que en su artículo primero establecía: «Es misión principal de las Cortes la elaboración y aprobación de las leyes, sin perjuicio de la sanción que corresponde al Jefe del Estado.» Las leyes estaban elaboradas y aprobadas cuando se sometían al Jefe del Estado; no eran proyectos; pero había de sancionarlas. Y como a la sanción le precede un «sin perjuicio» —del que tanto se ha abusado y se sigue abusando en nuestros textos legales— se suscitaba la duda de siempre: ¿El «sin perjuicio» quiere decir que lo establecido en tales términos es concurrente con lo antes ordenado o independiente? ¿Se integra en la formación de la ley la sanción o actúa en un plano distinto? ¿Es sólo posterior en el tiempo o diferente en el sentido respecto del concepto de ley? Desde luego, las cosas no están tan claras como cuando se dice que la potestad legislativa corresponde a las Cortes, ni tampoco como cuando se atribuye a las Cortes con el Rey. El «sin perjuicio», en el orden léxico y en el sintáctico, puede hacer variable el alcance de la sanción. Es indispensable contemplarla, por tanto, desde el punto de vista de los efectos. La

Ley Orgánica del Estado, después de incluir entre las facultades del Jefe del Estado la de que «sanciona y promulga las leyes y provee a su ejecución» (art. 6), disponía que había de estar asistido del Consejo del Reino para «devolver a las Cortes para nuevo estudio una ley por ellas elaborada». Curiosamente, aquí se designa a la ley devuelta como ley «elaborada», omitiéndose la expresión «aprobada» utilizada por el art. 1 de la Ley Constitutiva de las Cortes. A su vez, el art. 17 de esta Ley, después de haber previsto en el art. 16 el plazo de un mes para la sanción y publicación, disponía que «el Jefe del Estado, mediante mensaje motivado y previo dictamen favorable del Consejo del Reino, podrá devolver una ley a las Cortes para nueva deliberación». El veto consistía, por tanto, en un reenvío; pero faltaba el esclarecimiento de si era posible hacer un uso sucesivo del mismo derecho cuando la ley devuelta a las Cortes retornaba al Jefe del Estado.

b) La promulgación y la sanción durante la vigencia de la Ley para la Reforma política. ¿Qué ocurrió durante el tiempo de vigencia de la Ley para la Reforma política? ¿Estuvo asistido el Rey de un derecho de veto similar al configurado en la mayor parte de las Constituciones de la Monarquía? ¿Conservó su vigencia la legalidad inmediatamente anterior, en orden a la sanción y la promulgación o hay que estimarla derogada por la Ley para la Reforma?

Un estudio muy detenido sobre esta materia es el realizado por González Navarro.[15] Quizá un tanto influido por los precedentes históricos y por los debates a que dio lugar la elaboración de la Ley para la reforma política, parece atenerse a la siguiente línea argumental: la tradición histórica constitucional señala como criterio dominante el de la coparticipación de las Cortes y el Rey en la formación de las leyes, con la salvedad de la Constitución de 1869; como frente a la expresión inicialmente utilizada por el proyecto, que atribuía a las Cortes la facultad de «hacer» las leyes prosperó una enmienda dirigida a sustituir «hacer», que podría implicar la atribución a las Cortes de la propia sanción, por la de «elaborar y aprobar las leyes», la Ley para la Reforma política, según González Navarro, enlaza con la tradición al atribuir la potestad legislativa compartidamente al Rey y a las Cortes. Enuncia tres opciones posibles para explicar la naturaleza de la coparticipación: podría tratarse de un acuerdo de voluntades como el que se produce entre dos personas que contratan; o de un acto simple emitido por un órgano complejo; o bien, de un acto com-

---

15. Cfr. Francisco González Navarro, *La nueva Ley fundamental para la Reforma política,* Madrid, 1977, pp. 119 y ss.

plejo emitido por órganos distintos. González Navarro se inclina por la última solución, que razona así: «Hay dos órganos —el Jefe del Estado, las Cortes —que intervienen sucesivamente con facultades decisorias concurrentes al logro del objetivo pretendido. El acto es único, la declaración de voluntad plural. Se trata de un supuesto más —de los varios que ofrece el derecho positivo— en que para la producción de un determinado efecto jurídico es necesario que intervengan con competencia decisoria dos o más órganos distintos que emiten sus respectivas declaraciones de voluntad en forma sucesiva, apareciendo dichas declaraciones refundidas en una resolución única.»[16] Quedan un tanto en el enigma, o más bien, faltos de argumentación suficiente estos dos extremos: si la Ley para la Reforma política mantiene o deroga el régimen inmediatamente anterior; y si la coparticipación habría de actuar a través de un derecho de veto (que es el tradicional) o mediante un derecho de reenvío (que era lo establecido en la legislación inmediatamente anterior).

Para pronunciarse acerca de este problema es indispensable puntualizar la eficacia derogatoria de la Ley para la Reforma política, primera de las comprendidas en la cláusula derogatoria de la Constitución, en la que aparecen después derogadas todas las demás leyes fundamentales, sometidas a la hipótesis condicional de que quedan derogadas en tanto en cuanto no lo estuvieran ya. He aquí uno de los casos en que, como antes apuntamos, no basta con saber que hay derogación, sino que es preciso concretar la procedencia. Si la derogación del régimen de sanción anterior procediera de la Constitución, podría mantenerse la tesis de González Navarro; pero no en el sentido de que lo dispuesto por la Ley para la Reforma política pudiera estimarse equivalente al ejercicio compartido de la potestad legislativa con derecho de veto del Rey, con arreglo a la fórmula de la Constitución de 1876, sino en el sentido de que, subsistiendo el régimen legal inmediatamente anterior, estaba asistido el Rey del derecho de devolución o reenvío. Por el contrario, si la derogación procede de la Ley para la Reforma política, habrá de estarse tan sólo a lo dispuesto por la misma. Tema central es, por tanto, el de la derogación o no del régimen anterior por la nueva Ley. Y nuestro criterio es el de que hubo derogación en cuanto al significado de la facultad sancionadora. Dicho en términos más precisos: la Ley para la Reforma política, por el espíritu democrático en que se inspiraba y tendió a realizar, así como por la forma de configurar el origen de la ley,

16. Ob. cit., p. 177.

su proceso formativo y las atribuciones del Monarca, introdujo un régimen jurídico incompatible con el precedente.

En efecto, si la democracia descansa en la supremacía de la ley y ésta es expresión de la voluntad soberana del pueblo, no parece posible incorporar a la Ley, como elemento constitutivo de la misma, la codecisión del Monarca. Si a la sanción se le diera ese significado estaríamos entendiendo la Ley de manera distinta a como es definida. La sanción es un requisito para la eficacia de la ley. Sin él no puede regir como tal. Sin incorporarse a la ley en sí misma, la complementa. Entre la formación de la ley, que corresponde a las Cortes, y su entrada en vigor hay un *iter* en el que se encuentran la sanción y la promulgación. La sanción inviste a la ley de la *auctoritas regia*; pero esa investidura o revestimiento consiste en un acto solemne, emanado de quien, como luego vendría a decir la Constitución, es símbolo del Estado. Ahora bien, se trata de un acto que, conforme a la terminología civilista, ha de considerarse como debido. Exponente de la autoridad, no lo es de la potestad; por eso debe hacerlo y no puede, motivada ni inmotivadamente, omitirlo.

Si esto ya resulta así del modo como configura la ley el art. 1,1 de la Ley para la Reforma política, de ella surgen otros argumentos, si no tan sustanciales, muy directos o específicativos. El texto completo del apartado 2 del mismo artículo es el siguiente: «La potestad de elaborar y aprobar las leyes reside en las Cortes.» Luego en las Cortes se produce, forma y concluye todo el ciclo volitivo que precede a la ley y conduce a ella. La elaboración supone la concurrencia de voluntades gradualmente expresadas en el curso formativo, con la intervención de una y otra Cámara, conforme al régimen de mayorías predeterminado, y con la intervención, en su caso, de la Comisión Mixta. La aprobación implica la existencia de una voluntad final suficiente para que haya ley, emitida por los mismos órganos legislativos. Decir que la potestad de elaborar y aprobar las leyes reside en las Cortes, equivale a decir que corresponde a éstas la función legislativa. Luego la intervención regia en el acto de sancionar la ley no puede consistir en sumar o añadir otra voluntad. No es tampoco una aceptación. Es tan sólo una constatación u homologación.

La fórmula utilizada por la Ley para la Reforma política guarda marcada similitud con la de la Constitución de 1869, que luego de proclamar que la soberanía «reside esencialmente en la nación de la que emanan todos los poderes» (art. 32), establece con lógica coherencia: «La potestad de hacer las leyes reside en las Cortes. El Rey sanciona y promulga las leyes.» Hay, pues, coincidencia, aunque se aprecien diferencias de matices. Estas diferencias no perturban la interpretación propugnada. Si conforme a la Constitución de 1869 resulta claro que la sanción regia no significa codecisión, lo mismo ocurre en la Ley para la Reforma política. Incluso, ésta es más concluyente. Porque la Constitución de 1869 utiliza un «esencialmente», al proclamar la soberanía de la nación, que tiene cierta connotación limitativa, mientras la Ley de 1977, de manera absoluta, sin atenuaciones ni desvíos, ve en la ley «la voluntad soberana del pueblo». El Rey es el Rey o el Monarca, no el Soberano de la Monarquía absoluta, que encarnaba la soberanía. El proceso de acoplamiento de la Monarquía a las nuevas circunstancias históricas ha venido determinado por su acomodación a la soberanía del pueblo y al régimen parlamentario. En la Monarquía absoluta el Rey es titular de la soberanía; en la Monarquía constitucional, la soberanía la encarna la nación, la ejerce el Estado, y al Rey incumbe una función moderadora; tiene una participación más o menos acusada en la ley, bien mediante el reconocimiento de iniciativa legislativa o bien a través de un derecho de veto (a veces ambas cosas) en la sanción de las leyes, lo que explica la fórmula tradicional que atribuye la función legislativa a las Cortes con el Rey. La Monarquía parlamentaria es un paso más: la soberanía reside en el pueblo y la función legislativa en las Cortes. Del Rey, definido por su poder traducido en prerrogativas, se pasa al Rey definido por sus deberes ejercidos en forma de funciones, entre las que resalta, *ad intra*, la arbitral o moderadora, y *ad extra*, la representativa. La Ley para la Reforma política anticipa lo que luego desarrollaría la Constitución.

En contra de lo sustentado no es argumento sólido considerar que si se hubiera atribuido a las Cortes la función de «hacer las leyes» —que es la expresión verbal utilizada por la Constitución de 1869— se habría introducido en el «hacer» incluso la sanción y habría quedado excluida toda coparticipación, mientras que, por el contrario, sustituyendo «hacer» por «elaborar y aprobar las leyes», queda a salvo la coparticipación del Monarca, con lo que, si bien utilizando otras palabras, subsistiría la fórmula tradicional de que las leyes las hacen las Cortes con el Rey. No acierto a comprender que las expresiones «elaborar y aprobar» prediquen de las Cortes un cometido menos atributivo o de entidad inferior a la de «hacer...» Pienso que el genérico «hacer», como expresión de cualquier clase de actividad, se concreta, en la actividad concerniente a las leyes, en elaborarlas y aprobarlas. Si digo que «el panadero hace el pan», estoy designando todas las operaciones de elaboración y terminación requeridas para que el pan exista; no comprendo cómo puede quedar fuera, por ejemplo, la operación de cocerle. Lo mismo ocurre con las leyes: *elaborarlas* y *aprobarlas* equivale a describir la actividad de hacerlas con el uso de los términos en que consiste específicamente la actividad desarrollada. Siempre que el «hacer» va referido a un objeto determinado, como son las leyes o el pan, el «hacer» no se toma sólo como comportamiento, sino que comprende también el resultado. El «hacer» concluye con lo hecho, más aún cuando viene descrito, referido a las leyes, mediante una expresión tan determinativa de lo hecho como la de «aprobar» las leyes. Consiguientemente, como las leyes ya están aprobadas cuando se sancionan, la sanción no es incorporable al acto de hacerlas ni al de aprobarlas. Luego quien admita que la potestad de «hacer» las leyes por las Cortes significa reconocerles esta función, no puede sostener cosa distinta cuando el enunciado normativo es el de que «tienen la potestad de elaborar y aprobar las leyes». Por tanto, la similitud entre la Ley para la Reforma política y la Constitución de 1869 sigue siendo argumento válido, aunque la Ley no utilice la expresión «hacer». Prescindiendo del antecedente histórico, hay que sostener lo mismo a la vista del terminante texto legal.

La verdad es, por otra parte, que a tenor de las formulaciones constitucionales en que la potestad de hacer las leyes reside en las Cortes con el Rey, éste no interviene con verdadera y propia coparticipación o codecisión. Lo frecuente ha sido reconocer al Jefe del Estado el derecho de veto o el de reenvío por virtud de los cuales la sanción es denegable con efectos suspensivos o impeditivos. Utilizando categorías del derecho civil, la sanción significa el asentimiento prestado a un acuerdo previamente formado, con lo que éste adquiriría validez y/o eficacia definitivas. Si la sanción es requisito de la validez o sólo de la eficacia, depende de las consecuencias jurídicas que se produzcan con el ejercicio del derecho de denegación. De tener éste un carácter obstativo definitivo, la sanción funcionará como requisito de eficacia, de igual modo que actúan en el negocio jurídico la condición o el término suspensivos. En cualquier caso, y aun en la hipótesis de que la sanción sea configurable como requisito de validez, sin el cual falta la ley, tal requisito, aun teniendo valor constitutivo, no opera en el mismo plano en que actúa el órgano parlamentario legislativo. El Jefe del Estado no coparticipa en la elaboración ni siquiera en la aprobación de la ley. El contenido de la ley no es uno u otro en virtud de una declaración de voluntad expresada en el acto de formación por el Jefe del Estado. Éste se encuentra con un acto volitivo ya formado y concluido, aunque no completo, al que presta su conformidad o al que se opone con uno y otro alcance, según cual sea el derecho de denegación que le asista.

Como la intervención del órgano parlamentario y la del Jefe

del Estado no tienen el carácter de una coparticipación o codecisión en un sentido técnico-jurídico riguroso, por cuanto la intervención del Jefe del Estado consiste en otorgar o denegar la sanción (con efectos definitivos o suspensivos o mediante reenvío), el problema a plantear es si, conforme a la Ley de 1977, la sanción era un acto potestativo, con función de asentir o disentir, o un acto debido. Lo que en modo alguno cabe sostener es la codecisión; primero, porque ni aun en las Constituciones que la enunciaron actuaba como tal, sino a través del valor atribuido a la sanción; y segundo, porque la Ley de 1977 ni siquiera en términos formales alude a lo que semántica ni jurídicamente (es decir, según la semántica del lenguaje común y la del lenguaje especializado) pueda tener el valor de codecisión. Todo depende de cómo se configure la sanción y ésta depende, en su significado normativo, de que sea otorgable o denegable. Pues bien, la Ley de 1977, inmediatamente después de atribuir a las Cortes la potestad de elaborar y aprobar las leyes, dice —repitiendo la mención del sujeto— que «el Rey sanciona y promulga las leyes». Ahí termina la regulación de la materia. A nivel textual no hay ningún reconocimiento expreso o implícito de un derecho de veto o reenvío, ni tampoco aparece enunciada la sanción en términos que permitieran sobreentenderlo.

¿El silencio es norma o es laguna? De ser norma, la conclusión es muy sencilla: la sanción se otorga, mas no es denegable; porque se otorga, y ha de otorgarse en cuanto no es denegable, funciona, pues, como requisito de eficacia de la ley, no con valor constitutivo o formativo, ni tampoco con valor impeditivo o limitativo, a diferencia de lo que ocurre cuando existe la posibilidad de la denegación; es un *iter* necesario para llegar a la promulgación y a la entrada en vigor de la ley. El paralelismo con la Constitución de 1869 vuelve a ser un elemento aprovechable, incluso con el específico valor hermenéutico que asigna a los antecedentes históricos y legislativos el Código Civil. Así como en la Constitución de 1869 el reconocimiento de la soberanía nacional y la atribución a las Cortes de la potestad legislativa determinó la inexistencia de un derecho a denegar la sanción, así también, en correspondencia lógico-histórica, ocurre en la Ley de 1977.

El elemento interpretativo histórico es utilizable en otra vertiente. La mayoría de las Constituciones del siglo XIX que distribuyeron la potestad de hacer las leyes entre las Cortes y el Rey, configuraron un derecho de veto; y la Constitución de 1931, que proclamó la potestad legislativa del pueblo ejercida por las Cortes o Congreso de los Diputados (art. 51) y encomendó la sanción de las leyes al Congreso, para atribuir al Presidente de la República sólo la promulgación de las leyes sancionadas por el Congreso, confirió no obstante al Presidente el derecho a pedir al Congreso nueva deliberación, que si terminaba con la aprobación por una mayoría de los dos tercios de los votantes, obligaba al Presidente a la promulgación (art. 83). Luego, faltando, como faltaba en la Ley de 1977 la llamada potestad legislativa compartida y faltando, también, en todo caso, la mención de un derecho obstativo de la sanción, parece oportuno concluir que el silencio es norma y no laguna.

Para argumentar no he utilizado algunos socorridos tópicos o brocardos como *expresio unus exclusio alterus* o donde la ley no distingue no hay que distinguir. Sería fácil sostener que como la Ley de 1977, al regular la sanción, nada dispone acerca de que pueda omitirse mediante un derecho de veto o de otra forma, es evidente su carácter de ineludible. Pero estos y otros argumentos dejan un tanto perplejo por su simplicidad. Cuando decimos que si la ley hubiera querido esto o lo otro lo habría dicho expresamente, estamos negando gran parte del cometido del jurista. El sentido de una norma no deriva exclusivamente de lo dicho por ella, sino del conjunto del ordenamiento, de su espíritu y de sus fines. Por eso, al ocuparme del silencio sobre el derecho a oponerse a la sanción, no me he limitado a sostener: puesto que la Ley calla, falta la norma reguladora. He tratado, en consecuencia, de justificar el silencio y de encontrar en el ordenamiento criterios de los que resulta la interpretación dada a la sanción. Por eso, para apurar la argumentación, admito ahora que, en lugar de representar el silencio la falta de norma o como una norma de la que no forma parte la posibilidad de oponerse a la sanción, cupiera admitir la posibilidad de una laguna. Pero bien entendido, la laguna concebida como hipótesis, que es como en rigor debe funcionar siempre.

El concepto de laguna no es muy preciso. En rigor, sólo se da cuando, considerando la totalidad del ordenamiento, sigue observándose la falta de una previsión normativa que es necesario corregir mediante el procedimiento de la analogía. Si la falta del sentido inquirido se da en una norma o en una parte del ordenamiento, pero no ocurre otro tanto acudiendo a las fuentes subsidiarias o al derecho supletorio, propiamente no hay laguna, por lo menos con el significado de laguna del derecho, pues tan sólo ocurre que es más complicado el mecanismo de la determinación y el conocimiento de la norma. No es infrecuente, sin embargo, llamar laguna simplemente a la falta de expresión de la norma.

En definitiva, dada, por una parte, la fuerza expansiva del término laguna y, por otra parte, su propensión a la anfibología, basta con establecer lo siguiente: el silencio de la Ley de 1977 no es suficiente para inferir de él que la sanción no puede ser denegada o suspendida. ¿Por dónde hacer llegar entonces la norma reguladora? En razón de lo anteriormente argumentado, es claro que no puede proceder del método de la interpretación histórica. El único camino posible sería entender subsistente el régimen de sanción de la ley por el Jefe del Estado en la legalidad anterior y, en concreto, el artículo 17 de la Ley Constitutiva de las Cortes, según el cual «el Jefe del Estado, mediante mensaje motivado y previo dictamen favorable del Consejo del Reino, podrá devolver una Ley a las Cortes para nueva deliberación», en relación con el art. 10 b) de la Ley Orgánica del Estado que se refiere a la misma facultad. Consiguientemente, la cuestión clave radica en la eficacia derogatoria de la Ley de 1977 respecto de «todo aquello que en la nueva ley, sobre la misma materia, sea incompatible con la anterior», según dispone el art. 2,2 del Código Civil, que es la norma reguladora de la de la derogación tácita o por incompatibilidad al faltar cláusula derogatoria expresa. Ya han quedado expuestos, tanto el concepto de la derogación como los argumentos principales por los que ha de estimarse derogado el régimen inmediatamente anterior de la sanción. Los resumo y puntualizo ahora, advirtiendo que, si bien la derogación emanada de la Ley de 1977 no tuvo un alcance total, ya que ella misma se remite en algunas ocasiones al ordenamiento precedente, sí alcanza a la sanción y a sus presupuestos, por las siguientes razones:

1.º Existe identidad de materia desde el punto de vista de lo que es objeto de regulación —lo que, según la dogmática, suele denominarse supuesto de hecho—, mientras difiere y es incompatible el contenido, regulador. La sanción, en cuanto acto, es el objeto o el supuesto determinante de que la materia sea la misma, y el modo de ser configurada normativamente, tanto en sí como en el conjunto de la ordenación, es lo que se manifiesta como diferente e incompatible. Como la norma no ha de ser considerada aisladamente a los efectos de entenderla —y la norma es siempre el resultado de la comprensión de su sentido—, aunque el objeto o supuesto que suscita el problema esté constituido por la sanción y aunque la ordenación correspondiente a ella sea la que planteamos como tema de la derogación, se hace indispensable ponderar también sus presupuestos y correlaciones.

2.º Es evidente la contradicción que existe entre el sistema de la democracia orgánica —en el cual la soberanía, sin expresa determinación de su origen ni de su titular, se consideraba ejercida por el Estado a través de sus órganos adecuados (art. 1, II de la Ley Orgánica del Estado), entre ellos el Jefe del Estado, al que se atribuía el ejercicio del poder político supremo (art. 6 de la misma Ley), contemplándose sólo al pueblo español a través de su participación en las Cortes (art. 1 de la Ley Constitutiva)— y el sistema de la democracia, acogido, aunque no suficientemente desarrollado, por la Ley para la Reforma política, en el que queda completamente identificada la soberanía con la voluntad del pueblo (art. 1 de la Ley de 1977), con el consiguiente reflejo en el diferente modo de entender la ley, por lo cual es perfectamente comprensible que la incompatibilidad, tan claramente puesta de manifiesto en el sistema político, en la soberanía y en la ley, alcance también a la configuración de la sanción.

3.º Por lo que, en concreto, se refiere a la sanción, también se aprecia incompatibilidad entre una y otra regulación, ya que, pese a la ambigüedad que, según hemos apuntado, es generalmente imputable a la expresión «sin perjuicio», cuando el artículo 1 de la Ley Constitutiva de las Cortes atribuye la elaboración y aprobación de las Leyes a las Cortes —aparte de la diferencia que existe entre las Cortes orgánicas y las democráticas—, al establecer ese cometido «sin perjuicio de la sanción del Jefe del Estado», está condicionando con la sanción —invocada por sí sola, separadamente de la promulgación— el propio acto de formación o creación de la Ley. Diversamente, la Ley para la Reforma política no condiciona el acto creador de la ley a la sanción, ya que ésta y la promulgación —mencionadas conjuntamente— aparecen simplemente yuxtapuestas a la creación de la ley, atribuida plenamente a las Cortes. Aprobada la ley, no se introduce en ésta con la sanción ningún requisito que la concierna intrínsecamente, por lo que no hay violencia alguna en afirmar la incompatibilidad determinante de la primacía del nuevo régimen y la derogación del precedente.

4.º En la Ley para la Reforma política la proyección de las funciones del Rey en relación con las Cortes está expresamente configurada en los siguientes términos: nombramiento del Presidente de las Cortes (art. 2,6), designación de un número limitado de senadores (art. 2,3) y posibilidad de un referéndum facultativo sobre una opción política de interés nacional que si determinara una decisión no acatada por las Cortes, éstas quedarían disueltas, convocándose de nuevo elecciones. Por la importancia y la delicadeza de la materia en sí misma considerada y más todavía en una situación de tránsito, esta regulación hay que reputarla exhaustiva. Por tanto, tratándose de una regulación completa de las relaciones de los actos del Rey respecto de las Cortes, no podría considerársele asistido del derecho a devolver a las Cortes una Ley, mediante mensaje motivado y previo informe favorable del Consejo del Reino para nueva deliberación (art. 17 de la Ley Constitutiva de las Cortes). Esta potestad o prerrogativa del Jefe del Estado quedó derogada no sólo porque las diferencias entre uno y otro sistema político generan las incompatibilidades que hemos examinado, sino también porque la posibilidad de dirigirse el Rey a las Cortes para someter de nuevo a deliberación una Ley disuena o es incompatible con la regulación de las relaciones del Rey con las Cortes contenida en la Ley para la Reforma política.

(No estoy escribiendo mis memorias. Pero debo decir como testimonio de la experiencia vivida que en ningún momento se planteó el Rey el problema de si podía disentir o no en el acto de la sanción. Respetó en todo momento el proceso parlamentario de elaboración de las leyes y de la Constitución, aun en extremos que le afectaban muy directamente. Fue el primer convencido de que él recibía unas leyes que eran reflejo de la voluntad soberana del pueblo. En algunas ocasiones facilitó cuanto pudo la sanción y promulgación. Una noche, a la llegada de un largo viaje, firmó en el aeropuerto de Barajas una ley importante. Sólo comentó, al mirar la fecha, que era la festividad de Santa Teresa.)

C) *La promulgación y la sanción en las normas constitucionales.* La Constitución de 1978 regula la sanción y promulgación de las leyes con un criterio similar al que sustentamos respecto de la Ley para la Reforma política. El art. 62, al enunciar las atribuciones del Rey, menciona en primer término «sancionar y promulgar las leyes». El art. 91 dispone: «El Rey sancionará en el plazo de quince días las leyes aprobadas por las Cortes Generales, y las promulgará y ordenará su inmediata publicación.» El establecimiento de un plazo para la sanción es la novedad más ostensible. La variación consiste en que la Ley de 1977 no estableció plazo alguno, mientras la legalidad anterior (art. 16 de la Ley Constitutiva de las Cortes) fijaba el de un mes. La sanción, según los preceptos constitucionales vigentes, es un acto, a la vez solemne y debido, necesario para que las leyes desplieguen eficacia, pero al que no es posible oponerse. Ahora bien, ¿cabría sostener que las expresiones «sancionará» y «promulgará», utilizadas por el art. 91 de la Constitución, subrayan la imperatividad del acto, ausente en las expresiones «sanciona y promulga» de que se sirvió la Ley para la Reforma política? El derecho, en su conjunto, es prescripción y por eso se le considera imperativo y no descriptivo. La ciencia trata descriptivamente las prescripciones. Pero prescripción, mandato e imperatividad son designaciones genéricas referidas al conjunto del ordenamiento. No todas las normas son prescriptivas; las hay meramente dispositivas y las hay también descriptivas. Por ejemplo, todos los enunciados del artículo 334 del

Código Civil, a partir del que dice: «son bienes muebles», lingüísticamente son descriptivos; si bien la descripción se transforma en prescripción en virtud del «deber ser» que dota de sentido al derecho. Lo que, por otra parte, no significa que todo «deber ser» imponga una prescripción. Modernamente se ha generalizado la utilización de los verbos en futuro, de lo que ofrece frecuentes ejemplos la Constitución, y hay cierta inclinación a considerar que el futuro verbal es prescriptivo o más prescriptivo que el presente. Casi me atrevo a creer que esta inclinación ha estado presente en el legislador constitucional cuando reemplazó «sanciona y promulga» por «sancionará» y «promulgará». En rigor, no es así. El tiempo de futuro no es de suyo imperativo. Si digo «esta tarde vendrá Antonio», en lugar de «esta tarde viene Antonio», en ninguna de las hipótesis estoy enunciando el mandato de que venga y en cualquiera de ellas es posible, mas no seguro, que venga. El lenguaje jurídico tiene que acudir a matizaciones muy diversas para dar o no un significado imperativo a las normas, y es cierto, incluso a la vista del Código Civil, tan correcto gramaticalmente, que en el futuro tienden a alojarse con preferencia las normas impositivas de un mandato o de una prohibición. Me parece atinada la siguiente observación de Roberto José Vernengo: «No hay ninguna característica gramatical exclusiva que permita distinguir en castellano un enunciado normativo del que no lo es: las normas pueden expresarse bajo la forma de oraciones imperativas, o de oraciones indicativas, etc. Formalmente el sentido normativo de esos enunciados puede traducirse mediante un modalizador deóntico acoplado al enunciado indicativo, como en el caso de op.»[17] Lo que ya no comparto es que el esquema simbólico op., siendo siempre prescriptivo, pueda considerarse «como el paradigma definitorio de una expresión normativa»,[18] porque, insisto, las expresiones normativas no son necesariamente prescriptivas, y de ahí el problema que, a mi juicio, se le plantea a la lógica deóntica. De todas maneras, en la Constitución, por la determinación temporal establecida para la sanción, queda enmarcada necesariamente la acción en el futuro, por lo que es correcto el tiempo verbal utilizado, aparte de que el deber de sancionar. (imperatividad de la norma) se infiere del plazo. Con estas reflexiones únicamente trato de dejar claro que el empleo de tiempos verbales distintos por la Ley para la Reforma política y por la Constitución no es argumento válido para sostener que la sanción tenga uno u otro alcance. Puesto que ni una ni otra confieren un derecho

17. Cfr. Vernengo, *Curso de Teoría general del derecho*, Cooperadora de Derecho y ciencias sociales, Buenos Aires, 1976, p. 60.
18. Ob. y p. cits.

de veto o de reenvío, falta la posibilidad de discrepar, por lo que constituye un acto debido.

D) Normas de procedimiento y en particular la reforma constitucional. La diferencia entre normas organizativas y de procedimiento es relativa y convencional. Unas y otras están estrechamente relacionadas. Por normas organizativas entendemos las referidas a los órganos que, sin embargo, no pueden considerarse sin tener en cuenta sus funciones. Normas de procedimiento son las ordenadoras del modo de actuar con vistas a un fin determinado. En la Ley para la Reforma política falta, como es comprensible por su limitado alcance normativo, una regulación concerniente a los distintos órganos del Estado. El Gobierno sólo se menciona en dos ocasiones. La Administración y los Tribunales de Justicia ni siquiera son aludidos. Toda la reforma está montada sobre las Cortes y el Rey. El Parlamento ofrece una configuración completamente distinta. En rigor, fue establecido o restablecido.

Siendo el Parlamento el órgano respecto del que se producía una más radical transformación y al que se le hacía soporte de la reforma a introducir, a él se refieren principalmente las normas de procedimiento. Éstas se encuentran en los artículos 3 y 4. Mientras el contenido de este último no desborda el procedimiento en sentido estricto, el art. 3 tiene un alcance superior. Materia del precepto es la «reforma constitucional». Aquí es donde la Ley tiene ese carácter instrumental que se le ha atribuido con excesiva generalidad. Sin duda alguna, la Ley de 1977, desde su entrada en vigor, conmovió profundamente el anterior sistema y colocó algunas de las piedras, importantes pero aisladas, de un nuevo sistema político; si bien éste no quedaba definitivamente establecido. Había que abrir una vía para llegar a él. Y tal vía fue la de la «reforma constitucional». El sólo empleo de esta expresión demuestra que los oportunismos políticos se sobrepusieron a los dogmas jurídicos y a la precisión conceptual. Si un civilista viera llamar reforma tutelar a la introducción de esta institución en un Código que careciese de ella o que se denominase reforma del Código civil al paso de un derecho no codificado a otro codificado, se quedaría perplejo. Por el contrario, allí donde la política bulle impulsada por los fines y las contingencias, el rigor de los conceptos se quiebra sin causar demasiadas alarmas. Por eso, aunque sorprenda y técnicamente parezca insólito, en el orden político (que en no pocas ocasiones involucra el desorden conceptual) llega a explicarse que se llamara «reforma constitucional» a un cambio legislativo y político a introducir en un país que carecía de Constitución, porque no la tenía escrita en forma de Código (que es el modelo erigido en prototípico) ni consuetudinaria, ni aun con gran amplitud de criterio podían considerarse —ni llegaron a considerarse como constitucionales— las leyes fundamentales.

La palabra y la necesidad de la «reforma» se habían incorporado al lenguaje común dentro del sistema vigente. No producía gran alarma a los partidarios de la continuidad. Sin colmar las aspiraciones de quienes de modo resuelto eran contrarios al continuismo, algo se les ofrecía superior a la nada del inmovilismo. La reforma constitucional, contemplada desde uno u otro punto de vista, podía tener un espectro amplio y aun contradictorio. Podía ir desde la simple modificación de la legalidad vigente hasta la elaboración de una Constitución. Únicamente quedaba excluido el significado más preciso, que es el de la modificación de una Constitución previamente establecida, porque tal Constitución faltaba. El lenguaje es muy rico y está lleno de matices connotativos que alteran los significados procedentes de las estrictas reglas gramaticales. Para una semántica basada sólo en la gramaticalidad, la «reforma constitucional» equivale a la «reforma de la Constitución». En uno y otro caso el sujeto del que se predica la reforma es la «Constitución», aunque en un enunciado aparezca el sustantivo «Constitución» y en el otro se le reemplace por el adjetivo «constitucional»; pero el adjetivo es un derivado del sustantivo que, según el significado del diccionario, quiere decir perteneciente o relativo a la «Constitución». Luego a tenor de la gramática y el diccionario, estamos diciendo lo mismo con uno y otro enunciado. La verdad es, sin embargo, que la Ley para la Reforma política hubo de decir «reforma constitucional» porque en el uso del lenguaje y en el contexto en que se producía, lo constitucional perdía su estricta vinculación a una Constitución precedente para verla más en el anhelo. Aun con audacia no podía decirse «reforma de la Constitución», porque el sustantivo en función de sujeto tiene menos fluidez, y entonces la «reforma» así designada exige una Constitución previa o presupuesta como punto de partida.

En una ocasión el artículo 3 dice «reforma constitucional», en otra «cualquier reforma constitucional» y en una tercera «Ley de reforma constitucional». Los dos primeros giros contemplan la reforma en su inicio, en período de elaboración parlamentaria. «Cualquier reforma constitucional» tiene, a mi juicio, dos funciones significativas. Una es la de dejar claro que toda clase de reforma, con independencia de su entidad, quedaba atenida al procedimiento establecido; y otra es la de que la reforma, además de permitir un contenido muy diferente, podía efectuarse en una o varias veces. La «Ley de reforma constitucional» es la designación atribuida al texto de la reforma procedente de las Cortes que había de someterse a referéndum. La Ley de 1977, por tanto, contemplaba como resultado de la reforma una «Ley»; no una Constitución.

a) Peculiaridad de la reforma. El procedimiento de «reforma constitucional» configurado por la Ley de 1977 tiene características peculiares que rompen con los moldes clásicos. No se trataba de cumplir una cláusula de reforma procedente del ordenamiento anterior, sino que ese ordenamiento —sin haber culminado en una Constitución— hubo de ser modificado o «reformado» él mismo para hacer posible la ulterior reforma. Podría hablarse, por tanto, de «la reforma para la reforma», con lo que, en orden al tiempo, hay una reforma previa o preparatoria de la subsiguiente. Por eso las categorías clásicas en el derecho constitucional, como la distinción entre *reforma* y *mutación constitucional* y la de Constituciones *flexibles* y *rígidas* (según la facilidad o la dificultad de la reforma) no son plenamente válidas para integrar nuestro caso, aun cuando sirvan como criterios de orientación y de contraste. Loewenstein, siguiendo a Jellinek, formula muy claramente las notas diferenciales entre reforma *(Verfassungsänderung)* y mutación *(Verfassungswandlung)*.[19] Describe así la reforma en sentido material: «La técnica por medio de la cual se modifica el texto tal como existe en el momento de realizar el cambio de la Constitución. En este sentido es —o, por lo menos, debe de serlo cada vez— modificación del texto constitucional. En la mayor parte de las Constituciones, las disposiciones a este respecto se encuentran al final del documento.» En cuanto a la reforma en sentido material, escribe: «Es el resultado del procedimiento de enmienda constitucional, esto es, el objeto a que dicho procedimiento se refiere o se ha referido.» Advierte luego que «en el proceso de la reforma constitucional participan de una forma determinada los detentadores del poder previstos por la Constitución misma para este caso». Y por último, dice Loewenstein: «En la *mutación constitucional...* se produce una transformación en la realidad de la configuración del poder político, de la estructura social o del equilibrio de intereses, sin que quede actualizada dicha transformación en el documento constitucional: el texto de la Constitución permanece intacto. Este tipo de mutaciones constitucionales se da en todos los Estados dotados de una Constitución escrita y son mucho más frecuentes que las reformas constitucionales formales. Su frecuencia e intensidad es de tal orden que el texto constitucional en vigor será dominado y cubierto por muchas mutaciones,

19. Cfr. Karl Loewenstein, *Teoría de la Constitución,* traducción y estudio sobre la obra de Alfredo Gallego Anabitarte, Ed. Ariel, Barcelona, Caracas, México, 1979, pp. 162 y ss. Respecto de la traducción de las expresiones alemanas, es de interés la nota explicativa de Gallego Anabitarte, pp. 164-165.

sufriendo un considerable alejamiento de la realidad o puesto fuera de vigor.» [20]

A mi juicio, ni el concepto o categoría de reforma ni el de mutación constitucional sirven para alojar por entero el cambio político español. Contemplado en o desde la Ley de 1977, hay una reforma sujeta a un procedimiento que tuvo esa finalidad; pero con las variantes ya apuntadas, de que la reforma no surge de lo prevenido en un ordenamiento constitucional del que propiamente carecíamos, sino de una modificación de este ordenamiento para, reformado, llevar a cabo otra reforma; y con la variante también de que el resultado material de la reforma no consistió en introducir enmiendas, alteraciones o modificaciones en un texto constitucional existente. En primer término, porque carecíamos de ese texto constitucional; formalmente no lo era y materialmente no podía considerarse equivalente. Y en segundo término porque, aunque el conjunto de las Leyes fundamentales hubiéramos de considerarlo, pese a todo, como un texto constitucional, pienso que una reforma llevada a cabo conforme al procedimiento establecido por el art. 3, difícilmente podría haber desembocado en la actualización o en la enmienda de aquellas leyes. Si la reforma había de tener como presupuesto —y esto era legalmente necesario— la configuración del poder, el Estado, la Ley y el Parlamento, atenidos al patrón de la democracia y del sufragio universal, tal y como establecieron los arts. 1 y 2 de la propia Ley, resultaba por completo imposible condensar la reforma en alteraciones o enmiendas a introducir en los textos legales precedentes. Una reforma de esta clase es la que supuso en su día la Ley Orgánica del Estado de 16 de abril de 1967, determinante de alteraciones en las demás leyes fundamentales. Pero éste no era el sentido del cambio procedente de la Ley de 1977. Algunos sustentaron el criterio de que de la Ley para la Reforma política no podía derivarse una Constitución y que su advenimiento fue *praeter legem* e incluso *contra legem*, por la presión política de unos partidos aliada a la condescendencia o la comprensión de otros y con escasa rivalidad neutralizadora. Efectivamente, este fenómeno se dio. No obstante, pienso que no había la posibilidad legal y técnica de introducir la reforma en los textos precedentes. Pudo no atenerse a la forma de la Constitución codificada el ordenamiento resultante. Cabría haber hecho unas Leyes constitucionales en escalas sucesivas, como en alguna ocasión se pensó. Más difícil habría sido elaborar una «Ley de reforma constitucional», según la denominación utilizada por el propio legislador. En cualquier caso no habría sido

20. Loewenstein, ob. cit., pp. 164-165.

real, ni legalmente pertinente, dejar todo reducido a una corrección e intercalado de textos.

Si, por lo expuesto, el concepto de la reforma constitucional se desborda, el de la *mutación*, sin dejar de ser utilizable, tampoco es suficientemente explicativo. Lucas Verdú se sirve de él. A tal fin tiene que atemperarle con algunas matizaciones correctoras de la rigidez con que es formulado por Jellinek, recogidas luego por Loewestein. La tesis, observa Lucas Verdú, «de que la *Verfassungswandlung* deja intacto el texto constitucional y se produce por hechos que no tienen intencionalidad, ni conciencia de que tenga que deducirse tal mutación, parece —como señala Hsü Dan-Lin— excesivamente formalista, porque, en el fondo, se trata de un cambio de acento y de valoración de las normas afectadas».[21] Esto le lleva a sostener al profesor Lucas Verdú que el «cambio político español ha sido una auténtica transformación constitucional *(Verfassungswandlung)* con conciencia de los hechos que la provocaron».

Desde luego que si por mutación se entendiera el cambio no reflejado en el texto ni en la intencionalidad, el concepto resultaría poco expresivo para explicar el cambio político español. En todo caso habría que referirlo a un tiempo anterior en el que, sin un preconcebido propósito transformador, se apreciaba una falta de correspondencia entre la configuración legal y la realidad de los hechos. Pero, por otra parte, pienso que si utilizamos un concepto de la mutación totalmente proyectado en los textos, de algún modo el concepto se empobrece y deja fuera de sí realidades y comportamientos que, al menos en el momento en que se producían, no llegaron a tener alojamiento en el texto legal correspondiente. Si contemplamos el cambio desde la perspectiva de la Ley de 1977, se nos muestra como una reforma peculiar y desbordada; más que una reforma. Ahora bien, ese más no está constituido exclusivamente porque la reforma, dados los propios presupuestos normativos en que se basaba, fuera profunda. Aparece también en el área de la mutación todavía no acogida en un texto constitucional. Me refiero especialmente al período comprendido entre las elecciones de 15 de junio de 1977 y la promulgación de la Constitución de 27 de diciembre de 1978. ¿Qué ocurrió entonces? La legalidad era imprecisa; la vieja, por inadecuada; la nueva, por sólo elaborada en una mínima parte. Los hechos iban por delante de las normas. Hubo que adoptar actitudes, criterios y decisiones sin un respaldo normativo cierto. Un jurista estricto advertiría claras inaplicaciones o disimulados olvidos. La acción

21. Cfr. Pablo Lucas Verdú, ob. cit., p. 23.

política imponía urgencias necesitadas de ser atendidas. Hemos llegado de tal modo a la mitificación de la ley, que identificamos con ella todo derecho posible. Más adelante me ocuparé de este problema. Ahora quiero anticipar tan sólo que el vacío legal, o su contrario, la concurrencia de leyes de incierta compatibilidad, no se traducía necesariamente en la completa ausencia del derecho. Es excesivo el reduccionismo que contrapone los hechos y las leyes. Hay una fluidez jurídica que enlaza la vida social con unos valores culturales de los que nunca están ausentes algunos criterios básicos como son los principios generales del derecho y la moral social.

b) *Los criterios de la flexibilidad y la rigidez constitucional y su aplicación.* La distinción entre Constituciones *flexibles* y *rígidas*, en razón de cómo sea el procedimiento para la modificación constitucional, presupone que la propia Constitución contenga normas reguladoras para su reforma. Como ya hemos dicho, esto no ocurre estrictamente así en nuestro caso por cuanto se parte de una Ley específicamente elaborada para llevar a cabo la reforma. No obstante, son aplicables tales categorías o criterios, si no a una Constitución previa, sí al ordenamiento regulador de la reforma. Se considera que las Constituciones son flexibles en cuanto sus posibilidades de variación quedan atenidas al mismo tratamiento que las leyes ordinarias de las que sólo se diferencian por razón de la materia; o bien, en términos más limitados, una Constitución elaborada conforme a un procedimiento especial, como el de las mayorías cualificadas u otro cualquiera, no requiere atenerse a igual procedimiento para su reforma. Indiscutiblemente, prepondera la rigidez constitucional basada en hacer rigurosa y, por tanto, difícil la reforma, pese a las críticas que ha suscitado, por cuanto tiende a inmovilizar lo establecido en un determinado momento histórico y a sustraer los criterios de las mayorías que posteriormente se vayan formando. Como dice Pérez Serrano «los grados de rigidez son infinitos, pues la matización no tiene límites». Tratando de recoger las variaciones principales, el mismo autor escribe: «Un primer caso es el de los países que abren propiamente un período constituyente auténtico, bien porque confieren la revisión a órganos especiales, bien porque den entrada en ella al referéndum popular, bien porque disuelven las Cámaras ordinarias, para que una nueva elección otorgue relieve acusado al órgano que ha de actuar; una segunda modalidad consiste en rodear de solemnidades especiales a los poderes ordinarios llamados a la tarea constituyente; y aun dentro de este grupo cabe que la solemnidad sea tan nimia que prácticamente carezca de importancia, como ocurría con la Constitución prusiana de

1850, susceptible de reforma por los órganos ordinarios, no exigiendo sino dos aprobaciones sucesivas, con un intervalo mínimo de veintiún días. Se empieza, pues, con la máxima rigidez, y se acaba con la casi flexibilidad.»[22] El alcance total o parcial de la reforma y el tiempo en que se efectúe pueden influir en el grado de la rigidez, como resulta de nuestra Constitución de 1978 y de la Constitución portuguesa de 1976 que, sin duda, se tomó en cuenta. Los máximos exponentes de la rigidez, referida a materias determinadas, se encuentra en la Constitución de la República Federal alemana de 1949 y la Constitución francesa de 1958.

En el ordenamiento jurídico anterior al proceso de reforma había una rigidez básica o dogmática. Los llamados principios fundamentales del Movimiento, según la Ley de 18 de mayo de 1958 y la Orgánica del Estado de 10 de enero de 1967, «son por su propia naturaleza, permanentes y eternos». A mi juicio, el énfasis o la peculiaridad de estas disposiciones no estaba tanto en que los principios se reputasen «permanentes y eternos». La ley, como tantas veces se ha dicho, puede hacerlo todo, o mejor quizá, decirlo todo. No comparto esta concepción formalista —formalista hasta el sarcasmo— de la ley como expresión de un voluntarismo sin límites, porque la ley tiene por objeto el derecho y éste la justicia, que en su significación mínima son un freno al arbitrio omnipotente. Pero aún situados en ese terreno, que no es el propio del derecho natural sino el de un positivismo exacerbado, admitiría que la ley, guiada de su fe ordenadora, pudiera haber «declarado» a los principios «permanentes y eternos», incluso con la redundancia que implican las palabras utilizadas, pues si se reputan eternos ya son permanentes y a la inversa. Acaso se pensó que la permanencia se da dentro de la historia, con lo que podría llegarles el perecimiento, mientras la eternidad se sobrepone a la propia historia, de suerte que carece de temporalidad. Bien, aun así, cabría admitir la «declaración» en el sentido de expresar la voluntad de considerarlos permanentes y eternos. Entonces esta cualidad procedería de la ley. Pero se fue más allá. Lo que se dijo es que «son por su propia naturaleza...» Es decir, intrínsecamente, ontológica o metafísicamente; por naturaleza, por su propio ser. Aquí radica la extrema exageración. Como también se encuentra el atribuir la condición de principios a simples criterios organizativos que pueden ser convenientes o posibles en unos casos, mas no en otros, como cuando se erigen en principios «la multiplicación de las obras de regadío», o «favorecer las actividades marítimas» (Ley de 18 de mayo de 1958, XII). ¿Cómo las obras de regadío

22. Nicolás Pérez Serrano, *Tratado de Derecho político*, cit., p. 471.

o el favorecimiento de las actividades marítimas, sin duda factores dignos de consideración en una política económica, pueden inmovilizarse o eternizarse en el «son, por su propia naturaleza...»? Esta rigidez de base iba acompañada de una rigidez jurídico-procesal. La transgresión de los principios proclamados determinaba la nulidad de las leyes y de las disposiciones de cualquier clase (disposición 3 de la Ley de 1958). A su vez, la derogación o modificación de las Leyes fundamentales, tal como prescribía el art. 10 de la Ley de sucesión, hacía preceptivo el referéndum. En esta rigidez abría brecha la Ley para la Reforma política ratificada por referéndum.

¿Qué calificación corresponde atribuir al procedimiento de reforma? ¿Preponderó la rigidez o la flexibilidad? Desde luego, supuso la salida de la rigurosa rigidez precedente. En la nueva Ley, aunque parezca contradictorio, se combina la rigidez con cierta flexibilidad. Como la necesidad de una consulta popular mediante referéndum se invoca siempre por la doctrina como exponente de rigidez, habrá de reconocerse que la hay. Sin embargo, en la faceta parlamentaria del procedimiento de reforma se aprecia cierta flexibilidad. La iniciativa de la reforma constitucional se atribuyó indistintamente al Gobierno y al Congreso de los Diputados. Aun cuando el art. 3 de la Ley menciona primero al Gobierno y después al Congreso, no supone ninguna preferencia. La iniciativa del Congreso no quedaba subordinada a ningún *quorum* especial, ni a que hubiera de proceder de un número determinado de sus miembros. Las diferencias entre la tramitación de los proyectos de reforma constitucional y los de la ley ordinaria no están muy marcadas. La exigencia de una mayoría absoluta para la aprobación de cualquier reforma constitucional debe considerarse como moderada, si se tiene en cuenta que basta con ella en todos los casos, sin distinguir el alcance de la reforma y, sobre todo, si se la compara con el criterio más rígido que luego ha impuesto la Constitución, al requerir una mayoría de tres quintos de cada una de las Cámaras (art. 167), rigidez mucho más acusada aún por el art. 168, conforme al cual cuando se propusiere la revisión total de la Constitución o una parcial que afecte al Título preliminar, al Capítulo segundo, Sección primera del Título I o al Título II, habrá de procederse a la aprobación del proyecto por la mayoría de dos tercios de cada Cámara, o a la disolución inmediata de las Cortes, exigiéndose para la ulterior aprobación por las nuevas Cámaras elegidas la mayoría de dos tercios, además del ulterior referéndum de ratificación. La diferencia entre la mayoría absoluta requerida para la reforma constitucional, según la Ley de 1977, y la mayoría simple suficiente en los proyectos de ley ordinaria, es la mínima posible. La intervención del Congreso y el Senado y, en caso de discrepancia, la intervención de la Comisión Mixta, compuesta por cuatro miembros del Congreso y del Senado, es la misma en la reforma constitucional que en la tramitación de los proyectos de ley ordinaria con esta variante: en la reforma constitucional, si la Comisión Mixta no llegaba a un acuerdo o los términos del mismo no mereciesen la aprobación de una u otra Cámara, era preceptiva la reunión conjunta de ambas Cámaras, en la que había de decidirse por la mayoría absoluta de los componentes de las Cortes, mientras en la tramitación de los proyectos de ley ordinaria, si la Comisión Mixta no llegara a un acuerdo o los términos del mismo no merecieran la aprobación, por mayoría simple, de una y otra Cámara, el Gobierno podía instar del Congreso la resolución definitiva para lo que se requería la mayoría absoluta de éste, mas no la de ambas Cámaras, con lo que se sigue poniendo de manifiesto una rigidez de grado inferior.

En contraste con la *suma intangibilidad* que significaba en el ordenamiento anterior el carácter permanente y eterno atribuido a sus principios, la Ley de 1977 no introducía ninguna disposición de esa clase. En tanto las Constituciones francesas han venido tradicionalmente sustrayendo al cambio constitucional la restauración monárquica, no se hizo nada equivalente para la intangibilidad de la Monarquía. También ella quedaba comprendida en el ámbito ilimitado de la reforma. La única prerrogativa atribuida directamente al Rey era la posibilidad de someter a consulta popular una opción política de interés nacional, cuyo resultado obligaría a todos los poderes del Estado, que si no era acatado por las Cortes, traería consigo su disolución. Exclusivamente la voluntad popular estaba por encima de la voluntad parlamentaria. La institución monárquica quedaba respaldada más que por la Ley —que consideraba al Rey y consiguientemente a la Monarquía como supremo órgano del Estado, pero al mismo tiempo instrumentaba una reforma abierta del orden constitucional— por la propia génesis histórica del tránsito hacia la democracia, en el que la Monarquía desempeñó un reconocido papel decisivo, al mismo tiempo de firme impulso y de moderación. Mientras en otros países las Monarquías involutivas fueron arrastradas por la democracia, la Monarquía española se erigió en su patrocinadora.

La interpretación política del procedimiento de reforma en su faceta parlamentaria es, por tanto, que se concedieron facilidades. No sé hasta qué punto hubo una reflexiva y premeditada voluntad en este sentido, porque mientras se elaboraba la reforma se carecía de una cabal conciencia de su alcance. Lo cierto es que, vista y enjuiciada *a posteriori*, resulta así. Si en las elecciones de 15 de junio de 1977 un partido político hubiera obtenido la mitad más uno de los escaños, se habría podido erigir en árbitro del cambio político.

E) Las disposiciones transitorias y la temporalidad de la Ley. Toda la Ley para la Reforma política ofrece un marcado carácter temporal en diversos aspectos. Contemplada en sí misma, como enunciación lingüística de unas normas, al margen de las circunstancias históricas en que se produjo, sería difícilmente comprensible. Por ello se explica que, en su breve texto, quedara comprendido desde un principio tan general como la soberanía del pueblo hasta el pequeño detalle de cómo habría de constituirse determinada Comisión parlamentaria. Sólo la razón histórica justifica algunas quiebras lógicas de la Ley. No porque se buscaran de propósito ni porque descuidadamente se incurriera en ellas, sino porque se estaba legislando desde una situación política para otra muy distinta.

Un segundo aspecto de la temporalidad es el siguiente: las normas que hemos denominado dogmáticas y organizativas, aun siendo muy esenciales, no estaban destinadas a permanecer de manera indefinida, al menos en los términos en que aparecían formuladas. Suponían, sí, un cambio fundamental en el orden jurídico; pero su misión más específica consistía en servir de presupuesto para llevar a cabo la reforma constitucional mediante el procedimiento establecido a tal fin. Alcanzada la reforma, el ordenamiento procedente de ella, la Constitución en primer término, vendría a reemplazar el ordenamiento encarnado por las normas dogmáticas y organizativas. Luego éstas, en las que la temporalidad penetraba a modo de impulso y como reflejo de una situación, volvían a quedar afectadas por la temporalidad en cuanto su destino era desaparecer con la reforma. La Ley para la Reforma política es el prototipo de una ordenación irrepetible, que con su cumplimiento iba agotándose. No quiere decir esto que el nuevo ordenamiento hubiera de ser incompatible en todas sus manifestaciones con la Ley de 1977, y de ahí su derogación. Por una parte, el solo hecho de que las leyes posteriores sean derogatorias no otorga a las anteriores una especial connotación de temporalidad, porque así ocurre en todos los casos. Por otra parte, podría haber coincidencias entre la Ley reformadora y el ordenamiento resultante de la reforma; pero ésta, sin duda, tenía por objeto crear una legalidad de nueva planta, en la que el valor legal de las coincidencias no habría de derivarse de la subsistencia de la legalidad anterior, sino de la nueva.

El último aspecto de la temporalidad es el clásico, el representado por unas disposiciones transitorias, destinadas, en principio, a aplicarse una sola vez. Con la expresa denominación de disposiciones transitorias y con ese carácter aparecen configuradas dos.

La primera relativa a facultar al Gobierno para regular las primeras elecciones a Cortes para constituir un Congreso de 350 Diputados y elegir 207 senadores, por sufragio universal directo y secreto, a razón de cuatro senadores por provincia y uno más por cada provincia insular, dos por Ceuta y dos por Melilla. Asimismo esta disposición transitoria predeterminaba, en términos lacónicos, las bases conforme a las cuales habrían de regularse las elecciones al Congreso, inspiradas en criterios de representación proporcional, en tanto las elecciones al Senado se inspirarían en criterios de escrutinio mayoritario. La segunda de las disposiciones transitorias contenía una somera regulación acerca de la composición de algunas Comisiones de las Cámaras, tema del que luego nos ocuparemos en su proyección práctica.

Lo más significativo de las disposiciones transitorias era entregar al Gobierno la regulación del proceso electoral, que se llevó a cabo mediante el R.D.-Ley de 18 de marzo de 1977. Los principios estaban fijados, pero de manera muy sucinta. Cabían importantes iniciativas y desarrollos. Sin duda, los partidos políticos, que ya aparecían en una oposición *de facto*, en el doble sentido de haber logrado una legalización reciente y de no formar parte del Gobierno, hicieron una estimable concesión. Posiblemente se antepuso a cualquier otra consideración el hecho real de que podrían participar en unas elecciones durante tanto tiempo condenadas e inimaginables. Era también un atractivo la consagración por primera vez en España de los partidos políticos como protagonistas de los procesos electorales. El sistema de la representación proporcional, con algunas correcciones, permitiría —como dice Sánchez Agesta— conocer el número y el respaldo de los partidos, mientras «un sistema mayoritario hubiera dividido a los españoles en dos bandos, alrededor quizá de la reforma misma».[23] Debe considerarse como un acierto del Real Decreto Ley de 23 de marzo de 1977, tanto confiar el control del proceso y los resultados electorales a los Tribunales de Justicia, como la judicialización de los órganos administrativos de la estructura electoral.

El hecho de que el resultado de las elecciones se acogiera como real, sin suscitar dudas sobre graves interferencias captatorias o de otro orden, es uno de los hechos que más ha contribuido al asentamiento de la democracia. Bien es verdad que el Gobierno

23. Cfr. L. Sánchez Agesta, *Sistema político de la Constitución española de 1976*, Ed. Nacional, Madrid, 1980, pp. 46-47.

tuvo en sus manos decidir algo de tanta repercusión en la distribución de los escaños como la de fijar el número mínimo de los diputados por circunscripción electoral, dada la diversidad demográfica existente en las diferentes provincias. Pese a todo, el hecho de participar en las elecciones se sobrepuso a una regulación de las mismas más participativa. Y como en tantas ocasiones en la historia de la legislación española, lo provisional ha tendido a permanecer. Así, la Constitución, en la 8.ª de sus disposiciones transitorias, hizo suyas, para el caso de disolución, de acuerdo con lo previsto en el art. 115, si no se hubieran desarrollado los arts. 68 y 69, las normas vigentes con anterioridad, es decir, el Real Decreto Ley de 18 de marzo de 1977, que también reguló las elecciones de marzo de 1979.

En la teoría jurídica de la ley, extendida a las normas jurídicas, se afirman como notas caracterizadoras la abstracción y la generalidad. No siempre una y otra aparecen suficientemente delimitadas y hay autores que renuncian a diferenciarlas, viendo, por ejemplo, en la abstracción una consecuencia de la generalidad. Lógicamente, lo abstracto se opone a lo concreto y lo general a lo individual. En todo caso lo que se pone de manifiesto es que las normas no designan individualidades determinadas en su singularidad o hechos concretos, sino conjuntos, series o tipos dentro de los cuales se encuentran los destinatarios de las normas y el objeto o materia a que hayan de aplicarse. Es mayor la diferencia que existe entre generalidad e individualidad en la parte de la norma que contiene la previsión de la hipótesis o supuesto de hecho, que en la parte concerniente a la consecuencia jurídica. Ésta siempre conserva su carácter general aunque se predique, en el proceso aplicativo, de un acto o de un sujeto determinados. De todas maneras, la escisión de la norma en supuesto y consecuencia se ofrece claramente en la tipificación penal y en algunos sectores del derecho civil, en tanto resulta arbitraria en otros muchos casos. Por ejemplo ¿dónde está esa escisión cuando se proclama el carácter inviolable y vinculante de los derechos fundamentales de la persona o se dice que la democracia del Estado español se basa en la supremacía de la ley? La teoría general del derecho y la filosofía no suelen elaborar un concepto de norma suficientemente flexible como para comprender en él la compleja realidad que es el derecho, tanto en su ser social como en su misión ordenadora. Tratando de llevar a sus últimas consecuencias la generalidad de la norma —que es, en muchas ocasiones, insuficiente porque no tiene la entidad comprensiva que encontramos en todas las clases de normas—, algunos autores consideran que a esa generalidad le es inherente la pretendida intemporalidad del derecho. Gino Capozzi, en su libro *Temporalità e norma* [24] (sugerente aunque sean discutibles algunas argumentaciones) sostiene que el tiempo no manifiesta su presencia (¿cuál puede ser, nos preguntamos, el tiempo ausente?) como fuerza que cambie internamente la generalidad jurídica. *Medio tempore* —dice— no hay variación alguna entre la emanación y la extinción de la norma, en sí misma inmutable. El cambio de la norma, entiende, es extrínseco a ella y actúa a través de la abrogación. A su vez ésta no la considera como un efecto automático de la norma posterior, pues la norma derogatoria es siempre distinta de la anterior y de la posterior. Capozzi, aludiendo especialmente a un estudio de Husserl (hijo) sobre *Tiempo y derecho* (1955), aduce en prueba de su tesis la pervivencia del derecho romano —o de algunas categorías y concepciones procedentes de él— más allá de los confines temporales de la hegemonía del *populus romanus*.

La doctrina de la generalidad y más aún la de la pretendida intemporalidad del derecho como manifestación de aquélla, tienen no pocos inconvenientes. Lo sostenido por Capozzi se resuelve en una tautología: la norma no cambia mientras no cambia. Eso es todo. El matiz que acaso escape a la tautología sería considerar que el cambio es extrínseco a la norma, por lo que, de suyo, en su círculo vital, no cambia nunca. Si esto evitara la tautología sería a costa de una identificación del tiempo con la mutación o el cambio. Y no es así. El tiempo es también duración. Consiguientemente, la norma que no cambia o es inmutable no por eso se hace intemporal; como todo lo históricamente existente queda comprendido en el tiempo, y en un tiempo que puede o no ser corto. Si se quisiera decir que las normas pueden ser indefinidas en el tiempo, se estaría más cerca de la realidad, aunque tampoco resulta admisible la generalización de que toda norma es indefinida en el tiempo, porque existen normas temporales, es decir, que ellas mismas predeterminan y asumen su propia temporalidad. Sin ir más lejos, el Código civil contiene una previsión al respecto cuando dice en el art. 4,2 que «las leyes penales, las excepcionales y las *temporales* no se aplicarán a supuestos ni en momentos distintos de los comprendidos expresamente en ellas». ¿Podría aducirse que, aunque legalmente es así, no lo es ontológicamente? Sin duda, sí; no obstante, de poco serviría para la teoría del derecho positivo un modelo de norma en el que careciera de encaje la categoría de las normas temporales, como de nada serviría para la lingüística un uso del lenguaje que tratara de ser teóricamente desconocido o contradicho. Luego la inmutabilidad o intem-

24. Jovene Editore, Nápoles, 2.ª ed., 1979, pp. 231 y ss.

poralidad no pasa de ser una metáfora; de una parte, porque todas las normas se manifiestan en el tiempo; y de otra parte, porque hay normas constitutivamente temporales. La metáfora consistiría en llamar inmutable a lo que, en tanto dura, existe; pero esto no es inmutabilidad; de ser así, también sería inmutable la mesa sobre la que escribo e incluso el propio bolígrafo que sólo dura un determinado número de hojas. Por tanto, ni la intemporalidad metafísica es admisible. Porque las normas, en tanto duran, cambian a través del proceso de interpretación que no puede ser estático, ya que el propio Código civil (art. 3,1) exige tener en cuenta la realidad social del tiempo a que hayan de aplicarse, lo cual supone la aceptación de la variabilidad del sentido durante la vigencia de la norma, de manera que no se identifican la permanencia de la norma y la inmovilización del sentido, que puede variar. Tampoco la pervivencia del derecho romano en un tiempo distinto de aquel en que existió el pueblo romano como organización política sirve para proclamar la intemporalidad; lo que explica es la acomodación del derecho romano a tiempos distintos, no su evasión del tiempo. Sí es admisible, sin embargo, la doctrina sustentada principalmente por los administrativistas que ponen de manifiesto la diferencia existente entre el acto y la norma sobre la base de entender que, en tanto el acto termina con el tiempo en que se realiza y no se reproduce, la norma sobreviene a su aplicación; pero aún esta supervivencia es una posibilidad normal y no una necesidad lógica, ya que las normas transitorias y las derogatorias se agotan con su aplicación, por lo que suelen denominarse consuntivas.

Se tomará por digresión el precedente *excursus*. He querido correr el riesgo de incurrir en ella para ahora preguntarme: ¿qué dirían los sustentadores de tesis formuladas apodícticamente en el sentido de asegurar que siempre las normas se escinden en supuesto de hecho y consecuencia jurídica y que son necesariamente generales y por ello intrínsecamente intemporales, situados ante una Ley como la de 1 de enero de 1977? Creo haber demostrado que la escisión supuesto/consecuencia falta, como también falta la propia generalidad. La Ley de 1977, en su conjunto y no sólo en sus específicas disposiciones transitorias, es un buen ejemplo de la temporalidad introducida en el derecho, ya que se agotó en el tiempo al tomar en consideración uno determinado sin poder reiterarse, creando una situación interina o de tránsito para dar paso a una ulterior mutación jurídica.

III. La puesta en funcionamiento de las Cortes

1. LA CELEBRACIÓN DE LAS ELECCIONES GENERALES DE 15 DE JUNIO DE 1977 Y LOS PROBLEMAS QUE PLANTEÓ LA CONSTITUCIÓN O PUESTA EN FUNCIONAMIENTO DE LAS CORTES

Uno de los aspectos del proceso que tal vez haya merecido menos la atención de los estudiosos es el relativo a la constitución de las Cortes. En la convocatoria de las elecciones generales nada se había previsto a este propósito. Las anteriores Cortes orgánicas, formalmente, no se habían disuelto. El período de prórroga en que se encontraban terminaría el 30 de junio de 1977. El día 15 de junio se celebraron las elecciones generales para el Congreso y el Senado. Las fuerzas políticas articuladas en partidos y coaliciones habían recibido el respaldo popular. La voluntad política de los españoles, libremente expresada, designó a sus representantes. El palacio a la sazón denominado de las «Cortes Españoles», esperaba a los elegidos.

La tradición de un Parlamento democrático permaneció interrumpida durante mucho tiempo. El Senado cerró sus puertas el año 1923 con motivo de la Dictadura del general Primo de Rivera y así continuó durante muchos decenios, aunque el edificio se destinara a otros usos. La vida del Congreso de los Diputados terminó el año 1936. Sólo perduraban algunos funcionarios que, muy en la lejanía, conservaban el recuerdo del parlamentarismo democrático más que la experiencia. Había también el saber teórico y la preparación técnica del Cuerpo de Letrados de las Cortes. A título de excepción, porque es excepcional su figura, debo citar el nombre del Letrado Mayor D. Felipe de la Rica Montejo. Personificaba la suma pulcritud en su presencia y en el tacto para relacionarse con los demás; lo que la burocracia tiene de método, la escrupulosidad como funcionario, un sentido del cumplimiento del deber riguroso pero no ciego, y una formación de jurista no esquilmada por las minucias reglamentarias que, por otra parte, conocía a la perfección. Inspiraba el respeto unánime de todos los funcionarios, sin diferencias de rango, de edad ni de opinión.

El palacio de las Cortes mantenía el empaque de un edificio público decoroso, digno y solemne, sin llegar al lujo; idóneo, aunque sin demasiadas concesiones al funcionalismo. Aquellos días eran ostensibles, en su interior, la soledad y el silencio. Una y otro cederían pronto para dar paso a los elegidos y, con ellos, a las opciones políticas discrepantes, a la palabra y al diálogo. La política, que durante tanto tiempo se había distribuido en dos vías paralelas, la instalada en el poder unitariamente entendido y la oculta en reuniones subrepticias, faltas de comunicación entre sí, necesitaba encontrar el lugar propio para establecerse como expresión de la convivencia, el pluralismo y la libertad.

Había terminado una primera etapa del proceso de cambio: la comprendida entre la Ley para la Reforma política y las primeras elecciones generales. Empezaba una segunda etapa. Hasta entonces, la reforma se mantuvo en manos de unos pocos. Aun con buena voluntad, sólo contaban las opiniones de algunos. La marcha hacia la democracia no partió de ella misma. Había, sí, el propósito de facilitarla, afrontado como un problema de imaginación, de estrategia y de cálculo. A partir de entonces iba a contarse con una base democrática: el resultado de las elecciones y la constitución de las Cortes. La nueva etapa era distinta. No significaba todavía la culminación de la democracia. Faltaba en muchos aspectos, aunque ya empezaba a brotar de la fuente parlamentaria. El fenómeno del cambio asumía otro planteamiento. Dejaba de ser dirigido para adquirir autonomía. Pasaba a protagonizarlo la sociedad a través del sufragio. Había diferentes ofertas; mas no sólo la democráticamente preponderante tendría validez. El cambio preconfigurado y propuesto desde fuera de la democracia pasaba ya a ser instado y asumido por ella. Las Cortes concentraban la atención de los españoles. Era necesario y urgente constituirlas, ponerlas en funcionamiento. ¿Cómo?

La constitución de las Cortes fue un tema pacífico en el pasado como también lo sería en el futuro. La tradición parlamentaria contaba con fórmulas que se habían ido repitiendo. Cabía esperar que el tracto se reanudaría con la vuelta al sistema parlamentario. Sin embargo, ahora, el 15 de junio de 1977, estaba interrumpido.

La Ley para la Reforma política guardaba silencio; peor aún quizá: contenía alguna previsión sobre las Cortes ya constituidas y en funcionamiento, pero ninguna, directa ni indirecta, acerca de cómo habrían de constituirse. La segunda disposición transitoria establecía lo pertinente sobre la formación y composición de determinadas Comisiones, subordinándolas a esta hipótesis condicionante: «Una vez constituidas las nuevas Cortes...» La disposición transitoria tercera, que contenía una previsión reglamentaria, comenzaba de un modo similar: «Desde la Constitución de las nuevas Cortes...» Por tanto, la Ley brindaba alguna norma indirecta o de remisión para después de constituidas o desde la constitución. Faltaba, en cambio, toda previsión normativa para constituirlas. Había, pues, una zona en blanco, no regulada, que en el orden cronológico afectaba al tiempo más inmediato, y en el orden lógico, a lo que era indispensable hacer para que las Cortes quedaran constituidas.

¿Cómo salvar o nutrir de contenido normativo la zona en blanco? La posición del legista y la del jurista apuntaban hacia soluciones diferentes. Llamo legistas a quienes todo lo esperan de la ley y cuando ocupan una posición de poder la tratan con tanta familiaridad que en seguida dicen: «es necesario dictar una disposición». Llamo juristas a quienes, respetando la ley, no esperan que les ofrezca todo previsto y resuelto, porque siendo, ciertamente, fuente productora del derecho, no lo muestra siempre terminado y completo, ni es el único medio de producirlo ni, en fin, cualquier omisión o silencio de la ley supone un vacío jurídico. Resolver el problema mediante una disposición no era en aquellos momentos empresa fácil, aunque el legista la reputase hacedera. ¿De qué naturaleza habría de ser la disposición? Una primera hipótesis era implanteable: si la falta de regulación procedía de una Ley como la de 1977, que ostentaba el rango de fundamental, habría de operarse en el mismo plano ordenador de una Ley formalmente equivalente, sometida a referéndum. Excluida esta hipótesis, se presentaba la tantas veces utilizada de un Decreto-Ley; pero el ordenamiento anterior para la aprobación de los Decretos-Leyes había sido derogado por la Ley para la Reforma política, y para aplicar el procedimiento establecido en ésta, resultaba indispensable constituir las nuevas Cortes, que era precisamente lo necesitado de regulación. ¿Bastaría un Real Decreto con o sin la forma específica del Reglamento? Uno de los significados más generales de la reforma en marcha era el tránsito de la unidad del poder a la separación de los poderes. ¿Cómo el ejecutivo iba a penetrar en el legislativo recién surgido? No tenía sentido jurídico ni político la injerencia del Gobierno.

Todo ello aconsejaba acudir a la solución del jurista, que parecía más ortodoxa, aunque no exenta de complicaciones. En este orden de cosas el punto de partida indispensable era considerar que la falta de previsión normativa no significaba la absoluta ausencia de regulación, sino una regulación insuficiente o deficiente en la que aparecía una laguna necesitada de ser cubierta. Calificar el silencio de laguna no depende tanto de lo que ésta sea en sí como del momento en que se considere y de la función que cumpla quien haya de apreciarla. El legislador puede decir: «hágase la ley». Algunos funcionarios pueden declinar resolver ante la falta de previsión normativa. En uno y otro caso no se toma en consideración la laguna. Cuando la hay no se trata de algo en sí mismo distinto. Lo que cambia es la función o, más ampliamente, el sentido del derecho. El ordenamiento ha de reputarse completo, aunque esté lleno de interrupciones y de imperfecciones. Los Jueces y los Tribunales tienen que pronunciar necesariamente sus sentencias sin que les sea dable pretextar silencio, oscuridad o insuficiencia de las leyes, como decía el antiguo artículo 6 del Código Civil. Entonces surge la laguna. No toda omisión es, claro está, laguna. Se requiere que proceda del olvido o de la insuficiencia de expresión, porque si hay una voluntad positivamente dirigida a la exclusión, falta la laguna tanto en el acto de creación de la norma como en el acto de aplicarla.

Bien, en nuestro caso era perfectamente justificable la tesis de la laguna. Si la Ley para la Reforma política había previsto la constitución de las nuevas Cortes, y regulado cómo había de procederse una vez constituidas, el no haber regulado cómo habrían de constituirse era sencillamente una imprevisión. ¿Cómo cubrir la laguna? El recorrido a realizar se mostraba un tanto largo y con obstáculos.

La Ley preveía en su tercera disposición transitoria que «*desde* la constitución de las nuevas Cortes y *hasta* que cada Cámara establezca su Reglamento, se regirán por el de las actuales Cortes en lo que no esté en contradicción con la presente Ley». El criterio inspirador de la norma, si bien formalmente correcto, políticamente resultaba embarazoso y jurídicamente insuficiente. Formalmente correcto, porque la regulación reglamentaria había de utilizarse antes que las Cámaras establecieran sus propios Reglamentos, lo cual significaba respetar la potestad reglamentaria de las Cámaras, viendo el modo de suplirla antes que fuera posible ejercerla. La fórmula, técnicamente bien concebida, daba lugar a una solución un tanto embarazosa en lo político, ya que era preciso acudir al Reglamento anterior elaborado por y para unas Cortes de signo bien distinto. La insuficiencia resultaba patente de las claras expresiones utilizadas por la propia disposición transitoria tercera. Las preposiciones «desde» y «hasta» fijaban el momento inicial y final de un período de tiempo comprendido entre la constitución de las nuevas Cortes y la elaboración de sus Reglamentos.

Si a este tiempo, así delimitado, había de aplicarse el Reglamento de las Cortes precedentes, al tiempo anterior, omitido en la regulación legal, que era el tiempo más inmediato, sería necesario aplicarle el mismo régimen, mediante la integración por vía analógica de la laguna observada. Existía evidentemente identidad de razón: si la ley quiere que se aplique el Reglamento precedente desde la constitución de las Cortes, lo mismo, por igual razón y hasta con mayor razón, debería querer para constituir la Cortes. Mejor aún: constituidas las Cortes, ellas se encargarían de proveerse de normas reglamentarias por lo que no sería necesario acudir al Reglamento de las anteriores, mientras de algún criterio regulador habría de hacerse uso antes que se constituyeran. El argumento o procedimiento analógico resultaba fortalecido. Pero como la norma que había de ser objeto de aplicación analógica no era una norma de aplicación directa, ya que ésta se limitaba a fijar un período de tiempo, mientras el precepto regulador se determinaba por vía de remisión al Reglamento de las Cortes precedentes, todo dependía de que en la conexión Ley para la Reforma Política/Reglamento pudiera encontrarse un criterio regulador para constituir las Cortes y ponerlas en funcionamiento hasta que estuvieran en condiciones de ejercitar su función reglamentaria. La mayoría de las normas del Reglamento de 15 de noviembre de 1971 eran poco utilizables, por cuanto respondían a un sistema antagónico. Por ejemplo, las relaciones de procuradores correspondientes a los diversos estamentos deberían ser comunicadas a la Presidencia de las Cortes por la Presidencia del Gobierno, el Consejo Nacional, la Organización Sindical, la Junta Central del Censo y los Colegios, Asociaciones o Corporaciones a quienes correspondiera, y habían de tomar posesión después de prestar ante el Pleno juramento de fidelidad a los Principios del Movimiento Nacional y a las demás Leyes fundamentales. Consiguientemente, el vacío de la Ley para la Reforma política, lejos de cubrirse, se acrecentaba en muchos aspectos con la remisión al Reglamento de 15 de noviembre de 1971, tácitamente derogado casi en su integridad. Sólo dos normas reglamentarias resultaban de aplicación posible: una, en el art. 5, 2.º, relativa a la formación de una Mesa de Edad; y otra, la del apartado 23.º del art. 18, según el cual correspondía al Presidente de las Cortes «cumplir y hacer cumplir este Reglamento, interpretarlo y suplir sus preceptos en los casos de duda u omisión, y velar por la observancia de la cortesía y usos parlamentarios». Especialmente idóneo para resolver el problema era este último precepto reglamentario, aunque si bien abría las puertas a una solución, era de muy delicado empleo.

2. COMETIDO Y PREOCUPACIONES DEL PRESIDENTE DE LAS CORTES. LA COMPRENSIÓN DE LOS REPRESENTANTES DE LOS PARTIDOS POLÍTICOS

El Presidente de las Cortes, que no procedía de las elecciones sino de su designación por el Rey, carente de origen democrático, debía en todo lo posible atenerse a una democracia de ejercicio. Presentarse como un ordenancista, creando normas reglamentarias, aunque fuesen indispensables, no era un procedimiento muy airoso en el comienzo de su cargo. Sobrecogía que apareciera, sin previo aviso, en el Boletín Oficial de las Cortes, un mandamiento presidencialista. Había que estar muy seguro de que el art. 18,23.º del antiguo Reglamento era el único modo de encontrar la salida. Y no bastaba con el convencimiento personal. Eran necesarias otras dos cosas. Una, intentar que el convencimiento personal fuese compartido por aquellos a quienes interesaba y afectaba el problema de la puesta en marcha de las Cortes, y otra, eludir cualquier sombra de autoritarismo, así como de personalismo, de tal manera que el ejercicio de la función reglamentaria, en vez de guardar parecido con un acto creador de normas se desenvolviera en el plano del acto de aplicación dentro del cual tienen cabida cometidos interpretativos e integradores.

Con este espíritu, el Presidente de las Cortes, asistido de una eficiente colaboración técnica, se adentró en la preparación de las normas relativas a la constitución de las Cámaras. Antes de concluirlas, terminada la que pudiera considerarse como primera parte, convocó a los representantes de los partidos políticos para mantener con ellos una reunión explicativa. Una segunda reunión se celebró cuando el trabajo casi estaba terminado. Todavía, claro es, no se habían formado los grupos parlamentarios. Las fuerzas políticas continuaban estructuradas tal y como concurrieron a las elecciones. Algunos partidos o coaliciones enviaron dos representantes; otros sólo uno. Cierta inicial rigidez en la interlocución fue pronto rota. Quienes habían contendido en la campaña electoral y encarnaban ideologías contrapuestas acudían movidos por un interés común. Algunos de los asistentes habían retornado de un exilio largo e incierto sólo algunas semanas antes y pisaban por primera vez aquellos salones. A otros les eran familiares. No faltaba el experto conocedor de la materia a tratar, poco conocida sin embargo para la mayoría. Las reuniones, que versaron sobre temas de evidente interés público, hubieron de considerarse como confidenciales, en el sentido de que no tuvieron el carácter de sesiones públicas ni asistió la prensa, que se mostraba especialmente atraída y a la entrada y la salida de los concurrentes instaba con solicitud sus declaraciones. Aquellas entrevistas debían reputarse como oficiosas en cuanto no eran preceptivas. Quedaban inscritas en el marco de la cortesía parlamentaria.

Algunos observadores entendieron que se trataba de conseguir un consenso o acuerdo en la elaboración de las normas. No fue exactamente así. El Presidente de las Cortes pretendía, ante todo, no mantenerse en el sigilo de un reducto invulnerable al conocimiento y no proceder por sorpresa. El diálogo sirve, en efecto, para llegar al acuerdo, al compromiso o a la transacción; pero sirve también para comunicarse e intercambiar puntos de vista. Hablo ahora de normas. Entonces procuraba eludir la palabra, en sustantivo, y solía decir criterios normativos provisionalísimos o provisorios. Los criterios normativos fueron dados a conocer a todos los interesados, explicados, comentados y discutidos en determinados aspectos o puntos concretos. No se ofrecían en un texto cerrado e irrevocable. En algún extremo, cuando se hizo ostensible el parecer concorde, se llegaron a introducir pequeñas correcciones o aclaraciones. Sin embargo, no fueron unas normas consensuadas, sino explicadas y aceptadas. El convencimiento podría ser mayor o menor; la tolerancia fue en todo caso suficiente como para que no hubiera sorpresa ni imposición.

¿Qué sirvió de base a la mutua comprensión? Pienso que, ante todo, la buena voluntad. Los hábitos democráticos permiten llegar al extremo de las discrepancias; mas también hacen posible la coincidencia. Aquellos criterios normativos fueron explicados así:

1.º Entre las dos fórmulas posibles para obtener una regulación, de inminente necesidad, la de una disposición emanada del Gobierno o la de intervenir el Presidente de las Cortes, había de considerarse preferible esta última porque se producía en el seno del ámbito parlamentario y con mayores limitaciones, ya que en tanto una disposición de otra procedencia podría introducir una regulación *ex novo*, al Presidente de las Cortes, según él entendía su cometido, sólo le era dado interpretar e integrar unas normas como medio de suplir la falta de una regulación suficiente.

2.º En modo alguno se trataba de hacer un Reglamento provisional ni siquiera una «reglamentación» provisional con todos sus posibles alcances. La potestad reglamentaria propiamente dicha había de reconocérsele por entero a las Cámaras como expresión de su autonomía. El «Reglamento» procedente de éstas, a que hacía alusión la disposición transitoria tercera, tenía que ser necesariamente un Reglamento provisional anterior a la elaboración de la Constitución. Y la salvedad hecha por la misma disposición transitoria de que se aplicara el Reglamento de 15 de noviembre de 1971 «sin perjuicio de la facultad de acordar, de modo inmediato, las modificaciones parciales que resulten necesarias o se estimen convenientes», había de considerarse también como una facultad reconocida a las propias Cámaras. Por tanto, su potestad reglamentaria no se iniciaba con la elaboración de un Reglamento provisional, sino también con la adopción de cualquier disposición reglamentaria anticipada y no integrada en un Reglamento provisional. Luego la intervención del Presidente de las Cortes estaba justificada porque iba dirigida a conseguir que las Cámaras pudieran ejercer la potestad reglamentaria de un modo inmediato. Por eso el Presidente de las Cortes ni llamaba normas a sus criterios ordenadores ni se conformaba con calificarlos de provisionales. Quizá la denominación más ajustada, aun a costa de alguna incorrección gramatical, fuera ésta: «Mínimo regulador, provisorio e indispensable para el funcionamiento de las Cámaras.» Se trataba de hacerlas llegar hasta su constitución definitiva; mas también de que aun antes estuvieran en condiciones de pronunciarse sobre su propia organización.

3.º El mínimo regulador provisorio fue obtenido principalmente con la utilización de los criterios interpretativos establecidos por el Código civil. En el Código se basó el recurso al procedimiento analógico y en él también hubo que buscar el punto de apoyo para la interpretación. Una vez más el derecho civil había de salir fuera de sus estrictos dominios como guía del jurista. En la breve exposición que precedía a la publicación del primero de los textos en que fue recogido aquel mínimo regulador, se decía: «El procedimiento... es legítimo... por basarse en los medios de interpretación que el Código civil consagra cuando específicamente confiere tal cometido a los antecedentes históricos y legislativos, a la realidad social del tiempo a que han de aplicarse las normas y, fundamentalmente, al espíritu y finalidad de éstas (art. 3,1). A tal fin cuenta de modo señalado la tradición jurídica representada por nuestro derecho parlamentario histórico, que marca una línea de continuidad, y coincidencia en esta materia a partir del Reglamento del Congreso de los Diputados de 4 de mayo de 1847. La realidad social, tan rica hoy en cambios, obliga a tareas de armonización. Y, sobre todo, importa atenerse al espíritu y finalidad de la Ley rectora de la Reforma, dirigida a la transformación profunda de la convivencia política en el marco de la Monarquía, que impulsa la culminación del proceso democrático.»

Trasladando al campo de la anécdota esta fundamentación jurídica, me permito recordar que, al asumir la responsabilidad de

Presidente de las Cortes, echaba en falta un conocimiento más especializado de las materias con que había de enfrentarme, conocimiento que hubiera tenido de ser de Catedrático de Derecho político, como a veces se me consideró. Pues bien, la verdad es que el primer libro que hube de solicitar de la biblioteca de las Cortes fue precisamente un Código civil. Algún suspicaz podría imputarme falta de imaginación, cuando no que todavía tenía alguna preocupación procedente del despacho de abogado que, después de treinta y tres años de ejercicio continuado, se clausuró el 15 de junio de 1977. Pero lo cierto es que el Código civil hubo de ser reclamado con urgencia para afrontar un tema, al mismo tiempo jurídico y político, que se suscitaba en un momento delicado de la transición.

3. LAS NORMAS PROVISIONALÍSIMAS O PROVISORIAS

Hasta llegar a la Constitución definitiva de las Cortes era y es necesario proceder de un modo gradual. He aquí las fases: etapa preparatoria, constitución interina y constitución definitiva. Es el tránsito obligado para ir haciendo posible gradualmente el autogobierno.

En la regulación provisionalísima o provisoria el inicio de la primera etapa se llamó «De las Juntas preparatorias». Con esta denominación se reproducía la ya utilizada por el Reglamento para el gobierno interior de las Cortes de 9 de septiembre de 1813, aunque el régimen no pudiera ser el mismo, ya que en aquel Reglamento se partía de la existencia de una Diputación permanente. Igual dirían el Reglamento de 29 de junio de 1831 y otros posteriores, hasta que el de 14 de febrero de 1834 sustituyó aquella denominación por la de «organización provisional del Congreso», que volvería a aparecer, siquiera en parte, en el Reglamento de 4 de mayo de 1847 (así en el primitivo como en el reformado) y en el de 24 de mayo de 1918. El Reglamento de 18 de julio de 1931 decía, en singular, «De la Junta preparatoria», así como también el de 28 de noviembre de 1934.

Dentro de las «Juntas preparatorias» se comprendía la designación del Presidente provisional, la formación de la Mesa de Edad y la constitución interina de las Cámaras. El régimen había de estar inspirado en el tradicional; mas no era posible reproducirle. La figura de un Presidente de las Cortes —además del Presidente del Congreso y del Senado— era una novedad. Por su parte, el Reglamento de 15 de noviembre de 1971 debía ser tenido en cuenta. Todo ello creaba cierta complejidad normativa. Según la tradición parlamentaria reflejada en los sucesivos Reglamentos, la fórmula era la siguiente: actuaría como Presidente provisional el primero en el tiempo en presentar su credencial; la intervención de éste consistiría en dar paso a la Mesa de Edad, en la que ocuparía la silla de la Presidencia el de mayor edad y las de los Secretarios los cuatro más jóvenes. No había Vicepresidentes, que aparecerían después al nombrarse la Mesa interina. A tenor del Reglamento de 15 de noviembre de 1971, faltaba el Presidente determinado por el primero en el tiempo, según la lista de presentación de credenciales, ya que no existía tal presentación, y además las Cortes iniciaban su constitución con un Presidente previamente nombrado. Pero había de formarse la Mesa de Edad, que no lo era en la Presidencia, sino en las Vicepresidencias y en las Secretarías: habrían de actuar como Vicepresidentes los dos de más edad y como Secretarios los dos más jóvenes.

¿Qué criterio adoptar? El problema lo engendraba la concurrencia de normas de diversa procedencia. Las más remotas en el tiempo tenían a su favor que encarnaban la tradición parlamentaria de unas Cortes más parecidas a las que iban a constituirse. Las normas inmediatamente precedentes, las del Reglamento de 15 de noviembre de 1971, contaban con el apoyo de la Ley para la Reforma política, si bien se referían a unas Cortes de diferente significado y su aplicación quedaba subordinada a que no contradijeran la nueva Ley. La contradicción textual y directa no era, en principio, posible, ya que en una de las disposiciones a aplicar, al apreciarse una laguna, faltaba un contenido regulador, por lo que había de hacerse la operación de integración propia de la analogía. El recurso a ésta introduce cierta flexibilidad en cuanto impone atenerse al ordenamiento en un sentido de conjunto. Los juristas solemos hablar del respeto a la unidad del sistema. Sin embargo, en aquellos momentos iniciales de la transición, el sistema estaba muy desdibujado y resentido por el nuevo sesgo que, en sus bases esenciales, le imprimía la Ley configuradora de la reforma, sin que llegase a implantar otro distinto. A mi juicio, lo que en ningún caso cabía hacer —y esta idea la tuve muy en cuenta— era introducir, y menos por vía analógica, criterios normativos que no resultaran armónicos con la finalidad esencial del restablecimiento de la democracia.

4. EL TRASFONDO REAL DE ALGUNOS PROBLEMAS: LA MESA DE EDAD, DOLORES IBARRURI Y RAFAEL ALBERTI

Los problemas planteados no eran meramente normativos en su faceta formal y abstracta. Tenían connotaciones muy concretas, que al formar parte de la propia realidad política, no podían dejar de ser consideradas. Había un hecho sobradamente conocido: los dos diputados de mayor edad eran doña Dolores Ibarruri *(la Pasionaria)* y don Rafael Alberti, ambos miembros destacados del Partido Comunista que habían permanecido fuera de España gran parte de sus ya largas vidas. La ideología conservadora miraba con asombro su posible presencia con funciones presidenciales en las primeras Cortes de la Monarquía; no importaba que el privilegio obedeciera a una regla tan desprovista de intencionalidad políticas y ajena a cualquier improvisación oportunista como la de ser los de más edad, así como tampoco modificaba la actitud el carácter episódico, fugaz, de su presencia. Eran un símbolo para los suyos, y los contrarios convertían también en símbolo —en símbolo de insólito catastrofismo— esa resaltada, aunque fugaz, intervención. El pensamiento de la ideología progresista era muy distinto.

Sin descender al detalle de las puntualizaciones reglamentarias todos sabían que la razón de edad abocaba a las sillas presidenciales. En las propias Cortes orgánicas, debeladoras de tantas tradiciones parlamentarias, ocurría así. El criterio que se adoptara sería un buen elemento de contraste para comprobar si estábamos en los comienzos de una verdadera democracia. Algo tan rutinario, con una buena dosis de carga política, se convertía en otro símbolo: la prueba de fuego del ser o no ser democrático. Cuando se afirma que la cultura es un sistema de símbolos parece que se exagera. Durante mucho tiempo podemos, en efecto, no percibir el comportamiento simbólico; lo observamos o seguimos sin darnos cuenta. Hay, sin embargo, algunos momentos reveladores. El que estoy describiendo fue uno de ellos. Los símbolos tienen siempre un fondo sugestivo; van de la iluminación al deslumbramiento. El signo es tan sólo la señal, la pista o la consecuencia de algo; el símbolo involucra componentes representativos y mágicos. «Si alguien —dice Ferrater Mora— ve en el horizonte una llamarada roja puede considerar que es signo de algún fuego, pero puede asimismo considerar que este rojo y todo rojo simboliza el fuego eterno.»[1] Tal vez en nuestro caso el papel del signo y del

---

1. Cfr. *Diccionario de Filosofía,* ed. cit., voz «Símbolo».

símbolo se daban conjuntamente: señal de democracia, el signo; resplandor democrático, el símbolo.

La elaboración de los criterios normativos provisionalísimos suscitó no pocas dudas. Estuvo presente la preocupación de proceder con una ponderada objetividad. Por objetividad no entiendo la asepsia formalista, la indiferencia ante las realidades ni siquiera un eclecticismo justificado sólo por sí mismo. Veo más bien el modo —equivocado o no, pero inequívoco— de afrontar racionalmente los problemas jurídicos y los reales.

Las soluciones más simplistas eran dos. Consistía una en elegir el esquema del Reglamento de 15 de noviembre de 1971. Según éste, todo quedaba reducido a constituir una Mesa que sería de Edad, en su mayor parte, si bien no totalmente, presidida por el Presidente de las Cortes e integrada por dos Vicepresidentes —los de más edad— y por dos secretarios —los de menos edad—. Como la Ley para la Reforma política carecía de disposiciones acerca de esta materia y el Presidente de las Cortes procedía de ellas, parecía que no resultaba contradicha. Sin embargo, esto era así para una consideración superficial. Profundizando, se advertían inconvenientes. El Reglamento de 1971 iba referido a unas Cortes unicamerales, y la Ley de 1977 volvía al sistema de las dos Cámaras. El Presidente, en las Cortes orgánicas, lo era de una sola Cámara; ahora, de las dos. Como éstas habían de tener sus propios Presidentes, el de las Cortes presidiría las reuniones conjuntas, mas no la sesión de una Cámara. Para que desempeñara el cometido que le asignaba la Ley en su significado propio sería preciso que el Congreso y el Senado se constituyeran en una sesión conjunta. Esto carecía de tradición y de lógica. ¿Cómo formar una Mesa común? ¿Cómo proceder, a partir de esa Mesa común, a las ulteriores votaciones para constituir las Mesas interinas? El Congreso y el Senado, según la tradición parlamentaria, se habían venido constituyendo separadamente, aunque en tiempo coetáneo. La intervención del Presidente de las Cortes o imponía una extraña reunión conjunta o era imposible que presidiera la constitución separada y coetánea de las Cámaras. Además, políticamente no parecía aconsejable ese protagonismo omnicomprensivo ejercido por un Presidente desprovisto de credencial electoral.

La otra posible solución simplista consistiría en atenerse al esquema de los Reglamentos históricos: designar por la prioridad en las listas de presentación quién ocupara provisionalmente la silla de la Presidencia para que, acto continuo, ocupara la Presidencia el de más edad de los presentes y las de los Secretarios los cuatro más jóvenes. La fórmula no dejaba de tener inconvenientes. Una cosa era que en la interpretación de la Ley para la

Reforma política en relación con el Reglamento de 15 de noviembre de 1971, se acudiera como criterio hermenéutico a los antecedentes históricos representados por la tradición parlamentaria, y otra cosa ir de manera directa a los antecedentes históricos, prescindiendo por completo de la regulación inmediata, ciertamente incompleta, pero integrada en la propia Ley en virtud de la norma de remisión.

Dado que las fórmulas en principio consideradas como posibles implicaban cierta unilateralidad —o se acudía a la historia o al pasado inmediato— y no resolvían todos los problemas, quedaron reducidas ambas al papel de hipótesis esclarecedoras para buscar una tercera fórmula final en la que aquellas hipótesis aparecían combinadas. De los Reglamentos que venimos llamando históricos (comprendiendo desde el primero hasta el de 1934) se acogió la figura del Presidente provisional designado por la prioridad, entre los presentes, según las listas de presentación de credenciales en las Cortes. Del Reglamento de 1971 se tomaba (acaso era ésta, comprendida en al art. 5, la única norma de posible utilización) que la Mesa de Edad lo fuera en todos sus miembros excepto en el de Presidente, para lo que hubo que asignar este cometido al Presidente provisional, ya que las razones antes expuestas dificultaban, desaconsejaban y hasta impedían que interviniera como Presidente el de las Cortes. Que formaran parte de la Mesa de Edad dos Vicepresidentes, también procedía del Reglamento de 1971, así como los dos Secretarios, si bien los cuatro miembros (además del Presidente) coincidían numéricamente con el criterio reglamentario de los años 1847, 1918, 1931 y 1934, si bien tenían entonces la condición de Secretarios.

Como consecuencia de los criterios utilizados, las Mesas de una y otra Cámara, inicialmente, con la inclusión de un Presidente provisional, y los demás miembros por razón de edad, se formaron así:

a) Mesa del Congreso: Presidente provisional, don Modesto Fraile Poujade (UCD); Vicepresidentes, doña Dolores Ibarruri Gómez (PCE) y don Rafael Alberti Merello (PCE); Secretarios, don Andrés Eguíbar Rivas (PSOE) y don Josep Pau Pernau (PSC, Reagrupament).

b) Mesa del Senado: Presidente provisional, don Rafael Calvo Ortega (UCD); Vicepresidentes, don Manuel Irujo Hoyo (PNV) y don Justo Martínez Amutio (PSOE); Secretarios: don Miguel Cabrera Cabrera (UCD) y don José Laborda Martín (PSOE).

5. LA CUESTIÓN DEL JURAMENTO DE LOS PARLAMENTARIOS

Uno de los puntos que en aquellos momentos se presentaba como propicio al conflicto era el del juramento o promesa. El problema, en su planteamiento, concernía principalmente al que hubiera de ser su contenido y al momento de prestar el juramento o la promesa. En el Reglamento de 15 de noviembre de 1971 el acto era previo a la expedición a cada procurador del título o credencial justificativo de su mandato y había de versar sobre la fidelidad a los principios del Movimiento Nacional y demás Leyes fundamentales. Tal disposición reglamentaria no podía considerarse vigente, por incompatible, con la Ley para la Reforma política y con el R.D.L. de 18 de marzo de 1977 no sólo por el contenido, sino también por el momento en que había de prestarse, ya que los miembros de las Cámaras llegaban a ellas provistos de la credencial por lo que su expedición por el Presidente de las Cortes carecía de sentido.

¿Qué enseñaban los precedentes? En los antiguos Reglamentos, el juramento versaba sobre la Constitución de la Monarquía española. En el Reglamento de 18 de julio de 1931, previo a la Constitución de 9 de diciembre de 1931, la falta de ordenamiento constitucional se suplió por la promesa de cumplir con lealtad el mandato conferido por la nación. En el siguiente Reglamento del Congreso de 29 de noviembre de 1934, pese a haber Constitución, se mantuvo igual promesa.

La fórmula preponderante en la tradición —y también en el derecho comparado— de hacer recaer el juramento sobre la Constitución, no era posible por la obvia razón de que carecíamos de texto constitucional. Un juramento o promesa de futuro sobre la Constitución resultante de la reforma, aunque contaba con algún precedente fuera de España, no parecía aconsejable, pues difícilmente se puede ser fiel a lo que todavía no existe. La fidelidad al mandato conferido por la nación o por el pueblo también tenía sus contraindicaciones, ya que la expresión mandato por sí sola podía resultar equívoca por la conocida polémica entre el mandato imperativo y el representativo. Además, no sería aplicable el mandato a los senadores designados por el Rey.

Estas dificultades se acrecentaban por el carácter un tanto precario de aquel mínimo ordenador que había de elaborarse para que las Cortes funcionaran. No parecía que el Presidente, en ejercicio de una tarea interpretativa e integradora determinada por circunstancias tan peculiares, debiera imponer a los miembros de las Cámaras algo que afectaba tan profundamente a su conciencia de ciudadanos y a su sentido del deber, al par que significaba cierta interferencia en la potestad legislativa y reglamentaria de las Cortes. Eran ellas mismas las competentes para pronunciarse acerca de este punto. Sin duda alguna, el juramento previo a la obtención de la credencial, tal y como lo regulaba el Reglamento de 1971, había de quedar descartado. En los Reglamentos que vengo llamando históricos, el juramento se prestaba en el momento de la constitución definitiva de las Cámaras y no en las fases previas, que eran las principalmente comprendidas en la regulación provisionalísima, ya que respecto de la constitución definitiva únicamente preveía la elección para las Mesas, dejando a salvo que el Reglamento «estableciere otros criterios».

Tales fueron las consideraciones justificativas de que en aquel mínimo ordenador provisional o provisario se prescindiera de una regulación concerniente al juramento. Debo aclarar que no se trataba de una cómoda inhibición y que la actitud adoptada no significaba la eliminación del juramento. Eran las Cortes, en cuanto pudieran desplegar una actividad reglamentaria, las que habían de pronunciarse acerca de este punto para resolverlo en los términos que juzgaran adecuados. La cuestión no fue tratada en las reuniones mantenidas por el Presidente de las Cortes con los representantes de los partidos políticos. Lo que sí hizo el Presidente fue explicarles lo que pensaba al respecto con el fin de que no se entendiera como un olvido o como una exclusión lo concerniente al juramento.

6. PRIMERAS MANIFESTACIONES DEL PLURALISMO Y LA PROTECCIÓN DE LAS MINORÍAS

En la elaboración del mínimo regulador provisionalísimo acusó su presencia, muy en sus primeros pasos, el pluralismo político, el juego de la mayoría y las minorías y la protección de éstas. Así se puso de manifiesto en el tratamiento a que hubo de someterse la elección para las Mesas, la constitución de los Organismos mixtos y las Comisiones, y la determinación de los nombres a consignar en las correspondientes papeletas de votación.

En la votación para Presidente sólo era posible, claro es, consignar un nombre, con lo que triunfaría el perteneciente al partido o formación titular de la mayoría relativa, salvo combinaciones o acuerdos en sentido distinto. Siendo dos los Vicepresidentes y cuatro los Secretarios, los nombres a escribir en las papeletas serían, respectivamente, uno y dos, con lo que se daba entrada en las Mesas, al menos, a la minoría más numerosa después de la mayoría relativa.

En la constitución y elección de la Comisión de Urgencia Legislativa se suscitó un problema de distribución de fuerzas en razón de que la Ley de 1977 se servía de un número par. A esta Comisión no se la designaba con un nombre, sino con referencia a «las funciones que el artículo 13 de la Ley de Cortes encomienda a la Comisión que en él se menciona». Tal era el circunloquio utilizado por la disposición transitoria segunda. El rodeo era mayor porque el art. 13 de la Ley de Cortes se limitaba a decir que sería «oída la Comisión a que se refiere el artículo anterior» cuando el Gobierno, por razones de urgencia, propusiera al Jefe del Estado «la sanción de Decretos-Leyes para regular materias enunciadas en los artículos 10 y 12». Y el artículo 12 aludía a una Comisión de composición muy heterogénea a la que tampoco daba nombre. De este complicado juego de eufemismos y remisiones surgió la que se llamaría Comisión de Urgencia Legislativa. Habría de estar integrada por el Presidente de las Cortes, el del Congreso y el del Senado y «por *cuatro* diputados elegidos por el Congreso y por *cuatro* senadores elegidos por el Senado». Aquí, en el número cuatro, estaba la cuestión. Mientras a propósito del Consejo del Reino se había fijado el número de cinco miembros por cada Cámara, en este caso no era posible. El número cuatro determinaba, en orden a los nombres a escribir en las papeletas de votación, una distribución poco equilibrada. Si se acudía al número dos, había paridad, con lo que no se concedía relevancia a la formación política más numerosa, lo cual significaba desconocer su efectiva existencia; y acudiendo al número tres, la distribución de los puestos en dos fracciones de tres y uno no era proporcionalmente equilibrada; pero así fue necesario proceder.

Otra Comisión que hubo de constituirse porque también aparecía reconocida en la disposición transitoria segunda de la Ley para la Reforma política, por remisión al art. 12 de la Ley de Cortes, fue la de Competencia Legislativa. Como la Ley no predeterminaba el número de sus componentes, se fijó el cinco para eludir el inconveniente del número cuatro y por analogía con el número cinco relativo al Consejo del Reino, con lo que la distribución quedaba representada por 3/2.

También fue indispensable regular el nombramiento de la Comisión de incompatibilidades y la Comisión de Reglamento. Estas Comisiones no estaban previstas en la Ley para la Reforma política, pero era preciso constituirlas por la naturaleza misma de las cosas e incluso para el cumplimiento de alguna función prevista en la Ley y, sobre todo, porque su intervención se hacía necesaria desde los primeros momentos. La Comisión de Reglamento figuraba en el de 1971, mas su regulación era completamente inservible con sólo tener en cuenta que había de estar integrada por cinco Presidentes de Comisiones, que a la sazón no existían. La falta de previsión por la Ley para la Reforma política de unas Comisiones que eran necesarias, permitió proceder con un criterio inspirado en el pluralismo y en la concurrencia de las diversas formaciones políticas, especialmente aconsejable en materias de interés general para las Cámaras, sus miembros y el mejor desarrollo de su labor. Por eso no se determinó el número de los componentes de la Comisión de Incompatibilidades y de la de Reglamento y, en cambio, se previno que participaran en ellas todos los grupos parlamentarios, si fuera posible, en proporción a su importancia numérica. Como la Ley para la Reforma política prevenía la aplicación del Reglamento de 1971 en lo no contradicho por la Ley y «sin perjuicio de la facultad de acordar, de un modo inmediato, las modificaciones parciales que resulten necesarias o se estimen convenientes» (disposición transitoria tercera), esa facultad fue recogida y desarrollada como punto de partida para la creación de normas reglamentarias. Evidentemente, en ningún momento, ni siquiera en sus inicios, podía limitarse la potestad reglamentaria de las nuevas Cortes a modificar parcialmente el Reglamento de las precedentes que, por sí solo, no era susceptible de ser aplicado en ningún caso, y por eso no se reconoció a las Cámaras la mera facultad de introducir «modificaciones parciales», sino, sobre todo, la de «establecer» las normas reglamentarias para su propio funcionamiento.

La Comisión Mixta del Congreso y el Senado —uno de los organismos de mayor novedad e interés creados por la Ley para la Reforma política— no fue tratada en la regulación provisionalísima. La razón era obvia. Únicamente habría de entrar en funcionamiento para resolver las discrepancias entre el Congreso y el Senado en la reforma constitucional o en la tramitación de las leyes ordinarias. Esa situación, previsiblemente, se presentaría transcurrido un tiempo considerable. Los criterios ordenadores que se anticipaban no querían penetrar más allá de lo estrictamente indispensable. Para cuando pudiera entrar en funciones la Comisión Mixta, ya habrían elaborado las Cámaras sus propios Reglamentos. Y así fue. Además, la Comisión Mixta, a diferencia de las otras comprendidas en la Ley para la Reforma política, aunque tuvo los miembros establecidos por la Ley, no lo fueron permanentemente, o lo que es lo mismo, dejando a salvo el Presidente de las Cortes y los de cada una de las Cámaras, los diputados y senadores se renovaban, porque había de procederse a constituir la Comisión Mixta cada vez que se suscitase discrepancia entre el Congreso y el Senado. Esto la dotaba de flexibilidad, ya que era posible elegir las personas especialmente idóneas según la materia a tratar.

7. LA FORMACIÓN DE LOS GRUPOS PARLAMENTARIOS Y EL ESCOLLO DE SU COMPOSICIÓN NUMÉRICA

Aunque el origen de los grupos parlamentarios es remoto, pues en Gran Bretaña precedieron a los partidos,[2] su generalización se produjo durante el letargo de la vida parlamentaria pluralista en España. En los Reglamentos de 1931 y 1934 sólo merecieron un reflejo incipiente. En este punto es bien claro que la regulación provisionalísima había de serlo casi por entero de nueva planta. Sólo cabía pensar si la formación de los grupos era encajable en la fase inicial. Y la respuesta fue afirmativa, porque la formación de las Comisiones indispensables y la constitución definitiva de las Cámaras, con las consiguientes votaciones, exigía contar ya con unas Cortes articuladas en sus bases. Nadie dudaba acerca de la necesidad y hasta de la urgencia de los grupos. Unas primeras elecciones celebradas después de tanto tiempo sin partidos políticos ni grupos habían dado lugar a formaciones políticas de diversa entidad. Muchos de los partidos tradicionales desaparecieron. Los que subsistían padecieron problemas de crisis y de transformación o desdoblamientos. No pocas fuerzas políticas se unieron en coaliciones. Algunas figuras independientes, al menos en el calificativo electoral, mostraron su presencia. Entre los senadores reales había personas de distinto modo de pensar. Si los grupos parlamentarios permiten la no identificación de partidos políticos y formación parlamentaria, de manera que la distribución electoral de las fuerzas puede luego ser reconsiderada y perfeccionada, tales fines eran especialmente dignos de ponderarse dada la inmadurez política organizativa con que hubieron de celebrarse las elecciones. Si alguna vez la palabra reajuste, tan cargada de connotaciones peyorativas, puede justificarse, aquél era uno de los casos. Y no hablo de reajuste como rectificación o cambio de rumbo, sino más sencillamente como la acomodación de las cosas a su propio ser o a su propia racionalidad, eliminando cualquier arbitrismo en busca de una mayor coherencia.

En tanto la conveniencia de los grupos parlamentarios se presentaba como una cuestión pacífica, no ocurría lo mismo con la

2. Cfr. Andrea Manzella, *Il Parlamento,* Il Molino, Bolonia, 1977, p. 33.

determinación del número mínimo para constituir un grupo. Ésta era una cuestión en la que los intereses aparecían encontrados. Las formaciones políticas numéricamente superiores propugnaban un número inasequible —y por tanto, repudiable— para aquellas otras formaciones que habían obtenido pocos escaños, aunque por el sistema proporcional y otras normas electorales no faltaba el caso de que, aún siendo muy lucidas las votaciones, la traducción en escaños fuera comparativamente reducida. El derecho comparado permitía amparar todas las posibles hipótesis; había en él expresiones numéricas al servicio de cualquier preferencia, desde la cifra mínima hasta veinte, por ejemplo, siendo tal vez diez la media obtenible, recogida, por cierto, en los Reglamentos de la República. La variabilidad ponía de manifiesto cómo influyen los hechos en las normas, más aún cuando éstas son elaboradas por quienes van a ser también sus destinatarios. La cuestión, por otra parte, no se resolvía en términos meramente cuantitativos, que son por naturaleza abstractos. Se podía pensar en un número que en sí mismo o comparativamente pudiera reputarse como bajo, pero si, pese a ello, no alcanzaba al de una formación política inferior, quedaban desatendidos sus intereses o sus deseos en tanto se contradecían los de otras formaciones políticas de mayor entidad. Ciertamente, una distribución por grupos debe configurarse de manera flexible, inspirada en el criterio de la protección de las minorías; si éstas no pueden imponerse en los actos de decisión, parece que no deben quedar sujetas a la misma limitación cuando se trata de algo con alcance exclusivamente organizativo.

En política todo es posible, o es el arte de lo posible, como se ha repetido hasta la saciedad. La política, pienso, es el reinado de las correlaciones y de las reversibilidades. Todos los argumentos son relativos, interdependientes y, al menor descuido, se vuelven contra el que los esgrime. Si digo que una cosa es la simple organización de los grupos, en la que las minorías tienen que ser respetadas lo mismo e incluso más que las mayorías, y otra cosa es un acto de decisión, inmediatamente se podrá responder que aun cuando la materia a regular sea meramente organizativa, si a un pequeño número de miembros de una Cámara se les permite constituir un grupo, aparte de implicar una decisión, se le está concediendo las ventajas que tienen los grupos en la adopción de las decisiones. De acudir a una ponderada estimación más cerca de los intereses de las mayorías, se corre el riesgo de incurrir en la llamada dictadura de la democracia.

Considero que el antidogmatismo es uno de los componentes de la democracia, sobre todo de la sensibilidad democrática. El antidogmatismo no lo equiparo al relativismo escéptico en materia de verdad, ni a la indiferencia en punto a creencias y tampoco, en definitiva, a la trivialización de todos los problemas. Hay en él, eso sí, un predominante sentido crítico que ha de proyectarse en primer término sobre uno mismo. La falta de una autocrítica me parecía incomprensible en la vida política del régimen anterior. Cabía admitir, dispuestos a tolerar o a ser antidogmáticos, que se impidiera la libre crítica de la cosa pública como si fuese una cosa sagrada; pero que el propio político no fuese crítico de sus actos y no reconociera sus errores, no pude entenderlo. Comprendo, por otra parte, que el antidogmatismo crítico es más bien la posición del intelectual ante la política que la del político. Éste tiene que esgrimir sus dogmas en el mitin y en el Parlamento; es necesario hacerlo para desenvolverse en el mundo de los símbolos a que antes me he referido. Si los mensajes políticos no conmueven —y los dogmas tienen la misión de conmover— difícilmente se ganan adeptos. Ahora bien, el político, aunque tenga sus horas dogmáticas, necesita también de sus horas críticas. Nada hay ausente de la política, que es una totalidad compleja. A cada circunstancia le corresponde una actitud.

La elaboración de aquellos criterios ordenadores provisionalísimos dirigidos a la puesta en marcha de las Cortes, para luego desaparecer, debía reflejar la comprensión de los puntos de vista dispares, evitar los excesos y anteponer la prudencia a cualquier otra consideración. En aquel período tan cuajado de anormalidades y de incertidumbres, realizando una labor que no era propia de una actuación individual, sino de una organización colectiva y colegiada, asumida tan sólo porque todavía ésta faltaba, incluso lo que el pensamiento ofreciera como apodíptico, precisaba ser ponderado, anteponiendo la limitación a la facultad, o bien, entendiendo la facultad en los términos de la máxima ponderación. Si los grupos no hubieran podido constituirse sin la previa determinación de su número, habría que haber arrostrado la responsabilidad de establecerlo; pero si las Cámaras ya estaban constituidas interinamente y era necesario regular un procedimiento para la articulación de los grupos, la cuestión concerniente al número debería ser materia a tratar y resolver por las propias Cámaras. Por eso se confirió a las distintas formaciones políticas el derecho a presentar propuestas, fijando los requisitos que hubieran de reunirse para la constitución de los grupos. Para llegar a una decisión, se previó la apertura de un debate, con dos turnos a favor y dos en contra de cada una de las propuestas presentadas, al que, una vez concluido, habría de seguir una votación, resultando aprobada la propuesta que obtuviere mayor número de votos. Así lo establecía el art. 15 de aquella regulación provisiona-lísima que dio entrada al primer debate parlamentario en las Cortes durante el período de su constitución interina, antes de su constitución definitiva. A ésta se procedería una vez formados los grupos. Pero para determinar el número exigido para formar-los, era preciso que las propias Cámaras tuvieran ocasión de pronunciarse.

Resuelto de esta forma el escollo de la determinación numérica de los grupos parlamentarios, los demás criterios ordenadores tenían por objeto fijar cómo se constituirían los grupos. La diferencia entre la regulación de los grupos y la relativa a las Juntas preparatorias y a las Mesas interinas consistía en que ésta era por completo consuntiva, se agotaba con su cumplimiento y no podía reproducirse. En cambio, la regulación concerniente a los grupos, en principio, podría subsistir; por eso expresamente se estableció su subordinación a la aprobación de los Reglamentos del Congreso de los Diputados y del Senado. Cabía perfectamente no sólo que los Reglamentos introdujeran una regulación distinta, sino incluso, aunque no parecía previsible, que prescindieran de los grupos.

Para la constitución de los grupos se elaboraron unas normas que podrían denominarse como de legitimación, adscripción y procedimiento. El principio inspirador de las mismas fue el carácter comprensivo total de la articulación de los parlamentarios en grupos, como modo de evitar el atonismo individual, si bien reconociendo al mismo tiempo la libertad personal para la adscripción a un grupo y para el cambio o variación. Por eso la legitimación para la constitución de los grupos no se confería a los partidos o a las formaciones políticas, sino a los diputados y a los senadores, que habían de entregar a la Presidencia de la Cámara una relación nominal de quienes los integrarían en calidad de miembros o de adheridos. Aparte de esta iniciativa para la constitución de los grupos, se reconocía a los parlamentarios el derecho de incorporarse, como miembros o adheridos, a los grupos ya creados. Si transcurría el plazo de cinco días sin haber quedado integrado en grupo alguno o solicitado su incorporación, los diputados y senadores que se encontrasen en tal situación quedarían integrados en el grupo mixto. Fue expresamente resaltada la autonomía en cuanto a la organización interna de los grupos, y también, de modo muy especial, la participación de los portavoces en las deliberaciones sobre el orden del día de las Cámaras.

8. LA APERTURA SOLEMNE DE LAS CORTES Y LAS DELIBERACIONES INICIALES

Particulares dudas se plantearon sobre si antes de la constitución definitiva de las Cortes debería de haber o no en ellas alguna actividad distinta de la requerida para su propia organización y puesta en funcionamiento. En este punto parecían encontradas las posiciones del Gobierno y de las fuerzas políticas que ya actuaban como virtual oposición. El Gobierno se inclinaba porque las Cámaras se ocuparan sólo de sus Reglamentos, dejando en todo caso para después de su constitución definitiva cualquier otro tipo de actuación. En cambio, quienes durante tantos años habían permanecido no sólo apartados del poder, sino de la política a la luz pública, sentían prisa por las actuaciones parlamentarias. No faltaba el vaticinio de que había de producirse una especie de toma clamorosa del Parlamento, que pasaría a ser escenario de grandes proclamas y reivindicaciones tras el silencio, el sigilo y la persecución. Si el criterio normativo se tradujera en una llamada a la estricta elaboración de las normas reglamentarias, podría parecer que se seguía poniendo coto o al menos retardando la libertad pública de expresión, lo que, en el plano de los hechos, quizá estimularía una actitud provocatoria o exaltada. Si se guardaba silencio, toda interpretación sería posible. Tampoco cabía considerar que las Cortes, desde sus inicios, pudieran actuar a pleno pulmón. Cuando la etapa preparatoria se sobrepasó, se ha formulado al Parlamento la crítica de que no ha sido fiel en la práctica al principio de la publicidad. Aquellos deseos iniciales de polémica verbal se fueron amortiguando. El profesor Pedro de Vega expone así una opinión compartida por muchos: «Lo que en la praxis de las Cortes actuales está sucediendo es que las discusiones públicas en las sesiones y en los plenos han dejado de tener relevancia. En su lugar, las decisiones se toman por los grupos parlamentarios, y los importantes acuerdos se obtienen, no después de las deliberaciones en el seno de la institución parlamentaria, sino como resultado de pactos secretos, contraídos por las fuerzas políticas, muchas veces fuera de ella.»[3] Quizá sea un tanto duro el juicio. Ha habido algunas discusiones parlamentarias de gran tensión. Otra cosa es que la victoria, con unas fuerzas políticas muy articuladas y disciplinadas, no esté en función de la elocuencia y el convencimiento.

3. Cfr. Pedro de Vega, *La transición política española*, cit., p. 263.

Algo análogo pasa con la función del abogado. Posiblemente la principal actividad no la despliega en nuestros tiempos ante los Tribunales de Justicia ni es ya el orador el prototipo de esta profesión. La racionalización de la convivencia y el pragmatismo crea otros canales para el entendimiento, que si no reemplazan por entero a los tradicionales, los limitan.

En todo caso, en aquellos tiempos iniciales no se pensaba así. El Parlamento se imaginaba —y se añoraba— como la voz, la luz y la razón. Por eso fue preciso elaborar una norma, que me atrevería a calificar de prudente, moderadora y muy medida, en la que, luego de enunciar como regla general la de que «hasta que se constituyan definitivamente las Cámaras y se determinen las normas reglamentarias que han de regir su funcionamiento, el Congreso y el Senado sólo efectuarán las elecciones y tomarán los acuerdos de carácter normativo a que se refieren las presentes disposiciones, a título de excepción, se concedió: «Podrán deliberar y pronunciarse, sin embargo, sobre las comunicaciones del Gobierno, o las proposiciones que no sean de ley presentadas por los grupos parlamentarios, acomodándose en lo posible a lo dispuesto en los artículos 14 y 15» (art. 27). Los artículos 14 y 15 organizaban un debate para el tratamiento de los grupos parlamentarios; y este debate, muy limitado, se extendió a las comunicaciones del Gobierno y a las proposiciones que no fueran de ley. Consiguientemente, se abría una pequeña puerta a la deliberación.

La verdad es que no hubo asalto al Parlamento ni se hicieron grandes proclamas. Las fuerzas políticas se comportaron con madurez y cordura. Las Juntas preparatorias y la constitución interina de las Cámaras se llevaron a cabo el día 13 de julio de 1977, sin ninguna fricción. La solemne sesión de apertura de las Cortes, celebrada el 22 de julio, presidida por SS. MM. los Reyes, fue expectante, solemne y serena.

Los trabajos de las Cámaras se fueron desarrollando con normalidad y soltura. La contradicción política no se producía entre enemigos, ni los creaba, aunque las personas fueran diferentes no sólo por sus ideologías, sino, en muchos casos, por sus contrapuestas ejecutorias; pero las diferencias impuestas por la guerra civil habían desaparecido. El cambio político español no hubiera sido lo que fue ni puede explicarse sin este espíritu de comprensión. En el edificio de las Cortes prestaba servicios un personal subalterno que en su mayoría había ingresado, con base en relaciones y estimaciones personales, durante el régimen anterior. Todo aquel personal permaneció. El Presidente hubo de hacer nombramientos apremiado por las nuevas necesidades. No se produjo la menor imposición, ninguna interferencia. Nadie preguntó a nadie cómo pensaba. Antes, de consagrarse la democracia por obra de la ley, se manifestó en la conducta. El muro divisorio de los antagonismos personales se había derruido. Se respiraba una atmósfera de reencuentro y conciliación. Esto era estimulante.

9. REFLEXIONES DE UN JURISTA SOBRE LA EXPERIENCIA VIVIDA

A) El derecho como limitación. No sé si la descripción que he intentado hacer —con algunos detalles, pocas anécdotas y casi sin personas— despertará algún interés. A mí me lo inspira y, sobre todo, forma parte de una experiencia que algún papel ha desempeñado en el cambio y alguna huella ha dejado en quien la vivió de cerca y reflexivamente. Al hilo del discurso he deslizado esta o aquella observación de carácter general. Quisiera hacer ahora unas consideraciones de matiz personal.

Mi dedicación al derecho hasta la etapa de las Cortes había tenido dos canalizaciones muy claras que nunca consideré como vueltas de espaldas: el conocimiento reflexivo del derecho (ciencia, filosofía, metodología) y el conocimiento aplicativo o con vistas directamente a resolver los conflictos que se plantean en la práctica. Digo que ambas actividades no están de espaldas, porque entiendo la experiencia como un aspecto o un momento indispensable en la propia dilucidación teórica. Ésta no se desarrolla, a mi juicio, al margen de la realidad para luego llegar a ella en la fase de aplicación del derecho, como momento práctico del mismo. Hay también una incardinación práctica en la ciencia. Por otra parte, considero que la aplicación del derecho, si bien no tiene siempre como presupuesto necesario la formación teórica, supone una actividad intelectual en la que, como he dicho reiteradamente, aunque parezca paradoja, encuentro a veces más carga lógica —la lógica proposicional del razonamiento— que en el discurso científico, abocado al estatismo de los conceptos antes que a la dinámica de las soluciones.

Carecía de una experiencia legislativa con responsabilidad directa. Los largos años de trabajo en la Comisión General de Codificación me habían acostumbrado a la técnica preparatoria de las leyes. Nunca me había encontrado tan cerca como en las Cortes del proceso formativo del derecho. Sé muy bien que las llamadas normas provisionalísimas (o como se quiera) para la puesta en funcionamiento de las Cámaras no pasaban de constituir, en lo jurídico, un arte menor; pero también sé que ninguna tarea es despreciable si se toma como deber y con seriedad. En las Cortes asistí después a todo el proceso legislativo-constitucional y al legislativo-ordinario desarrollado hasta su disolución. Esa cercanía a las normas en surgimiento me ha hecho comprender su grandeza y sus riesgos. El convencimiento que ya albergaba se ha fortalecido. El jurista que aplica o investiga nunca pronuncia la primera palabra acerca de la norma, nunca es dueño de la ley. El deber ser viene enunciado de antemano, aunque necesita de ulteriores desarrollos para determinar su sentido, que no es absoluto e invariable, ni está previamente enunciado de un modo uniforme, porque la propia enunciación experimenta el doble condicionamiento de quién y cómo la recibe e interpreta y de cuál es la realidad objeto de tratamiento. El jurista que legisla (en general, el legislador) es dueño de la palabra en su raíz, es dueño de la ley. He aquí la misión más delicada. La persona cuenta, si bien todo personalismo es repudiable.

Temo a los que se inclinan por una concepción instrumental del derecho y, sobre todo, a los que creen que tienen el instrumento en su cabeza, en su voluntad o en sus manos. Temo a los que creen que todo lo pueden si se está asistido de autoridad o, más ampliamente, de legitimación. Con legitimación e incluso con legitimidad, el derecho es lo más alejado del simple poder. Cuando me encontraba en el trance de sacar a flote aquellas normas, pensaba, creía firmemente que en modo alguno podían estar en mí. Estaría en mí el pensamiento, la reflexión, la responsabilidad, la legitimación; las normas, en sí mismas, no. De algún modo debería salir a su encuentro. Porque todo lo que sea regular o conformar comportamientos sociales, demanda la presencia de los otros, de todos. El derecho, en sus diferentes escalas, facetas y sentidos, presupone siempre la colectividad, la contradicción, el no emanar en ningún caso de uno, aunque sea uno quien haya de pronunciarse. Hay en él algo de propio, de suyo, que no queda satisfecho con una explicación exclusivamente voluntarista. El derecho no es el poder dentro de unos límites predeterminados, de suerte que lo contenido dentro de esos límites quede ya libre, como evadido y purificado, sino conciencia constante de la limitación, tanto en el momento creador como en cualquier instancia aplicativa. Es mucho más lo que no puede hacerse en razón del derecho que cuanto él concede o atribuye. Y no porque prepondere el derecho prohibitivo o represivo. Tengo de él un concepto no opresor y tampoco oprimido. Sólo por el derecho transita la libertad; pero es la libertad de todos, no el arbitrio; tampoco la libertad exaltada en la dominación y negada en el sometimiento. Nada menos que el difícil equilibrio de una libertad proporcionalmente compartida entre seres humanos iguales. La libertad y la igualdad están presentes en cualquier versión del derecho, por modesta que sea. También en la elaboración de aquellas normas provisionalísimas. Debo confesar que me encontraba demasiado solo, aun cuando nunca creyera que yo estaba forjando la norma. La norma, insisto, nunca está en uno mismo. Por eso pensaba en aquellos momentos en la naturaleza de las cosas, en el contrato social, en la antropología, en la fenomenología, en el estructuralismo, en cuanto contribuyese a convencerme de que no actuaba por su cuenta una mente individual. El derecho no es una invención, y menos la invención de una persona.

B) *Las grandes quiebras del normativismo y del realismo judicialista.* Aquella experiencia puso también ante mí claramente de manifiesto, en un grado de evidencia antes no alcanzado, las grandes quiebras de las dos concepciones jurídicas más radicalmente contrapuestas: la rígidamente normativista y la del realismo judicialista. Veía a las dos como desenmascaradas. O más exactamente, me parecía tener ante mí lo que sólo eran dos grandes máscaras, parecidas, si acaso, a una sátira del derecho; no a una teoría explicativa del mismo.

Para la concepción normativista, según reiteradamente se ha dicho, las normas jurídicas no pueden ser definidas ni diferenciadas de otras normas de órdenes distintos por algo que concierna a su contenido. Hablamos de un comportamiento jurídico en cuanto queda atenido a unas normas; mas nada hay en él de específico o propio como no sea el de quedar integrado en la norma correspondiente. De esta forma el centro del mundo jurídico queda en la norma o en los conjuntos que constituyen el ordenamiento como sistema total. Ese gran bloque de normatividades es entendido conforme al paradigma del deber ser. Para explicar éste no se considera pertinente ponderar nada que concierna a sus fundamentos, a su contenido o a sus fines. La explicación se consigue a base de superponer las palabras, con sus designaciones e ideas correspondientes, que acumulan la expresión del máximo autoritarismo, a saber: fuerza, coacción, imperatividad, mandato, sanción. Con todas estas palabras quiere decirse, en el fondo, lo mismo en la doble dimensión de lo negado y lo afirmado. La justicia —he aquí el símbolo de la negación— unas veces es remitida al mundo de lo sobrenatural, otras al de las ideologías y otras, en fin, llega a considerársela como un «ideal irracional» situado fuera por completo de la racionalización científica y sólo admisible tal vez en la aplicación técnica de las normas como un sentimiento subjetivo. Lo que se hace con la justicia se extiende a cualquier otro intento de individualizar cualitativamente lo jurídico. Aquello que diferencia al ordenamiento social, que es el derecho, de los demás ordenamientos sociales, es, se dice, la fuerza. Al no iniciado supongo que le asombrará esta alianza, pues más bien considerará irreconciliables ambos términos y suele pensarse que el imperio del derecho es la derrota del imperio de la fuerza. Pero las cosas se arreglan de manera que resulte corregido el sobresalto. Se trata de una fuerza asumida por el derecho. No, como algunos suponen, el derecho actuando como fuerza (metafóricamente) y reemplazándola. Esta concesión no llega a realizarse. Porque no basta con la fuerza intrínseca al derecho, sino que se requiere una fuerza auténtica, hasta física. Naturalmente, no consiste en una fuerza bruta en manos de cualquiera, sino de una fuerza, que siéndolo, está legitimada en cuanto sólo puede ser ejercida —el monopolio de la fuerza— por el Estado, que tiene a su cargo la organización de la convivencia, y queda siempre atenida a unas reglas. Consiguientemente, de las que parecen dos grandes antítesis del derecho, el arbitrio y la fuerza, se elimina la primera y se mantiene la segunda. Por eso un mismo acto material puede tener dos significados jurídicos opuestos: la retención de una persona por el titular legitimado para el ejercicio de la fuerza es el cumplimiento de una condena, y ese mismo acto, sin la correspondiente legitimación, es un secuestro. No eluden los juristas que piensan así el concepto de fuerza, pero lo atemperan y flexibilizan mediante el concepto de coacción. Todo orden jurídico es coactivo. Los contenidos ordenadores varían y pueden variar infinitamente en el tiempo y en el espacio; sin embargo, hay en todos la nota común de la coactividad. La tesis trae consigo no pocos problemas y eliminaciones. La noción del derecho natural pierde sentido, las normas meramente dispositivas o supletivas que actúan con el concurso de la voluntad de los destinatarios, sólo muy al final se encuentran con la coacción, y en el derecho internacional tiene que reconocerse la existencia de normas incompletas. El mandato es el modo de enunciar el derecho en cuanto fuerza organizada. Comprende el deber ser encarnado por la norma y la sanción subsiguiente al incumplimiento. La sanción es la consecuencia derivada de la transgresión del deber ser contenido en la norma entendida como mandato. En ella se encuentra el momento final y esencial del derecho: aquel en que la fuerza y la coacción se materializan y concretan. El Estado, rector de la convivencia social a través de los órganos correspondientes —en este caso los Jueces y los Tribunales— no puede conseguir que la conducta de los destinatarios de las normas se atenga al deber ser normativo; pero sí consigue o está siempre en condiciones de conseguir la efectividad práctica de la sanción. Si la coacción en cuanto amenaza de sanción determina o no una coacción psíquica que propicie el cumplimiento, no importa demasiado; lo único importante y definitivo es que la sanción se lleve a la práctica.

Dos consideraciones estimuladas por las vivencias de aquellos momentos me alejaban de esta concepción del derecho que le hace depender de la fuerza. Asistíamos al tránsito de la autocracia a la democracia. La fuerza parecía contradictoria con el ambiente espiritual, social y político en que se desenvolvían los acontecimientos. La fuerza de las armas que tuvo su exaltación en la guerra civil quedaba en un pasado del que nos alejábamos no sólo cronológicamente. Al fin, los españoles que un día se dividieron por actos de agresión recíproca, terminaban por encontrarse y comprenderse. Que el reencuentro y la coparticipación en una convivencia compartida y no impuesta como un acaparamiento se llevase a cabo en paz era una conquista muy superior a la que pudiera obtenerse por las armas o simplemente por el hecho revolucionario. Podría decirse que una es la fuerza sin más ley que la de la fuerza misma y otra la fuerza del derecho. Cierto; pero ni aun esa fuerza recubierta o administrada por el derecho me parece suficientemente legitimada y menos legitimadora. Uno de los grandes juristas que han construido la tesis de la coacción como definitoria del derecho le reconoce, no obstante, una misión de paz. He aquí un texto esclarecedor de la armonía entre la fuerza y la paz: «La paz del derecho no es condición de absoluta ausencia de fuerza, un estado de anarquía, sino una condición de monopolio de la fuerza, un monopolio de ésta en favor de la comunidad.»

Me parecía y me parece insuficiente un derecho de tan limitados horizontes, de tan cortas ambiciones. No creo que la ausencia de la fuerza haya de identificarse con la anarquía; ni que la paz consista en la falta de una fuerza en acción, pues puede haber graves conflictos entre los hombres aunque no se estén dirimiendo por las armas; ni tampoco me basta con que la fuerza quede sustraída a las disponibilidades humanas y confiada como monopolio a la comunidad. Por lo pronto habrá que preguntarse: ¿cómo se organiza la comunidad? ¿quién la rige? ¿es una forma de dominación o de integración social? La idea del monopolio no la creo en ningún caso salvadora; menos aún si se prescinde de cómo ha de estar constituida la comunidad, que también es un tema cerca del cual ha de pronunciarse el derecho. Puede llegarse a resultados desesperanzadores de admitir que la comunidad pueda hallarse constituida exclusivamente conforme a unas normas para las que no haya otra nota definitoria que la coacción. Sobre todo en aquellos días, mi idea del derecho no encontraba su paradigma en la fuerza. Un repaso del ordenamiento aún formalmente vigente permitía comprobar, por lo menos, un gran relajamiento de las coactividades. Cuando, principalmente desde una perspectiva sociológica, se advierte que el derecho vivido no es en la mayoría de los casos el efecto de la coacción, los partidarios de la presión de la fuerza suelen responder que basta con la posibilidad de ejercerla, dejando al margen cuáles sean los motivos del comportamiento. Mas también hay situaciones en que la fisura entre coacción y normas no procede de la observancia voluntaria de las mismas, sino más bien de un desvío. Siendo cierto que todo comportamiento social no es necesariamente jurídico, no cabe sin embargo aislar por completo al derecho de su vigencia social.

Si de este panorama general pasamos al tan limitado y modesto de la elaboración de unas normas conducentes a la puesta en funcionamiento de las Cortes, las tonalidades del cuadro que trato de describir se acentúan. Aquella regulación no podía tener unos destinatarios más cualificados: eran los designados por el pueblo como sus legítimos representantes en ejercicio de su voluntad soberana, que pasaban a ser autores de la ley y, sobre todo, de la ley suprema que es la Constitución. A ellos iban dirigidas unas normas, ciertamente organizativas y de procedimiento, pero que imponían deberes de conducta. ¿Qué podía haber en ellas de fuerza y de coercibilidad? ¿Dónde estaría la sanción en caso de incumplimiento? ¿Dónde situar, por otra parte, la norma superior que les confiriese validez? La cúspide de la pequeña pirámide normativa no podía ser más modesta y endeble: tras la legalización de los partidos políticos y el restablecimiento del sufragio universal, unas Cortes democráticas reemplazaban a las orgánicas; el Reglamento de las Cortes orgánicas confería a su Presidente cierta potestad ordenadora; como la Ley para la Reforma política establecía que «una vez constituidas las nuevas Cortes» se aplicaría aquel Reglamento en lo no incompatible, antes de constituirlas y para constituirlas se estaba aplicando, sólo en cuanto potestad reglamentaria del Presidente, ya que ninguna otra disposición era aplicable. ¿Podía serlo ésta? Lo fue. Estoy convencido de que lo fue no por una coerción psíquica, que difícilmente podía suscitarla el débil argumento explicativo de la legitimación y la absoluta falta de cualquier organismo, medida o procedimiento que pudiera hacer llegar la fuerza allí donde no actuara la voluntad de cumplimiento.

Los graves atentados terroristas, que, en verdad, han empañado aunque no desviado el proceso democrático, son la máxima conculcación de la convivencia social en un sentido tan elemental y primario como el del respeto a la vida. Ante tales actos se ha dicho muchas veces que se haría uso inexorable de la ley, que «el peso de la ley» recaería sobre sus autores. Muchos, al contemplar el panorama de la transición española, sólo han visto la tragedia de un derecho que, pese a su fuerza, no logra imponerse como coerción impeditiva del delito ni como prevención del mismo en virtud de medidas de seguridad ni, finalmente, tampoco en numerosos casos, como represión y sanción efectivas. Esta parte negra y triste del panorama siembra el dolor, conmueve las conciencias, atrae las miradas y lleva al pesimismo. Ante una conducta cruel, reprimida pero posible, sólo se piensa en una ley más dura. Ojo por ojo. No voy a decir que el derecho prescinda de la fuerza, sobre todo frente a quienes se sitúan fuera de la sociedad. Pero sí quiero señalar que los juristas, ante hechos tan lamentables, no debemos obnubilarnos ni perder la serenidad de juicio. No todo es fuerza. Estamos más cerca del derecho, y no más lejos, en cuanto no tiene que acudir a ese recurso; es, sin duda, la última *ratio*, mas no la *ratio* única, la exclusivamente definitoria de su misión. Por eso complace recordar la virtualidad conformadora de unas normas que si hubieran necesitado del concurso de la fuerza habrían carecido por completo de eficacia. Algunos quieren derivar de estas situaciones una consecuencia que no creo acertada: si hay comprensión social, es ella la que determina los comportamientos, y no el derecho, que resulta inútil. ·Esto significaría llevar a la coacción a un maximalismo exacerbado, de tal suerte que no hubiera de actuar en potencia o *in fieri*, sino que necesariamente hubiera de materializarse en un efecto sancionador. Suelen considerarse comprendidas en el anarquismo o en la utopía social aquellas situaciones en que faltara por completo el derecho. Sin embargo, no suele pensarse cuál sería la situación de una sociedad en que toda la convivencia quedara atenida a la puesta en práctica de las coactividades. Si la ausencia del derecho evoca una vida paradisíaca socialmente irrealizable, la constante presencia impositiva del derecho, mediante la puesta en marcha en todos los casos de la coacción, haría también imposible la convivencia social. El derecho tiene que contar con actos de incumplimiento; mas también con los de cooperación. En el equilibrio entre unos y otros, con el predominio de la cooperación, está el fiel de la balanza; mas si tomamos como derecho sólo la respuesta de éste al incumplimiento y situamos fuera de él toda conducta cooperadora, le conferimos tan sólo una función represiva que, como ya he dicho, puede ser la razón última, mas no la exclusiva forma de realizarse.

Con lo últimamente expuesto enlaza la concepción judicialista del derecho. Conforme a ella, desaparecen dos piezas claves del normativismo: el sistema y la norma. Al sistema le reemplaza el problema o, más exactamente, la controversia, y a la norma, la decisión. Según este punto de vista, no hay derecho sin jueces. La posición más moderada entiende que, a partir de la norma y en aplicación de la misma, al juez le incumbe una labor creadora. No se trata sólo de que la norma, general y abstracta, se concreta en el acto de aplicación judicial, sino de que únicamente en ese momento alcanza su sentido, que el juez descubre al ponerla en contacto con los hechos de la realidad sometidos a su consideración. La posición más radical prescinde por completo de la norma. En definitiva, el derecho no se limita a realizarse a través de los actos de decisión judicial, sino que sólo entonces llega a definirse. La que podríamos llamar ideología del judicialismo tiene muchos puntos de irrupción. En la jurisprudencia sociológica norteamericana, mantener este criterio es reflejo del modo de estar expresado el orden jurídico distinto del continental europeo; pero también lo sustentan no pocos hastiados de la dogmática de los conceptos, algunos neotomistas y simplemente los entregados a un pragmatismo de cortos vuelos: «No os dejéis, ante todo, seducir por el mito del legislador. Más bien pensad en el juez, que es verdaderamente la figura central del derecho. Un ordenamiento jurídico se puede conseguir sin ley, pero no sin juez. El hecho de que en la escuela europea continental, la figura del legislador haya sobrepujado en otro tiempo a la del juez, es uno de nuestros más graves errores. Es bastante más preferible para un pueblo tener malas leyes con buenos jueces que malos jueces con buenas leyes. No llegaré hasta el extremo de aconsejaros que repudiéis el derecho legal, pero tengo la conciencia tranquila al encomendaros que no abuséis, como nosotros hoy lo estamos haciendo. Y sobre todo, cuidad mucho de la dignidad, el prestigio, la libertad del juez, y de no atarle demasiado en corto las manos. Es el juez, no el legislador, quien tiene ante sí el hombre vivo, mientras el *hombre del legislador* es desgraciadamente una marioneta. Y sólo el contacto con el hombre vivo y auténtico, con sus fuerzas y debilidades, con sus alegrías y sufrimientos, con su bien y su mal, pueden inspirar esa visión suprema que es la intuición de la justicia.» Este texto contiene, en proporciones equivalentes, una fácil demagogia y un fondo de verdad. Cierto que cabe imaginar un ordenamiento jurídico, o dicho en términos mas moderados, sectores del ordenamiento desprovistos de leyes. Así ocurría en el derecho romano; el *ius civile*, centrado sobre la jurisprudencia, era el reducto de los juristas y los jueces: la *lex* y el *ius* no se identificaban. En el mundo jurídico anglosajón hay grandes zonas entregadas al derecho de los jueces, sin una ley previa. El fenómeno de la recepción del derecho romano sólo es explicable en la medida en que la ley careció de primacía como fuente del derecho. Su fuerza absorbente y acaparadora está muy ligada a la formación del Estado moderno, que tiende a ser esencialmente un Estado-legislador. El propio significado de la ley irá variando gradualmente. En Montesquieu las leyes se presentan como una combinación de la naturaleza y la razón, de tal manera que las concibe, al mismo tiempo, como relaciones necesarias derivadas de la naturaleza de las cosas y como la razón humana gobernando a todos los pueblos de la tierra. Precisamente la explicación democrática del poder, del derecho y, en definitiva, de la convivencia social, traerán consigo la exaltación de la ley. El racionalismo abrirá paso al voluntarismo. La voluntad general, que Rousseau erigirá en regla suprema del gobierno de los hombres, dará paso al imperio de la ley. Ya no importa su contenido intrínseco; lo decisivo para la ley es que no signifique una imposición; y no hay imposición cuando en ella participan los que luego van a ser sus destinatarios. La Codificación supuso el máximo reduccionismo del derecho a la ley. Junto al propósito ordenador y sistematizador que evitara la dispersión y las dificultades de identificar la ley aplicable, había estos otros dos propósitos muy marcados: la eliminación de las demás fuentes del derecho o por lo menos su sometimiento a la ley; y la uniformidad de las normas reguladoras de las relaciones sociales en el seno de un Estado nacional y centralista.

En un tiempo relativamente corto para las grandes dimensiones históricas, se han producido estos dos fenómenos que, pareciendo antagónicos, tienen una raíz común: el mito de la ley y la crisis de la ley. Llamo mito a creer que la ley lo es todo y elimina cualquier otra expresión del derecho; a confiar en ella como solución salvadora y a considerar que los jueces son sólo unos mediadores para dotarla de eficacia. Por crisis entiendo la hipertrofia de la ley, su crecimiento incesante, la penetración en todos los intersticios de la convivencia y el comprobar, al propio tiempo, que su capacidad ordenadora y resolutiva es limitada, que está en constante trance de cambio, que en no pocas ocasiones el mensaje ordenador no se adentra en la realidad y que su aplicación estricta puede conducir a resultados no apetecidos. Pero una cosa es comprender las dificultades de la ley, hacerse cargo de sus problemas y someterla a una reconsideración crítica, y otra muy distinta creerla una derrotada o una intrusa. La proclamación del juez como protagonista del derecho, aunque suele hacerse en nombre de un realismo sociológico o práctico, no por eso está exenta de una buena carga utópica. ¿Puede decirse que el legislador es un iluso y que sólo el juez conoce directamente la realidad? El juicio necesita, al menos, matizaciones. En la sociedad de nuestro tiempo se han multiplicado los medios de conocimiento. Las leyes no descienden de las alturas; requieren y presuponen un detenido análisis de la materia sobre la cual versan. Cierto que el juez, en la solución de los conflictos, siempre se encontrará más cerca de los hechos concretos, de las personas y de los intereses afectados. Esto sin embargo no es razón suficiente para pensar que la ley no cuenta para nada. ¿Puede sostenerse que al derecho sólo se llega a través de un pronunciamiento judicial? Tampoco es así. Sólo una parte comparativamente pequeña del proceso de realización del derecho pasa por los jueces. Es, sin duda, importante su decisión con vistas al caso en sí y además como precedente o criterio para la resolución de otros casos. La posibilidad de una instancia jurisdiccional contribuye a la seguridad jurídica. Sin embargo, no hay que pensar que en las múltiples facetas de la ordenación del comportamiento cuente únicamente la sentencia.

En definitiva, aquellas normas provisionalísimas carecían del respaldo de la coacción institucionalizada. Faltaba o carecía de sentido una sentencia. Sin embargo, conformaron la conducta de sus destinatarios y pusieron en marcha las Cortes. Se dirá por algunos: porque se cumplieron no fue preciso imponerlas. Cierto; mas a ese cumplimiento no se llegó bajo la amenaza de ninguna conminación. La debilidad del derecho, y no su fuerza, es, a veces, más poderosa. Aquellas normas inermes, de legitimidad discutible, fueron bien acogidas. ¿Eran acertadas? Si respondiera en términos afirmativos, aparte de incurrir en la vanagloria, no estaría diciendo la verdad. La verdad y la falsedad no encarnan el ser y el no ser del derecho. Tampoco constituyen los valores estimativos del mismo. Casi todas las soluciones a que llegaban podían haber sido otras; argumentalmente eran incluso reversibles. No voy a decir, sin embargo, que fuesen arbitrarias. Ahora bien, sin una estimable voluntad de cooperación difícilmente habrían llegado a puerto.

IV. En torno al poder constituyente y a la reforma constitucional

1. LA CALIFICACIÓN DEL PROCESO DE CAMBIO COMO CONSTITUYENTE. CUESTIONES QUE SUSCITA

Las dos cuestiones que principalmente se suscitaron en el curso de los acontecimientos y después de transcurridos, en orden a determinar la naturaleza o el carácter del cambio que se estaba operando en España, eran si el proceso había de calificarse como constituyente en la plenitud de su sentido o si quedaba reducido a una reforma. Ruptura o reforma pasaron a ser las contraposiciones más difundidas. Cuando el proceso se hallaba en período de iniciación o planteamiento, el problema era considerado en términos político-ideológicos y, por tanto, se emitían opiniones acerca de cómo debía procederse. La posición moderada se cifraba en no sobrepasar los moldes de la reforma, dejando un tanto en la penumbra el tema del poder constituyente que, desde posiciones más conservadoras, se excluía. Prescindiendo del estricto continuismo, lo cierto es que a medida que transcurría el tiempo se generalizó la opinión de que las Cortes procedentes de las elecciones generales de 1977 eran constituyentes. Las posiciones progresistas oponían a la reforma la ruptura, afirmando como indiscutible la plena naturaleza constituyente del proceso y del cambio. La palabra revolución fue cuidadosamente eludida por las fuerzas políticas dispuestas a tener un protagonismo en la transición. Transcurridos ya los acontecimientos principales, con la Constitución elaborándose o después de aprobada, la opinión dominante en los analistas políticos tiende a considerar que la reforma ha tenido unas características muy particulares, así como también es peculiar el significado constituyente que se le reconoce.

Lucas Verdú acuñaría una frase muchas veces repetida al calificar el cambio político español de «proceso constituyente singular y *sui generis*».[1] La razón de ser de tal calificación radica en que, a juicio del autor, hubo un apartamiento de la ortodoxia constituyente al faltar un Gobierno provisional en el tránsito de uno a otro régimen, así como una Asamblea unicameral encargada de redactar la Constitución. Raúl Morodo comparte la opinión de Lucas Verdú. A las peculiaridades señaladas por éste —además de las ya citadas, la continuidad de la legalidad anterior, la exclusión del Grupo Mixto (en la Ponencia Constitucional), la confidencialidad en los trabajos, etc.— añade, con referencia al pleno del Congreso de los Diputados de 21 de julio de 1978 que aprobó el Proyecto de Constitución, otros hechos que alteraron la estrategia del *consensus*, en principio compartida, como «la retirada del grupo parlamentario vasco (PNV), la abstención de Alianza Popular, y el sorprendente porcentaje de absentismo de diputados».[2] Por ello Morodo habla de un «peculiar, atípico y largo proceso constituyente». Ferrando Badía, en un trabajo incluido en *Las experiencias del proceso constituyente*,[3] aunque pone en duda el carácter constituyente de las Cortes, luego las califica como tales. Luis Sánchez Agesta, en su *Sistema Político de la Constitución Española de 1978*, no vacila en reputar el proceso como constituyente y considera como «un hecho constituyente» la afirmación resuelta por la Ley para la Reforma Política «de un principio democrático como fundamento del orden constitucional».[4]

Tras referirse Sánchez Agesta a la revolución francesa y a la soviética como las más profundas, aunque sean modelos históricos contrapuestos, y luego de aludir también a los golpes de Estado del siglo XIX, de tan variados matices, observa que «en toda situación de cambio hay como dos estratos superpuestos de lo nuevo y lo viejo que alcanzan a todo: a las instituciones, a las normas jurídicas y a los mismos hombres», para terminar sosteniendo: «La Ley para la Reforma política ha representado un modelo distinto de los varios que hemos propuesto. No ha habido en España ni una revolución, ni un golpe de Estado. Ha habido un proceso de sucesión de un régimen que desde 1967 tenía una voluntad confusa, ambigua y oscura de cambiar, que incluso había previsto los instrumentos jurídicos para realizar ese cambio y que estaba ensayando el cambio —eso sí, un cambio circunspecto, li-

1. Cfr. Pablo Lucas Verdú, «La singularidad del proceso constituyente español», *Revista de Estudios Políticos* (Nueva Época), 1978, pp. 9 y ss.
2. Cfr. Raúl Morodo, «Proceso constituyente y nueva Constitución española; anotaciones al preámbulo Constitucional», en *Boletín Informativo del Departamento de Derecho Político*, otoño 1978, pp. 5 y ss.
3. Publicado en México por la Universidad Nacional Autónoma, 1979, pp. 15 y ss.
4. Ob. cit., 1980, p. 39.

mitado— casi durante un lustro, desde que en 1967 se aprobó la Ley Orgánica del Estado, llena de ambigüedades sibilinas sobre la soberanía nacional y la ordenada concurrencia de criterios. Un régimen que se soportaba además en la voluntad también confusa de un solo hombre, cuya muerte abría un proceso aún más confuso de sucesión.»[5] Como antes he dicho, la sucesión fue un hecho previsto y preconfigurado por las Leyes fundamentales, conforme a las cuales se conformó jurídicamente. Ahora bien, este cambio, entendido como la sustitución en la titularidad de la Jefatura del Estado, no forma parte propiamente del que consideramos como cambio político. Se limita a ser un antecedente propiciador del mismo; pero se dio en un ámbito normativo diferente, el del anterior sistema todavía no modificado.

Creo que sigue siendo oportuno —al menos desde el punto de vista de un análisis científico— tratar, tanto el tema del proceso constituyente, como el de la catalogación conceptual y tipológica del cambio. Sobre éste ya hemos formulado algunas observaciones, principalmente a la vista de la Ley para la Reforma Política, que habrán de ser completadas. Pero el primero de los temas no lo hemos abordado todavía y, para hacerlo, parecen obligadas unas reflexiones previas de carácter general.

El punto de vista o criterio metodológico que adopto en el planteamiento de ambas cuestiones es distinto. La constatación del poder constituyente intento hacerla mediante el análisis del proceso de cambio y en el curso del proceso contemplado, tanto en el plano de la Ley para la reforma política, como en la esfera de los hechos. Diversamente, para el encuadramiento tipológico del cambio, con el fin de determinar si se integra y cómo en los conceptos de reforma, revolución, ruptura (no revolucionaria) o revisión es necesario ponderar el resultado.

2. EL PODER CONSTITUYENTE ORIGINARIO

La teoría del poder constituyente en su expresión paradigmática, que es la del constituyente originario, viene a explicar éste con base en una negación, en una afirmación y en una contraposición. La negación implica que en un momento dado se produce el vacío del poder constituido como condición necesaria e impuesta por la afirmación del poder constituyente, que en una explicación democrática de la sociedad hace descansar su prioridad y hegemonía en proceder de la fuente primigenia de todos los poderes, que es la

5. Ob. cit., p. 44.

nación, y más ampliamente, el pueblo. La contraposición consiste en colocar en posición de antítesis —de antítesis, sin una tesis final superadora— lo negado y lo afirmado. El poder constituyente empieza por ser el no constituido; pero lo que le cualifica no es el mero no estar constituido, sino el llegar a constituirse sin sujección al constituido. Es constituyente por el hecho y la forma de constituirse, sin subordinación o dependencia, y en tanto se establece o constituye, porque una vez establecido ya no es un poder constituyente, sino un poder constituido como constituyente. Luego es constituyente en cuanto proceso o acción, por su modo de irrumpir en la organización política; no lo es como situación o estado. Su modo de ser es necesariamente dinámico y nunca estático. En cuanto con su establecimiento o consolidación queda constituido, puede ser contradicho por el poder constituyente.

En términos generales, el hecho o el fenómeno social de constituirse tiene tanta antigüedad como la que tienen los grupos humanos organizados contemplados en el momento inicial de su surgimiento o en el de su transformación. En la sociedad, todas las formas de vida colectiva han irrumpido como tales a través de un afirmarse o constituirse. La constitución de los agregados humanos, con o sin adscripciones territoriales, es muy anterior a la nación, al Estado y a lo que hoy llamamos, en un sentido formal, Constitución. En esos mismos términos generales podemos explicar como un proceso de constitución el largo recorrido histórico que conduce al surgir de una nación o de una nacionalidad, el origen del Estado o la formación de un Estado determinado o de los llamados Estados preconstitucionales. Sin embargo, la teoría del poder constituyente en su significado específico enlaza con la teoría de la Constitución y procede principalmente del pensamiento revolucionario francés. Como observa Burdeau, no se encuentran precedentes en Rousseau, ya que tanto la regla legislativa como la constitucional son manifestaciones o aspectos de la voluntad general; y sólo muy indirectamente cabe remontar a Montesquieu la teoría del poder constituyente, por cuanto la distribución de los poderes hace pensar en una autoridad superior que la establezca, si bien el autor *De l'esprit des lois* no se plantea especialmente la cuestión.[6] Sin duda, como tantas veces se ha dicho, el gran formulador de la doctrina es Sieyès en su famoso libro *Qu'est-ceque le Tiers-Etat*. Su punto de partida radica en el principio de la soberanía de la nación. De ella emana la Constitución; pero la nación no es, como el Gobierno, una institución de derecho positivo, sino de derecho natural, por lo que la

6. Cfr. Burdeau, *Traité de science politique*, t. II, París, 1969, p. 186.

Constitución, que obliga a los gobernantes, deja subsistente la supremacía de la nación. En consecuencia, no queda sometida a la Constitución, por lo que siempre encarna un poder para suprimirla o modificarla.[7] En definitiva, el poder constituyente del que emana *ex novo* la Constitución, una vez promulgada, sigue subsistiendo para reemplazarla o modificarla. Hay, por tanto «un derecho perpetuo a la revolución». Según la tesis de Sieyès, el poder constituyente se ejerce por representantes extraordinarios que nunca pueden acumular facultades procedentes de los poderes ordinarios o constituidos.

Antes que el pensamiento revolucionario francés formulara la doctrina del poder constituyente, éste había hecho su aparición en la fase inicial de la democracia americana. Aunque careciera de unos fundamentos dogmáticos tan matizados, fue un convencimiento inspirado en la práctica de los «pactos religiosos» y, en todo caso, una realidad. La diferencia principal con el sistema francés radica en que el sistema americano se atiene en todo momento al principio de que el poder corresponde al pueblo y excluye la intervención de los representantes, aunque varíen las modalidades de ejercicio.

«Unas veces —dice Pérez Serrano, siguiendo la autorizada exposición de Hatschek— se requiere el asentimiento unánime de los colonos y otras se estima suficiente el acuerdo de la mayoría; además, puede haber una Convención encargada de redactar el texto, pero su aprobación exige ratificaciones ulteriores, bien de las town-meetings, bien del pueblo mismo.»[8]

El paradigma del poder constituyente originario tiene dos manifestaciones principales. Una es la del que se ha llamado poder constituyente fundacional. Su significación más pura se encuentra en el tránsito del Estado pre-constitucional al constitucional, es decir, cuando, por primera vez, el Estado se dota de Constitución. No obstante, también puede considerarse como fundacional el poder constituyente si, habiendo tenido el Estado Constitución, después carece de ella y de nuevo pasa a tenerla, sin que medie ninguna relación entre el hecho por el que fue derogada o derrocada la antigua Constitución y el establecimiento de la nueva. Otra manifestación del poder constituyente originario es la representada por el cambio de o en la Constitución llevado a cabo sin cumplir las normas reguladoras constitucionalmente establecidas, de donde resultará una nueva Constitución, o una modificación de la precedente, en todo caso sin conexión con la misma. Al poder

7. Cfr. Pérez Serrano, *El poder constituyente* (Discurso de recepción en la Real Academia de Ciencias Morales y Políticas), 1947, pp. 16-17.
8. Cfr. Pérez Serrano, ob. cit. p. 16.

constituyente por el cual se implanta una nueva Constitución o se modifica la anterior sin cumplirse el procedimiento de reforma constitucional suele considerársele como un poder constituyente revolucionario. Según este punto de vista, el poder constituyente será fundacional únicamente cuando adviene por primera vez el Estado constitucional, mientras en los otros casos será revolucionario.[9] Esto requiere algunas puntualizaciones. Como ya hemos dicho, también es fundacional el poder constituyente cuando, habiendo tenido el Estado Constitución, carece de ella en el momento de advenir la nueva. Por otra parte, el poder constituyente revolucionario es, sin duda, el que suele manifestarse con mayor frecuencia en nuestro tiempo. «Todos los actos constituyentes —dice Friedrich— que, en estos últimos años, han tenido significación, digamos el establecimiento de la IV y V República en Francia, la de Italia, o de la República Federal Alemana, la de la India, y en otras naciones nuevas que han emergido, han estado precedidos de un período revolucionario en el que los actos de traición se hicieron, no sólo numerosos, sino motivo de honra también. Los traidores y criminales contra un régimen son los héroes del que le sucede.»[10] No todas las que Friedrich califica de revoluciones lo son en el sentido histórico de esta expresión y él mismo las llama «conmociones cuasi revolucionarias» de «carácter negativo», ya que «estuvieron motivadas, no tanto por un positivo entusiasmo, por un espléndido futuro, cuanto por el hastío de un sórdido pasado».[11] Pero aún hay quienes, con base en un concepto puramente formal de la revolución, consideran como tal y como poder constituyente revolucionario, bien todo cambio o modificación constitucional no atenida al procedimiento previsto en la Constitución, o bien, los cambios o modificaciones que alteren de modo sustancial el sistema político. Tal es, en definitiva, la tesis kelseniana de la revolución que contempla a ésta sólo en el plano del ordenamiento jurídico y del acto creador de las normas. Como, según ya hemos expuesto, la revolución no es configurable en términos de un estricto nominalismo jurídico, por cuanto tiene una significación histórica y político-social que exige el hecho o el proceso revolucionario, coherentemente habremos de entender que el poder constituyente no es revolucionario por sí mismo, en virtud tan sólo de cómo y con qué profundidad haya producido el cambio constitucional; requiere estar impulsado por una conmoción

9. Cfr., p. e., Quiroga Lavie, *Derecho constitucional*, cit., pp. 43-44.
10. Cfr. Carl J. Friedrich, *Gobierno constitucional y democracia*, trad. de Agustín Gil Lasierra, Instituto de Estudios Políticos, Madrid, 1975, pp. 275-276.
11. Ob. cit., p. 306.

histórica propiamente revolucionaria. En consecuencia, son dos las manifestaciones del poder constituyente originario: el llamado poder *fundacional y el poder constituyente de cambio o renovación constitucional*, que será *revolucionario* de proceder históricamente de una revolución y sólo *renovador* si únicamente ha habido incumplimiento de las normas de reforma constitucional.

En relación con la cuestión tratada aparece la de si hay un poder constituyente frente a las Constituciones flexibles por modificarse por o como las leyes ordinarias. Desde un punto de vista formalista suele sostenerse que el poder constituyente presupone una Constitución rígida, por lo que se manifestará en el no respeto a la rigidez constitucional, mientras carecerá de sentido si la Constitución es flexible, pues queda entregada al poder legislativo ordinario la mutación constitucional. También esta tesis peca de nominalista. Aun cuando la Constitución sea flexible, el hecho revolucionario puede producirse. La falta de un procedimiento de reforma constitucional excluye, ciertamente, el ejercicio del poder constituyente renovador o reformista, así como el que actúa mediante la transgresión de las normas relativas a la reforma constitucional, que no existen. Sin embargo, nada impide que, frente a una Constitución flexible, se alce el poder constituyente originario como negación del orden constitucional establecido. Por tanto, las Constituciones de esta clase reducen el ámbito del poder constituyente, mas no lo excluyen de un modo total. Que sean menos propicias a estimular un proceso revolucionario es una estimación de carácter exclusivamente histórico y político.

3. CARACTERES DEL PODER CONSTITUYENTE ORIGINARIO (INICIAL, AUTÓNOMO, INAGOTABLE)

Al poder constituyente le ha ocurrido algo parecido a lo que le ha ocurrido también a la propiedad privada. En ambas instituciones se han simbolizado las máximas atribuciones del poder, sobre todo si su estudio no se lleva a cabo en términos jurídicos rigurosos, sino en el campo de la exaltación política o de la reflexión filosófica. La propiedad privada, una vez constituida, encarna la dominación absoluta de las cosas frente a todos. El poder constituyente, al irrumpir y establecerse ante nada se detiene, nada le limita, todo lo puede con la fuerza de su supremacía. Recordemos una vez más el texto que Donoso Cortés consagra a exaltarle: «El poder constituyente —dice— no puede localizarse por el legislador ni formularse por el filósofo, porque no cabe en los libros y rompe el cuadro de las Constituciones; si aparece alguna vez, aparece como el rayo que rasga el seno de la nube, hiere a la víctima y se extingue.»[12] Parece, pues, inaprehensible, rebelde incluso a cualquier intento de disciplinada formulación, porque escapa a las normas y a las propias palabras. Las exposiciones propiamente jurídicas no siempre están exentas de la tendencia a la exageración. Por eso suelen acumularse para describirlo una larga serie de caracteres dirigidos todos ellos a expresar su hegemonía. Creo que basta con decir que es un poder *inicial, autónomo e inagotable.*

Poder inicial por cuanto no hay ningún otro que le preceda ni se le imponga. Le corresponde la primacía y ésta le confiere superioridad. Ocupa el lugar del soberano. Aparece en el momento de la fundación o de la transmutación del orden jurídico. Para la concepción positivista propia del normativismo, este carácter inicial tiene el significado de que señala el paso del hecho o de la nada al del derecho que comienza con o a partir del propio poder constituyente, sin ningún otro fundamento que le trascienda y sin base previa alguna. En cambio, para una concepción iusnaturalista, el poder constituyente tiene una base jurídica que le dota de legitimación. La primariedad y la superioridad no radican entonces en él mismo, sino en la posibilidad inmediata y directa de, sin interferencias, llegar hasta la fuente primaria del derecho, por lo que es inicial en cuanto poder, mas no en cuanto creador del derecho. Para una concepción sociológica también habrá, si no una normatividad fundante de la establecida por el poder constituyente, sí una base previa constituida por las tendencias y las aspiraciones sociales informadoras del orden a establecer.

La *autonomía* del poder constituyente significa su no condicionamiento o limitación por ningún otro. Esta falta de limitación no es equiparable, sin embargo, a una absoluta ilimitación. Intrínsecamente, para ser poder, tiene que de algún modo implicar cierta conformación delimitadora de su contenido, porque de lo contrario, de ser todo lo arbitrariamente posible, también lo sería el caos. Autonomía quiere decir, por tanto, la no dependencia formal ni material de los poderes constituidos; no la infinita ilimitación interna del constituyente. Trátase de un poder no organizado ni preconfigurado, dotado de una función organizadora que empieza por referirse a sí mismo, lo cual implica su propia autorregulación. Los autores que integran en una sola unidad conceptual el poder constituyente originario y el instituido o derivativo señalan como principales límites jurídicos los procesales (proce-

12. Donoso Cortés, *Lecciones de Derecho Político* (explicadas en el Ateneo de Madrid, curso 1836-1837), p. 237.

dentes de las reglas reguladoras de la actuación del poder constituyente en la reforma constitucional) y los materiales (como las cláusulas de inmodificabilidad, que suelen responder a aspiraciones ideológicas de dudosa eficacia).[13] Considerando como prototípico el poder constituyente originario, tales límites no cuentan; más aún, estando constitucionalmente configurados como una regulación del orden constituyente, la autonomía de éste, su irreductibilidad a lo constituido, aunque sea lo constituido-constituyente, habrá siempre un poder constituyente originario que se sobrepone a esa regulación. Con ello no queremos decir que sea intrínsecamente ilimitado, sino que *no puede estar limitado*; en cuanto lo estuviera habría de considerarse como un orden superior el creador de la limitación y se desplazaría el poder constituyente hacia ese otro orden. La autonomía trae como consecuencia la singularidad con que en cada caso se presenta. Por eso su ejercicio no es reductible a un patrón uniforme ni a tipos preestablecidos. El hecho de que históricamente se haya realizado conforme a determinados tipos o pautas no permite dotar de normatividad ni siquiera de normalidad a esos tipos o pautas. Habrá una tónica, una directriz dominante. A ella se refiere Loewenstein cuando escribe: «De acuerdo con las teorías de la soberanía del pueblo y del *pouvoir constituant* originario del pueblo soberano, se ha generalizado, y hasta estereotipado, un procedimiento para la elaboración y la adopción de la constitución escrita: una asamblea nacional o constituyente será elegida para esta tarea específica. Con más frecuencia hoy que en tiempos pasados, se prescribe imperativamente la ratificación final por el pueblo soberano. La *ratio* de esta exigencia es que la ley fundamental adquiere mayor solemnidad a través de la aprobación por el pueblo soberano.»[14] Este procedimiento que Loewenstein llama estereotipado es el resultado de combinar la intervención del pueblo mediante representantes y de un modo directo, que responden, respectivamente, a los tipos históricos francés y americano en sus manifestaciones iniciales, ya que luego en Francia se ha insistido en la consulta directa al pueblo mediante referéndum constitucional. Creo que está en lo cierto Pérez Serrano al admitir todas las posibilidades de expresión de la voluntad, desde la aclamación hasta la fórmula representativa. «Cualquiera expresión —dice— que pueda lógicamente reconocerse como opinión nacional vale como obra constituyente, con tal de

13. Cfr. Quiroga Lavie, ob. cit., pp. 50-51, que hace una exposición siguiendo principalmente a Walter Jellinek (en su monografía *Grenzen der Verfassungsgesetzgebung*, 1931) muy tenida en cuenta también por Pérez Serrano (ob. cit., pp. 46 y ss.) y Vanossi.
14. Karl Loewenstein, *Teoría de la constitución*, trad. y estudio por Alfredo Gallego Anabitarte, Ed. Ariel, reimpresión de 1979, pp. 160-161.

que haya base para suponer que manifiesta directa y espontáneamente el sentir colectivo. Y a condición, claro es, de que esta presunción de titularidad legítima en cuanto al órgano y de acierto en las soluciones que preconiza quede luego refrendada por aquel asentimiento cotidiano y perdurable que en esta como en tantas otras esferas de la vida social viene a significar la gota de óleo que consagra definitivamente la obra realizada.» [15]

Llamo *inagotabilidad* del poder constituyente originario a su permanente y potencial estado latente que hace posible su presencia o manifestación en cualquier momento. Nunca termina o se consume. Su realización concreta como tal no es la condición de su existencia, sino el efecto o la prueba de la misma. Mientras el poder constituido tiene la fuerza inherente a hallarse establecido y a su mantenimiento coactivo, al constituyente le corresponde la supremacía de irrumpir con fuerza para imponerse. En rigor, todo orden constituido existe con subordinación al posible desencadenamiento de una situación constituyente. Las posibilidades de irrupción del poder constituyente se alejan o se acercan en la misma medida en que sea mayor o menor la correspondencia entre el orden constituido y la situación real de una sociedad y sus ideales de vida colectiva. Una vez transformado el poder (o el orden) constituyentes en poder o en orden constituidos, el constituyente, si bien deja de manifestarse, subsiste en su estado potencial. De hecho, no debe reputarse como normal que, concluido el período constituyente y formado un orden constitucional, vaya a ser inmediatamente puesto en cuestión y removido con la apertura de otra fase constituyente; pero racionalmente, al menos conforme a una racionalidad lógica, nada se opone a que sea así. La teoría del poder constituyente excluye el absolutismo inmovilista en un doble sentido. Por una parte, los poderes constituidos no son inconmovibles. En el momento de irrumpir históricamente la ideología de la Constitución en las revoluciones americana y francesa, se pensó que la Constitución escrita significaba el definitivo autogobierno de la sociedad, con lo que si bien cabría una reforma constitucional, el poder constituyente originario habría de estimarse agotado o desaparecido, de suerte que no tendría ya nuevas ocasiones de manifestarse. Aunque en EE. UU., la Constitución y las Constituciones se han acercado a este ideal, en Europa evidentemente no ha sido así. De igual manera que con respecto a la Constitución, se pensó respecto de la Codificación; y tampoco los Códigos quedaron inmovilizados ni sujetos exclusivamente a los procedimientos de reforma en ellos previstos. Por ejemplo,

15. Pérez Serrano, ob. cit., pp. 25-26.

el Código civil español, que se ha reformado numerosas veces, nunca se ha reformado conforme a lo en él establecido a tal fin. Todo ello prueba que suele faltar un sentido histórico coetáneo, con lo que tiende a reputarse como definitivo lo concebido como un dogma o un ideal, siendo así que precisamente la mayor riqueza del ideal radica en las nuevas posibilidades de su replanteamiento. Por otra parte, el inmovilismo del poder constituyente también queda excluido porque, mientras en su estado potencial no recibe ninguna formulación, será variable en función del tiempo en que se realice. Por tanto, la inagotabilidad y la flexibilidad del poder constituyente están muy ligadas. Lo inagotable no es un determinado poder constituyente, sino una potencial posibilidad que sólo tendrá concreción histórica si y cuando llegue a realizarse.

4. LA BASE FÁCTICA O JURÍDICA DEL PODER CONSTITUYENTE ORIGINARIO

¿De dónde parte o qué precede al poder constituyente originario? Parece que hay algún contrasentido en la propia formulación de esta pregunta. Si es originario y, por tanto, inicial y autónomo, fundante e innovador, no se le puede reconocer, en principio, una procedencia, en cuanto poder, heterónoma respecto de él mismo. Sin embargo, lo que más precisamente inquirimos, sin negar su condición de originario, es si el poder, que no es una abstracción sino una realidad, se manifiesta inicialmente como un hecho a partir del cual se irá organizando el derecho, o, si diversamente, el poder constituyente originario, aun cuando no proceda del previo derecho del Estado, porque falta éste o porque niega el anterior derecho emanado de él, actúa no obstante originariamente sobre alguna base jurídica, lo que no le privaría de ese significado inicial, aunque sí de la estricta facticidad.

¿Todo el derecho, cualquier expresión o pensamiento del mismo, ha de considerarse en función del Estado o el derecho —dejando por ahora aparte el orden internacional— tiene una dimensión necesariamente estatal? ¿El derecho sólo es concebible en función y en dependencia del poder que lo establece, de suerte que no hay vivencia jurídica alguna previa ni coetánea con el surgimiento del poder constituyente? ¿Cuál es la ordenación: poder, Estado, derecho o, diversamente, derecho y poder, Estado? En la primera hipótesis, la primacía del poder entrañaría una anteposición al derecho, el cual iría también pospuesto al Estado. En la segunda hipótesis, no se trataría de que el derecho se antepusiera al poder constituyente, sino que uno y otro concurrieran o estuviesen correlativamente unidos.

El modo de resolver los problemas planteados y, sobre todo, la solución misma de tales problemas será una u otra según cual sea la concepción jurídica general (filosófico-ideológica) que se sustente. Y la propia concepción general condiciona si el poder constituyente es en su origen un poder de hecho, ajeno al derecho, que él mismo organiza un sistema de normatividades, o, si por el contrario, siempre incorpora unas, siquiera sean incipientes, connotaciones jurídicas.

La solución dada por la teoría positivista (del positivismo de la ley o de las normas, conviene aclarar, pues el positivismo sociológico no conduce a igual resultado) es que, si se contempla el poder constituyente en el nacimiento del Estado o en la primera Constitución de éste o tras una Constitución revolucionariamente derrocada, habrá un momento inicial en que será un puro y simple hecho. Desde este punto de vista, el poder constituyente sólo podría ser jurídico si el derecho fuera anterior al Estado; mas como no lo es, carece de significación jurídica.[16] La tesis, dentro de su propio planteamiento, suele exponerse con excesivo radicalismo, porque se da a entender que el poder se hace jurídico cuando culmina el proceso constituyente, y la verdad es que éste marca un *iter* en el que ya van apareciendo unas normatividades, aunque sólo tengan por objeto regular el ejercicio del poder constituyente, de manera que en el curso del mismo se produce lo que vendría a ser su juridificación. Claro es que esta hipótesis no se dará cuando se asiste al nacimiento del Estado, porque sin éste no es posible, para la concepción positivista, el derecho; pero en la hipótesis de una Constitución revolucionariamente derrocada, sí parece posible admitir la gradual juridificación del poder constituyente, ya que el Estado mismo no falta.

La teoría pura simplifica la tesis positivista. La verdad es que Kelsen en dos de sus obras principales (*Teoría general del Estado* y *Teoría general del derecho y del Estado*) no presta especial atención al poder constituyente originario. Da entrada al *pouvoir constituant* como prueba de que el concepto formal de Constitución sirve para distinguir, dentro de la función legislativa, entre la legislación ordinaria y la legislación constitucional. «Incluso suele hablarse —dice— de un *pouvoir constituant* que no pertenece a los órganos ordinarios de la legislación, sino a un parlamento constituyente o al pueblo mismo, ya a una asamblea popular o al

---

16. Cfr., p. e., la conocida obra de Carré de Malberg, *Contribution a la Théorie générale de l'Etat*, t. II, 1922, pp. 490 y ss.; Burdeau, ob. y t. cits., p. 214.

mero plebiscito.» [17] Parece que éste sería el poder constituyente originario o, al menos, un concepto general que le comprendería. Pues bien, Kelsen observa: «La función constituyente positiva no puede derivarse, como "poder" cualitativamente específico, de la esencia del derecho o de la Constitución; no puede ser una verdad teórica, como no lo era tampoco la validez "superior" de la Constitución positiva.» [18] Después pasa a ocuparse de la reforma constitucional. Que la función constituyente positiva no procede de la esencia del derecho tiene un significado kelseniano muy claro: hay que descartar toda explicación iusnaturalista o metafísica; el poder constituyente carece de estos soportes. Esta reflexión ya tiende a situarle fuera del derecho. Dice también, como es obvio, que tampoco emana de la Constitución. Luego si nada significan respecto de él la esencia del derecho ni la Constitución, su localización más allá del derecho es evidente. Por último, Kelsen nos dirá en el breve pasaje citado que «no puede ser una verdad teórica».

¿Qué quiere poner de manifiesto? Cuando, en términos generales, se ocupa de distinguir las verdades teóricas traducidas en juicios enunciativos de los juicios de validez, dice que en los primeros formulamos un aserto cuya verdad resulta de que se corresponden con la realidad, como cuando afirmamos que «los cuerpos aumentan de volumen bajo la influencia del calor»,[19] mientras el juicio o el fundamento de la validez siempre consiste en presuponer la existencia de una norma suprema que representa la última razón de validez dentro de un sistema normativo.[20] Esa norma supuesta es superior a la Constitución. He ahí, pensamos, dónde cabe situar al poder constituyente, que nada tiene que ver con la esencia del derecho ni con la Constitución. Nada tiene que ver con la esencia del derecho porque descarta la posibilidad de una esencia jurídica fuera de un orden dependiente de la Constitución y de la norma supuesta; y nada tiene que ver con la Constitución porque se coloca frente a ella o simplemente la precede. Queda, pues, en el terreno de la norma fundamental o básica supuesta; mas como la norma es supuesta desde o a partir de una determinada Constitución, a la que dotará de validez, históricamente es, a lo sumo, coetánea a la Constitución. Luego el momento del encuentro del poder constituyente con la norma supuesta, ya será también el momento de la Constitución y, en

17. Cfr. Kelsen, *Teoría general del Estado,* trad. de Legaz Lacambra, Editora Nacional, México, 1979, p. 331.

18. Kelsen, ob. cit., p. 131.

19. Kelsen, *Teoría general del derecho y del Estado,* trad. de García Maynez, UNAM, México, 1979, pp. 129-130.

20. Kelsen, *Teoría general del derecho y del Estado,* cit., pp. 129-131.

consecuencia, el poder constituyente habrá terminado su ciclo. El poder constituyente originario queda, por tanto, en la zona de la nada. La absorción del Estado por el derecho, la completa juridificación del Estado y del poder, que es lo característico de la teoría pura, va todavía más allá que el positivismo cifrado en la estatalidad del derecho. El carácter estatal del derecho es compatible con una concepción histórico-cultural del Estado, en la que el derecho será uno de los factores; pero la naturaleza exclusivamente jurídica del Estado excluye esa posibilidad, de manera que frente a una vinculación del derecho al Estado, que es la propia del positivismo, nos encontramos con el estricto ser jurídico del Estado, que es lo propio de la teoría pura. Si, conforme a ella, todo el orden jurídico es homogéneo y escalonado, desde la Constitución, dependiente de la norma supuesta, y a partir de la Constitución, para llegar hasta la expresión individual del derecho (sentencia), sin distinguir entre actos de creación y de aplicación —porque crear supone aplicar y aplicar supone crear— nos encontramos con que ese carácter total, sincrónico y coherente del orden jurídico, supondría un acto de creación situado fuera del sistema, que es lo que ocurre con el poder constituyente. El sistema de Kelsen es cerrado; dentro de él todo tiene explicación; las propias modificaciones internas del sistema son normales. El ingreso en el sistema no le preocupa.

Es evidente que el panorama cambia si se le contempla desde una posición iusnaturalista. El poder constituyente originario pasa desde lo que podría llamarse la nada jurídica, fruto del positivismo, a la fuente primigenia del derecho, el derecho natural. Claro es que con estas dos palabras no se ha designado a lo largo de la historia ni se designa ahora lo mismo. Tal vez sólo hay de común esta negación: no todo el derecho es con exclusividad el llamado positivo. Ni aún así es alcanzable la completa unificación. Deberá dejarse aparte el llamado derecho natural conservador. Más que una tesis iusnaturalista, es la interpretación política que se hace, a veces, de la tendencia a justificar, en nombre del derecho natural, un determinado derecho positivo. Todo depende de cómo se lleve a cabo esa justificación. Lo inherente al derecho natural es la dualidad natural/positivo, que no implica en todos los casos una necesaria contradicción. De existir ésta siempre, como una realidad histórica, habría que dudar de la propia idea del derecho natural, porque estaría situada fuera del alcance de los hombres. Hechas las dos salvedades (la del derecho natural conservador y la del derecho natural siempre contradictor y, por tanto, revolucionario) ha de reconocerse que tiende a adoptar una postura crítica y revisora del orden establecido desde el momento en que no le justifica en cuanto puesto o dado, sino en función de un orden natural racional superior.

Por eso, en contra de lo que a veces se piensa sobre la inmovilidad del derecho natural encarnado en unos principios inmutables, lo cierto es que contribuye a la variación y al progresivo perfeccionamiento del derecho positivo, si éste se concibe como una interpretación histórica, dependiente de las circunstancias, de aquellos primeros principios. El derecho natural cumple, pues, una función legitimadora del orden jurídico que no emana de él mismo, ni de la ley formalmente considerada, sino que remite a una instancia superior. Las dos grandes corrientes siguen siendo la escuela española de los siglos XVI y XVII y la escuela racionalista. Mientras esta última acusa su presencia en la teoría política a través, principalmente, del contrato social que, desde explicar el tránsito del estado de naturaleza al estado civil, pasará a explicar también el origen del poder y del Estado, así como el propio concepto de la Constitución, la doctrina española, a la que frecuentemente se le reconoce su importancia, sobre todo como anticipación de las más modernas concepciones del derecho internacional (ya que Vitoria dio el paso importante que va desde el derecho de gentes de ámbito europeo a un derecho *inter gentes* que alcanza a toda la humanidad, a la vez que Suárez preconizó la comunidad internacional dotada de una instancia supranacional de decisión en los conflictos entre los Estados), no se ha logrado sin embargo extraer toda la significación jurídico-política que tiene la doctrina suareciana de la encarnación del poder civil por la comunidad y su transmisión al soberano. No puede ser más democrático un texto como el siguiente: «El poder civil, en cuanto se encuentra en un hombre o soberano por un título legítimo, es que ha dimanado del pueblo y de la comunidad, sea próxima sea remotamente, y que no puede tenerse de otra manera que sea justo.» [21] De importancia para el tema del poder constituyente es este otro texto: «Aunque este poder sea como una propiedad de la comunidad humana perfecta como tal, sin embargo no se da en ella de una manera inmutable, sino que por el consentimiento de la misma comunidad o por otro camino justo puede ser quitado al que lo tiene y transferido a otro.» [22] En su origen remoto, el poder (que alguna vez Suárez califica de político, pero generalmente le llama civil) se encuentra en Dios; pero es entregado al conjunto de los hombres (no a cada uno ni a alguno en particular) por medio del «dictamen de la razón natural», de manera que tal

21. Cfr. Francisco Suárez, *Las Leyes*, versión española de José Ramón Eguillor, Instituto de Estudios Políticos, II, 1967, p. 206.
22. Ob. cit., p. 205.

entrega es irrevocable y consustancial con la naturaleza humana.[23]

Para la concepción iusnaturalista, el poder constituyente originario, lejos de representar un apartamiento del derecho, es, si cabe, más plenamente jurídico que los poderes constituidos. Éstos, en sus comienzos, tienen igual procedencia. Sin embargo, su gradual desarrollo, su concreción histórica a través de las leyes, puede conducir a desvíos. El poder constituyente no significa tan sólo dirigir la mirada por encima del derecho positivo en busca de ideales renovadores. Algo hay en él también de reencuentro y de retorno. Es como el emisario de un mensaje extraído del fondo mismo del derecho.

Ninguna otra concepción, distinta de la iusnaturalista, permite de manera tan completa y coherente con sus postulados dotar de significación jurídica al poder constituyente. La tesis del derecho natural, sobre todo en su versión racionalista, antepone el individuo con sus derechos imprescriptibles, a la sociedad, ésta al Estado, la naturaleza a la historia y la razón a la voluntad. Sin embargo, no es absolutamente indispensable situarse en el seno de sus formulaciones más radicales, con su secuela del derecho revolucionario, para encontrar argumentos en contra de la estricta facticidad del poder constituyente originario. Así como el positivismo ha producido una irradiación en virtud de la cual se ha convertido en lugar común identificar el derecho con un conjunto de normas impuestas por el titular del poder, así también la ideología del derecho natural, más allá del círculo de sus adeptos incondicionales, ha sido siempre como una constante llamada de atención dirigida a evitar que el derecho se lo apropie de manera exclusiva el poder constituido. En esa línea desbordadora del riguroso positivismo de las normas, aunque a veces no sobrepase otro positivismo de más amplio alcance, se encuentran las concepciones sociológicas, las institucionales, la reciente incursión en el campo del derecho del pensamiento estructuralista y, en general, los realismos de diferente signo.

Cuando se plantea el problema de inquirir cuál es el significado jurídico del poder constituyente no está siempre muy claro qué quiere decirse: si es jurídico en cuanto engendra un derecho nuevo; o bien, si él mismo lo es intrínsecamente por cuanto se desenvuelve fuera del orden constituido, pero dentro de un ámbito no desjuridificado totalmente. Por ejemplo Burdeau, después de rechazar la tesis positivista acerca del carácter puramente fáctico del poder constituyente, escribe: «Decir que el poder constituyente originario es jurídico es afirmar que participa en la elabo-

23. Ob. cit., p. 204.

ración del derecho.»²⁴ Refuerza la idea con la cita de la siguiente opinión de Héraud: «El sistema normativo que corona este poder y donde traduce directa o indirectamente la voluntad no es un conjunto de cualesquiera reglas, sino de normas jurídicas.»²⁵ Por eso Burdeau divide el proceso revolucionario en dos etapas: la primera etapa, dominada por el hecho revolucionario, genera una presunción; y la segunda etapa, que supone la confirmación de la presunción al elaborarse una Constitución nueva.²⁶ Sánchez Agesta distingue con claridad la dimensión jurídica y la fáctica. Respecto de aquélla se adscribe a la explicación iusnaturalista: «El poder constituyente —dice— se nos presenta como una legitimidad trascendente, en contradicción con el derecho positivo, invocando valores de justicia superiores a éste o apoyándose en necesidades históricas o en títulos de derecho que el derecho positivo no reconoce. El fundamento recto de la legitimidad de esta afirmación histórica sólo puede hallarse en el derecho natural...» Sin embargo —y he aquí el aspecto de hecho— Sánchez Agesta agrega: «La mera formulación de un nuevo orden, o el propósito revolucionario de realizarlo que no esté en vías eficaces de cumplimiento, o el intento frustrado de cumplir esa transformación no son suficientes para que un poder pueda considerarse como efectivo poder constituyente. Es preciso la plena consumación del hecho, la plena consecución de su objeto, creando un orden nuevo.»²⁷

5. IMPOSIBILIDAD DE LA NADA JURÍDICA EN LA SOCIEDAD

Entiendo que, a propósito del significado jurídico del poder constituyente originario, son dos las cuestiones que se plantean: una, su inicial toma de contacto con el derecho; y otra, el surgimiento de éste del poder constituyente. Ambas cuestiones no quedan resueltas con decir que participa en la elaboración del derecho. Ésta es sólo una segunda fase. Engendra derecho, ciertamente. ¿Pero hasta engendrarlo se desenvuelve en el puro terreno de los hechos?

Sin ninguna vacilación expreso el convencimiento (las razones podrán o no compartirse e incluso ser otras) que me resulta inimaginable la nada jurídica en una sociedad. Creo firmemente

---

24. Burdeau, ob. y t. cits., p. 216.
25. G. Héraud, *L'ordre juridique et le pouvoir originaire*, 1946, p. 372 (cit. por Burdeau).
26. Burdeau, ob. y t. cits., p. 217 y ss.
27. Luis Sánchez Agesta, *Principios de teoría política*, Editora Nacional, Madrid, 1970, pp. 330-331.

en el recíproco condicionamiento tantas veces reiterado: sin sociedad no hay derecho, sin derecho no hay sociedad. El que pudiéramos llamar vacío jurídico no existe. Y si existe, estará fuera del mundo de la sociedad; mejor aún, fuera del mundo de la sociedad carece de sentido el derecho, por lo que es inútil preguntarse por su vacío. La duda acerca del vacío jurídico en la sociedad se crea por estas dos razones: por la polarización del derecho en torno al Estado y a la norma y por su sometimiento al poder político; de ahí que si el poder es constituyente, como todavía no se ha constituido, falta un fundamento para crear el derecho. Sin embargo, ésta es una visión del derecho que me parece superficial y en todo caso muy atenida a un determinado contexto histórico e ideológico.

En una consideración genética y básica de lo jurídico, la idea de la relación precede a la de norma. Los hombres coexisten socialmente a través de las series de interacciones que se dan necesariamente sin la previa enunciación consciente y formal de unas normas reguladoras. Éstas se viven, se practican por el hecho sólo de tener los hombres que relacionarse. Lo mismo que hay una comunicación lingüística antes que se enuncie en una gramática, lo mismo también hay una comunicación jurídica. La «razón natural» y el «espíritu del pueblo», aunque responden a ideas divergentes, implican la proclamación de un sentido de lo jurídico al que la ley hace aportaciones más bien modestas. Si, por una parte, hay una realidad jurídica que se vive, por otra parte también, a lo largo de los siglos y por obra de los juristas, se ha formado un pensamiento jurídico. El derecho existe como uno de los elementos de la cultura que, en diverso grado de desarrollo, tiene su arraigo en la conciencia de los hombres y de la sociedad. Forma parte del gran cuadro de las creencias; cierto que éstas se desarrollan en la historia y tienden a transformarse. Pero pensar que en un determinado momento histórico todo esto se borra y desaparece, no resulta posible.

¿Qué ocurre cuando irrumpe el poder constituyente? En esencia, lo siguiente: la crisis de una determinada organización constitucional del Estado y de los poderes constituidos, la debilitación o la caída de ciertas formas de gobierno y, en definitiva, el desfase o la desacomodación entre la estructura del poder y la infraestructura de la sociedad. Toda la legalidad constituida se resiente y queda privada de eficacia, especialmente la relativa al control de la vida política. El poder constituyente originario no tiene más forma de actuar que las vías de hecho. Sin embargo, los hechos no se justifican por sí solos. De una parte, necesitan imponerse, llegar hasta las metas propuestas. De otra parte, los hechos son sólo el modo de actuar, la acción, a la que no le queda otro camino porque la legalidad precedente tiene que ser desconocida y conculcada. Ahora bien, quienes actúan por esas vías, lo hacen en nombre de *una* idea del derecho; de *otra* idea. En tales circunstancias, una política desenfrenada, llena de repentizaciones, enaltece la idea del derecho y el sentimiento de la justicia. Uno y otra encarnan esencialmente la contradicción del orden al que se oponen. Pero aún en esa situación, además del nuevo orden que se promete, hay una sociedad en la que se nace, se muere, se siguen formando familias, se mantienen relaciones de parentesco, hay intercambios de bienes, etc.; todo ello padecerá las emergencias de las circunstancias, pero el derecho no llega a ser en ningún caso un desconocido.

Más aún. No se trata sólo de que el poder constituyente tienda a la formación de un nuevo orden jurídico, ni tampoco que, aún declinando una legalidad, desaparezca toda manifestación de lo jurídico. Que el poder constituyente originario se manifieste en un comportamiento de hecho no significa necesariamente que desaparezca toda vivencia jurídica. Quizá no sea descabellado afirmar alguna similitud entre el poder constituyente originario y la posesión, salvadas por supuesto todas las distancias. Los civilistas venimos repitiendo desde hace siglos que la posesión es un hecho y no un derecho o que del hecho de la posesión emanan determinadas consecuencias jurídicas. La condición de hecho de la posesión pone de relieve ante todo que su existencia se determina a través de una clase de comportamiento mediante el cual nos proyectamos sobre las cosas. Si faltan la conducta, la acción, por virtud de las cuales hacemos un uso cualificado de determinadas cosas, comportándonos como si nos pertenecieran, no hay una situación posesoria. Pero al decir que la posesión es un hecho no la sustraemos de la esfera del derecho. Dentro de éste hay un lugar también para los hechos. Lo que matiza a la posesión como hecho no es tanto que lo sea en sí, cuanto que tiene que darse como hecho para que exista. La propiedad privada es el formalismo jurídico y la abstracción; toda su fuerza atributiva procede del respeto impuesto por la ley; la conducta del propietario es indiferente; a éste le basta invocar el nombre —todavía mítico y mágico— de la propiedad privada para que la cosa deba serle restituida. La posesión es el realismo jurídico que descansa en la efectividad social de un comportamiento. Ahora bien, el hecho mismo que es la posesión, además de darse en el marco del derecho (objetivo), engendra determinadas consecuencias jurídicas. En estas consecuencias influye el transcurso del tiempo. La posesión, que comienza y se mantiene como un hecho, da lugar a derechos. En ocasiones, la propiedad, como formalismo atributivo estático y juridificado, decae ante el dinamismo de la posesión.

Algo similar pasa con el poder constituyente originario: porque sea un hecho no queda fuera del derecho; el ser un hecho no es tanto condición de su naturaleza, sino requisito indispensable para su existencia. En ocasiones, la titularidad atributiva del poder político constituido, cede ante el dinamismo social y concreto del hecho constituyente. Como en la posesión. Pero esto no es así fuera en absoluto del derecho, sino en un ámbito jurídico más abierto a la realidad social, distinto, por lo que se refiere al poder constituyente, del derecho constituido, y distinto, por lo que se refiere a la posesión, del centrado en la preferente tutela de la propiedad.

6. EL PODER CONSTITUYENTE DERIVATIVO

La nota esencial diferenciadora entre el poder constituyente originario y el derivativo (también llamado reformador e instituido) radica en que aquél precede y se superpone a la Constitución para llegar a ella, mientras éste parte de las normas contenidas en las Constituciones rígidas sobre su atribución y el procedimiento para su ejercicio con el fin de llevar a cabo una reforma o revisión constitucional, de manera que si bien se elimina de la Constitución algún elemento o parte o se la modifica, es conforme a lo en ella misma establecido, por lo que la contraposición entre lo constituyente y lo constituido decrece, ya que la propia Constitución estará integrada por lo que expresamente diga en un determinado momento y por lo que pueda resultar de una reforma formalmente prevista, aunque no se haya fijado su contenido material. Esta diferencia es tan marcada que el paradigma del poder constituyente, con todo lo que tiene de fuerza creadora, de apartamiento y superposición al constituido, se resiente. No obstante, los juristas atenidos a la dogmática del positivismo, tan propicia a las generalizaciones conceptuales, consideran que el poder constituyente derivativo es sólo una variación dentro de un solo concepto esencial, que en el caso del poder constituyente originario funda *ex novo* la Constitución y en el caso del poder constituyente derivativo la modifica o cambia conforme al procedimiento preestablecido, pero siempre con la misma entidad de poder supremo. Una mayor unificación se consigue cuando se sostiene que el poder constituyente derivativo puede no atenerse a las normas reguladoras de la reforma constitucional y entonces puede alcanzar igual autonomía que el originario. En esta construcción hay tal vez excesos dogmáticos. Una ponderación de los fines pone de manifiesto que es consustancial con el poder constituyente originario su absoluta independencia del poder constituido, su no sometimiento a límites procedentes del mismo —aunque no haya de considerársele intrínsecamente ilimitado—. En cambio, la regulación histórico-comparativa (y la contenida en nuestra propia Constitución) de la reforma constitucional tienden a someterla a limitaciones que restringen el ejercicio del poder constituyente. Se dirá que si hay una voluntad constituyente las restricciones serán desconocidas, mas lo cierto es que existen y, en suma, que le faltan los caracteres de ser inicial y autónomo. Por otra parte, si el poder constituyente derivativo incumple las normas reguladoras de la reforma constitucional, no se trata de que el poder derivativo sea lo mismo que el originario, sino que deja de ser derivativo y actúa como originario aquel que no se atiene en su ejercicio a los términos y los límites previamente establecidos. El poder constituyente instituido o derivativo no elimina al originario; eso es todo.

En la cuestión relativa a determinar el órgano a que incumbe el ejercicio del poder constituyente derivativo y, por tanto, la reforma, revisión o enmienda de la Constitución, si bien ha dado lugar a complejidades, hace tiempo que se observa cierta tendencia a la simplificación. En efecto, considerar que atribuir la función constituyente a un órgano del Estado designado en la Constitución contradice la supraconstitucionalidad del poder constituyente sólo parece admisible para el constituyente originario; pero si se acepta la técnica de la reforma o enmienda, es indispensable, como lógica consecuencia, admitir también que la propia Constitución se pronuncie sobre el órgano y el procedimiento. Encontrar dentro de la estructura estatal de la sociedad un órgano de poder ajeno al Estado es muy problemático, y sostener que hubiera de intervenir un órgano no designado constitucionalmente equivaldría a considerar abierto un período constituyente en la plenitud de su sentido, cada vez que se plantease la necesidad de una reforma, lo cual equivaldría a sustraer del control del Estado todo cambio en la Constitución. La exigencia de que intervenga una convención o asamblea especialmente convocada a tal fin es, en gran medida, la proyección del dogma de la democracia necesariamente representativa proclamado por el pensamiento revolucionario francés, con reflejo en las primeras y sucesivas Constituciones caracterizadas por su rigidez. En el derecho comparado es claramente comprobable que la preceptiva separación entre el poder legislativo y el constituyente se ha superado, con lo que también se confiere al legislativo una función constituyente, con determinadas garantías, al paso que se generaliza la consulta electoral directa, de tanta tradición en Suiza y EE. UU.

7. TITULARIDAD Y EJERCICIO DEL PODER CONSTITUYENTE DERIVATIVO

Las vacilaciones y los debates doctrinales en torno a la titularidad y el ejercicio del poder constituyente, que se acentúan cuando se toma en consideración el derivativo o instituido [28] guardan muy directa relación con el problema del soberano, ya que a éste ha de corresponder el poder supremo, aunque sean determinados órganos los que lo ejerciten o actúen. La soberanía y el poder constituyente van siempre unidos.[29] La tesis de la soberanía nacional acentúa la dualidad titularidad/ejercicio porque ese ente distinto —a veces llamado impersonal— que es la nación determina la imposibilidad de que actúe por sí, por lo que es necesaria la intervención de representantes en nombre de ella.[30]

Desde el plano de la sociología política se sostiene que la dicotomía titularidad/ejercicio responde a una consideración metafísica e ideológica; metafísica, de neto corte aristotélico sería la diferenciación entre potencia y acto; e ideológica la misión de legitimar y justificar el ejercicio del poder constituyente por quienes actúan en representación del titular.[31] Aun cuando éste pudiera ser el punto de vista sociológico no hay razón para prescindir del punto de vista jurídico que, por otra parte, no tiene que ser necesariamente metafísico e ideológico.

La distinción entre titularidad y ejercicio es una de las grandes dicotomías construidas por el derecho civil, de donde ha pasado a la teoría general del derecho y a las diferentes disciplinas particulares. Su formulación se lleva a cabo dentro de la doctrina del derecho subjetivo. Mientras ostentar la cualidad de sujeto es la posibilidad de ser titular de derechos subjetivos, ser titular de los mismos implica la adscripción de los derechos a un sujeto. El ejercicio, en la esfera del derecho civil, corresponde, en primer término, al titular, y es, por consiguiente, la actuación por el mismo del poder que le confiere el derecho. Mas no siempre esto

---

28. Cfr. Burdeau, ob. cit., pp. 203 y ss.
29. Cfr., en general, sobre el tema, Costantino Mortati, *Studi sul potere costituente e sulla riforma costitutionale dello Stato*, Sritti, I, Giuffrè, Milán, 1972, pp. 7 y ss.
30. Cfr. Hauriou, *Derecho público y constitucional*, trad., estudio preliminar, notas y adiciones de Carlos Ruiz del Castillo, Reus, Madrid, 1927, pp. 314 y ss.
31. Cfr. Quiroga Lavie, ob. cit., p. 54.

ha de ser así. Cabe que se ejercite el derecho por quien no ostentaba la titularidad. Para delimitar una y otra hipótesis se utilizan los conceptos de legitimación directa (la derivada del derecho mismo y atribuida a su titular, por lo que hay coincidencia entre el sujeto del derecho y el sujeto de los actos de ejercicio) y legitimación indirecta (por virtud de la cual se separan la titularidad y el ejercicio, ya que éste viene atribuido a quien actúa por representación, es decir, en nombre del titular, o en sustitución, en interés pero no en nombre del titular, e incluso en el propio interés). En ocasiones, la distinción entre la titularidad y el ejercicio viene impuesta por la naturaleza del sujeto; así, una corporación de derecho público, una asociación, una sociedad anónima, etc., son en cuanto tales titulares de derechos; sin embargo, el ejercicio de los mismos no es realizable por el sujeto, que es una abstracción, una personalidad jurídica reconocida a conjuntos de personas, sino que ha de intervenir un órgano o un representante.

Creo que la distinción entre titularidad y ejercicio, o entre titularidad y legitimación, o bien, entre legitimación directa e indirecta, es trasladable al poder político y en concreto al poder constituyente. Claro es que la extrapolación no resulta realizable de manera completa. Si partimos de que la soberanía corresponde a la nación, ésta, en cuanto conjunto histórico-cultural, aunque comprende las personas que la integran (los nacionales) no puede actuar por sí, sino que otros (personas individuales, colectividades, órganos, etc.) han de intervenir necesariamente en nombre de ella, porque la nación misma se encuentra en todos los sitios, mas no es individualizable en uno determinado. La «nación en armas», por ejemplo, no quiere decir que el ente llamado nación esté armado ni que cada uno de los ciudadanos tenga un arma; es el modo metafórico de expresar una actitud de defensa o agresión que se opone a cualquier sometimiento. La nación soberana es también la proclamación de una supremacía, excluyente de toda dominación; pero la nación por sí misma no es un sujeto de poder ni de relaciones. El Estado en una determinada fase histórica fue la conformación jurídica de la nación, a la que dotó de estructura jurídica, hoy no necesariamente subordinada a la unidad nacional. Con el desarrollo de la democracia, el pueblo ha desplazado a la nación como soporte de la soberanía, o mejor aún, como el soberano mismo en el marco del Estado. Ahora bien, si el pueblo es el titular de la soberanía, su ejercicio no le corresponde en exclusiva. Siempre identificaremos en él al soberano, aunque no a todos los posibles modos de ejercicio de la soberanía. Una democracia directa en su significado puro y pleno no se dio siquiera en la estructura social griega, que imponía numerosas exclusiones de la condición de ciudadanos. El ideal de Rousseau no ha llegado a realizarse. El Estado constitucional construido a imagen del liberalismo con su sistema de separación de los poderes, la tecnificación de las decisiones y la primacía de la racionalización jurídica, dio lugar a conocidas incompatibilidades con la democracia directa.[32] Claro es que si no ha llegado a imponerse de modo absoluto e incluso en importantes ámbitos ideológicos ha estado postergada durante tiempo, también hay que reconocerla un relativamente reciente florecimiento, por lo que Aguiar de Luque ha podido decir que «adquiere una especial relevancia en la teoría política contemporánea, ya que en la crisis del Estado representativo, en la sociedad postindustrial que emerge a partir de la II Guerra Mundial, la democracia directa o instituciones inspiradas en dicha forma política, mediante una participación popular directa en la elaboración de las decisiones políticas, se ven reclamadas desde muy diversos sectores y utilizadas en muy diversos contextos».[33] Ha de reconocerse que las consultas al electorado mediante fórmulas de la democracia directa, dentro del complejo Estado moderno y en el seno de sociedades articuladas en partidos políticos, formaciones sociales, grupos profesionales y grupos de presión, difícilmente pueden ser el eco directo de la conciencia de cada ciudadano.

Por todo ello, ni aún partiendo de la soberanía del pueblo y con la cooperación en la toma de decisiones de la democracia directa, se pueden considerar completamente refundidos el titular del poder constituyente y su ejercicio. Siempre hay, al mismo tiempo que una correlación, una diferencia, porque al explicar la titularidad procedemos con un grado de abstracción superior al utilizado para referirnos al ejercicio. Si digo que la titularidad corresponde al «pueblo» y el ejercicio corresponde también al «pueblo», la misma palabra tiene connotaciones distintas, porque en el primer caso estoy designando la totalidad indiscriminada que integra el país, la nación, la sociedad o el Estado,[34] mientras en el segundo caso tomaré en consideración el electorado, donde ya hay una discriminación, en cuanto designo separadamente a los ciudadanos que, mediante su participación a través del voto, han ejercido el poder constituyente.

32. Cfr. Luis Aguiar de Luque, *La democracia Directa y el Estado Constitucional*, Ed. Revista de Derecho Privado, Madrid, 1977, pp. 3 y ss. y 311 y ss.
33. Luis Aguiar de Luque, *Democracia Directa y Estado Constitucional*, Ed. Revista de Derecho Privado, Madrid, 1977, p. 7.
34. Cfr. Perpiñá Grau, voz «Pueblo», en *Diccionario de Ciencias Sociales*, Instituto de Estudios Políticos, vol. 2.º, Madrid, 1976, y los trabajos del mismo autor que cita.

Mortati, planteándose el problema de las formas de expresión y ejercicio del poder constituyente,[35] lleva a cabo una clasificación muy completa. Como distinción más general —de generalísima la clasifica— considera la de que el procedimiento constituyente, o bien venga impuesto por el empleo de las formas prescritas para las manifestaciones ordinarias de voluntad del ordenamiento precedente, o bien, por el contrario, en oposición a este ordenamiento. En la primera hipótesis, excluyendo la mera potestad de revisión, por considerar que el verdadero y propio poder constituyente requiere la transformación del principio de validez del ordenamiento, se comprenden situaciones diversas según que la innovación se opere de una sola vez (como es el caso de la Constitución *octroyée* por un soberano absoluto) o en virtud de un procedimiento especial. En la segunda hipótesis queda comprendido el mayor número de casos, susceptibles, a su vez, de clasificarse según cual sea el órgano que asuma la transformación constitucional, ya que puede tratarse: de uno o varios órganos del viejo ordenamiento, como el Rey o el Parlamento, que por propia iniciativa, sobrepasen los límites fijados a su actividad por el derecho precedente con el fin de poner en marcha una nueva organización del Estado; de un factor extraño al Estado en el que se opera la mutación; o de un órgano que surge *ex novo*, por un proceso de autocreación fuera de todo contacto con los órganos del Estado, lo que da lugar a la instauración revolucionaria. Mientras en la primera hipótesis la iniciativa procede de órganos del antiguo sistema constitucional que «permanece más o menos parcialmente en vigor», en la segunda hipótesis falta todo ligamen y en ella se comprenden las «asambleas» y las «convenciones» constituyentes.[36]

Otro criterio clasificatorio procede, según Mortati, de la diversa naturaleza jurídica de los actos a través de los cuales se explica el poder constituyente. Si es verdad —escribe— que la fuente de validez de éste es siempre el hecho, no reconducible a un criterio de validez superior, es verdad además que este hecho se concreta en actos humanos que, atendiendo a su modo de presentarse como unilaterales, plurilaterales, contractuales o colectivos, según las varias categorías que resultan aplicables. Debe quedar, por tanto, bien claro que estas clasificaciones no son atribuibles sobre la base de normas positivas, sino mediante la utilización de

35. Cfr. Mortati, ob. cit., pp. 31 y ss.
36. El análisis histórico de las distintas modalidades lo realiza Mortati en un trabajo específicamente consagrado al mismo, pp. 103 y ss. En Mortati no está siempre clara la distinción entre titularidad y ejercicio, y así considera titular al órgano que opera la transformación constitucional (véase p. 33).

figuras construidas por la teoría general del derecho.[37] Antes hemos sostenido cómo, a nuestro juicio, el puro hecho, la nada jurídica es inimaginable en cualquier sociedad organizada, por más que decaiga la organización del Estado. Pues bien, aunque Mortati propugna que la validez no descansa en un criterio superior, siendo siempre de hecho, tal facticidad no supone, según él mismo expresa, la negación de toda idea del derecho. Lo excluido es el derecho positivo procedente del ordenamiento contra el que se alza el poder constituyente, no el derecho en general, pues aun prescindiendo del derecho natural o superior, siempre ha de reconocerse la existencia de un derecho básico. Pese a todo, la diferencia es muy relativa y bastante convencional, pues los conceptos conforme a los cuales se califique la naturaleza de los actos mediante los cuales se ponga en marcha el poder constituyente, como son los actos unilaterales y los plurilaterales, los contractuales y los colectivos, aun cuando correspondan a la teoría general del derecho, no por eso serán ajenos al ordenamiento puesto en cuestión. Lo importante es que ese ordenamiento no se aplique como tal y con base en los principios que le dotan de validez. Por otra parte, cuando nosotros rechazamos la nada jurídica no queremos decir sólo que el poder constituyente es susceptible de ser calificado jurídicamente; queremos decir también que de algún modo subsiste en la sociedad una vida jurídica, pese a la situación de crisis, derrocamiento e instauración en que se encuentra la estructura del Estado.

Entre otros criterios clasificatorios, Mortati recoge el relativo al carácter pacífico o violento de la instauración y el concerniente a la entidad del cambio.[38]

8. LA REFORMA CONSTITUCIONAL; DIRECTRICES DEL DERECHO COMPARADO

Mientras el concepto del poder constituyente originario es muy nítido y permite las reflexiones generalizadoras, no ocurre otro tanto respecto del poder constituyente derivativo, constituido o procedente de la reforma o revisión constitucional. La diferencia entre uno y otro radica, aparte de en su contenido, en cómo se elaboran los respectivos conceptos. El constituyente originario se construye sobre la base, por una parte, de principios políticos, ideológicos y filosóficos y, por otra parte, en función de hechos

37. Mortati, ob. cit., pp. 36-37.
38. Mortati, ob. cit., pp. 40 y ss.

históricos. Por el contrario, en la configuración del constituyente derivativo influyen los datos normativos formulados por los diversos ordenamientos que lo regulan. Las cuestiones capitales que se debaten a este respecto, como la rigidez o la flexibilidad de la Constitución, el órgano u órganos encargados de la reforma, el procedimiento para llevarla a cabo y el posible alcance de la misma (si puede consistir sólo en adiciones o modificaciones —enmiendas— introducidas en un texto constitucional que ha de subsistir, si cabe la reforma total generadora de una nueva Constitución, o si hay determinadas materias sustraídas por su carácter fundamental a la modificación) son todas ellas cuestiones objeto de regulación divergente en las Constituciones de los distintos países, por lo que las teorizaciones, si han de ser de *lege data*, varían en razón del ordenamiento o los ordenamientos a considerar. Por eso consideramos preferible una visión del derecho comparado —principalmente el europeo— en el que se observan las siguientes directrices:

1.ª *Atribución de la facultad de la reforma, con participación o no del electorado, al poder legislativo ordinario.* Esta directriz la reflejan, con carácter marcadamente dominante y casi unánime, las Constituciones europeas, sin diferencias entre bloques ideológicos. Por tanto, el legislativo ordinario, con sujeción a determinados requisitos, asume una función constituyente en la reforma constitucional.

2.ª *Reforzamiento de las mayorías requeridas para la aprobación parlamentaria de la reforma y, en algunos casos, exigencia de determinado quorum para la iniciativa.*

En este punto la Constitución más rigorista es posiblemente la del Principado de Liechtenstein [39] que requiere para las modificaciones (y también para las interpretaciones) de la Ley Fundamental la «unanimidad de los miembros presentes de la Dieta o una mayoría de tres cuartas partes en dos reuniones sucesivas de la misma» (art.º 111, 2).

La Constitución de Mónaco, que, como dice Mariano Daranas, contiene la «disposición absolutamente insólita en el derecho constitucional contemporáneo» de requerir para la «revisión total o parcial» el acuerdo del Príncipe y el Consejo Nacional (art.º 94), y exige que el acuerdo del Consejo Nacional se adopte por «la mayoría de dos tercios de los efectivos normales de los miembros de la Asamblea» (art.º 95).

En contraste con las dos Constituciones anteriores que, por

39. Nos atenemos a los textos recogidos por Mariano Daranas en su cuidada edición de *Las Constituciones europeas*, 2 vols., E. Nacional, Madrid, 1979.

diferentes razones, pueden considerarse como especialmente rígidas, la Constitución de Polonia (distinta de las de otros países del bloque socialista) puede considerarse como flexible, ya que si bien requiere la mayoría de los dos tercios de la Dieta, que es el criterio dominante, sólo exige el *quorum* de la mitad del número total de diputados (art.º 106).

Según la Constitución de Francia —aparte de otras modalidades—, cuando el Presidente de la República, prescindiendo del referéndum, decide someter la reforma al Parlamento, convocado en Congreso, habrá de ser aprobada «si obtiene una mayoría de las tres quintas partes de los votos emitidos», actuando como Mesa del Congreso la Asamblea Nacional (art.º 89, 3).

Conforme a la Ley Fundamental para la República Federal Alemana, ésta sólo podrá ser modificada por medio de otra Ley que la altere o supla con la votación favorable de dos tercios de la Dieta Federal y dos tercios del Consejo Federal (art.º 79). La Constitución de Bélgica exige la intervención de las dos Cámaras, con la presencia de dos tercios de sus miembros como mínimo y el voto favorable de dos tercios de los votos emitidos (art.º 131). La Constitución de Italia previene dos votaciones sucesivas con intervalo no menor de tres meses, y si la Ley de revisión obtiene en cada una de las Cámaras «una mayoría de los dos tercios de sus respectivos componentes», no se requiere la convocatoria de referéndum. La Constitución de Noruega, además de otras limitaciones, también exige la mayoría de los dos tercios del *storting*.

La Constitución de Portugal, que contiene un complejo régimen de reforma, distingue entre la primera y las ulteriores revisiones. Para la primera dice que «las modificaciones de la Constitución habrán de ser aprobadas por la mayoría de dos tercios de los diputados presentes, que suponga, a su vez, mayoría absoluta de los diputados en el ejercicio activo de sus funciones», con lo que el Presidente de la República no podrá negarse a promulgar la ley de revisión. Las revisiones ulteriores exigen el transcurso de cinco años, si bien la Asamblea de la República podrá asumir en cualquier momento poderes de revisión constitucional si así lo acuerda por mayoría de cuatro quintos de los diputados en el ejercicio activo de sus funciones, necesitando ser aprobadas las alteraciones por la mayoría de los dos tercios de los diputados en ejercicio activo (art.ºˢ 286, 287).

La Constitución de Turquía subordina la modificación constitucional a la propuesta por lo menos de la tercera parte del total de los miembros de la Gran Asamblea Nacional y la votación favorable de dos tercios de los mismos (art.º 155).

La Constitución de la URSS de 1977, en su artículo 174, que se corresponde con el capítulo XIII de la Constitución de 1936, dispone: «La Constitución de la URSS podrá ser modificada mediante resolución del Soviet Supremo de la URSS, adoptada por mayoría no inferior a dos tercios de los votos en cada una de sus Cámaras.» A diferencia de la Constitución de Polonia, no requiere un *quorum* de asistencia.

El criterio de la Constitución de la URSS es recogido con algunas puntualizaciones o variaciones por otros países socialistas. Según la Constitución de la República Democrática Alemana, las leyes de modificaciones constitucionales quedarán aprobadas por el acuerdo de, por lo menos, dos tercios de los diputados elegidos (art.° 106, en relación con el 67). La Constitución de Albania exige la misma mayoría, si bien puntualiza que la propuesta parlamentaria ha de proceder de dos quintos de los diputados. La Constitución de Bulgaria somete al mismo régimen «la adopción de una nueva Constitución y las enmiendas a la Constitución en vigor», requiriendo previa propuesta del Consejo de Estado, del Gobierno o de una cuarta parte de los diputados como mínimo, y una mayoría, para la aprobación, de los dos tercios de los diputados elegidos (art.° 143). Con referencia sólo a la reforma de la Constitución, la de Hungría exige el voto de los dos tercios de los diputados.

La Constitución de Grecia también se atiene a la fórmula de los tres quintos, pero con dos votaciones separadas y con la posterior aprobación, por mayoría absoluta, de la siguiente Cámara de Diputados (art.° 110, 2 y 3).

Conforme a la Ley Constitucional checoslovaca, tanto para la aprobación de la Constitución Federal como para su modificación, se necesita la mayoría de tres quintas partes de todos los diputados de la Cámara Popular, así como la mayoría de las tres quintas partes de los diputados de la Cámara de las Naciones elegidos en la República Socialista Checa y la misma mayoría de la Cámara de la República Socialista Eslovaca (art.° 1 en relación con el art.° 142).

3.ª *Participación del electorado en la reforma, bien mediante referéndum siempre preceptivo o en determinados casos, bien mediante la disolución de las Cámaras y/o aprobaciones sucesivas.*

a) La mayor participación de los ciudadanos se encuentra, como es comprensible, en Suiza, por la tradición que conserva de la democracia directa. A los ciudadanos se les confiere tanto el derecho de iniciativa como el de pronunciarse acerca de la reforma. Ésta puede ser total o parcial. Respecto de la primera, el artículo 120 de la Constitución establece en su apartado 1 que «cuando una sección de la Asamblea Federal decrete la reforma total de la Constitución Federal y la otra sección oponga su veto, o bien cuando 100 000 ciudadanos suizos con derecho de sufragio pidan la reforma total, la cuestión de si la Constitución federal deberá ser reformada, será, en uno como en otro caso, sometida a la votación del pueblo suizo, que se pronunciará por sí o por no». En esta fase el voto de los ciudadanos no es aprobatorio o desaprobatorio de una reforma previamente hecha, sino que exclusivamente recae sobre si procede o no la reforma total de la Constitución.

Si la mayoría de los ciudadanos que toman parte en la votación se pronuncia por la afirmativa, los dos Consejos serán renovados para llevar a cabo la reforma (art.º 120, 2). Y la Constitución resultante de la reforma («la Constitución revisada» dice el art.º 123) entrará en vigor cuando haya sido aprobada por la mayoría de los ciudadanos que hayan tomado parte en la votación y por la mayoría de los Estados. Consiguientemente, a propósito de la reforma total de la Constitución, son tres las intervenciones que se conceden a los ciudadanos componentes del cuerpo electoral: para promover la reforma; para elegir los dos Consejos que hayan de realizarla, y para la entrada en vigor de la nueva Constitución.

El tratamiento de la reforma parcial ofrece matices diferenciales. También corresponde a la iniciativa popular consistente en una petición formulada por 100 000 ciudadanos (art.º 121, 2). La petición de iniciativa o la propuesta puede estar concebida en términos generales o en forma de proyecto (art.º 121, 4). En el primer caso, «las Cámaras Federales, si la aprueban, procederán a la reforma parcial en el sentido indicado y someterán la proposición a la adopción o a la repulsa del pueblo y de los cantones». Por el contrario, de no aprobar las Cámaras Federales la propuesta, la cuestión de la reforma parcial —su admisión a trámite, diríamos— será sometida a referéndum, y si la mayoría de los ciudadanos intervinientes en la votación se pronuncia por la afirmativa, «la Asamblea Federal procederá a la reforma ajustándose a la decisión popular», según dispone el art.º 121, 5. En el segundo caso, esto es, si la iniciativa comprende un proyecto articulado y la Asamblea General le confiere su aprobación, será sometido al pueblo para su adopción o rechazo, y si la Asamblea no lo aprueba, «podrá elaborar uno distinto o recomendar al pueblo el rechazo del proyecto propuesto y someter a su votación su contraproyecto o su proposición de negativa al mismo tiempo que la propuesta emanada de la iniciativa popular» (art.º 121, 6).

También la reforma parcial o, como dice el art.º 123, 1 «la parte revisada de la Constitución», para entrar en vigor, ha de ser aceptada por la mayoría de los suizos que toman parte en la votación y por la mayoría de los Estados. La participación de los ciudadanos está, ciertamente, muy estructurada. No se da sólo la consulta sobre la reforma o sobre su contenido, como es lo frecuente, sino que el texto puede proceder de los ciudadanos o de la Asamblea, entablándose un verdadero diálogo.

Francia, a raíz de la segunda guerra mundial, ha vivido la experiencia de los referenda. El primer proyecto de Constitución, de 5 de mayo de 1946, fue rechazado por el pueblo, y en el siguiente, de 13 de octubre de 1946, la decisión favorable fue minoritaria.

En la elaboración de la Constitución de 1958 quedó excluido el Parlamento. De ahí la particular importancia del referéndum. Comentando este acontecimiento, escribe Loewenstein: «... Lo mismo que los franceses habían votado en 1799 por el carismático general Bonaparte, volvieron a votar por el general De Gaulle, ya que no quedaba ninguna otra elección. La Constitución era el mal menor en comparación con la amenazante dictadura militar; la Constitución misma le fue al pueblo completamente indiferente. Y si esto ocurre en ese tapiz especial que es el mundo político de los franceses, habrá razón para preguntarse cuál es el valor real del referéndum constitucional celebrado en otros lugares.»[40] Este juicio sobre los referenda, demasiado asertórico y severo, revela fe en la democracia representativa. Ciertamente, el fracaso de Cromwell no disuadió al bonapartismo de los procedimientos plebiscitarios. Napoleón I, tras el golpe de Estado de 1799, sometió a plebiscito una Constitución que concentraba todo el poder en sus manos, y otro tanto ocurriría en 1802 cuando se nombró a Bonaparte cónsul vitalicio, para repetirse la fórmula con Napoleón III cuando solicitó del pueblo los poderes necesarios para hacer una Constitución de acuerdo con las líneas generales de su manifiesto. Mussolini, Hitler y otros también brindan experiencias poco alentadoras.[41] Pero no todos los datos históricos permiten iguales estimaciones. A la Constitución de los Estados Unidos le precedió la discusión popular e igual base tuvo la Constitución suiza de 1848. La propia constitución francesa de 1958, fruto del referéndum, mirando hacia el futuro, generaliza la fórmula de la consulta popular y, tras reconocer la iniciativa de la reforma a los miembros del Parlamento (a diferencia de lo que aconteció con

40. Loewenstein, ob. cit., p. 182.
41. Cfr. J. Friedrich, ob. cit., t. II, pp. 277-279 y ss.

su elaboración), establece que la reforma será definitiva «después de aprobada por referéndum» (art.º 89, 2), salvo si el Presidente de la República decide someter el proyecto al Parlamento convocado en Congreso y es aprobado por una mayoría de las tres quintas partes de los votos emitidos.

En Italia, es preceptivo el referéndum para la reforma constitucional si, dentro de los tres meses de la publicación de las leyes revisoras, lo solicita una quinta parte de los miembros de una Cámara o 500 000 electores o cinco Consejos Regionales, exigiéndose para la aprobación la mayoría de los votos válidos (art.º 138, párrafo 2.º). El referéndum queda excluido si la Ley hubiese sido aprobada en la segunda votación en cada una de las Cámaras por una mayoría de dos tercios de sus respectivos componentes (párrafo 3.º).

Según el art.º 46, 2 de la Constitución de Irlanda toda propuesta de enmienda, «una vez aprobada efectiva o presuntivamente por entrambas Cámaras del Parlamento, será sometida a referéndum popular», y se considerará aprobada si se emite la mayoría de votos a favor (art.º 47, 1), mientras que si la proposición de enmienda no se refiere a la Constitución, se considerará rechazada cuando se pronuncie en este sentido el 33,33 % de los votantes inscritos en el censo.

b) El sistema de intercalar elecciones generales una vez aceptada la propuesta de modificación constitucional, de manera que no sea el mismo Parlamento el que definitivamente se pronuncie —o dando intervención directa al electorado— aparece en diversas Constituciones, entre ellas las de los países nórdicos.

Conforme a la Constitución de Dinamarca, «si el Parlamento vota una proposición de ley sobre inserción de nuevos preceptos en la Constitución y el Gobierno desea dar trámite a aquélla, se decretarán nuevas elecciones legislativas, y si el proyecto fuere adoptado sin enmiendas por el Parlamento que se constituya como consecuencia de dichas elecciones, se presentará en los seis meses siguientes a su votación definitiva a los electores del Parlamento para ser aprobado o rechazado mediante votación directa». Se introduce, pues, un referéndum y si, cuando menos el 40 % de los electores inscritos vota a favor del acuerdo del Parlamento, y el Rey sanciona la proposición, ésta cobrará fuerza de Ley constitucional (art.º 88). Mariano Daranas comenta que se trata de una combinación interesante de la iniciativa parlamentaria y la subsiguiente revisión constitucional que, en su primera fase, responde típicamente a la técnica de la llamada doble aprobación por Cámaras sucesivas, adoptada por las primeras Constituciones francesas y recogida luego por la española de 1812 y sobre todo por las de los países escandinavos y los que hoy componen el Benelux.[42]

Según la Constitución de Noruega, «si la experiencia demostrase la necesidad de modificar alguna parte de la Constitución, se presentará propuesta con este fin al primer, segundo o tercer Parlamento ordinario tras unas elecciones generales y se publicará un texto impreso, si bien corresponderá al primer, segundo o tercer Parlamento ordinario después de las elecciones generales la decisión de si procede o no adoptar la enmienda propuesta», que, aparte de no poder contravenir ninguno de los principios de la Constitución, deberá obtener, según ya vimos, el voto favorable de los dos tercios de los miembros (art.º 112).

Con arreglo a los artículos 210 y 211 de la Constitución de los Países Bajos, aceptada la propuesta de enmienda, las Cámaras se disolverán y las nuevas, por la mayoría de los dos tercios de los votos emitidos, podrán adoptar la enmienda.

La Constitución de Bélgica, una vez declarada la procedencia de la revisión, establece igualmente la disolución automática de las Cámaras, con la subsiguiente convocatoria de nuevas Cámaras, las cuales habrán de pronunciarse de común acuerdo con el Rey sobre los puntos sometidos a revisión. Para la deliberación han de estar presentes los dos tercios de los miembros de Cámara y la aprobación de la enmienda requiere, por lo menos, dos tercios de los votos emitidos (art.º 131). Un régimen similar es el seguido por la Constitución de Luxemburgo (art.º 114).

La Constitución de los EE. UU. dispone en su artículo V: «Siempre que las dos terceras partes de ambas Cámaras lo juzguen necesario, el Congreso propondrá enmiendas a esta Constitución, o bien, a solicitud de las legislaturas de los dos tercios de los distintos Estados, convocará una convención con el objeto de que proponga enmiendas, las cuales, en uno y otro caso, poseerán la misma validez que si fueran parte de esta Constitución.» Las Constituciones de buen número de los Estados miembros de la Unión prevén asimismo la convocatoria de una convención, y algunas de ellas requieren la subsiguiente ratificación popular.[43] Schmitt destaca el papel que desempeña en la democracia moderna la convocatoria de una Asamblea Nacional constituyente elegida por sufragio universal igual. «Sin embargo —dice— la convocatoria de una Asamblea nacional constituyente no es el único procedimiento democrático imaginable. Antes bien, se han introducido en democracias modernas otras clases de ejecución y formulación

42. Cfr. Mariano Daranas, ob. cit., I, p. 700, nota 64.
43. Cfr. J. Depech y J. Laferriére, *Constitutions modernes*, IV, 1934, pp. 419 y ss.

de la voluntad constituyente del pueblo.»[44] Loewenstein cita el procedimiento como peculiar e «indebidamente abandonado por el derecho comparado».[45]

4.ª *El problema de la reforma total y la tendencia de algunas Constituciones a introducir cláusulas de inmodificabilidad sobre puntos considerados como esenciales.*

Aunque ambas cuestiones no se identifican, pueden ser tratadas de una manera conjunta.

Hay Constituciones que, como la de Suiza, distinguen entre la «reforma total» (art.º 120) y la «reforma parcial» (art.º 121), estableciendo para la primera unos requisitos más cualificados.

La Constitución de Cuba también contempla expresamente la reforma total (art.º 141) para la que requiere, además de una mayoría de las dos terceras partes del número total de miembros de la Asamblea Nacional del Poder Popular, la ratificación por el voto favorable de la mayoría de los ciudadanos. Entonces no hay problema; de la reforma puede resultar una Constitución, en conjunto, distinta. Algunas Constituciones hablan, en general, de «la reforma», como la de Francia (art.º 89) —con la exclusión de la forma de Gobierno— y la de Yugoslavia (art.º 110), o de «la revisión», como la de Portugal (art.º 286). Estas Constituciones suscitan el problema de si la reforma puede o no ser total, puesto que su forma de expresarse es genérica. Bastantes Constituciones dan a entender que las reformas son consideradas como parciales, porque las refieren a una parte o a determinados preceptos o disposiciones (como las de Noruega —art.º 112—, Irlanda —art.º 46—, Dinamarca —art.º 88—, Luxemburgo —art.º 114—, Grecia —artículo 110—, etc.) o utilizan la fórmula de las enmiendas (como las Constituciones de los Países Bajos —art.º 212—, Turquía —artículo 155—, Malta —art.º 67—, etc.). La exclusión de la reforma de determinada parte de la Constitución se encuentra, por ejemplo: en el art.º 139 de la Constitución de Italia, según el cual «no podrá ser objeto de revisión constitucional la forma republicana»; en el art.º 79 de la Ley Fundamental para la República Federal Alemana, que dice: «será ilícita toda modificación de la presente Ley en virtud de la cual se afecte a la división de la Federación en Estados, a los fundamentos de la cooperación de los Estados en la potestad legislativa o a los principios establecidos en los artículos 1 y 20»; y en el artículo 89, párrafo 5.º de la Constitución de Francia, que excluye de la revisión la forma republicana de Gobierno. No creo que puedan considerarse como cláusulas de inmo-

44. Schmitt, *Teoría de la Constitución*, trad. esp. de Francisco Ayala, Ed. Revista de Derecho Privado, Madrid, 1934, p. 97.
45. Loewenstein, ob. cit., p. 174.

dificabilidad las frecuentes en algunas Constituciones de Iberoamérica sobre la prohibición de reelegir al Presidente tras uno o más períodos de mandato, aunque algún autor las incluya como tales. Tampoco, por ejemplo, la exigencia de que el Presidente sea nacido en México de padres mexicanos, que supone la incapacidad para ser Presidente de los que no reúnan estas condiciones (art.° 82 de la Constitución de México) tiene que ver nada con la inmodificabilidad.

Cualquier declaración de inmodificabilidad de una parte de la Constitución supone que la reforma total queda excluida. El fundamento de una norma de este tipo no radica en la consideración dogmática de que la reforma haya de considerarse siempre parcial. La protección de una determinada forma de gobierno —y en concreto la republicana—, por una parte, es un viejo eco de la revolución frente al absolutismo monárquico o de la protesta frente a la dictadura, y por otra parte, contemplada con una perspectiva de futuro, es el deseo de poner coto a la alteración sustancial que supondría el cambio. Implica superar un concepto meramente formalista y normativo de la Constitución para ver en ella también el espíritu de un pueblo. Por tanto, una reforma que desconociera tal límite violaría la Constitución e iría en contra de lo que se considera socialmente arraigado y axiológicamente inmutable; pero también puede tener el inconveniente de colocar en una posición de ilegalidad a toda actitud contraria, a la que sólo le quedaría la expectativa del golpe de Estado.

Sin duda, la proclamación de intangibilidad constitucional de mayor entidad es la contenida en el artículo 79, 3 de la Ley Fundamental de Bonn. Su motivación remite muy directamente a la concreta circunstancia histórica de la irrupción de Hitler en el poder, a su concepción racista, a los crímenes cometidos en nombre de ella y al triste ejemplo que ofreció el derecho atenido al decisionismo de la voluntad y al positivismo de las normas insensibles a los valores y a los fines encarnados por la persona y la convivencia. Ya que la triste experiencia era inevitable, quiso obtenerse fruto de su enseñanza para conjurar en el futuro un peligro de esa clase. Las palabras con que comienza el artículo 1, al decir que «la dignidad del hombre es sagrada» tienen el valor de un símbolo. Se coloca en el lugar preeminente del orden jurídico la dignidad del ser humano, una concepción ética de la persona y los derechos inviolables e inalienables que le son inherentes, cuyo respeto y protección es obligación de todo poder público y fundamento de toda comunidad humana. Aun cuando el artículo 79 de la Ley Fundamental de Bonn declara también como inmodificable lo dispuesto en el artículo 20 acerca de que la República

Federal Alemana es un Estado federal, democrático y social, que todos los poderes emanan del pueblo, que son tres los poderes y que los alemanes tienen un derecho a la resistencia contra quienes intenten derribar ese orden, ni todo el contenido normativo del artículo 20 es ⁄de igual rango ni, en conjunto, es equiparable en rango al principio consagrado por el artículo 1. Mientras este artículo se superpone a cualquier ideología política, el artículo 20 es una consagración de la democracia social y del Estado federal. No es imaginable en nuestro contexto histórico que el hombre fuera menospreciado; sin embargo, si el poder político emana del pueblo, como reconoce el artículo 20, ningún sistema político es invariable. En el fondo, la democracia no es sólo reconocida, sino también atemperada o corregida. Pretende evitarse que cualquier variabilidad en el juego de las mayorías parlamentarias ponga en cuestión la propia naturaleza del Estado. Pese a estas y otras posibles observaciones, no nos sumamos a las fáciles críticas que se han hecho al artículo 79 de la Constitución de la Alemania Federal, diciendo que son vanos los propósitos de hacer inmunes a la revisión determinadas normas constitucionales por importantes que sean. Cierto que el devenir histórico es insondable. Regímenes en su día reputados como consustanciales con la naturaleza humana han sucumbido, transformando en perecedero lo que parecía inmortal. Sin embargo, es comprensible una voluntad de perduración, aunque las normas, aun rodeadas de todo el cuadro de coactividades propias del derecho, no tienen asegurada la invulnerabilidad ni el definitivo mantenimiento.

Queda ahora pendiente la pregunta de si una Constitución que no especifique el alcance de la reforma puede ser objeto de una reforma total. Ideológicamente hay la tendencia a contraponer el pensamiento reformista, como una combinación del conservadurismo y el progreso, con el pensamiento revolucionario. Sólo a éste se imputan las remociones totales y radicales de un orden. Parece que el reformismo no pone en cuestión un orden, no lo arranca de raíz. Creo que conviene distinguir entre la ideología reformista y la técnica legislativa de la reforma constitucional. La reforma como técnica de elaboración de la Constitución no tiene una limitación intrínseca impeditiva de la reforma total, aunque sí es perfectamente posible —y los textos lo demuestran— que la propia Constitución la configure en términos limitados. Lo incompatible entre la revolución y la reforma, en cuanto generadoras de Constituciones, no radica en que la reforma haya de ser necesariamente parcial frente al carácter total de la revolución; la diferencia está, antes que en el contenido ordenador, en el hecho revolucionario que falta en la reforma. Por otra parte, cuando nos referimos a una reforma total de la Constitución no hay por qué presuponer que haya de ser absolutamente contraria o contrapuesta ideológicamente a la Constitución precedente. Es perfectamente posible que, sin un cambio profundo, sea aconsejable o deseada una Constitución distinta y nueva. Los que se oponen a las reformas totales suelen equipararlas a los golpes de Estado, cuando no es así.

Si hay Constituciones que prevén la reforma total, esto demuestra que no es un imposible jurídico, es decir: la reforma no requiere el alcance limitado de la modificación. El problema lo plantean las Constituciones que, en términos genéricos, hablan sólo de reforma o de revisión. El argumento esgrimido por algunos de que mediante la utilización sucesiva de reformas parciales puede llegarse a la total, no me parece convincente en favor de ésta. Lo que da lugar a que la reforma sea total es que se lleve a cabo en unidad de acto. Si no es así, la acumulación a lo largo del tiempo de varias reformas parciales, hará que la Constitución se haya reformado totalmente, pero no en virtud de una reforma total. Me parece, en cambio, importante ponderar cuáles sean el órgano y el procedimiento de la reforma. Si ésta viene atribuida exclusivamente al poder legislativo ordinario, aunque con una mayoría cualificada, es atrevido propugnar la posibilidad de una reforma que implique sustituir una Constitución por otra. Si, por el contrario, bien por previsión expresa de la Constitución o por Ley constitucional, en la reforma tiene participación el soberano, el pueblo, hay base suficiente para que la reforma pueda ser total.

V. Rasgos del proceso constituyente español

1. PODER CONSTITUYENTE DERIVATIVO E IRRADIACIONES DEL CONSTITUYENTE ORIGINARIO

A) *La transición.* Si, en esencia, el poder constituyente nos coloca en la cúspide de la estructura jurídica del Estado y concierne a la implantación de un nuevo sistema político o a la introducción de correcciones sustanciales en el existente, no cabe duda de que esto tiene lugar en España cuando pasamos: del sistema regido por las Leyes fundamentales al sistema que se inicia formalmente con la Ley para la Reforma política; de un régimen autoritario, con las libertades reprimidas, a un régimen basado en la libertad; de una democracia orgánica (según la propia autodenominación) en donde las unidades políticas eran la familia, el municipio y el sindicato (para sólo a través de ellas llegar a la persona) a la democracia asentada en el sufragio universal, en el que la unidad política es la persona; del monismo político al pluralismo de los partidos; de la unidad sindical a la libertad sindical; de la refundición personalista y la distribución funcional de un poder único a la separación de los poderes con recíprocas limitaciones; de un Estado centralista a un Estado de las autonomías; de una Monarquía con legitimación en el 18 de julio a la Monarquía histórica, constitucional y parlamentaria.

Un cambio de tal alcance, por su entidad política, por los niveles en que ha actuado y por las instituciones afectadas (las anteriores, las resultantes y las que se mantienen) presupone, exige, la puesta en acción del poder constitucionalmente fundacional y/o renovador.

En la transición se marcan claramente tres etapas: una se extiende desde la muerte de Franco hasta la aprobación por el pueblo de la Ley para la Reforma Política, seguidamente promulgada; otra etapa comprende desde esta Ley hasta la celebración de las elecciones generales el 15 de junio de 1977; y la tercera etapa, con su punto de partida en las elecciones, llega hasta la promulgación de la Constitución el 27 de diciembre de 1978, comprendiéndose en ella la elaboración del texto constitucional. Dispuesto a dar nombres, llamaría a la primera etapa de gestación; a la segunda, de transición en el sentido estricto de penetrar en el cambio; y la tercera etapa podría considerarse como de conformación constitucional.

Fijar estas etapas no supone novedad alguna. Tal división, otra u otras parecidas, se han hecho. Teóricamente, todo proceso es divisible, o mejor, está dividido, como ocurre con la propia vida del hombre o con la vida de cualquier ser.

Si acudo a este fraccionamiento es, además de por facilidad descriptiva, por dos razones principales. Una, la ya apuntada de que el proceso no hay que contemplarle sólo en su faceta legal, sino también en su acontecer real. Y otra, la fundamental, concierne al propio modo de manifestarse el proceso constituyente. Ambas razones están entre sí enlazadas. Voy a anticipar algo que me parece importante y a la vez facilita el razonamiento. No trato de afirmar que se ha ejercido el poder constituyente porque, careciendo España de Constitución, aunque tuviera una supralegalidad, ha llegado a tener una Constitución. Argumentar así me parecería demasiado simplicista. Sería explicar el proceso exclusivamente en función del resultado, que muchas veces es muy parecido a tomar el rábano por las hojas. Me permitiré un ejemplo tomado del derecho privado. Si digo que una persona ha muerto testada porque otorgó testamento, tomando en consideración la existencia de un documento que externa y formalmente es testamento, puedo haber afirmado una verdad de hecho, pero puedo haber afirmado algo que no resista una consideración crítica; esto es, cabe que el testamento no sea válido, aunque se haya de tener como tal porque nadie lo haya impugnado; porque pudo carecer de capacidad el otorgante o estar viciada su voluntad o adolecer de algún defecto formal el documento testamentario. Pues bien, algo análogo ocurre con el poder constituyente. La similitud no es completa, ya que mientras el otorgamiento del testamento está sujeto a unas reglas jurídicas estrictas, no ocurre lo mismo —casi ocurre lo contrario— con el poder constituyente. Sin embargo, algo hay que, ateniéndonos a los hechos históricos, a los tipos o modelos socio-políticos y a algunas significaciones jurídicas, llamamos poder constituyente. En consecuencia, quiero poner de manifiesto que el proceso de cambio se ha desenvuelto conforme a la racionalidad del poder constituyente; éste ha desembocado en la Constitución; y no a la inversa; no porque se ha promulgado la Constitución puede decirse *a posteriori* que se ha ejercido el poder constituyente. Éste aparece en el *iter*, en el tránsito. Está en el curso del proceso y así ha de ser analizado.

El proceso de cambio con su significado constituyente no puede ser contemplado y descrito sólo desde la perspectiva de una legalidad (y en los puntos esenciales, de una supralegalidad) que ha experimentado una transformación esencial, ni tampoco desde el plano exclusivo de la acción de las fuerzas políticas y sociales. Ambas visiones serían unilaterales. Las fuerzas políticas y sociales contrarias al régimen autoritario, sin perjuicio de dar testimonio de su presencia, permanecieron durante varios decenios sin conseguir —ni atisbar siquiera— que por medio de su acción directa les fuese posible la irrupción en el poder. Las fuerzas más moderadas, que actuaban desde el interior del sistema, carecían de cohesión suficiente para arrostrar una empresa de cambio. Tampoco se trata de que unas y otras fuerzas ajustaran su conducta a una normatividad que les fuera ofrecida desde el poder, sin más. Hay una situación que no se resume diciendo: éstos son los hechos y ésta la conformación normativa que recibieron; o bien: tal es la conformación normativa y tal la respuesta, el resultado de su aplicación. No. La situación, o mejor, las situaciones que sucesivamente se iban produciendo fueron mucho más complejas. Es cierto que las fuerzas políticas y sociales que durante decenios se mantuvieron en un compás de espera, aflojados los resortes autoritaristas del rechazo, fueron creciendo en actividad y en iniciativas hacia el cambio. Esta aportación la recibe el proceso desde abajo; pero indiscutiblemente así no resulta explicado en su totalidad.

Tampoco se trata de que la intervención de las fuerzas políticas y sociales quedara circunscrita a su estricto sometimiento a las normas configuradoras de la reforma procedente de un poder político en el que gran parte de ellas no participaba. Ésta sería una explicación del proceso contemplada o hecha exclusivamente desde arriba.

Hubo interacción entre los factores fácticos y las conformaciones legales; corrientes de reciprocidad. La naciente legalidad y, en muchas ocasiones, la aplicación de la anterior a una realidad social que ya mostraba mutaciones y contradicciones con la precedente, vinieron a ser los primeros pasos de tanteo. Pero esta apertura hacia el cambio, legalmente instrumentada desde arriba, estuvo influida también por corrientes de opinión y acciones políticas no articuladas en el poder establecido.

El proceso se abrió con lo que cabría llamar una presunción de cambio y la consiguiente promoción del mismo. El propio régimen franquista había experimentado una evolución interna cifrada en atenuar la rigidez unitaria del poder y su marcado personalismo. Éste se consideraba circunscrito a la figura de quien emanaba y lo encarnaba. Por eso el hecho de su muerte, sin posible sustituto equiparable, trajo consigo una conmoción institucional. «Después de Franco, las instituciones», se convirtió en una frase consagrada. Sin embargo, la distinción entre lo personal y lo institucional, posible conceptualmente, no tenía cabal reflejo en la realidad y, sobre todo, era difícilmente realizable. Las instituciones, sí, ¿pero qué instituciones? Lo que era presunción de cambio desde dentro del sistema, por la falta en él de la pieza clave en torno a la cual se desenvolviera funcionalmente, desde fuera se veía como una exigencia apremiante. Durante la primera etapa del proceso los titulares del poder político y de la legalidad eran unos. Como sólo existía la política instalada en el poder, los demás quedaban fuera. Los titulares de la legalidad comprendían también la urgencia inaplazable del cambio y formulaban ofertas que, si en general, tendían hacia la apertura democrática, no resultaban suficientes para quienes no querían resignarse a ser destinatarios de decisiones adoptadas sin su participación.

Las fuerzas políticas y sociales no integradas en el poder constituido tenían dos opciones: o tratar de erigirse en poder constituyente, lo que habría exigido una acción revolucionaria, o bien, disponerse a tomar en consideración las propuestas de transformación emanadas del poder constituido. Para lo primero les faltaba una organización suficiente y, sobre todo, hubiera supuesto el retorno al enfrentamiento intransigente, que tan dolorosos frutos había producido en el pasado, y un quebranto de la voluntad de paz que les animaba. No obstante, la simple aceptación incondicionada de los criterios del Gobierno, aunque estuvieran inspirados en el mejor deseo, colocaba a los receptores en una posición poco airosa y políticamente insatisfactoria. En todo caso era importante cierta unidad de criterio. Es entonces cuando se produjo la agrupación de las fuerzas que, respondiendo a ideologías muy diferentes, compartían las ideas básicas de la democracia. Así surgieron o se revitalizaron organizaciones de hecho, como la Junta Democrática, la Platajunta y la Comisión de los Nueve. El diálogo entablado, aun cuando hubiera posiciones muy encontradas, ya significaba un progreso. A todo esto, la Ley para la Reforma Política, en curso durante varios meses, llegó a terminarse. La prueba de que, en principio, no se consideró como la solución satisfactoria es que los partidos de izquierdas aconsejaron la abstención en el referéndum, que habría de conseguir sin embargo un índice de participación muy positivo y una respuesta afirmativa claramente mayoritaria. Sin duda alguna, el pueblo estaba por el cambio y, en tanto la Ley para la Reforma Política iba a ponerlo en práctica, fue bien acogida por el electorado, sin detenerse a considerar otros aspectos del problema, que podían ser captados y valorados por las mentes más expertas de los dirigentes políticos.

Con el curso del tiempo —un tiempo políticamente acelerado y cambiante— se habían ido produciendo en el Gobierno actitudes demostrativas del deseo de acercamiento. Los actos de mayor relieve fueron, sin duda, la legalización de los partidos políticos y de las organizaciones sindicales. Las libertades públicas de expresión y manifestación se iban adentrando en la práctica cotidiana. Un amplio concepto de los delitos de opinión supuso la liberación de numerosos presos y detenidos. Los lamentables actos terroristas unían en la condena a las fuerzas propulsoras de la transición, al paso que desde posiciones autoritaristas radicalizadas se erigían en dramático vaticinio del caos que nos amenazaba. Con todo, se iba adelante. Los intentos desestabilizadores no rompieron el equilibrio. El ideal maximalista de las fuerzas de la oposición —la «ruptura democrática»— habría supuesto un vacío sin límites, una situación de hecho difícil de controlar. Y no es que faltaran ciertas actuaciones prácticamente de hecho, ya que aun antes de ser derogada la legalidad anterior hubo un relajamiento condescendiente; pero la Monarquía como rectora del proceso y un Gobierno procedente de ella, evitaron el desenfreno. La reforma, que tenía un origen legal y no podía considerarse en su génesis ni en sí misma como «pactada», se fortaleció al merecer la generalizada aceptación por los españoles. A través de la interlocución se fueron jalonando pactos, entendimientos, recíprocas comprensiones y, en general, la predominante inclinación por el consenso. En momentos propicios a la exaltación, se impuso el pragmatismo moderado. Los españoles estábamos dando pruebas de cordura. Había acuerdo en el cambio pacífico, aunque la operatividad de éste y sus límites seguían dando ocasión a frecuentes fricciones. La campaña electoral preparatoria de las elecciones del 15 de junio de 1977 abrió las puertas a una dinámica política largo tiempo desconocida. La participación de los partidos en las elecciones era un paso importante. Ellos mismos, con lo que tenían unos de viejos cuadros más o menos renovados y otros de improvisaciones repentizadas, consideraban como insólito lo que, al fin, era la normalidad del pluralismo ideológico. La figura mítica del «ministro», que había plasmado la permanencia indefinida en el poder establecido, se humanizaba al descender a la arena política. Las reuniones prohibidas de conspiradores perseguidos se transformaron de la noche a la mañana en mítines multitudinarios. Las calles de las grandes ciudades, tantos años acaparadas por la propaganda comercial y la creciente circulación de los vehículos, eran escenario disputado para las consignas de la propaganda política y hervidero de manifestaciones.

El confrontamiento electoral rompió el enigma —enigma, pese a la técnica de las encuestas— y mostró el mapa ideológico de España. Las elecciones tuvieron dos significados especialmente valiosos. Uno era el de que se aceptaron los resultados como ciertos; la verdad real terminaba por ser conocida y reconocida. Y el otro era que desde aquel momento iba a surgir un legislativo con participación de todos los españoles, articulado por unas fuerzas políticas proporcionadas a las opciones planteadas mediante el libre ejercicio del derecho de sufragio. Aunque el Gobierno se mantuvo, sin constituir una alteración de fondo el hecho de que fuera renovado después de las elecciones, es lo cierto que, a raíz de éstas, la titularidad de la potestad legislativa pasaba a tener un origen distinto y una atribución diferente. El bloque de la Administración subsistió sin modificaciones sustanciales. Los poderes fácticos tradicionales se mantuvieron. Sin embargo, de un Gobierno ajeno a los partidos y al Parlamento, se pasó a lo que indistintamente podría llamarse un partido del Gobierno o un Gobierno de partido. Los partidos no integrados en el Gobierno —la oposición, más clara en la posición de la izquierda que en la posición de la derecha— tuvieron asiento en el Parlamento. Con ello la línea divisoria entre el poder establecido y la realidad política total dejó de ser tan nítida. Entre gobernantes y gobernados se había iniciado la correlación y el acercamiento.

B) Expresiones del poder constituyente. Es claro que en España no actuó, con la libertad y la supremacía máximas, el poder constituyente originario. Éste, en su sentido más absoluto de fundar un Estado o dotarle de su primera Constitución, era inconcebible con sólo mirar a la historia. El poder constituyente originario tal como suele manifestarse en nuestro tiempo es el derrocamiento revolucionario de una Constitución. Esta figura, en su significado prototípico, no podía darse y, sobre todo, no se dio. No podía darse porque si España tenía una supralegalidad, carecía de una Constitución; pero lo que verdaderamente importa es lo siguiente: faltó la acción revolucionaria; y ello no sólo porque, afortunadamente, faltara la lucha cruenta, ya que, según hemos explicado, la violencia no ha de estar asociada de modo necesario con el derramamiento de la sangre; faltó —y eso es suficiente— la imposición de un cambio exclusivamente desde fuera y por las vías de hecho. No hubo en ningún momento esa especie de nada jurídica —en la que nosotros no creemos en términos absolutos— que algunos consideran consustancial con el ejercicio del poder constituyente originario. Tampoco quedó reducido el derecho a las inevitables expresiones que tiene siempre en una sociedad, aun cuando su conformación legal básica desaparezca. A la situación límite del poder constituyente que empieza desde el principio, sin más condicionamientos que los emanados de él mismo, es evidente que no se llegó. Se mantuvo una legalidad, aunque en sus aspectos políticos se mostrara muy distendida y relajada y aunque se resintiera de incertidumbres e improvisaciones. Durante el proceso hubo siempre un hilo conductor desde el anterior sistema hasta el que se estaba forjando. En razón de ello, el poder constituyente predominante ha de calificarse como derivativo. En el derecho civil, «derivativo» quiere decir especialmente enlace, relación entre antecedente y consecuencia; adquiero la propiedad de un bien porque alguien me la transmite, como ocurre en la compraventa o en la donación; diversamente, soy adquirente originario de la propiedad en la ocupación y en la usucapión porque falta el *tradens*; el derecho se constituye *ex novo*, por y para el adquirente. No significa exactamente igual «derivativo» en el campo del derecho constitucional y de la ciencia política, aplicado al poder constituyente, porque tampoco es lo mismo adquirir un derecho patrimonial que dotar de nueva constitución al Estado; poder constituyente derivativo es el no autónomo en su ejercicio porque emana del constituido, y sobre todo es aquel que se atiene a una regulación heterónoma. Esta regulación heterónoma estuvo representada principalmente por la Ley para la Reforma Política.

Sin embargo, tampoco el poder constituyente derivativo o la reforma constitucional acapararon por entero el proceso de cambio. No todo consistió en el estricto cumplimiento de una normatividad. Si en España, ciertamente, no ha habido una revolución, nuestro cambio, el proceso en que se ha desenvuelto, no es por entero equiparable al de la aplicación de unos preceptos reguladores de la reforma o la enmienda constitucional. Hubo una adhesión ciudadana que no quedó estrictamente reducida al ejercicio del derecho de voto. Fuerzas políticas largo tiempo marginadas o sin ocasión para expresar su ideario tomaron contacto de quienes desde el interior del sistema comprendieron la necesidad de una mutación de rumbo. Si el poder constituyente derivativo procedía de las Cortes orgánicas, también hubo algunas manifestaciones del poder constituyente originario en el comportamiento de los partidos en reconstitución o en surgimiento, en las movilizaciones obreras y en muchos sectores de la sociedad, de composición heterogénea, que comprendían desde los beneficiarios de la elevación del nivel de vida y de la protección social hasta los que por el fortuito signo negativo que había tenido para ellos el resultado de la guerra civil carecían de las más elementales prestaciones del Estado. La interlocución entre los que he llamado titulares de la legalidad (principalmente el Gobierno y la Administración) con los que eran convocados a participar en la vida política del país, dio lugar a que éstos tuvieran también un protagonismo y esgrimieran reivindicaciones. Vibró ese fenómeno psicológico-social, tan difícil de captar, denominado «sentimiento constitucional» (Loewenstein) que si unas veces expresa una conciencia de comunidad que mantiene a las constituciones longevas, como la de los Estados Unidos, otras veces clama por una conformación constitucional sensible a los diversos componentes racionales e irracionales, espirituales y materiales, que simbolizan la realidad histórica de un pueblo. El valor de la libertad fue exaltado con primacía. Los partidos propugnadores de un modelo de sociedad distinto, con patrones igualitarios diferentes a los de la democracia liberal, antepusieron a ese proyecto y a cualquier otra aspiración, el propósito de coexistir libremente en una estructura pluralista de la sociedad.

Hay que reconocer, por tanto, cierto margen a manifestaciones del poder constituyente originario, a lo que éste tiene de emanación del pueblo, de conciencia histórica, de voluntad y esperanza de cambio y, en suma, de «sentimiento constitucional». Ahora bien, señalar su presencia, percibir ciertas irradiaciones del mismo, no implica desconocer que el proceso de cambio fue conformado jurídicamente por la Ley para la Reforma Política, es decir, por un poder constituyente derivativo.

La Ley para la Reforma política —que en líneas generales ya hemos estudiado— tiene una justificación y señala un rumbo que parecen muy claros: afirmar la legitimidad democrática con todo lo que a la sazón tenía de retorno y de novedad. Si la ley es «la expresión de la voluntad soberana del pueblo» no cabe una exaltación mayor de la ley y el pueblo, ni tampoco mayor identificación. En eso consiste la democracia. Pues bien, como el concepto del poder constituyente, aunque sea susceptible de comprender en términos genéricos cualquier modo de fundar un Estado o de dotarle de Constitución, en su significado más estricto aparece con el Estado constitucional democrático, es evidente que ese sesgo de la organización jurídico-política hacia la democracia constitucional entrañaba el planteamiento más concorde con lo que históricamente se ha entendido en su sentido específico como la puesta en marcha del poder constituyente. Dos siglos antes, en Francia, el tránsito del Estado absoluto al Estado constitucional, que es por excelencia el Estado-legislador, se llevó a cabo en virtud del poder constituyente. El fenómeno durante el siglo XIX se generalizó en Europa y se extendió a España. De nuevo, aunque los presupuestos no fueran idénticos, vino a reproducirse.

En su día la democracia trajo consigo la sustitución del principio de la legitimidad, como fundamento del poder, por el principio de la legalidad; o dicho más exactamente, la legitimidad vendría a estar representada por la legalidad, que asume una función absorbente de aquélla. La legitimidad y la legalidad, dice Passerin d'Entréves, «constituyen los pilares de toda construcción política».[1] El recorrido histórico de la primera es más largo y cambiante. Santo Tomás de Aquino considera ilegítimo el poder no dotado de título justificativo y ejercido arbitrariamente. Durante mucho tiempo impera la legitimidad monárquica de base hereditaria tal como la propugnaría Bodino, hasta que con Rousseau se establecieron las bases de la legitimidad popular tal y como la defendiera Benjamin Constant.[2] En términos más generales, desde posiciones iusnaturalistas, a la legitimidad se le asigna un contenido material resultante de que el derecho ha de considerarse como realización de la idea de la justicia, por lo que no hay una legalidad que por sí sola contenga su justificación. Éste es el criterio que se abandonaría a partir del Estado constitucional, preocupado por la lucha contra el poder arbitrario y por el establecimiento de unos límites precisos a la acción del Estado. Tanto éste como el derecho y, en definitiva, el poder, no tienen otro fundamento que el de la ley misma. La obediencia a la ley —en cuanto expresión de la voluntad general— y no a la persona será la regla suprema de la legitimidad en las sociedades democráticas. Por eso Max Weber, en su conocida tipología de la legitimidad, reputa como legitimidad racional la basada en la ley; y por eso, en definitiva, llega un momento en que el propio concepto de la legitimidad resulta innecesario, porque todo queda reducido a la legalidad. No obstante, la legitimidad ha vuelto a resurgir. Ha podido comprobarse que si la estricta legalidad puso término, por un lado, al poder personal y absoluto y, por otro lado, a algunas explicaciones utópicas, ella misma, si bien tiene la función de límite, no está exenta de ciertas limitaciones internas. Por supuesto, no se trata del abandono del principio de la legalidad; pero sí de no dejarlo encerrado en un formulismo estricto.

1. Cfr. Passerin d'Entréves, «Légalité et légitimité», en *L'idée de légitimité* (donde aparecen este y otros trabajos sobre el tema), PUF, 1967, pp. 29 y ss.
2. Cfr. Jean Francois Suter, *L'idée de légitimité chez Benjamin Constant*, ob. cit. nota anterior, pp. 181 y ss.

Las vías de penetración de una legitimidad fundamentadora de la propia legalidad son varias. Entre ellas podrían señalarse: la tendencia, muy consolidada, a ponderar los presupuestos axiológicos del derecho y de manera especial el reconocimiento universal de unos derechos humanos inviolables, fundamento del orden jurídico y no mera emanación de éste; la importancia concedida a la efectividad del orden jurídico y a la presencia en el mismo de la realidad social; la no reducción del Estado al estricto papel de legislador, preocupado exclusivamente de la corrección formal de las normas; y, sobre todo, los correctivos a introducir en una democracia atenida al libre juego de las cambiantes mayorías parlamentarias, con el fin de que ciertos postulados esenciales del orden constitucional tengan una consistencia no dependiente sólo de una determinada ideología.

C) El cambio hacia la democracia. Pese a que hoy la estricta democracia de la ley suscita algunas cuestiones, se comprende que el proceso de cambio tomara esa dirección. José María Maravall ha escrito: «Es un tanto obvio señalar que no existe un proceso inevitable ni una ley histórica del desarrollo político. Existen movimientos hacia la democracia así como hacia la autocracia en sociedades modernas, económica y socialmente.»[3] Cierto que no hay una ley histórica que imponga a los cambios una determinada dirección. Sin embargo, en España, precisamente por el apartamiento de la democracia —que en sí mismo no se presentaba como una radical negación de ésta, sino como un modo peculiarísimo de entenderla y limitarla—, el cambio normalmente previsible había de ser hacia la democracia. No estaban en conflicto dos posibilidades de cambio en direcciones antagónicas, sino o el mantenimiento de la organización política con algunas atenuaciones o el tránsito democrático. Sin duda, ésta era la dirección idónea para que el proceso pudiera considerarse como propiamente constituyente. Porque lo que se hizo fue acudir a la voluntad del pueblo; preguntar a éste; sustituir los cálculos o las conjeturas con base en un paternalismo benefactor por el dato empírico de la consulta; prescindir de las legitimidades carismáticas o fácticas, remitidas siempre al pasado, para instaurar la legitimidad emanada del pueblo tanto de un modo directo como a través de la democracia representativa. Siendo éste el planteamiento del problema, si no hay coincidencia entre la forma en que estaba constituido el sistema político y la forma en que iba a constituirse, intervino un poder con el rango de constituyente,

3. Cfr. José María Maravall, «Transición a la democracia. Alineamientos políticos y elecciones en España», *Sistema*, 36, 1980, p. 67.

aunque en su ejercicio se atuviera a una regulación del poder anteriormente constituido. A veces, con un criterio cuantitativo poco matizado, se identifica al poder constituyente con la elaboración de una nueva Constitución y, en todo caso, con la introducción de mutaciones fundamentales en un determinado sistema de supralegalidad. En rigor, no es así, porque toda reforma o enmienda de la Constitución, realizada conforme a un procedimiento distinto del seguido para la elaboración de las leyes ordinarias, prescindiendo de la mayor o menor entidad que pueda tener, implica el ejercicio del poder constituyente.

Dentro de la democracia estable que predomina en la sociedad occidental (dejando aparte la singularidad constitucional de Gran Bretaña), el ejercicio del poder constituyente derivativo asocia a la idea de supremacía, la idea de restricción. Todos los procedimientos de reforma constitucional a que antes nos hemos referido lo comprueban. Las mayorías de los dos tercios o de los tres quintos (a veces computadas con relación a los componentes de las Cámaras) son las predominantemente exigidas. Hemos visto también la frecuente consulta popular y la fórmula de la disolución del Parlamento, de manera que no sea él mismo el que se pronuncie acerca del definitivo contenido de la reforma. La razón de ser estriba en que todo cambio constitucional es mirado con cautela y quiere dificultarse para evitar que la Constitución sea un texto episódico entregado al vaivén de los partidos. Luego la práctica pondrá de manifiesto la paradoja de que las Constituciones más flexibles se modifican menos que las rígidas y, dentro de éstas, las hay muy reformadas y poco reformadas. Todo depende de que se tenga de la Constitución un concepto externo, documental, o un concepto más profundo, arraigado en la conciencia y en los sentimientos de los ciudadanos. Pues bien, en nuestro caso, la cuestión, por las peculiaridades concurrentes, no se presentó en esos mismos términos. Que bastara la mayoría absoluta, la mitad más uno de los miembros de cada Cámara para la aprobación del proyecto de reforma constitucional ha de reputarse como exponente de un criterio flexible, aunque no ocurre lo mismo con otros requisitos, especialmente por lo que concierne a la doble consulta al pueblo. De todas maneras, puede decirse *que el fin a que se tendió no consistió en dificultar el cambio, sino en facilitarle, si bien dotándole de una base democrática segura y convincente.*

D) *Equiparación del modelo reformador utilizado con los del derecho comparado.* Con la salvedad, ya analizada, de que las normas reguladoras de la reforma no están contenidas en una Constitución, sino en una Ley específica que, además de modificar directamente de modo sustancial la supralegalidad precedente, preconfigura una ulterior reforma constitucional —y aquí radica principalmente la singularidad de nuestro caso—, podemos sostener que el modelo reformador utilizado es equiparable a los modelos vigentes en el derecho comparado europeo. En éste son modos normales del ejercicio del poder constituyente derivativo [4] en el sentido de que, con unas u otras combinaciones o preferencias, aparecen utilizados por un considerable número de Constituciones: la intervención en la reforma del poder legislativo ordinario, con participación o no del electorado; el reforzamiento de las mayorías para la aprobación parlamentaria de la modificación constitucional, exigiéndose, en ocasiones, una determinada mayoría para la iniciativa; la consulta al electorado, ya mediante la disolución del Parlamento promotor de la reforma con el fin de que sea otro Parlamento el que la apruebe, ya mediante la convocatoria de un referéndum preceptivo siempre o en determinados casos.

En el procedimiento seguido para la reforma constitucional en España se comprueba la presencia de la mayor parte de esos criterios. No trato de inquirir qué Constituciones se tuvieron principalmente a la vista en la preparación de la Ley para la Reforma política y menos imputar que se siguiera un modelo determinado. Siempre me he mostrado contrario a explicar nuestras leyes desde el punto de vista de su inspiración en las leyes de otros países. Soy un convencido de que la ley nos muestra una voluntad objetivada, a la que ha de estarse, sin tratar de inquirir los pasos dados por el autor de la ley. Esta labor de pesquisa me parece cuasipoliciaca, anecdótica y poco científica. Otra cosa es la investigación comparativa como método de conocimiento que pone de relieve las uniformidades y las diferencias observables en los diversos sistemas jurídicos. Cuando el análisis comparativo acredita similitudes entre distintos ordenamientos no interesa (o al menos no importa de manera decisiva, no es la razón justificativa de la investigación) que uno haya influido en el otro, sino comprobar cómo los criterios se reiteran hasta el punto de que, en el ámbito de la macrocomparación, cabe apreciar la existencia de familias de sistemas, así como la microcomparación descubre parciales similitudes entre elementos de sistemas que, en cuanto tales, pueden considerarse como contrapuestos.

Es tesis frecuente —un lugar común— sostener que las Constituciones extranjeras principalmente tenidas en cuenta en la pre-

<hr />

4. Cfr. *supra*, cap. IV, donde damos cuenta de los procedimientos seguidos por casi todas las Constituciones europeas y algunas otras.

paración de la Constitución española de 1978 han sido la italiana de 1947, la francesa de 1958 y la Ley Fundamental de Bonn de 1949. A la Ley para la Reforma política no se le ha imputado una inspiración (o filiación) extranjera tan clara. Francisco González Herrero, en un conocido y divulgado estudio, muy digno de estima por los datos y elementos de juicio que proporciona, incurre en una actitud frecuente en los juristas españoles: creer que no se han tenido en cuenta los mejores modelos extranjeros. He aquí la observación que hace al respecto: «Hay que reconocer que en las modernas Constituciones europeas es posible encontrar modelos que hubieran mejorado la fórmula de la nueva ley española, despojándola de su arcaísmo. Así, la Constitución de Bonn —pese a incurrir en el defecto de incorporar todavía la obsoleta doctrina de la división de poderes— ofrece un texto mucho más sobrio y, sin duda, más exacto. Lo mismo ocurre en la nueva Constitución portuguesa.»[5] Los textos a que se refiere de la Constitución de Bonn y de la portuguesa, como puede comprobarse por las citas,[6] no son los relativos al procedimiento de la reforma constitucional, sino los relativos, en términos generales, a la definición del Estado.

Suelo siempre salir al paso —y pido disculpa por las reiteraciones— de esa actitud tan frecuente en los juristas españoles ante nuestros textos legislativos, que consiste en envolverlos en una malla crítica de la que no pueden escapar. Unos, como ocurre en este caso, dirán que debieron tenerse en cuenta los modelos ofrecidos por el derecho comparado. Otros, acaso ante la misma ley, le imputarán su excesiva inspiración en otra extranjera. El viejo Código civil es un buen ejemplo de la doble y contradictoria imputación. Al mismo tiempo que se ha minimizado su valor por considerarle casi como una reproducción del Código civil francés, cuando dista mucho de ser cierto tal servilismo, se le ha tachado también no haber seguido este o aquel criterio del Código alemán, aunque cronológicamente fuera imposible. La Ley para la Reforma política primero y luego la Constitución han suscitado algunas actitudes parecidas. Me interesa poco este tipo de pesquisas. Ya lo dije hace muchos años en una conferencia titulada *En defensa del Código civil* que pronuncié cuando se abría sobre él una nueva etapa de fustigaciones. O se hace derecho comparado en serio o se prescinde del tema de las «influencias», al menos en el ámbito de la ciencia jurídica. Tengo un buen juicio sobre la Ley para la Reforma política, en el fondo de la cual

5. Francisco González Herrero, *La nueva Ley fundamental para la Reforma Política,* cit., p. 38.
6. Cfr. ob. cit., p. 93.

aprecio la reflexión y la habilidad del jurista que, ante un problema complejo y delicado, trazó a la vez con sencillez y rigor, la línea de lo normativamente esencial para que los españoles nos pronunciásemos acerca de nuestro destino político. Por lo demás, observo ciertos puntos de similitud o paralelismo entre el procedimiento de reforma regulado en la Ley de 1977 y el previsto en la Constitución suiza, especialmente para la reforma total, sin perjuicio, claro es, de las grandes diferencias de sistema. Lo digo sin ninguna intención específica y, sobre todo, sin ánimo de descubrir nada. Porque cabe que se consultara y tuviese en cuenta la Constitución suiza, que no se tuviese en cuenta e incluso que no se consultara. La Constitución suiza, tras decir que la reforma total tendrá lugar en las formas establecidas por la legislación federal (artículo 119), contempla especialmente dos hipótesis (artículo 200): primera, cuando una Sección de la Asamblea Nacional decrete la reforma total de la Constitución Federal y la otra Sección oponga su veto, es decir, cuando haya discrepancia entre el Consejo Nacional (compuesto de 200 diputados del pueblo suizo) y el Consejo de los Estados (compuesto de 46 diputados de los Cantones), porque ambos Consejos se consideran como secciones de la Asamblea Federal. La segunda hipótesis contemplada es la de que 100 000 ciudadanos suizos pidan la reforma constitucional. En uno y otro caso, la cuestión de si debe o no procederse a la reforma se somete a la votación del pueblo suizo, que se pronunciará en sentido afirmativo o negativo. Naturalmente, las dos hipótesis de la Constitución suiza, que suponen una iniciativa de reforma parlamentaria y otra ciudadana, no guardan parecido con el origen de nuestra Ley, que partió de un proyecto del Gobierno; pero es muy importante el paralelismo de que tanto en la Constitución de Suiza como en la Ley española, la decisión de si ha de efectuarse o no la reforma —aún no elaborada definitivamente— corresponde al pueblo. En el caso español, la necesidad del referéndum previo no procedía de la propia Ley ordenadora de la reforma, sino de la aplicación de la norma general conforme a la cual toda modificación de una Ley fundamental necesitaba referéndum; pero esta diferencia, perfectamente explicable, no reviste importancia. Según el artículo 120,2 de la Constitución suiza, el resultado afirmativo de la consulta al pueblo, por haberse pronunciado a favor la mayoría de los ciudadanos, trae como consecuencia la renovación de los dos Consejos, que serán los encargados de llevar a cabo la reforma; luego no es el mismo Parlamento del que procede la iniciativa, confirmada por el pueblo, el que realiza la reforma. Hay, por tanto, una doble intervención del electorado: la directa en el referéndum y la requerida para la elección de las nuevas Cámaras. Con este régimen guarda esencial similitud el español. El Proyecto de Ley para la Reforma política, en su conjunto, fue ratificado por mayoría de votos en el referéndum, y como el Proyecto que se convirtió en Ley regulaba una reforma constitucional, ésta, consiguientemente, fue asimismo aprobada, en lo que tenía de procedimiento para llevarla a cabo. También en nuestro caso hay una doble consulta al electorado (la del referéndum y la de las elecciones para las nuevas Cortes). E igualmente el Parlamento a quien se encomienda la reforma es distinto. Más radicalmente distinto en el caso español; porque mientras a tenor de la legalidad suiza simplemente se renuevan las Cámaras, que son dos, a tenor de la legalidad española, extinguidas y disueltas las Cortes orgánicas, unicamerales, se configuraron unas Cortes bicamerales, compuestas por el Congreso de los Diputados y el Senado, elegidas por sufragio universal con la excepción de los senadores de designación real. Sin embargo, los fines esenciales consistentes en intercalar unas elecciones —en la reforma española, en rigor, iban a ser las primeras— para que el electorado concurriera a ellas conociendo el propósito de la reforma, y en confiar al nuevo Parlamento la realización de la reforma, es evidente que se cumplen. Hay, por último, un tercer paralelismo. Conforme al artículo 123 de la Constitución suiza —y la norma es común para la reforma total y la parcial— la nueva Constitución o la revisada sólo entrará en vigor «cuando haya sido aceptada por la mayoría de los ciudadanos y por la mayoría de los Estados». La Ley para la Reforma política obligaba al Rey, antes de sancionar la Ley de Reforma constitucional, a someterla a referéndum. Luego también había de recibir esta ratificación por el pueblo, y así lo proclama expresamente la fórmula promulgatoria de la Constitución española. El hecho de que la Constitución suiza exija, además de la votación favorable de la mayoría de los ciudadanos, la de la mayoría de los Estados, aparte de ser reflejo del sistema confederal, no es una diferencia sustancial, ya que la votación de cada Estado se determina por el voto popular dentro del Estado o cantón.

2. LA IMPORTANCIA DE LAS CONSULTAS POPULARES

Al margen de la similitud que guarda el procedimiento seguido en la reforma con el de la Constitución suiza, es de suyo muy importante la triple participación que tuvo el pueblo: primero, en el referéndum por el que se sometió a su consideración el cambio de sistema político y el procedimiento de reforma; después, en la convocatoria de las elecciones generales para unas Cámaras a las que se atribuía el cometido reformador, y por último, sometiendo al propio pueblo el texto constitucional elaborado por el Parlamento.

Se han dado muchas explicaciones, a veces sobre una base real y otras veces más bien en el terreno de la conjetura, acerca de los ardides, las habilidades y los pactos que jalonaron la intervención de los políticos durante el período de la transición; pero en todo caso hay el hecho cierto de que el pueblo se manifestó de manera inequívoca a favor del cambio. En la historia del constitucionalismo español la fórmula de la democracia directa no tuvo acogida. Sólo muy moderadamente aparecería en la Constitución de 1931. En el Diccionario de la Real Academia de la Lengua la palabra «plebiscito» se mantuvo durante mucho tiempo circunscrita a su acepción romana y la palabra «referéndum» penetró tardíamente. La hegemonía del criterio, formalmente más riguroso, de la democracia representativa entrañaba un punto de vista desfavorable para dar entrada a la participación directa del pueblo con las consiguientes concesiones a lo irracional y emotivo. Como hemos visto, esta directriz se ha corregido y el derecho constitucional comparado ofrece actualmente cumplidas pruebas de la participación directa del pueblo en los procedimientos de elaboración y reforma de las Constituciones, sin que con ello se pretenda la eliminación de la democracia representativa, sino más bien la cooperación de ambas modalidades. El hecho de que durante el régimen franquista hubiera una legislación que consagrara el referéndum como modo de sustituir la falta de una democracia representativa propiamente dicha, no era un precedente muy favorable para quienes consideraban como esencial en la instrumentación del cambio apartarse por completo de cuanto pudiera llevar la connotación del régimen precedente. No faltan, por otra parte, quienes ven con escepticismo que el pueblo esté en condiciones de formar cabal juicio acerca de textos tan complicados como son los constitucionales. Todo esto daba lugar a la puesta en duda del significado y el valor de las consultas populares. Creo, sin embargo, que no hay razones suficientemente sólidas para menospreciar o infravalorar el referéndum. Los hechos demostraron que el pueblo tuvo conciencia de su responsabilidad, dados los términos en que se produjo al ser convocado. También pudo apreciarse que las campañas se desarrollaron, legislativa y prácticamente, de manera distinta a como antes habían tenido lugar.

Evidentemente, cuando al pueblo se le somete una ley compleja —y necesariamente ha de serlo la reguladora de una reforma constitucional y la propia Constitución— todos y cada uno de los ciudadanos, incluso la gran mayoría de ellos, no están en condiciones de formar un juicio técnico acerca de su contenido. Ahora bien, tampoco es eso lo que se les pide. No se acude a quienes pudieran ser unos colaboradores en la técnica legislativa. Lo que se espera de los ciudadanos es una apreciación de conjunto que no tiene por base el análisis detenido de un texto, sino la ponderación del sentido general del mismo en relación con una situación política determinada y con los fines propuestos. Ni siquiera el dotado de conocimientos jurídicos y políticos especializados interviene en la consulta popular en función de esos conocimientos. Posiblemente en quienes concurran estas condiciones las dudas serán mayores, porque descubrirá motivos de discrepancia, introducirá matizaciones que no aparecen o prescindiría de determinados enfoques o partes; pero todo ello no es canalizable a través de una respuesta afirmativa o negativa en la que sólo puede tener reflejo una visión global, una opinión de conjunto. Esta opinión de conjunto es la que se demanda de todos; lo mismo al que le sería posible razonarla con detalle como a quien sólo le cabe llegar a una sencilla conclusión. Es la heterogeneidad de las personas precisamente lo que se busca. Como son diversas las adscripciones y las ideologías políticas, diferentes las dedicaciones profesionales y los puestos que se ocupan en la sociedad, distintos los niveles de educación y distinta, en fin, la personalidad de los interrogados, la dirección del voto y la respuesta resultante tienen un componente pluralista que les confiere especial valor. Los representantes sujetos a la disciplina de los partidos y avezados en la profesión parlamentaria, ideologizan y despersonalizan las decisiones. No creo que, por contraste, en el pueblo todo sea emotividad y sentimiento; ni siquiera que en él se dé siempre lo espontáneo y lo puro, lo incontaminado. El pueblo es una realidad y es él mismo el que forja esas racionalidades primarias que son el lenguaje y las costumbres. Por tanto, sería utópico contraponer al rudo ingenuismo con las sofisticadas especulaciones de unos parlamentarios de salón; también en muchos de éstos se mantienen vivas sus raíces populares.

¿Pero puede hablarse hoy de pueblo en ese sentido que yo diría idílico o artesano-campesino? Las investigaciones sociológicas referidas a pequeños grupos a veces defraudan al interesado por las visiones generales; la verdad de sus comprobaciones tienen como contrapartida su estricta localización en áreas muy determinadas. Las grandes explicaciones abstractas que pretenden ser válidas para toda una época encierran el peligro inverso de las cosmovisiones. El concepto de pueblo, susceptible de muchas modulaciones, aparece absorbido por esas grandes categorías que son la sociedad abierta, la sociedad industrial o la sociedad masa. Y así se llega al hombre masa, prototipo del ser anónimo, indiferente y despersonalizado. Me parece cierta la crítica que hace Salvador Giner al intento de reducir la convivencia a una totalidad amorfa. El rechazo de la teoría no debe impedir, como muy bien dice, la utilización de algunos conceptos útiles y significativos que nacieron con ella. «El problema —escribe— de la libertad, y su encarnación real en los asuntos humanos en la forma de la tensión entre el uno (el individuo único), los pocos (las élites) y los muchos (clases, partidos, naciones) no puede resolverse con los instrumentos conceptuales de la visión de la sociedad masa. Los antiguos tampoco lograron solucionarlo con sus nociones sobre la mayoría. Debemos examinar el conjunto total de los problemas interrelacionados desde un nuevo punto de vista, volviendo a poner en su sitio, por decirlo así, a las gentes, a las colectividades articuladas, las ansias personales y los grupos en conflicto.»[7] En la consulta al pueblo, éste no se manifiesta como un todo uniforme ni informe, desde el punto de vista de las motivaciones; aunque el resultado proclame una dirección, ésta obedece a visiones y esperanzas de distinto signo.

Por todo ello creo que la consulta popular ha jugado un papel relevante en el cambio y en el ejercicio del poder constituyente. Algunos aspectos relativos a la composición del órgano encargado de elaborar la reforma son más opinables que haberla enmarcado en un referéndum inicial y otro final. Burdeau escribe acerca de este punto: «Sin duda, el hecho de que el pueblo sea llamado a pronunciarse directamente no priva de nada jurídicamente al carácter de poder constituido propio del órgano de revisión, pero, al menos políticamente, su intervención, aproximando el poder originario al poder instituido, engendra el efecto de conferir a éste una competencia prácticamente igual a la que, en derecho, le corresponda a aquél.»[8] Hay, en consecuencia, un acercamiento del poder derivativo al originario. La diferencia jurídica se mantiene desde el momento que la regulación legal de la reforma supone una inmisión del poder constituido. Sin embargo, en el orden político se produce la presencia del poder originario. Si radica en el pueblo, que es directamente preguntado, hay una respuesta del soberano. La respuesta estará condicionada por los límites que imponen el proyecto de reforma, el procedimiento establecido para elaborarla y el Proyecto de Constitución; pero el pueblo no tiene

7. Cfr. Salvador Giner, *Sociedad masa: crítica del pensamiento conservador*, Ediciones Península, Madrid, 1979, p. 403.
8. Cfr. Burdeau, ob. cit., p. 260.

detrás o por encima otro soberano. Le incumbe incluso una función sanatoria o convalidadora. Los límites de toda reforma no son siempre seguros; en cualquier caso, permiten interpretaciones diversas. Si el pueblo al que se sometió una propuesta de reforma y la aprobó como tal propuesta, se acude con la reforma realizada por un órgano representativo y de nuevo responde afirmativamente, todo queda resuelto y zanjado.

3. PODER CONSTITUYENTE Y PODER LEGISLATIVO ORDINARIO

Hemos comprobado que la intervención del legislativo ordinario como órgano de la reforma, aunque ésta sea total, no es una anomalía, ya que numerosas Constituciones así lo establecen. No obstante, se ha visto con cierta prevención por algunos comentaristas que no se previera la reunión de una Asamblea constituyente y, especialmente, que las Cortes, en lugar de unicamerales, fueran bicamerales. Desde luego no se siguió el precedente más inmediato, que era el de la segunda República. El Decreto de 3 de junio de 1931 suscrito por el Gobierno en pleno, convocó «las Cortes constituyentes, compuestas de una sola Cámara...» (art.º 1) las cuales se declararon «investidas con el más amplio poder constituyente y legislativo» (art.º 2). Según datos facilitados por el profesor Pérez Serrano —que tan destacada intervención tuvo como Letrado de las Cortes— en la deliberación parlamentaria de aquel Proyecto de Constitución, cuando se debatió en la Comisión, ésta mostró preferencias por decir «Asamblea constituyente», expresión defendida por el señor Gil Robles como más amplia y genuinamente revolucionaria; pero «ante la propuesta del señor Iglesias —según dice el autor citado—, y la muy razonada del señor Sánchez Albornoz (Ap. 1.º al n.º 36), se volvió a la expresión "Cortes constituyentes", de tan preclaro linaje entre nosotros». El autorizado comentarista agrega: «Por lo demás, siendo España una persona social y viviendo el Estado moderno en régimen de representación, las Cortes constituyentes fueron el órgano o el representante llamado a ejercer de facto el poder constituyente de España (¿Nación? ¿Pueblo?).»[9]

Durante el debate de la Constitución de 1978, que se alternó con la elaboración de diversas leyes ordinarias, los observadores

---

9. Pérez Serrano, *La Constitución española*, Ed. Revista de Derecho Privado, Madrid, 1932, p. 50.

hacían con frecuencia la pregunta de si era propio de unas Cortes constituyentes realizar una labor legislativa distinta de la Constitución. Lo cierto es que, desde los primeros momentos, las Cortes en su composición bicameral entendieron que, entre sus cometidos, con el carácter de principal y preferente, figuraba elaborar un Proyecto de Constitución. En la sesión del Congreso de 26 de julio de 1977 se adoptó por unanimidad el acuerdo de crear una Comisión Constitucional. En el Reglamento Provisional del Congreso de 17 de octubre de 1977 el capítulo quinto lleva como título «De la elaboración de la Constitución» y el Reglamento Provisional del Senado de 18 de octubre de 1977 se ocupa en el título octavo «De la elaboración del Proyecto de Constitución».

Con relación a las cuestiones apuntadas cabe observar lo siguiente:

1.º Que se convoque y configure como Asamblea constituyente el órgano encargado de elaborar y aprobar una Constitución no puede erigirse en requisito exigido por ninguna norma o principio jurídicos. Tampoco es un criterio doctrinal con valor de dogma o de opinión dominante. Menos aún puede serlo cuando no hay un proceso revolucionario que coloque el total orden jurídico en situación de comienzo o iniciación. Es curioso que ni siquiera a las Cortes constituyentes de la República, convocadas por un Gobierno provisional sin vínculo alguno con el régimen precedente, se les diera el nombre de Asamblea. Hay que distinguir entre el ejercicio del poder constituyente originario y el derivativo. Si se trata del primero, como es autónomo e incondicionado y no está sujeto a regulación externa alguna, a él le corresponde decidir cómo ha de elaborarse y aprobarse la Constitución. Si se trata del segundo, corresponde al poder constituido determinar el órgano de reforma o revisión constitucional.

2.º Es cierto que cuando se elaboró la Ley para la Reforma Política lo mismo pudo optarse por unas Cortes bicamerales, como se hizo, que unicamerales. La fórmula bicameral, aparte de las justificaciones propias del sistema, contaba con la preferencia mostrada por nuestras Constituciones a partir del Estatuto Real de 1834, aunque muchas de las razones entonces aducidas carecieran ya de valor. El sistema unicameral surgió con brío en la Constitución de 1812 que ponderó las ventajas de la unidad, para renacer, pujante, en las Cortes de 1931 que reputaron anacrónico y nocivo el bicameralismo porque, además de apreciarse una tendencia al abandono, ya que habían desaparecido las causas por las que el Senado tenía el rango de primera Cámara, se consideraba un obstáculo para la elaboración de leyes progresivas, a la vez que se presentían «reyertas» peligrosas entre ambas Cámaras.[10] La opción por el bicameralismo queda en el terreno de lo opinable. De todas maneras, el sistema no se encuentra en trance de perecimiento y las Constituciones que lo acogen hacen intervenir a una y otra Cámara en la reforma constitucional. En la Ley para la Reforma política se conjuró el riesgo de las discrepancias mediante el sometimiento de éstas a una Comisión Mixta, que si no llegaba a un acuerdo o no era aceptado por las Cámaras, habrían de reunirse en sesión conjunta para resolver por mayoría absoluta. De esta forma se desembocaba, precisamente a propósito de la reforma constitucional, en un tratamiento conjunto de la cuestión y en una decisión unitaria.

3.º En cuanto a la compatibilidad o no de la función legislativa con la constituyente, algunos dogmatismos doctrinarios no están confirmados por los hechos. Según admite Pérez Serrano en su discurso sobre *El poder constituyente*, la «doctrina ortodoxa» rechaza la compatibilidad «precisamente para no negar la diferencia jerárquica o de grado entre los poderes». Pero el propio autor reconoce: «De hecho se han acumulado muchas veces unas y otras tareas, y aún jurídicamente, y por lo menos hasta que la Constitución se promulgue, cabe sostener que no hay obstáculo, pues no ha nacido todavía la apuntada diferenciación.»[11]

El Decreto de convocatoria de las Cortes constituyentes de 1931 las declaraba investidas del «poder constituyente y legislativo». Y el preámbulo, considerando como «obra esencial» elaborar la Constitución y el Estatuto de Cataluña, decía: «Será también objeto de deliberaciones la ratificación o enmienda de cuanta obra legislativa acometiera este Gobierno.» De la misma concurrencia de poderes partía la no promulgada Constitución de 1856, si bien proclamaba con claridad la separación al decir que «las nuevas Cortes serán constituyentes, única y exclusivamente para decretar la reforma» (art.º 8).

En las circunstancias históricas en que irrumpió la nueva Constitución y dado el procedimiento elegido para elaborarla, que no

10. Lucas Verdú, *Curso de Derecho político*, vol. III, Ed. Tecnos, Madrid, 1976, que expone con mucho detenimiento la polémica unicameralismo-bicameralismo, considera que la cuestión es inescindible de posiciones políticas concretas. «Salvo el caso —dice— de los Estados federales, los bicameralistas son conservadores, centristas o reformistas. En cambio, los monocameralistas son izquierdistas.» (p. 320). Niceto Alcalá-Zamora, en el libro *Los defectos de la Constitución de 1931*, Civitas, Madrid, 1981, le imputa como uno de los defectos más acusados el haber prescindido de la segunda Cámara, que a su juicio dio lugar a lo que llama «la omnipotencia parlamentaria» (p. 54). En la reforma de la Constitución de 1931 patrocinada por Alcalá-Zamora veía como una posibilidad y una esperanza el restablecimiento del Senado (p. 78).

11. Ob. cit., p. 27.

podía vaticinarse como rápido por la participación desde el principio de las distintas fuerzas políticas, eliminar toda actividad legislativa habría producido una paralización del proceso, creadora de incertidumbres jurídicas superiores a las que se padecieron.

VI. El atractivo de una Constitución y los pasos hacia ella

1. REFLEXIONES SOBRE LA INDEPENDENCIA, EL DERECHO Y LA POLÍTICA

Los primeros días de la vida parlamentaria, una vez celebrada la solemne sesión de apertura, colocaron a la Constitución en el primer plano de las preocupaciones. Todas las tareas a desarrollar se presentaban bajo el signo de la urgencia. Dentro de ésta, nada tan apremiante como la Constitución. Por comprensibles razones, la empresa era ardua. Apremiaba contar pronto con la ley matriz de nuestra identidad política. ¿Cómo y cuándo se conseguiría? Esto quedaba un tanto en el enigma; dependía de diversas circunstancias. Sólo estaba en nuestras manos comenzar inmediatamente. Y así fue.

Antes de dar cuenta del comienzo, voy a permitirme alguna introspección personal que guarda relación con aquel momento histórico.

Era y sigo siendo políticamente independiente. Las razones de mi independencia a lo largo de la vida no han estado determinadas por un *a priori* dogmático. Con ello quiero decir que no me lo propuse de manera reflexiva y preconcebida como una profesión de fe y menos aún como un postulado absoluto. Lo cierto es que, dentro de un contexto histórico y tal como fui afrontando mi propia realización personal, transcurrió el tiempo sin definirme políticamente. Debo matizar que la independencia no la adopto como una posición de superioridad y tampoco de indiferencia por los temas políticos. Es sólo una de las opciones posibles; quizá la más relativizada de las opciones. Se es independiente en la medida en que otros no lo sean. No permite el exclusivismo ni la dominación total. Mientras los adscritos a los partidos tienen como ideal el incesante crecimiento del número de los adeptos, al independiente, tal y como yo lo entiendo, no le están permitidas las posiciones de dominación ni de proselitismo. Es imposible construir el programa ni difundir la propaganda de la independencia. Se trata, a mi juicio, de una estricta posición personal que a veces puede resultar políticamente pertinente; pero nada más. Ahora bien, tampoco hay que confundir la independencia con la inhibición; ni con el neutralismo ni con el apoliticismo. Son problemas de matices. La indiferencia absoluta en la política no cabe; supondría sustraerse de la sociedad y de los deberes y las responsabilidades del ciudadano. Al situado en las posiciones extremas de la inhibición y de la indiferencia, que se aparta de todo, se abstiene por sistema y elude cualquier pronunciamiento, le considero antes que un independiente, un escéptico. Si en el tema del conocimiento siempre concedo un puesto a la duda, no es para solazarme en ella, sino como estímulo autocrítico dirigido a intentar sobrepasarla; lo que, por otra parte, no significa que considere definitivamente establecida e inconmovible la verdad, porque esto implicaría negar las opiniones contrapuestas de los demás y detener la evolución del pensamiento que carece de fronteras en el tiempo.

Creo que en mis libros he dado pruebas de preocupaciones políticas; más sociales que políticas o políticas en cuanto sociales. He apuntado disconformidades. Como jurista, no he tratado de ser un servidor incondicional del positivismo de lo dado o del formalismo de la norma abstracta, dispuesto a admitir cualquier solución sin otro modo de ponderarla que el de su corrección lógica. La esperanza de una sociedad más homogénea late en el fondo de mis reflexiones jurídicas. ¿Y a esa esperanza, a esa aspiración, no les mueve un pensamiento político? ¿Hasta dónde llega la política y dónde comienza el derecho? En realidad, la posición en que yo me había desenvuelto, principalmente en mis estudios de teoría jurídica general y en otros relativos a la posesión y al contrato, era rescatar para el derecho contenidos y fines que, quienes le reducen al mero correlato coacción/obediencia, sitúan en la política. El derecho romano, por ejemplo, elaboró fórmulas y soluciones depuradísimas sobre los poderes y los deberes jurídicos, su ejercicio, la constitución de los derechos reales, el nacimiento de los de crédito, la delación de la herencia, la reparación de los daños, etc., etc., y, sin embargo, no todos los seres humanos tenían reconocida la condición de personas libres e iguales, porque la esclavitud estaba institucionalmente consolidada, la patria potestad imponía una sumisión y era posible la muerte civil. Con el transcurso del tiempo y la consiguiente evolución de las sociedades esto ha dejado de ser así. Hoy es un principio jurídico de tanta o mayor entidad que el de no causar daño a otro el que proclama la condición de libres e iguales de todos los seres humanos. ¿De dónde procede el cambio? ¿Ha sido un triunfo de la política sobre el derecho o de éste sobre aquélla? No es fácil la respuesta. Hay de todo; las implicaciones son recíprocas. El derecho se mueve, se desarrolla y se transforma a impulsos de la acción política; mas no creo que su influjo consista en erigir en mandato jurídico cualquier ideología o decisión. El tránsito de la política al derecho no consiste en que éste se someta dócilmente a aquélla erigiéndola, sin más, en normatividad. En la conexión entre ambos, el derecho no es un mero receptor pasivo; tiene sus propios significados intrínsecos, su sentido, que si no es el mismo desde todas las perspectivas ideológicas, tampoco éstas lo determinan exclusivamente.

He ahí, por qué no pude aceptar nunca el politicismo jurídico sustentado por la ideología fascista, ni, en particular, el decisionismo de Schmitt, que siempre me pareció escandaloso. Mi posición de independencia ha estado muy ligada a la creencia de que al derecho, formulado o no, meramente pensado, le son inmanentes criterios de comportamiento que rechazan el arbitrio inmoderado, la imposición por la fuerza y el asalto de las ideologías. No soy tan esclavo de las propias convicciones como para pensar que el independiente es un emisario de la justicia. Uso poco esta palabra por el respeto que me inspira. También el independiente, como todos, está llamado, por qué no, a equivocarse. Creo, sin embargo, que en la lucha política puede contribuir al equilibrio, a la comprensión y al respeto mutuo. Hay funciones políticas que demandan una posición de independencia. Cuando en las entrevistas con la prensa, frecuentes durante aquellos días, me hacían la consabida pregunta sobre la independencia, procuraba matizar. Una era mi independencia como actitud personal; otra la derivada de la función correspondiente al cargo. La primera era simplemente una opción, una preferencia. La segunda la consideraba como un deber. Por eso advertía que quien hubiera llegado al cargo con una adscripción ideológica, no habría podido mantener en él la estricta posición de hombre de partido. El Presidente de un Gobierno puede y debe realizar una política partidista cuando, como resultado de las elecciones, le es confiado el ejercicio del poder. El Presidente de una Cámara legislativa, no. Si el resultado electoral le ha llevado al cargo, éste no consiste en realizar la política del partido exclusivamente. Claro es que la tendrá en cuenta e inspirará sus actos; pero preside a todos los parlamentarios, a todos ha de considerar como iguales, y únicamente así inspirará el respeto indispensable para el ejercicio de su función.

2. DERECHO CONSTITUCIONAL Y DERECHO CODIFICADO

La verdad es que yo no había estado nunca tan cerca del lugar de encuentro entre la política y el derecho en su nivel más alto, como lo es el Parlamento, y más un Parlamento que se disponía a elaborar una Constitución.

El pensamiento de la Ilustración y el racionalismo del derecho natural son los mentores filosóficos e ideológicos de la Constitución y la Codificación, que la Revolución francesa habría de poner en marcha. Aun cuando el constitucionalismo francés no es el primero, pues le preceden el inglés y el norteamericano, sí es aquel en que la Constitución y los Códigos aparecen entrelazados, como exponentes del mismo fin. Ya la Asamblea constituyente francesa en la Ley sobre autorización judicial de 16 de agosto de 1790 y la Constitución de 1791 prescribieron que debería elaborarse un Código de leyes civiles «simples, claras, apropiadas a la Constitución» y «comunes a todo el reino». La igualdad y la libertad como atributos previos, naturales e imprescriptibles del hombre, van a actuar como punto de partida para la transformación radical de la sociedad, el poder, el Estado, el derecho y la propia ciencia explicativa de éste. Como ideas claves figuran la razón, la ley, la unidad y el sistema. La razón (y nada hay más allá de ella) descubre y formula los fundamentos del nuevo orden; la ley, como expresión de la voluntad general, coloca a todos en el mismo plano de participación e impide el dominio de los unos sobre los otros. Con la unidad se expresa que uno es el centro del poder, el Estado, y que tal unidad se comunica al derecho, que es siempre de procedencia estatal. El sistema significa la articulación científica y coherente de esa unidad. Contemplando la que podría llamarse faceta estética de las Constituciones y los Códigos, Gómez Arboleya escribe: «Todo estará en ellos tan pulido, claro y armónico como en la poética de Boileau. Las distintas partes constituyen unidades en sí, que se unen inequívocamente en conjuntos más amplios y éstos en una totalidad. La pretensión es que, sobre todo, domine la ley de la unidad.»[1] La ley de la unidad tiene, sin embargo, una excepción esencialísima en la división de los poderes, impeditiva de su acumulación y limitativa del ejercicio de los mismos. No faltan contradicciones. La proclamación de la raíz universal del derecho vendrá a traducirse en el carácter nacional del mismo en función del Estado que lo implanta. El derecho natural, que

---

1. Enrique Gómez Arboleya, *Estudios de teoría de la sociedad y del Estado*, Instituto de Estudios Políticos, Madrid, 1962, pp. 450-451.

ejerció un influjo decisivo, dará paso a la hegemonía del derecho positivo y del positivismo. La exclusión en la sociedad de las fragmentaciones estamentales y clasistas para ir a la tutela directa del individuo traerá consigo la preponderancia de una clase, ciertamente más numerosa que la nobleza, pero una clase al fin, como es la burguesía.

En España hubo antes un derecho constitucional que un derecho codificado, o más exactamente, el primer derecho codificado lo fue la propia Constitución de 1812, que abriría paso a la Codificación ulterior. El doble fenómeno se produjo con particularidades. La Constitución de Cádiz, que ciertamente no es ajena al racionalismo y a los principios de la Revolución francesa, como el de la soberanía nacional, la separación de los poderes y un nuevo sentido de la representatividad política,[2] no por eso tendía a la negación del pasado, como lo pone de relieve el Manifiesto de las Cortes al promulgar la Constitución, en el que se enlaza el culto a la libertad política y civil con el reconocimiento de «la religión sacrosanta de nuestros mayores, las leyes políticas de los antiguos reinos de España, sus venerables usos y costumbres». He aquí lo que se consideraba «reunido como ley fundamental en la Constitución política de la Monarquía». Con todo, la Constitución de 1812 fue de origen popular. Las Constituciones posteriores del siglo XIX, tanto las moderadas como las progresistas y las transaccionales, prescindieron de la expresa exaltación ideológica del pasado, fueron mucho más breves y sin perjuicio de sus peculiaridades se colocaron más en la línea de las Constituciones de otros países. La pugna entre la diversidad histórico-jurídica de la España de la tradición y la unidad nacional del derecho se mantuvo muy vivamente, respecto de la Codificación, y de manera particular en cuanto al Código civil. El liberalismo era paladín de la tesis unificadora y centralista, que cifraba su ideal en la Codificación urgentemente encarecida, mientras desde posiciones regionalistas y conservadoras, los defensores de los derechos forales consideraban la Codificación como atentatoria contra la variedad de España.[3] Curiosamente, los juristas de ideología conservadora, que habían de profesar la fe iusnaturalista, invocaban a Savigny, teóricamente contrario al derecho natural, por encontrar en él argumentos justificativos de la improcedencia de la Codificación.[4]

2. Cfr. Juan A. Alejandre García, *Temas de historia del derecho: constitucionalismo y codificación,* Publicaciones de la Universidad de Sevilla, 1978, pp. 149 y ss.
3. Cfr. Juan Francisco Laso Gaite, *Crónica de la Codificación española, Codificación civil,* tomo 4, vol. I (1980), donde se contiene una muy completa descripción del proceso codificador.
4. Cfr. Juan Vallet de Goytisolo, *El cotejo con la Escuela histórica de Savigny,* Revista Jurídica de Cataluña, Barcelona, 1980.

Había también la correspondiente posición intermedia conciliadora de la unidad y de la variedad. A la unidad se la consideraba como expresión de la filosofía; a la variedad, expresión de la historia. ¿Cómo conseguir su armonía? En el primer Congreso de Juristas españoles celebrado en Madrid, en 1863, con sede en la Real Academia de Jurisprudencia, Figuerola propugnaba «la unidad llena de interior variedad, coexistiendo con las formas generales del derecho que revela la razón, la tradición histórica de las legislaciones forales». Treinta años después, en el Congreso de los Diputados, Vázquez de Mella reclamaba para las regiones la facultad de «conservar», «perfeccionar» y «modificar» su propia legislación, «conforme a su espíritu, sus hábitos y sus tradiciones», para que «no sea impuesta por medio de una uniformidad tiránica que vaya a romper lo que es obra no de la voluntad individual, ni de la opinión momentánea, sino de la historia». Es evidente que las mismas preocupaciones seguirían en pie, con más amplios planteamientos, al debatirse la Constitución de 1978. El problema de la unidad y la variedad de España —de la variedad dentro de la unidad e incluso de la unidad como expresión de la variedad— no es un oportunismo ni una posición revolucionaria. Así como en el siglo XIX se manifestó principalmente a propósito de la Codificación Civil, retenida durante largo tiempo, en el siglo actual ha acusado su presencia en las Constituciones de 1931 y 1978 como problema concerniente a la estructura política y territorial del Estado.

El derecho codificado ha sido mucho más estable que el constitucional. Las Constituciones se han multiplicado más que los Códigos que, en general, han perdurado con algunas reformas. Ha habido intermitencias y grandes vacíos constitucionales. Con algunas conocidas excepciones, éste es el panorama que ofrece el mundo. En algunas repúblicas de la América hispana se cuentan por decenas las Constituciones. ¿Cuál es la causa de la versatilidad constitucional? ¿Por qué los Códigos subsisten con algunas revisiones parciales y las Constituciones perecen? ¿Por qué la reforma constitucional en su sentido estricto no ha adquirido entre nosotros carta de naturaleza? Hay varias razones. Una es que la mayor incidencia de la política, como materia y como fin, propicia la variabilidad de la correspondiente conformación jurídica. Sin embargo, el fenómeno no es general, pues rigen Constituciones longevas e incluso arcaicas en países que han experimentado profundas mutaciones políticas, sociales y económicas. Por lo que, en concreto, concierne a España la movilidad constitucional viene, entre otras razones, determinada por nuestra inclinación a esperarlo todo de la ley. Pensamos más en la democracia que se nos conceda o entregue por las normas, que en un comportamiento democrático asumido por nosotros mismos. Mientras el derecho codificado ha sido vigorizado y acoplado a circunstancias variables mediante una labor jurisprudencial en su sentido más amplio, nos ha faltado una función judicial proyectada sobre los textos constitucionales. Éstos, por otra parte, se han solido concebir y elaborar como respuesta a situaciones muy concretas y desde determinados puntos de vista ideológicos, mirando al pasado inmediato o al presente sin suficiente flexibilidad y amplitud de criterio. Nuestras Constituciones han suscitado un tratamiento doctrinal inferior al de otros sectores del ordenamiento jurídico. La más longeva de ellas, la de 1876, no dio lugar en el campo de las disciplinas jurídicas a un derecho constitucional propiamente dicho. La Constitución de 1931, que fue recibida con estudios muy autorizados y prometedores, cayó pronto en el olvido.

3. EL MITO DE LA CONSTITUCIÓN Y LA FALTA DE CONSTITUCIÓN

La Constitución es un Código unitario que condensa las libertades y los derechos del ciudadano en la estructura del Estado, con la determinación de los poderes, sus órganos y competencias. De algún modo —formal y materialmente considerado— es el mito del pensamiento político de la modernidad. Señala el tránsito del absolutismo a la democracia. Al menos así surgió históricamente. Aunque luego no todas las Constituciones hayan encarnado esa idea, el *telos* constitucional descansa en la participación del pueblo en el gobierno y se traduce en estos dos postulados esenciales: la convivencia en la libertad y el control del ejercicio del poder. Si a partir de estos principios son numerosos los problemas que se plantean a la organización de las sociedades y a la acción de gobierno, la falta de los principios mismos, el no haberlos alcanzado o haberse apartado de ellos, crea situaciones mucho más graves. Es evidente que no debe de haber una clase de gobernantes y otra de gobernados, aunque también sea evidente que no todos los gobernados tienen, de hecho, en la práctica, una intervención proporcional o equivalente en el ejercicio del poder. Las mayorías, cierto elitismo y la burocracia, son factores asociados al funcionalismo de la democracia que pierde con ellos espontaneidad. La democracia es una mezcla de realidad, utopía y frustración. Como realidad es la más completa en cuanto convoca a todos los hombres; y como utopía, la mejor construida. Llamo frustración a que nunca llegará a encontrarse plenamente. Esto no significa un fracaso, sino la necesidad de sentirnos guiados por un idealismo del que, para el desempeño de su papel, hemos de estar siempre distanciados. Una de las grandes virtudes de la democracia es que permite las posiciones más contradictorias: desde el sentido crítico que nos la muestra falible hasta el utopismo que nos la ofrece como la verdad absoluta. Por eso es portadora de mensajes distintos para el intelectual lleno de vacilaciones, para el hombre de fe, o, sencillamente, para el definido sobre todo por la tolerancia. La tolerancia me parece el primer mandamiento de la democracia, aunque requiere sus puntualizaciones. Es más propia de las relaciones entre los miembros de la comunidad que de la comunidad en sí, globalmente considerada. Quiero decir que podemos ser personalmente condescendientes y comprensivos, pero no hasta el punto de poner en peligro nuestro propio grupo social o político.

Como español y jurista he experimentado un cierto complejo de inferioridad —así me atrevo a llamarlo— por haber carecido tantos años de Constitución.

Me figuro que cada español tendrá su recuerdo y su propio juicio de aquellos primeros días parlamentarios y constitucionales que ahora estoy evocando. Creo que el adentramiento pacífico de España en la democracia, llegar al umbral de la Constitución sin un conflicto revolucionario, que ha sido el antecedente y el impulso creador de tantas Constituciones, fue una demostración de cordura. Sé que algunos no lo creen así y su juicio me inspira respeto por el solo hecho de proceder de quienes tienen el mismo derecho que todos a formar y expresar sus opiniones. La vida, temporalmente considerada, discurre de una forma lineal en un sentido tan simple como es alejarnos del pasado y acercarnos al futuro. Sin embargo, en nuestro interior, por obra de la memoria y de la reflexión, superponemos o entrelazamos etapas temporales distintas. Desde aquel presente estimulante comprendía que había llegado tarde al escenario de una política abierta al diálogo. Viví unos tiempos en que la discrepancia era reprimida. Miraba con envidia a los parlamentarios jóvenes. Me habría gustado serlo. Estar en un Parlamento antes de los treinta años o con pocos más es un privilegio. Quizá ellos no se daban cuenta. La política es acción; en ella dominan los hechos; cierto, aunque no en términos exclusivos. La política es el reinado de la dialéctica y del pluralismo, de las concurrencias y de las contradicciones. También es el reinado de la palabra. La política tiene su universo semántico. Éste no se caracteriza por la riqueza discursiva, por la originalidad ni por el rigor. El discurso político analizado científicamente, con criterios lingüísticos, semióticos y estilísticos, es más bien pobre y reiterativo, propicio a las simplificaciones elementales. Sin embargo, cuenta de modo decisivo el medio. En el universo político, la elección de una palabra, la preferencia o la insistencia es definitoria de una posición ideológica e incorpora unas connotaciones que no se dan fuera de este marco. La frecuente utilización por Giscard d'Estaing en sus discursos de la primera persona del singular («je») se ha puesto en relación con la ideología liberal e individualista. El empleo del «nous» por Mitterrand, en proporción muy considerable, se ha puesto en relación con el predominio del poder colectivo. El pronombre personal «vous», predilecto de Chaban-Delmas, trata de considerarse como una prolongación del gaullismo en el sentido de que los electores son los responsables de su destino.[5] No sé si el método inductivo-comparativo a que responden estas observaciones será fiable. Sí me parece cierto que las palabras en el discurso político cumplen una función superior a la comunicativa y descriptiva. No son palabras didácticas, científicas, históricas o fabuladoras. Son, sencillamente, palabras políticas, espectaculares, que evocan, provocan, promueven, prometen, persuaden, ofenden o convencen. El campo de receptividad es gratificante porque tienen siempre sus adictos. Quien está acostumbrado a hablar como abogado ante las caras circunspectas de un Tribunal silencioso y frente a un contrario dispuesto a negarle todo, encuentra en el discurso político una interlocución más fluida y abierta, aunque no sea siempre acogedora. Mientras el abogado ve ceñida su tarea a la polémica estricta del caso que se debate, el político puede adentrarse en los grandes temas nacionales y mundiales. Por eso miraba con envidia a los parlamentarios jóvenes. Ante ellos había un gran horizonte; muchas posibilidades para la acción, y también para la palabra. La disciplina de los partidos y la todavía más rígida de los grupos parlamentarios priva, ciertamente, de libertad de actuación; sin embargo, no faltan las ocasiones. La política es asombrosamente oportunista y repentizadora. Hay escalafones; pero también hay grandes saltos. Transmuta las leyes de la continuidad y de la perseverancia. Recuerdo que al poco tiempo de ser nombrado Presidente de las Cortes me fue concedida la Gran Cruz de Alfonso X el Sabio, que tiene como especial función honorífica recompensar los servicios prestados en la Universidad. Toda una vida consagrada a ella no había sido suficiente para conseguir lo que unos meses de política lograban con tanta facilidad.

La falta de Constitución padecida durante tantos años la he relacionado siempre, desde mi punto de vista, con el respeto que

5. Cfr. Jaques Baguenard, *L'univers politique,* Puf, París, 1978, pp. 194-195.

invariablemente me ha infundido el Código civil. Muy pronto inicié mis trabajos en la Comisión General de Codificación, un organismo de cooperación técnica en las tareas codificadoras, fundado en 1843, que ha realizado una labor meritoria. No digo que los miembros de ella, pero sí algunos juristas y políticos, propiciaban la idea de un nuevo Código civil inspirado en principios considerados en su día como nuevos y tradicionales. Resultaba muy atractivo el ejemplo de Napoleón dio su impulso, su nombre, su impronta —y quizá su espíritu— al *Code civil*. Los italianos, durante el régimen fascista, habían realizado una importante empresa codificadora. España, se pensaba, podía, debería hacer algo equivalente. Nunca he sido conservador en mi modo de entender el derecho. He escrito muchas veces que es misión del derecho —y no exclusivamente de los confesionalismos ideológicos— superar el mantenimiento del orden dado para incorporar como tarca jurídica la propia transformación del orden y de la sociedad. Claro es que este progresismo no lo ligo necesariamente a la elaboración incesante de nuevas leyes. Va unido también a la misión del jurista, que no es meramente reproductora de lo normativamente establecido de antemano, sino integradora y creadora. Desde el punto de vista legislativo, me inclino más por una vigilante actitud revisora que por levantar de nueva planta un Código, aunque esta posibilidad no haya de excluirse. Comprendía que sobre el Código civil pesaba ya un tiempo considerable. El tiempo, referido a las leyes básicas, no se traduce exclusivamente en el envejecimiento; también significa arraigo y vitalización. Pese a todo, había que reconocer la pertinencia de algunos retoques. Era explicable que resultase insatisfactorio para quienes pensaban revestir la autocracia de modernidad. Me sobrecogía el propósito de poner en cuestión el Código de 1889. Para mí era y sigue siendo, en esencia, el estatuto básico de la persona, de la libertad civil y de las relaciones entre los particulares. Adolece, ciertamente, de algunos anacronismos (la mayor parte de ellos corregidos o en trance de reforma). Con todo, en los años que estoy evocando hacía las veces, en parte, de una Constitución de corte liberal; los principios inspiradores eran los mismos. Faltaba, claro es, la gran temática del Estado, sus órganos y competencias, así como un cuadro general de los derechos del hombre. Sin embargo, le identificaba con un derecho básico, históricamente decantado, fruto de una larga experiencia y de maduras reflexiones. Para muchos, Alonso Martínez y sus colaboradores hicieron poco más que seguir los pasos al Código napoleónico. Naturalmente que éste influyó en la Codificación española, pero es una visión muy superficial y no exenta de suspicacias cifrar ahí todo su significado, con la consiguiente merma de su valor. Me producía pavor asistir al derribo de un edificio construido entre los años 1821 (fecha del primer proyecto) y 1888 (fecha del último), estéticamente atrayente por la sobriedad y la precisión de su estilo, que si no podía ser la Constitución política de España, era la Constitución civil de los españoles. Esto no significa que, elaborada la Constitución, Código político, social y económico, fundante de nuestro ordenamiento jurídico, crea que puede prescindirse del viejo Código civil. Considero preferible su acomodación a las nuevas realidades, antes que su íntegro reemplazo por otro. Hay en él principios y normas que necesariamente habrían de repetirse. Espero que el Código civil cumpla su centenario, y el centenario no pone límite a mi esperanza. Es lástima que en España no pueda decirse lo mismo de la Constitución.

4. EL PROCEDIMIENTO PARA ELABORAR LA CONSTITUCIÓN. DIVERSAS POSIBILIDADES

Desde que dio comienzo la actividad parlamentaria, se entendió que la reforma constitucional prevista en la Ley para la Reforma política había de traducirse en elaborar una Constitución. Es más, no pocos lo consideraban así de un modo directo, sin pensar en la legalidad que había determinado la constitución de las Cortes. De cualquier modo, lo cierto es que la gran brecha abierta por aquella Ley en el sistema político dentro del cual se produjo, no podía quedar cubierta con unos retoques. Por su parte, la propia Ley reformadora, que tan profundamente erosionaba el viejo sistema, no representaba por sí misma uno nuevo. Enunciaba una concepción distinta de la convivencia política en el marco de la sociedad estructurada como Estado, condensada en estas dos grandes bases: la democracia y los derechos inviolables de la persona. Mas la Ley, aunque no tuviera, como ya he dicho, un carácter meramente instrumental, puesto que no se limitaba a hacer posible una ulterior reforma, ya que ella de suyo introdujo un cambio sustancial, no podía sin embargo entenderse cómo el establecimiento definitivo de un sistema. Éste era preciso construirle: la Ley lo hacía posible; no lo consagraba de un modo directo. Además, y sobre todo, las que podríamos llamar nuevas fuerzas políticas o fuerzas de la oposición ampliamente entendida, en las que no se comprendían sólo los partidos de izquierda, sino también los grupos o algunos de los grupos o de sus miembros integrados en el Gobierno, que aceptaron la reforma como procedimiento para el ejercicio del poder constituyente, no admitían que todo consistiera en añadir una Ley más a las anteriores Leyes fundamentales o en elaborar un nuevo texto de todas ellas revisado y refundido. Si las elecciones generales de 15 de junio de 1977 hubieran arrojado otro resultado en cuanto a la distribución de las ideologías triunfadoras, habrían sido probablemente distintas las consecuencias de la reforma constitucional y diferente el alcance de la misma. El resultado electoral lo hacía imposible. Había llegado la hora de comprender cómo las decisiones no se imponen por uno o algunos, ya que son reflejo de la voluntad del pueblo. Hasta las elecciones, el alcance de la reforma estuvo en manos del poder constituido. Desde ellas actuó el poder constituyente, formalmente derivativo, pero flexible y con manifestaciones también del constituyente originario.

¿Cómo podría elaborarse la Constitución? En principio, algunas de las posibilidades eran las siguientes: que un grupo o comisión de expertos no parlamentarios preparase un texto que sirviera de borrador o punto de arranque para el ulterior trabajo a realizar por los cauces legales pertinentes (a); que el Gobierno presentara un proyecto de ley relativo a la Constitución (b); o que un grupo o grupos parlamentarios presentasen una proposición de ley (c). En ninguna de estas posibilidades quedó comprendida la utilizada. Todas se presentaban como problemáticas y dudosas.

a) La elaboración por una comisión de expertos de un texto previo, meramente orientador, tendría la ventaja de concentrar en torno al tema unos conocimientos especializados en el campo del derecho constitucional, de la ciencia política y del derecho comparado. Sin embargo, no habrían sido pocos los inconvenientes, como el de la propia aceptación del método, porque aunque ni siquiera éste fuese vinculante porque cupiera, tras haberlo intentado, elegir otro, es posible que los pareceres de los distintos partidos o grupos fueran discrepantes, con lo que podría interferirse una disputa metódica, con la consiguiente pérdida de tiempo. Mas antes de llegar a esta cuestión también era imaginable otra, no menos enojosa, como la de propia designación de los expertos. ¿Quién habría de efectuarla? Cualquiera que hubiese sido el procedimiento, se habría requerido que los nombres inspirasen suficiente confianza a los diferentes sectores ideológicos. Doy por supuesta la confianza en el plano del saber y en el de la honorabilidad; pero las significaciones políticas o las intencionalidades, cuando no las simples suspicacias, tal vez hubieran representado escollos difícilmente salvables. Con todo, no es esto lo que, a mi juicio, habría hecho más endeble o vulnerable la fórmula. Suele repetirse que toda Constitución supone una «decisión» o unas «decisiones» políticas fundamentales. No me gusta la palabra «decisión», si bien comparto la idea. Hablaría más bien de presupuestos o fines políticos fundamentales. El apoliticismo no es posible ante una Constitución. Tampoco la independencia. Aunque la preparen unos juristas independientes, un texto constitucional no es nunca independiente. El sincretismo que, en cuanto combinación de criterios distintos, es lo más opuesto a lo definido en una determinada dirección, también tiene un significado político. He ahí donde radica la quiebra principal de los borradores o «preanteproyectos» técnicos. Cuando habían transcurrido varios meses desde que empezó la tarea constitucional y no se le veía el fin, no pocas personas, algunas quizá tratando de halagarme, con frecuencia me decían que todo habría ido mejor si hubiera actuado previamente, desbrozando el camino, una comisión de expertos. Nunca lo creí así. Desbrozar el camino o, en su lugar, complicarle, tenían por lo menos las mismas posibilidades. Se iniciaba la Constitución en un momento de reactivada viveza política. Había mediado una Ley reformadora. La tecnocracia se había venido utilizando como sustitutivo de la política que permanecía aletargada. Imponer a la Constitución una primera instancia tecnocrática (aunque la técnica de los juristas sea diferenciable de una tecnocracia burocratizada) no hubiera sido un buen comienzo. Era necesario dejar paso al hecho político sin paliativos. El procedimiento reformista utilizado tuvo su justificación como modo de evitar la acción revolucionaria. Salvado así el primer paso de la transición, abierto un cauce, era aconsejable dar entrada a la iniciativa política sin demasiados amordazamientos correctores.

b) El Gobierno estaba facultado para acudir a la fórmula del proyecto de ley como medio de hacer llegar a las Cortes un proyecto de Constitución. La Ley para la Reforma política le confería específicamente esa iniciativa. Esta fórmula y la de la intervención de una comisión de expertos eran combinables. Combinadas, de algún modo se fortalecerían o, al menos, resultarían más asequibles. La designación de los expertos no habría sido tan compleja y el hecho de que acudiera el Gobierno al asesoramiento ofrecería ciertos visos de objetividad. Sin embargo, creo que fue un acierto del Gobierno declinar esa prerrogativa. Faltaba una solución de continuidad entre el Gobierno o los Gobiernos precedentes y el que actuaba en el proceso constituyente. No era un Gobierno provisional. Tampoco era un Gobierno de coalición con presencia de las principales fuerzas políticas. Se trataba de un Gobierno de partido y su Presidente no procedía —no podía proceder— de una voluntad parlamentaria. Un proyecto de Constitución emanado de un Gobierno de esas características sería tachable de unilateral y podía haber exacerbado la posición crítica de los otros grupos parlamentarios. Propiciaría el enfrentamiento antes que la cooperación.

c) La tercera de las fórmulas posibles era la de la proposición de ley. También quedó descartada, con lo cual no quiero decir que llegara a tomarse en consideración. De todas maneras, parece lógico que si el Gobierno prescindía del proyecto de ley, había de serlo en la medida en que tampoco se acudiese a una proposición de Ley.

5. LA COMISIÓN CONSTITUCIONAL DEL CONGRESO Y LA PONENCIA

El procedimiento conforme al cual se dio comienzo en el Congreso de los Diputados al que había de ser el «Anteproyecto de Constitución» fue la creación de una Comisión Constitucional, la formación en el seno de ésta de una Ponencia y el nombramiento de los miembros de una y otra. Todo esto ocurrió entre los días 26 de julio y 1 de agosto de 1977. El día 26 de julio, en sesión del Congreso, presidido todavía interinamente por don Fernando Álvarez de Miranda, dijo éste: «Por el Secretario primero de la Mesa va a ser dada lectura a una moción que ha sido redactada conjuntamente por los representantes de los Grupos Parlamentarios y la Mesa de este Congreso.» Seguidamente el Secretario primero del Congreso, don José Luis Ruiz Navarro, dio lectura a la moción por la que se creaba una Comisión Constitucional, así como también una Comisión de Economía y Hacienda. Estas Comisiones tendrían el número de miembros resultante del siguiente sistema de designación: cada grupo parlamentario designaría un miembro por cada diez diputados o fracción igual o superior a cinco que comprendiera el grupo. Leída la moción, el señor Presidente la declaró «aprobada por unanimidad...» Hubo, pues, pleno acuerdo tanto en el momento de presentarse la moción como en el de aprobarla. El inicio de la Constitución se presentaba bajo los mejores auspicios.

La Comisión Constitucional se reunió por primera vez en la tarde del día 1 de agosto. Presidente de la Comisión fue designado don Emilio Attard Alonso, y miembros de la Ponencia, don Miguel Herrero Rodríguez de Miñón, don José Pedro Pérez-Llorca y Rodrigo, don Gabriel Cisneros Laborda, don Gregorio Peces-Barba Martínez, don Miguel Roca Junyent, don Jordi Solé Tura y don Manuel Fraga Iribarne.

Contrasta esta unanimidad de criterio en el procedimiento a seguir para llevar a cabo la puesta en marcha de los trabajos constitucionales con las incertidumbres en que inicialmente incurrieron los constituyentes de 1931.[6] Creada por Decreto de 6 de mayo de 1931 la Comisión Jurídica Asesora, dependiente del Ministerio de Justicia, que sustituyó a la Comisión General de Codificación, figuraba entre sus cometidos elaborar los proyectos que se le encargaran, así como presentar otros por propia iniciativa. Una de las finalidades concretas para la que fue creado el organismo consistía en elaborar el Anteproyecto de Constitución. Para llevarlo a cabo se constituyó una Subcomisión, presidida por don Ángel Osorio y Gallardo, en el que figuraba el profesor Adolfo Posada, maestro indiscutido de derecho político. Los trabajos de la Subcomisión, que tuvieron por base otros precedentes, se realizaron con gran celeridad, pues en varios Consejos de Ministros celebrados a partir del 7 de julio se examinó el Anteproyecto de Constitución. Parece que hubo el propósito de convertir el Anteproyecto de la Comisión Jurídica Asesora en Proyecto del Gobierno, pero las insalvables discrepancias surgidas en el seno del Gobierno, lo impidieron. A juicio de Pérez Serrano, habiendo «una Cámara de abigarrados matices» hubiera sido positivo contar con un criterio del Gobierno, que, dada su composición, resultaría autorizado, sin que por ello se mermaran las facultades soberanas de la Asamblea constituyente. Al fin, todo quedó resuelto con la aplicación del artículo 21 del Reglamento de las Cortes Constituyentes, preparado por el Gobierno y ratificado parlamentariamente, que decía: «Una vez constituidas las Cortes, nombrarán una Comisión especial que presente a las mismas un proyecto de Constitución.» La Comisión, compuesta de veintiún miembros y presidida por don Luis Jiménez de Asúa, realizó su trabajo en el plazo brevísimo de veinte días. Sin duda, esto fue posible, porque, aunque sin respaldo oficial alguno, se tuvo en cuenta el Anteproyecto procedente de la Comisión Jurídica Asesora avalado por el crédito doctrinal de sus componentes. En definitiva, la fase preparatoria de la Constitución de 1931 es la mejor prueba de los inconvenientes de las Comisiones de expertos (por aleccionadoras que sean sus opiniones) y de un proyecto del Gobierno.

No estoy en condiciones de decir qué grado de influencia ejerció el precedente de la Constitución republicana de 1931 en el enfoque dado a la formación del texto constitucional de 1978. Lo cierto es que no se siguió el zigzagueante camino apuntado entonces. De un modo directo se procedió a confiar el proyecto de Constitución a la Comisión y a la Ponencia, que oficialmente no dis-

6. Cfr. Pérez Serrano, *La Constitución española,* Ed. Revista de Derecho Privado, Madrid, 1932, pp. 22 y ss., que da cuenta de los datos aquí recogidos.

pusieron de texto previo alguno. Si los procesos formativos de una y otra Constitución se comparan y valoran en función sólo del tiempo invertido, la Constitución de 1931 se lleva ampliamente la primacía, pues aproximadamente en cuatro meses fue elaborada y promulgada, mientras en la de 1978 se invirtieron casi quince meses completos. Desde luego, tanto en uno como en otro momento histórico concurrían circunstancias que aconsejaban la urgencia. Ésta, por lo demás, suele ser la tónica de las Constituciones. Sin embargo, la economía del tiempo sólo es un criterio de valor unido a otros dos criterios complementarios: que efectivamente se aproveche con una concentración y perseverancia en el trabajo, y que la celeridad no redunde en detrimento de la calidad de la obra. El tiempo no ha de contemplarse sólo en la fase preparatoria, siempre episódica, sino también en la fase de vigencia. Esto se acusa especialmente en las Constituciones. Hay leyes que nacen con vistas a un tiempo determinado, lo digan o no expresamente. Muy pocas Constituciones se han perpetuado, aunque, normalmente, todas incorporan la intención de perdurar. Luego deben elaborarse con la posible rapidez, sin pérdida de tiempo, mas pensando también en que se realiza una obra llamada a tener un largo futuro. Mínimo tiempo de elaboración; máximo tiempo de duración. Ésta sería la regla apodíctica que, claro es, muchas veces perece por esa gran contradictora de los buenos propósitos que es la historia.

Siempre he resaltado como muy importante que la Constitución de 1978 no experimentara mediatización alguna en su surgimiento. Según he sabido después, tres partidos políticos —PSOE, PCE y AP—, a través de sus respectivos representantes en la Ponencia, aportaron unos textos no dados a conocer en conjunto, sino por títulos. Naturalmente, serían contrapuestos. El señor Roca Junyent presentó otros con propósito de conciliación. Los Ponentes de UCD también presentaron algunos textos, luego de conocer los aportados por los demás partidos. No había, sin embargo, ningún borrador que pudiera considerarse como básico u orientador, y menos, vinculante. En realidad, se partía de cero. Puede decirse que la primera piedra de la Constitución se colocó en el Parlamento.

6. LOS PARLAMENTARIOS QUE INTEGRARON LA PONENCIA: BREVES RASGOS DE CADA UNO

Eludo en todo lo posible emitir juicios acerca de las personas. Procuro no dar cuenta circunstanciada de entrevistas y conversaciones. No se trata de que quiera adoptar una posición de cautela por la naturaleza del tema. En general, siempre he procurado proceder así. La explicación de los hechos a través de las personas, de su modo de ser o de pensar, de su carácter, me parece arriesgada. En mi labor de abogado he tenido que dar cuenta de muchas peripecias humanas; he preferido describir a valorar y he tenido sumo cuidado con las imputaciones. Creo, sin embargo, que debo apuntar algunos rasgos mínimamente definitorios de los siete miembros de la Ponencia constitucional, siguiendo el orden por el que fueron designados.

En conjunto, tenían todos ellos una idoneidad específica, no sólo por su común condición de juristas distinguidos, sino por su especial preparación en los temas constitucionales, así como por la participación que habían tenido en el período de tránsito hacia la democracia.

Miguel Herrero Rodríguez de Miñón, Letrado del Consejo de Estado y autor de estimables estudios sobre derecho político, experto en cuestiones relacionadas con la institución monárquica, había tenido participación muy cualificada en la reforma como Secretario General Técnico del Ministerio de Justicia.

José Pedro Pérez-Llorca y Rodrigo, Letrado de las Cortes, además de diplomático, tenía bien acreditadas la vocación y la preparación técnica sobre la materia, a la vez que había dado cumplidas pruebas de su preocupación por la acción política desde posiciones enfrentadas con el anterior régimen.

Gabriel Cisneros Laborda, distinguido jurista como todos, acaso no tan especializado, había puesto de manifiesto, principalmente como escritor bien dotado, su sensibilidad ante el proceso de cambio.

Gregorio Peces-Barba Martínez, profesor de Filosofía del Derecho, consagrado con interés científico e inquietud ideológica al gran tema de los derechos humanos, había adquirido protagonismo como abogado en defensa de los inculpados por delitos políticos.

Miguel Roca Junyent, abogado de amplio espectro y de inequívoca ejecutoria política, siempre ha tenido reputación como negociador hábil, lo que habría de poner de relieve en el tratamiento de la delicada cuestión autonómica y en el de otras muchas cuestiones.

Jordi Solé Tura, profesor de Derecho político, autor de estudios meritorios sobre la especialidad y fiel a una ideología tantos años incómoda, aportaba una clara visión de los problemas del Estado en la teoría y en la práctica.

Manuel Fraga Iribarne era y es el de siempre, con su suma de títulos universitarios y profesionales; trabajador infatigable, tenía ante sí probablemente la tarea más atractiva de su vida: la Constitución.

7. LABOR DE LA PONENCIA

La Ponencia estableció para el desarrollo de su cometido estas dos reglas principales: la confidencialidad y la presidencia atenida a un turno diario y sucesivo según el orden alfabético de los apellidos de los ponentes. En cuanto a la primera regla, debo decir que la mantuvo escrupulosamente ante mí; por supuesto, nunca pensé considerarme exceptuado. Mantuve con algunos ponentes conversaciones de carácter muy general sobre el ritmo de los trabajos, sin entrar en el fondo. Lo mismo me ocurría con los letrados de las Cortes, que fueron fieles cumplidores de la regla, como también lo fue Celia, una discreta y diligente funcionaria de las Cortes, que desempeñó con celo y entusiasmo su colaboración como taquígrafa, mecanógrafa y ordenadora del material. Al final de las sesiones, el Presidente de turno daba cuenta a la prensa de las materias tratadas.

El trabajo de todos fue intenso, perseverante y eficiente. Había, como es lógico y legítimo, discrepancias, mas no incompatibilidades. Manuel Fraga, en una colaboración presentada a la Real Academia de Ciencias Morales y Políticas, ofrece el siguiente testimonio directo: «Las sesiones transcurrieron en una inevitable tensión ideológica, bien compensada con unas actitudes personales de creciente comprensión.»[7] Hubo, pues, un ambiente de general cordialidad en lo personal, conciencia del deber, amplitud de miras, «sentimiento constitucional» y espíritu de colaboración; sin abdicar de las propias convicciones, ninguno incurrió en intransigencias sistemáticas que habrían perturbado y puesto la tarea casi en el límite de lo imposible. Como no se partía de un texto inicial, ha de reconocerse a la Ponencia el mérito de haberlo creado. A ella debemos la que puede considerarse como la estructura y la tónica de la Constitución. Iba a ser extensa y no escorada hacia una ideología. Aquel primer texto fue luego profundamente reconsiderado con participación de colectivos más numerosos y métodos de trabajo distintos, en las deliberaciones ante las Comisiones y los Plenos de ambas Cámaras. Hubo también la etapa del debatido consenso. Yo hablaría de un consenso específico u operativo, extraparlamentario, porque pienso que un con-

7. Cfr. *Anales de la Real Academia de Ciencias Morales y Políticas,* núm. 55, 1978.

senso en sentido amplio o genérico, como voluntad de entendimiento, estuvo presente en la propia Ponencia. Aquel primer texto experimentó después considerables modificaciones y adiciones. Sin embargo, la idea esencial se mantuvo.

El Boletín Oficial de las Cortes del 5 de enero de 1978 publicaba el que se llamó entonces «Anteproyecto de Constitución». Era el primero de los textos. Faltaban otros hasta llegar al definitivo que haría el séptimo. También se publicaban los votos particulares. A su vez, se abrió un plazo de veinte días, luego prorrogado, para la presentación de las enmiendas.

8. ESTUDIO HECHO POR EL PRESIDENTE DE LAS CORTES DEL PRIMER TEXTO CONSTITUCIONAL

A) Titulo así el epígrafe principalmente para despersonalizarle. Según la Ley para la Reforma política, la única misión encomendada expresamente al Presidente de las Cortes en la elaboración de la Constitución consistía en presidir la Comisión Mixta, si llegaba a constituirse, para lo cual era indispensable que hubiera discrepancias entre el Congreso de los Diputados y el Senado. Si esa era la función legal, yo consideraba que mi colaboración podría —conforme al sentido cívico del deber— encontrar otros cauces de expresión. Estaba, creo, en condiciones de aportar cierta experiencia en el tratamiento de los temas jurídicos. El cometido de legislar (o más exactamente, de prelegislar) es muy delicado, no conviene encerrarlo en moldes estrictos, han de evitarse los exclusivismos personales y, en definitiva, toda aportación debe, en principio, ser bien recibida. Pensé que el momento más propicio para intervenir era justamente aquél. Ya existía un texto de la Ponencia. Por tanto, las iniciativas políticas habían tenido ocasión de manifestarse en el planteamiento de los temas, con lo que las opciones fundamentales ante el proceso constituyente de algún modo empezaban a encauzarse y configurarse. Consideré oportuno dejar en libertad a los planteamientos ideológicos en la primera fase del impulso y la iniciativa. Obtenido un texto, parecía el momento idóneo para intentar alguna aportación. Antes, hubiera sido prematura, aparte de que carecía de toda justificación pretenderlo. ¿En virtud de qué iba yo a hacer llegar a la Ponencia mi opinión sobre los temas constitucionales? Aunque fuera acogida con benevolencia, habría significado un evidente entrometimiento. La cuestión era distinta después de dar a conocer públicamente un texto llamado a ser objeto de análisis crítico. Era ése también el momento justo, porque dejarlo para después acarreaba otros inconvenientes. Se había abierto el plazo para la presentación de las enmiendas. Fueron en total 3 100 contenidas en los 779 escritos presentados. Si hubiera esperado a conocer las enmiendas, acaso parecería que actuaba influido por ellas y que mostraba determinadas preferencias respecto de cualquiera de los encontrados criterios. No era preciso llegar a esa suspicacia; quería sinceramente actuar sin los condicionamientos que a la fuerza provocarían las estimaciones ajenas. Si era un límite temporal el de anticiparme al conocimiento de las enmiendas, también había otro, que si no afectaba al desarrollo de mi trabajo, sí concurría al momento de darlo a conocer. Quise evitar que mis opiniones pudieran ser inspiradoras de enmiendas. Por tanto, sólo di a conocer el estudio realizado una vez transcurrido el plazo para la presentación de las enmiendas. Sus destinatarios fueron muy limitados: S. M. el Rey, el Presidente del Gobierno, el Presidente de la Comisión constitucional y los siete miembros de la Ponencia.

Titulé el estudio *Notas y observaciones sobre el Anteproyecto de Constitución*, y lo incorporo ahora a este libro a modo de apéndice. No sé si despertará interés. Algún autor ha hecho referencia a estas notas y, aún sin conocerlas, las ha supuesto estimables. En cualquier caso, ya no quebranto ninguna regla de confidencialidad o de discreción, y prefiero hacer público algo que me concierne personalmente, en vez de entregarme al relato circunstanciado de audiencias, entrevistas y conversaciones que comprometerían a otras personas. Debo decir, sin embargo, que todos los miembros de la Ponencia se hicieron eco favorable de aquellas notas y a través de ellos conocí que fueron tenidas a la vista y en cuenta, especialmente cuando la Ponencia elaboró el segundo texto del Anteproyecto de Constitución. Ultimada ésta definitivamente, es comprobable que algunas sugerencias dejaron su huella en tan importante documento político y jurídico .

B) ¿Con qué propósito redacté aquellas notas y observaciones? Ya lo he dicho: con el de colaborar en una empresa legislativa tan complicada como atrayente. ¿Cuáles fueron los criterios inspiradores de la tarea? Los propios de un jurista no adscrito a ningún partido. En buena parte, realicé una labor que llamaría técnica y estilística, o mejor, doblemente técnica, por cuanto me preocupaban los problemas concernientes al rigor de los conceptos jurídicos y a la coherencia en su empleo, así como también me sentí atraído por los problemas de la expresión en el orden léxico y en el sintáctico. Esta labor cabría equipararla a la propia de un letrado de las Cortes. Por supuesto, nada más lejos de mi ánimo que aleccionar; los redactores del Anteproyecto también eran unos técnicos. Sin embargo, siempre hay un margen de opinabilidad.

Quienes redactan, más aún cuando lo hacen entre discusiones y en colaboración, pueden ser los primeros en no considerarse completamente seguros y convencidos, por lo que toda labor de cooperación resulta admisible. Realizada *a posteriori*, falta la viveza del debate, si bien precisamente por lo mismo permite mayor serenidad. Las observaciones no quedaron circunscritas exclusivamente a la técnica jurídica y al estilo literario. Penetré también en el fondo de algunas cuestiones. A tal fin no preferí, sino que más bien postergué las que, por razón de la materia, me resultaban más familiares, para detenerme en los temas que objetivamente reputaba necesitados de mayor reflexión. Llevé a cabo esta labor de una manera completamente libre y espontánea. Nunca me consideré investido de autoridad alguna; allí no había más autoridad que la emanada, si emanaba, de los razonamientos aducidos. Tampoco recibí insinuación alguna. En varias ocasiones he dicho, y ahora lo reitero, que el Rey no se interfirió en la elaboración de los textos constitucionales, aun cuando algunos le afectaban, como es notorio, de modo muy directo.

C) La impresión que me produjo el Anteproyecto de Constitución fue, en conjunto, satisfactoria. Atribuía más valor al «hecho» de la Constitución que al «texto». Aquí radica la mayor diferencia entre la Constitución en ciernes y otras Constituciones españolas. El proceso de cambio en curso no había de juzgarse sólo con referencia al régimen político anterior, del que significaba un apartamiento, sino que también debía ser enjuiciado comparándole con otros procesos de transformación respecto de los cuales asimismo difería. Por el «hecho» de la Constitución entendía: que convergieran fuerzas políticas dispares y antagónicas; que representantes de unas y otras compartieran la misma mesa en el trabajo y en el almuerzo; que surgieran relaciones de amistad dentro de la discrepancia; que no se quebrantaran las ya existentes; y que no hubiera el propósito partidista de apropiarse de la Constitución, aunque cada una quisiera aproximarla lo más posible a su terreno. En cuanto jurista teórico, me había sentido muchas veces cautivado por el virtuosismo de los textos de las leyes ante los cuales insistía en propósitos perfeccionistas. Como abogado, en cambio, tenía cabal conciencia de la soberanía de los hechos; éstos son los que mandan en las disputas contenciosas. En el presente caso me olvidaba un tanto de la teoría y me apartaba de las intransigencias puristas, para colocar en el primer plano el «hecho» de la Constitución, el modo de afrontar su logro. Algunos acudían a mí en busca del interlocutor idóneo para hacer imputaciones a los redactores del Anteproyecto por no utilizar el concepto preciso o la expresión adecuada. Se tachaba el texto de innecesariamente largo y farragoso. Eran ciertas no pocas de las observaciones críticas que se formulaban. Pero no me parecían lo decisivo ni lo principal. Había de concederse mayor importancia al hecho de que en un tiempo relativamente corto, discrepando y colaborando, se hubiera conseguido un boceto. El ideal de una Constitución concisa y estilizada no era realizable dado el procedimiento seguido en su elaboración. Los ulteriores debates habrían de introducir correcciones y cambios. De todas formas, el valor supremo difícilmente estaría representado por la suma de unos juicios individuales de calidad ni por la *elegantia iuris*. Cuando se afirma que lo importante de una Constitución es su arraigo en el pueblo, ha de empezarse por reconocer que el arraigo depende de cómo nazca esa milagrosa criatura, mezcla de intuición y raciocinio, de debilidad y fortaleza, de política y derecho, que es la Constitución de un Estado.

D) Entre las reflexiones que entonces me inspiró el primer texto de la Constitución recogeré sintéticamente las siguientes:

— La calificación del Estado según el modelo «social y democrático de derecho» significaba colocarse en la línea, modernamente avanzada, que conduce a la superación del modelo clásico del Estado liberal.

— Calificar la Monarquía de «parlamentaria» y concebirla como «forma política del Estado» eran dos ideas en íntima relación, pues no resultaba coherente reputar forma de Gobierno a una Monarquía en la que las funciones del Rey, representativas, arbitrales y moderadoras, son muy distintas de las que tuvo dentro del tipo histórico de la Monarquía constitucional, que vino a sustituir a la absoluta. El tránsito de la Monarquía constitucional a otra más limitada, de carácter parlamentario, está muy claramente marcado como resultado de combinar la institución monárquica con la soberanía del pueblo. Si bien la Monarquía sigue siendo constitucional en el sentido amplio de estar sometida a la Constitución, sus funciones la hacen específicamente parlamentaria, por cuanto la potestad de hacer las leyes corresponde por entero a las Cortes, que controlan la acción del Gobierno, correspondiendo al Congreso conferir o negar la confianza al Presidente del Gobierno.

— La regulación intrínseca de la institución monárquica, en sus aspectos dinásticos, sucesorios y de capacidad, reflejaba la tradición española y de modo especial la Constitución de 1876. Pudo haberse hecho una descripción más precisa del orden de suceder, aun a costa de abandonar antiguos formulismos. No siempre los criterios utilizados me parecían correctos o suficientemente claros conforme al derecho civil. Dos eran los puntos sobre los que estimaba especialmente necesaria alguna llamada de atención. Uno consistía en que, al regular la sucesión en la Corona, se contemplaba la hipótesis de que pudiera haber leyes que excluyeran alguna línea («las líneas no excluidas por ley», se decía); y esta hipótesis, trasladada al pasado, podía crear la duda de si habían de reputarse vigentes determinadas exclusiones que en su día se establecieron, y proyectada hacia el futuro daba paso a la posibilidad de que una ley posterior introdujera disposiciones relativas a la sucesión en la Corona, cuando parecía lo más propio y seguro que la regulación fuese íntegramente constitucional. El otro punto consistía en que, dada la redacción utilizada («el consorte del Rey o de la Reina»), no se reconocía al consorte el título de realeza. Con el criterio inicialmente utilizado, Doña Sofía había dejado de llamarse Reina.

— La parte del Anteproyecto de Constitución, denominada usualmente dogmática, quizá no con mucha propiedad, recogía la doctrina que, remontándose a las ya antiguas declaraciones de derechos, se ha convertido modernamente en regulación internacional y hasta universal de las libertades públicas, los derechos fundamentales y otros cuadros de derechos de carácter social y económico, secuela estos últimos de extender la democracia más allá del ámbito estrictamente político. Resultaba un tanto recargada esta parte. No faltaba la opinión favorable a eliminarla, ya que a igual resultado se llegaría remitiéndose a la regulación internacional. Nunca me satisfizo esta fórmula, aunque técnicamente fuese posible, a la vez que contribuiría a evitar la excesiva extensión del texto. Era, sin embargo, comprensible que la Constitución recogiera este tipo de declaraciones, de un lado, por tratarse de materia propicia al acuerdo y, de otro lado, porque ponía de manifiesto el cambio en la orientación política. Apreciaba algunas incorrecciones o falta de rigor. Así, comprender entre las libertades públicas aquellas que van dirigidas a una finalidad contraria, como la de no estar obligado a declarar sobre las propias creencias religiosas o la tutela de la intimidad personal. No se matizaban las diferencias entre los derechos y las libertades. Causaba sorpresa que la igualdad de los españoles se considerase como una libertad pública y tal conceptuación —al menos sistemáticamente— correspondiese también al derecho a la vida. Pensaba que acaso fuese fuente de problemas la distinta dimensión jurisdiccional atribuida a los derechos y las libertades, de manera que una misma norma, en cuanto declaratoria de la igualdad sin discriminación por razón de nacimiento, sería objeto de aplicación directa por los Tribunales ordinarios, mientras esa norma, específicamente proyectada en la filiación (la igualdad de los hijos ante la ley) no sería invocable de un modo directo por estar comprendida entre los principios rectores de la política social y económica.

— Uno de los extremos más necesitados de ulteriores reflexiones me pareció la ordenación relativa a los tratados internacionales. Se ofrecía fraccionada. Buena parte de ella figuraba en el título concerniente a la Corona, lugar impropio, aunque correspondiera al Rey expresar el consentimiento del Estado para obligarle internacionalmente. La proclamación en términos absolutos, con carácter previo y separadamente del resto de la ordenación, de que los tratados internacionales tendrían una «jerarquía superior a la de las leyes», si bien no exenta de precedentes constitucionales, significaba una concesión tal vez excesiva a la doctrina monista del ordenamiento jurídico, pues para respetar la eficacia de los tratados es suficiente con quedar integrados en el ordenamiento jurídico, atenidos su propio régimen de derogación y modificación, de tal forma que se excluya la libre derogación o modificación por la ley. Consideraba necesario establecer con mayor claridad la previa intervención de las Cortes en los tratados de mayor rango por razón de la materia. Y, sobre todo, pensaba que si la aprobación de un tratado contrario a la Constitución requería seguir el procedimiento de la revisión constitucional, referido al tratado, parecía indispensable la reforma también de la propia Constitución, pues de lo contrario serían contradictorias las normas constitucionales con el contenido del tratado.

— Otro de los puntos especialmente preocupantes era el concerniente a la tramitación en el Congreso de la propuesta de candidato a la Presidencia del Gobierno, ya que se contemplaban de manera muy confusa las diferentes hipótesis.

— Cuestión capital, como tantas veces se ha dicho, había de considerarse la de las Autonomías. Pensaba que, para calibrar su alcance, el énfasis no había de colocarse en que se utilizara la palabra «nacionalidades» o se prescindiese de ella. La regla o el tópico, de tan frecuente uso por el derecho civil, sobre que la naturaleza de un contrato no depende del nombre que se le dé, sino de su contenido, podía ser tranquilizante para los temerosos de la palabra, a la vez que defraudaría un tanto a sus partidarios. La naturaleza unitaria, pero no centralista del Estado, era el punto medio del eclecticismo. De un eclecticismo sin entusiastas. Porque si constituía el límite máximo para unos, ni siquiera era el mínimo de lo deseable para los otros. La unidad no se predicaba del Estado, sino de España. Con ello volvía a convertirse en cuestión de palabras —en un nominalismo— lo que era tema de fondo no afrontado claramente. Unos rendían culto a las «nacionalidades»; otros, a la «unidad». Ni los unos ni los otros se sentían victoriosos ni resignados. Cuando yo, recordando el tópico civilista, contemplaba el Anteproyecto, pensaba que la naturaleza, unitaria o no del Estado, en cualquier caso no centralista, dependía de las facultades reservadas al Estado y de las atribuibles a las Comunidades autónomas. Conforme a aquel primer texto —luego muy retocado y complicado— se me ofrecían como posibles estas conclusiones: no se llegaba al Estado federal; no se configuraban dos o más tipos de Comunidades autónomas, aunque el contenido de las mismas dependiese de las competencias efectivamente transferidas; pero la Asamblea legislativa y el Consejo de Gobierno eran órganos institucionales comunes.

— En el tema de la justicia eran dos las grandes novedades dignas de favorable acogida: el Consejo General del poder judicial —único poder al que se dio este nombre, porque ejerce con exclusividad la función de juzgar, mientras las Cortes no se limitan a legislar ni el Gobierno a ejecutar— y la creación del Tribunal Constitucional.

— En definitiva, aunque hubiera motivos para la crítica, el conjunto del Anteproyecto arrojaba un saldo al que habría de aplicarse ese lugar común que hemos hecho de la palabra positivo.

VII. El proyecto de Constitución ante la Comisión Mixta Congreso-Senado

1. LA EXPERIENCIA DE LAS COMISIONES MIXTAS Y EN PARTICULAR LA COMISIÓN MIXTA CONSTITUCIONAL

Los debates constitucionales en las Comisiones y en los Plenos del Congreso y del Senado han dejado un testimonio completo en el *Diario de Sesiones* de una y otra Cámara. No ocurre otro tanto con la labor inicial de la Ponencia del Congreso, ni con la tarea final asumida por la Comisión Mixta. La naturaleza de sus respectivos cometidos así lo impuso. Los siete miembros de la Ponencia Constitucional del Congreso han revelado luego algunas de las interioridades. Tengo la impresión que la actuación de la Comisión Mixta permanece más en el silencio. Quizá sea oportuno revelar algo de lo que allí sucedió.

La Ley para la Reforma política había previsto que si el texto previamente aprobado por el Congreso no fuera aceptado en sus términos por el Senado, las discrepancias se someterían a una Comisión Mixta. En el desarrollo reglamentario se entendió, sin duda con acierto, que la Comisión Mixta no quedase constituida de un modo permanente con la adscripción a ella de los mismos parlamentarios, sino que habría de formarse cuando surgieran discrepancias en las deliberaciones. Por eso no hubo Comisión Mixta, sino Comisiones Mixtas, que se fueron formando cada vez que el Senado no aceptaba el Proyecto en los mismos términos aprobados por el Congreso. Esta constitución *ad hoc* de las Comisiones Mixtas permitió a los grupos parlamentarios designar a los miembros más idóneos en razón del tema a debatir. Las Comisiones Mixtas debían estar formadas por el Presidente de las Cortes, los Presidentes del Congreso y el Senado, cuatro diputados y cuatro senadores.

La composición era siempre la misma en cuanto al número, pero variable, salvo en el Presidente de las Cortes y en los de una y otra Cámara, en cuanto a las personas. La falta de acuerdo —hipótesis que nunca se produjo— o el acuerdo —realidad que siempre se dio— determinaban que hubieran de pronunciarse luego cada una de las Cámaras por mayoría absoluta para que el Proyecto de Constitución resultase aprobado. De no conseguirse el acuerdo por la Comisión Mixta o los términos del mismo no merecieren la aprobación por una y otra Cámara, la decisión definitiva había de adoptarse por mayoría absoluta de los componentes de las Cortes en reunión conjunta de ambas Cámaras. Si el Proyecto era de Ley bastaba la mayoría simple, y a falta de ésta, a petición del Gobierno, la aprobación se producía por la mayoría absoluta del Congreso. Creo que el régimen de las Comisiones Mixtas resultó satisfactorio y tal vez hubiera sido conveniente mantenerlo en la Constitución de manera más amplia a como ha sido acogido por el artículo 74, que lo circunscribe a la falta de acuerdo en las sesiones conjuntas de ambas Cámaras actuando como Cortes Generales.

La Comisión Mixta Constitucional se formó así:

Don Antonio Hernández Gil, Presidente de las Cortes; don Fernando Álvarez de Miranda y Torres, Presidente del Congreso de los Diputados; don Antonio Fontán Pérez, Presidente del Senado. Diputados, don José Pedro Pérez-Llorca Rodrigo (UCD), don Jordi Solé Tura (PCE), don Miguel Roca Junyent (MC) y don Alfonso Guerra González (PSOE). Senadores, don Fernando Abril Martorell (UCD), don Antonio Jiménez Blanco (UCD), don Francisco Ramos Fernández-Torrecillas (PSOE) y don José Vida Soria (PSOE).

La experiencia de las diversas Comisiones Mixtas que, antes de la Constitucional, se habían formado para conocer de Proyectos de ley en los que habían surgido discrepancias, era, a la vez, alentadora y comprometida. Todas las Comisiones Mixtas habían logrado el «acuerdo» sin tener que hacer uso de la votación. Mientras estas Comisiones se caracterizaron por ser dialogantes y no votantes, la Comisión de Urgencia Legislativa se caracterizó por lo contrario, ya que se votaba y no se dialogaba mucho. El precedente de las Comisiones Mixtas permitía albergar la esperanza de que ocurriera otro tanto con el Proyecto de Constitución. Sin embargo, también era aventurado suponerlo, porque un Proyecto de Constitución es de trascendencia muy distinta a los Proyectos de las leyes ordinarias. Yo, en verdad, albergaba serias dudas, que luego se fueron disipando. En las anteriores Comisiones Mixtas la tensión vino determinada, más que por las adscripciones ideológicas de sus miembros, por su procedencia de una o de otra Cámara. Incluso quienes en el Congreso o en el Senado habían mantenido criterios discrepantes respecto de la solución patrocinada por una u otra Cámara, luego se inclinaban por la defensa del texto aprobado por la Cámara de procedencia. Esto no ocurrió exactamente así en la Comisión Mixta Constitucional; las ideologías eran más definidoras de las respectivas posiciones que las Cámaras.

Las reuniones de la Comisión Mixta se iniciaron el día 16 de octubre de 1978, a las diez y media de la mañana, en la sala del Congreso llamada de Ministros, donde se reunía la Junta de Portavoces y solían celebrarse las sesiones conjuntas de las Mesas del Congreso y del Senado. Es un lugar solemne, que evoca el pasado por su disposición y por el estilo de su mobiliario, en el que destaca una gran mesa ovalada, de madera noble, como elemento funcional. Realzan sus paredes algunos tapices; tiene unas grandes ventanas siempre cerradas; casi carece de luz natural, y no está muy bien iluminado el retrato de S. M. el Rey Don Juan Carlos, que tantas veces ha sido fondo de tomas fotográficas sin apenas advertirse.

El Presidente pronunció unas palabras con la preocupación, dijo, de que pudieran resultar «retóricas o banales». Parecían, sin embargo, obligadas. La situación de los presentes no era fría; tampoco tensa ni crispada. Siguiendo una curiosa inclinación —no me atrevo a hablar de costumbre— los parlamentarios socialistas, así como el de la Minoría Catalana y el representante del PCE, ocuparon el ala derecha de la Presidencia, mientras los parlamentarios de UCD se colocaron a la izquierda, con emplazamientos distintos a los que ocupan en el hemiciclo del Congreso de los Diputados y en el salón del Senado. «En general —comenzó diciendo el Presidente— difícilmente se habrá elaborado en España una Constitución o una Ley con el grado de participación, entrega y sentido de la responsabilidad con que se está elaborando ésta. En particular, creo obligado resaltar el trabajo parlamentario llevado a cabo por la Ponencia de la Comisión constitucional del Congreso, que logró forjar la estructura de la Constitución, por lo que merecen ser felicitados sus componentes, así como todos los parlamentarios que han contribuido con su esfuerzo y su comprensión a una obra legislativa de tan excepcional significación. Vamos a proseguir un trabajo en el que todos ustedes ya han intervenido. El de ahora me parece menos ambicioso y complejo que el anterior, aunque habrá de resultar delicado por lo que tiene de intento de armonía y de remate final. Si ya no está en cuestión la estructura, quedan pendientes muchos detalles y acoplamientos.» El Presidente advirtió que los reunidos estaban en las mejores condiciones para el desarrollo de la tarea encomendada: «No somos muchos, todos somos compañeros y amigos, y la mayoría juristas. Quienes no son juristas, nos completan. Porque si en cuanto preocupado científicamente por el derecho me planteo el problema de encontrarlo a solas —que es el gran legado de Kelsen, acéptese o no la teoría pura—, como jurista práctico estoy convencido de sus múltiples relaciones con otra clase de realidades y de saberes. Los no juristas en ningún caso son ajenos al derecho, ya que éste no es reductible a una estricta técnica, por lo que siempre tiene de buen sentido y de preocupación por la justicia. Todos somos políticos y esto nos legitima, en igual medida, para coincidir y para discrepar.»

Recuerdo que tras aquellas palabras iniciales, que se extendieron a otros aspectos, todos los miembros de la Comisión Mixta coincidieron en lamentar que no estuviera presente don Manuel Fraga. Esto ya significaba un elogio, que además fue expresamente formulado. Razones de táctica política habían determinado la ausencia de este valioso parlamentario. Todos los miembros de la Comisión coincidieron en que debería dársele cuenta del desarrollo del trabajo, así como a los grupos parlamentarios no representados en la Comisión Mixta, si bien de manera «no institucionalizada», como observó finalmente alguno de los parlamentarios.

2. ALCANCE DE LA LABOR DE LA COMISIÓN MIXTA. PROBLEMAS DE MÉTODO

La Secretaría del Senado había facilitado a la Comisión Mixta, en folios apaisados, a tres columnas, el texto del Pleno del Congreso, el de la Comisión de Constitución del Senado y el del Pleno de éste. Una cuarta columna quedaba reservada para el texto aprobado por la Comisión Mixta. La fórmula, como planificación mecanográfica, era correcta. Podía prescindirse del texto de la Comisión del Senado, porque sólo el del Pleno contaba.

¿Cuál era el alcance de la labor a realizar? Las hipótesis contempladas por la Ley para la Reforma política eran las siguientes: —textos discrepantes del Congreso y del Senado; —acuerdo de la Comisión Mixta; —falta de acuerdo; —aprobación por mayoría absoluta de los Componentes de ambas Cámaras en sesión conjunta.

¿Qué había de considerarse como discrepancia y cuál el método para resolverla? Faltaba toda previsión u orientación al respecto. ¿Cualquier acuerdo a que llegara la Comisión Mixta con motivo de la existencia de textos discrepantes era válido para que se estimara resuelta la discrepancia? En principio, pensé que no. Una completa libertad sería peligrosa. ¿Cómo decisiones adoptadas por los Plenos de las Cámaras iban a ser reemplazadas por otras completamente distintas procedentes de un colectivo comparativamente tan reducido como el de la Comisión Mixta? Frente a esa libertad estaba la posición contraria, estricta o restrictiva, consistente en sostener que la Comisión Mixta optase por uno u otro texto. Tampoco así debería procederse. Había que buscar una línea media entre la libertad y la restricción: la línea de la flexibilidad.

Literalmente entendida la palabra «discrepancia» y dotándola de su total dimensión posible, comprende tanto el significado como los significantes. En este último aspecto se da cuando, comparando dos textos, aparecen en ellos significantes distintos, entendiendo por significante el elemento constitutivo del signo que aporta la imagen acústica y que, según Saussure, no es el sonido material, sino su huella física o la representación que de él nos da el testimonio de nuestros sentidos.[1] En la escritura se manifiesta a través de una determinada representación gráfica. Hay discrepancia en los significantes cuando se utilizan expresiones distintas, bien con el propósito de hacerlo, bien porque se incurre en una incorrección o porque se desliza una errata. El hecho de que la norma legal predicara la discrepancia precisamente de los «términos» permitía conferirle esa amplitud, porque los términos comprenden el significante y el significado. Sin embargo, discrepancias de ese tipo, susceptibles de resolverse mediante una corrección de estilo, no hubieran justificado la constitución de una Comisión Mixta, si bien, una vez constituida para resolver discrepancias de otro rango, quedaba también a su cargo la labor de corrección.

Las discrepancias propiamente dichas, con proyección en el contenido de las normas, se manifiestan en el campo del significado o de los significados. Toda diferencia de sentido apreciable entre dos textos es una discrepancia, aunque proceda de un elemento significante mínimo, como es el caso de la utilización o no de una coma —y en la Comisión Mixta se dedicaron varios minutos a eliminar una coma con el fin de que fuese más clara la ilación gramatical o la continuidad sintáctica de la frase—. De donde se infiere que el significante por sí solo no determina la discrepancia de sentido, que depende de una diferencia en el significado asociado al significante; pero cuando se presenta como problemático si la disparidad en el significante alcanza o no al

1. Cfr. Fernando Lázaro Carreter, *Diccionario de términos filológicos*, Ed. Gredos, Madrid, 1977, p. 367.

significado y, consiguientemente, al sentido, será preferible optar porque le alcanza o proceder como si así fuera. Toda discrepancia supone necesariamente una diferencia que la engendre, aunque no cualquier diferencia en los signos o en los «términos» concierne al sentido. Apreciada la existencia de una discrepancia, habría que preguntarse por el método o procedimiento para resolverla.

En la primera reunión que tuve con los periodistas (y les pido de nuevo disculpas por lo poco atrayentes que eran mis declaraciones) les dije que el día 16, en las reuniones celebradas durante la mañana y la tarde, llegamos hasta el artículo 38, aunque alguno había quedado pendiente de reconsideración, y que los procedimientos seguidos para resolver las discrepancias fueron: la opción por uno u otro texto, la combinación de ambos y la introducción en un texto de alguna corrección procedente de otro. La primera fórmula era la más sencilla; elegido un texto y eliminado otro desaparecen la dualidad y el problema. Llamaba combinación a la fórmula consistente en refundir en un solo texto elementos procedentes de ambos, sin claro predominio de uno u otro. Y, por último, la corrección de un texto con elementos de otro suponía considerar al primero como básico o predominante. Debo reconocer que alguna vez el elemento correctivo no estuvo representado exclusivamente por incorporar datos de otro texto; también se introdujeron elementos no procedentes de la literalidad de los textos en conflicto. No se trataba de ninguna herejía o extralimitación. Es doctrina consagrada considerar que el ordenamiento forma un conjunto, un sistema, por donde circulan las normas entre las que hay relaciones de correlación y coherencia. Los estructuralistas añadirán que el todo se superpone a las partes o a los elementos y que, entre éstos, tan importantes como las correlaciones, son las oposiciones. Las contraposiciones forman verdaderos correlatos. La unidad del sistema como conjunto o todo no significa la similitud interna de sus elementos; dentro del sistema hay una organización, aunque yo no crea en la teoría organicista por la que irrumpieron en el derecho criterios biológicos que vendrían a romper el mecanicismo cartesiano. Sin necesidad de acudir al estructuralismo, la tesis de que la noción clave del derecho es el ordenamiento —la totalidad— y no la parte —la norma— puede considerarse hoy como un lugar común, que también se manifiesta en la interpretación sistemática para la que es decisiva la consideración del todo, que aún siendo susceptible de expresarse en niveles inferiores —como, por ejemplo, el de los preceptos relativos a la misma materia o institución— encuentra su expresión culminante en el ordenamiento. Si, con uno u otro alcance, importa siempre el conjunto o el todo, que es un ordenamiento, fácilmente se comprende que en una labor de elaboración correctora de éste con el fin de superar las discrepancias —que fue la tarea llevada a cabo por la Comisión Mixta—, aunque materialmente se realizara de modo individual y separado, era indispensable tener en cuenta siempre las correlaciones dentro del sistema, de suerte que una determinada variación, localizada en un punto, podía producir irradiaciones en otros puntos. En virtud de ello era perfectamente posible que unos textos que fueran coherentes con el conjunto, una vez resuelta la discrepancia entre ellos, el texto resultante debería ser también coherentemente reconstituido.

Hoy están muy de moda las segundas o ulteriores lecturas. A veces se habla de segundas lecturas en términos metafóricos como modo de encontrar en un texto algo que antes no se había captado. La Comisión Mixta Congreso-Senado, realmente, efectuaba una séptima lectura correctora e integradora. No se trataba de inquirir otro significado de un mismo texto, sino de buscar una formulación superadora de las diferencias. Se debían de evitar las ya mostradas por los propios textos; pero era indispensable también evitar otras surgidas de la labor correctora encomendada. Por eso un nuevo texto derivado de la función integradora no era necesariamente una extralimitación. Hasta aquí llegaba la regla de la flexibilidad.

Cuestión distinta era la de si había una libertad más allá de la requerida por las exigencias de la integración y de la armonía. El hecho de que el acuerdo de la Comisión Mixta no tuviera el carácter de definitivo, ya que necesitaba de la ulterior aprobación por la mayoría absoluta de las dos Cámaras, permitía pensar: la Comisión se limitaba a formular una propuesta; si ésta era aceptada, la decisión no procedía de la Comisión, sino del Congreso y el Senado, y si ambas Cámaras aprobaban algo distinto de lo antes aprobado, libres y soberanas eran para hacerlo. Sin embargo, faltaba la completa equivalencia. Los anteriores textos eran el resultado de una acumulación de deliberaciones (Ponencia de la Comisión del Congreso, informe de esta sobre las enmiendas, debate en la Comisión, debate en el pleno del Congreso, debate en la Comisión del Senado actuando como Ponencia, debate en el pleno del Senado), mientras ahora sólo se trataba de una deliberación, con lo que el proceso formativo de la decisión era muy distinto. El propio principio democrático que aspira a la igualdad y al equilibrio en todas sus manifestaciones habría sido vulnerado. Claro es que si la Comisión Mixta Congreso-Senado en algún punto llevó a cabo su cometido hasta el límite de sus posibilidades o si ocasionalmente llegó a desbordarlo, la ulterior intervención de ambas Cámaras cumplía una función revalidatoria. Si esto permitió a la Comisión Mixta no actuar sujeta a unos criterios muy rígidos, que además debían excluirse por el carácter integrador del ordenamiento jurídico, no era sin embargo argumento válido para pensar que pudiera sentirse dueña del texto definitivo de la Constitución, siempre que luego mereciese la acogida de las Cámaras. Creo que lo expuesto aquí en términos un tanto teóricos refleja el buen sentido con que la Comisión se propuso actuar.

3. BREVE EVOCACIÓN DE LAS DELIBERACIONES

Conservo un grato recuerdo de aquellas deliberaciones que, como ya he dicho, se iniciaron en la mañana del día 16 de octubre de 1978 para terminar bien entrada la noche del 24.

Se utilizó un sistema de trabajo equiparable al de seminario. No se pronunciaron discursos ni se observaba un turno riguroso en el uso de la palabra. La interlocución era vivaz y fluida. En general, se desarrolló con rapidez. La lentitud que muchos imputaban a la elaboración de la Constitución ahora se imputaba a la Comisión Mixta. En algunos temas el debate había de ser necesariamente más detenido. Nunca llegó a producirse un estancamiento. Hubo momentos de tensión. Cuando parecía difícil el acuerdo, llegó a proponerse la votación; pero ésta era más bien un argumento dialéctico, porque la verdad es que en ningún caso llegó a votarse. Estábamos ante el que habría de ser el séptimo texto del Proyecto de Constitución. Los miembros de la Comisión Mixta conocían al detalle los puntos conflictivos, las intenciones y las tácticas parlamentarias. Detrás de algunas palabras había ya un cúmulo de debates. A veces se concedía a la palabra misma un valor simbólico. Al principio de las deliberaciones yo tenía a la vista las notas de la revisión técnica y estilística que facilité a la Comisión Constitucional del Senado, que en muy pocos casos las tuvo en cuenta. Suscité algunos de estos temas, ni siquiera los que desde mi punto de vista consideraba indispensables. La política primaba sobre todo en forma de convicción, de apasionamiento y hasta de recelo. Tras un alegato técnico se sospechaba la intencionalidad ideológica. Pensé que la deliberación en la Comisión serviría para llevar a cabo un repaso general del proyecto de Constitución en sus aspectos formales. No llegó a serlo, salvo en alguna pequeña parte. El «hecho» de la Constitución —hacerla con la participación de fuerzas políticas de signo distinto, tolerar y transigir— seguía superponiéndose hasta el último momento al logro de un «texto» depurado y elegante.

Había contado y he contado después, de diversas formas, las discrepancias (utilizada la palabra en el sentido más amplio que comprende cualquier falta de coincidencia) entre el texto del Congreso y el del Senado. Considerando las discrepancias en función de cada artículo (si sólo había en él una) o de un apartado o de un párrafo (en otros casos) creo que la cuenta arroja aproximadamente doscientas. Cuando la disparidad se resolvió mediante la opción por uno u otro texto, predominó el del Senado, como es perfectamente comprensible, ya que su tarea suponía una reconsideración dirigida muchas veces al aquilatamiento de las ideas y a su mejor expresión. En buen número de ocasiones se optó por la combinación de ambos textos y en algunas surgió un texto nuevo.

No se extendieron actas con el contenido circunstanciado de las deliberaciones. Las sesiones no fueron públicas. Se celebraron normalmente durante la mañana, la tarde y parte de la noche. Hubo dos días y medio de interrupción para que los parlamentarios de UCD asistieran al primer congreso de su partido. No creó ningún problema esta interrupción, a la que accedieron todos los miembros de la Comisión Mixta Congreso-Senado. Al terminar las reuniones, el Presidente daba cuenta a los periodistas de la marcha de los trabajos; tardó algunos días en facilitarles los textos a que se había llegado porque se iban dejando algunos puntos pendientes. Todos los miembros de la Comisión Mixta Congreso-Senado expresaron públicamente su satisfacción. Nadie podía apropiarse de la victoria. O no la hubo o fue compartida. El entendimiento de la política como la tensión amigo/enemigo estuvo, por fortuna, ausente.

Seguidamente expondré algunos de los puntos especialmente debatidos, sólo a título de ejemplo.

4. VICISITUDES DEL PREÁMBULO DE LA CONSTITUCIÓN

Todas las cuestiones constitucionales aparecen envueltas en el sortilegio de la supremacía, de la cúspide. Al jurista de la Codificación o de las leyes ordinarias le impresiona transitar por esta zona, la más elevada, del ordenamiento jurídico. Mirar hacia abajo le produce cierta sensación de vértigo. No está acostumbrado a las alturas. Y la verdad es que aquí, donde todo parece tocado por el don de lo sublime, también hay pequeñeces humanas y no siempre el cuadro de mayor rango es el más perfecto.

Mi experiencia en materia de preámbulos (o de exposiciones de motivos) era —¿era o es?— modesta. Naturalmente, nunca me había encontrado ante el preámbulo de una Constitución, salvo como lector. Alguna experiencia tenía, sólo que de inferior nivel. La he completado con motivo de la Constitución. Y no con mucha fortuna, como se verá. Por eso lo cuento. Si yo hubiera sido el autor del preámbulo de la Constitución, lo habría silenciado. Quizá tampoco hubiera abordado el tema si no fuese porque Raúl Morodo le ha dedicado un estudio, que titula *Proceso constituyente y nueva Constitución española: anotaciones al preámbulo constitucional*,[2] del que puede ser complemento lo que voy a decir.

Empezaré por referirme a mi experiencia. Con motivo de las tareas prelegislativas desarrolladas en la Comisión General de Codificación, he tenido ocasión de redactar algunas Exposiciones de Motivos de los Anteproyectos elaborados, que después se han mantenido en las leyes. Con el de una ley de importancia para el derecho civil ocurrió que en el texto propuesto por la Comisión que luego, como Proyecto de Ley del Gobierno, llegaría a las Cortes orgánicas, éstas introdujeron considerables alteraciones en el articulado, principalmente a iniciativa de un ilustre Catedrático de Derecho Civil, autor de un conocido libro sobre la materia objeto de la ley; pero tales alteraciones introducidas por las Cortes en el articulado no se reflejaron en la Exposición de Motivos, que se mantuvo como había sido redactada inicialmente, dándose lugar con ello a una falta de armonía.

Otra vez, interviniendo como letrado recurrente en un recurso de casación, me ocurrió algo muy curioso. Se debatía si era o no procedente determinada indemnización por la atribución al Estado de una pieza arqueológica de singular valor descubierta en un terreno propiedad de mi defendido, y la Audiencia Territorial, en su sentencia, resolvía muy expeditivamente la cuestión planteada, transcribiendo unas palabras de la que reputaba Exposición de Motivos de la Ley aplicable, donde se hacía abierta proclamación de que los bienes de esa naturaleza, producto de la historia y del tránsito de las generaciones, pertenecen a la comunidad, sin que, en consecuencia, procediera reconocer derecho alguno de propiedad privada ni la consiguiente indemnización; pero es el caso que cuando acudí a ver la Ley en su texto auténtico, el contenido en la *Gaceta de Madrid*, comprobé que carecía de Exposición de Motivos, que sólo había figurado en el Proyecto de Ley, donde estaban, en efecto, aquellas palabras recogidas por una conocida compilación legislativa como si figurasen en el texto de la Ley. En otra ocasión se me propuso promover un pleito en el que la duda sobre la validez o no de un acto jurídico venía provocada princi-

2. En *Boletín Informativo del Departamento de Derecho político*, UNED, Madrid, 1978, pp. 5 y ss.

palmente por la interpretación que hubiera de darse a un pasaje de la Exposición de Motivos de la Ley pertinente, y como yo había sido el autor de aquel texto entendí que no debía hacerme cargo del asunto como abogado.

Redacté el preámbulo que precede a la Reforma del Título preliminar del Código Civil (y lo digo porque ya ha sido revelado por otros), que tiene un sentido principalmente explicativo del significado de la regulación, y he podido comprobar que algunas frases, a mi juicio muy claras, se interpretan de modo diferente por autores que merecen entero crédito.

Los datos empíricos no son muy alentadores. Se comprende perfectamente que sea doctrina dominante la de no considerar los preámbulos —o cualquier exposición que preceda a la ley— como parte propiamente dicha de la misma, y que su utilización imponga las consiguientes cautelas. La diferencia entre el preámbulo, que cumple una función explicativa, y el contenido ordenador de la ley, cuyo cometido es normativo, se ha subrayado con la evolución sufrida por el lenguaje jurídico y el modo de entender la interpretación. El lenguaje jurídico es hoy eminentemente descriptivo/ prescriptivo. Es directo; enuncia reglas organizativas o de comportamiento; no tiende a persuadir, a convencer o conminar —como en otros tiempos sucedía—, sino a ordenar, a conferir facultades o imponer deberes. A su vez, la interpretación tiende a captar el sentido de las normas. Éstas son tal y como las muestra su sentido, que aparece objetivado en ellas, y no en la mente o en la voluntad del que las hizo, aunque sea problemática la determinación de ese sentido y no todos lo comprendamos lo mismo; pero el autor es anónimo, o bien, desaparece de escena, deja de ser un elemento de la norma. Por estas y otras razones, cuando en el análisis semiótico se marcan como pasos el preámbulo, el texto de la ley y la sentencia que la aplica, creo que hay un punto de partida muy débil, el preámbulo, que ni siquiera ocupa ese primer lugar en la cronología de la ley, ya que frecuentemente se elabora *a posteriori*.

El preámbulo en las Constituciones se aparta de los que pueden considerarse como criterios comunes o dominantes. No creo, sin embargo, que el preámbulo sea, como algún autor sostiene, el acto esencial de la decisión política encarnada por la Constitución, hasta el punto que tenga un valor superior al de los propios preceptos. Sí parece indispensable hacer mención explícita del sujeto constituyente y tal vez convenga, de manera compendiosa, señalar el fundamento básico de la obra constitucional. En un entendimiento democrático del poder, el preámbulo enuncia el mensaje que encarna el espíritu y refleja el propósito justificativo de la creación de un orden jurídico nuevo. Éste se nutre de normas, a veces necesariamente complejas, que requieren el concurso de la técnica para elaborarlas e incluso para comprenderlas. El preámbulo puede servir para acercar a todos, de manera sintética e insinuante, el fondo de las determinaciones normativas, su base histórica y sus ideales inspiradores. En la medida en que haya una distancia mayor entre la ideología y la legalidad precedentes y el nuevo orden constitucional, la pertinencia del preámbulo se acentúa. Cuestión distinta es la de que el preámbulo tenga carácter normativo como si se tratara de un precepto. En principio, el preámbulo en tanto no pretenda sobrepasar ese significado, aun cuando contribuya a la explicación de las normas, en sí mismo no es normativo. Las variedades que ofrecen las Constituciones impiden, sin embargo, mantener un criterio general. Como caso peculiar figura el de Francia. La Constitución de 1946, después de reafirmar en el preámbulo la Declaración de Derechos de 1789, hacía una exposición más completa y actualizada de los mismos, y la vigente Constitución de 1958, tras la fórmula de promulgación, dice: «El pueblo francés proclama solemnemente su adhesión a la Declaración de Derechos del Hombre y a los principios de la soberanía nacional tal como han sido definidos por la Declaración de 1789, confirmada y completada con el preámbulo de la Constitución de 1946.» Por consiguiente, un preámbulo de estos caracteres es necesariamente normativo, ya que, por remisión, introduce en él la parte dogmática de las Constituciones.

En contraste con ese criterio, numerosas Constituciones carecen de preámbulo, como las de Austria, Bélgica, Chipre, Dinamarca, Grecia, Islandia, Luxemburgo, Países Bajos y Rumania. La Constitución de Italia sólo contiene una fórmula de promulgación específicativa, por la que promulga el Jefe interino del Estado visto el acuerdo de la Asamblea Constituyente y vista la disposición final XVIII. El preámbulo de la Ley Fundamental de Bonn, muy solemne, por una parte, es una condena moral de la etapa política que condujo a la guerra, y por otra parte, es una declaración de intenciones y de fe en la paz del mundo, en la unidad nacional y en la Europa libre. El preámbulo de la Constitución de Portugal, no tan extenso, comparativamente, como el amplio texto dedicado a la ordenación jurídica, combina una referencia al significado del Movimiento de las Fuerzas Armadas con la proclamación del espíritu de la independencia y de la democracia. La Ley Constitucional de Finlandia se inicia con una introducción muy sobria referida a la exaltación de la independencia del país. La Constitución de la URSS comienza aludiendo al proceso histórico iniciado con la Revolución de Octubre, para seguir las ulteriores vicisitudes y explicar las bases esenciales de la sociedad socialista. En general, las Constituciones de los países socialistas siguen una tónica similar; así, la Constitución Alemana se inicia hablando del pueblo «como continuación de las tradiciones revolucionarias de la clase trabajadora alemana y apoyado en la liberación del fascismo». Las Constituciones de Albania, Bulgaria, Checoslovaquia, Hungría y Polonia contienen preámbulos más bien extensos que exaltan los correspondientes procesos revolucionarios. La más circunstanciada proclamación ideológica, probablemente, figura en la Constitución de Cuba. En cambio, la de Rumania, como ya hemos recordado, carece de preámbulo. La Constitución de Suiza comienza con una parca declaración de intenciones y la de Suecia con una fórmula solemne de declaración. En rigor, a los preámbulos constitucionales que hemos consultado difícilmente puede atribuírseles valor normativo directo, con la excepción ya señalada de la Constitución francesa, en la cual, más que un preámbulo normativo, lo que hay es el desplazamiento hacia el preámbulo y por vía de remisión de la parte dogmática de la Constitución.

Las Constituciones españolas anteriores a la de 1978 permiten una catalogación muy simple: las hay con preámbulos, todos breves, y sin ellos. A la primera clase pertenecen las Constituciones de 1812, 1837, 1845, 1869 y 1931. La Constitución de 1812 expresa el convencimiento de las Cortes generales y extraordinarias de que «las antiguas leyes fundamentales de la Monarquía, acompañadas de las oportunas providencias y precauciones, que aseguren de modo estable y permanente su entero cumplimiento, podrán llenar el grande objeto de promover la gloria, la prosperidad y el bien de la nación». La Constitución de 1837 se limita a presentarse como una revisión de la de 1812, y la de 1845 como modificación de la de 1837. La de 1869 contiene unas breves palabras, en parte recogidas al comienzo del preámbulo de la de 1978. La Constitución de 1931 se limitó a decir: «España, en uso de su soberanía, y representada por las Cortes Constituyentes, decreta y sanciona la presente Constitución.» El Estatuto Real de 1834, la Constitución no promulgada de 1856 y la Constitución de 1876 carecen de preámbulo, si bien ésta contiene una fórmula solemne de promulgación.

Con estos antecedentes podemos ya preguntarnos por la génesis y el significado del preámbulo que aparece en la Constitución de 1978. La Ponencia de la Comisión Constitucional del Congreso no redactó preámbulo alguno. Apareció por vez primera en la enmienda número 452 del Grupo Mixto, suscrita por los señores Tierno y Morodo y en la enmienda número 779 del Grupo de Unión de Centro Democrático.

El preámbulo propuesto por los señores Tierno y Morodo, en su redacción inicial, rectificado muy ligeramente por el señor Tierno *in voce*, era éste:

«El pueblo español, después de un largo período sin régimen constitucional, de negación de las libertades públicas y de desconocimiento de los derechos de las nacionalidades y regiones que configuran la unidad de España, proclama, en uso de su soberanía, la voluntad de:

»— Garantizar la convivencia democrática, dentro de la Constitución y de las leyes, conforme a un orden económico justo.

»— Consolidar un Estado de Derecho que asegure la independencia y relaciones entre los poderes del Estado.

»— Proteger a todos los ciudadanos y pueblos de España en el ejercicio de los derechos humanos, de sus culturas y tradiciones, lenguas e instituciones.

»— Establecer una sociedad democrática avanzada, y

»— Colaborar en el establecimiento de unas relaciones pacíficas con todos los pueblos de la tierra.

»Por consiguiente, los representantes del pueblo español ateniéndose al principio de la reconciliación nacional, reunidos en Cortes, aprueban la siguiente Constitución.»

El preámbulo procedente de la enmienda de Unión de Centro Democrático, decía: «La Nación española, una e indivisible, en ejercicio de su soberanía, ha adoptado mediante el referéndum de... la siguiente Constitución.»

Comparando uno y otro texto se observan las siguientes diferencias: el primero es un preámbulo propiamente dicho, de extensión media, mientras el segundo, muy lacónico, es poco más que una fórmula de promulgación; en el primero se menciona como sujeto constituyente, en dos ocasiones, al «pueblo español», en tanto en el segundo la función constituyente se atribuye a la «nación española», calificada de «una e indivisible», palabras éstas que, en relación con la «soberanía», son las únicas dotadas de una intencionalidad política; el primero ponía de relieve el carácter rupturista del cambio, al referirse a «un largo período sin régimen constitucional, de negación de las libertades públicas y de desconocimiento de los derechos de las nacionalidades y regiones que configuran la unidad de España...» para invocar después el «principio de la reconciliación nacional», mientras el segundo omitía toda referencia al pasado.

La Ponencia Constitucional, en el informe emitido, entendió que, al no haber redactado ella un preámbulo, no aceptaba las enmiendas, por lo que en el segundo texto ofrecido después del informe, el Anteproyecto de Constitución continuaba sin preámbulo.

Del debate en el Congreso surgió, con base en la enmienda mencionada, el texto que luego se transcribe.

Durante el debate del Proyecto de Constitución en el Senado se presentaron diversas enmiendas relativas al preámbulo. Según diría expresamente el Presidente de la Comisión de Constitución del Senado, don José Federico de Carvajal, la Mesa de la Comisión «recibió el encargo de ordenar las enmiendas de sistemática y de aceptar aquellas que, a su juicio, debieran incorporarse al dictamen». Entre tales enmiendas figuraban las concernientes al preámbulo, y el propio Presidente de la Comisión dijo que tales enmiendas no se habían admitido porque, de admitirlas, el texto habría resultado excesivamente largo, por lo que lo realizado —y sabemos que lo hizo personalmente el señor Carvajal— fue «compaginar el texto del Congreso con las enmiendas presentadas».

El texto del Congreso, después de varias depuraciones, quedó así:

«La Nación española, deseando establecer la justicia, la libertad y la seguridad y promover el bien de cuantos la integran, proclama en uso de su soberanía la voluntad de:

»— Garantizar la convivencia democrática dentro de la Constitución y de las leyes conforme a un orden económico y social justo.

»— Consolidar un Estado de Derecho que asegure la independencia y relaciones entre los poderes del Estado.

»— Proteger a todos los españoles y pueblos de España en el ejercicio de los derechos humanos, de sus culturas y tradiciones, lenguas e instituciones.

»— Establecer una sociedad democrática avanzada, y

»— Colaborar en el establecimiento de unas relaciones pacíficas y de eficaz cooperación con todos los pueblos de la Tierra.

»Por lo tanto, el pueblo español aprueba la siguiente:»

El texto del Senado era este otro:

«La Nación española, por medio de sus representantes democráticamente elegidos y en uso de su soberanía, proclama su deseo de establecer un Estado de Derecho que asegure la independencia y las relaciones entre todos los poderes y el sometimiento de éstos a la ley como emanación de la voluntad popular; de fomentar la libertad y la convivencia democrática de cuantos la integran dentro de la Constitución y de las leyes; de proteger el ejercicio de los derechos humanos, dentro de un orden económico y social justo, y de garantizar el respeto de las culturas, tradiciones, lenguas e instituciones de los Pueblos de España; de promover el progreso de la cultura y de la economía para asegurar una digna calidad de vida en una sociedad democrática avanzada y de colaborar con los Pueblos de la Tierra en el fortalecimiento de las relaciones pacíficas y de cooperación entre todos ellos.

»Para la consecución de estos fines, las Cortes aprueban y el Pueblo español ratifica la siguiente:»

Comparando el texto procedente del Congreso y el procedente del Senado se aprecia lo siguiente: ambos atribuyen la función constituyente a la «nación española» en ejercicio de su soberanía, si bien el texto del Congreso invoca la nación de modo directo, mientras el del Senado la considera actuando «por medio de sus representantes legítimos», con lo que subraya la faceta representativa de la democracia; uno y otro terminan refiriéndose a la intervención del pueblo, de manera que combinan los conceptos de nación y pueblo en orden a la soberanía, con la diferencia de que, según la redacción del Congreso, el pueblo «aprueba» y, según la redacción del Senado, «ratifica», expresión congruente con lo antes establecido acerca de la intervención de los representantes legítimos de la nación, que habían elaborado y aprobado la Constitución luego aprobada también, es decir ratificada, por el pueblo; siendo, en esencia, equivalentes las ideas resaltadas, el texto del Senado subraya la promoción del progreso de la cultura y de la economía para el logro de una digna calidad de vida. En ambos preámbulos desapareció la nota rupturista.

Aunque según la tesis de la prioridad del «hecho» de la Constitución respecto del «texto» no debía de concederse especial importancia precisamente al preámbulo, la verdad es que me sentí tentado y lo redacté. No estaba, sin embargo, muy decidido a hacer uso del mismo; pero el día 11 de octubre de 1978 el Senador de designación real, don José Luis Sampedro, Catedrático y escritor muy distinguido, me dirigía una carta sobre la conveniencia, con vistas a la próxima reunión de la Comisión Mixta, de preocuparse del preámbulo que, a su juicio, apenas había despertado interés. Éste era su pensamiento: «Debería lograrse un texto lapidario capaz de motivar el juicio positivo de los ciudadanos conscientes a la hora del referéndum, porque es claro que no van a analizar toda la Constitución. Debería servir también como base de comentarios sencillos en las escuelas y en los medios de difusión. Debería servir, en fin, para demostrar que la Constitución no es sólo (y ya es mucho) un texto jurídico, sino también una palanca motivadora y estimulante para la democracia.» Estas palabras (sobre-todo la idea del texto lapidario) eran al mismo tiempo una invitación y un freno. Cierto que un preámbulo de esa talla era deseable. ¿Cómo conseguirlo? Fui más audaz que temeroso y me decidí a dar cuenta a mis compañeros del preámbulo intentado. He aquí su texto:

«La Nación española, con ánimo de paz y reconciliación, por medio de sus representantes legítimos y como expresión de la voluntad y la soberanía del pueblo, proclama que la presente Constitución contiene las bases indispensables para unir a los españoles en una convivencia libre, democrática y socialmente progresiva, por cuanto:

»— establece un Estado de Derecho que asegura la independencia, las relaciones y los límites de todos los poderes, sometidos siempre a la ley;

»— patrocina un orden social y económico atenido en su conformación jurídica a los valores encarnados por la libertad, la justicia, la igualdad y el pluralismo político;

»— reconoce con plenitud, como atributos de la persona y deber del Estado, los derechos humanos, cuyo ejercicio garantiza;

»— cuida de la conservación y estimula el desarrollo de las culturas, tradiciones, instituciones y lenguas de los pueblos de España;

»— dispensa protección a la familia y afirma la participación de la juventud en la vida de la sociedad;

»— tutela y promueve la salud, el trabajo y la educación para la completa realización de la personalidad;

»— fomenta la investigación científica y técnica al servicio de los intereses generales;

»— propicia una digna calidad de vida en beneficio de los ciudadanos y del bien común,

»— y conduce al fortalecimiento de las relaciones con todos los pueblos de la tierra bajo los designios de la paz, la seguridad y la cooperación.

»En consecuencia, las Cortes aprueban y el pueblo ratifica la siguiente CONSTITUCIÓN.»

No hice entonces una defensa de la propia aportación, de la que no estaba ni estoy muy satisfecho. Pese a ello, creía que el ensayo de preámbulo redactado por mí tenía alguna justificación. El conato de un preámbulo rupturista se lo había llevado el *consensus*. Éste era un punto de partida obligado. Con todo, pensaba: ¿cómo invocar la paz exclusivamente hacia el exterior, es decir, en las relaciones internacionales? Parecía que si alguna palabra vinculaba a todos los españoles propicios a la Constitución, era la palabra paz; en ella y por ella estabamos elaborando la Constitución; y la paz no significaba un alto o una tregua en la lucha, ni el resultado de una victoria, sino una voluntad firme de reconciliación. Ni la paz ni la reconciliación evocaban necesariamente la ruptura; superada ésta o sin ahondar en ella, la nación española se mostraba «con ánimo de paz y reconciliación». Pero la nación es un hecho histórico y un símbolo cultural; por sí misma no actúa; significa; de ahí que considerase oportuno invocar a sus representantes legítimos para, inmediatamente, salir al encuentro de la soberanía del pueblo como expresión de su voluntad y, en definitiva, enlazar la nación y el pueblo; la nación adentrada siempre en la historia, definidora de los rasgos culturales del pueblo, y éste, protagonista humano y actual de la nación. De ese modo amplio se designaba el sujeto constituyente, comprendiendo la nación, necesariamente representada, y el pueblo, presente (ya que intervendría de modo directo en el referéndum) y representado (en las Cortes), por lo que, al final, se dice que «las Cortes aprueban y el pueblo ratifica la siguiente Constitución». Pensé que el giro «sociedad democrática avanzada» no resultaba suficientemente expresivo —y emotivo— para hacer referencia al nuevo ideal de vida, y por eso me pareció oportuno resaltar la idea, básica en la Constitución, de «unir a los españoles en una convivencia libre, democrática y socialmente progresiva». En las directrices o grandes líneas constitucionales (que en el texto del Congreso eran la convivencia democrática conforme a un orden económico y social justo, el Estado de Derecho, la protección de los españoles y los pueblos de España, la sociedad democrática avanzada y el establecimiento de unas relaciones pacíficas con todos los pueblos de la tierra) me parecía conveniente hacer algunas inclusiones y matizaciones, de manera que el preámbulo ofreciese una perspectiva, sintética pero algo más completa, de la Constitución. Un orden «económico y social justo», dice el preámbulo del Congreso —luego erigido en definitivo—; pero el orden, aparte de que, como categoría más general, consideraba preferible calificarle de social antes que de económico, pues aquél comprende a éste, y no a la inversa, es justo no por sí mismo, sino en tanto lo sea el ordenamiento jurídico que ha de realizar, conforme a la Constitución, el valor de la justicia, y también los valores de la libertad, la igualdad —expresión omitida en el preámbulo del Congreso— y el respeto al pluralismo político. De ahí la pertinencia de incluir en el preámbulo la referencia a todos los valores definitorios del sentido jurídico total del orden constituyente y constituido. Otro tanto puede decirse de los derechos humanos o fundamentales en cuanto atributo de la persona y deber del Estado. Pensaba que el preámbulo debería sacar a la superficie de lo esencial una institución básica como es la familia, una esperanza social como es la juventud, un bien de absoluta universalidad como la salud, y unos derechos y a la vez deberes, de imprescindible tutela en la democracia social, como la educación y el trabajo. ¿Cómo no referirse a la educación y el trabajo mediante los cuales se realiza la personalidad? Una alusión a la ciencia y a la técnica entendidas al servicio de los intereses generales, estaba asimismo justificada. Y también era digna de recuerdo la mejora en la calidad de la vida, que la Constitución, con novedad muy marcada, coloca entre el respeto a la naturaleza y la solidaridad colectiva, es decir, al servicio del bien común, concepto este último de tanto arraigo como principio de convivencia que merecía un puesto en la proclamación de intenciones del legislador constituyente.

Todo esto figura en aquel escrito que di a conocer a los miembros de la Comisión Mixta. Lo leyó un compañero. Fue amablemente acogido. Como había discrepancias —mejor sería decir diferencias— entre el texto del Congreso y el del Senado, legalmente procedía reconsiderarlos. Tuve alguna esperanza respecto de que mi intento representara una vía media o una tercera vía, pero pronto se desvaneció. Las diferencias entre los textos del Congreso y el Senado se podían resolver de un modo más simple, optando por uno de ellos, y así ocurrió. Se optó por el texto del Congreso.

¿Por qué fue preferido el preámbulo del Congreso? Se dieron algunas explicaciones que, comprensiblemente, se dirigían a mí de un modo especial. La redacción básica procedía de la enmienda suscrita por los señores Tierno y Morodo. Sobre aquélla había realizado otra el señor Fraga un día en que un grave atentado terrorista —así se dijo— llevó la tensión dolorosa al Parlamento. Las variaciones principales, casi las únicas, se localizaban en el párrafo introductorio y habían consistido en encabezar el preámbulo con la frase «La Nación española...» —que tanto satisfacía a un sector de las Cámaras, como preocupaba al señor Roca Junyent— y haber prescindido de la censura al anterior régimen, esto es, de la faceta rupturista. Se veía con agrado esa colaboración o concurrencia en la redacción y de nuevo se insistió en el respeto que merecía el señor Fraga, lamentando que determinadas circunstancias hubieran impedido su presencia en la Comisión Mixta. El señor Pérez-Llorca me llamó la atención acerca de que en el comienzo del preámbulo figuraban unas palabras, casi literalmente reproducidas, del breve preámbulo de la Constitución de 1869. En efecto, ésta, que también comienza con «La Nación española», dice seguidamente: «... deseando afianzar la justicia, la libertad y la seguridad, y promover al bien de cuantos viven en España», y el texto del Congreso dice: «La Nación española, deseando establecer la justicia, la libertad y la seguridad y promover el bien de cuantos la integran...» Al señor Pérez-Llorca le gustaban esas expresiones y veía con agrado el punto de apoyo histórico o simplemente que se reprodujeran. Yo me di por satisfecho. Únicamente propuse dos pequeñas correcciones que se aceptaron. En el texto del Congreso se decía: «*establecer* la justicia», «*establecer* una sociedad democrática avanzada» y «colaborar en el *establecimiento* de unas relaciones pacíficas». Me parecía excesivo el uso de «establecer» y propuse que en la última utilización, muy próxima a la inmediatamente anterior, se sustituyera «establecimiento» por «fortalecimiento», y así se acordó. Como también estimaba que era preferible mencionar a las Cortes —a las que se omitía toda referencia— en la función de aprobar la Constitución para luego añadir «y el pueblo ratifica». Aceptadas ambas variaciones, así se llegó al texto del que se convertiría en definitivo preámbulo de la Constitución.

5. DEL «CASTELLANO» AL CASTELLANO COMO «LA LENGUA ESPAÑOLA», PASANDO POR EL «CASTELLANO O ESPAÑOL»

Los artículos 1 y 2 del Proyecto de Constitución, que afectan a materias tan esenciales como el Estado y su forma política, la soberanía nacional y el significado de la nación española no plantearon de modo directo ninguna cuestión a la Comisión Mixta, porque el Senado no introdujo variación alguna en los textos del Congreso. El primer punto de debate iba a ofrecerlo el artículo 3 relativo al idioma. ¿Debía decirse «castellano o español», con lo que la conjunción «o» marcaría una sinonimia, o bien, era mejor optar por una de las dos denominaciones?

He ahí la cuestión enunciada en los términos más amplios. El texto procedente del Congreso, tras detenidas deliberaciones, decía: «El castellano es la lengua oficial del Estado. Todos los españoles tienen el deber de conocerlo y el derecho a usarlo. Las demás lenguas de España serán también oficiales en las Comunidades Autónomas de acuerdo con sus respectivos Estatutos» (Prescindo del apartado 3 por haber coincidencia). El texto del Senado era discrepante en el apartado 1 y sólo mínimamente diferente en el 2. Decía: «1. *El castellano o español* es la lengua oficial del Estado. Todos los españoles tienen el deber de conocer*la* y el derecho a usar*la*. 2. Las demás lenguas de España serán también oficiales en las *respectivas* Comunidades Autónomas de acuerdo con sus Estatutos.» Discrepancia propiamente dicha o de fondo sólo se daba una: el término «castellano», como denominación de la lengua oficial del Estado, era sustituido por los términos «castellano o español». Mera diferencia debía considerarse que el Congreso mantuviera el masculino castellano como sujeto de la oración siguiente y por eso aludía al deber de «conocer*lo*» y al derecho a «usar*lo*», mientras el Senado consideraba como sujeto la lengua y por eso hablaba de «conocer*la*» y «usar*la*». También era simple diferencia el cambio de género de un término («respectivas» por «respectivos») derivado de que en la redacción del Congreso regía con «Estatutos» («respectivos Estatutos») y en la del Senado con «Comunidades» («respectivas Comunidades»).

Eso era todo y no era poco. Llovía sobre mojado. En orden a este tema se seguían casi los mismos pasos que en 1931. Entonces don Miguel de Unamuno y don José Ortega y Gasset —tantas veces enfrentados en su modo de entender lo español— compartieron la misma tesis y apoyaron una enmienda del señor Ovejero dirigida a que la Constitución dijese «lengua castellana o española». El señor Alomar se mostró contrario al criterio de la equiparación del español al castellano por considerarlo separatista, ya que tan españolas como la castellana son la lengua catalana y la galaicoportuguesa. Recordando aquel debate, el profesor Pérez Serrano, Letrado a la sazón de las Cortes, escribe: «No cabe silenciar la oración entrañable y cordial que pronunció don Miguel de Unamuno, en cuyo sentir el español es algo más que el castellano: es un idioma que vamos creando, con ámbito imperial, mediante un proceso que, eso sí, es verdaderamente integrador.» [3] No lograron el éxito tan autorizados defensores de la lengua «castellana o española». El artículo 4, párrafo 1.º de la Constitución de 1931, dijo muy escuetamente: «El castellano es el idioma oficial de la República», dejando a salvo «los derechos que las leyes del Estado reconozcan a las lenguas de las provincias o regiones». Durante el debate ante la Comisión del Senado de la que habría de ser (llegando un poco en el último tren) la Constitución de 1978, el senador de designación real, don Camilo José Cela, excepcional escritor y aguerrido enmendante, logró que prosperase en la Comisión una enmienda patrocinadora de «el castellano o español», también acogida por el Pleno, y así surgió la discrepancia entre ambas Cámaras.

En 1978, como en 1931, la Real Academia Española de la Lengua expuso y argumentó su docto parecer favorable a la que podríamos denominar tesis españolista. Los académicos don Alonso Zamora Vicente (Secretario perpetuo de la Corporación) y don Luis Rosales visitaron al Presidente de las Cortes para entregarle un escrito, fechado el 16 de junio de 1978 y firmado por el Director, don Dámaso Alonso, y el Secretario. He aquí el contenido inicial y

---

3. Cfr. Pérez Serrano, *La Constitución española*, cit., pp. 69 y ss.

esencial de aquel escrito, registrado de entrada en las Cortes el mismo día de su entrega con el número 819:

«Excmo. Sr.: La Real Academia Española tiene el honor de dirigirse a V. E. para elevar a las Cortes Españolas el ruego de que, en el artículo 3, título I, del proyecto de Constitución aprobado por la Comisión correspondiente, se añada tras el punto final: "Entre todas las lenguas de España, el castellano recibe la denominación de *español* o *lengua española*, como idioma común a toda la Nación."» La Real Academia fundaba su petición en unas consideraciones a las que luego me referiré.

Con los antecedentes expuestos, el *dubium* quedaba centrado estrictamente en si debía decirse sólo «castellano», o bien, «castellano o español», con referencia al idioma, o tal vez «castellana o española», con relación a la lengua. En cualquier caso, el uso únicamente de «español» o «española» parecía descartado. Frente a una exclusividad terminológica, ganaba terreno la dualidad, partiendo de que castellano equivale a español o a lengua española.

La verdad es que me había sentido atraído por el tema antes de reunirse la Comisión Mixta. El lenguaje es la creación social por excelencia en el doble sentido de que no permite la individualidad ni el estricto racionalismo. Dejando aparte los llamados lenguajes artificiales, mucho más pobres que los naturales, aunque sean más precisos para el desarrollo del razonamiento lógico-matemático, toda lengua emana de agregados humanos diferenciados, si bien puede luego extenderse por su idoneidad para la adaptación o por otras razones más allá de su demarcación originaria. Mis preocupaciones eran muy amplias, aunque no lo fueran tanto los conocimientos con que me acercaba a ellas; las había de diversas clases: políticas, jurídicas, históricas, culturales y lingüísticas; lingüísticas no sólo en cuanto al fondo, sino también en la forma, en la construcción gramatical de los preceptos en conflicto.

Preferir «idioma castellano» o «lengua castellana» a «castellano o español» o a «lengua española» era un problema en el que la decisión última habría de ser eminentemente política. Para elaborarla contarían otros factores; el puro arbitrarismo político no podía erigirse en la única respuesta válida; mas pensar que la política, con todo lo que tiene de emocional, irracional y contingente, juntamente con lo que tiene también de racionalización, iba a someterse, sin ninguna aportación por su parte, a la certeza histórica o a la razón teórica, no era previsible. En el universo político abundan los símbolos y todavía perduran los mitos. Ocurre así incluso en la democracia, que es el sistema más perfeccionado. Hay que acostumbrarse a ver derrotada la que nos parece la razón. Esto es indiscutiblemente la democracia. El juicio político es, en parte, de hecho, valorativo y utópico; todo menos apodíctico. No se desenvuelve, como la proposición lógica, entre lo verdadero y lo falso en términos absolutos. Hay, ciertamente, aspiraciones a la verdad, pero ideologizadas. Por todo ello la decisión política acerca del término o los términos a utilizar se me presentaba como incierta y hasta enigmática. La prueba estaba en lo ocurrido en una y otra Cámara. Yo podía contribuir a formar esa decisión. No me era posible —obvio es decirlo— imponerla. Por eso cuando reflexionaba en el despacho o en casa me encontraba demasiado solo incluso para opinar. Sentía la necesidad de la coparticipación, del diálogo. Quizá era en exceso fiel a la negación de la pura individualidad que supone el lenguaje. Pero con toda sinceridad así lo entendía. No por ello adoptaba una actitud de indiferencia o asepsia. Si el producto cultural colectivo que es el lenguaje me atrae, el periplo histórico del castellano o el español, sobre todo en América, me conmueve. Mientras el latín se diversificó en lenguas derivadas y sólo subsiste como lengua culta —de la teología, de la filosofía o del derecho—, el castellano, tras haberse irradiado a la España peninsular y a la isleña, sin romperse, conservando una sustancial unidad, se distiende hasta hacerse «hispanoamericano». Ateniéndonos a la descripción geográfica e histórica, éste sería el nombre de una lengua a la vez materna, literaria y científica. Si hay una literatura hispanoamericana —junto a la española o ambas fundidas— ¿por qué no llamar hispanoamericana a la propia lengua común? La literatura que se elabora con una lengua, partiendo de ella, la enriquece. Sus frutos perdurables, entregados al acervo colectivo, los deposita en la lengua misma. A ella van también los múltiples usos coloquiales, campesinos, urbanos y suburbanos, aquellos en los que sin conciencia del significado del lenguaje, viéndolo con la misma naturalidad que vemos la luz, nos sirve de comunicación y encuentro con los otros. Si se llama hispanoamericana a la creación literaria, al uso culto o artístico de la lengua ¿por qué no llamar también así a la propia lengua que está en constante proceso de gradual mantenimiento y transformación, de transformación conservadora y creadora?

Estas y otras incitaciones intelectuales y sentimentales —que de todo había en ellas— no estaban ausentes de la vivencia del problema; lo agrandaban; pero por sí solas no podían resolverlo. Era preciso pensar también que una decisión política no es obra de cualquier iniciativa personal. Resultaba obligado tener en cuenta otros criterios que, ponderando factores distintos o en virtud de visiones de signo diferente, podían ser discrepantes. En razón de todo ello dejé pendiente y en mí el núcleo del problema para entregarme a reflexiones sobre algunos aspectos relacionados con el mismo, también de interés, si bien no de tanta trascendencia.

En algún aspecto los textos redactados por el Congreso y el Senado me parecían mejorables. En los términos «el castellano» y «el castellano o español» —comienzo de uno y otro texto— hay una elipsis, pues lo dicho o escrito obliga a presuponer mentalmente que se está hablando del idioma, con lo cual ocurre también que utilizándose «castellano» y «español» con función de sustantivo, en la lectura mental por la que se introduce el significante textualmente omitido, con su significado correspondiente, esos términos pasan a desempeñar la función de adjetivos. El sujeto gramatical completo sería «el idioma castellano» o «el idioma castellano o español». No voy a decir que la elipsis sea incorrecta, pero sí que podía evitarse fácilmente, diciendo de un modo más directo, sin doble lectura: «El idioma castellano es el oficial del Estado» o «El idioma castellano o español es el oficial del Estado». O como dijo la Constitución de 1931: «El castellano es el idioma oficial de la República» (no estoy haciendo ahora estimaciones políticas ni jurídicas, sino estrictamente gramaticales y, en concreto, sintácticas). A la elipsis le acompaña cierta perífrasis con alguna redundancia y otras cosas. Como falta el término «idioma» se acude a decir que «es la lengua oficial del Estado». Si los términos «idioma» o «lengua» son equiparables en el uso que aquí se hace de ellos, bastaba con la utilización expresa de uno en vez de remitirse implícitamente a «idioma», para luego decir expresamente que es «la lengua».

Por lo tanto, se superponen respecto del mismo referente dos denominaciones: la implícita de idioma y la expresa de lengua. El paso de «el castellano» o «el castellano español», en masculino, al femenino lengua no es muy elegante. Habría sido más sencillo decir: «La lengua castellana es la oficial del Estado» (siguiendo el criterio del Congreso) o «La lengua castellana o española es la oficial del Estado» (siguiendo el criterio del Senado). Mi pensamiento, en definitiva, era optar por uno de los términos: o convertir en término expreso el implícito «idioma» y servirse sólo de él, o bien, optar por el término lengua y servirse sólo de él. Advertía en la misma línea argumental que en el apartado 2 del artículo 3 se opera sólo con lenguas («las demás lenguas»). ¿Por qué entonces no hacer lo mismo en el apartado 1 con lo que habría coherencia? Precisamente la discrepancia entre ambos textos (ap. 1), al hablar uno del «deber de conocer*lo* y el derecho de usar*lo*» y otra de «conocer*la*» y «usar*la*», procedía de que en el texto del Congreso —creo que más correctamente— se mantenía como sujeto «el castellano» (con el implícito «idioma»), y de ahí el masculino, mientras en el texto del Senado se acudía al predicado —«es la lengua»—, y de ahí el femenino.

Por razones ya no sólo gramaticales entendía que la condición de españolas de las demás lenguas no estaba suficientemente puesta de manifiesto con decir «las demás lenguas de España». Si son de España serán españolas. Sin embargo, más lejos o más al fondo que la función atributiva de la preposición «de», llega el calificativo «españolas». No me ofrecía dudas que así deberían ser designadas: «las demás lenguas españolas...». Quizá sea un problema de connotaciones. De utilizar las expresiones «castellano o español» o «castellana o española» la diferencia quedaría reducida a que la lengua castellana se reputa, por antonomasia, española; pero las demás lenguas que se hablan en España son también españolas. Todas las lenguas tendrían, junto a su significado específico, el común de ser españolas. Yo había pensado en un posible texto que dijera «1. La lengua castellana o española es la oficial del Estado... 2. Las demás lenguas españolas...»

En cuanto al emplazamiento de «respectivos» o «respectivas», rigiendo con «Estatutos» (según la redacción del Congreso) o con «Comunidades Autónomas» (según la redacción del Senado), me inclinaba por el texto del Congreso, ya que no todas las Comunidades tienen una lengua propia, y diciendo que las demás lenguas serían oficiales en las «respectivas Comunidades» se aludía a todas, en tanto que, refiriéndose a los «respectivos Estatutos», todo dependería de que éstos lo establecieran en el caso de que así procediera, sin presuponer que, en general, las Comunidades tuvieran una lengua propia o distinta.

He ahí unas reflexiones personales previas a la reunión de la Comisión Mixta. Por la discrepancia entre el Congreso y el Senado y también por la repercusión del problema fuera del Parlamento, así como por su transfondo político, era fácil vaticinar que resultaría polémica.

Las tesis que en la Comisión Mixta se sustentaron fueron: volver al texto del Congreso, es decir, referirse exclusivamente al castellano como lengua oficial del Estado sin otras matizaciones; mantener el texto del Senado; hablar de «Estado español» en cualquiera de las hipótesis; o elaborar un nuevo texto que dijera: «1. El castellano es la lengua española oficial del Estado... 2. Las demás lenguas españolas...»

Prosperó la última tesis. Tuvo un proponente, aunque fuese meditadamente analizada por todos. Fácil es suponer que, en la deliberación, los más sensibles al significado profundo de las autonomías patrocinaban que se designara exclusivamente como castellano al idioma oficial. Las lenguas de las Comunidades, a su juicio, debían considerarse tan españolas como la castellana, aunque ésta tuviese el carácter de oficial en el Estado. Además, el tema se relacionaba con el de la «nación española». El artículo 2 proclamaba su unidad y el preámbulo comenzaba: «La nación española...» Que, mediante acuerdo, el preámbulo comenzase así supuso una concesión importante, por lo que, desde el punto de vista propicio al unitarismo, había de procederse con cierta comprensión en lo relativo al idioma. La deliberación quedó centrada sobre el núcleo del problema. En lo demás, se mantuvo el texto del Senado; creo que la decisión, en los aspectos secundarios, no fue tan detenidamente analizada. Como se había alterado el texto del Senado en dos puntos, en el resto se mantuvo, más como homenaje a la procedencia del texto que como convencimiento de que fuese mejor.

Cuando se dio a conocer a través de los medios de comunicación lo resuelto por la Comisión Mixta tendió a considerarse, por vía de simplificación, como una victoria del término «castellano» y una derrota del término «español», o lo que es lo mismo, como el retorno a la tesis del Congreso, que en el Senado había sido corregida en virtud de la enmienda del senador señor Cela. Algunos académicos se mostraron disconformes. Puesto que lo resuelto por la Comisión Mixta, tras su aprobación por el Congreso y el Senado, se convirtió en la norma constitucional vigente, haré algunas consideraciones en torno al texto definitivo con dos propósitos fundamentales: que no supuso el retorno al texto del Congreso y que no se adoptó una decisión desconocedora de lo sustentado por la Real Academia Española y antagónica con lo sustentado por ella, aunque no fuera recogido plenamente su criterio. En efecto:

1.º Según la redacción del Congreso, del castellano (sobreentendiendo idioma) se predicaba exclusivamente que era la «lengua oficial del Estado», mientras la Comisión Mixta le calificó de «lengua española», así como también calificó de «españolas» a las demás lenguas. Las diferencias son ostensibles como para ir a la simplificación de que la Comisión Mixta volvió a la fórmula del Congreso. Más distante está, creo, la redacción utilizada de la del Congreso que de la procedente del Senado. Ni una ni otra se acogieron literalmente. Pero hay mayor diferencia entre el que habría de ser el último y definitivo texto con el texto del Congreso que con el del Senado, porque aquél, y no el de la Comisión Mixta, sólo utilizaba la denominación «castellano».

2.º En la propuesta o sugerencia de la Real Academia, donde

ella condensaba la que, a su juicio, debía ser norma constitucional, se proponía que «el castellano recibe la denominación de *español* o *lengua española*». Por tanto, no propugnaba, en términos estrictos, que hubiera de decirse, como dijo el Senado, «castellano o español», sino que la denominación correspondiente al castellano podía ser indistintamente la de «español» o «lengua española». Parece que aceptaba de manera alternativa el uso como equivalentes de ambos modos de designar al castellano. Utilizando uno, comprensiblemente, no se utilizaría otro, y si la Comisión Mixta dijo del castellano (como ahora recoge la Constitución) que «es la lengua española oficial del Estado», se escogió una de las dos expresiones consideradas indistintamente como posibles. Hubo, sin duda, un acercamiento a la propuesta de la Academia; se utilizó una de las dos expresiones con que, según ella, correspondía designar o denominar al castellano.

3.º El escrito de la Academia, en justificación de la propuesta inicial, formulaba determinadas consideraciones. En la primera, después de resaltar que, conforme a su criterio, todas las lenguas que se hablan en España «son lenguas españolas» —y así lo expresa también la Constitución—, advertía: «Sin embargo, y puesto que se reconoce que la lengua castellana será oficial en todo el territorio de la nación y servirá de instrumento de comunicación para todos los ciudadanos españoles, parece que sea denominada *lengua española* por antonomasia.» Se insistía, pues, precisamente, en la denominación «lengua española», que ha sido la utilizada. ¿La denominación es por antonomasia en la fórmula de la Comisión Mixta convertida en norma constitucional? Este tipo de denominación tiene, claro es, sus matices. Establece una equivalencia. En este caso sería: castellano es igual a lengua española. La equivalencia o igualdad está patente si se observa la diferencia que hay entre decir «el castellano es la lengua española» (ap. 1) y decir «las demás lenguas españolas (ap. 2). Con ello quiere significarse que el castellano es algo más que una de las lenguas españolas; es «la» lengua española, enunciada como tal, de modo preferente, sin integrarla simplemente, como un elemento, en el conjunto de las lenguas españolas. En primer término está «la» lengua española, que es el castellano, y después, «las demás» lenguas, también españolas, equiparadas entre sí, pero tratadas, gramaticalmente, de modo distinto a como se enuncia la lengua española que es, por antonomasia, el castellano. Esa diferencia de intensidad viene reforzada con una diferencia en la extensión, porque el castellano es la lengua española «oficial del Estado» —es decir, lo comprende totalmente—, en tanto las demás lenguas son oficiales en las respectivas Comunidades autónomas, esto es, en determinadas partes del territorio del Estado. Junto a la diferencia en la extensión aparecen otras dos diferencias en la cualidad: el castellano es la lengua española oficial del Estado conforme a una norma constitucional directa, mientras las demás lenguas serán oficiales conforme a lo establecido en los Estatutos de las Comunidades autónomas; y todos los españoles tienen el deber de conocer y el derecho de usar el castellano en cuanto lengua oficial del Estado, en tanto nada establece la Constitución sobre el derecho y el deber de usar las demás lenguas, para lo que habrá de estarse a lo dispuesto en los Estatutos, si bien se proclama constitucionalmente el respeto y la protección de las distintas modalidades lingüísticas.

4.º Las restantes consideraciones del escrito de la Real Academia Española estaban dedicadas a poner de relieve las razones principales de la denominación propuesta, resaltando las siguientes: que se trata de un idioma compartido por España con numerosas naciones americanas, en las que, tras la inclinación a favorecer, a raíz de la independencia, la denominación «*lengua castellana...* existe hoy una preferencia generalizada por [la] *de español* y *lengua española*»; que la Constitución debía reconocer el hecho evidente de que «en el uso y en el sentimiento de la mayoría de los españoles, el nombre de su idioma común es el de *español (o lengua española)*, usadas en perfecta sinonimia con el de *castellano (o lengua castellana)*»; que estos términos «son los normales para designar internacionalmente el idioma común de nuestro país»; que los lingüistas sólo emplean el término *castellano* en sus trabajos «cuando se refieren a fenómenos específicos de la lengua de Castilla»; que «designar exclusivamente como *castellano* el idioma común a España e Hispanoamérica implica reducir abusivamente la realidad que *español* y *lengua española* significan», por cuanto el castellano originario «fue transformándose y enriqueciéndose paulatinamente con multitud de elementos no castellanos: árabes, vascos, catalanes, aragoneses, leoneses, gallegos, canarios y, muy en especial, hispanoamericanos»; y, en fin, que de no proceder así, «los departamentos universitarios españoles y extranjeros denominados de *Lengua española*, habrían de pasar a llamarse de *Lengua castellana*».

El escrito de la Real Academia Española fue elaborado cuando en el Proyecto de Constitución figuraba exclusivamente el término «castellano». Todas las argumentaciones van dirigidas no a la eliminación de este término, sino a la necesidad de introducir también los de «español» o «lengua española». En todo momento el escrito menciona como equivalentes o indistintas estas dos denominaciones. Al mismo tiempo que la sinonimia «castellano/espa-

ñol», se mantiene también la sinonimia «español/lengua española».
¿Qué ha hecho la Constitución a partir de la modificación llevada
a cabo por la Comisión Mixta? Apartarse del empleo exclusivo
del término «castellano» (texto del Congreso) y sustituir la expresión «el castellano o español...» (texto del Senado) por la de «el
castellano es la lengua española». Luego el precepto constitucional
da entrada a la «lengua española...», denominación reputada siempre por la Real Academia como equivalente a la de «español».
Había de usarse la una o la otra; no las dos. Y así se hizo. Luego,
en esencia, fue tenida en cuenta y se recogió, en lo sustancial, la
recomendación de la Real Academia».

5.º No obstante, pueden formularse dos preguntas.

¿Sólo hay sinonimia cuando se dice «castellano o español» y
no cuando se dice «el castellano es la lengua española...»? No me
considero en condiciones de elaborar una respuesta suficientemente fundamentada, si bien haré alguna reflexión. Pienso que
quizá la enunciación sintáctica más propia —sin duda la más sintáctica— de una sinonimia consiste en articularla colocando entre
los dos términos una «o» con valor de equiparación y no disyunción como en el caso que examinamos: «castellano o español»,
«lengua castellana o lengua española». Considero, sin embargo, que
cuando se dice «el castellano es la lengua española...», si bien no se
utiliza la fórmula más propia o simple de enunciar una sinonimia,
sí se tiene en cuenta o se presupone la sinonimia para, sobre esa
base, enunciar una definición. Así ocurre con el precepto constitucional. ¿Y qué es una definición? Ferrater Mora registra como uno
de los significados principales de la definición real, el siguiente:
«una igualdad en la cual el *definendum* y el *definens* no se leen del
mismo modo».[4] Consiguientemente, «castellano» y «lengua española» no se leen del mismo modo, pero hay entre los términos
utilizados una igualdad que, al menos lógicamente, responde a una
sinonimia. Todavía va a decirnos más claro esto Ferrater Mora,
respecto de la definición nominal y de la verbal (referidas a nombres y no a cosas). Según algunos autores, la definición nominal
y la verbal son lo mismo, en tanto que, para otros, «mientras la
definición nominal es una operación en la cual una expresión es
abreviada por otra, en la definición verbal no hay necesariamente
abreviatura, sino *sinonimia* entre dos expresiones cuyos significados son conocidos».[5] La sinonimia representada por la definición
verbal se da en la fórmula utilizada. Entre ambas expresiones
hay igualdad y sus significados nos son conocidos. Existe una

4. Cfr. Ferrater Mora, *Diccionario de Filosofía*, ed. cit., voz «definición».
5. Ob. y loc. cits. El subrayado es nuestro.

circularidad, de manera que lo mismo podemos ir de «castellano» a «español» que de «lengua castellana» a «lengua española», y a la inversa, con lo que el *definendum* y el *definens* son recíprocamente intercambiables.

La otra pregunta a hacernos es la de si la Real Academia Española, en su escrito, subordinaba la sinonimia a que hubiera de decirse «castellano o español». Contestaré: afirmaba la idea o el concepto de sinonimia, mas no la subordinación exclusivamente a esa fórmula o modo de expresarla. Lo que la Academia encarecía en la parte de su escrito dedicada a proponer la norma era que el precepto constitucional dijese: «el castellano recibe la denominación de *español* o *lengua española*.» La fórmula es definitoria, perfectamente equiparable a la empleada por la Constitución al decir que «el castellano es la lengua española». Hay, pues, considerable similitud, si no identidad, entre la propuesta razonada de la Academia y el precepto constitucional.

6.º La idea de que, «entre todas las lenguas de España», la castellana, equiparada a la española, tiene un alcance general, aunque no se utilicen los términos literales recogidos en la anterior frase entrecomillada ni se designe al español como «idioma común de la nación», también está recogida. Se marca muy claramente la diferencia entre el castellano, considerado como «la lengua española oficial del Estado» y las «demás lenguas españolas», que con un ámbito territorial menor, sólo son oficiales en las respectivas Comunidades Autónomas. Lo que le corresponde establecer normativamente a la Constitución no es que el castellano, en cuanto español o lengua española, sea el idioma común de la nación, sino atribuirle el carácter de idioma o lengua oficial del Estado. Que sea ésta la lengua oficial en todo el territorio del Estado, procede de que es, en efecto, la de uso más generalizado o común en toda la nación; la Constitución, partiendo de un dato histórico-social, obtiene una consecuencia jurídica; pero es la consecuencia jurídica, la general oficialidad de una lengua, lo que, en cuanto norma fundamental del Estado, le incumbe establecer. Todo ello aparte de que, en nuestro orden jurídico, la palabra común no equivale a general, ya que en el ámbito del derecho civil, el derecho común no rige en todo el territorio del Estado, donde también existen derechos forales o especiales. Luego mientras se atribuye muy claramente una completa generalidad a la lengua española diciendo que es la oficial del Estado, no ocurriría esto mismo con igual claridad diciendo que es la lengua común de toda la nación, porque el Código Civil es el derecho *común* de toda la nación, mas no *todo* el derecho civil de la nación ni del Estado.

7.º Como argumento último, la Real Academia mostraba la preocupación de que los Departamentos universitarios de *Lengua española* pasaran a llamarse de *Lengua Castellana*.

No creo que por definir la Constitución el castellano como lengua española vaya a provocar esa alteración que, ciertamente, sería grave. Para los Departamentos de las Universidades extranjeras hay la elemental razón jurídica de la falta de fuerza vinculante de la norma constitucional. Respecto de todos, debe tenerse en cuenta que colocar en la posición de definido al «castellano», del cual se dice que es la «lengua española», no significa imponer el uso de la primera expresión ni tampoco reprobar el de la segunda. Por lo tanto, no es inconstitucional que subsistan las denominaciones, ni constitucional que hayan de reemplazarse por las de lengua castellana. Tampoco impedirá la Constitución que se sigan estudiando todos los elementos ajenos a Castilla que han penetrado en la lengua castellana para hacer de ella una lengua española e hispanoamericana.

6. EL DERECHO A CONTRAER MATRIMONIO

El tratamiento a que sometió la Comisión Mixta el artículo 32, relativo al matrimonio, puede recordarse como ejemplo de combinación o refundición de dos textos discrepantes, con alguna modificación añadida a ambos, pero con respeto sustancial a su contenido ordenador. Según la redacción del Congreso, el apartado 1 decía lo siguiente: «A partir de la edad núbil, el hombre y la mujer, en plena igualdad de derechos y deberes, podrán contraer matrimonio.» En la deliberación ante la Comisión de Constitución del Senado, en virtud de una enmienda del señor Cela, que dio lugar a diversas intervenciones, el texto fue alterado en términos que el Pleno del Senado mantuvo, con lo que el texto de éste, discrepante del aprobado por el Congreso, pasó a ser el siguiente: «El hombre y la mujer, a partir de la edad *fijada por la ley, tienen derecho a contraer matrimonio, basado en la igualdad jurídica de los cónyuges.*» En principio, parecía preferible el texto del Senado. La «edad núbil» es una expresión tradicional, pero técnica, que la reemplazaba con ventaja para la claridad «la edad fijada por la ley». También era preferible decir «tienen derecho», pues de reconocer un derecho se trataba, en lugar de servirse del genérico «podrán contraer matrimonio», que sólo suponía una facultad o una permisión.

Mas no se resolvió todo dando por vencedor al Senado. Había otros problemas que parecía oportuno ponderar sin incurrir en reprobables extralimitaciones. Una cosa es reconocer un derecho y otra regular su ejercicio. El hombre y la mujer tienen derecho a contraer matrimonio desde que existen, desde que por el nacimiento son personas y tienen capacidad jurídica. Ésta debería ser la norma constitucional directa. Por tanto, podía prescindirse, en el apartado 1, de la «edad núbil» y de la «edad fijada por la ley», porque la edad es un requisito que no concierne a la atribución del derecho, sino a su ejercicio; es tema, por tanto, de la capacidad de obrar, de la actuación del derecho. Y todo lo relativo al ejercicio convenía llevarlo al apartado 2. Por eso el apartado 1, mucho más sobrio, quedó limitado a decir: «El hombre y la mujer tienen derecho a contraer matrimonio con plena igualdad jurídica.» El apartado 2 del Congreso y del Senado eran coincidentes: «La ley regulará las formas del matrimonio, los derechos y deberes de los cónyuges, las causas de disolución y separación y sus efectos.» No existía diferencia alguna. De haber operado la Comisión Congreso-Senado con un criterio rigorista, convirtiendo cada precepto en un compartimiento estanco, no debería haber tocado el apartado 2 del artículo 32 donde no había discrepancia alguna. Pero entonces no habría cumplido con su deber. Porque es evidente que el requisito de la edad no condiciona el derecho a contraer matrimonio, sino el tiempo de su ejercicio. Por otra parte, lo concerniente al ejercicio no debía tener el rango de una norma constitucional directa como la atributiva del derecho. A la ley remitían ambas fórmulas las normas relativas a la celebración del matrimonio, los deberes y derechos de los cónyuges, las causas de separación y disolución y sus efectos, materia del apartado 2. Luego ese mismo lugar y tratamiento correspondían al requisito de la edad. Pero no basta tener una edad para contraer válidamente matrimonio; se requiere la capacidad de obrar. El que tenga edad, si carece de capacidad de obrar por otra causa —por ejemplo, la enajenación mental— no puede contraer válidamente matrimonio. Por eso el apartado 2 pasó a ser norma constitucional necesitada de desarrollo por la ley, al decir: «La ley regulará las formas de contraer matrimonio, *la edad y capacidad para contraerlo*, los derechos y deberes de los cónyuges, las causas de separación y disolución y sus efectos.» Incluso pudo economizarse la referencia a la edad, porque la regulación por la ley de la capacidad para contraer matrimonio impone, indispensablemente, establecer una edad. Creo, en todo caso, que la Comisión Mixta procedió correctamente.

7. LA JURISPRUDENCIA ANTE EL RECURSO DE INCONSTITUCIONALIDAD

Por lo que se refiere al recurso de inconstitucionalidad, del que es competente para conocer el Tribunal Constitucional, los textos del Congreso y del Senado ofrecían varias discrepancias. El artículo 158, *a*) del Congreso fijaba la competencia del Tribunal para conocer «del recurso de inconstitucionalidad contra leyes y disposiciones normativas con fuerza de ley del Estado y de las Comunidades Autónomas o contra tratados internacionales.» En el Senado, el artículo 158 había pasado a ser el 160 y las variaciones eran las siguientes: la declaración de inconstitucionalidad de los tratados se llevaba a lugar aparte, y el artículo 160, *a*) quedaba redactado así «Del recurso de inconstitucionalidad contra las leyes (...) disposiciones normativas con fuerza de ley (...) *y jurisprudencia en cuanto sea complementaria del ordenamiento jurídico.*» De las discrepancias sobre las que hubo de pronunciarse la Comisión Mixta sólo voy a subrayar una. La mención hecha por el Senado de la jurisprudencia como objeto del recurso fue modificada y el que pasaría a ser artículo 161, *a*) de la Constitución vino a decir: «Del recurso de inconstitucionalidad contra las leyes y disposiciones normativas con fuerza de ley. *La declaración de inconstitucionalidad de una norma jurídica con rango de ley, interpretada por la jurisprudencia, afectará a ésta, si bien la sentencia o sentencias recaídas no perderán el valor de cosa juzgada.*»

La fórmula acogida no era la del Congreso, que prescindía de la jurisprudencia, ni la del Senado, que la hacía objeto directamente del recurso de inconstitucionalidad, en plano igual al de la ley cuando fuera complementaria del ordenamiento jurídico, sino esta otra: la jurisprudencia interpretativa de una norma jurídica con rango de ley quedará afectada por la declaración de inconstitucional de la norma; mas no ella de un modo directo, que además conservará siempre su valor de cosa juzgada, de manera que lo resuelto no quedará privado de eficacia.

Pesa sobre mis espaldas la tacha de que fui el autor de esta variación. Un ilustre jurista la ha reputado desafortunada por lo que tiene de perogrullesca o de mero ardid jurídico. Podré ser tachado de coautor o de autor por inducción, mas no de autor en exclusiva por comprensibles razones. De todas formas, la solución no me parece absolutamente desafortunada y repudiable, aunque, como en casi todo, hay márgenes para la opinabilidad. Prescindamos de las rivalidades a que estaban abocados el Tribunal

Supremo de Justicia y el Tribunal Constitucional, ya que éste vendría a revisar (aunque el recurso no fuera de revisión) lo resuelto por el primero. Basta tener en cuenta que las sentencias productoras de la jurisprudencia resuelven conflictos entre particulares (como la nulidad de una compraventa o la atribución del derecho a una herencia, etc.), o entre los particulares y la Administración (p. e., fijación del justiprecio de una finca expropiada, determinación de los derechos pasivos de un funcionario...), estiman la comisión de un delito o absuelven del mismo, etc., etc. Pues bien, como nada se decía, y las sentencias del Tribunal Constitucional tienen el valor de cosa juzgada a partir del día siguiente de su publicación ¿serían válida la venta, ineficaz la atribución de la herencia, otros los derechos pasivos del funcionario, es decir, los efectos ya causados habrían de estimarse como no producidos? Nótese además que la jurisprudencia declarada inconstitucional podría remitirse a sentencias dictadas en el siglo pasado, las personas habrían desaparecido y acaso también sus herederos. Por otra parte, faltaba toda coherencia entre proyectar las consecuencias de la inconstitucionalidad a puros intereses privados y conferir una legitimación tan estricta como la que se confiere para interponer el recurso de inconstitucionalidad (el Presidente del Gobierno, el Defensor del Pueblo, cincuenta diputados, cincuenta senadores, los órganos colegiados ejecutivos de las Comunidades Autónomas y las Asambleas de las mismas, según el artículo 162). Hoy esto no puede ser así, no sólo por lo constitucionalmente establecido, sino también porque muy ampliamente el artículo 40 de la Ley Orgánica del Tribunal Constitucional dispone que las sentencias declaratorias de la inconstitucionalidad de leyes, disposiciones o actos con fuerza de ley no permitirán revisar procesos fenecidos mediante sentencia con fuerza de cosa juzgada, en los que se haya hecho aplicación de las leyes, disposiciones o actos administrativos, salvo en el caso de los procesos penales o contencioso-administrativos referentes a un procedimiento sancionador en que, como consecuencia de la nulidad de la norma aplicada, resulte una reducción de la pena o de la sanción o una exclusión, exención o limitación de la responsabilidad.

A lo argumentado hasta aquí podrá objetarse que a igual resultado se llegaría si, siendo impugnable la jurisprudencia, se mantenía el valor de cosa juzgada de las sentencias recaídas. De cualquier modo, al menos en parte, la variación estaría justificada. Pero creo que hay otros argumentos de fondo relativos a lo que es la jurisprudencia misma.

Cuando se preparó la reforma del Título preliminar del Código civil, hubo el propósito de atribuir a la jurisprudencia el rango de fuente del derecho. Todavía recuerdo que el Anteproyecto, en las primeras fases de su dilatada elaboración, hacía, en el artículo 1, una enunciación de las fuentes en las que la jurisprudencia ocupaba un lugar, aunque fuera el último. Era una concesión al realismo jurídico y a la práctica forense ante los Tribunales de Justicia, donde a veces se organizan verdaderos torneos jurisprudenciales. Curiosamente, este criterio, que significa una limitación a la hegemonía de la ley y de las normas generales para conceder realce al derecho de los jueces, fue visto con reparo por los propios jueces. Acaso no querían verse prisioneros de sus mismas redes. Y la verdad es que no son pautas equivalentes la encarecida creación judicial del derecho y el reconocimiento a la jurisprudencia del valor de fuente. Las sentencias, de suyo, no vinculan al Tribunal Supremo ni, en general, a los Tribunales y los Jueces. Las sentencias no constituyen bloques uniformes de doctrina, aunque encierren sabiduría jurídica. La creación judicial del derecho es más libre si no ha de sujetarse necesariamente a la jurisprudencia. Por estas y otras razones la reforma cambió de signo y el Código civil, si bien otorga un significado paranormativo a la jurisprudencia, no la inviste de una función productora del derecho. «La jurisprudencia —dice el artículo 1, 6 del Código civil— complementará el ordenamiento jurídico con la doctrina que, de modo reiterado, establezca el Tribunal Supremo al interpretar y aplicar la ley, la costumbre y los principios generales del derecho.» Tres cosas hay muy claras: que la jurisprudencia, para serlo en sentido propio y específico, ha de proceder del Tribunal Supremo y ser reiterada; que no es fuente del derecho, aunque desempeñe la función de complementar el ordenamiento jurídico, y que carece de autonomía, ya que surge cuando el Tribunal Supremo interpreta y aplica las fuentes del derecho. La mera complementariedad y la falta de autonomía son aspectos muy importantes a los fines de excluirla del recurso de inconstitucionalidad. Dice el Código civil «complementará» y no «completará» para poner de manifiesto que ella, de suyo, no integra el ordenamiento jurídico como lo integran las demás fuentes. Su presencia en el ordenamiento, además de no ser plena, sino meramente refleja, carece en todo caso de autonomía. La jurisprudencia se produce cuando el Tribunal Supremo interpreta, de un modo reiterado, las fuentes, es decir, la ley, la costumbre y los principios generales del derecho. No quiero plantear ahora el problema de la inconstitucionalidad de la costumbre y de los principios generales del derecho. Lo evidente es que la Constitución no circunscribe la inconstitucionalidad a las leyes en sentido formal, porque, después de referirse a ellas, designa como objeto de inconstitucionalidad a «las disposiciones normativas con fuerza de ley». Y lo evidente es también que la jurisprudencia nunca existe por sí sola, y el efecto reflejo en el ordenamiento jurídico lo produce cuando el Tribunal Supremo interpreta la ley, la costumbre o los principios generales del derecho. Luego la inconstitucionalidad debe ir referida a esas fuentes primarias, las únicas fuentes, y si a través de ellas aparece la jurisprudencia, también le afectará la declaración de inconstitucionalidad, pero no directamente, sino por la inconstitucionalidad declarada de la ley o de otra fuente del derecho.

Recuerdo que cuando en la Comisión Mixta exponía esta tesis, un Letrado —muy querido para mí por sí mismo y por su ascendencia— me dijo que estaba exponiendo un concepto de la jurisprudencia muy apegado al Código civil. Sin duda, lo hizo pensando en la función constituyente que realizábamos. En razón de ella, el Código civil podía ser legítimamente desbordado. Pero en el texto constitucional que estábamos considerando no había normas en materia de fuentes que excluyeran las del Código y el propio texto del Senado, objeto de reflexión, se atenía al concepto de jurisprudencia del Código civil, al decir «en cuanto sea complementaria del ordenamiento jurídico». La complementariedad, la no autonomía, la priva del carácter de fuente directa. Luego, al menos, había coherencia argumental, por más que ésta no estuviera exenta de posibles errores. Aunque me apasione en el uso de las razones, no suelo creerme dueño de la razón. Algo de esto creo que dije entonces, cuando la Comisión Mixta Congreso-Senado iba acercándose al final de su tarea. El texto en cuestión había sido aprobado.

8. EL PATRIMONIO NACIONAL Y SUS VICISITUDES REMOTAS Y PRÓXIMAS

El Patrimonio Nacional —según la terminología de la Ley de 7 de marzo de 1940—, antes llamado Patrimonio de la Corona y Patrimonio Real, había experimentado en nuestro constitucionalismo las vicisitudes propias de las ideas políticas imperantes. La Constitución de Cádiz, fiel a las ideas desamortizadoras, pretendió sustraer de la Corona los bienes inmuebles, salvo los palacios disfrutados por los predecesores del Rey y los terrenos que se considerasen convenientes para el recreo de su persona, sustituyendo, como medio de retribuir al Rey, la adscripción de un patrimonio por una dotación anual. Al cabo de muchas incertidumbres, la Ley de 12 de mayo de 1865 declaró indivisible el Patrimonio Real e inalienables e imprescriptibles sus bienes, organizando un régimen de administración confiado a la Casa Real. Tras sufrir los avatares de la Revolución de 1868, por Ley se dispondría su incautación, hasta que con la Restauración cambió de signo el Patrimonio, por más que careciera de tratamiento constitucional, ya que la Constitución de 1876 se limitaba a decir que la dotación del Rey y de su familia se fijaría por las Cortes al principio de cada Reinado. En la segunda República, después de una regulación provisional, la Ley de 22 de marzo de 1932 dispuso que los bienes del antiguo Patrimonio Real pasasen a formar un todo considerado como Patrimonio de la República, con la excepción de los Reales patronatos. Por último, la Ley de 7 de marzo de 1940, coincidiendo sustancialmente en la enumeración de los bienes de esta naturaleza con la Ley de 1932, dispuso que constituyen un todo o unidad jurídica indivisible, que son inalienables e imprescriptibles y que su propiedad corresponde al Estado, si bien quedan adscritos, en la parte que sean adecuados, al uso y servicio del Jefe del Estado.

Hasta la intervención de la Comisión del Senado en los debates constitucionales, este tema no fue tratado. Posiblemente el silencio estuvo influido por la Constitución de 1876. En la Comisión del Senado prosperó una enmienda, que luego se mantuvo por el Pleno, en virtud de la cual se añadía un apartado 2 al artículo 46 con el siguiente contenido: «El Patrimonio Nacional es una unidad indivisible, cuyos bienes serán inalienables e imprescriptibles. Su régimen y administración será objeto de una ley.»

En la mañana del 17 de octubre de 1978, por exigencias oficiales, tuve que abandonar durante un corto tiempo la Comisión Mixta. Al regreso pude comprobar que en el artículo 46 se había vuelto al texto del Congreso, eliminando el apartado 2, con lo que de nuevo quedaba silenciado lo relativo al Patrimonio Nacional. Aparte de consideraciones de distinto orden, esgrimidas por uno de los miembros de la Comisión, supe que se había tenido en cuenta como fundamento que el Patrimonio Nacional no era susceptible de ser tratado de un modo equivalente o paralelo al Patrimonio histórico, cultural y artístico, pues también formaban parte del mismo considerables extensiones de terreno. Para mí era causa de especial preocupación el desenlace que había tenido el asunto, ante todo por afectar a la Corona —aun cuando el Rey no había expresado al respecto ningún interés o deseo, pues guardó siempre una discreción extrema— y también por la coincidencia de no haber estado yo presente en la deliberación, única vez que ocurriría a lo largo de la misma.

Como ya he dicho, un miembro de la Comisión Mixta había mantenido de manera especial el criterio de la eliminación del Patrimonio Nacional como materia de la Constitución. Mantuve con él separadamente una conversación acerca del tema. La verdad era que la equiparación del Patrimonio Nacional al artístico no parecía una solución afortunada, ya que todos los bienes integrables en él no tienen esa naturaleza. Mas tampoco debería considerarse como satisfactoria la omisión. Aunque se diera ésta en la Constitución de 1876 y en otras Constituciones de la Monarquía, el significado del silencio en aquellos textos constitucionales y en el que estábamos elaborando no era equiparable, porque sólo la Constitución en ciernes se ocupaba de los bienes de dominio público, de los comunales y del Patrimonio del Estado. Si nada se decía acerca del Patrimonio Nacional, habría una diferencia de trato que no se daba en aquellas Constituciones que, en general, prescindieron de esta materia en su conjunto.

Cuando en los debates constitucionales la Comisión Mixta llegó al artículo 132, su párrafo 3 se redactó del siguiente modo: «Por ley se regularán el Patrimonio del Estado y el Patrimonio Nacional, su administración, defensa y conservación.» La individualidad jurídica y la procedencia de una regulación, en el plano de la ley, conforme a los fines tuitivos señalados, quedaba asegurada. Hubo, pues, reconsideración y consiguiente rectificación del criterio inicialmente adoptado. No me decido a facilitar más detalles. Creo que es suficiente lo indicado para darse cuenta de que predominó el espíritu de comprensión. Algunos piensan malévolamente que el consenso significó un intercambio de prestaciones. Creo que muchas veces hubo sencillamente buena voluntad, tolerancia y abdicación de los propios criterios. Así ocurrió en esta ocasión.

9. LA DISPOSICIÓN TRANSITORIA OCTAVA Y SUS PROBLEMAS DE FONDO Y DE FORMA

Las Cortes no se convocaron con el específico carácter de constituyentes. Todos los partidos intervinientes en la elaboración de la Constitución entendieron, sin embargo, que lo eran. No obstante, la pregunta quedaba en pie. Cuando me la formulaban en entrevistas para la prensa solía decir: no se han convocado como Cortes Constituyentes, pero están actuando como tales, ya que de ellas surgirá una Constitución. A medida que se acercaba el final de la labor constituyente, resurgía de nuevo la pregunta: ¿terminarán estas Cortes una vez promulgada la Constitución? La categoría pura del poder constituyente en su formulación clásica y radical, que lo presenta no sólo como superior, sino como separado de los poderes constituidos, no se daba: las Cortes no eran un órgano distinto del poder constituido; no se limitaban a conferir facultades, que es lo propio del poder constituyente, sino también a ejercerlas. Claro es que la rigidez diferenciadora de lo constituyente y de lo constituido se ha atenuado, según hemos visto, a través de los procedimientos de reforma constitucional que, con un alcance mayor o menor, se han generalizado en los textos constitucionales de la mayoría de los países. Y a esta directriz, con sus peculiaridades, respondía la Ley para la Reforma política que confería a las Cortes el doble cometido de ejercer un poder constituyente, al mismo tiempo que unos poderes constituidos, aun cuando todavía faltara la norma constitucional rectora de éstos. La situación no sería la misma una vez aprobada la Constitución y derogada la Ley para la Reforma política. La dualidad desaparecería. El poder constituyente quedaría consolidado en la Constitución y todos los poderes pasarían a depender de ésta. ¿Cómo iba a producirse el tránsito? La Ley para la Reforma política, mientras estuvo en vigor, marcó el paso de la legalidad anterior a otra legalidad, atenida a principios distintos y en período de formación. Promulgada la Constitución, se pasaba de esa legalidad en formación a otra ya formada o constituida. ¿Cómo terminaba aquella fase y cómo daba comienzo la nueva?

El problema fue afrontado en el plano del derecho transitorio. Éste no se ve con simpatía conforme a los criterios del constitucionalismo puro. La Constitución, si no es permanente, tiende a la perdurabilidad y se considera disonante con la idea de lo meramente episódico. La Constitución de 1812, que tuvo una vigencia tan intermitente, carecía de disposiciones transitorias. Aunque muy breves, figuraban en las Constituciones de 1869, 1876 y 1931. La Constitución portuguesa de 1976 está muy nutrida de disposiciones transitorias.

El Proyecto de Constitución, según los textos del Congreso y del Senado, contenía una disposición transitoria 8.ª compuesta de dos apartados. He aquí el apartado 1: «Las Cámaras que han aprobado la presente Constitución asumirán, tras la entrada en vigor de la misma, las funciones y competencias que en ella se señalan respectivamente para el Congreso y el Senado.» No había discrepancia alguna en la redacción. Conforme a lo establecido, la entrada en vigor de la Constitución no traía consigo la disolución del órgano que la elaboraba. Gaspar Bayón, en su trabajo sobre *El derecho de disolución del Parlamento*, considera como un tipo de autodisolución discrecional el procedente de las Asambleas Constituyentes, y lo explica así: «Se basa en la consideración de las mismas como soberanas. Nacen las Asambleas Constituyentes en momentos en que se considera inexistente toda norma fundamental; su misión es establecerla, y como para ello necesitan una absoluta libertad, se considera que ningún otro poder del Estado tiene la facultad legal de disolverlas, ya que constituyen la encarnación de la voluntad nacional soberana.»[6] Teniendo en cuenta que Bayón distingue las disoluciones obligatorias o por ministerio de la ley de las discrecionales y que incluye entre estas últimas la autodisolución de las Asambleas Constituyentes, y dado como formula el concepto, en este tipo de disolución lo subrayado no es tanto su carácter automático como la imposibilidad de que sea disuelta una Asamblea soberana por ninguna causa que no proceda de la libre voluntad de la misma. Un ejemplo histórico muy claro se encuentra en las Cortes Constituyentes que elaboraron la Constitución de 1869. Una vez prestado juramento por Don Amadeo de Saboya, se disolvieron según acuerdo adoptado con anterioridad. No ocurrió lo mismo con las Cortes de la Restauración Monárquica, ya que, aprobada la Constitución, continuaron funcionando como Cortes ordinarias. Otro tanto hicieron las Cortes Constituyentes de 1931. Los precedentes constitucionales más inmediatos eran, pues, favorables a la continuación.

El apartado 1 de la Disposición transitoria 8.ª respondía a un criterio de continuidad, si bien con ciertos matices. El primero de ellos era que la subsistencia no venía predicada de las Cortes, sino de «las Cámaras legislativas que han aprobado la presente Constitución». La denominación «Cortes» fue utilizada por las Constituciones de 1837, 1845, 1856, 1869 y 1876 para designar a los dos Cuerpos Colegisladores, el Congreso y el Senado. La Constitución de 1931, al consagrar el régimen unicameral, mantuvo sin embargo la expresión Cortes como equivalente a la de Congreso de los Diputados, y así, conforme al artículo 51, la potestad legislativa residía en el pueblo, que la ejercía «por medio de las Cortes o Congreso de los Diputados». La legalidad subsiguiente creó las «Cortes españolas». En la Constitución de 1978, el artículo 66, comprendido en el título III —«De las Cortes Generales», Capítulo primero, «De las Cámaras»—, dice en el apartado 1: «Las Cortes Generales representan al pueblo español y están formadas por el Congreso de los Diputados y el Senado.» En los textos del Congreso y el Senado de que conocía la Comisión Mixta, el artículo 66 de la Constitución llevaba, respectivamente, los números 61 y 65, pero su contenido era el mismo. De las Cámaras legislativas no se decía expresamente que «continúan» o «subsisten», mas al designarlas como las que habían aprobado la Constitución y al decir que asumían las funciones y competencias señaladas en la Constitución, era evidente que se trataba de aquellas mis-

6. Gaspar Bayón Chacón, «El derecho de disolución del Parlamento», *Revista de Derecho Público*, 1933, pp. 211-212.

mas Cámaras. ¿Con su misma organización y composición? Ésta ya era otra cosa. El Presidente de las Cortes desaparecía una vez promulgada la Constitución, precisamente porque no eran las Cortes las que subsistían —en las cuales, conforme a la Ley para la Reforma política, había un Presidente del organismo unitariamente entendido—, sino las Cámaras legislativas, y dado que en éstas no había función ni competencia alguna para un Presidente de las Cortes, y como al Presidente del Congreso se le asignaba la función de presidir las sesiones conjuntas de ambas Cámaras, la desaparición de tal figura era automática.

Por tanto, el criterio seguido, que se convirtió en norma constitucional de carácter transitorio, ni era el de la autodisolución propio de las Asambleas Constituyentes ni tampoco el de la subsistencia plena. Las Cámaras legislativas, al asumir las funciones y competencias establecidas por la Constitución, no eran las mismas exactamente que la habían aprobado, sino los mismos miembros, procedentes del sufragio universal, con lo que se respetaba el resultado electoral, mas no la composición de las Cámaras tal como quedaron constituidas. No había del todo vino nuevo en odres viejos.

La disposición transitoria 8.ª constaba de un apartado 2 en el que se contemplaba sólo como hipótesis la disolución, que, conforme al artículo 114 (en la Constitución 115) era facultad atribuida al Presidente del Gobierno, previa deliberación del Consejo de Ministros. Si tal ocurría y no se había desarrollado la legislación electoral prevista en la Constitución, se aplicarían las normas vigentes con algunas correcciones. La disolución, que según el Congreso, afectaba en conjunto a las Cortes Generales, según el Senado, podía ir referida también a cada una de las Cámaras. Eso era todo.

Cuando en la Comisión Mixta se debatió el artículo 115, se inclinó por la fórmula del Senado. El régimen de derecho transitorio tal y como lo ofrecía la disposición transitoria 8.ª en relación con el artículo 115 quedaba reducido, en materia de disolución de las Cámaras, luego de establecer la subsistencia de éstas en los términos expuestos, a aplicar, desde la entrada en vigor de la Constitución, las reglas de éstas de carácter general. El Gobierno consideraba insuficiente esta regulación. La Comisión Mixta también lo comprendía así. Un primer punto a especificar era determinar exactamente la expiración del mandato del Congreso y del Senado; porque tanto la Ley para la Reforma política como la Constitución establecían el plazo de cuatro años, pero era necesario o por lo menos conveniente, fijar el día de la expiración del plazo, ya que, aparte de que la Ley para la Reforma política no fijaba el momento inicial, cabía la duda de si, asumidas las nuevas funciones y competencias por las Cámaras, el cómputo de la duración del plazo pudiera estimarse modificado. Asimismo preocupaba cuál era la situación del Presidente del Gobierno después de promulgada la Constitución. ¿Continuaba? ¿Cesaba de inmediato para proceder a su nombramiento de acuerdo con lo establecido en la Constitución?

En la disposición transitoria 8.ª la Comisión Mixta introdujo una variación muy importante respecto de cómo aparecía configurada por el Congreso y el Senado. Al apartado 1, que se refería a la subsistencia de las Cámaras con las nuevas funciones y competencias, se le añadió el siguiente inciso final: «sin que en ningún caso su mandato se extienda más allá del 15 de junio de 1981». Esta variación podía considerarse como una puntualización clarificadora. La duración del mandato de las Cámaras debía ser la misma y había de computarse desde que se celebraran las elecciones por las que se constituyeron, aunque en el curso de la misma experimentaran un cambio en su cometido.

La variación realmente importante consistió en introducir en la disposición transitoria octava un apartado de nueva planta, que pasaría a llevar el número 2, para desplazar al número 3 el contenido que antes se asignaba al 2. Se dijo y así lo recogería la Constitución: «A los efectos de lo establecido en el artículo 99, la promulgación de la Constitución se considerará como supuesto constitucional en el que procede su aplicación. A tal efecto, a partir de la citada promulgación se abrirá un período de treinta días para la aplicación de lo dispuesto en dicho artículo. Durante este período, el a la sazón Presidente del Gobierno, que asumiría las funciones y competencias que establece para dicho cargo la Constitución, podrá optar por la facultad que le reconoce el artículo 115 o dar paso, mediante la dimisión, a lo establecido en el artículo 99, quedando en este último caso «en la situación prevista en el apartado 2 del artículo 101». La norma, redactada en términos alambicadamente técnicos, con reiteradas remisiones y en un estilo que se aproxima al notarial por su sintaxis circunstancializadora, confirió al Presidente del Gobierno un derecho de opción enmarcado en el plazo de treinta días: o acudir al artículo 99, lo que suponía su propuesta por el Rey como candidato con la consiguiente intervención del Congreso en la votación de investidura, o, por el contrario, acudir al artículo 115, ejercitando la facultad de disolución, con lo que habrían de convocarse unas elecciones generales, quedando para después de éstas lo dispuesto en el artículo 99. El Presidente señor Suárez mantuvo en la más estricta confidencialidad su pensamiento; pero lo cierto es que, promulgada la Constitución, optó con suma rapidez por la vía del artículo 115.

En la disposición transitoria octava fue introducido por la Comisión Mixta un contenido regulador del que antes carecía. Sostener que era posible proceder así, por cuanto había alguna pequeña diferencia entre la redacción del Congreso y la del Senado, sería incurrir en un formalismo poco convincente. La regla de la flexibilidad a la que antes me he referido como inspiradora del método generalmente seguido por la Comisión Mixta, fue en este caso desbordada. Dentro del general acuerdo con que se produjo la Comisión Mixta, aquí fue concretamente instrumentado un acuerdo entre el Gobierno y la oposición.

VIII. El lenguaje, el estilo y la técnica legislativa en la Constitución

1. REFLEXIONES GENERALES SOBRE EL LENGUAJE Y EL ESTILO EN EL DERECHO

Me ha preocupado desde hace tiempo la relación del derecho con el lenguaje y el modo de realizarse éste a través del estilo. Respecto de lo primero, transcribo lo escrito en otra ocasión: «El derecho *es* en función de la lengua. Ésta no se limita a expresarle o exteriorizarle. Aparece alojado en la lengua, fundido, identificado. Todo puede ser tratado lingüísticamente, designado o dotado de significación. Sin embargo, el lenguaje no se limita a cumplir respecto del derecho el cometido general de denominar, representar y entenderse. Hay entre ellos un mayor grado de vinculación. Una ley física existe y se cumple al margen de su enunciación lingüística. Ésta la da a conocer o, si se prefiere, traduce y fija su descubrimiento. Por ejemplo, la ley de la gravitación ha venido rigiendo y rige con independencia de su conocimiento. En cambio, la ley en su acepción jurídica surge con o como lenguaje. No estoy aludiendo sólo al derecho escrito. La correlación derecho-lengua sobrepasa la reproducción gráfica mediante los signos lingüísticos que es la escritura. La costumbre no es simple hábito, inclinación o comportamiento instintivo. La norma consuetudinaria, aunque no escrita, necesita poder enunciarse. La vigencia y obligatoriedad suponen el sometimiento a la regla... En definitiva, las normas jurídicas existen como tales a partir de formulaciones lingüísticas más o menos desarrolladas. La formulación no equivale a conocerlas o darlas a conocer; implica la creación y el establecimiento de las normas. Claro es que la generalización del derecho escrito ha venido a acentuar su vinculación a la lengua. El papel desempeñado respecto de ésta por la escritura tiene su paralelo en el desempeñado respecto del derecho por la ley. Lo uno y lo otro dentro de cierta modernidad, sin profundidades antropológicas. Porque no cabe duda que la historia es muy anterior a la escritura como el derecho es anterior a la ley.»[1] Cuando digo que los hombres hablan y razonan (o suelen hacerlo), que se nota calor en la mañana de hoy o que el termómetro marca 35 grados de temperatura, estoy designando algo que tiene entidad independiente del lenguaje, por lo que éste cumple una función descriptiva o informativa (no crea la racionalidad del hombre o la temperatura, aunque sí dé cuenta de ellas), mientras que cuando la Constitución dice que «los españoles son iguales ante la ley» no se limita a dar cuenta de algo, sino a establecerlo como regla conformadora de la convivencia social. La función creadora que cumple el lenguaje en la enunciación normativa determina que haya una íntima asociación entre ambos, en razón de la cual el derecho *es* lenguaje, o más exactamente, inicia su existencia a partir de él. Me refiero a este punto para resaltar la significación jurídica del lenguaje o la significación lingüística del derecho. La versión lógico-metafísica (y ahora lógico-deóntica) de esta función creadora de enunciados normativos que necesariamente realiza el lenguaje se traduce en concepciones como las siguientes: el derecho pertenece al mundo del deber ser contrapuesto al mundo del ser, que es el de la naturaleza; el derecho es fuerza, coacción e imperatividad; prescripción, obligatoriedad. Esto lo elevó Kelsen a dogma absoluto al aseverar sin vacilación: «Si el derecho es un orden coactivo, cada norma jurídica habrá de prescribir y regular el ejercicio de la coacción.»[2] Junto a esa aseveración haría la siguiente: «Lo que expresa [la] autonomía normativa del derecho, frente a la legalidad de la naturaleza, es el *deber ser*.»[3] Por eso cuando Kelsen se encontraba con una categoría tan desarrollada por la dogmática tradicional como la de los derechos subjetivos, además de imputar sus fundamentos a la concepción iusnaturalista que reconoce una esfera de libertad frente al orden jurídico positivo, se esforzaba en sostener que el derecho de uno no es sino la consecuencia del deber de otro por lo que, en conjunto, la esencia del derecho radica en la sumisión, la vinculación.[4] Desde el punto de vista de la lógica deóntica también se considera la imperatividad como definitoria del lenguaje de las normas, que es, en conjunto, prescriptivo, aunque los operadores modales deónti-

1. Cfr. Antonio Hernández Gil, *El abogado y el razonamiento jurídico*, Madrid, 1975, pp. 11-12.
2. Cfr. Kelsen, *Teoría general del Estado*, cit., p. 62.
3. Cfr. Kelsen, ob. y *loc.* cits.
4. Cfr. Kelsen, ob. cit., p. 78.

cos recogen también la permisión y la facultad.[5] Una cosa es que el derecho, en cuanto orden o sistema, rija la conducta humana intersubjetiva y ciertos presupuestos de la misma, quedando sus destinatarios atenidos al mismo por lo que, globalmente considerado, emana de él una obligatoriedad o una imposición, y otra cosa bien distinta el contenido de cada una de las normas, que es variadísimo. Cualquier reduccionismo del derecho es muy difícil que agote o refleje todas las posibilidades de enunciación normativas. El esquema más frecuente sitúa, a un lado, el derecho, la facultad, la atribución, la potestad y la permisión, y a otro lado, el deber, la obligación, la prohibición y la sanción. Sin embargo, el esquema no es completo. Quedan fuera de él muchas normas organizativas, las dirigidas a fijar el sentido de una ordenación, las definitorias, las interpretativas, etc. Cuando afirmo el especial grado de vinculación que media entre el derecho y el lenguaje, no quiero referirme sólo al uso de un lenguaje determinado, o al carácter de éste, sino, sobre todo, al hecho mismo de que el derecho se nos muestre siempre en mensajes lingüísticos.

El legislador y el jurista despliegan una actividad en la que corresponde al lenguaje un especial protagonismo. De ahí que tenga interés preguntarse por el estilo. Hay que distinguir entre el lenguaje de las normas y el de los juristas. Las normas se elaboran y enuncian con y en el lenguaje. Por eso su modo de existir y de manifestarse consiste en significar. Las normas, rigurosamente hablando, no son invenciones o improvisaciones caprichosas. Incorporan la tradición jurídica, la naturaleza de las cosas y las aspiraciones sociales, el saber de los juristas, el derecho comparado y, por supuesto, las ideologías. Cuando hay una Constitución, ella es la base de ineludible observancia; por eso cuando la Constitución se está elaborando, ha de tenerse conciencia de la importancia del suceso. El lenguaje del jurista es un metalenguaje que recae sobre el lenguaje-objeto en el que aparecen elaboradas las normas.

¿Qué sentido tiene la pregunta sobre el estilo? Depende del uso lingüístico. En la poesía, en la creación literaria y, en general, en el arte, el estilo se resiste a la definición; es la originalidad, la individualidad, la impronta del autor de la obra. Identificamos un estilo y sus rasgos; podemos decir «ahí está», «éste es»; se resiste a la generalización y a la normatividad. Su significado originario —la punta que se utilizaba para grabar los pensamientos en la cera— sigue presente en el uso figurado del término. «El estilo es —dirá Séailles— la individualidad y el movimiento del

5. Roberto José Vernengo, *Curso de teoría general del derecho*, Cooperativa de Derecho y Ciencias Sociales, Buenos Aires, 1976, pp. 54 y ss.

espíritu visibles en la elección de las palabras, de las imágenes, más aún, en la construcción de la frase, del período, en el arabesco caprichoso que traza el pensamiento en su curso.»[6] Bien que el estilo sea individual y se haga visible en la elección de las palabras y en la construcción de la frase; pero el «arabesco caprichoso», ya no es *el* estilo, aunque pueda mostrarse como *un* estilo. Justamente lo contrario se piensa o se siente ante Azorín, que equiparó el estilo a la fluidez, a la rápida fluidez. Más importante que este juicio me parece aquello que emana de la propia escritura de Azorín: la decantación de lo esencial. Bally, uno de los fundadores de la estilística moderna, se inclina por ver en el estilo algo que se añade al lenguaje, como proyección del propio yo o del contexto social.[7] Otros ven en el estilo un apartamiento de la utilización corriente de las palabras o de la normatividad gramatical; hoy está en boga la distorsión sintáctica o el uso coloquial de la lengua fuera de su ámbito propio. El operacionalismo lleva a cabo la identificación del estilo mediante el análisis estadístico de las frecuencias de los elementos fonológicos, gramaticales y léxicos. Evidentemente, en nuestro tiempo preocupa más el análisis del estilo que el establecimiento de pautas en el que yo me he permitido llamar comportamiento verbal, tema predilecto de la vieja retórica, tantos años postergada y hoy renaciente.

Lo que sea el estilo en el campo de la literatura o lo que se piense de él no es completamente trasladable al lenguaje jurídico y, en concreto, al de las leyes. La finalidad del empleo del lenguaje, así como la materia tratada por el mismo, influyen en el modo de utilizarle. No tendría sentido que una ley se realizara —y se analizase— estilísticamente como una novela o un poema lírico. Detrás de la ley no ha de verse un autor, aunque, en efecto, lo haya. Dentro del general cometido del lenguaje, que es siempre la comunicación, cumple además funciones determinadas. La función que cumple en el derecho es formular enunciados conformadores de la organización social y del comportamiento. El universo jurídico y el discurso jurídico están mutuamente compenetrados. La ley encarna el uso de mayor trascendencia social que puede hacerse de las palabras. Si la belleza y el arte no figuran entre los valores del derecho, tampoco está en pugna con ellas. El fondo del contenido ordenador se muestra más diáfano a través de una forma que permita captar la plenitud de su sentido. Jhering, un ju-

6. Cfr. Lalande, *Vocabulario técnico y crítico de filosofía*, trad., esp., El Ateneo, Buenos Aires, 1966, voz «Estilo», donde cita a Séailles, *Le Genie dans l'Art*, p. 215.
7. Algunos aspectos del estilo los trato en la *Introducción* al vol. IV de las *Obras Completas* de Pedro de Lorenzo, Editora Nacional, 1977, pp. 35 y ss.

rista de gran sensibilidad literaria, redujo a tres las reglas a que ha de ajustarse la construcción dogmática, y una de ellas la enunció como «ley de la belleza jurídica», condensada en estas notas: sencillez, claridad, transparencia y naturalidad.[8] Creo que las cuatro notas se reducen a una: la claridad, ante todo.

A raíz del siglo XVIII, cuando se consolida el Estado moderno, que supone la primacía de la ley, tanto con el constitucionalismo como con la codificación, se produce el fenómeno que cabría considerar como la singularización individualizadora del uso del lenguaje por el legislador. Este proceso irrumpe, en parte, por vía de eliminación; desaparecen del campo semántico de la ley componentes que antes figuraban en él. Radbruch, contemplándole en su *Introducción a la ciencia del derecho*, en su fase culminante (el prólogo de la obra lo fecha en Heidelberg, en marzo de 1929), lo describe así: «Nuestro actual estilo legislativo ha superado en primer término al *estilo persuasivo*. Las leyes requieren actualmente una expresión libre de emoción, exenta de sentimientos, fría como la expresión de las fórmulas matemáticas... El legislador moderno ha visto que no le compete persuadir, sino que debe mandar... Nuestro lenguaje legal ha superado además el *estilo de la convicción*. En tiempo del despotismo ilustrado, gustaban los legisladores bien intencionados de expresar la *ratio legis*, el fin de la ley, para obtener la obediencia de los súbditos en méritos de la propia convicción... Es, sin embargo, propiedad de la ley jurídica el que, si bien ha sido establecida por razón de su fin, no exija meramente obediencia en méritos de este fin y sólo en cuanto le sirve, sino de un modo incondicionado. Por consiguiente, un legislador moderno no pone jamás en su boca la conjunción "porque"; su función no tiene que consistir en convencer, sino en mandar, si quiere que el destinatario tienda a obedecer y no a mandar... Y, finalmente, nuestro lenguaje legislativo ha superado también el *estilo del adoctrinamiento o enseñanza*... Un Código moderno no contiene frase alguna que no constituya un mandato o parte integrante de él, excluyendo toda descripción o exposición instructiva de lo que dispone o está ya dispuesto en otra parte. Desdeña el remediar la torpeza, desatención y falta de memoria de sus destinatarios, mostrando, mediante ejemplos, la aplicación especial de la norma, recordando un precepto jurídico ya establecido, con ocasión de otro cuya significación puede entenderse sólo con relación a aquél... Desdeña hasta el aclarar los mutuos vínculos que hay entre los preceptos jurídicos, la relación de oposición

8. Cfr. Jhering, *El espíritu del derecho romano*, versión española y notas de Enrique Príncipe y Satorres, t. III, Bailly-Baillière, Madrid, s.a., pp. 79 y siguientes.

filosófica podemos hacer lo que nos parezca, como crear sombras impenetrables o apenas perceptibles sutilezas; pero al dirigirnos a los hombres para trazar las pautas del comportamiento jurídico hemos de utilizarle con todo el cuidado que requiere la finalidad ordenadora. La claridad de la ley es una regla del lenguaje, del estilo o del raciocinio; pero es también una regla ética. La ley no tiene que persuadir; sí tiene, necesariamente, que ser accesible al conocimiento. El principio de la publicidad de las normas, constitucionalmente consagrado, resulta ineficaz si la formulación lingüística las hace innecesariamente complicadas o difícilmente asequibles. La corrección gramatical por sí sola, como culto a la perfección academicista, a veces escapa en todos sus matices a las posibilidades del autor de la ley. No obstante, el uso del lenguaje al servicio de la claridad, me parece indispensable.

2. ALGUNAS IMPUTACIONES QUE SE HACEN A LA CONSTITUCIÓN

¿Qué decir, en concreto, de la Constitución de 1978? En conjunto, ha provocado juicios poco favorables, casi sin salvedades o con la salvedad, no completamente absolutoria, de que, siendo obra de muchos o de varios y reflejo de intencionalidades políticas diversas, resulta farragosa, premeditadamente ambigua y excesivamente extensa. Prefiero no imputar estos juicios a opinantes determinados. No voy a seguir la línea de la crítica acerba, de la crítica por la crítica, que, por lo demás, ha sido siempre la posición predominante de los españoles y en particular de los juristas apenas salen las leyes a la luz pública. El Código civil, por ejemplo, que hoy suele citarse como prototipo del buen estilo legislativo, también recibió en su día y durante largo tiempo acres censuras. La crítica, a mi juicio, no debe hacerse completamente desde fuera, desde el modelo ideal que cada uno podamos tener en la mente; hay que hacerla, más bien, desde dentro, ponderando el general propósito perseguido y las circunstancias concurrentes en el proceso de elaboración de un texto legal de tanto relieve. No es posible tampoco circunscribir el juicio exclusivamente a la forma; es preciso ponderarla en función del contenido y de los fines. El resultado que obtengo del análisis circunstanciado de la Constitución y de la consideración global de la misma no es adverso, aunque puedan señalarse reparos.

Evidentemente, si la Constitución hubiese sido redactada sólo por uno, experto jurista y buen escritor, se habría logrado un texto más depurado, perfecto y unitario; si bien estas ventajas

o de excepción, mediante las partículas "por el contrario", "por excepción", ya que también ellas serían un apéndice instructivo o adoctrinador, en tanto que ya se deducen dichas relaciones del contenido del precepto jurídico... Una ley que, concibiendo consecuentemente su carácter de mandato, se despoja en grado tal de todo rasgo instructivo y, con ello, de su fácil y común inteligibilidad, requiere necesariamente una ciencia jurídica que asuma, en su lugar, la misión de la enseñanza del derecho, *ius vigilantibus scriptum*: el legislador presupone oyentes de claro oído, con una capacidad auditiva como sólo puede adquirirse mediante un largo trato profesional con la ley.»[9] Radbruch, tras lo escrito, se pregunta: «¿Qué queda, pues, del lenguaje legislativo después de tal poda? Un criterio rigorista para los medios de expresión, una concisión estoica, que exterioriza sus sentimientos, su amor y su odio, no en palabras, sino en hechos; una sobria pobreza; pero una pobreza voluntaria y orgullosa, la pobreza del estilo lapidario que eligió para sí mismo, y mediante el cual expresa insuperablemente la sublimidad del imperativo categórico, la conciencia segura de sí misma, del poder del Estado... ¿Acaso el lenguaje legislativo no ha adquirido, sin darse cuenta de ello, mediante el desdén hacia los valores literarios, un valor estilístico propio, de modo análogo a como un hombre adquiere inopinadamente la madurez de su personalidad cuando se consagra con olvido de sí mismo a una obra?»[10]

He transcrito los anteriores fragmentos por varias razones: proceden de un autor al que siempre he admirado, en sí mismos son bellos, reflejan un proceso de transformación que ha experimentado el lenguaje de la ley, y, en fin, ponen de manifiesto cómo lo ve Radbruch. Creo, no obstante, que exagera los rasgos fisionómicos de nuestro personaje, el estilo de la ley. Éste no puede considerarse obtenido de ese modo exclusivamente residual, por eliminación y empobrecimiento, en virtud de la pérdida de los factores semánticos dirigidos a la explicación o al convencimiento; no todo consiste en que ha quedado sólo algo de lo que antes había en las leyes, sino que se han incorporado otros factores, como son un propósito de precisión (se consiga o no), cierta tendencia al tecnicismo de diversas procedencias (porque la sociedad actual está por excelencia tecnificada) y sobre todo de la investigación jurídica que mantiene comunicación con la actividad legislativa, el empleo de fórmulas internacionalmente estan-

9. Cfr. Radbruch, *Introducción a la ciencia del derecho*, trad. de L. Recasens Siches, prólogo de Fernando de los Ríos, Ed. Revista de Derecho privado, pp. 34-38.
10. Radbruch, ob. cit., p. 38.

darizadas, la preocupación por el sistema, es decir, la ordenada distribución de la materia que, además, conduce a frecuentes remisiones a otros preceptos de la misma ley, etc. Si en un momento las leyes modernas, en contraste con las de épocas anteriores, llegaron a ser o a parecer lapidarias, hoy posiblemente les cuadran mejor los calificativos de complejas y confusas. No porque traten de convencer o enseñar, sino quizá por la inclinación a querer abarcar todas las posibilidades de previsión. La hegemonía de que, evidentemente, goza en general la ley, conduce a ser más exigentes con ella misma. Los juicios de Radbruch están imbuidos de un positivismo exageradamente exclusivista —del que él mismo abdicaría a raíz de la segunda guerra mundial—, hasta el punto que ese derecho, cifrado sólo en el mando absoluto y en la incondicionada obediencia, llega a evocar, al menos en el modo literario con que lo expresa, al militarismo prusiano, del que, por otra parte, hay que considerar muy alejada la concepción jurídica del eminente filósofo del derecho. Parece, en fin, un tanto descuidada la base popular del derecho —que en Alemania fue antes el grito de combate de la Escuela histórica que el dogma de la democracia— para colocar en el primer plano al derecho creado por los juristas y dirigido a ellos mismos. No obstante, con estas y otras rectificaciones, la tesis de Radbruch acerca del estilo de las leyes, coloca ante nosotros una imagen, si no enteramente realista, en todo caso expresiva de la liberación de los barroquismos doctrinarios y los propósitos de convencimiento, por más que esa liberación no siempre desemboque en la deseable sobriedad estilística.

En la Constitución de 1812 todavía están presentes, aunque no en la totalidad del texto, algunos rasgos del viejo estilo. Como en el artículo 4: «La Nación está obligada a conservar y proteger por leyes sabias y justas la libertad civil, la propiedad y los demás derechos legítimos de todos los individuos que la componen.» O como en el artículo 13: «El objeto del Gobierno es la felicidad de la Nación, puesto que el fin de toda sociedad política no es otro que el bienestar de los individuos que la componen.» En las demás Constituciones españolas del siglo XIX el panorama cambia no sólo por el modo de expresarse, sino porque abandonan definiciones tan ambiciosas como las ofrecidas por la Constitución de 1812. Todas comenzarían por unos preceptos tan estrictamente enunciativos como los dedicados a establecer quiénes son los españoles, con la mención de algunos de sus derechos —en los que sólo pondría énfasis la Constitución de 1869— para pasar luego a la parte organizativa del Estado.

Durante el siglo XIX, principalmente en su segunda mitad, se hicieron en España las leyes de mejor calidad estilística. El Código penal de 1870, la Ley de Aguas de 1879 y el Código civil 1889, sin olvidar las Leyes de Enjuiciamiento civil y criminal, merecen recordarse entre los mejores ejemplos. Siempre me ha llamado la atención cómo en una época tan entregada a los retorcimientos retóricos, que hacían del castellano un mar embravecido o un clamor de rotundidades, así en la oratoria como en la literatura, en general dominadas por el período largo, el lenguaje del legislador fuese, por el contrario, sereno, preciso y más bien escueto. El mismo Parlamento en donde la elocuencia, acerada barroca, era eso, elocuencia, la exaltación del verbo con apoyo en el ademán y en el gesto, generaba unas leyes sencillamente bien escritas. Antes que Azorín y Ortega introdujesen en nuestra lengua el primor de los matices, al mismo tiempo que hicieran una gran poda de exuberancias, ya habían dado estos pasos los autores de las leyes. Indiscutiblemente comprendieron que hacer una ley no es escribir, dar suelta a la pluma; es otra cosa. Tuvieron conciencia de la grave responsabilidad de la palabra convertida en norma.

La Constitución de 1931, en conjunto, es mesurada de expresión y limpia de estilo, sin pretensiones literarias. Tuvo sus detractores; entre ellos, Valle-Inclán. Pérez Serrano emitió un parecer prudente. Recordaba como el prototipo del buen decir algunas leyes españolas del siglo pasado; frente a ellas colocaba la «moderna legislación de Hacienda». Y refiriéndose al texto de 1931, comentó: «... ni el Código penal de 1870, ni la Ley de Utilidades de 1922». Advirtió también: «... hay trozos muy hermosos y pulcros» aparte de que «es de mucha más importancia el vigor y nitidez del precepto que el academicismo de su frase». Mas no dejó libre a la Constitución de pecados: «De todas suertes —escribió—, hubiéramos deseado no ver incorrecciones gramaticales o anfibologías, como las que, a nuestro entender, se notan, *verbi gratia*, en los artículos 11, 24, 67 y 97.»[11]

De las anteriores reflexiones y de cuantas pudieran hacerse acerca del estilo en las leyes, una sola palabra condensa todas: la claridad. Lo que es la libre originalidad en el campo de la creación literaria es en la ley la claridad disciplinada como propósito y perseverancia. La claridad no es un factor añadido, sino un elemento constitutivo del propio decir. Lo confuso no termina de ser dicho y, por tanto, no llega a ser comunicado.[12] Cuando con el lenguaje queremos provocar la emoción estética o la reflexión

11. Cfr. Pérez Serrano, *La Constitución española*, cit., p. 34.
12. Hernández Gil, *El abogado y el razonamiento jurídico*, cit., p. 37.

tendrían la grave contrapartida de la exclusividad personalista. Las leyes demandan la concurrencia aun en la faceta técnica de la elaboración y redacción. Me parece un mérito que a la Constitución no pueda atribuírsele una paternidad determinada. Es una obra colectiva en la que si la cooperación de algunos ha sido más acusada, no cabe imputarla, de manera preferente, a uno.

¿Farragosa? Este calificativo suele utilizarse con frecuencia y con ligereza. Posiblemente no se tiene en cuenta el estricto significado del Diccionario, es decir, «el conjunto de cosas superfluas y mal ordenadas». A tanto, no llega. Todo en la Constitución no es superfluo y caótico. Quiere decirse tal vez que hay en ella demasiadas cosas; algunos preceptos innecesarios o de dudoso alcance normativo. Tiende a querer abarcarlo todo y en algunos puntos hay lo que me permitiría llamar demasiada frondosidad. En cierto modo, con las consiguientes variaciones impuestas por el tiempo, parece acercarse a la línea de la Constitución de Cádiz. Es, de todas nuestras Constituciones, la más próxima a ésta en tamaño. Como la Constitución del 12, incurre a veces en expresiones proclamatorias, aunque las expresiones de esta clase hayan cambiado.

¿Premeditadamente ambigua? Bien. ¿Pero qué quiere decirse con la ambigüedad? ¿Su único sentido posible es el peyorativo? No. Por una parte, característica definitoria de las normas jurídicas, de las leyes —y con más razón de las Constituciones— es la de ser generales. Ahí radica su poder de comprensión, su resistencia al tiempo. El supraderecho de los principios, de tanta fertilidad en la aplicación, tiene por base la generalidad de sus enunciados. ¿Hasta dónde llega la generalidad como requisito de la norma y dónde empieza la ambigüedad?

Por otra parte, suele formularse a la Constitución la tacha de que es ambigua porque le falta una nítida filiación ideológica. El juicio carece, creo, de ecuanimidad. El Estado social y democrático de derecho, la Monarquía parlamentaria y el pluralismo político constituyen las bases para la concurrencia de las diversas posiciones ideológicas. Hacer esto posible ya supone una definición política, presente asimismo en el gran cuadro de los derechos y las libertades. No es, ciertamente, una Constitución cerrada. Hubiera sido más simple escribirla en términos liberales o socialistas. Pero ésta es una cuestión que desborda el tema del estilo.

¿Extensa? Lo es, sin duda. No la más extensa de las Constituciones españolas, porque la primacía corresponde a la de 1812, si bien es superior en extensión a las demás. Considerablemente más breve fue la de 1931. Comparada la de 1978 con algunas Constituciones extranjeras, resulta más extensa que las de Francia, Italia y la República Federal Alemana, y menos, mucho menos, que las de Yugoslavia y Portugal. Luego su tamaño no es insólito o desproporcionado, aunque pase algo de la media normal.

3. PUNTUALIZACIONES TÉCNICO-ESTILÍSTICAS

En la Constitución de 1978 no hay graves transgresiones de la claridad. Al contrario, en su conjunto, se observa el propósito de ser explícita y puntualizadora. Pueden, no obstante, señalarse ciertos reparos desde el punto de vista del estilo y de la técnica. Hay preceptos un tanto recargados y complejos, de difícil comprensión para el no jurista. Así ocurre, por ejemplo, con el artículo 53 en el que figuran seis remisiones o referencias a otras partes y artículos de la Constitución (Capítulo segundo del Título I, artículo 161,1 a), artículo 14 y Sección Primera del Capítulo segundo, artículo 30 y Capítulo tercero), aparte de utilizarse conceptos un tanto indeterminados como el de «informarán... la actuación de los poderes públicos» (apartado 3) que es enunciado sintáctica y sistemáticamente como distinto del de «vinculan a todos los poderes públicos» (apartado 1). Con ello se trata de poner de manifiesto la distinta intensidad de la tutela conferida a los derechos y libertades del capítulo segundo y a los principios reconocidos por el capítulo tercero; pero uno puede preguntarse si los poderes públicos no están vinculados a los preceptos constitucionales cuando su actuación ha de estar informada por lo dispuesto en ellos.

El Título I se denomina «De los derechos y deberes fundamentales», con lo que no luce en la denominación parte importante del contenido, como son «las libertades» (Capítulo segundo) ni «los principios informadores de la política social y económica» (Capítulo tercero). Estos «principios» también se manifiestan en derechos (y así los denominan expresamente varios artículos, como el 42, el 43, el 45, etc.). La diferencia no radica tanto en que el Capítulo segundo reconozca derechos y libertades y el tercero sólo principios de política social y económica, sino en que en estos últimos falta la aplicabilidad directa plena de las normas constitucionales y la tutela jurisdiccional correspondiente (ya que sólo podrán ser alegados ante la jurisdicción ordinaria conforme a las leyes que los desarrollen), aunque alguna dimensión jurisdiccional se les atribuye por cuanto «informarán... la práctica judicial».

El sujeto o titular de los derechos, los deberes y las libertades (esto es, los comprendidos en el Título I) se designa de distintas formas, sin que en todos los casos esté justificada la diversidad terminológica ni haya completa coherencia. La expresión «todos tienen derecho...», con su loable propósito de generalización, peca de excesiva y no le es asignable en ningún caso su plenitud de sentido. ¿Cómo se obtienen los límites? El «todos», de suyo, nada excluye. Hay, sin embargo, que hacer una operación mental correctora del alcance del dato lingüístico, ponderando los posibles referentes de las palabras y los fines de la Constitución. En «todos tienen derecho a la educación» (artículo 27) o en «todos tienen derecho a sindicarse libremente» (artículo 28), es evidente que «todos» va referido a las personas y, en concreto, a las personas físicas, mientras que en el «todos contribuirán al sostenimiento de los gastos públicos» (artículo 31) han de comprenderse también las personas jurídicas. En cambio, en el «todos tienen derecho a la vida», según ha puesto de manifiesto la interpretación formulada con motivo del debate constitucional, «todos» comprende a quien todavía no es persona, al simplemente concebido. La verdad es que pudo enunciarse expresamente la protección del concebido, con los consiguientes efectos en cuanto al tratamiento jurídico del aborto, lo que habría permitido prescindir del ambiguo «todos» en los artículos 27 y 28, que, por lo demás, tampoco en el artículo 15 mantiene siempre la amplitud de su significado, porque en la prohibición de la tortura y de los tratos humanos o degradantes y en la abolición de la pena de muerte hay que considerar necesariamente sobreentendida la persona. En otras ocasiones el «todo» genérico ha sido reemplazado, creo que con acierto, por «toda persona» (artículo 17) o «todas las personas» (artículo 24) o por «los españoles son iguales ante la ley» (artículo 14), sin que llegue a comprenderse suficientemente por qué los artículos 29 y 35, en lugar de atenerse a la misma fórmula del artículo 14, suficientemente comprensiva, dicen que «todos los españoles tienen el derecho de petición y el deber y el derecho al trabajo», ya que si se quiso poner énfasis en el sentido de totalidad nunca estaba tan justificado ese sentido como en el artículo 14 que consagra la más general de las reglas como es la fundamentalísima de la igualdad. «Los ciudadanos» son considerados en el artículo 23 como titulares del derecho a participar en los asuntos políticos, expresión en la que sólo se comprende a «los españoles», pues únicamente a éstos y no a «los extranjeros» se reconocen los derechos del artículo 23 —según dispone el artículo 13,2—. En cambio y en relación con lo anterior no resulta coherente que el artículo 53,2 diga que «cualquier ciudadano puede recabar la tutela de las libertades y derechos reconocidos en el artículo 14 y la Sección primera del Capítulo segundo», ya que si, con arreglo a los artículos 23 y 13,2, el «ciudadano» es el español (con los demás requisitos de mayoría de edad, capacidad, etc., en cuanto al ejercicio de los derechos políticos») a éstos quedaría circunscrita la tutela jurisdiccional dispensada por el artículo 53, respecto de las libertades públicas y los derechos del capítulo segundo, cuando las libertades públicas se reconocen expresamente a los extranjeros (artículo 13,1), como también, evidentemente, el derecho a la vida (artículo 15), el derecho a obtener la tutela efectiva de los jueces y tribunales (artículo 24,1), etc. El sujeto titular, destinatario de la protección, que no es siempre el mismo o en igual grado de extensión, podía haberse delimitado y, en su caso, diferenciado más precisamente.

En otros lugares, la Constitución, quizá por las dificultades de la determinación del sujeto, le omite, utilizando oraciones impersonales, con la expresión reflexiva «se», como ocurre en los artículos 16 («Se garantiza la libertad ideológica, religiosa...») y 18 («Se garantiza el derecho al honor...») o en los artículos 20 («Se reconocen y protegen...»), 21 («Se reconoce...») y 22 («Se reconoce...»). No se comprende suficientemente cuál sea la causa del cambio en el modo de expresarse ni tampoco por qué en unos casos queda sólo el «se reconoce» y en otros va acompañado de «y protegen», ya que, en rigor, el reconocimiento y la protección se implican recíprocamente.

Del verbo «poder», en su significado general, es decir, prescindiendo de su forma sustantiva propia del derecho constitucional (como «poder o poderes públicos») se hace un uso abusivo: «Podrá» o «podrán» aparece ochenta y una veces, y si computamos también el «pueda» o «puedan» y algún «pudiendo», se cuentan hasta ciento once utilizaciones. En el artículo 82 anotamos dos «podrá» y otros dos «podrán», y en la primera línea del breve artículo 83 de nuevo se lee «podrán», para volver a aparecer «podrá» en el artículo 84 y registrarse otros tres usos de la misma expresión verbal en el artículo 80. El «podrá» en sentido facultativo o en el más genérico de la permisión no siempre tiene fácil sustitución por una forma verbal equivalente, si bien cabe acudir, por ejemplo, a atribuir la «facultad». Sin embargo, en algunos casos, se emplea con el sentido imperativo o de prohibición («no podrá», «nadie podrá») y entonces la sustitución es muy fácil. Por ejemplo: el artículo 98,3 dice que «Los miembros del Gobierno *no podrán* ejercer otras funciones representativas que las propias del mandato parlamentario...», cuando habría sido posible decir: «Los miembros del Gobierno no ejercerán más funciones representativas...»

El uso de los artículos y los pronombres no es en todos los casos el adecuado. En el artículo 53,2, la construcción de la frase «de las libertades y derechos» es incorrecta porque el femenino «las» no comprende a «derechos» que debieron ir precedidos de «los», como tampoco debe decirse «las Fuerzas y Cuerpos de Seguridad...» (artículo 104,1), omitiendo otro «los». Los artículos 148 y 149 relativos, respectivamente, a las competencias de las Comunidades Autónomas y a las exclusivas del Estado, empiezan diciendo «en *las* siguientes materias», para hacer después la enunciación enumerativa de éstas, y dado que «*las* materias de la frase inicial rigen con todos los enunciados que siguen, procedía haber comenzado siempre con el sustantivo o con la palabra correspondiente sin ir precedida de un artículo, y unas veces se hizo así, al escribir, por ejemplo, «Ordenación del territorio», «Sanidad e higiene», etc., mientras otras veces figuran indebidamente antepuestos artículos, como «Las obras», «Los ferrocarriles», «El fomento del desarrollo», etc. La Constitución de 1931 que, sin duda, se tuvo a la vista, se atiene siempre a la regla que indico (artículos 14 y 15). En el artículo 4,2, «éstas» sintácticamente rige con «Comunidades Autónomas», cuando, en realidad, el pronombre hay que referirlo a las «banderas y enseñas».

La delimitación de los conceptos de «derechos fundamentales y libertades públicas» no está siempre conseguida, aunque el texto final ha mejorado, ya que en la primera redacción chocaba que titulándose la Sección correspondiente «De las libertades públicas», el primer precepto se dedicase al reconocimiento del derecho a la vida, que no es una libertad pública. La cuestión ha quedado resuelta, en parte, denominando a la Sección primera, Capítulo segundo del Título I, «De los derechos fundamentales y de las libertades públicas». Subsiste, sin embargo, alguna falta de armonía y cierta indiscriminación. Por ejemplo, en el artículo 16 la libertad ideológica, la religiosa y la de cultos son tratadas exclusivamente como tales libertades, mientras en otras hipótesis la libertad figura como contenido de los derechos, y así el artículo 17 empieza diciendo que «Toda persona tiene derecho a la libertad...». También se emplean indistintamente las denominaciones «derechos» y «libertades», como puede observarse en el artículo 20.

En la Constitución figuran expresiones explicativas concernientes al sentido de la ordenación en su conjunto, como ocurre en los artículos 2 y 10,1, o a la finalidad de una norma, como cuando el artículo 158,2 previene la creación de un Fondo de Compensación «con el fin de corregir desequilibrios económicos interterritoriales y hacer efectivo el principio de solidaridad...». Algunas veces se sirve de giros literarios y metafóricos, como cuando alude a los grupos sociales o políticos *significativos*» (artículo 20,3) o dice «en el *marco* de lo dispuesto en los artículos anteriores» (51,3) o invoca al «*imperio* de la ley» (Preámbulo y artículo 117,1).

Se han deslizado dos «acceder» (a las funciones y cargos públicos —artículo 23,2— y al autogobierno —artículo 143,1—) como si con este verbo, que está bien utilizado cuando se accede al ruego o al deseo, pudiera designarse la acción de llegar propia de «acceso» (palabra utilizada en varios lugares correctamente).

Todas las observaciones gramaticales y estilísticas que pueden hacerse a la Constitución no llegan sin embargo a empañar un texto, que si no es brillante, tampoco es de los peores que figuran en nuestro patrimonio legislativo.

4. EL USO POLIVALENTE DEL TÉRMINO «PRINCIPIOS»

En la Constitución se advierte el uso del concepto de «principios» con un significado falto de uniformidad y no coincidente con el que corresponde a esta noción jurídica básica. Los principios generales del derecho, que a tenor del Código civil (en su antiguo artículo 6) sólo tenían el carácter de fuente subsidiaria o de tercer grado, a falta de ley y de costumbre, después de la reforma del Título Preliminar del Código (artículo 1,1 y 4) cumplen un cometido de mayor rango como el de informar el ordenamiento jurí- ▸ dico. En el derecho político, en el constitucional, en el administrativo y, en general, en la ciencia del derecho, tiende a verse en los principios la encarnación de unos valores esenciales que conciernen al fundamento del orden jurídico al que dotan de unidad de sentido. García de Enterría, al plantearse el problema de los principios constitucionales con este alcance, encuentra dos manifestaciones destacadas de los mismos. Una, en el Preámbulo de la Constitución y en el Título Preliminar de ésta, cuando son proclamados como valores superiores del ordenamiento jurídico la libertad, la justicia, la igualdad y el pluralismo político, así como también en el artículo 10 al establecer los fundamentos del orden político y de la paz social (artículo 10,1), y en los artículos 14 a 30. Otra manifestación la encuentra en la protección reforzada de la reforma constitucional a que se refiere el artículo 168. García de Enterría considera como «principios menos relevantes todos los que pueden inducirse de la totalidad de su texto», y a este propósito cita las partes más relevantes de la ordenación constitucional.[13] Sin embargo, la Constitución se sirve de la expresión «principios» con alcance distinto y no siempre equivalente. En el artículo 1,1 y en el artículo 10,1, que son las localizaciones de los principios en su significado esencial, no utiliza esta palabra, sino

13. Cfr. Eduardo García de Enterría y Ramón Tomás Fernández, *Curso de Derecho administrativo*, I., cit., pp. 114 y ss.

las de «valores» y «fundamento». El artículo 9,3 dice que «la Constitución garantiza el principio de la legalidad». Hay, por tanto, la remisión a un principio con existencia propia, no emanado de la Constitución, sino acogido por ella. La referencia que luego hace el propio precepto a «la jerarquía normativa, la publicidad de las normas, la irretroactividad de las disposiciones sancionadoras no favorables o restrictivas de derechos individuales, la seguridad jurídica, la responsabilidad y la interdicción de la arbitrariedad de los poderes públicos», resulta un tanto imprecisa. Aunque la mención de estos criterios reguladores se hace separadamente, si bien a continuación inmediatamente del principio de legalidad, en rigor, son manifestaciones o modos de realizarse el principio básico, por lo que hubiera sido oportuno poner de relieve esa conexión y dependencia. En el debatido artículo 27 leemos, en un lugar (ap. 2), «el respeto a los principios democráticos de la convivencia» y, en otro (ap. 6), «dentro del respeto a los principios constitucionales», como también el artículo 8,2 establece que una ley orgánica regulará las bases de la organización militar «conforme a los principios de esta Constitución». Evidentemente, por principios constitucionales no hay que entender sólo las remisiones que la Constitución hace a determinados criterios ordenadores, ni siquiera a aquellos que desempeñan la función de valores o fundamento de la ordenación constitucional, según ella misma establece (artículo 1,1 y artículo 10,1), sino también a cuantos se infieran de la Constitución considerada en su conjunto. Si cualquier norma contenida en la Constitución no tiene rango de principio, sí lo tienen los puntos capitales en que se condensa la justificación material —esto es, ético-social— de la ordenación constitucional. He aquí la acepción dotada de mayor amplitud. Le sigue en amplitud de sentido la denominación dada al Capítulo tercero del Título I: «De los principios rectores de la política social y económica», en donde el término «principios» parece tener una dimensión incluso metajurídica; pero la verdad es que en el contenido de la regulación, junto a orientaciones político-sociales, aparecen concretos reconocimientos de derechos, como el de la igualdad de los hijos ante la ley con independencia de su filiación, o la imposición de deberes, como los de los padres respecto de los hijos (artículo 39, apartados 2 y 3) que encuentran aquí una localización muy poco afortunada, como ya hemos apuntado. En los demás casos, la Constitución alude a algún principio determinado, o a varios, como puede verse en los artículos 31 («los principios de igualdad y progresividad en la tributación»), 103,1 («los principios de eficacia, jerarquía, descentralización, desconcentración y coordinación») 132,1 («los principios de inalienabilidad, imprescriptibilidad e inembargabilidad») y 117 («el principio de unidad jurisdiccional»).

De este diferente empleo del término «principios» se infiere que «los principios constitucionales» no son sólo aquellos criterios ordenadores mencionados como «principios» por la Constitución, sino cuanto en ésta tenga el carácter de fundamento y criterio esencial de la ordenación. Cuando el artículo 150 dispone que las Cortes Generales, en materia de competencia estatal, podrán atribuir a las Comunidades Autónomas la facultad de dictar normas legislativas «en el marco de los principios, bases y directrices fijados por una ley estatal», se sirve del término «principio» en un sentido diferente, pues ya no se trata de unos postulados jurídicos dotados de existencia propia a que se remite la Constitución, ni tampoco de unos principios emanados de la Constitución, sino de aquellos que, sin previa determinación constitucional, fije una ley. A su vez, el mismo artículo, en el apartado 3, previene que «el Estado podrá dictar leyes que establezcan los principios necesarios...». Hay, pues:

a) Principios en tanto que valores a los que tiende el ordenamiento jurídico o que son proclamados como fundamento del orden político y de la paz social.

b) Principios constitucionales en los que, sobre la base de aquellos valores, se encuentran los criterios de ordenación básicos inferidos de la Constitución.

c) Principios expresamente invocados como tales por determinadas normas de la Constitución, que han de observarse en la regulación de la materia propia de las mismas.

d) Principios que establecerán las leyes del Estado, sin una previa determinación constitucional de cuáles sean.

e) Principios que fijarán las Comunidades Autónomas en el ejercicio de su función legislativa.

Hay anfibología y demasiadas acepciones (expresas o implícitas) que no contribuyen a la claridad. Es demasiado heterogéneo el contenido que se asigna a los «principios», y éstos, a veces, no pasan de ser un simple giro verbal, como ocurre con los que fijen leyes futuras.

5. LA EXPRESIÓN «SUPUESTO» PODÍA HABERSE EVITADO

La Constitución emplea con relativa frecuencia (creo que hasta seis veces) la expresión «supuesto» (o el plural «supuestos») de manera no siempre pertinente. En una semántica general equivale a suposición o hipótesis. En la ciencia jurídica (y en particular en la española) el término «supuesto» —que cuenta con una larga tradición escolástica y filosófica— ha penetrado por dos vías: la doctrina de la norma y la teoría del negocio jurídico. La norma, bajo la influencia más o menos directa de Kelsen, tiende a configurarse como un juicio hipotético o una proposición condicional compuesta de dos elementos: el supuesto y la consecuencia jurídica.[14] El supuesto está constituido por la previsión que hace la norma, en términos genéricos, de unos hechos, de una conducta. Aunque toda norma tiene, en conjunto, un significado jurídico, el supuesto viene a considerarse como su faceta fáctica; en él está la referencia de la misma a la realidad social. Por consecuencias jurídicas, como elemento diferenciado, se entienden los efectos normativamente subordinados al supuesto. Estáticamente considerada la norma, no hay más que una conexión o relación de dependencia condicional entre el supuesto y la consecuencia jurídica: si es S. deberá ser C. Es en el momento dinámico de la aplicación de las normas cuando esa relación de condicionalidad deja de hallarse pendiente o meramente enunciada para convertirse en una apreciación o decisión. La llamada por la ciencia dogmática operación de subsunción consiste en determinar si un hecho singular, efectivamente acontecido, se integra o no en el hecho genéricamente previsto en el supuesto de la norma. En la compraventa, el consentimiento acerca de la cosa y el precio, dan lugar a la correspondiente calificación jurídica y a las consecuencias derivadas; lo mismo sucede con el apoderamiento mediante violencia de una cosa mueble, que forma el supuesto tipificado como delito de robo con las consecuencias inherentes. En la teoría del negocio jurídico también se acude al concepto de «supuesto» y más específicamente al de «supuesto de hecho», sobre todo desde que se dio esta traducción a la palabra alemana «Tatbestand» (utilizada antes por los penalistas).[15] Así como en la norma el supuesto es la faceta de hecho de la misma, así también lo es en el negocio jurídico. El supuesto está integrado por la declaración de voluntad y el conjunto de requisitos a que subordina el ordenamiento la producción de una consecuencia jurídica.[16]

14. Cfr. Demófilo de Buen, *Introducción al estudio del Derecho civil*, Ed. Revista de Derecho privado, Madrid, 1932, p. 264, que utiliza los conceptos de «proposición condicional», «supuesto», y «consecuencia»; De Castro, *Derecho civil de España*, Madrid, 1955.
15. Cfr. Enneccerus, Kipp y Wolff, *Tratado de derecho civil*, t. I, vol. 2.°, trad. con notas de Pérez González y Alguer, 1.ª ed., Barcelona, 1935, pp. 5 y ss., pp. 54 y ss. Castán Tobeñas, *Derecho civil español, común y foral*, t. I, vol. 1. 11.ª ed., revisada por José Luis de los Mozos, Reus, Madrid, 1978, p. 380.
16. Cfr. en Enneccerus, Kipp y Wolff, ob. cit., II, 2, p. 54, la precisa definición de negocio jurídico como «supuesto de hecho que contiene una o varias declaraciones de voluntad».

La Constitución de 1978 se sirve del término «supuesto» para aludir a previsiones contenidas en las normas. El artículo 99, al iniciar la regulación de la propuesta y el nombramiento de Presidente del Gobierno, dice: «Después de cada renovación del Congreso de los Diputados, y en los demás *supuestos constitucionales* en que así proceda.» Según la disposición transitoria 8.ª,2 «a los efectos de lo establecido en el artículo 99, la promulgación de la Constitución se considerará como un *supuesto constitucional* en el que procede a su aplicación». En uno y otro precepto está técnicamente bien utilizado el concepto de supuesto como hecho o dato al que se liga un efecto jurídico: la renovación del Congreso y la promulgación de la Constitución actúan como supuestos, en el primer caso, para proceder al nombramiento de Presidente del Gobierno, y en el segundo caso, para optar éste por la disolución o someterse al régimen de designación del artículo 99. En cambio, en los artículos 145,2, 151,2 y 152,1, párrafo segundo, el término «supuesto» no está técnicamente bien empleado, pues designa el conjunto de una ordenación o una norma determinada y no sólo la faceta de hecho de ésta. Otro tanto se observa en la disposición transitoria 7,b y en la remisión que contiene el artículo 143.

Pese a la justificación técnica de la expresión «supuesto», era innecesario haber introducido este doctrinarismo. La palabra «caso», tradicional en nuestras leyes y de significado amplio y flexible, habría desempeñado el mismo cometido. La Constitución de 1931, elaborada cuando ya había penetrado la concepción de la norma como la conexión entre el supuesto y la consecuencia jurídica, utilizó siempre «caso» (artículos 74, 81, 83, 95, 114, 125, etc.).

IX. La Constitución, el derecho, el ordenamiento y los valores

1. LA PREGUNTA ACERCA DE LA ACTITUD ANTE EL DERECHO REFLEJADA POR LA CONSTITUCIÓN

Creo de interés formular la siguiente pregunta: ¿refleja la Constitución un modo de concebir el derecho o una posición respecto del mismo que pueda considerarse como definitoria, caracterizadora o simplemente significativa?

Desde el punto de vista político hay pleno acuerdo en entender que la Constitución española de 1978 no ha sido obra de un partido ni es exponente de una ideología determinada, si bien tampoco cabe considerarla como una Constitución de las denominadas por algunos autores «utilitarias», esto es, indiferentes políticamente, neutrales, simples instrumentos susceptibles de canalizar cualquier acción de gobierno por los eventuales detentadores del poder. La difundida tesis de que cuanto hay en la Constitución son «reglas de juego» no me parece por completo acertada. El Título preliminar, el I, el VII y el VIII, especialmente, así como numerosos preceptos, están muy lejos de limitarse a permitir cualquier jugada conforme a la iniciativa y los cálculos de quienes las realicen. La Constitución, además de organizar los poderes públicos, fijar sus atribuciones, límites, relaciones y funcionamiento, predetermina la naturaleza y la misión del Estado, establece el estatuto de la persona y de sus derechos fundamentales y formula las grandes líneas de una política general a realizar en desarrollo y cumplimiento de las normas esenciales contenidas en ella. Una cosa es que en la Constitución no se haya impuesto una ideología determinada y otra que sea aséptica y permita hacer ilimitadamente cualquier clase de política. De ser así, de hallarnos en presencia de meras «reglas de juego», la cuestión que ahora planteo tendría una respuesta muy fácil: la Constitución quedaría encerrada en un estricto positivismo jurídico; sería un mecanismo correcto para llegar desde la creación de la ley hasta la aplicación individual del derecho. Y anticipando lo que más detenidamente habré de justificar, pienso que no estamos ante una Constitución de corte positivista-normativo.

Una cosa es elaborar el derecho, como lo hace un Parlamento, y otra reflexionar sobre el previamente elaborado, de igual modo que una cosa es la creación artística —literaria o plástica— y otra la reflexión sobre la misma. En el acto de creación hay una voluntad de hacer. Naturalmente, la voluntad pondera ideas, hechos y fines; pero actúa como fuerza conformadora. La posterior reflexión crítica parte de lo dado que, en lugar de forjarse, se analiza. Desaparece la función propiamente creadora para ceder el paso a la función interpretativo-comprensiva. Es perfectamente posible que el autor de la norma (o de la obra de arte) no tuviera conciencia de lo que luego capta o percibe quien la estudia. Las formulaciones jurídicas, como las creaciones artísticas, no son únicamente lo que ha querido su autor; son también lo que significan para los demás.

El proceso de la formación del derecho y el análisis de éste no se encuentran, sin embargo, tan alejados como el proceso de la formación del lenguaje y su codificación gramatical, que se produce siempre *a posteriori*, sin interferirse en la génesis de la lengua. Las aportaciones del lingüista conciernen al conocimiento de la lengua en su diacronía y en su sincronía sistemática. El descubrimiento de las reglas de transformación y de funcionamiento del lenguaje no tiene por objeto influir en él. Para observar en el campo del derecho un fenómeno parecido es necesario situarse ante sociedades primarias, culturalmente incipientes, en las que un derecho primigenio es más bien tema de la antropología que del saber científico-jurídico. Nadie ha hecho más que Savigny, desde su posición historicista y romántica, por exaltar las raíces populares del derecho. No obstante, él mismo habría de reconocer: «Dicha expresión *es más libre y fuerte en la época juvenil de los pueblos*, en la cual la unión nacional es más íntima y la conciencia de la misma generalmente divulgada, no empañada todavía por las diferencias de la formación individual. Pero en cuanto la cultura de los individuos se hace más heterogénea y preponderante y en cuanto se realiza una separación más rigurosa de las ocupaciones, los conocimientos y por ello de las profesiones, llega a ser más difícil la producción del derecho que descansaba en la comunidad de la conciencia. Es más: desaparecería finalmente por completo, si en lugar y por influencia de las mismas nuevas etapas no se desarrollaran nuevos órganos: la legislación y la ciencia jurídica.»[1] Claro es que Savigny afirma su tesis básica de la raíz popular del derecho en todas sus fases históricas. Y lo hace sin acudir a la explicación democrática del poder y del Estado. El pueblo, a su juicio, tiene siempre una encarnación en la totalidad de los individuos que lo forman e incluso en cada uno de ellos en sí mismos considerados. El Estado es para él la forma orgánica de existir el propio pueblo; luego no hay pueblo sin Estado. Para Savigny la ley y la propia ciencia jurídica emanan necesariamente del pueblo. «La relación actual —escribe— entre el legislador y el derecho del pueblo no se ve afectada por el hecho de que la ley sea hecha por un príncipe, o por un senado, o por una asamblea mayor, tal vez surgida a base de elecciones, o quizá por el consentimiento de varios de estos poderes.»[2] A su juicio, es indiferente. Y lo mismo ocurre con el derecho científico. La clase de los juristas representa a la comunidad. «El derecho no es en la conciencia particular de esta clase, sino una continuación y desenvolvimiento particular del derecho del pueblo.»[3] En suma, el pueblo está presente, por necesidad, lo mismo en la costumbre, en la ley precedente del príncipe absolutista, o en la elaborada por una asamblea, para mostrarse también en las opiniones de los jurisperitos. El causalismo historicista que anima toda la construcción de Savigny, en donde el pueblo es siempre génesis y fundamento, termina por desembocar en un idealismo utópico. Si fuera cierto lo sustentado por Savigny, podríamos seguir equiparando el proceso formativo del derecho, o de un determinado derecho, al del lenguaje o de una determinada lengua. Sin embargo, el curso de la historia ha acentuado claramente su separación. El lenguaje sigue estando entregado a la sociedad, sin que existan órganos que tengan a su cargo elaborarle y modificarle. Conceptos como los de «votación», «promulgación», «derogación», «fuerza obligatoria», «cumplimiento», etc., propios de la ley, carecen de sentido en una lengua, aunque también esté formada por reglas de comportamiento. La ley, como fuente del derecho, y la Constitución y la Codificación, como consagraciones máximas de la ley, han introducido en el mundo del derecho unos coeficientes de formalización muy superiores a los que aparecen en el mundo de la palabra. En verdad que, como ya he dicho, en una sociedad no es imaginable la nada jurídica. Esto equivale a decir que el dere-

1. Cfr. Savigny, *Sistema de Derecho romano actual.* Tomamos el fragmento de la traducción de Werner Goldschmidt, reproducida en «Savigny y la Ciencia del Derecho», *Revista de Ciencias Sociales,* de la Universidad de Chile, Valparaíso; edición dirigida por Agustín Squella, 1979, p. 25. (El subrayado es nuestro.)
2. Cfr. Savigny, *loc. cit.,* p. 37.
3. Cfr. Savigny, *loc. cit.,* p. 41.

cho no empieza a partir de la ley, lo cual significa, al propio tiempo, que el acto de la formulación legislativa de las normas no consiste en la implantación *ex novo* del derecho. Sin embargo, implica una decisión acerca de cómo ha de entenderse enunciado.

En las sociedades democráticas modernas, y especialmente en las de Europa occidental, en torno a la formulación legislativa del derecho se observan estas directrices: 1.ª La elaboración de la ley sobre la base de la democracia representativa o parlamentaria, si bien con algunas correcciones de signo contrapuesto, constituidas, respectivamente, por el recurso a la democracia directa mediante consultas populares, y por el desarrollo de la delegación legislativa que desplaza hacia el Gobierno el ejercicio de una función legislativa parlamentariamente controlada. 2.ª La creciente tecnificación del proceso formativo de las leyes, tanto por la materia a regular, cada vez más extensa y compleja en la sociedad industrial, como por el saber requerido para la adecuada articulación normativa, se necesita un conocimiento especializado. 3.ª La intercomunicación o internacionalización de las instituciones jurídicas, con el consiguiente desbordamiento de los rígidos nacionalismos. Como escribe René David «es inconcebible, sobre todo en la época actual, una cultura jurídica general sobre la base exclusiva de un derecho nacional».[4]

La racionalización, que comprende desde la explicación democrática del derecho hasta la tecnificación de la ley, elimina la distancia entre los actos formativos de un orden jurídico y su explicación reflexiva mediante el correspondiente análisis del mismo. No obstante, sigue habiendo diferencias, que se subrayan cuando el problema se plantea en el centro neurálgico del sistema que es la Constitución. A propósito de la Constitución española son claramente perceptibles los siguientes momentos: la apertura del proceso constituyente expresivo de una voluntad preponderante del cambio hacia la democracia; la elaboración parlamentaria de la Constitución, con la subsiguiente ratificación por el pueblo; y la explicación reflexiva de la misma desde una perspectiva científica y/o filosófica. Entre los intervinientes en la elaboración de la Constitución han abundado los juristas, algunos de ellos constitucionalistas muy cualificados, así como también han intervenido personas que, sin una previa idoneidad profesional, prestaron una colaboración valiosa. Ahora bien, aun cuando hubiese quienes tuvieran en su mente todos los problemas que plantea una Constitución en el plano especulativo, así como una imagen ideal de la

4. René David, *Los grandes sistemas jurídicos contemporáneos*, trad. esp. de Pedro Bravo Gala, Aguilar, Madrid, 1968, p. 10.

misma, es evidente que la Constitución no se ha elaborado como se escribe un libro. El texto legal no es un texto doctrinario o no debe de serlo. Sin embargo, el texto legal requiere ser recibido, analizado y comprendido a través del análisis reflexivo. Se dice con insistencia que la Constitución, para serlo efectivamente y rendir sus frutos, necesita el arraigo en la vida del pueblo y el vigilante y autorizado control por el Tribunal Constitucional. Desde luego. Pero también hay una labor a realizar por los juristas. El destino de la Constitución depende asimismo de cómo sea recibida por la ciencia jurídica.

Éste es el sentido y la finalidad con que me pregunto sobre qué actitud ante el derecho aparece reflejada en la Constitución. Con ello no pretendo penetrar en el análisis psicológico de la intención de sus autores. Me atengo al resultado. ¿Qué reflexiones suscita en el jurista esta obra legislativa? ¿Cómo puede ser catalogada desde el punto de vista de las diversas concepciones del derecho? ¿En qué directriz o directrices tiene encaje? El derecho es una estructura de contenido racional y social, inmanente a la naturaleza del hombre y al fenómeno de la convivencia, en la que siempre aparecemos insertos. En su sentido primario y básico tiende a eliminar el arbitrio hegemónico y la fuerza material. He aquí el eterno problema. Los ordenamientos son versiones de la estructura subyacente. Y las concepciones del derecho, modos de explicarle. Cuando se hace una Constitución no se construyen de nueva planta los cimientos del derecho; pero sí se penetra en ellos, se les toca, remueve e incluso renueva. ¿Cómo? ¿Qué impresión produce la obra realizada?

Las innumerables concepciones del derecho son reductibles (a costa, claro es, de omitir los detalles) a las tres siguientes: la iusnaturalista, la positivista y la histórico-sociológica. Los dos modelos más elaborados del iusnaturalismo son el aristotélico-tomista (de fundamentación teológica y realista) y el racionalista, de fundamentación metafísica, no teológica, que alcanza su cenit en el pensamiento de la Ilustración. Los iusnaturalismos actuales —incluso los de orientación existencialista— mantienen mayores contactos con el aristotélico que con el racionalista. La característica común a todas las posiciones que, de uno u otro modo, afirman el derecho natural, consiste en introducir un dualismo en el orden jurídico que no se considera expresado exclusivamente por un determinado derecho establecido como positivo. Mientras el iusnaturalismo racionalista de la Ilustración consideró posible formular y escribir de modo definitivo el derecho natural, con lo que terminaría convirtiéndose en un derecho que actuaría al mismo nivel que el positivo, el iusnaturalismo de base aristotélico-tomista no ha llegado a colocarse nunca en esa rivalidad con el derecho positivo ni con la historia. Sin integrarse por entero en la doctrina del derecho natural, aunque en las cercanías, se encuentran múltiples tesis superadoras del positivismo. Así ocurre con una posición tan generalizada como la que, por muy diversos derroteros, coloca el derecho en función de la justicia. O con la doctrina de la «naturaleza de la cosa», o, en fin, con la denominada teoría tridimensional patrocinadora del sincretismo norma, hecho y valor.

La concepción positivista, que hoy nos parece una antítesis de la iusnaturalista, por cuanto se pliega a un solo derecho —el dado o establecido— es en cierto modo el resultado a que condujo el derecho natural de la Ilustración. En nombre de éste se llegó a la Constitución y a la Codificación. En sus comienzos, el positivismo —señaladamente en Francia— no se presentó como una crisis o condena del derecho natural, sino como la realización del ideal patrocinado por el mismo. Desapareció la preocupación por «otro» derecho superior y distinto del establecido porque ya se había conseguido formularle; al menos se había descubierto la fórmula: la ley, entendida como expresión de la voluntad general. En el campo del derecho político quedaba eliminado el arbitrio del absolutismo porque, en lugar de gobernar los hombres a otros hombres, todos se gobernaban por sí mismos a través de la ley. En el campo del derecho civil la uniformidad legislativa terminaba con las incertidumbres acerca del derecho vigente. De los tres postulados principales de aquella ideología —la unidad o universalidad del derecho, su racionalidad y su inmutabilidad— el primado de la universalidad pereció en el intento, puesto que con las Constituciones y con los Códigos se crearon tantos orbes jurídicos como Estados; tratando de escribir cada Estado *el* derecho, lo que hizo fue formular *su* derecho. Tampoco la inmutabilidad se realizó, especialmente en el terreno tan movedizo como el de la organización política, como pronto lo pondría de manifiesto el rápido perecimiento de muchas Constituciones. Quedaba el racionalismo como legado del derecho natural que habría de ser recibido, no sin correcciones, por la concepción positivista. Irá desapareciendo la faceta ética del racionalismo para reducirle a su dimensión lógica, con lo que el positivismo tendió a ser eminentemente formalista. Hay, como en Comte, un tránsito de la reflexión filosófica a la ciencia; pero la ciencia, a diferencia de lo que ocurre en Comte, no versa sobre el *factum*, o bien éste queda circunscrito a la norma abstraída del contenido y de los fines. El conjunto de normas forman el ordenamiento entendido como un sistema. Notas definitorias de las normas son la imperatividad y la validez dentro del sistema dotado de autorregulación.

Llamo histórico-sociológica a la tercera de las concepciones para comprender en ella desde la Escuela histórica hasta las más modernas versiones del sociologismo, pasando por el materialismo histórico. Es otra forma de positivismo que, en lugar de prestar atención exclusivamente a las normas en cuanto tales, considera decisivos los factores sociales, económicos y políticos que las promueven o condicionan. Mientras conforme al iusnaturalismo (en su versión del siglo XVIII) el derecho es un emisario de la razón que genera determinadas prescripciones de comportamiento, y conforme al positivismo formalista es un conjunto de normas válidamente formuladas, para la concepción histórico-sociológica lo que está en él presente es un dato, una fluencia social, algo procedente de la experiencia, ya sea «el espíritu del pueblo», «la institución», «la solidaridad orgánica», «el hecho normativo», «lo resuelto por los jueces», «la clase dominante», etc. Desde este punto de vista el derecho se ha ido despojando, a la vez, de su dependencia de la razón y de sus pretensiones de universalidad para plegarse a la vida colectiva tal y como se manifiesta en cada sociedad.

2. EL CONCEPTO DE ORDENAMIENTO JURÍDICO Y SU PRESENCIA EN LA CONSTITUCIÓN

Sería de un simplicismo extremo, rayando en lo ingenuo, adscribir la Constitución de 1978 a una de las concepciones en que hemos sintetizado las grandes líneas dominantes en el modo de entender el derecho. Tampoco estas concepciones se manifiestan hoy en estado de absoluta pureza. Consisten más bien en criterios metodológicos, producto de un reduccionismo científico, útiles para una labor de análisis y clarificación.

La concepción jurídica reflejada por la Constitución resulta del conjunto, del contexto. Sin embargo, cuando dentro de él aparecen declaraciones expresas, es indispensable considerarlas. Ninguna es tan importante como la del artículo 1,1. Luego de establecer que «España se constituye en un Estado social democrático de derecho», añade: «que propugna como valores superiores de su ordenamiento jurídico la libertad, la justicia, la igualdad y el pluralismo político».

El concepto de «ordenamiento jurídico» arranca del positivismo, si bien no se detiene en él y, en virtud de ciertos desarrollos, llega a sobrepasarle. Responde, ante todo, a la idea de totalidad. ¿Cómo ha de considerarse formada esta totalidad? Si la integran las normas, únicamente se trata de que, en lugar de considerarlas aisladamente, se toma en consideración el todo. Sin embargo, el todo no es la mera yuxtaposición de las partes. Hay en él coherencia, armonía, jerarquía y, en definitiva, unidad. El ordenamiento se nutre de la ley y, en general, de todas las fuentes del derecho. Así como el concepto de norma es más comprensivo que el de ley, así también el de ordenamiento es más comprensivo que el de norma, no sólo porque en él figuren todas las normas, sino porque se explica el derecho con un sentido de unidad basado en la totalidad, en lugar de en la individualidad de cada norma. La principal ventaja que ofrece el entendimiento del derecho como ordenamiento y no como norma —o como suma de normas— consiste en que pueden predicarse de él cualidades, como la de la imperatividad o la sanción, que se dan en el ordenamiento y no en todas y cada una de las normas aisladamente consideradas. Hasta aquí sigue habiendo normativismo; un normativismo, si se quiere, más perfeccionado. Pero la teoría del ordenamiento se ha elaborado también, y, sobre todo, con otro alcance, que ha llegado a producir un desbordamiento del positivismo jurídico-formal.

La aportación fundamental en la materia se debe a Santi Romano,[5] cuya doctrina conserva actualmente renovada presencia, especialmente en el campo del derecho público. Sus dos ideas claves son: la institución y la pluralidad de los ordenamientos jurídicos. La institución no excluye al ordenamiento; al contrario, le dota de existencia y le justifica; la institución quiere decir «organización» y ésta encarna —dice Romano— el «fin característico del derecho». La pluralidad de los ordenamientos descarta la exclusividad del ordenamiento estatal; hay otros grupos sociales dotados de organización propia y, por tanto, otros ordenamientos.

¿Supone este modo de entender el ordenamiento la ruptura con el positivismo formalista? Así se entiende generalmente, frente a lo cual Bobbio argumenta: «Romano es, en el sentido propio de la palabra, un "formalista" porque considera el derecho como la forma de las relaciones sociales que, en cuanto tal, puede y debe ser estudiado independientemente de sus relaciones con la sociedad subyacente.»[6] Posiblemente, si nos atenemos sólo al método de conocimiento, al cometido de la investigación jurídica, Bobbio tiene razón; pero lo cierto es que la concepción institucionalista

5. Cfr. su obra *L'ordinamento giuridico*, Ed. Sansoni, Florencia, 1918. Hay trad. esp., con una introducción de S. Martín-Retortillo. *La doctrina del ordenamiento jurídico de Santi Romano, y algunas de sus aplicaciones en el campo del Derecho Administrativo*, Instituto de Estudios Políticos, Madrid, 1963.
6. Cfr. Norberto Bobbio, *Della struttura alla funzione*, Edizioni di Comunità, Milán, 1977, p. 173, nota 23.

del ordenamiento no se limita a considerarle como un conjunto de normas, sino como un todo en donde radica el principio organizativo de la sociedad. Una significación manifiestamente superadora del normativismo es la que le atribuye Mortati cuando, para explicar la especificidad del fenómeno jurídico acude al «ordenamiento» concebido como «el conjunto orgánico de las posiciones intersubjetivas y de su garantía en una sociedad que se dicta leyes a sí misma». Los elementos que le integran son: «un grupo de sujetos ligados por intereses comunes de cooperación o, al menos, de coordinación; los cánones [o criterios normativos] para la valoración de los comportamientos de los sujetos, necesarios para atribuirles una cualificación conforme a las exigencias del sistema; el complejo de relaciones concretas que nacen como efecto de la interacción de los sujetos; una autoridad social, operando como poder activo del grupo, dirigido a declarar y actuar la voluntad objetiva sustraída de los impulsos arbitrarios de los sujetos; el conjunto de medios de que dispone la autoridad para la tutela del orden, que se efectúa haciendo valer las consecuencias establecidas en ventaja de aquellos que someten sus propios comportamientos a los intereses del grupo y en perjuicio de los que, por el contrario, los contravienen, respecto de los cuales se hacen valer las sanciones».[7] Más resumidamente, el ordenamiento así configurado es un sistema compuesto de sujetos, relaciones, normas, la autoridad que las establece y la efectividad de las mismas, bien mediante el cumplimiento o por la sanción. Luego del ordenamiento forman parte las normas, mas no sólo ellas y, sobre todo, no entendidas en cuanto tales, sino en función del ordenamiento, que es donde radica la normatividad y no en las singulares normas que son mutables. A juicio de Mortati, el valor jurídico de las normas está sujeto a dos exigencias o condiciones: su carácter instrumental respecto de los fines esenciales a que tiende todo ordenamiento; y la «capacidad» de las mismas para ser obedecidas por aquellos a quienes se dirigen, excluyendo, tanto la obediencia total (que las haría innecesarias), como la total desobediencia (que las haría ineficaces). El fundamento de este valor del ordenamiento emana de la «institución» concebida como la estructura íntima asociativa del grupo, que, según Mortati, equivale a la «constitución» en su sentido material.[8] García de Enterría, que invoca las aportaciones de Romano, Giannini y Martín-Retortillo y la filosofía estructuralista, rechaza la concepción exclusivamente formal del ordenamiento como conjunto racionalizado de precep-

7. Cfr. Mortati, *Instituzioni di Diritto publico*, I, Padua, Cedam, pp. 5-6.
8. Cfr. Mortati, ob. cit., pp. 7-8.

tos, para sostener que «tales preceptos se funcionalizan necesariamente en un sistema social dado y en la organización, formal e informal, de que él mismo se dota».[9] Los dos cometidos esenciales que asigna al ordenamiento son éstos: en tanto las normas cambian, el ordenamiento permanece mientras subsisten sus principios y si éstos cambian también cambia el ordenamiento, aunque no se realice directamente ninguna operación sobre las normas; y en el ordenamiento coexisten una serie distinta de fuentes del derecho, lo mismo las formalizadas que las no formalizadas, porque el monopolio del derecho por la ley, que en determinadas fases históricas se ha pretendido realizar, nunca ha logrado alcanzarse plenamente.[10]

La introducción de la categoría del ordenamiento jurídico no quiere decir tan sólo que el positivismo, en lugar de atenerse a la unidad individual de la norma, resalte la unidad del conjunto, y todo quede lo mismo. Con la incorporación de esta categoría, el positivismo se transforma. Los pasos que, desde los comienzos, se han dado, han sido los siguientes: (i) de la ley a la norma; (ii) de la norma al conjunto; (iii) del conjunto formado por normas al conjunto formado también por los «referentes» (diríamos en términos lingüísticos) de las normas, es decir, por la total realidad social afectada; y (iv) por los fines o los principios inspiradores de la conformación normativa. El primer paso (i) no se da dentro de la teoría del ordenamiento, aunque la presupone. El segundo paso (ii) es ya el punto de partida de la teoría. Si se detiene o se la detiene ahí, el positivismo formalista no se transforma; sigue o puede seguir siendo normativista en la medida en que, aun cuando el conjunto de las normas no sea la suma de éstas, sino una totalidad considerada como unidad, siendo los elementos de la totalidad únicamente las normas, no varía el modo de concebir el derecho, por más que en el plano del análisis y en el de la interpretación se obtengan criterios y elementos de juicio que no muestra la norma por sí sola. En el tercer paso (iii), con el ordenamiento plegado a la realidad social e inseparable de ella, por cuanto constituye su estructura u organización, si bien el positivismo se mantiene, cambia de signo, ya que lo dado no son sólo las normas o el conjunto, sino su contenido humano, social y fáctico; consiguientemente, estamos ante un positivismo que, en lugar de ser normativista, será jurídico-sociológico. En el cuarto paso (iv), generalmente ligado al tercero, aunque no de modo indispensable, no aparece sólo ensanchada el área de acción del positivismo, sino

9. Eduardo García de Enterría y Tomás-Ramón Fernández, *Curso de Derecho administrativo*, I, Civitas, Madrid, 1979, pp. 53 y ss.
10. García de Enterría, ob. cit., pp. 54-55.

que se sobrepasa cualitativamente para desembocar en una concepción valorativa o teológica con mayor o menor grado de trascendentalismo. Que el derecho encarna unos valores y tiende a unos fines no hay jurista ni legislador que lo desconozca. La cuestión está en que el positivismo, como método, se atiene en exclusiva al medio o al instrumento que es el derecho, prescindiendo de cualquier otra consideración. Claro es que esta posición positivista, propia del jurista científico, es difícil que la asuma el jurista práctico cuando se le plantean problemas de interpretación en el proceso aplicativo. Y, desde luego, en la fase de la formación legislativa del derecho, su instrumentalidad no consiste en dotar de relieve el aquilatamiento técnico de las normas, sino más bien en lo contrario, en subordinarlas a lo que se pretende a través de ellas.

3. SENTIDO EN QUE LA CONSTITUCIÓN SE REFIERE AL ORDENAMIENTO

¿Qué es para la Constitución el ordenamiento jurídico y cuál el sentido en que se refiere a él? He anticipado que, a mi juicio, la Constitución desborda ampliamente el modelo del positivismo normativista. Pero es preciso demostrarlo, y para ello se impone inquirir, en primer término, si el concepto de ordenamiento implica de suyo una superación del positivismo. Así ha tendido a considerarse por la doctrina española desde que el artículo 83,2 de la Ley de la Jurisdicción Contencioso-administrativa dispuso que la sentencia estimará el recurso «cuando el acto o la disposición incurriere en cualquier forma de infracción del ordenamiento jurídico, incluso la desviación de poder». Ciertamente, éste fue entonces el punto de vista del legislador, como lo pone de relieve la Exposición de Motivos, al decir que «se refiere la conformidad o disconformidad del acto genéricamente al derecho, al ordenamiento jurídico, por entender que reconducirla simplemente a las leyes equivale a incurrir en un positivismo superado y olvidar que lo jurídico no se encierra y circunscribe a las disposiciones escritas, sino que se extiende a los principios y a la normatividad inmanente en la naturaleza de las instituciones». Indiscutiblemente, esta aclaración pone de manifiesto que se tuvo en cuenta como idea inspiradora de la noción del ordenamiento la tesis institucionalista de Santi Romano. Así se ha entendido, por regla general, en el campo del derecho administrativo.[11] Cuando el Código civil, con la

11. Cfr. Eduardo García de Enterría y Tomás-Ramón Fernández, *Curso de Derecho administrativo*, I. cit., pp. 53 y ss.; y Alfonso Pérez Moreno, «El

reforma del Título Preliminar, introdujo también el concepto de ordenamiento no despertó demasiados entusiasmos en los civilistas. Luis Díez-Picazo considera que con tal concepto «quiere hacerse referencia al bloque normativo como conjunto, pero también, probablemente, a la consideración de ese bloque o conjunto como un todo cuyas partes se encuentran, o por lo menos deben encontrarse, en armónica coherencia o estructura entre sí».[12] Sin embargo, el propio autor, muy prudentemente, observa a la vista de la innovación introducida en el Código civil: «Más difícil sería decidir si el legislador español de 1974 ha mantenido una conexión del ordenamiento referida simplemente al conjunto o bloque normativo o, más profundamente, una concepción institucional, de acuerdo con la cual el ordenamiento es no sólo el conjunto de normas, sino también los órganos de realización y ejecución y el modo y la manera como los mandatos establecidos en las normas tratan de ser imbricados en la realidad.»[13]

A nuestro juicio, el solo hecho de que la Constitución, siguiendo una línea que ya se había manifestado antes legislativamente, se sirva del concepto de ordenamiento jurídico no es suficiente por sí mismo para sostener que se ha desbordado el modelo positivista del normativismo, pues si bien el concepto de ordenamiento, principalmente a partir de Santi Romano, que tanto eco ha encontrado en los administrativistas españoles, tiene ese significado, como resultado de combinar ordenamiento e institución, no es sin embargo el único significado posible. Cuando el artículo 9,1 establece que «los ciudadanos y los poderes públicos están sujetos a la Constitución y al resto del ordenamiento jurídico» únicamente podemos extraer las siguientes consecuencias: que el ordenamiento jurídico es un todo o conjunto unitario en el que queda comprendida la Constitución como parte principal o preferente, al distinguir entre ella y el «resto»[14] del ordenamiento; que el ordenamiento está dotado de coerción o fuerza vinculante, por cuanto cumple la función ordenadora de sujetar o someter; y que sujetos

---

concepto de ordenamiento jurídico en la Constitución», en *La Constitución española y las fuentes del derecho*, III, Instituto de Estudios Fiscales, Madrid, 1979, pp. 1631 y ss.

12. Luis Díez-Picazo, «Fuentes del derecho», en *Comentarios a las reformas del Código civil*, I, Ed. Tecnos, Madrid, 1977, p. 47.

13. Loc. cit., p. 47.

14. La expresión «resto» no es muy afortunada por su significación cuantitativa. Gramaticalmente, parece que hay un fraccionamiento en el que, en un lado, queda la Constitución y, en otro, lo demás. También connota algo residual. La unidad, inherente al concepto de ordenamiento, se muestra como rota. El mayor rango del ordenamiento constitucional no justifica contraponerle al «resto» del ordenamiento. Tal vez habría sido mejor decir «y al conjunto del ordenamiento jurídico».

al ordenamiento jurídico se encuentran, paralelamente, si bien en sus respectivas posiciones, los ciudadanos y los poderes públicos. Sin duda, se confiere al ordenamiento un sentido omnicomprensivo. La idea de la omnicomprensión aparece, tanto en el sentido global o de la totalidad del ordenamiento, como en el sometimiento al mismo de «los ciudadanos y los poderes públicos», es decir, de los gobernados y de los gobernantes o de «los particulares y las autoridades», como con terminología más tradicional, aunque menos técnica, dice la fórmula promulgatoria de la Constitución. El sometimiento de los poderes públicos al ordenamiento jurídico es la manifestación primaria del Estado de derecho. Ahora bien, si el ordenamiento jurídico no es sólo un conjunto unitario de normas, sino primordialmente organización o realidad social institucionalizada, si en él están todos los protagonistas del fenómeno jurídico (los órganos, los sujetos, las relaciones, los valores, etc.) o únicamente la ordenación, es algo que escapa a una norma cuya finalidad esencial va dirigida a establecer la coerción o fuerza vinculante del ordenamiento y los destinatarios de la misma. La que hemos llamado omnicomprensión del ordenamiento puede darse también en el plano puramente normativo. Tampoco el artículo 96 despeja esta incógnita. Conforme a él los tratados válidamente celebrados, «una vez publicados oficialmente en España, formarán parte del ordenamiento interno». Consiguientemente, los tratados, al integrarse en el ordenamiento, tienen la coerción y la fuerza obligatoria de éste, con arreglo al artículo 9,1. Constituyen una de las fuentes generadoras del ordenamiento; pero no se infiere del precepto nada más acerca de cómo haya de entenderse. Según el artículo 147, «dentro de los términos de la presente Constitución, los Estatutos serán la norma institucional básica de cada Comunidad Autónoma y el Estado los reconocerá y amparará como parte integrante de su ordenamiento jurídico». ¿Al considerarse a los Estatutos como *norma institucional básica* se da entrada a un concepto institucional del ordenamiento? Sin duda, trata de subrayarse la entidad normativa de los Estatutos. Conforme al artículo 84, las leyes aprobatorias de éstos tienen el carácter de orgánicas. Al considerarlos como norma institucional básica se ha dado un paso más allá de ese carácter, que formalmente corresponde a las leyes aprobatorias. Calificar a los Estatutos de «norma *constitucional* básica» habría resultado, por una parte, excesiva ya que ese rango sólo corresponde a la Constitución, y el artículo 147 ha querido mantener la primacía de ésta dentro de la cual, mas no en posición equivalente, aparecen los Estatutos, y de otra parte, tal vez habría podido resultar insuficiente, ya que, de no atenerse a ese sentido superior y primario de lo constitucional, el calificativo de «norma constitucional» corresponde a todas las contenidas en la Constitución. Haberlos reputado como «norma fundamental» habría supuesto equipararlos a la Constitución, que, precisamente en la fórmula promulgatoria, siguiendo la tradición doctrinal del constitucionalismo, es designada como «norma fundamental del Estado». Luego, a nuestro juicio, el concepto de «norma institucional» no responde tanto a una específica teoría institucional del derecho cuanto a la necesidad de subrayar la entidad máxima que, dentro de la Constitución, ha querido atribuirse a los Estatutos. En este precepto está muy clara la vinculación del ordenamiento jurídico con el Estado. El reconocimiento y amparo que el Estado dispensa a los Estatutos consiste en considerarlos como «parte integrante de *su* ordenamiento jurídico».

Para conocer el sentido que la Constitución atribuye al ordenamiento jurídico es necesario atenerse al artículo 1,1. El esclarecimiento interpretativo del precepto pone de relieve que no se refiere, en general, al ordenamiento, sino a «su» ordenamiento. Dado que inmediatamente antes viene establecido que «España se constituye en Estado social democrático de derecho», el «su» rige con Estado. Nos encontramos, pues, con que el ordenamiento es imputado o atribuido al Estado. La teoría institucional del ordenamiento enuncia como postulados esenciales estos dos: la no estatalidad exclusiva del derecho y la pluralidad de los ordenamientos jurídicos.[15] Ambos postulados son coherentes e incluso se refunden en uno. Con la no estatalidad no trata de sostenerse que el Estado carezca de derecho y de ordenamiento, pero sí que éste no le corresponde en cuanto Estado, sino en virtud precisamente de la institución que es el Estado —como lo son la Comunidad internacional, la Iglesia Católica, la familia y, en general, todos los cuerpos sociales que tienen esos caracteres—, de donde se infiere, al propio tiempo, la pluralidad de los ordenamientos correspondientes a las diversas instituciones. El artículo 1,1, de igual modo que el artículo 147,1, predica el ordenamiento del Estado. ¿Significa esto una consagración de la tesis de la estricta estatalidad del derecho? Considero que no de una manera necesaria. Decir que el Estado tiene «su» ordenamiento jurídico no supone afirmar que todo ordenamiento jurídico procede del Estado. La teoría institucionalista sostiene que el Estado *es* o *tiene* un ordenamiento; lo que no admite es la identificación del ordenamiento del Estado con la totalidad del derecho. En el sistema de fuentes acogido por el Código civil, todo el derecho no emana del Estado: la costumbre y los principios generales, con la función

15. Cfr. Santi Romano, ob. cit., pp. 106 y ss.

plena de fuentes, y la jurisprudencia y la equidad, con una función complementaria, nutren al ordenamiento jurídico de normas o criterios normativos de origen no estatal. Este sistema no resulta alterado por la Constitución. Al contrario, la principal fuente extraestatal del derecho, que son los principios generales, encuentra una reiterada consagración en el texto constitucional. Cuando el artículo 149,1,8º de la Constitución incluye entre las materias que son de la exclusiva competencia del Estado la «determinación de las fuentes del derecho», quiere decir que incumbe al Estado establecer cuáles son las fuentes del ordenamiento jurídico, mas no que éste emana en su integridad del Estado. El solo hecho de admitir la existencia de «fuentes» supone una clara concesión al pluralismo jurídico. Las Constituciones y los Códigos, que fueron, histórica y dogmáticamente, fruto de la hegemonía de la ley, no pudieron sin embargo cegar las demás fuentes del derecho, que con el transcurso del tiempo han tendido a resurgir.

4. EL ORDENAMIENTO Y LOS VALORES CONSTITUCIONALMENTE ENUNCIADOS

La esencia del problema en cuanto al modo de entender la Constitución el concepto del ordenamiento jurídico se encuentra en la colocación del mismo en dependencia de los valores. Si el sujeto del ordenamiento es el Estado, es también éste el que «*propugna* como valores superiores de su ordenamiento jurídico la libertad, la justicia, la igualdad y el pluralismo político». La expresión *propugnar* tiene un significado activo, impulsor, muy acusado. Es más que *reconocer*, más aún que *proclamar*. «Propugna» equivale a decir que el Estado, definido como social y democrático, asume la misión de que el ordenamiento jurídico tienda hacia esos valores, los alcance y realice. En la propia construcción gramatical de la frase se observa que el fin esencial perseguido por el legislador constituyente no ha sido sólo dar entrada a la noción de ordenamiento jurídico, sino contemplarle en una posición de subordinación respecto de los valores. Parece, por tanto, muy claro que, para la Constitución, el ordenamiento jurídico no se legitima y justifica por sí mismo, esto es, por proceder del Estado y atenerse a un procedimiento de elaboración y formulación formalmente correcto conforme a las propias normas constitucionales, sino que ha de ser considerado como un medio para la realización de los fines que la Constitución enuncia como valores. Se establece, por tanto, una conexión entre el ordenamiento y los valores. Si la Constitución considera que el ordenamiento tiende hacia los valores que lo legitiman y la propia Constitución es parte —parte, diríamos, principal— del ordenamiento jurídico, ha de entenderse que en la elaboración del ordenamiento constitucional, durante el proceso constituyente, se ha tendido a la consecución de tales valores. Ahora bien, esa conexión no queda cerrada con la terminación del proceso constituyente. El Estado social y democrático de derecho en que se constituye España no se limita a propugnar unos valores superiores en el momento de constituirse, como legitimación del mismo, sino también durante el curso de su vida, con relación al ordenamiento jurídico en su conjunto y respecto de cualquier actuación atenida al mismo. Dado que todos los poderes públicos quedan sujetos al ordenamiento jurídico (artículo 9,1), es evidente que la comunicación de éste con los valores, además de manifestarse en el ejercicio de la potestad legislativa y reglamentaria, se manifiesta asimismo en toda actuación de los poderes públicos por cuanto se hallan sometidos siempre al ordenamiento así entendido. De manera especial se comprende aquí el proceso de aplicación judicial, en el que, al ponerse en cuestión la acomodación del comportamiento al derecho, es preciso determinar el sentido de éste para, a través de la interpretación, llegar a la solución pertinente.

¿Qué es un valor, cuáles son los valores invocados por la Constitución y qué alcance corresponde atribuir a la remisión a los mismos? Aun cuando el concepto del valor se ha visto enriquecido por la filosofía de los valores, que en el campo de la filosofía general encuentran sus manifestaciones culminantes en Rikert, Scheller y Hartmann, y en el campo de la filosofía jurídica y social ha inspirado muchas concepciones, como las de Cossio, Recaséns Siches, Reale y otros, ni el valor puede adscribirse en exclusiva a esa específica teoría ni tampoco cabe pensar que la Constitución se haya querido adscribir literalmente a ella. Dar entrada a la noción del valor supone, sencillamente, en términos muy generales, reconocer la existencia de una dimensión axiológica del derecho. A tal fin es indispensable distinguir entre el *ser* y el *deber ser*. Con esta distinción se colocan en planos distintos la realidad y la posibilidad. La realidad del ser y la posibilidad del deber ser. Desde el momento que aceptemos un deber ser estamos admitiendo que el derecho no coincide necesariamente con algo dado como tal por el solo hecho de aparecer dado sino que su condición de jurídico resulta de su acomodación al deber ser encarnado por el valor. Ahora bien, la diferencia entre el ser y el deber ser se acentúa o por el contrario se atenúa y hasta se disuelve, según se parta de una concepción objetiva, platónica, del valor o de una concepción relativista. Conforme a la primera, el valor es un bien en sí mismo, en estado de pureza, una idealidad absoluta que se capta o no, pero que no permite ningún condicionamiento. Diversamente, la tesis relativista de los valores, aun afirmando su existencia, hace depender su significado del contexto histórico, de la experiencia y de la interpretación que a cada uno merezca. En un caso cuenta, sobre todo, la idea de valor; en el otro, cualquier modo de entenderle. Si trasladamos al mundo del derecho estas dos posiciones radicales, la idealista-objetiva y la relativista-subjetiva, los resultados serían poco satisfactorios y, sobre todo, nada prácticos, porque o nos mantendríamos en la abstracción metafísica y en la utopía o, por el contrario, habría que aceptar como valores cualquier intencionalidad.

Uno de los iusfilósofos españoles que más se ha preocupado del derecho en función de los valores es Luis Recaséns Siches. Su posición filosófica general, eminentemente sincrética, tiene siempre como fundamento último el raciovitalismo de Ortega. El logos de lo «razonable», que es la denominación dada por él mismo a su modo de situarse ante el derecho, responde al propósito, en el que tanto ha perseverado, de conciliar la experiencia y la razón. Este criterio, mediante el cual armoniza la realidad y la racionalidad, lo mantiene también respecto de la valoración. «Nadie negará —escribe— que el derecho se presenta con el sentido de una norma. Ahora bien, una norma supone haber elegido, entre las múltiples variedades de comportamiento, unas de ellas como debidas, otras como prohibidas y otras como admitidas (o permitidas). Si todo lo que acontece, si todo lo que los hombres hacen o quieren hacer resultase igualmente aceptable, resultase indiferente, entonces, no tendría sentido *elegir* algunas de ellas como *debidas* y otras como *vedadas*. Pero *toda elección presupone una preferencia*, una razón para preferir lo que se exige y para rechazar lo que se declara prohibido... Así, pues, para que pueda existir una norma de derecho positivo, es preciso que antes se haya producido una estimación sobre la cual se fundará el derecho positivo que se dicte después... Por eso los ingredientes del derecho positivo no son todos ellos positivos, sino que hallamos la referencia intencional o algo no positivo. Aunque la norma de derecho positivo emane de un mandato, de un poder efectivo, no puede de ninguna manera ser entendida como un mero hecho, pues es un hecho humano, y, a fuer de tal, tiene sentido o significación. Y ese sentido consiste cabalmente en la referencia a un valor, en la pretensión de una justificación; se manda esto y no aquello, porque quienes lo determinan creen que esto tiene justificación... O dicho de otra manera: la normatividad del derecho positivo no tendría sentido si no se refiriese a un juicio de valor, que es el que le inspira.

Se regula la conducta social de un determinado modo, porque se cree que este modo es mejor que otras posibles regulaciones.» El texto transcrito, que figura en una de las últimas publicaciones del profesor Recaséns Siches, *Experiencia jurídica, naturaleza de la cosa y lógica de lo «razonable»*,[16] suscita alguna observación. Lo único, en verdad, sustentado es que cualquier normatividad no tiene la cualidad de jurídica sino en tanto incorpora una valoración. Sin embargo, no se llega a saber del todo si siempre, la normatividad, por necesidad, supone una valoración, o si, por el contrario cabría pensar en normatividades desprovistas de valoración. La razón de la duda radica en que Recaséns expone su tesis en términos excesivamente abstractos, al reducir la valoración a un preferir o un elegir. Por otra parte, centra el tema de la valoración en las normas y, principalmente, en las dos clases tradicionales de éstas, las prohibitivas y las permisivas, con lo cual la hace consistir en que al determinar la prohibición, se la prefiere y, por tanto, se excluye la permisión y, correlativamente, la preferencia por la permisión excluye la prohibición. Aparte de que el esquema prohibición/permisión es un reduccionismo exagerado e insuficiente, la función valorativa no queda circunscrita a preferir una norma frente a la contraria, sino que ha de penetrar en la justificación intrínseca de la norma elegida. No se trata de que es mejor permitir o prohibir —o a la inversa—, sino de establecer el por qué de la permisión o de la prohibición. Tampoco parece convincente contraponer lo positivo, como ajeno a los valores, a lo intencional o estimativo como propio de los valores. Aun cuando éstos no tengan de suyo una positividad, es evidente: 1.°, que hay en ellos la vocación de realizarse; y 2.°, que no es el derecho el único modo de ordenar la vida social. Reconozco, no obstante, que estas observaciones las suscita el texto transcrito en la medida en que en él no queda completamente reflejada o suficientemente matizada la propia posición de Recaséns. Considerada en su conjunto, viene a constituir una vía media entre el platonismo de las ideas y el relativismo de las contingencias. Él mismo la califica de objetivista.[17] Y ello porque, a su juicio, el «cimiento primario de la valoración» es un *a priori*. Naturalmente, al considerar el valor como un *a priori*, no puede atribuirse a esta noción el sentido epistemológico propio de Kant y el neokantismo; o lo que es lo mismo, la prioridad no concierne al conocimiento, como en Kant, sino a la existencia del valor o a su intrínseca validez. Re-

16. Fondo de Cultura Económica, Universidad Nacional Autónoma de México, 1971, p. 188.
17. Recaséns Siches, ob. cit., p. 191.

caséns Siches la afirma resueltamente.[18] Sin embargo, la validez intrínseca del valor no se da en un estado, podríamos decir, de pureza ideal. En Scheller y Hartmann la dicotomía realidad/valor es muy radical. Recaséns, como ellos, se desenvuelve en el seno del objetivismo; pero realizó un gran esfuerzo por superar en alguna medida la dicotomía. Reconociendo su existencia, buscó el lugar de encuentro de ambos términos. El esfuerzo realizado por el sincretismo quizá no siempre logra mantener el equilibrio. Quien, como Recaséns, ha sostenido el carácter apriorístico de los valores, admitirá, a su vez: que están vinculados y referidos a la vida humana, así como condicionados «hasta cierto punto» por la realidad.[19] Pero la realidad —y aquí radica el intento de armonizarla con el valor— no es simplemente lo dado, los hechos. Al ser humana, tiene un sentido, se dirige a un fin. Por eso Recaséns terminará diciendo: «La calidad de realizable para un fin depende de la realidad del sujeto y de la realidad del mundo en que vive. Entonces resulta que, a pesar de que los valores sean ideales y normativos, la misma esencia y la misma estructura de éstos se hallan condicionadas por la realidad del sujeto que debe realizarlos, y, al mismo tiempo, por la realidad de las cosas con las cuales, mediante las cuales y en las cuales, vaya a materializarlos.»[20]

5. DETERMINACIÓN DE LOS VALORES

Al invocar la doctrina de los valores y de un modo específico la formulada por Recaséns Siches —que en unión de Legaz Lacambra son figuras principales en el pensamiento iusfilosófico hispánico de nuestro tiempo— sólo he pretendido poner de manifiesto qué quiere decirse cuando se coloca el derecho positivo en contacto con los valores. Cómo son y cómo actúan, ya lo sabemos. ¿Cuáles son? El precepto constitucional, de manera expresa, lo establece: la libertad, la justicia, la igualdad y el pluralismo político son los valores superiores del ordenamiento jurídico. He aquí una gran novedad en el plano legislativo, aunque no lo sea en el de la reflexión filosófico-jurídica. Difícilmente se encontrará en el derecho comparado una norma equivalente. En la consulta que me ha sido posible realizar no la he encontrado. La filosofía de la cultura, la ética de los valores y la teoría jurídica de esta inspira-

18. Los argumentos han sido expuestos con detenimiento, según recuerda en ob. cit. (p. 191, n. 28) en *Vida humana, sociedad y derecho,* 3.ª ed., 1952, cap. XII; y *Tratado general de filosofía del derecho,* 4.ª ed., 1970, capítulos XV y XVI.
19. Cfr. ob. cit., pp. 27 y ss.
20. Cfr. ob. cit., p. 28.

ción explican el derecho en función de los valores y, a veces, llevan a cabo la determinación de los mismos. Los criterios utilizados a tal fin son diversos. Unas veces lo únicamente sustentado es que, mediante el análisis inductivo de las normas o del ordenamiento en su conjunto, se descubre cuáles son los valores a que responden. Si la afirmación sólo se hace en esos términos, al mismo tiempo abstractos y empíricos, puede faltar, e incluso de hecho falta, una previa determinación del valor; porque lo sustentado no es cuál deba ser, sino cuál es el que resulta del análisis de las normas. Esto es lo que hace la dogmática jurídica cuando, apegada al modelo positivista, se plantea el problema del fundamento de una institución. Entonces la labor que se realiza es apreciativa o estimativa, mas no llega a ser propiamente axiológica, porque aun cuando se penetre en la explicación del deber ser de la norma no llega a emitirse propiamente un juicio de valor. Un paso más se da, dentro ya de una explicación propiamente valorativa del derecho, cuando se considera que la validez de éste exige la *vigencia* (u obligatoriedad formal), la *eficacia* (o correspondencia social con el contenido normativo) y el *fundamento*, entendido como la legitimación derivada de los valores propios de una sociedad de hombres libres. Tal es, en esencia, la teoría tridimensional (norma, hecho y valor) según la enuncia Reale.[21] Sin duda, la explicación más tradicional del derecho como valor la ofrece el iusnaturalismo, si bien para éste el tema de la relación del derecho con la justicia no es sólo axiológico, por cuanto el derecho mismo *es* justicia. Claro es que la acomodación del derecho a la justicia tiene un campo de acción superior al del iusnaturalismo. Desde muchos puntos de vista se la considera como el valor jurídico por excelencia. Posiblemente ningún autor ha intentado la construcción de un «plexo» de valores tan completo como Carlos Cossio. A su juicio, los valores son seis, tres fundantes (la seguridad, la paz y la solidaridad) y tres fundados (el orden, el poder y la cooperación); son éstos valores parciales que se armonizan y totalizan en el valor supremo de la justicia.[22] Para Coing los valores son seis: el orden, la seguridad, la paz, la justicia, la libertad y la igualdad.[23] Mucho más simple es la fórmula de Roubier: seguridad jurídica, justicia y progreso social.[24]

21. Miguel Reale, *Teoría tridimensional del derecho*, trad. de J. A. Sardina-Páramo, Biblioteca Hispánica de Filosofía del derecho, Santiago de Compostela, 1973, p. 41.
22. Cfr. Carlos Cossio, *Teoría egológica del derecho*, 2.ª ed., 1966, así como la exposición que hace José Vilanova, *Curso de Filosofía del Derecho*, Buenos Aires, 1970, pp. 283 y ss.
23. Helmunt Coing, *Fundamentos de la Filosofía del derecho*, trad. española de Juan Manuel Mauri, Barcelona, 1961, pp. 34 y ss.
24. Paul Roubier, *Théorie générale du droit*, París, 1951, pp. 317 y ss.

La Constitución, al determinar cuáles son los valores, convierte en tema legislativo-constitucional el que, generalmente, sólo ha sido tema filosófico-científico. No ya el jurista teórico, sino el práctico, y más aún todos los destinatarios de las normas —los poderes públicos y los ciudadanos— quedan sujetos a un ordenamiento que explicita los valores en que se funda e inspira. Comprensiblemente, la regulación constitucional ha de considerarse como una realización de tales valores. Mas éstos no se obtienen de manera exclusiva por vía de inferencia, sino que están formulados de una manera expresa. Consiguientemente, actúan como puntos de partida para la comprensión de las normas constitucionales y su consiguiente desarrollo, bien en el orden legislativo, bien en el de la aplicación judicial.

6. LA LIBERTAD Y LA IGUALDAD COMO VALORES

La libertad y la igualdad, el primero y el tercero de los valores según la Constitución, irrumpieron en los ordenamientos de inspiración liberal-burguesa como contenido de los derechos individuales inherentes al hombre. La peculiaridad de nuestra Constitución radica en que no se limita a considerar los valores alojados en el cuadro de los derechos subjetivos y las libertades, sino que impregnan el total ordenamiento jurídico objetivamente entendido. El derecho constitucional es el que más directamente concierne a las bases organizativas e informadoras de la convivencia. Mientras todos los demás sectores de la ordenación jurídica, en el Estado constitucional, tienen como mediación determinante la propia Constitución, ésta es la que define las pautas generales, se pronuncia acerca de los primeros principios y dota de unidad de sentido al sistema. Pues bien, en esa zona primaria y básica, en la Constitución como receptora y conformadora de un ideal de vida social, aparecen la libertad y la igualdad en su condición de valores esenciales y fundantes.

Cuando afirmamos que el derecho encierra juicios de valor, queremos decir que el comportamiento preconfigurado, el efecto establecido o el conflicto de intereses resuelto se atiene a un determinado criterio de carácter axiológico. Pues bien, en el precepto constitucional que enuncia los valores superiores del ordenamiento jurídico hay un juicio de valor en un doble sentido: primero, porque enlaza un sujeto («ordenamiento») con un predicado («valores»); y segundo, porque ese juicio implica el general reconocimiento de la presencia de los valores en la ordenación jurídica. Sin embargo, respecto de cada uno de los valores, el precepto constitucional no está articulado en forma de juicio. Simplemente los enuncia, los designa. Así ocurre con la libertad y la igualdad. En otros lugares (principalmente en el Título I) aparecen preceptos en forma de juicios o proposiciones sobre la base de estos valores. Sin embargo, cada una de las formulaciones normativas articuladas como consagración de la libertad y la igualdad no agotan su total contenido valorativo, ya que desempeñan una función ordenadora más allá de las normas concretas en que se traducen. Como ya hemos visto, la Constitución acude con frecuencia a la enunciación de algunos principios generales. Los valores ocupan un lugar todavía superior; vienen a ser a modo de supraprincipios.

El valor de la libertad es posiblemente el de más amplio espectro y más compleja realización. En el fondo de la libertad aparece siempre la persona. Aunque no sea su único sujeto, por ella tiene sentido. La libertad de los grupos, de los pueblos o de las naciones evoca, en último término, la libertad del ser humano. Radbruch, al frente de uno de los capítulos de su *Filosofía del Derecho*, recoge el siguiente pensamiento de Schiller: «La piedra tolera paciente el cincel que la trabaja y las cuerdas que el artista pulsa le responden sin que a sus dedos opongan resistencia. Solamente el legislador trabaja con una materia autónoma y rebelde: la libertad humana.» [25] En las sucesivas lecturas que he hecho de este texto he encontrado invariablemente el símbolo de la grandeza y la dificultad del derecho: versa sobre la libertad. Siempre ha de recaer sobre ella, si bien no siempre la respuesta, a lo largo de la historia, haya sido la misma. La libertad no es una invención del liberalismo, aunque evidentemente a él se debe su triunfo como noción clave de la convivencia política, más allá del ámbito ideológico que le dio impulso. En sus momentos originarios, mientras el liberalismo inglés consagra el reconocimiento de *las libertades* como franquicias e inmunidades dispensadas a algunos particulares, el liberalismo continental, por el contrario, con mayor carga dogmática, exalta la libertad como ente de razón en el que se condensa la esencia de la personalidad humana. Ni uno ni otro modo de entender la libertad pudieron discurrir de espaldas ni siquiera paralelamente. Llega a producirse una confluencia, que Guido de Ruggiero, en su excelente *Historia del liberalismo europeo*, describe así: «El resultado positivo y fecundo de esta experiencia histórica está en la última exigencia, que barrena y domina la conciencia política del siglo XIX, de una síntesis de las dos opuestas concepciones gracias a la cual la libertad y las liber-

25. Cfr. la obra y ed. citadas, p. 114.

tades, carentes de consistencia en su exclusión recíproca, pueden justificarse e integrarse la una en la otra. La libertad en singular, como concepto formal, es necesaria a las libertades para impedirles que degeneren en privilegios y en monopolios... Pero las libertades, en su particularismo empírico, son también necesarias a la libertad para que no se esterilice en una fórmula abstracta.» [26] Tras la dicotomía libertad/libertades, que terminará por refundirse, aparecerá esta otra: libertad negativa/libertad positiva. La primera configura la libertad como el resultado de una abstención; la misión del Estado y de la ley consiste en dejar que el hombre sea libre, por naturaleza, sin interferencias. La libertad equivale al libre arbitrio. Está allí donde el derecho no llega; es un espacio jurídico vacío. Diversamente, la libertad positiva, sin desconocer la condición de libre que le es inherente al hombre, parte de que no están en situación de pugna la ley, las normas jurídicas y la libertad. En todas las hipótesis supone autonomía, realización de la propia personalidad. La limitación del poder y la participación de todos en el mismo es el fundamento, respectivamente, de las libertades civiles y de las políticas. La tercera dicotomía es libertad formal/libertad material. La libertad, como también la igualdad, formalmente entendidas, aparte de tener sólo una dimensión civil y política, significan que el Estado las reconoce y garantiza; pero es cometido de la iniciativa individual su efectivo disfrute. La libertad y la igualdad se hacen materiales en un doble aspecto: primero, porque se extiende su ámbito de acción al comprender los problemas socioeconómicos; y segundo, porque incumbe al Estado promover su efectiva consecución, en lugar de quedar confiadas a la iniciativa de cada uno como cuando sólo se reconocen formalmente.

La libertad y la igualdad no tienen, evidentemente, un significado uniforme. En el fondo, en torno a ellas, directa o indirectamente, gira todo el debate ideológico acerca de la estructura social, el *status* de la persona y la organización del poder.

El ideal puro o pleno de un valor social o jurídico no es identificable en la experiencia histórica. Sería una proposición sin sentido la que lo pretendiera. Sólo son posibles aproximaciones a la polaridad positiva del valor. Tanto más es así en la libertad y en la igualdad, a las que no podemos llegar por la delectación estética —como a la belleza— ni por la reflexión lógico-sistemática —como ocurre con una tautología o con una ecuación—. El problema de la significación de estos valores tiene más importancia

26. De Ruggiero, *Historia del liberalismo europeo*, trad. esp. de C. G. Posada, Ediciones Pegaso, Madrid, 1944, p. 343.

si se observa que actúan como tales, con un alcance general, y no sólo a través del tratamiento y desarrollo que reciben en la Constitución. El contexto constitucional contribuye a la determinación de su sentido. Pero no estamos ante una regulación de la que, por vía inductiva, se obtengan criterios sobre la libertad y la igualdad, sino que directamente las proclama como valores con propia sustantividad, a los que el ordenamiento jurídico, a la vez, tiende y se somete.

7. EL PLURALISMO POLÍTICO

Del pluralismo político, enunciado también como un valor por la Constitución, puede ponerse en duda que sea ésta su calificación correcta. En las exposiciones filosóficas de los valores no suele aparecer, aun cuando se elaboran catálogos o cuadros que tienden a ser exhaustivos. El pluralismo es más un concepto estructural que valorativo. Significa que la convivencia y la acción políticas no forman un bloque uniforme y monolítico. Cada persona, en cuanto portadora de su libertad, lo es también de sus ideas, de sus opiniones y de sus proyectos, que le conducirán a un determinado modo de realizarse. El pluralismo supone asimismo el derecho a constituir grupos políticos y sociales integrantes de la vida de la sociedad. Implica la consideración de ésta al mismo tiempo como participación y competición. La Constitución considera a los partidos como modo específico de organizarse el pluralismo político (art. 6). Aun cuando al referirse la Constitución a los sindicatos de trabajadores y a las asociaciones empresariales (artículo 7) no menciona el pluralismo, como lo hace con los partidos, es evidente que las agrupaciones de los trabajadores y de los empresarios suponen un pluralismo social y económico. Cuando la Constitución proclama la igualdad de todos los españoles ante la ley, sin discriminaciones por razón de raza, sexo, religión u opinión (artículo 14), al mismo tiempo que está consagrando la unidad en el tratamiento jurídico, reconoce la existencia de esas diversidades reales y sociales. Otro tanto acontece, aunque en plano y significado distintos, cuando armoniza la unidad de la nación y la diversidad de las regiones y las nacionalidades con derecho a constituirse en comunidades autónomas (artículo 2). Pluralismo hay también en la separación de los poderes, en la delimitación de las competencias de los mismos, así como en las correspondientes limitaciones, todo ello con el fin de evitar una concentración que pudiera resultar hegemónica.

Aunque el pluralismo político tenga esas y otras muchas expresiones estructurales, también puede considerársele como un valor. Ocurre lo mismo que con la democracia que, siendo un sistema, una organización, responde a unos valores y ella misma es un valor. Cuando en el discurso político se esgrime el gran argumento de la democracia, su razón, su espíritu, para enjuiciar si es o no democrático un comportamiento, un propósito o un fin, no se piensa tanto en lo que en ella hay de sistema cuanto en lo que tiene de ideal rector explicativo del poder y de la convivencia. Y el pluralismo político es una expresión de la democracia. Por tanto, lo mismo que ella, también puede desempeñar el papel de valor. Posiblemente, la atribución al pluralismo de este significado está en muy directa relación con el cambio político experimentado en España y con el modo de afrontar el proceso constituyente y el propio modo de elaborar la Constitución. La diferencia más ostensible que se aprecia en el tránsito del antiguo al nuevo régimen está representada por el abandono del monismo político para dar entrada al pluralismo de las ideologías, los partidos y los grupos sociales. La misma Constitución ha sido fruto de la coparticipación y la transacción entre tendencias ideológicamente dispares. Posiblemente esta realidad, sin duda la más inmediatamente vivida, llevó a exaltar el valor del pluralismo. En rigor, no habría sido necesario. Definido el Estado como social y democrático, estableciendo que la soberanía reside en el pueblo español del que emanan todos los poderes, y consagrada la libertad como valor fundamental, ya quedaba consagrado el pluralismo. Sin embargo, se hizo constar de manera expresa. Aun no siendo indispensable, tampoco es mera redundancia; se subraya así la apertura a la diversidad y al diálogo, dotando al pluralismo de una función informadora del ordenamiento jurídico. Es decir, no se trata sólo de un hecho posible dado el modo de configurar el sistema; es que la conformación jurídica del sistema tiene que propiciar el pluralismo como uno de sus valores superiores que, como ocurre con los demás valores, no queda agotado con la regulación constitucional; es fuente constante de inspiración.

8. LA JUSTICIA COMO VALOR

De la justicia, intercalada en el texto constitucional entre la libertad y la igualdad, pueden anticiparse estas tres cosas:

1.ª Es el «valor» prototípico. Así lo resalta Legaz Lacambra cuando dice que «constituye un "valor social", el valor social por excelencia, que define y configura como jurídica la vida social».[27]

27. Legaz Lacambra, *Filosofía del derecho*, cit., p. 342.

2.ª No es, sin embargo, sólo un valor. Cuando la fenomenología y la filosofía de la cultura crearon esa especie nueva de objetos, que no pertenecen a la naturaleza y que tampoco son objetos ideales, es decir, los valores, la teoría de la justicia había recibido múltiples formulaciones sin necesidad de acudir al concepto de valor. Como muy bien observa Vallet de Goytisolo —sin duda, nuestro mejor teorizador de la justicia— ésta es también sentimiento, virtud, idea y realidad esencial.[28]

3.ª La libertad y, sobre todo, la igualdad forman parte del contenido y del fin de la justicia. Ésta y aquéllas son valores cercanos y conexos. La justicia es una aspiración del ser libre que es el hombre. En muchas concepciones de la justicia, se la identifica con la igualdad. No creo que el total problema de lo justo se resuelva en la igualdad. En la justicia está más acentuada la función ordenadora; es un criterio de valoración destinado a conformar el comportamiento social. Evidentemente, la igualdad es un componente del criterio valorativo-ordenador que es la justicia; mas no se trata de que la justicia es igualdad, sino de que es justa la igualdad. La justicia, en la esfera del derecho, tiene un sentido de totalidad que le lleva a ser no sólo valor, en sí, sino también medida de los demás valores sociales y jurídicos.

Discúlpense mis frecuentes equiparaciones de los temas jurídicos con los del lenguaje. Ahora la establezco entre el uso de la palabra y el sentido de la justicia. Lo mismo que utilizamos la lengua materna mediante el empleo de una gramaticalidad no aprendida reflexivamente, lo mismo también estamos en condiciones de discernir lo justo de lo injusto sin un previo conocimiento teórico de la justicia. Todos —y no sólo los juristas o filósofos— tenemos un sentido de justicia. Si podemos representárnosla sin la explicación sistemática de los principios a que responde, es porque se capta a través de la intuición o la asimilamos como una experiencia cultural. Con ello no trato de reducirla a puro intuicionismo,[29] si bien no es tampoco ajena a la intuición. Quien no ha recibido una educación jurídica improvisa los juicios de valor acerca de lo justo acaso con mayor rapidez e incluso con un grado de convencimiento superior a quien está consagrado al estudio del derecho. El jurista dedicado al análisis de la justicia desempeña una tarea similar a la del lingüista, si bien ha de reconocerse que

28. Vallet de Goytisolo, *En torno al derecho natural*, Organización Sala Editorial, Madrid, s. a., pp. 73 y ss. El trabajo incluido en este libro con el título «De la virtud de la justicia y de lo justo jurídico», apareció antes en *Revista de Derecho Español y Americano*, 1965, n.º 10.

29. Cfr. acerca del intuicionismo, John Rawls, *Teoría de la justicia*, trad. española de María Dolores González, Fondo de Cultura Económica, México, Madrid, Buenos Aires, 1979, pp. 52 y ss.

éste, principalmente a partir del estructuralismo y de la gramática generativa, se ocupa de la realidad del habla —o de la actividad lingüística— mucho más que el jurista del derecho vivido. De cualquier manera, uno y otro describen algo que preexiste y actúa con independencia de las explicaciones ulteriores. Las teorías de la justicia podrían considerarse como modelos explicativos de aquello que se estima en qué consiste. Ocurre, sin embargo: (I) que la justicia no es de manera exclusiva —ni siquiera preferente— objeto de conocimiento estrictamente científico; (II) que el positivismo como paradigma de la ciencia jurídica ha tendido a apartarla de su análisis; (III) que es tema o materia de la reflexión filosófico-jurídica, de la filosófica-general y del tratamiento ético; y (IV) que se utiliza con frecuencia en la esfera del pensamiento político y de las ideologías, en la crítica social y, en general, en la formulación de opiniones acerca de la convivencia.

9. EL FORMALISMO Y LA ABSTRACCIÓN EN LA JUSTICIA

Las diversas teorizaciones de la justicia, dirigidas a explicar no ya sólo lo que es en sí, sino en relación con el derecho, dan lugar a una concepción formal de la justicia, a la separación de ésta del derecho y especialmente del conocimiento científico del mismo, y a una concepción material de la justicia.

A) Una concepción formal de la justicia se da en el seno del positivismo normativista que, sin negar la justicia ni eliminarla, la sitúa en el derecho positivo. La justicia queda, por tanto, relativizada y subordinada a lo que el ordenamiento establezca. Éste viene a ser el legalismo. Así entendida, la justicia no radica tanto en el contenido de las normas como en el cumplimiento de las mismas. La formulación más extrema se manifiesta cuando se sostiene que la ley, por el hecho de serlo, es justa. No obstante, la posición que puede considerarse predominante no llega a proclamar la identificación necesaria de la justicia con la ley. Incluso admite la posibilidad de la ley injusta. Las leyes deben ser obedecidas no ya porque sean justas, sino porque son leyes. Cabe, en algunos planteamientos positivistas, la posibilidad del derecho injusto. Así la idea de la justicia se desplaza de las normas al comportamiento de sus destinatarios. Son justos el comportamiento, la conducta o la acción cuando se atienen al modelo legalmente establecido. La tesis es eminentemente formalista. Únicamente hay cierto atisbo ético en el cumplimiento del deber como norma de conducta —y esto sería la justicia—, si bien el deber mismo no se define como tal por su contenido valioso, sino por venir impuesto o establecido, con lo que se subraya, no ya la moralidad del derecho, sino su imperatividad.

B) Más sincera me parece la doctrina de Kelsen, aunque todas sus explicaciones no resulten completamente congruentes. Hay algo muy claro: la teoría pura trata de liberar el concepto del derecho de la idea de la justicia, porque ésta no es susceptible de un conocimiento racional; es preciso «distinguir claramente la ciencia del derecho positivo de la filosofía de la justicia»; y en fin: «una teoría pura del derecho de ningún modo se opone a la exigencia de un derecho justo cuando se declara a sí misma incompetente para resolver la cuestión de si un determinado derecho es justo o no, o el problema de cuál es el elemento esencial de la justicia», ya que «no puede contestar esa pregunta, en virtud de que es imposible en absoluto responder a ella científicamente».[30] Hasta aquí el repudio de la justicia por Kelsen es gnoseológico o epistemológico; considera que la ciencia del derecho, en cuanto teoría pura, no puede plantearse el problema de la justicia; dado que el conocimiento ha de ser científico y no es susceptible del mismo la idea de la justicia, hay que prescindir de ella; pero no queda tanto negada o eliminada como desplazada hacia una «filosofía de la justicia».

He dicho que la tesis me parece más sincera, y ahora añadiría que menos arriesgada que la de reputar justo cualquier comportamiento que se atenga a lo legalmente establecido. Sin embargo, en lo hasta ahora recogido de Kelsen ya se suscita algún problema. No es completamente satisfactorio decir de algo que no puede ser objeto —en este caso la justicia— de conocimiento científico o, más, ampliamente, racional, porque aquello sobre lo que versa carece de racionalidad. La cualidad o condición de científico se predica del proceso cognoscitivo; no del objeto sobre el que recaiga. Pienso que todo puede ser tratado científicamente y, por supuesto, lo irracional también. Por otra parte, aun admitiendo que la «filosofía de la justicia», hacia la cual desplaza Kelsen el tema de la justicia, no sea una ciencia, sí supondrá un conocimiento racional. Por tanto, a lo sumo cabría sustentar que, *dado el tipo de conocimiento científico constituido por la teoría pura*, carece de competencia para ocuparse de la justicia. Creo, no obstante, que Kelsen, al formular su tesis, sobrepasa el ámbito de lo gnoseológico. Para él, «la justicia», simplemente, no existe. Toda ella está subjetivizada o ideologizada. «La aspiración a la justicia es —dice— el eterno anhelo humano de felicidad.»[31] El individuo

---

30. Cfr. Kelsen, *Teoría general del Derecho y del Estado*, cit., p. 6.
31. Ob. cit., p. 8.

aislado no puede lograrla; «la justicia es felicidad social». Pero las respuestas acerca de ésta dependen del sujeto que juzga, son válidas sólo para él y vienen determinadas por factores emocionales. Comprende Kelsen que este relativismo no siempre se pliega a lo absolutamente individual. Cada individuo no tiene su propio sistema de valores; éstos son fenómenos colectivos, y difieren en cada caso según la sociedad de que surjan. Pese a ello, Kelsen asevera: «el hecho de que en una determinada sociedad haya ciertos valores generalmente aceptados, en modo alguno contradice el carácter subjetivo y relativo de esos juicios de valor. La circunstancia de que muchos individuos coincidan en sus juicios estimativos no prueba que tales juicios sean correctos».[32] Todo ello le conduce a sostener, finalmente, que siendo muchas las naciones, las clases, las profesiones, etc., hay una gran multiplicidad de ideas sobre la justicia por lo que «resulta imposible hablar de justicia».[33] Consiguientemente, lo que termina por descartar Kelsen no es sólo el conocimiento, sino la idea. A base de multiplicarse sus posibilidades, termina por desvanecerse. Si aplicara el mismo criterio que a la justicia al derecho, tampoco sería susceptible de ser identificado. Si puede llegar a esa conclusión sin contradecirse es porque Kelsen piensa la justicia en un sentido, a la vez, material —dotada de un contenido ético— y universal, y ésa es la justicia que no encuentra, en tanto que el concepto del derecho que elabora es formal y de un determinado Estado, o bien, internacional, mas no universal.

C) Fuera del positivismo normativista, siglos antes de que el saber jurídico tomara esta dirección, el propósito de elaborar enunciaciones apodícticas de la justicia ha llevado a criterios que si no son formales en el sentido de no asignarle un contenido material determinado, sí lo son por su abstracción. Esto ocurre en la propia fórmula de Ulpiano (D. 1,1, 10, proemio): «Justitia est constants et perpetua voluntad ius suum cnique tribuere», que, por un lado, es una afirmación voluntarista, lo que podría llamarse también una vocación de justicia y, por otro lado, deja abierta la interrogación de cuál es el derecho de cada uno. Desde el punto de vista de Ulpiano —que está presente en múltiples formulaciones posteriores— no se trata de que el derecho tenga por fin la justicia, sino de que ésta tiene por objeto el derecho. La justicia consiste en el acto de dar a cada uno lo que le corresponde; pero qué corresponde a cada uno, no viene determinado por la justicia. De ello sólo se infiere que ha de darse aquello a que se tiene dere-

32. Ob. cit., p. 9.
33. Ob. cit., p. 9.

cho. Por eso ha podido decirse que la justicia así entendida aparece en segundo lugar. Lo que a alguien le corresponde como suyo viene establecido con anterioridad al acto de realización de la justicia.[34] Para que el «suum quique» no resulte completamente vacío, con lo que sería susceptible de albergar cualquier contenido, se tiende a considerar que el orden jurídico previo a la realización de la justicia procede del derecho natural o está inspirado en él. Consiguientemente, la justicia no versaría sobre un derecho completamente ajeno al natural; habría de tener por base la naturaleza y la razón. Sin embargo, partiendo de la doctrina iusnaturalista, resulta un tanto extraño pensar en un derecho que sólo toma contacto con la justicia cuando, después de formado o elaborado, entra en fase de realización. El derecho natural incorpora la idea de la justicia. Habría que distinguir, por tanto, el orden jurídico previo al acto de realización de la justicia, en el que penetra ésta a través del derecho natural, y el acto de realización de la justicia, su puesta en práctica. La definición de Ulpiano se proyecta sobre esa segunda parte o manifestación de la justicia; mas la verdad es que no excluye la primera. Incluso para que la voluntad sea «constante y perpetua», ha de intervenir no sólo en el acto de dar, sino también en la determinación de aquello que ha de ser dado o atribuido.

D) La doctrina aristotélica de la justicia también ha dado base a la abstracción. En rigor, no debería haber sido así. Como insistentemente ha puesto de relieve Vallet de Goytisolo, Aristóteles distingue entre la justicia general y la justicia particular. La primera es una virtud que comprende a todas las demás virtudes; es la más perfecta y se dirige al bien común. Ésta es la tesis que será desenvuelta y robustecida por Santo Tomás y sus continuadores, que de un modo muy claro distinguieron la justicia general, entendida como la ordenación al bien común de los bienes particulares, de la justicia particular como distribución de los bienes comunes entre los particulares, conforme al módulo de la proporción o igualdad geométrica.[35] Sin embargo, en la exposición que hace Aristóteles de la justicia particular, dividida en conmutativa y distributiva, emplea unos criterios predominantemente matemáticos, como son los de igualdad, término medio, proporción y reciprocidad. Todos los criterios que formula Aristóteles en la *Ética a Nicómaco* sobre la justicia particular son variaciones en torno

34. Cfr. Heinrich Henkel, *Introducción a la Filosofía del Derecho,* trad. esp. de Enrique Gimbernat Ordeig, Taurus, Madrid, 1968, p. 502, que cita en apoyo de esta tesis a Piefer.
35. Cfr. Vallet de Goytisolo, ob. últimamente cit., pp. 15 y ss., y 73 y ss.; especialmente nota 16.

a la igualdad. Suele sostenerse que la igualdad o proporción aritmética es la propia de la justicia conmutativa (también llamada sinalagmática o correctiva), en tanto la proporción geométrica corresponde a la justicia distributiva. Considero que en Aristóteles la igualdad, en la plenitud de su sentido, es equivalente a la justicia particular. Y no como tesis suya, sino como doctrina dominante, según demuestra el siguiente pasaje: «Por tanto, si lo injusto es desigual, lo justo es igual, cosa que, sin necesidad de razonamiento, todos admiten.»[36] Los desenvolvimientos ulteriores son realizaciones de esta idea dominante. Por lo que especialmente concierne a la justicia conmutativa, explica la igualdad acudiendo a la noción del término medio. «Lo igual —dice— requiere por lo menos dos cosas. Necesariamente, por tanto, lo justo será un término medio e igual, relativamente a algo y a algunos.»[37] El Juez, según Aristóteles, encarna el término medio, y restablece la igualdad «como si de una línea cortada en partes desiguales quitara a la mayor el trozo en que excede a la mitad y lo añadiera al segmento menor».[38] En cuanto a la justicia distributiva, que no es una relación entre partes, sino del todo o comunidad con sus miembros, Aristóteles se sirve especialmente del concepto de proporción dirigido a establecer la igualdad respecto de los que pueden no ser iguales. El punto de referencia para discernir la proporcionalidad son los «méritos». A éstos ha de plegarse. Falta, sin embargo, la determinación de en qué han de consistir los méritos o cómo han de apreciarse. Para los democráticos, dice Aristóteles, radican en la libertad; para los oligárquicos, en la riqueza o nobleza, y para los aristocráticos, en la virtud.[39] La diferencia entre el criterio utilizado para alcanzar la igualdad en la justicia conmutativa y la distributiva se hace consistir en que en la primera la igualdad o proporción es aritmética y en la segunda geométrica. Ésta es la doctrina común. Tal vez podría resaltarse otra diferencia. Respecto de la justicia conmutativa, Aristóteles se atiene sólo a un criterio matemático, mientras que respecto de la justicia distributiva, aparte de haber proporción geométrica, incurre en cierto formalismo, ya que no intenta una determinación material de los méritos. Por eso me ha permitido observar a Villey, que cuando se aparta del idealismo kantiano, por subjetivista y apriorista en la

36. Cfr. Aristóteles, *Ética a Nicómaco*, ed. bilingüe y traducción por María Araujo y Julián Marías, con notas de éste; Instituto de Estudios Políticos, Madrid, 1960, p. 74.
37. Cfr. Aristóteles, ob. cit., p. 74. Un desarrollo más completo de la doctrina de Aristóteles lo he hecho en *Metodología de la Ciencia del derecho*, cit., III, pp. 145 y ss.
38. Aristóteles, ob. cit., p. 76.
39. Aristóteles, ob. cit., p. 74.

formulación de la idea de la justicia, para preferir el realismo de Aristóteles, sin negar, claro es, la contraposición entre el idealismo kantiano y el realismo aristotélico, éste no está siempre presente en el tratamiento del tema de la justicia.[40] Aparece, sí, cuando acepta alguna variabilidad incluso en la justicia natural[41] y, desde luego, en la legal,[42] así como también y sobre todo en el modo de concebir la equidad, al compararla con la regla de plomo de los arquitectos lesbios, que se adapta a la forma de la piedra porque no es rígida.[43] La equidad es la justicia del caso concreto apreciada por los jueces en función de las circunstancias. El plomo flexible, lejos de ofrecer modelos reguladores, se amolda y se moldea en función de las singularidades de cada caso. Por eso quizá peque de exagerado el juicio de López Aranguren al sostener, con relación a la totalidad de la teoría aristotélica, que «es artificiosa violentación de la realidad de la vida y las relaciones humanas, que no se dejan reducir a matemática aplicada».[44]

10. LA JUSTICIA COMO CONCEPTO MATERIAL DESDE UNA POSICIÓN IUSNATURALISTA

A un concepto material de la justicia se llega por estos dos caminos principales: el derecho natural y la filosofía de los valores de base fenomenológica.

En general, dentro del iusnaturalismo, la justicia no se muestra sólo como valor, sino como idea y realidad. En ella se encuentra lo jurídico su ser específico y su propia justificación. El iusnaturalismo, por tanto, significa algo más que una axiología de la justicia. Es, antes, su ontología. Claro que la fundamentación del derecho natural es eminentemente pluralista e incluso multívoca, aunque siempre tienda a una misma finalidad esencial, que es la de trascender el concepto meramente positivo, formal y legalista del derecho. Mientras el derecho natural del pensamiento de la Ilustración, en su intento de construir un sistema cerrado, racionalizó la justicia para mostrarla en unos principios y en las normas derivadas, negando, en consecuencia, todo derecho no emanado de la naturaleza y de la razón, el iusnaturalismo de base

40. Cfr. la *Metodología*, cit., III, p. 153.
41. He aquí el esclarecedor ejemplo aducido, que es, además, una aguda observación: «La mano derecha es, por naturaleza, la más fuerte, y, sin embargo, es posible que todos lleguen a ser ambidiestros.» (loc. cit.)
42. «Las medidas del vino y del trigo no son iguales en todas partes, sino mayores donde se compra y menores donde se vende.» (loc. cit.)
43. Aristóteles, ob. cit., p. 87.
44. Cfr. Luis L. Aranguren, *Ética*, Biblioteca Revista de Occidente, Madrid, 6.ª ed., 1976, p. 252.

escolástica y de estirpe española, al que tantas aportaciones han realizado nuestros juristas desde el siglo XVI hasta el presente, ha sustentado un concepto del derecho natural mucho más flexible, inspirador del derecho positivo y no excluyente de éste, en el que aquél se realiza a través de la justicia y la equidad.

En España, Luis Legaz Lacambra y Juan Vallet de Goytisolo son perseverantes defensores de estas ideas. A Legaz le debemos esa concisa definición del derecho a la que se mantuvo fiel en toda su importante obra filosófico-jurídica: «es un punto de vista sobre la justicia». Al desentrañar el significado de la justicia, Legaz pone particular empeño en no reducirla a una sola dimensión axiológica. Su misión no consiste exclusivamente en «dar realidad a determinados ideales justicieros», aunque desempeña también una función valorativa. Resalta, ante todo, su dimensión ontológica. «El derecho —escribe— es siempre alteridad y siempre es una cierta proporcionalidad y una cierta igualdad, y por eso es, ontológicamente, una cierta justicia.»[45] Junto a la faceta ontológica, figura la lógica: «la justicia se logiciza en el derecho y, como esquema lógico, forma una misma cosa con éste».[46] Pues bien, el aspecto lógico de la justicia lo encuentra en la proporcionalidad y, a su vez, la proporcionalidad supone la igualdad, así como ésta requiere la existencia de normas generales. Legaz, que no fue sólo un filósofo, sino un teórico de la ciencia, se deja arrastrar por lo que él llama la «logificación del ideal moral». Se encuentra entonces con una gran contradicción. Lógicamente, piensa que aplicar una medida igual exige reducir las cosas a un esquematismo que permita prescindir de las características diferenciales para encontrar en ellas lo que tienen de idéntico. ¿Pero no es esto una abstracción? Desde luego. A la vista de ella, humanamente, tentado por el realismo se pregunta: «¿No es cada caso algo estrictamente individual e irreductible a tipos generales y que requiere, por consiguiente, una medida individual?»[47] Así es la vida. No hay dos casos iguales. ¿Se realizaría mejor la justicia acoplándola a la singularidad de las cosas? Sí; pero con graves peligros. El peligro de la arbitrariedad en la aplicación judicial del derecho. Por eso, Legaz dice: «A menudo, la forma más noble y dramática de ser justo consiste en proceder con sujeción estricta a medidas genéricas, aun a sabiendas de que se cometen infinitas injusticias, que no está en la mano de uno evitar.»[48] ¿Termina por vencer el lógico, paladín de la generalidad como único cauce de la igualdad,

45. Legaz Lacambra, ob. cit., p. 356.
46. Legaz Lacambra, ob. cit., p. 360.
47. Legaz Lacambra, ob. cit., pp. 361-362.
48. Legaz Lacambra, ob. cit., p. 362.

al realista, paladín de la singularidad del caso como certidumbre de la justicia concreta con el riesgo de la arbitrariedad? No. Legaz Lacambra encuentra una tabla salvadora de la tensión contradictoria a que ha llegado. Así lo expresa con elegancia literaria: «La dimensión "dramática de la justicia no alcanza sentido trágico" por que se hace intervenir un factor nuevo..., la equidad.»[49] En la equidad no ve tanto un correctivo de la justicia como un acercamiento a ella. Armoniza la «generalidad» de la norma general con la individualidad de los casos concretos. Se coloca, en fin, en la línea trazada por Castán, prototipo del pensamiento jurídico integrador, que dejó escrito en términos insuperables: «La equidad es el criterio de determinación y valoración del derecho que busca la adecuación de las normas y las decisiones jurídicas a los imperativos de la ley natural y de la justicia, en forma tal que permita dar a los casos concretos de la vida con sentido flexible y humano (no rígido y formalista) el tratamiento más conforme a su naturaleza y circunstancias.»[50]

Juan Vallet de Goytisolo es más directa y totalmente realista en el tratamiento del tema de la justicia. Su pensamiento jurídico tiene por base la fuente inagotable de Santo Tomás, el que podríamos llamar Santo Tomás íntegro, y no sólo el consagrado al estudio de la ley. Sus ideas están próximas a las de Villey, pero hay entre ellos la diferencia de que éste es esencialmente un filósofo, mientras Vallet es además un científico y un práctico, lo que le permite tener una visión total de la realidad jurídica. Para él todo el problema que plantea el derecho a los juristas es el logro de una solución justa en el orden de las cosas. Entre sus tesis principales figuran las siguientes: sustenta una idea plena y abierta de la justicia, a la que considera como una realidad esencial del orden natural; su amplitud es mayor de la que le es atribuida como «valor»; no hay que considerar como niveles distintos el valor de la justicia ni la naturaleza de las cosas, ni contraponer el valor de la justicia a otros valores como la seguridad, la igualdad y la libertad moral, ya que el concepto de la naturaleza de las cosas, al abarcar todo el orden natural y, por ende, el valor de la persona humana, su libertad y la medida de todas sus facultades y el modo de coordinarlas, es mucho más comprensivo; en la justicia concurren la universalidad, en cuanto contemplación del orden natural, y la singularidad, por lo que han de ponderarse todas las circunstancias, con inclusión de las normas vigentes en un momento histórico dado; pauta de la justicia general, la menos

49. Legaz Lacambra, ob. cit., pp. 364 y ss.
50. José Castán Tobeñas, *La idea de la equidad y su relación con otras ideas, morales y jurídicas, afines*, Madrid, 1950, p. 51.

matemática, es el bien común deducido del orden natural, del orden insito por Dios en su obra creadora; la justicia no es la mera aplicación de unas reglas, sino un problema que se nos plantea bajo términos nuevos con ocasión de cada acto humano, debiendo recibir una respuesta «algo diferente» según los términos del problema, las circunstancias del acto, los intereses en juego e incluso el autor; la realización del derecho, como arte de lo justo, no se limita a una mera labor de exégesis ni de subsunción, sino a la determinación de lo justo con la ayuda de la norma civil, «y aun a precio de corregirla en caso de que la conclusión en ella contenida, al ser aplicada al supuesto concreto juzgado, no resulte conforme al orden natural».[51]

11. LA JUSTICIA COMO CONCEPTO MATERIAL EN LA CONSTITUCIÓN

También se llega a un concepto material de la justicia, esto es, no meramente formal, sino dotado de un contenido, cuando se la considera como un valor. Afirmar la justicia desde una posición iusnaturalista y reputarla como un valor no son tesis incompatibles, si bien tampoco son idénticas. Aun siendo muchos los modos de entender el derecho natural, en líneas generales puede sostenerse que, sobre todo en sus versiones modernas, más flexibles e historificadas que las rígidamente racionalistas, se reconoce a la justicia una dimensión axiológica, aunque no queda reducida a esto por cuanto el derecho natural supone, previamente, una ontología en la que se manifiesta *ex se* la justicia. Ésta integra y define el ser del derecho; no es sólo un valor; o bien, el valor consiste en la determinación del sentido de lo justo; mas no es la única forma de afirmarlo. Ahora bien, el hecho de que en el seno del iusnaturalismo tenga la justicia, además de su significado ontológico esencial, un significado axiológico, no quiere decir que toda axiología jurídica sea de estirpe iusnaturalista. Esto es lo que ocurre con la filosofía o la teoría de los valores que, si en algún aspecto es compatible con el iusnaturalismo, en general no puede considerarse como una posición iusnaturalista. Lo que sí hace es corregir el formalismo estricto o el indiferentismo valorativo propio del positivismo riguroso.

51. Cfr. el ya citado libro de Juan Vallet de Goytisolo, *En torno al derecho natural*, en el que se recogen cinco trabajos suyos, todos de interés para el tema; pero especialmente *El orden natural y el derecho* (pp. 7 y ss.) y *De la virtud de la justicia a lo justo jurídico* (pp. 65 y ss.). Vid. asimismo *Panorama del Derecho civil*, Bosch, Barcelona, 1963, pp. 16 y ss.

Tal es, a nuestro juicio, el criterio seguido por la Constitución. Evidentemente, adopta una posición axiológica al propugnar la justicia como valor superior del ordenamiento jurídico. Le asigna, por tanto, un significado material. Con ello descarta el positivismo estricto, que elude todo contacto con la justicia por considerarla como una noción metajurídica, un ideal irracional o puro sentimiento subjetivo. También se aparta la Constitución de la tesis relativista según la cual no hay más justicia que la encarnada por el derecho positivo o por la obediencia al mismo. Tampoco la Constitución acepta una concepción formal de la justicia: primero, porque el solo hecho de invocarla como valor supone atribuirle un significado material o sustancial; y segundo, porque las concepciones formales de la justicia se han elaborado principalmente a expensas de la igualdad, y ésta es mencionada por la Constitución como otro de los valores que tampoco cabe entender en términos meramente formales. Todo ello demuestra que la Constitución no se atiene al modelo positivista, sino que lo trasciende. Sin llegar al iusnaturalismo, no se sume en el positivismo. Sobre todo, no es formalista.

Nuestro ordenamiento jurídico ha experimentado dos grandes rupturas en la concepción formalista del derecho. Una procede de la Reforma del Título preliminar del Código civil, al establecer como criterio interpretativo «la realidad social del tiempo en que han de ser aplicadas» las normas. Esto supone una apertura del derecho a los hechos, a la experiencia histórica, a la vida, en fin, de la sociedad, con lo que las normas, lejos de quedar inmovilizadas, se hacen sensibles a los cambios derivados del tiempo y a situaciones no previsibles cuando se formularon. La otra gran ruptura, es ésta, procedente de la Constitución, que supone abrir el derecho, por arriba, hacia los valores. Mientras la realidad social es un factor de movilidad, un llamamiento a los hechos, la justicia es un factor depurador, que cumple la finalidad general permanente de acercar el derecho a la posible perfección éticosocial. Con ello no trato de contraponer el hecho o el ser de la realidad a la justicia considerada exclusivamente como deber ser, porque lo propio de ella es darse y realizarse en la intersección del ser y del deber ser.

La norma constitucional que consagra un concepto material de la justicia suscita de nuevo la pregunta acerca de la misma. La dificultad de una respuesta adecuada concierne a determinar (i) qué es la justicia y (ii) cuál el modo de conseguir su realización. El primero es un problema teórico; el segundo, práctico. Ambos están relacionados, aunque no en términos tales que sea indispensable la previa enunciación del concepto de la justicia para que resulte posible su consecución. Sin conocer la electricidad es inimaginable utilizarla como fuente de energía. En cambio, hay infinitas realizaciones de la justicia que no tienen por base una teoría acerca de la misma. Existe poca relación entre la precisa doctrina de Aristóteles, muy difundida en los dominios del pensamiento, y las sentencias justas. La justicia ofrece resistencia a su catalogación conceptual. Todavía más; aun cuando se consiga, no por eso se ha colocado en manos del legislador o del juez una fórmula salvadora. Ocurre lo mismo con la «moral» o la «buena fe», que invocadas con frecuencia por las leyes como criterios rectores de la conducta, su aplicación en la práctica se relaciona muy poco con las interminables especulaciones doctrinales elaboradas en torno a la primera y con los debates dogmático-jurídicos que ha suscitado la segunda. Ninguna fórmula definitoria o explicativa de la justicia sobrepasa lo que la palabra misma denota y connota con su arrastre de siglos. En ella se han ido depositando ideales prototípicos de vida social que, pese a las muchas interpretaciones y a los condicionamientos históricos, están siempre más cerca de expresar la esperanza en un orden mejor que la definitiva conformidad con lo establecido. La Constitución, al invocar el valor de la justicia como medida y fin del derecho, se aleja del conformismo del orden por el orden y arrostra el riesgo de la propia crítica.

12. OTRAS EXPLICACIONES DE LA JUSTICIA MÁS ALLÁ DEL FORMALISMO

Además de la concepción de la justicia basada en el derecho natural y de la tesis valorativa —cercana, aunque distinta de aquélla— se han adoptado otros criterios para conseguir explicaciones de la justicia desde un punto de vista material. La Constitución acoge la tesis del valor y con ella confiere a la justicia un significado material. Pero como este significado no se obtiene exclusivamente por esa vía, interesa, incluso desde el punto de vista de la Constitución, tomar en cuenta esos otros planteamientos y enfoques no formalistas, entre los que figuran: el reconocimiento de la indefinibilidad de la justicia, los intentos —en sentido contrario— de teorizaciones exhaustivas, la mera fijación de orientaciones —término medio entre la indefinibilidad y la definición— y también la conversión del tema de la justicia en una cuestión de ideologías.

A) La primera directriz aparece tantas veces como se dice

que el derecho es intento o proyecto de justicia, aspiración hacia ella, sin que pueda establecerse en qué consiste. Un ejemplo muy radical de este punto de vista lo brinda Aranguren que, siguiendo la opinión de Santo Tomás, para quien la justicia no comprende sólo el acto de dar, sino también el de restituir, la identifica con un incesante proceso no concluido: «La justicia es, en realidad, la lucha por la justicia, y la *restitutio*, una tarea infinita.»[52] La peculiaridad de la tesis de Aranguren radica en que la lucha por la justicia no la predica del derecho —considerado, según frase consagrada, como «el precipitado histórico de la justicia»—, sino de algo concerniente a la justicia misma, cuyo ser es una tensión, una lucha por ser.

Ciertamente, la justicia parece ir quedando siempre como al final de un camino que no recorremos del todo. Cuando creemos estar cerca de la llegada, surge un último recodo que de nuevo la oculta. Hay en ella mucho más de aspiración y de esperanza que de realidad efectiva. Sin embargo, necesitamos de alguna idea, siquiera sea esencial o en boceto, en la que ver aquello hacia donde dirigimos nuestros pasos. La lucha por la justicia, que es una constante de la vida social, no exime por entero de la necesidad racional de comprenderla. Si creerse en posesión definitiva de sus pautas conformadoras del comportamiento puede conducir a la utopía y a la demagogia, lo contrario significa una renuncia poco estimulante.

B) Tal vez lo más «prudente» que cabe sostener acerca de la justicia, flexible y proteica, es su irreductibilidad a sistema y su presencia como problema en los conflictos humanos. Si, con carácter general, la sistematicidad quiere ser reemplazada por la problematicidad conforme a los criterios sustentados desde posiciones tópicas y retóricas, es perfectamente comprensible que, de manera especial, se piense así con relación a la justicia desde posiciones realistas. De algún modo si la dogmática positivista ha podido llevar a cabo construcciones muy generales y conceptualizaciones impecables es porque da por sobreentendida la justicia en las normas positivas o porque prescinde de ella. En cuanto se le conceda el protagonismo, esos grandes edificios especulativos se conmueven. La justicia considerada como problema y encarnada en la controversia encuentra su campo de acción preferente en la aplicación del derecho. Castán Tobeñas lo comprendió así: «Es el juez quien, al actuar y formular el derecho positivo, individualizando también el derecho natural, proporciona a la justicia sus con-

52. J. L. L. Aranguren, *Ética*, cit., p. 252.

tenidos más concretos.»[53] El juez es, en efecto, el sumo intérprete y el realizador de la justicia.

Cuando la Constitución establece que «la justicia emana del pueblo y se administra en nombre del Rey por Jueces y Magistrados integrantes del poder judicial, independientes, inamovibles, responsables y sometidos únicamente al imperio de la ley» (artículo 117,1) está poniendo de manifiesto, tanto el gran idealismo de la justicia, que tiene su origen en el pueblo, cuanto la importancia de su realización práctica confiada, como potestad jurisdiccional, a unos funcionarios dotados de un especial *status*, idóneo para actuar sin mediatizaciones. El principio de la independencia del poder judicial responde a esa idea. Una decisión justa tiene por presupuesto la idoneidad de quien ha de pronunciarla. Si la justicia es un valor, también lo es en la fase de actuación judicial, y, consiguientemente, tampoco queda reducida al formalismo de aplicar el derecho. Así como el valor supone un contenido justo, así también lo requiere la sentencia dictada por quien tiene como cometido administrar la justicia. El juez es independiente, inamovible y responsable y queda sometido exclusivamente a la ley en garantía del ejercicio de la función jurisdiccional, que no es exclusivamente actuar dentro del derecho —ya que el sometimiento al mismo alcanza a todos—, sino discernir, conforme a él, qué es lo justo. Que el juez es responsable tiene, a mi juicio, además de la significación de hallarse sometido a las consecuencias sancionadoras derivadas del incumplimiento del deber, otra más directa e íntima que supone tener conciencia personal del propio deber, encarnarle, vivirle, de tal manera que «lo impersonal de su actividad adquiera un carácter personalísimo».[54] La ley, y más ampliamente, la acción general de los poderes públicos, habrán de propiciar cuanto redunde beneficiosamente en el ejercicio de la más delicada de las funciones sociales; pero el último y decisivo capítulo de la ética profesional sólo puede escribirlo el propio juez. Si nos preguntamos ante él por la justicia, hay una respuesta muy sencilla: la tranquilidad de conciencia del juez responsable. Acaso no esté completamente convencido y seguro; tal vez quede flotando alguna duda; pero si así lo ha creído, racional y honestamente, esto debemos creer que es la justicia. No necesita de grandes arrogancias doctrinales como tampoco requiere suntuosidades materiales. El decoro es compatible con la modestia, mien-

53. José Castán Tobeñas, *La justicia y su contenido a la luz de las concepciones clásicas y modernas*, Servicio de Publicaciones de la Secretaría General Técnica del Ministerio de Justicia, Madrid, 1967, p. 119.

54. La frase entrecomillada es de W. Sauer, *Filosofía jurídica y social*, trad. esp. de L. Legaz Lacambra, Ed. Labor, Madrid, 1935, p. 303.

tras el lujo no es por sí solo el signo de la nobleza de la función.

Con todo lo que tiene de cautivador el misticismo de lo justo, no es sin embargo suficiente. Aun aceptando la justicia como problema y que el lugar más adecuado para su planteamiento sea la aplicación judicial del derecho, donde hay un juez que ve la realidad, pondera los hechos y las circunstancias y conoce a las personas, no es ése el momento único de la penetración de la justicia en el orden jurídico. El precepto constitucional que la propugna como uno de los valores superiores del ordenamiento jurídico no va dirigido exclusivamente a los jueces. Entre sus destinatarios están todos los poderes públicos y de manera muy señalada el legislativo. También aquí, y no sólo en la solución de los conflictos, se plantea el problema de la justicia.

C) Posiblemente la concepción más ambiciosa de la justicia se debe al profesor norteamericano John Rawls, que la ha expuesto con todo detalle en un libro muy difundido.[55] Aunque aquí se la recoge entre las concepciones de la justicia material, no lo es en sus fundamentos, ya que el propio autor la califica «de naturaleza altamente kantiana».[56] Ocurre, sin embargo, que como en el fondo de las tesis sustentadas late un sentido práctico y el propósito político de buscar la base moral más apropiada para una sociedad democrática, hay en la doctrina explicaciones y aun concreciones a las que no llega el idealismo trascendental. Rawls descarta el utilitarismo y el intuicionismo, que a su juicio han dominado en los tiempos modernos, para llevar a cabo un replanteamiento de la teoría del contrato social, si bien dirigida, no tanto a ofrecer explicaciones, como más bien a buscar soluciones para la convivencia. Según Rawls, la justicia afecta al conjunto de la estructura de la sociedad y a cuantos elementos la integran, como las personas, las instituciones, los sistemas jurídicos y todas las formas de organización social. Nada más lejos de esta tesis que el reduccionismo de lo justo a su dimensión judicial. El profesor de la Universidad de Harward quiere sacar a flote el principio cumbre del comportamiento al que cualesquiera otros habrán de quedar sometidos. Para él la justicia es la primera virtud de las instituciones sociales, así como la verdad lo es de los sistemas de pensamiento. Esta equiparación se ha hecho con frecuencia. Mas no siempre se ha llegado a conclusiones tan resolutivas como a las que llega Rawls. «Una teoría —escribe— por muy atractiva y esclarecedora que sea, tiene que ser rechazada o revisada, si no es verdadera; de igual modo, no importa que las leyes e institucio-

55. John Rawls, *Teoría de la justicia*, trad. esp. de María Dolores González, Fondo de Cultura Económica, México, Madrid, Buenos Aires, 1979.
56. Cfr. Rawls, ob. cit., p. 10.

nes estén ordenadas y sean eficientes: si son injustas, han de ser reformadas y abolidas. Cada persona posee una inviolabilidad fundada en la justicia que incluso el bienestar de la sociedad como un todo no puede atropellar.» Seguidamente observa: «Los derechos asegurados por la justicia no están sujetos a regateos políticos ni al cálculo de intereses sociales.»[57] La justicia está, pues, por encima de la eficacia, del bienestar, de la política y de cualquier otra composición o arreglo de los intereses sociales. Buscando el acuerdo acerca de lo que él llama la «posición original», condensa la justicia en la siguiente formulación general: «Todos los bienes sociales primarios —libertad, igualdad de oportunidades, renta, riqueza, y las bases del respeto mutuo— han de ser distribuidos de un modo igual, a menos que una distribución desigual de uno o de todos estos bienes redunde en beneficio de los menos aventajados.»[58] Esta formulación general consagra dos principios: Primero: «Cada persona ha de tener un derecho igual al más amplio sistema total de libertades básicas, compatible con un sistema similar de libertad para todos»; Segundo: «Las desigualdades económicas y sociales han de ser estructuradas de manera que sea para: a) mayor beneficio de los menos aventajados, de acuerdo con un principio de ahorro justo, y b) unido a que los cargos y las funciones sean asequibles a todos, bajo las condiciones de justa igualdad de oportunidades.»[59] Ambos principios se complementan con dos normas de prioridades: una, la prioridad de la libertad, entendida en el sentido de que «las libertades básicas sólo pueden ser restringidas en favor de la libertad en sí misma»; y otra, la prioridad de la justicia sobre la eficacia y el bienestar, de forma que «la desigualdad de oportunidades debe aumentar las oportunidades de aquellos que tengan menos» y «una cantidad excesiva de ahorro debe, de acuerdo con un examen previo, mitigar el peso de aquellos que soportan esta carga».[60] Aun cuando los dos principios y sus normas complementarias de prioridades encierran una visión muy amplia de la justicia, no agotan cuanto significa para Rawls, que enuncia también de manera muy peculiar el «principio de la imparcialidad», sino que se contraen a la justicia distributiva. Ésta, desde su punto de vista, viene a tener el carácter de institucional. La prioridad concedida a la libertad y la presencia de la misma en los derechos individuales, en términos que hagan posible un régimen común de libertad, evoca sin duda

57. Ob. cit., p. 20.
58. Ob. cit., p. 341.
59. Cfr. Rawls, ob. cit. De los dos principios ofrece exposiciones no completamente idénticas en las pp. 82 y 341. Nos atenemos a la exposición posterior (p. 341), ya que la anterior es considerada por el autor como provisional.
60. Ob. cit. y pp. citadas.

alguna la tesis de Kant. La igualdad, tantas veces aducida como idea matriz de la justicia, aparece corregida por el que podría considerarse como su específico sentido social, que tiende a la protección de quienes ocupan las posiciones económicas menos ventajosas, si bien el resultado final no sea una completa igualación. Sin embargo, el puro formalismo de la igualdad queda eliminado. Sutilmente considera Rawls que aun debiendo anteponerse la igualdad de las oportunidades a las diferencias, el que las oportunidades sean desiguales puede aumentar las de los que tengan menos. En el fondo de la teoría de Rawls está presente la democracia norteamericana.

D) La insuficiencia, por una parte, de una justicia exclusivamente circunscrita al caso concreto y la imposibilidad, por otra parte, de llegar a formulaciones completas de su contenido material, ha conducido a tesis que se conforman con señalar indicaciones orientadoras, como es el caso de Henkel, para quien, en las relaciones de supraordenación y subordinación, el «suum» se determina conforme a la «medida de dignidad del individuo», mientras en las relaciones de yuxtaordenación hay que partir de una perturbación del «equilibrio» que ha de restablecerse.[61]

Pienso que la dignidad, antes que una medida de la justicia, es un presupuesto de la misma. En tanto la justicia requiere la alteridad, la relación, la dignidad es inherente a la persona. Por otro lado, la dignidad no se mide ni es variable. Es exactamente la misma en todos. Si en el plano de la justicia distributiva se produce una atribución preferente de derechos a determinadas personas, no obedecerá a que tengan una dignidad superior a otras, sino a que lo merezcan en razón de un criterio valorativo en el que el coeficiente de dignidad habrá de ser siempre el mismo. Sinceramente, no creo que haya de configurarse conforme a un criterio en el que juegue como dignidad variable la atribución o no de los mismos derechos a todos, la exclusión del extranjero de los derechos políticos y las bases de la regulación de la capacidad de obrar (edad, desarrollo mental, etc.). Una cosa es que a estos fines no actúe por sí sola la justicia (o que en ésta se reflejen determinados condicionamientos sociales) y otra muy distinta que venga reemplazada por la dignidad. El incapaz de obrar no es menos digno porque no pueda desplegar por sí una actividad negocial, ni tampoco el extranjero porque carezca de derechos políticos. La Constitución, con mucho acierto, se refiere a «la dignidad de la persona», lo que excluye toda posible distinción, porque

61. Cfr. Heinrich Henkel, *Introducción a la filosofía del derecho*, cit., pp. 507 y ss.

es inseparable del ser humano en cuantas situaciones pueda encontrarse. La noción del «equilibrio», a la que acude Henkel como criterio rector de la justicia conmutativa, es un correlato de la igualdad. Cierto que la igualdad de las prestaciones —a la que se refiere especialmente Henkel— no significa que haya de ser absoluta en el sentido de que sean las mismas las prestaciones intercambiadas, ya que el intercambio viene justificado precisamente en cuanto sean diferentes, de donde se infiere que la igualdad supone una equivalencia valorativa; pero éste no es argumento bastante para sostener que hay equilibrio y no igualdad. El hecho de que la equivalencia de las prestaciones quede pospuesta a la autonomía de la voluntad o que, por el contrario, sea un fin perseguido por la ley, refleja dos criterios diferentes. Sin duda, el ordenamiento es más sensible a la justicia conmutativa cuando facilita el logro de la equivalencia más allá de la previsión contractual, bien porque faltó inicialmente, como ocurre en la rescisión de la compraventa por lesión, o bien porque circunstancias sobrevenidas la han roto (doctrina de la cláusula *rebus sic stantibus*). Sin embargo, uno y otro sistema no suelen darse en estado de pureza y de completa irreductibilidad. Además, la diferencia no radica en que se tenga o no en cuenta la igualdad y la consiguiente equivalencia, sino en quien ha de cuidarse de su consecución: si las partes contratantes o la ordenación jurídica, bien entendido que en esta última hipótesis también necesita ser ejercitado el correspondiente derecho a establecer o restablecer la equivalencia por la parte perjudicada, con lo que la igualdad en este orden de cosas no se impone por sí misma.

E) Otro intento dirigido a dotar de contenido a la justicia radica en contemplarla desde una perspectiva ideológica. Mientras para unos (como es el caso, tan conocido, de Kelsen) la consideración de la justicia como una ideología subjetiva e históricamente variable, obliga a prescindir de ella en el conocimiento científico del derecho, para otros sólo es posible dotarla de un contenido sustancial, superando el formalismo, a través de una reflexión, a la vez, filosófica e ideológica. Tal es la tesis de Bobbio que nunca he llegado a explicarme del todo, más que en su conclusión, en su planteamiento y en la argumentación de que se sirve. Para él [62] la justicia como igualdad (aritmética en la conmutativa y geométrica en la distributiva) es el resultado que se obtiene, invariablemente, mediante una investigación fenomenológica de la justicia como valor; pero la igualdad en sus dos mani-

62. Cfr. Norberto Bobbio, *Introduzione alla Filosofia del diritto*, Giappicheli Editore, Turín, 1948, pp. 183 y ss.

festaciones, es siempre, necesariamente, formal. Así lo cree Bobbio. Luego si pretendemos, como él pretende, nutrirla de un contenido sustancial, es preciso introducir otro elemento: la libertad. El hombre, en cuanto ser libre, «se diferencia de los otros seres y se diferencia también de sus semejantes, conquistando con la libertad la propia personalidad».[63] Únicamente así, piensa, la justicia no será pura y simple igualdad, sino igualdad en la libertad. Es justo, por tanto, que los hombres tengan iguales posibilidades de realizar la libertad, esto es, de desarrollar su propia personalidad. Ahora bien, entiende Bobbio, la regla de la igualdad en la libertad no vale para cualquier tipo de sociedad; vale para una sociedad en la que todos sean propietarios; mas no vale en aquella en que unos lo sean y otros no; y ello, porque la igualdad en la libertad sólo se da cuando, teniendo alguna participación en el dominio del mundo exterior, se puede ejercer sin ser impedido. Consiguientemente, la fórmula de la igualdad es adaptable a todos los tiempos y a todos los lugares, en tanto que la fórmula de la «igual-libertad», que implica un contenido específico, corresponde a un determinado tipo de sociedad y es la expresión de una concreta ideología. Nos encontramos, pues, con que, según Bobbio, mientras a la justicia como igualdad se llega en virtud de una investigación fenomenológica de la justicia, a la igualdad en la libertad se llega mediante la adopción de una posición personal, en la que el pensador asume una responsabilidad histórica. A esto último llama Bobbio la *ideología de la justicia*.[64]

La tesis de Bobbio reducida a la enunciación genérica de que mientras la justicia formal es abstracta y universal, en tanto que la justicia material supone una concreción condicionada históricamente, sería en algún aspecto admisible. Pero sostener que en el primer caso, prescindiendo de la libertad y reduciéndolo todo a la igualdad, hay pura fenomenología que capta la justicia como valor, y en el segundo caso, al introducir la libertad, el tema se convierte en ideológico, no parece del todo convincente. Las adscripciones ideológicas son posibles en ambas fórmulas. Una concepción formal de la justicia es característica de la democracia liberal, ya que se limita al reconocimiento de la igualdad, entregando a la iniciativa de cada uno el problema de su efectiva consecución. Por el contrario, una concepción material de la justicia es más propia de la democracia social preocupada del logro efectivo de la igualdad. Sin embargo, la posibilidad de estas adscripciones ideológicas no quiere decir que la justicia sea el resultado de una u otra ideología.

63. Bobbio, ob. cit., p. 191.
64. Bobbio, ob. cit., pp. 193-196 y 197 y ss.

Sorprende el planteamiento de una justicia centrada de modo exclusivo en la igualdad. Si el formalismo puede prescindir de los contenidos, no es imaginable la eliminación de la persona, y a ello se llega si se omite la libertad. La igualdad formal hace formal también la libertad, mas no la excluye. Por otra parte, la igualdad es asimismo susceptible de hacerse real y efectiva. Esto es lo que consigue Bobbio a expensas de la libertad; pero así como en una justicia formal no está ausente la libertad, aunque se formalice, así también en una justicia sustancial no queda eliminada la igualdad, que asimismo se convierte en material. Además, el paso de un concepto formal de la justicia a un concepto material no se da con base exclusivamente en la libertad, sino mediante la atribución a la persona de bienes y derechos que harán efectiva la libertad, pero que suponen otros componentes. Por tanto, no cabe decir que la justicia como igualdad es el resultado de una investigación fenomenológica y la justicia como igualdad en la libertad el resultado de una reflexión filosófico-ideológica. Luego la investigación fenomenológica, que se dirige a aceptar la justicia como valor, sólo descubre una expresión formal, que viene a ser lo contrario de un valor. Esto es lo que ha llamado Vallet de Goytisolo «el drama de la filosofía de los valores».[65] Si así es en el terreno estrictamente filosófico en que se desenvuelven la fenomenología y la teoría de los valores, no por eso ha de aceptarse que la invocación por el texto de la Constitución de la justicia como valor suponga una consagración del formalismo. Pienso lo contrario. El que sea la justicia un valor impone la determinación de un contenido sustancial. Bobbio contrapone el valor puro, como objeto de la fenomenología, que únicamente enunciaría la igualdad formal, al valor contemplado en un contexto histórico como objeto de la filosofía ideológica que sería ilimitadamente variable. Si el «drama» de la filosofía de los valores es la abstracción, el «drama» ideológico sería el de la relatividad. Por una y otra vía el valor se esfuma o se difumina. Creo que no es así. Las ideologías son, ciertamente, interpretaciones de los valores, mas no los crean *in radice*. O aceptamos en la justicia un significado intrínseco, susceptible de visiones diferentes, pero dotado de alguna entidad propia, o no estamos haciendo nada con ella o hacemos simplemente política.

65. Cfr. Juan Vallet de Goytisolo, *Algo sobre temas de hoy*, Speiro, S. A., Madrid, 1972, p. 118.

13. EL SENTIDO DE LO JUSTO EN LA CONSTITUCIÓN Y SU PROYECCIÓN EN EL ORDENAMIENTO JURÍDICO Y EN EL PROCESO INTERPRETATIVO

De las anteriores reflexiones, excesivamente largas, obtengo como conclusión que, dada la norma constitucional sobre la justicia, es necesario plantearse qué ha de entenderse como justo en un sentido que (i) no puede ser meramente formal, (ii) sino sustancial, (iii) en términos tales que, si bien dotado de generalidad, no conduzca a la abstracción (iv) y sea posible determinarlo en el proceso formativo del derecho y no exclusivamente en el acto de aplicación del mismo al caso concreto.

Si la justicia no es encarnada de suyo por cualquier ordenamiento jurídico, con lo que hacemos de ella algo autónomo con la misión de informarle, pueden darse como ciertas estas dos proposiciones: 1.ª, no todo el derecho es justo; 2.ª, el derecho ha de tender a ser justo.

El ser justo o no del derecho exige que captemos el sentido de la justicia. Sentirla e intuirla son vivencias psicológicas del ser humano. Sin embargo, cualquier intuicionismo o subjetivismo no bastan para que pueda considerarse como identificada cuando se le asigna el trascendental cometido de informar el ordenamiento jurídico. Si cada uno de nosotros procuramos ajustar nuestro comportamiento en las múltiples relaciones intersubjetivas a los sentimientos personales de lo justo, no por eso queda resuelto que tales sentimientos equivalen a la justicia propugnada constitucionalmente como valor informador del ordenamiento jurídico. El problema radica en acomodar la vivencia individual a lo que haya de considerarse como objetivación de lo justo, dentro de un contexto histórico y conforme a un orden normativo. Los dos ejes de la estructura jurídica están constituidos por la persona y su convivencia en el seno de una sociedad organizada como Estado. A la persona le es inherente una autonomía como libre realización de su personalidad individual, dentro de su proyecto total de vida. Ahora bien, esto que se predica de *la* persona tiene que comprender a *cuantas* personas integren la colectividad, por lo que ha de haber entre ellas una correlativa equiparación. A su vez, la colectividad no es el simple resultado de la yuxtaposición de sus miembros, sino un todo con su propia organización rectora de la convivencia. La justicia considerada en su primariedad básica consiste en lograr unos criterios organizativos y de comportamiento que configuren, armónica y equilibradamente, sobre una base racional y ética, las relaciones de las personas entre sí y de ellas con el Estado, de manera que el bien común resulte colectivamente alcanzado e individualmente compartido por todos los miembros de la sociedad. Incorpora siempre una vocación de perfeccionamiento y de transformación. En ningún momento histórico puede considerarse como completa y definitivamente realizada. Se enmarca dentro de una moral social, aun cuando se formule su significado en términos de universalidad. Sin embargo, no todas las reglas y las prácticas morales se convierten en criterios inspiradores de la justicia, porque ésta actúa específicamente en el ámbito regido por el derecho. A su vez, no todas las normas jurídicas han de albergar un contenido intrínsecamente justo, ya que hay grandes áreas normativas susceptibles de formulaciones determinadas por otros criterios valorativos o valorativamente neutras. La general tendencia del ordenamiento hacia la justicia no supone, por tanto, que haya de estar presente en todas las normas. De igual modo que se afirma el general carácter imperativo del ordenamiento en el sentido de que tiene, en conjunto, una fuerza de obligar, sin que todas las normas sean imperativas, de igual modo también la justicia le afecta como conjunto y no en todas y cada una de sus partes.

Las consecuencias derivadas de referir el derecho a los valores y en particular al valor de la justicia dependen del plano o instancia en que aparezca afirmada esa conexión. Si se trata sólo de un punto de vista metodológico adoptado por el intérprete, su alcance dependerá del ordenamiento jurídico respecto del cual despliegue su actividad cognoscitiva, ya sea con vistas al análisis científico o a la aplicación judicial. Si es un ordenamiento cerrado y autosuficiente, atenido al principio de la validez formal, esto es, a la correcta elaboración de las normas, las posibilidades de la valoración en función de la justicia son muy limitadas. La única instancia en que cabe una reflexión acerca de lo justo es en el proceso interpretativo, principalmente cuando éste se despliega para resolver un caso determinado. No es lo mismo interpretar la norma sin ningún punto de referencia concreto en la realidad, que es la labor desplegada por quien lleva a cabo la investigación científica del derecho, que interpretarla en presencia del conflicto a resolver con su aplicación, tal y como proceden principalmente el abogado y el juez. En la primera hipótesis, si nos atenemos al canon positivista puro, la valoración queda eliminada, o en otro caso, ya está hecha por lo dispuesto en la norma. Siempre me ha parecido esta posición de asepsia difícilmente mantenible: el jurista científico opera con unos valores encarnados en las conformaciones normativas sin que él, en su actividad discursiva, añada nada al valor. Me atrevo a sostener que esto no es posible. Resulta más sincero el positivismo radical que no se sirve para nada de la categoría del valor. Pero, con todo, siempre quien interpreta las normas necesariamente realiza unas estimaciones conducentes a determinar su sentido. La enunciación lingüística de la norma sólo es el punto de partida —más exactamente, uno de los puntos de partida— para determinar lo que en otra ocasión he llamado el sentido del significado. Dicho en otros términos: la norma es el resultado del proceso de interpretación y no la mera percepción sensorial. Si esto es así incluso para el positivista, tanto más habrá de serlo para quienes adoptan criterios realistas, sociológicos, valorativos y no digamos iusnaturalistas. He aquí las posibilidades de una ponderación acerca de lo justo. La aplicación del derecho abre más los cauces de la valoración. El proceso interpretativo se despliega apegado a una realidad concreta. Se lleva a cabo no sólo para determinar el sentido general de la norma, sino con vistas a un caso, en busca de la solución pertinente. Los hechos, los problemas humanos, las situaciones, la conducta observada por las personas y las circunstancias concurrentes actúan como elementos sensibilizadores para la comprensión de las normas. El conflicto de la vida real a resolver jurídicamente no es un *posterius* al que se llega una vez establecido el sentido normativo; contribuye a determinarle. Hay una interacción hechos/normas. Ése es el momento óptimo para la captación de lo justo. Mientras en la esfera del ordenamiento jurídico la palabra derecho se ha sobrepuesto a la palabra justicia, en la esfera de la aplicación judicial del ordenamiento, se sigue hablando de la administración de la justicia. En el gran cúmulo inabarcable que hoy forman las leyes, la exigencia de que toda ley sea justa es quizá una utopía; pero subsiste como aspiración o exigencia social que las sentencias sean justas.

La justicia obtenida por vía de la aplicación judicial del derecho no puede llegar a excluir una norma que se considere injusta. O se consigue obtener de ella el sentido más concorde para el logro de una solución justa o, agotadas todas las posibilidades interpretativas y de adecuación al caso, no se consigue. Ésta será una última hipótesis extrema e irremediable, pero no eliminable del todo. En el derecho positivo las posiciones contrapuestas para el logro de una solución justa están constituidas, respectivamente, por lo legalmente cuantificado y por lo dependiente de la estimación judicial. Las normas que fijan una edad para ostentar capacidad negocial, las que establecen los plazos de prescripción o caducidad de las acciones, las que determinan las cuotas hereditarias, etc., etc., tienen un significado estricto e invariable. En cambio, si el efecto previsto en las normas depende de la estimación que haya de hacerse de la conducta observada, la flexibilidad es mayor, como también lo es la iniciativa judicial, bien porque haya un verdadero arbitrio (como en la fijación de un plazo para el cumplimiento del contrato después de declarada la resolución, en la modificación de la cláusula penal, etc.) o bien porque, sin arbitrio propiamente dicho, sea decisiva la apreciación judicial (como ocurre con la interpretación de las declaraciones de voluntad, con la apreciación de si un comportamiento es diligente o no, con la buena o mala fe, con la fijación de los daños a indemnizar, etc.). Una aportación valiosa para el logro de soluciones justas es la que presta el recurso a la equidad, conforme al artículo 3,2 del Código civil. La equidad, en definitiva, es la misma justicia no susceptible de enunciación normativa universalmente válida, ni siquiera de una aplicación general, sino dependiente del caso. Surge y se capta con motivo de él; no previamente. Si bien la posibilidad de una sentencia exclusivamente basada en la equidad es extrema, porque el Código Civil exige que la ley expresamente lo permita, su función ponderadora en la aplicación de las normas es constante. A través de ella hay un llamamiento a lo justo que se erige, al menos, en problema, propósito y contraste de la decisión, con lo que el estricto mecanicismo de la subsunción resulta corregido. La ponderación de la equidad es el mejor ejemplo de que el derecho y los hechos no pertenecen a mundos separados para luego, en el momento de la aplicación, encontrarse; hay entre ellos una intercomunicación con influencia en las respectivas significaciones.

Si el ordenamiento no es cerrado y autosuficiente, sino abierto y fundado en los valores, el tema de la justicia permite un planteamiento más profundo. Tal es lo que sucede con el precepto constitucional que estamos examinando. No creo que la invocación de los valores, y en particular el de la justicia, haya de quedar reducida a una declaración programática o de intenciones. Una invocación de ese tipo es la que figura en el preámbulo de la Constitución al decir: «La Nación española, deseando establecer la justicia, la libertad y la seguridad...» Propugnar la justicia como valor superior del ordenamiento tiene estas significaciones muy claras: forma parte del modo en que España se constituye en Estado de derecho; es fundamento del derecho constituido y pasa a ser factor integrante del mismo; pero no queda estrictamente positivizada en las normas constitucionales; de manera permanente y fluyente el ordenamiento jurídico ha de entenderse compenetrado con la justicia. Hay una norma afirmatoria de la misma que actúa *per se* con la general primacía que en el ordenamiento jurídico corresponde a la Constitución y, además, con la primacía específica que ostentan las normas proclamatorias de los valores materiales.

Consiguientemente, conforme a la Constitución, no se trata de que el intérprete —el juez, el abogado, el jurista en general— pueda, en· el desarrollo de su cometido, al inquirir el sentido de las normas, suscitar el problema de la justicia. Ha de hacerlo así preceptivamente. A la ponderación de la equidad, tal y como previene el Código civil, ha de unirse la ponderación de la justicia. Con base en la doctrina de Bachof y en la jurisprudencia del Tribunal Constitucional alemán, García de Enterría apunta la posibilidad de que existan «normas constitucionales inconstitucionales» en cuanto no sean trasunto de los valores básicos constitucionalmente propugnados.[66] También el superior rango concedido a tales valores trae por consecuencia que la reforma constitucional sea especialmente restrictiva (artículo 168). En esta misma línea considero que los valores pueden ser materia de control judicial mediante el recurso de inconstitucionalidad. Todas las leyes y las disposiciones normativas con fuerza de ley son susceptibles del recurso (artículo 161,1,a) de la Constitución y artículo 2, 1, a) de la Ley Orgánica del Tribunal Constitucional de 3 de octubre de 1979). La declaración de inconstitucionalidad podrá fundarla el Tribunal «en la infracción de cualquier precepto constitucional, haya sido o no invocado en el curso del proceso» (artículo 39, 2 de la Ley Orgánica). En consecuencia, no hay ningún precepto constitucional excluido del control jurisdiccional y de la posible infracción, ni depende de la iniciativa de la parte determinarlo (en contra de lo que ocurre en los recursos de casación), ya que rige, sin limitaciones, el principio *iura novit curia*. Luego si la declaración de inconstitucionalidad ha de estar basada en la infracción de cualquier precepto constitucional y entre tales preceptos figura el que propugna la justicia como valor superior del ordenamiento, podrán ser declaradas inconstitucionales las leyes o las normas contrarias a tal precepto. Igual sucede con la libertad, la igualdad y el pluralismo político como valores superiores del ordenamiento jurídico. Aun cuando estos valores tienen un desarrollo constitucional propio, en cuanto integran el cuadro de los derechos y las libertades regulados en el capítulo segundo del Título I, a los que el artículo 53 confiere la tutela prevista en el artículo 161,1,a) (recurso de inconstitucionalidad), ello, no supone que queden agotados por lo dispuesto en el capítulo segundo del título I, ni que el precepto infringido haya de estar

66. Cfr. E. García de Enterría y Tomás-Ramón Fernández, *Curso de Derecho administrativo*, 7, cit., p. 115.

comprendido en él necesariamente, sino que también puede derivar la inconstitucionalidad de la infracción del artículo 1,1, bien a través del recurso o de la cuestión de inconstitucionalidad planteada por el Juez o Tribunal. El tema, sin embargo, no queda completamente absorbido por el Tribunal Constitucional. Cierto que la declaración de inconstitucionalidad incumbe de manera exclusiva a él; pero lo que cabría llamar irradiación de la Constitución en el ordenamiento jurídico es misión que corresponde a todos los poderes públicos sujetos a ella desde su promulgación (artículo 9,1) y de modo particular al poder judicial (artículo 117,3). Entre las grandes vías por donde la Constitución se realiza como ordenamiento jurídico figuran, además de aquellas en que se requiere un desarrollo legislativo ulterior, las siguientes: mediante su aplicación directa en todos los casos en que así resulta del texto constitucional; a través de la amplia cláusula derogatoria; y en virtud del proceso interpretativo que siempre debe atenerse al contexto, lo que obliga a tener en cuenta, como criterio expresivo, a la vez, de la jerarquía y la integración normativa, el significado básico y fundante que corresponde a la Constitución. Pues bien, esta proyección de la Constitución, en cuanto comprende la conformación normativa de las situaciones de la vida real regidas por el derecho y la correspondiente solución de los casos que se planteen, queda entregada a la competencia y al conocimiento de los Jueces y Tribunales ordinarios. Si bien éstos no pueden hacer declaraciones de inconstitucionalidad, sí les corresponde aplicar la Constitución, y, por tanto, en el desarrollo de su cometido habrán de tener en cuenta los valores superiores del ordenamiento jurídico y, en particular, el valor de la justicia. Ya no depende del criterio del intérprete adoptar una posición rígidamente formalista o valorativa. Es indispensable llevar a cabo la valoración conforme al plexo axiológico formulado constitucionalmente.

14. EL VALOR DE LA JUSTICIA Y LOS PRINCIPIOS DE LA LEGALIDAD Y LA SEGURIDAD JURÍDICA

La Constitución designa la justicia como valor (artículo 1,1) y la legalidad y la seguridad jurídica como principios (artículo 9,3). ¿Hay en ello sólo un uso más o menos discriminado de las palabras o existen diferencias de fondo? En algunos estudios sobre nuestra Constitución he visto refundidos o no suficientemente delimitados los conceptos de los valores y de los principios. A unos y otros se les incluye entre las grandes decisiones políticas que subyacen a la Constitución, para ver en ellos encarnada la que podría llamarse preeminencia jurídica máxima. Sin embargo, son perfectamente diferenciables. El valor expresa un criterio, el fin esencial y el fundamento de la ordenación dentro de un sistema de creencias. Aunque los valores no sean estrictas ideologías, de manera que cada una de éstas ofrezca un cuadro de valores distinto, sí es cierto que difieren la jerarquía valorativa y las aplicaciones en función del impulso ideológico predominante. El valor no es en sí mismo una norma susceptible de aplicación directa como tal. Con base en él se elaboran las normas y se interpretan. Las engendra y determina su sentido; pero es preciso incorporar otros elementos a través de los cuales se manifiesta. Las dificultades que suscita la enunciación de lo que ha de entenderse como justicia demuestra que siendo su cometido estar presente en las conformaciones normativas, no es ella enunciable como norma. Por eso el precepto constitucional erige la justicia en un valor, pero sin llegar a establecer en qué consiste. A diferencia de los valores, los principios desempeñan por sí mismos una función normativa; son normas por más que en un grado de enunciación no circunstanciadamente desenvuelto, sino dotado de gran generalidad. En razón de ella puede desempeñar el cometido informador del ordenamiento jurídico, así como el de suplir la insuficiencia de las normas que, aun siendo también generales, preconfiguran situaciones y consecuencias jurídicas dentro de unos límites. Por eso es mayor la fuerza expansiva o de irradiación de los principios. Los valores están por encima de todas las normas e incluso de los principios, que presuponen la realización de un valor. Este aspecto está en ellos más acusado que en las demás normas. En el llamado derecho «principial», la estructura normativa es el mínimo indispensable para la proyección del valor en las relaciones sociales. La «justicia» es un valor; la «prohibición del enriquecimiento injusto», un principio. La misma diferencia se aprecia entre la «buena fe» y el «ejercicio de los derechos conforme a la buena fe».

El principio de la legalidad es inherente al Estado de derecho. Si, por un lado, el reconocimiento de la ley como fuente primaria del derecho supone la atribución al Estado de la potestad generadora de las normas, lo que implica la realización máxima del poder, por otro lado, ese mismo reconocimiento tiene un sentido limitativo respecto del ejercicio del poder. La ley es el antídoto del Estado absoluto y del personalismo. Sólo en virtud de ella resultan conciliables la libertad y la autoridad. Obedecerla no es excluir la libertad sino alcanzarla dentro de la convivencia democrática. A su vez, establecerla es un modo de servirla. La ley incorpora un criterio de objetividad en las relaciones de subordinación y de coordinación. El reinado del derecho es, por eso mismo, impersonal y general. Al consolidarse estas ideas, alentadas por el pensamiento revolucionario, con el ascenso clasista de la burguesía y el surgimiento del Estado liberal, la propia justicia caería derrotada en manos de la ley. Aun cuando el ideal de la justicia había movido a la lucha impulsora de esta profunda mutación política, parecía no haber luego lugar para ella. La ley concierta una alianza menos comprometida con la seguridad jurídica. Esta se desenvuelve principalmente en el terreno de la certeza, de la eficacia y de la positividad. En tanto la justicia supone la ponderación del *maximum* ético como fin último del derecho, la seguridad se conforma con el *minimum* imprescindible, o bien, es éticamente neutra o indiferente. Hay entre ellas una tensión contradictoria. No creo, sin embargo, que el derecho pueda considerarse como el sacrificio de la justicia ante las ventajas prácticas de la seguridad. Ni siquiera al derecho como síntesis de una y otra me parece una solución satisfactoria, porque no son equiparables ni permiten, por tanto, un reduccionismo en iguales proporciones. Es concebible el derecho como aproximación a la justicia, con todas las complejidades que supone su realización. No ocurre otro tanto con la seguridad, ya que por sí misma no es apta para expresar la esencia última de lo jurídico. La seguridad es orden; pero éste, abstraído del contenido, no equivale al derecho, si por tal entendemos algo que no se agota en lo formalmente válido y coactivamente impuesto.

La seguridad jurídica aparece recogida en la Constitución junto al principio de la legalidad, o más exactamente, dentro de él, como una de sus manifestaciones. Aunque el artículo 9,3 sólo califica de principio a la legalidad, las posteriores referencias que hace a la jerarquía normativa, a la publicidad de las normas, a la irretroactividad de las disposiciones sancionadoras o restrictivas, a la *seguridad jurídica* y a la responsabilidad y la interdicción de la arbitrariedad de los poderes públicos, son manifestaciones o exigencias del propio principio de la legalidad.

La consagración del principio de la legalidad, y, con él, la del principio de la seguridad jurídica, hay que ponerla en relación con la consagración previa del valor de la justicia. Si en las ideologías y en el propio derecho puede observarse, en determinadas fases y realidades históricas, la neutralización de lo jurídico respecto de lo justo para verlo encarnado esencialmente en la ley y en la seguridad conseguida a expensas de la misma, esto no es así, evidentemente, conforme a la Constitución. En ella el principio de la legalidad no sólo es compatible con el valor de la justicia, sino que ha de considerarse al menos como un proyecto de realización. Aunque el ordenamiento no sea de modo exclusivo la ley, ésta es su principal expresión. Y si es preceptivamente propugnado el valor de la justicia respecto del ordenamiento, lo establecido para éste concierne también a la ley. Constitucionalmente no hay, pues, tensión contradictoria entre ley y seguridad jurídica, de un lado, y justicia de otro. Es claro el propósito de la armonía. La intensidad normativa con que se formula el principio de la legalidad es más acusada, porque la Constitución lo «garantiza», mientras de la justicia dice que la «propugna». Esta distinta intensidad se comprende porque el principio de la legalidad tiene la fuerza de las normas, en tanto la justicia tiene la superioridad del valor. Ahora bien, el principio de la legalidad se inserta en un ordenamiento jurídico del que el Estado propugna la justicia como valor superior. El derecho legal y el derecho justo no pertenecen, pues, a mundos diferentes. Así lo proclama el legislador constituyente. Que efectivamente se consiga es otra cuestión, y otra, que se reconozca. Es lo mismo que si se dijera: lo que no es verdad no forma parte de la historia. ¿Pero dónde está escrita esa historia que sea espejo de lo realmente acontecido? La verdad como identificación de la realidad, que es su formulación más simple, en cuanto convierte lo real en medida de lo verdadero, plantea sin embargo todo el problema de saber en qué consiste lo que consideramos real que, aun existiendo de suyo, no es para nosotros ajeno a nuestra propia intelección. Si de la verdad como realidad pasamos a la verdad de los enunciados, las complejidades son mayores. Y sin embargo, la justicia es todavía más difícilmente constatable que la verdad, porque los módulos de ésta son la realidad y la lógica, el ser en su expresión empírica e intelectual, en tanto los módulos de la justicia son la ética y el deber ser. Con todo, la justicia, aun cuando sólo sea como aproximación, es el más valioso correctivo del voluntarismo jurídico. Es autoconciencia de la limitación del poder. Hay una gran extralimitación, lo mismo cuando se cree que el ordenamiento se apodera de la justicia por considerarla inserta en las normas, que cuando se prescinde de ella. Verla fuera y por encima, tratar de establecer una comunicación, ésa es la difícil empresa que ha hecho suya la Constitución española.

15. CONCEPCIÓN DEL DERECHO A QUE RESPONDE LA CONSTITUCIÓN

Se inicia este capítulo suscitando el tema del cual puede considerarse la concepción del derecho predominante en la Constitución y caracterizadora, por tanto, de la misma. Creo que después de lo escrito son posibles unas puntualizaciones. En efecto:[67]

i) La Constitución dista, sin duda, de una adscripción al formalismo propio del positivismo normativista. Está más bien en la otra cara o en la otra orilla. El estricto positivismo de la ley, en Europa, antes de la segunda guerra mundial y con ocasión de ella, jugó una mala partida al derecho y a la vida individual y colectiva. Las Constituciones posteriores, acusando el grave impacto, formularon su implícita pero rotunda condena con la consagración de unos ideales intrínsecamente valiosos dirigidos a resaltar, sobre la base de la democracia, el fondo humano, social y ético del sistema de la convivencia y de la regulación constitucional. En esta misma línea, subrayándola, aparece la Constitución española que, si por un lado, proclama «la dignidad de la persona» como introducción a un generoso cuadro de derechos y libertades que «son el fundamento del orden político y de la paz social» (art.º 10,1), por otro lado, coloca el ordenamiento globalmente considerado, esto es, el derecho en su dimensión objetiva y total, y no sólo los derechos subjetivos humanos, al servicio y en dependencia de los valores superiores.

ii) No hay base para pensar que la Constitución refleja la concepción institucionalista, salvo en haber preferido la expresión ordenamiento —que no es, por otra parte, exclusiva del institucionalismo— a la de derecho (en sentido objetivo).

iii) La concepción valorativa del ordenamiento, consagrada por la Constitución, se aproxima a una posición iusnaturalista. El ordenamiento no se legitima exclusivamente por consideraciones lógico-formales, sino también ético-materiales, como pone de manifiesto su acomodación a unos valores constitucionalmente reputados superiores. Gregorio Peces-Barba Martínez, uno de los miembros de la Ponencia Constitucional del Congreso, de donde procede el art.º 1,1, escribe: «La expresión "propugna" es especialmente adecuada para señalar la relación del Estado y el Ordenamiento jurídico respecto a los valores que sólo son derecho si se incorpo-

67. La síntesis que sigue está sustancialmente recogida de la conferencia que pronuncié en el Instituto Español de Derecho de Roma el 29 de mayo de 1981, con el título *El ordenamiento jurídico en la Constitución española*.

ran al Ordenamiento jurídico y que necesitan para su realización el impulso y el apoyo del poder político. Su temporal sustitución por el verbo "proclama", realizada por la Comisión del Senado, privaba al párrafo del sentido de lucha por el Derecho más justo que así queda mucho más claro.»[68] Cierto el impulso del Estado en la realización de los valores y que éstos sólo son derecho si se incorporan al ordenamiento, pero es derecho positivo la propia norma que enuncia la subordinación del ordenamiento a los valores.

68. Gregorio Peces-Barba (con la colaboración de L. Prieto Sanchís) *La Constitución española de 1978*, Fernando Torres-Editor, S. A., Valencia, 1981, p. 30.

X. La persona en la Constitución

1. LA PERSONA, LUGAR DE ENCUENTRO DE IDEOLOGÍAS CONTRAPUESTAS

Ninguna Constitución española anterior a la de 1978 ha sido tan sensible como ésta a la realidad total de la persona como presupuesto y fin para organizar su tutela jurídica. Ocupa, sin duda, una posición avanzada dentro de la línea hoy dominante en las Constituciones modernas y progresistas. Sin exagerar, creo que ninguna otra le gana la partida. He aquí uno de los lugares de encuentro y coincidencia entre las diversas opciones políticas. Mientras una ideología genéricamente liberal o ampliamente democrática, que defiende o acepta la estructura capitalista de la sociedad con determinadas concesiones en beneficio de los intereses generales, y una ideología socialista de base también democrática, propugnan dos modelos de sociedad distintos y aún antagónicos, no pasa lo mismo por lo que concierne a la persona. El general respeto de ésta y el reconocimiento de sus derechos y libertades constituye un común punto de partida y un ideal compartido en sus bases esenciales, aunque difieran las motivaciones y no sean iguales los cuadros de prioridades.

2. LA UNIFORMIDAD DEL SIGNIFICADO DE PERSONA Y SUS QUIEBRAS

El derecho, dentro de nuestra área cultural, ha dado dos grandes pasos en el tratamiento de la persona: uno ha consistido en la generalización o uniformidad de su significado hasta conseguir la identificación entre el ser humano y su condición de persona; y otro en la acomodación de su estatuto jurídico a lo que es la persona en su sentido humano y concreto total, así como las diversas situaciones en que se encuentra o puede encontrarse en el curso de la vida. Estos dos grandes pasos reflejan dos grandes concepciones. En alguna ocasión, a la primera de estas concepciones la he llamado jurídico-formal, y a la segunda, humanista; pero la verdad es que en la primera también hay humanismo, aunque éste haya sido desbordado en virtud de un proceso de esquematización y juridificación. Me parece, por tanto, preferible distinguir entre una concepción uniformista de la persona y una concepción realista.

La máxima aportación hecha por la primera de las concepciones radica en haber formulado, con validez para todos los seres humanos, la uniformidad del concepto de persona. Sus puntos de irrupción histórica han sido diversos. La moral cristiana, con sensible anticipación respecto de otras corrientes del pensamiento, ha mantenido siempre que la naturaleza humana es el fundamento de la insuprimible condición de persona, en abierto contraste con el criterio del derecho romano, comunicado a otros ordenamientos, conforme al cual ser persona era la consecuencia de ostentar un *status* reconocido al ciudadano y negado al siervo y al peregrino. Desde otro punto de vista, la ideología y la filosofía del racionalismo sobrepusieron el hombre, como ente de razón, al cosmos. Habría de ser, sin embargo, la Revolución francesa la que, con particular énfasis político y reivindicativo, marcaría el rumbo que, al menos en el plano de las ideas, sigue siendo invariable: a ningún ser humano puede serle negada la condición de persona, porque, como dice el artículo 1.º de la Declaración de los Derechos del Hombre y del Ciudadano: «Los hombres nacen y permanecen libres e iguales en derechos.»[1]

La persona es, por tanto, una categoría unitaria. No puede haber quienes, siendo antropológicamente personas, no lo sean también jurídicamente. La personalidad jurídica es una cualidad del ser humano inherente a él mismo. Las diferencias por razón de nacimiento, sexo, estado o profesión, tendieron a atenuarse, aunque sin desaparecer del todo. No hay quien no sea persona, como ocurría con la esclavitud, ni hay tampoco diferentes clases de personas como sucedía en la sociedad feudal. La libertad, contemplada desde la perspectiva del pasado, trae consigo la liberación del sometimiento. En sí misma quiere decir autonomía, iniciativa, como presupuesto indispensable para el desenvolvimien-

1. Este texto fue aprobado, en la sesión de 20 de agosto de 1789, a propuesta de Mounier. La discusión, calificada de confusa, versó sobre un proyecto presentado por Lafayette, que decía: «La naturaleza hace a los hombres libres e iguales.» Cfr. P. J. B. Buchez, *Histoire de l'Asamblée Constituante*, 2.ª ed., II tomo, J. Hetzel, Editor, París, 1846, p. 391.

to de la propia vida personal. La igualdad supone que todas las personas merecen la misma consideración ante la ley, que todas participan en el poder y que son los mismos sus derechos y obligaciones.

Tal configuración de la persona, aun cuando supuso un logro evidente que la hacen inconmovible en sus bases esenciales, adolece, no obstante, de algunas insuficiencias y desviaciones. En efecto: 1.º Acogida en el primer plano de los principios y en la expresión constitucional del derecho, no ha alcanzado siempre la penetración deseable en todos los sectores del ordenamiento jurídico. 2.º Los distintos ordenamientos positivos y las teorizaciones llevadas a cabo por la ciencia dogmática han tendido a encerrar la persona en las categorías del sujeto y la capacidad jurídica, sin adentrarse de lleno en todas las facetas de su completa y diversa realidad. 3.º Tomó en consideración, principalmente, los derechos políticos y civiles en la tutela de la personalidad y no, en igual medida, los sociales y económicos. 4.º No siempre se organizó un eficaz amparo jurisdiccional de unos y otros. 5.º Siendo una concepción que, en sus inicios y en muchas de sus elaboraciones doctrinales, tuvo como soporte la filosofía del derecho natural, terminó siendo dominada por el positivismo jurídico.

Las consecuencias de este dominio darían lugar a lo que puede considerarse como un fenómeno de inversión del significado de la persona para el derecho. De ser la persona un *prius* antropológico y ético o un postulado del derecho natural, pasa a ser el resultado o, al menos, el reflejo de la ordenación positiva. Tanto la formulación primigenia de Lafayette, al decir que «la *naturaleza* hace libres e iguales a los hombres» como el texto definitivo de la Declaración, al proclamar que «los hombres *nacen*... libres e iguales», ponen de relieve que tales cualidades, en cuanto derivadas de la naturaleza o del nacimiento, son atributos de la persona con los que ésta se muestra ya como tal ante el derecho. Consiguientemente, el ser persona no se presenta como una atribución de las normas, sino, a lo sumo, como un reconocimiento obligado; prima la persona como determinante de la ordenación jurídica, y no a la inversa. Pero es el caso que las categorías jurídicas del positivismo terminarían por adueñarse de la persona y anteponerse o superponerse a la misma. En virtud de un reduccionismo simplicador, del ser total psico-físico y social que es el hombre, únicamente pasó a considerarse como relevante un dato: la voluntad. Por eso se erigieron en nociones clave las de *sujeto de derechos* y *capacidad jurídica*. A este reduccionismo contribuyó en gran medida la teoría de las personas jurídicas o colectivas. En ellas no hay, o mejor, no cuentan, a los fines de la personalidad, los datos reales, la plenitud de existencia y de sentido de los seres humanos, sino encontrar un centro de imputación y decisión representado por la voluntad. Al menos desde el punto de vista de la explicación dogmática, la común construcción para las personas físicas y las jurídicas consiste en lo siguiente: no se es sujeto de derechos en tanto que persona, sino a la inversa, se es persona en tanto que se es sujeto de derechos; y no se tiene capacidad jurídica en tanto que se es persona, sino también a la inversa, la capacidad jurídica confiere la condición de persona. Veamos, por ejemplo, un jurista de tanto rigor conceptual como Windscheid, en el que leemos: «Los derechos existen porque el ordenamiento jurídico ha declarado decisiva por un precepto... *la voluntad de una persona.* La persona, cuya voluntad viene declarada decisiva, es el sujeto de derecho.» [2] Encontramos la persona a través de la voluntad considerada como decisiva; y la persona es el sujeto. La anteposición, en cambio, del sujeto aparece en el siguiente texto de Degni: «Concepto de persona: El sujeto de los derechos y los deberes jurídicos es designado con el nombre de *persona.*»[3] Este modo de formular el concepto es consecuente con el positivismo jurídico. Sin embargo llega a perturbar la visión iusnaturalista. Y así un iusnaturalista pleno, como Mendizábal, ferviente defensor del derecho natural, después de muchas explicaciones sobre la persona humana como conjunto de alma y cuerpo, terminará, en el orden jurídico, por equipararla al sujeto de derechos.[4] Desde otro punto de vista filosófico, pero no positivista, dirá Radbruch: «La igualdad jurídica, la capacidad jurídica igual que constituye la esencia de la persona, no está implícita en los hombres y en las sociedades humanas, sino que es atribución posterior del ordenamiento jurídico. Nadie es persona por naturaleza o nacimiento —tal nos muestra la institución jurídica de la esclavitud—. La persona es el resultado de la personificación del ordenamiento jurídico. También las personas físicas son, en sentido estricto, personas jurídicas...» [5]

No cabe un mayor nominalismo. Hay cierta circularidad en estas construcciones. O se dice que la persona es el sujeto o que el sujeto es la persona. En ambas fórmulas la conclusión es semejante: la susceptibilidad de ser titular de los derechos y de las obligaciones, un punto de atribución, es lo que, en definitiva, se identificará como persona. Por si no bastara el esquematismo del

2. Windscheid, *Pandette*, trad. ital. de Fadda y Bensa, I, 1925, p. 144.
3. Degni, *Le persone fisiche* (en el gran Tratatto de Vasalli), p. 1.
4. Luis Mendizábal Martín, *Tratado de derecho natural*, Madrid, 1920, pp. 41 y ss.
5. Radbruch, *Filosofía del derecho*, trad. de José Medina Echevarría, Ed. Revista de Derecho privado, Madrid, 1933, p. 171.

sujeto, completándolo, o quizá redundando en él, aparece este otro: la capacidad jurídica, que no es sino otra forma de llamar —tal vez más abstracta— a la susceptibilidad de la atribución, al sujeto y a la persona. Como he dicho en otro lugar, el significado etimológico de persona («máscara») parece que ha ejercido un influjo taumatúrgico sobre los juristas.[6] No creo que, en todos los casos, al proceder así, se haya actuado al servicio deliberado de una ideología. Tampoco es fácil adscribir a una ideología determinada esta juridificación de la persona. Porque para el liberalismo el derecho y el Estado ocupan más bien una posición de retraimiento para que la persona y la sociedad puedan mostrarse con toda su pujanza, y el marxismo no profesa precisamente una fe en el derecho y en el Estado, por más que el vaticinio del perecimiento siga sin cumplirse. Sucede más bien que los juristas se han encerrado en el dogma del derecho subjetivo, al contemplar el hombre, y en el del derecho objetivo, al contemplar el Estado. Y el resultado ha sido que la persona no es sino el soporte de los derechos subjetivos y éstos la emanación del derecho objetivo establecido por el Estado.

Otras quiebras de esta concepción no están en lo que podría considerarse como su desvío o contradicción con el propio planteamiento, sino en su insuficiencia. Siempre que me refiero a ésta antepongo al juicio crítico el reconocimiento de que la generalización del concepto de persona, aun cuando hoy no colme las exigencias del progreso social, representa una conquista a la que han cooperado diversas corrientes políticas, ideológicas y filosóficas y, sobre todo, el genio universal del cristianismo. Si todavía algún jurista muy imbuido del individualismo echa en falta el *cada* hombre que hay en *todo* hombre, es porque se nos da por resuelto el problema del *todo* hombre que hay en *cada* hombre, esto es, porque nos desenvolvemos en un contexto en el que el básico, aunque mínimo, postulado de la igualdad traducida en la uniformidad jurídica es un punto de partida. Sin embargo —y he aquí el problema—, el propio ideal trazado no llega a realizarse plenamente porque el nivel de equiparación entre las personas es externo y formal, no intrínseco y material. En las nociones de sujeto de derechos y de capacidad jurídica nos encontramos, ciertamente, todos. No hay quien carezca de la posibilidad de ser sujeto de derechos ni de capacidad jurídica. Nos acompaña desde el nacimiento —incluso antes de él por la protección del *nasciturus*— hasta la muerte —e incluso después de ésta subsisten en los herederos los derechos no personalísimos—. La capacidad

6. *Perspectiva sociológico-jurídica de la persona*, Madrid, 1966, pp. 17-18.

de obrar o de ejercicio ya no toma en cuenta el sólo hecho de existir, sino que está en función de la edad y/o de la muerte, con lo que hay una mayor penetración en el interior del hombre, si bien no más allá de esos datos psicofísicos concernientes a su desarrollo. En suma, el ser jurídicamente acompaña al hombre, y el actuar con eficacia le es atribuido con subordinación a los mismos requisitos para todos. Las dicotomías en que el derecho civil encierra a todas las personas con capacidad jurídica son éstas: mayores de edad/menores de edad, cuerdos/locos. Hay, en verdad, los llamados derechos naturales e imprescriptibles, respecto de los cuales el ordenamiento no se limita a ofrecer la posibilidad de ser titulares de los mismos y ejercitarlos, sino que parte de un previo e incondicional reconocimiento. Estos derechos son, según la formulación clásica, la libertad, la propiedad, la seguridad y la resistencia a la opresión. El fin de la organización política es conservar en el hombre algo que, en cuanto tal, le viene dado o le corresponde por naturaleza. Esto es lo que, según el pensamiento reivindicativo de la Revolución francesa, se había desconocido a los hombres y lo que era indispensable restituirles. Sin embargo, tras muchos años de democracia ha podido comprobarse que, aun conseguida la generalización y la uniformidad del concepto de persona, quedan pendientes muchos problemas para que la libertad y la igualdad sean efectivamente reales y compartidas.

3. LA CONCEPCIÓN HUMANISTA, REALISTA Y ETICISTA DE LA PERSONA ACOGIDA POR LA CONSTITUCIÓN

Frente a la concepción uniformadora de la persona que, con sus ambiciones y sus quiebras, supuso un paso importante, hoy nos encontramos en una segunda fase en la que se acentúan los aspectos humanistas, éticos y realistas.

Como puntos principales de irrupción del cambio pueden señalarse, entre otros, los siguientes: 1.º La gran eclosión de la segunda guerra mundial, de la que fue víctima la humanidad, y el impulso que dio al progreso con marcado reflejo en la técnica de la destrucción colectiva, que ha hecho replantearse a escala total el tema de la convivencia y la paz. 2.º El advenimiento de nuevos países al concierto universal, tras el proceso de la descolonización y mediante el reconocido derecho a todos los pueblos del autogobierno. 3.º La existencia de grandes áreas de escasez y penuria, con poblaciones depauperadas, que muestra el contraste, gravemente injusto, entre unas sociedades en decrepitud y otras en grados extraordinarios de desarrollo y de riqueza. 4.º La internacionalización y universalización de la tutela de la persona, en virtud del reconocimiento de muy completos cuadros de libertades y derechos fundamentales, de carácter no sólo político y civil, sino cultural, social y económico, que tienen sólidas bases en la Declaración Universal de los Derechos Humanos de 1948 y en la Convención de Roma de 1950, así como en otras proclamaciones y pactos, con lo que la persona aparece por sí misma como miembro de la gran familia humana y no sólo como perteneciente a un Estado. 5.º El Concilio Vaticano II que, junto a su significación eclesial, incluye un llamamiento a los valores de la convivencia, la libertad y el bien común, con el propósito de comprender y servir a todos los hombres cualesquiera sean sus creencias. 6.º Las Constituciones de nuestros días que, aun respondiendo a ideologías distintas y a sistemas sociales diferentes, colocan en el primer plano a la persona como centro de la protección jurídica.

Para exponer esta nueva concepción no es necesario condensarla en ninguna generalización doctrinal previa. Basta contemplarla en la Constitución, que muestra una nueva imagen de la persona, más ambiciosa y prometedora, menos simple y esquemática, con ponderación circunstanciada de las diversas situaciones en que puede encontrarse. Claramente se aprecia cómo la persona no es considerada a modo de investidura resultante de lo que el derecho le concede ni siquiera de lo que le reconoce. Actúa como presupuesto y fundamento del propio orden político y jurídico. No empieza o es con el derecho; éste dota de significación al ser humano existente con valor y vigencia previos en cuanto realidad (ontológica) y exigencia (ética).

Cuatro son las coordenadas a través de las cuales la Constitución organiza la tutela de la persona, a saber: su dignidad (artículo 10,1); la libertad y la igualdad (artículo 9,2); el gran cuadro de los derechos y los deberes fundamentales (el Título I en su conjunto), y la remisión a la Declaración Universal de los Derechos Humanos y a los tratados internacionales (artículo 10,2).

A) *La dignidad de la persona.* Según el artículo 10,1 de la Constitución, «la dignidad de la persona, los derechos inviolables que le son inherentes, el libre desarrollo de la personalidad, el respeto a la ley y a los derechos de los demás, son fundamento del orden político y de la paz social». Si hubiéramos de buscar en la Constitución el precepto menos parecido a una norma de conducta u organizativa (el paradigma usual de la norma), sería preciso citar éste. En vano trataremos de encontrar en él cuál es la parte en que se contiene la previsión de un supuesto de hecho y cuál la dedicada a establecer la consecuencia jurídica. Pese a ello o por ello, es un precepto de la mayor entidad y trascendencia. Como ya hemos advertido, la Constitución hace un uso quizá abusivo del término «principio». Aunque aquí le omite, posiblemente nos encontramos ante lo que es, por excelencia, un principio, y no sólo un principio, sino el de mayor rango y generalidad que aparece en la Constitución. La primera vez que ésta menciona a la persona —antes, en el artículo 9,2 se ha referido al «individuo»— antepone a la palabra, subrayando su significado, «la dignidad», esto es, «la dignidad de la persona». Con ello no se limita a designarla, sino a resaltarla como un valor, que es inmanente a la persona y trasciende a la ordenación constitucional. Algunos filósofos del derecho se plantean el tema de la dignidad como una cualidad del sujeto de los derechos que le diferencian del objeto. Éste —dice Legaz Lacambra— es un medio que tiene una utilidad o un precio; el sujeto está dotado de una dignidad que la poseen el hombre y ciertos grupos humanos.[7] Ruiz-Giménez, abundando en la misma idea, alude a «la dignidad primaria del hombre sobre las cosas».[8] Por supuesto, la prioridad de la persona sobre los objetos o las cosas es una expresión de la dignidad; pero se trata sólo de un aspecto o de una consecuencia; no radica aquí su significado pleno, entre otras razones porque también hay objetos que carecen de utilidad y no por eso son dignos, o bien, puede haber objetos dignos de aprecio por criterios ajenos a su estimación económica y no por eso tienen la dignidad de la persona, que le es intrínseca, incomparable e intransferible. Aun a quien se comporta «indignamente» se le ha de reconocer su dignidad, porque se trata de un valor ético absolutamente objetivo que no depende de la reciprocidad. Consiguientemente, la dignidad no está en función de cómo sea encarnada y asumida por cada uno. Ha de presuponerse siempre. Por tanto, el sentido de la norma constitucional no queda agotado o centrado en que las personas hayan de observar una conducta propia de su dignidad, sino que, sobre todo, comprende la necesidad, el deber del respeto a la dignidad de las personas.

¿Qué pretende la Constitución, a quién se dirige, al invocar la dignidad de la persona? Para responder a esta pregunta hay que enlazar la enunciación de la dignidad, que aparece en el comienzo del precepto, con el final del mismo en el que, después de enunciar otras proposiciones normativas (los derechos inherentes a la persona, el libre desarrollo de la personalidad, el respeto a la ley y a los derechos de los demás), dice que «son fundamento del

7. Luis Legaz Lacambra, *Filosofía del derecho*, Bosch, Barcelona, ed. de 1972, p. 721.
8. Ruiz-Giménez, *El Concilio y los derechos del hombre...*, p. 94.

orden político y de la paz social». Si, como tantas veces se ha dicho, una Constitución es la norma de las normas, cuando una norma se enuncia a sí misma como fundamento del orden político y de la paz social tiene un valor incluso supraconstitucional en el sentido de que inspira y legitima a la propia Constitución. Al enunciar un principio de este rango no quiere atribuirle sólo la general fuerza vinculante que corresponde a la Constitución y al ordenamiento jurídico. Que los ciudadanos y los poderes públicos, como dice el artículo 9,2, «están sujetos a la Constitución y al resto del ordenamiento jurídico» (artículo 9,2) significa estar obligados; consagra el deber general de actuación conforme a la ley, propio del Estado de derecho, y el deber general de obediencia a la Ley que alcanza a todos los destinatarios de las normas; pero decir que la dignidad de la persona es el fundamento del orden político y de la paz social, no es sólo formular un precepto con fuerza obligatoria para los ciudadanos y los poderes públicos, sino mostrar al exterior, en términos reflexivos explicativos y esclarecedores, cómo entiende el legislador constituyente el fundamento del orden político y de la paz social. La expresión «orden político» quizá peque de estricta, porque si, indudablemente, la Constitución organiza un orden político, también organiza y configura un «orden social» y un «orden económico». A éstos se refiere el preámbulo expresamente, al proclamar la voluntad de «garantizar la convivencia democrática dentro de la Constitución y de las leyes conforme a un orden económico y social justo». ¿Por qué no se menciona en un lugar el «orden político» y en otro lugar sólo se menciona éste? No se descubre fácilmente cuál sea la justificación. Habría sido preferible aludir a los tres grandes órdenes o mostrarlos refundidos en la expresión global «orden jurídico». La Constitución contiene, sin duda, las bases jurídicas conformadoras de la vida política, social y económica; el orden es jurídico en cuanto ordena o regula normativamente determinadas materias. La «paz social» no es una materia, sino un fin. Luego, cuando la Constitución establece que la dignidad de la persona es fundamento de la paz social, pone de manifiesto que ésta no es conseguible sin la dignidad de la persona, o lo que es lo mismo: no hay paz social sin dignidad de la persona y no hay dignidad de la persona si falta la paz social. Fácilmente se percibe que no estamos ante una norma como la que dispone que las Cortes Generales están formadas por el Congreso de los Diputados y el Senado, o como la que reconoce el derecho de asociación, o, en fin, como la que consagra el derecho a la vida. Su rango es superior; no se concreta en una determinada ordenación, subyace a todas. Normas de rango equiparable sólo las encontramos en el artículo 1,1, al propugnar como valores superiores del ordenamiento jurídico la libertad, la justicia, la igualdad y el pluralismo político, y en el artículo 2, al decir que la Constitución se fundamenta en la indisoluble unidad de la nación española.

La «dignidad de la persona» es sólo el primer enunciado, pero, sin duda, el enunciado básico. Seguidamente el artículo 10,1 completa la proposición inicial con «los derechos que le son inherentes [a la persona], el libre desarrollo de la personalidad, el respeto a la ley y a los derechos de los demás». Es muy significativo y coherente con la imagen que la Constitución ofrece de la persona el hecho de que la categoría antropológico-ética de la dignidad aparezca antepuesta, afirmada *per se* y no como una derivación de los derechos. Me atrevo a pensar —quizá porque trato de ver en la Constitución una tesis en la que vengo abundando hace muchos años— que la persona no es el resultado de los derechos que le corresponden; luego, aun sin derechos, la persona, que es un *prius* respecto de toda ordenación jurídico-positiva, existe en cuanto tal; por lo mismo, los derechos le son inherentes, traen de ella su causa; son exigibles por la dignidad de la persona. Creo que el texto constitucional resulta más preciso que el fragmento del Preámbulo del Pacto Internacional de Derechos civiles y políticos (ratificado por España el 27 de abril de 1977), en el que se lee: «...la libertad, la justicia y la paz en el mundo tienen por base el reconocimiento de la dignidad inherente a todos los miembros de la familia humana y de sus derechos iguales e inalienables». Aquí la dignidad y los derechos se colocan en el mismo plano, mientras la Constitución afirma como valor absoluto la dignidad de la persona, sin aludir siquiera a su reconocimiento, para luego, en plano distinto, referirse a los derechos que le son inherentes. El «libre desarrollo de la personalidad» es realizarse como persona en ejercicio de la libertad y a tenor de la dignidad; el derecho, podríamos decir, a la individualidad que, aun cuando se proteja a través de determinados derechos fundamentales (como los de los artículos 16, 19, 20, etc.) tiene también esta genérica manifestación, si bien no cuente con la garantía del recurso de amparo, ya que sólo quedan comprendidos en él los derechos y las libertades referidos en el artículo 52,2, esto es, los reconocidos en el artículo 14 y en la Sección 1.ª del Título I. El «respeto a los derechos de los demás» es una manifestación de la correlación existente entre la dignidad como fundamento de los derechos y de los deberes. El respeto a los derechos de los demás es la enunciación de un deber. No hay aquí una correlación estricta, como en las obligaciones recíprocas de carácter patrimonial, en las que sólo es ejercitable el derecho de crédito en tanto se cumple la obligación correlativa.

Sería absurdo pensar que únicamente ha de ser respetada la dignidad de la persona cuando ésta respeta la dignidad de los demás. No obstante, sí aparece, incluso acentuada, la nota del deber por el significado ético del valor que encarna la dignidad. Si los derechos son inherentes a la persona en función de su dignidad, así también el respeto a estos derechos es una exigencia de la propia dignidad.

La incorporación al artículo 10 del «respeto a la ley» parece que no se relaciona con la idea clave de la dignidad y de las demás proposiciones derivadas de ella. Sánchez Agesta observa que «en cierto modo es una pieza extraña», si bien no la considera del todo exenta de justificación porque la ley, agrega, «aparece aquí como la norma que regula la convivencia pacífica (fundamento de la paz social) de los seres humanos, que, ejercitando los derechos inviolables que le son inherentes, realizan el libre desarrollo de la personalidad».[9] Considero que el «respeto a la ley» es una expresión tópica, más afortunada que la del «imperio de la ley» utilizada en otro lugar, y no plenamente identificable con la sujeción de los poderes públicos y los ciudadanos a la Constitución y al resto del ordenamiento jurídico (artículo 9,1). No es tanto lo resaltado la hegemonía de la ley o la obligatoriedad de su cumplimiento cuanto la incardinación del respeto a la misma en la conciencia ciudadana como fundamento del orden político y de la paz social.

B) *La libertad y la igualdad como atributo de la persona.* La libertad y la igualdad, que están en el fondo de todos los temas de la convivencia, aparecen invocadas y tratadas por la Constitución en tres planos distintos aunque conexos entre sí: como valores superiores del ordenamiento jurídico (artículo 1,1); como derechos fundamentales y libertades configurados expresamente (Título I y de modo especial Sección 1.ª del Capítulo segundo) con abierta proclamación de la igualdad (artículo 14); y como deber impuesto a los poderes públicos de «promover las condiciones para que la libertad y la igualdad del individuo y de los grupos en que se integra sean reales y efectivos» (artículo 9,2). El tratamiento que confiere la Constitución a la libertad y la igualdad tiene el consiguiente reflejo en la concepción del derecho patrocinada por la misma, en la definición del Estado de derecho como social y democrático y en el régimen jurídico de la persona. Sólo en este último aspecto, aunque sea difícilmente aislable de los otros y del conjunto de la regulación, vamos a referirnos ahora a ellas.

La libertad, que es una palabra cargada de significados, de con-

9. Luis Sánchez Agesta, *Sistema político de la Constitución española de 1978*, Editora Nacional, Madrid, 1980, p. 73.

notaciones y de aplicaciones, aparece inescindiblemente ligada a la persona. De ella emana y a ella revierte en todos los casos. «El ser persona —he escrito en otra ocasión— viene radicalizado por la *conciencia de sí y la libertad*... En ciertos instintos o hábitos de los animales pueden verse atisbos de la inteligencia o del gregarismo social; no de la conciencia de sí ni de la libertad. Un cerebro electrónico discierne, pero carece de autoconocimiento. Sin el ingrediente de la libertad no puede elaborarse ningún concepto de la persona. Ahora bien, junto a la *libertad* como anhelo y afirmación de que se es, aparece la *necesidad* como proclamación de la insuficiencia del propio ser individual. Por eso, el ser persona muestra el yo en presencia e interdependencia de los otros. La irremediable marcha del hombre hacia los demás es inherente también a la persona. Lo personal incorpora de suyo una vocación social, así como lo auténticamente social no puede desembocar en la negación de la persona. La difícil armonía entre el ser en sí y el no poder ser exclusivamente por y para sí: he aquí el eterno problema de la personalidad.» [10] Maritain, desde su posición neotomista, ha dicho: «Si la persona exige por sí misma formar parte o ser miembro de la sociedad, esto no significa que exija estar en la sociedad como una parte, sino que exige, por el contrario —y esto es una necesidad de la persona como tal—, el ser tratada en la sociedad como un todo.» [11] Ser un todo quiere decir quedar socialmente integrado sin ser absorbido. La integración sin la absorción es, me atrevería a decir, el «milagro» que pedimos a la libertad. Con ésta se significa una autonomía, que dista tanto de la eliminación de la individualidad como del aislamiento. Ser personal y socialmente libres: he ahí la cuestión.

La libertad y la igualdad son exigencias de la naturaleza y de la dignidad de la persona. La dignidad tiene un significado absoluto y sólo cualitativo. Actúa principalmente en los presupuestos y en los fines del ordenamiento jurídico. La libertad y la igualdad, sin perjuicio de tener también un significado fundante o de fondo, en cuanto consustanciales con la persona, afloran más a la superficie de la estructura jurídica. Vienen configuradas a través de las correspondientes versiones normativas. No obstante, se advierte entre ellas una clara diferencia. En tanto la libertad se traduce en libertades y se aloja de modo específico en determinados derechos, la igualdad opera predominantemente como criterio ordenador en el sentido de reconocer y garantizar a todas las personas los mismos derechos y libertades.

10. Antonio Hernández Gil, *Perspectiva sociológico-jurídica de la persona*, cit., pp. 12-13.
11. Maritain, *La persona y el bien común*, trad. esp., 1948, p. 64.

El artículo 14 de la Constitución empieza definiendo la igualdad conforme a la fórmula clásica: «Los españoles son iguales ante la ley.» En su segunda parte, el artículo 14 desarrolla y ejemplifica las consecuencias de la norma general, añadiendo: «sin que pueda prevalecer discriminación alguna por razón de nacimiento, raza, sexo, religión, opinión o cualquier otra condición o circunstancia personal o social». Esta segunda parte es otra generalización. La igualdad de los españoles es plena; no cabe discriminación de tipo alguno. La Constitución cierra por completo el círculo de la igualdad. Carece de fisuras y exclusiones. Como las normas se interpretan de manera concurrente e integradora, el artículo 14 ha de ponerse en relación con el artículo 9,2, por lo que la igualdad debe ser real y efectiva. He aquí una primera versión del artículo 14: la ley es igual —la misma— para todos. Esta versión se corresponde con la democracia política. Mas no se detiene ahí la exigencia de la igualdad establecida por la Constitución, como no es la democracia por ella organizada exclusivamente política, sino también social y económica. En el propio plano del significado literal de las palabras se observa que la igualdad no se predica de la ley, sino de los españoles ante ella. Ahora bien, si además nos encontramos con la exigencia normativa de que la igualdad ha de ser material y no sólo formal, hay una segunda versión de la norma que es la siguiente: la ley ha de promover las condiciones para conseguir la igualdad real y efectiva de los españoles. No basta con que la ley sea la misma; es necesario que las personas reciban de ella un tratamiento que redunde en su igualdad.

Ahora bien, la igualdad, siendo de y entre las personas, seres libres, no puede excluir o desconocer la individualidad que les es inherente. La propia Constitución, que afirma la igualdad, patrocina «el libre desarrollo de la personalidad» (artículo 10,1). La libertad y la igualdad están siempre recíprocamente implicadas. El libre desarrollo de la personalidad se reconoce a todos; aquí radica una general igualdad que, en cuanto a los españoles, tiene la matización de que han de hallarse en condiciones que hagan posible la realización de la personalidad; pero esta realización libre ha de ser asumida por cada uno, como expresión de la propia individualidad que, por otra parte, tiene una dimensión a la vez que personal, transpersonal, por cuanto la sociedad se enriquece con determinadas aportaciones en lo que tienen precisamente de individuales. Un gran descubrimiento o una obra de arte imperecedera, aunque puedan promocionarse por la acción social del Estado, obedecen en último término al genio individual. Dos objetos pueden ser material o mecánicamente iguales. Nunca encontraremos una igualdad así entre las personas, que son totalidades concretas siempre diferenciadas. La igualdad no es suficiente si se predica de las personas consideradas como una abstracción (el reconocimiento a todos de la capacidad jurídica) y no es posible (o supondría una utopía) si se pretendiera ver en ella la completa identificación desconocedora de la personalidad individual. La ley, para lograr la igualdad efectiva, compartida y no exterminadora de la individualidad, necesita tener en cuenta a la persona en su integridad y en las diversas situaciones concretas en que pueda encontrarse. A esta directriz responde la Constitución.

C') *Los derechos y deberes fundamentales.* No es posible, en esta visión panorámica de la persona en la Constitución, hacer un estudio de los cinco capítulos que integran el Título I bajo la denominación general «De los derechos y deberes fundamentales». La ordenación, en su conjunto, es extensa, tiende a ser completa y ha sido calificada de prolija.[12] Ciertamente, cabe hacerle esa tacha, si bien ha de reconocerse en su descargo el comprensible deseo de incorporar a nuestro ordenamiento jurídico los grandes postulados de la libertad y la democracia. Hoy, en torno al estatuto jurídico de la persona, se está forjando, y sigue en proceso de incesante desarrollo, lo que podría llamarse un verdadero *ius commune* de alcance universal. En esta línea aparece la Constitución española de 1978.

La distribución sistemática del Título I (que en el Anteproyecto inicial era el II) ofrecía dificultades y no es extraño —en razón además de la opinabilidad de los criterios clasificatorios— que suscite algunos reparos. En todo caso, en el curso de la elaboración del texto constitucional se consiguieron algunos perfeccionamientos y mejoras. El capítulo primero, que se ocupa «De los españoles y extranjeros», no tiene en todos sus aspectos cabal encaje en el título I que lleva la rúbrica «De los derechos y deberes fundamentales». En nuestras Constituciones del siglo XIX fue tónica dominante anteponer la regulación de la nacionalidad. Así lo hizo también la de 1931, aunque después de un título preliminar y de otro dedicado a la «Organización nacional». Si no disuena tanto el Capítulo primero del emplazamiento que se le ha asignado, es porque no regula constitucionalmente el régimen de la adquisición, conservación y pérdida de la nacionalidad española, ya que lo remite por entero a la ley sin formular un criterio orientador (artículo 11,1), con las únicas salvedades de que ningún español de origen puede ser privado de su nacionalidad (artículo

12. Así, Pablo Lucas Verdú, «Diritti e Libertà fondamentali», en *La Costituzione Spagnola,* Universitá degli Estudi di Bologna, 1978, p. 72: «Se puede decir —escribe— que es un texto prolijo por su extensión y extenso por su prolijidad.»

11,2) y la relativa a los tratados de doble nacionalidad (artículo 11,3). Los derechos de los extranjeros tampoco están suficientemente delimitados constitucionalmente, porque si bien se les reconocen las libertades públicas garantizadas por el Título I, se subordina tal reconocimiento a «los términos que establezcan los tratados y la ley», y sin embargo es evidente que un derecho tan fundamental como el de la vida (artículo 15) corresponde también a los extranjeros, sin hacerlo depender de los términos establecidos en los tratados o en la ley. Norma constitucional directa es que sólo los españoles serán titulares de los derechos a participar en los asuntos públicos (artículo 23), lo cual supone que carecen de estos derechos políticos los extranjeros, aunque se reconoce la posibilidad de una excepción, con base en la reciprocidad y con subordinación al tratado o la ley, respecto del sufragio activo en las elecciones municipales.

El Capítulo segundo («Derechos y libertades») con sus dos secciones (la primera titulada «De los derechos fundamentales y de las libertades públicas» y la segunda con la denominación «De los derechos y deberes de los ciudadanos») y el Capítulo tercero («De los principios rectores de la política social y económica») forman tres bloques normativos en los que la delimitación y estructuración de las materias tratadas no resulta siempre rigurosa. Así «los derechos y deberes de los ciudadanos» se reconocen a los españoles (a éstos empieza refiriéndose el artículo 30, primero de los comprendidos bajo este epígrafe) y, sin embargo, nos encontramos con que derechos tan generales como el de contraer matrimonio (del que muy correctamente designa como sujetos el artículo 32 al hombre y a la mujer), el de propiedad privada (artículo 33,1) y el de la indemnización en caso de expropiación (artículo 33,2) no pueden ser exclusivos de los ciudadanos; mientras que en la Sección primera, relativa a «los derechos fundamentales y las libertades públicas» se encuentran otros derechos que sí son atribuibles con exclusividad a los ciudadanos, como el de participar en los asuntos públicos y el de acceso a los cargos públicos (artículo 23, en relación con el artículo 13,2) o el derecho de petición (artículo 29). El criterio ordenador y clasificatorio del Capítulo tercero, concerniente a los llamados «principios rectores de la política social y económica», tampoco es completamente correcto.

Estas y otras muchas observaciones que pudieran hacerse no empañan el general acierto de la obra legislativa. La realidad es que la distribución tripartita de una materia genéricamente designada como «derechos y deberes fundamentales» obedece al distinto grado de protección que se ha dispensado a unos y otros. Por eso la clave del criterio clasificatorio está en el artículo 53. Esta diferencia de grado se manifiesta en la intensidad de la protección, aunque en todos los casos se trata de hacer efectivos los derechos y las libertades, y en la inmediatividad y especificidad de la misma. La igualdad ante la ley sin discriminación (artículo 14) y los derechos específicamente calificados de fundamentales, así como las libertades públicas (Sección 1.ª del Capítulo segundo) reciben el siguiente tratamiento: vinculan a los poderes públicos (artículo 53,1, inciso primero); sólo por ley, que en todo caso deberá respetar su contenido esencial, podrá regularse su ejercicio y se tutelarán de acuerdo con lo previsto en el art. 161,1 a (artículo 53,1, inciso segundo); la ley que los desarrolle habrá de ser orgánica (artículo 81); cualquier ciudadano podrá recabar su tutela jurisdiccionalmente atribuida a los Tribunales ordinarios con arreglo a un procedimiento basado en los principios de preferencia y sumariedad, y, en su caso, a través del recurso de amparo ante el Tribunal Constitucional, que comprenderá también a la objeción de conciencia, aunque figura regulada fuera de la Sección primera del Capítulo 2.º (artículos 53,2 y 30); y la reforma constitucional en esta materia exige la aprobación por la mayoría de dos tercios de ambas Cámaras y la disolución de éstas (artículo 168,1).

El régimen a que se someten los derechos y deberes de los ciudadanos (sección 2.ª del Capítulo segundo) es el siguiente: vinculan a los poderes públicos, y sólo por ley, que habrá de respetar su contenido esencial, podrá regularse su ejercicio (artículo 53,1).

La exclusión del recurso de amparo y del procedimiento sumario no significa que estos derechos y deberes carezcan por completo de protección jurisdiccional. Si «vinculan a todos los poderes públicos» tienen una efectividad directamente emanada de la Constitución. El hecho de que sea preceptiva la ley para la regulación de su ejercicio (requisito que comparten los derechos fundamentales y las libertades públicas con los derechos y deberes de los ciudadanos) no quiere decir que haya de esperarse a la ley para que puedan ser alegados, sino que *únicamente por ley* (en el sentido de reserva de ley) se efectuará esa regulación, ya que, de lo contrario, la vinculación de todos los poderes públicos, que es, sin ningún condicionamiento, la norma constitucional, quedaría subordinada a una previa actuación del legislativo. Otra cosa es que haya de esperarse a la ley en todos aquellos aspectos en que los propios preceptos constitucionales se remiten a ella.

Por último, en los llamados principios informadores de la política social y económica (Sección segunda del Capítulo 2.º) la protección jurídica pierde intensidad e inmediatividad. Falta una norma constitucional directa dotada de plena eficacia, por cuanto «sólo podrán ser alegados ante la jurisdicción ordinaria de acuerdo con lo que dispongan las leyes que los desarrollen» (artículo 53,3). Aquí la ley no actúa únicamente como requisito formal para la regulación del ejercicio, sino como condición a que se subordina el poder alegar ante la jurisdicción ordinaria lo constitucionalmente establecido. La Constitución no se aplica directamente. Sin embargo, como «el reconocimiento, el respeto y la protección de los principios reconocidos en el Capítulo tercero informarán la legislación positiva, la práctica judicial y la actuación de los poderes públicos» (artículo 53,2), esto quiere decir que aún antes de que se promulguen las leyes que desarrollen los principios y hagan posible su alegación ante la jurisdicción ordinaria como derechos, en el mismo plano de los principios, están dotados de efectividad, si bien no sea la plena derivada de las leyes que los desarrollen. Si hemos de distinguir entre «informar la legislación positiva» y el «desarrollo» por la ley nos encontramos con que hay aquí un mandato constitucional por el que la legislación, en su conjunto, aunque no tenga por objeto el desarrollo directo de tales principios, habrá de tenerlos en cuenta e inspirarse en ellos. Otro tanto ocurre con la misión informadora de la «práctica judicial». Los Jueces y Tribunales, aun cuando no se hayan elaborado las normas que desarrollen los principios, habrán de tenerlos en cuenta en la interpretación y aplicación del derecho. Y otro tanto han de hacer, en la esfera de su competencia, los demás poderes públicos.

D) *La Declaración Universal de Derechos Humanos y los tratados: su alcance.* El estatuto jurídico de la persona, por lo que concierne a los «derechos fundamentales y a las libertades» no está integrado sólo por los preceptos constitucionales de aplicación directa y por los derivados de las leyes que los desarrollen, sino también por normas de rango internacional, dado que, según el artículo 10,2 de la Constitución, «las normas relativas a los derechos fundamentales y a las libertades que la Constitución reconoce se interpretarán de conformidad con la Declaración Universal de Derechos Humanos y los tratados y acuerdos sobre las mismas materias ratificados por España». Cuando se analiza este precepto constitucional suele recordarse el concreto motivo determinante de su introducción que fue, según el debate parlamentario, incorporar algún correctivo del art. 27 favorable a la libertad de enseñanza como opción de los padres procedente de la Declaración Universal de Derechos Humanos. Ciertamente, esa ha de reputarse como la explicación, a la vez, psicológica e ideológica, de la norma. Pero en cuanto figura incorporada al ordenamiento jurídico adquiere un sentido propio y sistemático no dependiente por modo exclusivo de los propósitos políticos que albergaran determinados sectores del legislador constituyente. Una de las dos proposiciones normativas de que consta reitera incorrectamente lo establecido con carácter general en el art. 96,1, y otra introduce un criterio interpretativo de dudosa pertinencia. Reiteración hay, en efecto, al establecer que las normas de la Constitución relativas a los derechos fundamentales y a las libertades se interpretarán de acuerdo con los tratados y acuerdos internacionales sobre las mismas materias, porque esto ya resulta así de art. 96,1; pero además la reiteración no es correcta dado que, según el art. 96,1, los tratados internacionales válidamente celebrados y oficialmente publicados en España «formarán parte del ordenamiento interno». Luego lo dispuesto por el precepto general no es que los tratados contribuyan a interpretar las normas constitucionales, sino que al ser, como la Constitución, parte del ordenamiento, rigen y obligan a los ciudadanos y a los poderes públicos (art. 9,1); o bien, si se prefiere, que una de las consecuencias derivadas de la fuerza obligatoria de los tratados es que deben interpretarse de acuerdo o simplemente en relación con las normas constitucionales. En todo caso, el tratado no cumple sólo una función interpretativa. ¿Puede desempeñar, en cambio, esta función la Declaración Universal de Derechos Humanos? Así lo dice el art. 10,2, al establecer que las normas de la Constitución se interpretarán «de conformidad» con la Declaración Universal. Luego así habrá de procederse, por más que no deja de producir cierta violencia dialéctica la expeditiva fórmula utilizada. Porque el objeto de la interpretación son las normas o los actos. Si la Declaración Universal no contiene una regulación normativa vinculante, aunque haya dado lugar a ella a través de los pactos y convenios que han desarrollado su ideario, ¿cómo va a ser ella misma objeto de interpretación? Acaso pudiera responderse para salvar el escollo que lo literalmente dispuesto no es que se interprete la Declaración Universal, sino que se interpreten las normas constitucionales, relativas a los derechos fundamentales y a las libertades «de conformidad» con tal Declaración Universal. Si bien el escrúpulo de que la interpretación no puede recaer sobre lo que no son normas parece salvarlo la literalidad, es a costa, sin embargo, de erigir la Declaración Universal en algo más que en materia de interpretación, ya que se hace de ella directriz de la misma respecto de las propias normas constitucionales. Los autores que separan nítidamente la aplicación y la interpretación, considerando posible aquélla sin ésta, resuelven la dificultad pensando, por un lado, que únicamente se presentarán problemas cuando sea preciso interpretar —hipótesis que no se da cuando la ley se muestre por sí solo manifiestamente con diafanidad— y, por otro lado, que la interpretación, rellena lagunas, mas en ningún caso deroga.[13] Luego si la norma constitucional no requiere ser interpretada, cabe pensar, abundando en la idea, que se ha de prescindir de la Declaración Universal, pues únicamente sirve para interpretar cuando las normas constitucionales lo requieran; mientras que si, por el contrario, es necesario acudir a la interpretación, como ésta no deroga, la norma constitucional habrá de mantenerse aunque no coincida con la Declaración Universal. La conclusión, que parece simplista en su planteamiento, puede dar lugar a soluciones sorprendentes y quizá no favorecedoras del móvil determinante del precepto constitucional. Pero el problema es otro. La interpretación, según la doctrina dominante desde Savigny, es el medio general o el proceso común a seguir para conocer la norma y, consiguientemente, aplicarla, y no un último recurso a utilizar sólo en los casos en que no se manifieste diáfanamente clara. La afirmación de la claridad, lejos de ser prueba de la improcedencia de la interpretación, es, por el contrario, el resultado de haberla llevado a cabo. Que la interpretación carezca de dificultades es una cosa y omitirla es otra bien distinta.

4. LA PROTECCIÓN DE LA INFANCIA, LA JUVENTUD Y LA TERCERA EDAD

La Constitución de 1978 no se ha limitado a considerar sólo o preferentemente a la persona como sujeto de derechos, que ella se encargará de hacer valer, ni tampoco la ha reducido a la dicotomía mayor/menor. Ciertamente que, apartándose de nuestro derecho constitucional histórico y de la directriz dominante en el derecho comparado, ha constitucionalizado el tema de la mayoría de edad al fijarla en los dieciocho años. Con ello recoge una corriente social muy generalizada desde hace tiempo en el sentido de anticipar la mayoría de edad. Posiblemente en la introducción de este cambio legislativo no ha influido sólo el propósito de erigir en norma de rango constitucional la mayoría de edad, sino también el hecho de que había de hacerse (con anterioridad al cambio político ya se habían realizado estudios dirigidos a esta modificación) y no quiso desaprovecharse la oportunidad que brindaba la Constitución.

Considero, sin embargo, tanto o más importante que la anticipación de la mayoría de edad, el haber tomado en cuenta el dato

13. Cfr., en este sentido, Fernando Garrido Falla, en *Comentarios a la Constitución*, Civitas, Madrid, 1980, p. 142.

psicofísico de la edad de la persona con vistas a la protección jurídica específica de la infancia, la juventud y la tercera edad. He aquí un tratamiento constitucional de la persona en el que se pone de manifiesto la finalidad de conseguir la adecuación de las normas a los tres estadios que marca el ciclo de la vida humana. No se tiene en cuenta, pues, un concepto uniforme o abstracto de persona. Hay un acercamiento constitucional a la realidad total-concreta de la persona, en razón del cual se ponderan factores o circunstancias concernientes al ser humano, así como también a las diversas situaciones en que puede encontrarse, como ocurre con los trabajadores, los empresarios, los profesionales, los funcionarios, los militares, los investigadores científicos, los emigrantes, los minusválidos, etc.

a) La protección judicial de la infancia aparece por primera vez en una Constitución española. Son pocas las Constituciones extranjeras que hacen otro tanto. La Constitución portuguesa toma en consideración a los niños desde el punto de vista de los deberes de los padres. La del Reino Unido de Dinamarca menciona a los niños, pero para reconocerles el derecho a la enseñanza gratuita y obligatoria. En las Constituciones de los países socialistas sí es frecuente la específica protección de la infancia.

Como norma concretamente referida a los niños figura la del apartado 4 del artículo 39, conforme al cual éstos «gozarán de la protección prevista en los acuerdos internacionales que velan por sus derechos». El mandato constitucional tiene por objeto que los niños sean beneficiarios de la tutela que se les dispensa en el orden internacional. Como conforme al artículo 94 de la Constitución para obligarse el Estado por medio de tratados o convenios internacionales se requiere la previa autorización de las Cortes Generales cuando «afecten a los derechos y deberes fundamentales establecidos en el Título I (apartado 1,c)», es necesaria tal autorización para suscribir acuerdos internacionales protectores de los niños. Ahora bien, constitucionalmente no es facultativo, sino preceptivo, conceder la autorización, por lo que así como son susceptibles de recurso de inconstitucionalidad los tratados internacionales (artículo 95,2 de la Constitución y artículo 27,2 c de la Ley Orgánica del Tribunal Constitucional), así también podría declararse inconstitucional la negativa de la autorización, ya que se trataría de un acto del Estado con fuerza de ley (artículo 27,2 b de la misma Ley Orgánica), susceptible de recurso.

En una primera redacción, el artículo 39,4 no decía «acuerdos», sino «textos», y algún comentarista ha sostenido que con aquella redacción tendría fuerza vinculante la Declaración de los Derechos del Niño de 20 de noviembre de 1959, lo que no puede ser así al exigirse que se trate de «acuerdos internacionales». La observación es formalmente correcta. Sin embargo, haber atribuido fuerza vinculante a una Declaración sin atenerse al régimen de aprobación a los acuerdos y tratados internacionales sería anómalo. A lo sumo cabe pensar en la función interpretativa de esa Declaración, como la que el artículo 10,2 confiere a la Declaración Universal de Derechos Humanos, teniendo en cuenta también que la Declaración de los Derechos del Niño es a modo de una especificación de la de alcance general, en la que se encarece el derecho de los niños a cuidados y asistencia especiales. Por lo demás, en el Pacto Internacional de Derechos económicos, sociales y culturales ya existen unas previsiones normativas más concretas (artículo 10,3) que resultan directamente aplicables.

b) El artículo 48 de la Constitución, relativo a la juventud, es de los más genéricos. «Los poderes públicos —dice— promoverán las condiciones para la participación libre y eficaz de la juventud en el desarrollo político, social, económico y cultural.» Se trata de una especial convocatoria hecha a la juventud para que aporte lo que es propio de ella al desarrollo de la sociedad en todos los órdenes. Si tiene la faceta del derecho, también le corresponde la del deber de cooperación. Ciertamente, con la reducción de la mayoría de edad a los dieciocho años, una gran masa juvenil tiene la plenitud de los derechos del ciudadano. No obstante, pese a ser mayores de edad los que han cumplido dieciocho años, no por eso dejan de ser jóvenes y están comprendidos en el artículo 48. La mayoría de edad es un concepto jurídicamente formalizado y cuantificado. El concepto de la juventud tiene sólo la significación social que le es inherente.

c) El artículo 50 de la Constitución, que tiene un precedente en el 72 de la Constitución portuguesa, es menos genérico que el 48. Peca, sin embargo, de alguna falta de puntualización. Conforme a él, «los poderes públicos garantizarán, mediante pensiones adecuadas y periódicamente actualizadas, la suficiencia económica de los ciudadanos durante la tercera edad. Asimismo, y con independencia de las obligaciones familiares, promoverán su bienestar mediante el sistema de servicios sociales que atenderán sus problemas específicos de salud, vivienda y cultura». Óscar Alzaga, que se hace cargo de la trascendencia de la obligación contraída por toda la sociedad para con los ancianos (término, a su juicio, preferible al un tanto retórico de «la tercera edad»), duda de la necesidad de haberles consagrado una norma, ya que «habiéndose dedicado el artículo 41 a la asistencia de un régimen público de Seguridad Social para todos los ciudadanos, que garantice prestaciones sociales dignas y suficientes, el dedicar de nuevo el artículo 50 a prometer pensiones adecuadas y servicios sociales idóneos, es pura y simplemente albarda sobre albarda, en detrimento de la deseable brevedad de una buena Constitución».[14] La verdad es que, tal vez, pudieron refundirse ambos preceptos, aunque el sentido de la Constitución es proteger específicamente a los integrados en la tercera edad con alcance en algún aspecto superior o distinto al de la Seguridad Social. El artículo 50 consta de dos partes. En la primera, la protección se traduce en pensiones periódicamente actualizadas. En la segunda, más ampliamente, va referida a «un sistema de servicios sociales». Si las pensiones adecuadas garantizan la suficiencia económica de los ciudadanos durante la tercera edad, aunque la expresión no es muy afortunada, parece que habrá de haber una falta de suficiencia económica, por lo que si no es así, si el ciudadano de la tercera edad posee medios económicos suficientes, ya no hay razón para garantizarle la suficiencia que presupone una falta o deficiencia. En cambio, la promoción del bienestar a que se refiere la segunda parte del artículo 50 parece tener un alcance más general. Los poderes públicos en este caso han de atender a los problemas específicos de la salud, la vivienda, la cultura y el ocio «con independencia de las obligaciones familiares». Desde luego, que tales servicios sociales sean independientes de las obligaciones familiares significa, ante todo, que no han de dejar de cumplirse tales obligaciones por el hecho de que los poderes públicos asuman este cometido protector. Ahora bien, el concepto de «obligaciones familiares» es impreciso y problemático. En estricto derecho civil difícilmente podrá irse más allá de una deuda de alimentos. ¿La independencia de tales servicios respecto de esas obligaciones querrá decir que si, familiarmente —y por supuesto personalmente, de un modo directo— se dispone de medios para atender a la salud, la vivienda, la cultura y el ocio no se puede ser beneficiario de los servicios sociales, o, por el contrario, cabrá aspirar también a éstos? La Constitución que, con tanta frecuencia, se ha remitido a la ley, no lo ha hecho en este caso. Y es indiscutible que el artículo 50 necesita de un desarrollo legislativo. Cierto que queda comprendido en la regla general del apartado 3 del artículo 53; pero, aparte de esa remisión genérica a la ley para poder hacer la alegación oportuna ante los Tribunales, se precisa el desarrollo legislativo sencillamente para conocer cuál es la concreción normativa de este genérico precepto constitucional.

14. Óscar Alzaga, *La Constitución española de 1978* (Comentario sistemático), Ediciones del Foro, Madrid, 1978, p. 338.

XI. El estado social y democrático de derecho en la Constitución

1. FUNDAMENTO DEL ESTADO DE DERECHO

Fijada la posición que adopta la Constitución respecto del derecho y de la persona, es preciso que ahora nos ocupemos de la posición que adopta respecto del Estado. Entre ellas debe de haber coherencia y, efectivamente, existe.

Del derecho y del Estado lo más obvio o menos problemático que puede decirse es que son dos categorías paralelas e interdependientes. A lo largo de la historia, el derecho, sin perjuicio de su evolución, se ha mantenido más igual a sí mismo. En el proceso cultural del Estado se aprecian rupturas y cambios de rumbo que no son tan acusadas en el derecho. Si por derecho entendemos las normas rectoras de la organización y el comportamiento social, coactivamente impuestas, y como Estado consideramos, según expresión de Jellinek, «la comunidad jurídica de los pueblos modernos»,[1] entonces es evidente que el derecho precede a lo que, en este sentido específico, llamamos Estado. La convivencia social presupone, en muy diversos grados de desarrollo, una racionalización jurídica que sólo en determinada fase histórica, iniciada en los siglos XV y XVI, alcanza la conformación del Estado. Esa prioridad del derecho falta si, por el contrario, consideramos como Estado «toda comunidad terrena organizada, que no tenga asociación alguna sobre sí».[2] Consiguientemente, contemplando el derecho y el Estado en términos de coetaneidad histórica es indispensable su interdependencia. Situada la coetaneidad en el marco más próximo a nosotros, que es el del Estado constitucional, la correspondencia entre ambos se acentúa, porque la Constitución tiene por objeto precisamente enunciar en normas

1. Jellinek, *Teoría del Estado*, cit., p. 272.
2. Jellinek, ob. cit., p. 273.

positivas la racionalización jurídica que es el Estado. En suma, el derecho conduce al Estado, y éste atrae hacia sí al derecho.

La máxima conexión entre el Estado y el derecho se manifiesta en la noción de «Estado de derecho», que tiene su origen y se ha desarrollado más en el campo del pensamiento jurídico que en el de la ordenación normativa, aunque también ha penetrado en ésta. O con el Estado de derecho se quiere designar algo más que la existencia de una legalidad positiva correspondiente al Estado o nada se dice con un significado propio y diferenciador. Por eso para el estricto positivismo normativista el Estado de derecho es el modo de ser del Estado, como lo pone de relieve Kelsen con lógica coherencia cuando argumenta: «Todo Estado tiene que ser Estado de derecho en sentido formal, puesto que todo Estado tiene que constituir un orden, un orden coactivo de la conducta humana, y este orden coactivo, sea cualquiera el método —autocrático o democrático— de su creación y cualquier sea su contenido, tiene que ser un orden jurídico, que se va concretando gradualmente desde la norma fundamental hipotética hasta los actos jurídicos individuales.»[3] Este positivismo desnudo de toda idea axiológica, al reducir el Estado al derecho, los identifica, sin que nada añada la noción de Estado de derecho. Curiosamente, Max Weber, en el plano de la reflexión sociológica, también se atiene a un presupuesto cuyo racionalismo está muy cerca del formalismo. Para él los órdenes estatuidos en una «sociedad» pueden ser de dos clases: un «orden administrativo» y un «orden regulador». El primero regula la «acción de la asociación», en tanto el orden regulador «ordena otras acciones sociales garantizando, mediante esa regulación, a los agentes las probabilidades ofrecidas por ella».[4] A su vez, las asociaciones son de carácter administrativo o regulador según sea el orden, aunque en la mayoría de los casos concurren ambos. Pues bien, como hipótesis, sólo teóricamente imaginable, de una asociación «únicamente reguladora», Weber cita al «Estado de derecho» puro, cuya única regulación estuviese constituida por «un absoluto *laissez-faire*».[5] Sigue siendo formalista la noción del Estado de derecho cuando se considera que el Estado es la fuente única del derecho y los derechos fundamentales mero reflejo del ordenamiento jurídico, sin más valor que el de cualquier otra prescripción jurídica.[6] Frente a estos criterios se alzan los del derecho natural. Giorgio del Vecchio afirmará, re-

3. Kelsen, *Teoría general del Estado*, cit., pp. 119-120.
4. Max Weber, *Economía y sociedad*, cit., I, p. 41.
5. Max Weber, ob. y p. citadas.
6. Cfr. Pablo Lucas Verdú, *La lucha por el Estado de derecho*, Studia Albornotiana, 1975, p. 86.

sueltamente, sobre esa base, que el Estado de derecho realiza el ideal de la justicia.[7] Aun cuando el Estado de derecho no puede considerarse como un producto exclusivo del iusnaturalismo, no cabe duda que, en algún sentido, sus componentes filosófico-ideológicos aparecen asimilados por las concepciones positivistas, si se exceptúa su máxima radicalización que es la teoría pura. La idea básica no consiste en que el Estado, sin más, se apodera de la ley, sino en que, aun emanando de él, queda sometido a ella, a su control jurídico. Éste ha de proceder precisamente de la ley positiva. Consiguientemente, el hecho de que en el Estado absoluto el príncipe estuviese sujeto a limitaciones éticas, religiosas e incluso de derecho natural, no es suficiente para que se engendre la figura del Estado de derecho.[8] Ahora bien, para que el control jurídico del Estado, a través de su cometimiento a la ley positiva, no enmascare una fórmula decisionista, es preciso ir más allá de la voluntad individual o de cualquier voluntad. Éste es el cometido desempeñado por la voluntad general y por el reconocimiento de unos principios reputados inviolables en razón de su contenido.

2. EL MODELO LIBERAL Y EL MODELO SOCIAL DE ESTADO DE DERECHO

En el marco del Estado constitucional el modelo del Estado de derecho fue diseñado conforme a la ideología del liberalismo, por más que la vigencia del mismo y su funcionalidad no quedaran estrictamente subordinadas a ese ámbito político. Guido de Ruggiero termina su *Historia del liberalismo europeo* con la exaltación de la fuerza del liberalismo para pervivir y para hacer suyas tesis opuestas. «El Estado liberal moderno —escribe— no sólo ha triunfado, sino que ha conseguido también que triunfen otros elementos con fuerza propia, unas veces porque lograba meterlos poco a poco en sus propios cauces, y otras porque utilizaba sus razones críticas y polémicas para perfeccionarse a sí mismo.»[9] Aunque estas palabras escritas a raíz de la segunda guerra mundial, cuando la pugna con el Estado liberal se hacía en nombre del Estado «técnico», «administrativo» y «dictatorial», no podrían escribirse hoy, es lo cierto que ha de reconocerse un legado del

7. Del Vecchio, «Diritto, Statto e Politica», en *Rivista Internazionale di Filosofia del Diritto*, 1965, p. 398.
8. Cfr. Elías Díaz, *Estado de derecho y sociedad democrática*, Cuadernos para el Diálogo, Madrid, 1966, p. 8.
9. Ob. cit., trad. de C. G. Posada, Editorial Revista de Derecho privado, Madrid, 1944, pp. 471-472.

liberalismo más allá de lo que él ha significado como ideología y como partido. Partiendo de la democracia como origen y fundamento del poder y del imperio de la ley como control de su ejercicio, los postulados básicos del Estado liberal de derecho están constituidos por el reconocimiento y la garantía de las libertades fundamentales y los derechos humanos, así como por la separación de los poderes. El poder incorpora en la misma medida, indisociablemente, la idea de potestad y la de límite. Los derechos de la persona, encarnados por la libertad, la seguridad y la propiedad, actúan al propio tiempo como prerrogativas individuales y como límites del poder que, por una parte, se abstiene para hacerlos posibles y, por otra parte, ha de conferirles la correspondiente tutela. Un sentido limitativo de la articulación del poder tienen igualmente los criterios conforme a los cuales éste aparece atribuido y distribuido como medio de evitar la concentración, de suerte que el legislativo no ejecuta ni juzga, el ejecutivo no legisla ni juzga y el judicial no legisla ni ejecuta salvo sus propias resoluciones.

El modelo liberal del Estado de derecho ha sido corregido y sobrepasado por el modelo social. En tanto el Estado liberal es la negación del Estado absoluto, el Estado social no es la negación del Estado liberal. Ambos son Estados de derecho, sólo que de signo y alcance diferentes. El Estado liberal se considera históricamente desbordado. El Estado social de derecho no adopta una posición de antagonismo. Es un modelo nuevo más avanzado y rico de contenido, que atrae hacia la acción estatal problemas y fines antes no integrados en ella.

De antiguo me he sentido atraído por los temas de la justicia social, el derecho social, la socialización y la función social de los derechos, versiones diferentes, aunque próximas, de la dialéctica de la totalidad y de la transformación que, proyectadas sobre el ordenamiento jurídico, en lugar de considerar como nota relevante del mismo el mantenimiento rígido y definitivo de su estabilidad y la respuesta eficiente a cualquier vulneración, tienden a ver y a alentar desde él la conformación de un proceso de cambio social, por el que todos los ciudadanos sean indiscriminadamente receptores de los valores paradigmáticos de la convivencia. Cuando a la justicia, al derecho (o a los derechos) y al Estado se les reputa como socialmente orientados, no se trata de poner de manifiesto el genérico significado social que les es inherente en todo caso. Se incorpora a la expresión social una connotación específica. Y esta especificidad asume un aspecto, a la vez, crítico y constructivo: la revisión del orden procedente y el logro de una regulación más justa de la estructura y las relaciones de convivencia.

El derecho social no ha llegado a consolidarse como un bloque unitario, sino que ha irrumpido con preferencia en determinados sectores de los ordenamientos, principalmente los relativos a las relaciones de producción y de trabajo. Del Estado social suele hablarse con cierto sentido de unidad. Mas tampoco se da ésta de un modo pleno. Existen manifestaciones o rasgos del Estado social de derecho. Hay un prototipo teórico. Sin embargo, el derecho y el Estado, socialmente entendidos, aparecen como tendencias antes que como logros absolutos y acabados.

La diferencia entre el modelo liberal y el modelo social del Estado de derecho encuentra su expresión básica en el distinto modo de entender la relación entre la sociedad y el Estado. Mientras desde el punto de vista liberal la sociedad se concibe como un todo autónomo dotado de una regulación emanada de ella misma, que al poder político incumbe respetar, vigilar y, a lo sumo, contribuir a su desenvolvimiento, la misión del Estado respecto de la sociedad, contemplada desde la perspectiva del Estado social, es mucho más activa y actuante. Las iniciativas no proceden exclusivamente de la sociedad. Las patrocina y promueve el propio Estado que irrumpe en la sociedad, penetra en su interior y afronta directamente sus problemas. Como dice García-Pelayo, el Estado social «parte de la experiencia de que la sociedad dejada total o parcialmente a sus mecanismos autorreguladores conduce a la pura irracionalidad y que sólo la acción del Estado hecha posible por el desarrollo de las técnicas administrativas, económicas, de programación de decisiones, etc., puede neutralizar los efectos disfuncionales de un desarrollo económico y social no controlado».[10] Este acentuado adentramiento de la acción estatal en la vida de la sociedad no procede exclusivamente de una distinta concepción filosófica o ideológica del Estado. Responde también a exigencias de la propia realidad social. El impulso hacia la igualdad, admirablemente captado por Tocqueville, y el proceso de burocratización que es paradigma de la racionalidad como puso de relieve Max Weber, constituyen hoy las dos grandes coordenadas de la sociedad industrial. En ella, y más aún en la sociedad posindustrial, los problemas de la convivencia crecen en complejidad. La distinción que enuncia Forsthoff entre la «realización social» y la «realización técnica» para entender que la primera ha llegado a culminarse, así como también considera culminado el Estado social,[11] del que, en consecuencia, quedaría fuera la lla-

10. Manuel García-Pelayo, *Las transformaciones del Estado contemporáneo*, Alianza Universidad, Madrid, 1977, pp. 22-23.
11. Ernest Forsthoff, *El Estado de la sociedad industrial*, trad. de Luis López Guerra y Jaime Nicolás Muñiz, Instituto de Estudios Políticos, Madrid, 1975, pp. 45 y ss.

mada «realización técnica», parece un tanto arbitraria o convencional. La técnica no elimina o reemplaza a la realización social. Ocurre, eso sí, que en nuestros días, y más aún en aquellos que nos esperan, nada es ajeno a la conquista de la ciencia y de la tecnología derivada. Cuanto mayores son los bienes y los servicios sociales por obra del crecimiento y del desarrollo, mayor es también la necesidad de una injerencia del Estado. Éste no es un entrometido ni siquiera un árbitro. La vieja idea de que el Estado es sólo una última instancia que se atisba en la lejanía, cede ante las múltiples exigencias de la previsión y la planificación. La libertad no es el reducto, el espacio en blanco a donde no llegan las normas ni las decisiones, sino la posibilidad efectiva de realizarse a través de la participación en el establecimiento del sistema y en la vida en el seno del mismo. Daniel Bell ha escrito muy agudamente: «En el siglo XIX había libertad económica y regulación social de la persona... Hoy en día hay libertad personal y regulación económica.»[12]

El Estado social, en cuanto Estado de derecho, tiene como punto de arranque ineludible la democracia política. Por ella ha de considerarse establecido. Consiguientemente, algunos rasgos caracterizadores de la misión del Estado con los que se quiere poner de manifiesto la superación del liberalismo, como ocurre cuando se habla del «Estado de bienestar», el «Estado justo», el Estado funcional», el «Estado manager», etc., o responden a lo que institucionalmente es el Estado social de derecho y se integran en él o, de lo contrario, resultan categorías muy imprecisas de las que a veces se hace un uso muy general para referirlas incluso a formaciones estatales no democráticas. La democracia política es presupuesto común del Estado liberal y del social, sólo que éste se adentra también en la democracia social y, como una manifestación de la misma, en la democracia económica. La contraposición, muchas veces enunciada, de que el Estado liberal de derecho es meramente formal y exponente, por tanto, de una democracia formal, mientras el Estado social de derecho tiene un contenido material, no puede acogerse en términos absolutos. Cierto el carácter material del Estado social de derecho. Cierto asimismo que la noción del Estado liberal de derecho permite una reducción formalista; pero no es obra exclusiva del liberalismo, sino una aportación también del estricto positivismo legalista.

El cambio político español se ha producido en una fase histórica durante la cual la configuración del Estado, su teoría y, se-

12. Daniel Bell, *El advenimiento de la sociedad post-industrial*, trad. de Raúl García y Eugenio Gallego, Alianza Universidad, Madrid, 1976, p. 555.

ñaladamente, su propia realidad se encontraban y siguen encontrándose en trance de transformación. España había de afrontar el tránsito hacia la democracia. Mas ésta no mostraba la placidez de unas aguas tranquilas como en su día apareciera distendida la democracia dentro del sistema liberal. Apartados como permanecimos durante varios decenios de las corrientes dominantes, nos incorporamos a ellas en unos momentos de especial aceleración y turbulencia. Un propósito generalmente compartido lo expresaba la exaltación de la libertad, pero ésta no podía entenderse en los términos del liberalismo. El Estado liberal de derecho, si bien era el antídoto de un Estado no democrático, no podía canalizar un espectro político dominado por el pluralismo.

3. EL ESTADO SOCIAL DE DERECHO EN LA CONSTITUCION

La Constitución resalta con especial énfasis la categoría del Estado de derecho, que invoca en el preámbulo y en el precepto inicial (artículo 1, apartado 1). Entre ambos textos falta la completa identidad de formulación. La diferencia va más allá de la que justifica el carácter explicativo del preámbulo y la naturaleza preceptiva de la norma. El preámbulo, en el tercero de sus párrafos, proclama la voluntad de «*consolidar* un Estado de derecho que asegure el imperio de la ley como expresión de la voluntad popular». La palabra «consolidar» tiene un significado continuista. Supone la ausencia de un Estado de derecho consolidado, pero, al propio tiempo, si el cometido de la Constitución es consolidarlo, se le está reconociendo un principio de existencia. No se trata de implantar o establecer el Estado de derecho, sino de consolidarlo, o lo que es lo mismo, fortalecerlo, conseguirlo en su integridad. Ahora bien, la nota de continuidad tiene uno u otro alcance según el punto de partida o de referencia. Generalmente se piensa en el anterior régimen autocrítico o de la democracia orgánica. Sin embargo, también puede tomarse como punto de referencia —y parece más correcto— el *status* político-jurídico resultante de la Ley para la Reforma política. En esta Ley, según ya hemos expuesto, no hay que ver de modo exclusivo la instrumentación de una reforma, sino también e incluso con prioridad, la propia modificación que ella, directamente, introdujo en el ordenamiento jurídico. El cometido esencial de la misma fue abrir los cauces del Estado de derecho. Consideradas así las cosas, lo que se consolida es el Estado de derecho ya bosquejado esencialmente por la Ley con base en la cual se elaboró luego la Constitución.

A diferencia del preámbulo, el artículo 1,1 dice que «España se constituye en un Estado social y democrático de derecho». «Consolidar» y «constituir» son expresiones con alcance designativo distinto. En el orden lingüístico y, especialmente, en el lingüístico-jurídico, constituir tiene el significado de comienzo. Curiosamente, Silvio Basile cree ver la nota continuista en la expresión «se constituye», ya que «al constituirse de un determinado modo, "España" no crea una organización nueva, sino que sólo modifica una vieja, cambiando su forma, sus fines, su gobierno».[13] Evidentemente, España, como total realidad histórico-cultural, no puede decirse en ningún caso que se constituye de nuevo. El constituirse concierne a su organización social y política, jurídicamente conformada. Dentro de estos límites, el hecho o el acto de constituir o constituirse equivale a crear, formar o establecer. En la teoría general del derecho los conceptos de «constitución, modificación y extinción» comprenden los fenómenos del nacimiento, la mutación (modificativa) y el perecimiento de las relaciones o las situaciones jurídicas. Cuando se constituye una sociedad, un partido político o una servidumbre estamos designando algo que se crea o forma *ex novo*. Más discutible es, desde otro punto de vista, la frase «España se constituye...», pues como sostuvo en el Senado el profesor Carlos Ollero, «sólo tiene sentido si nos situamos en un momento previo a la aprobación y promulgación del Texto constitucional; pero a partir de que la Constitución entre en vigor, España deja de constituirse para quedar constituida en la forma que la Constitución prescribe», por lo que propuso decir «España es...», sin que, pese al rigor lógico del razonamiento, fuera atendido, como tampoco se atendió por la Ponencia Constitucional del Congreso una sugerencia en igual sentido contenida en el estudio hecho por el Presidente de las Cortes sobre el texto inicial de la Constitución.

Otra diferencia observable entre el preámbulo y la norma constitucional es que aquél, al invocar el Estado de derecho, señala su fin esencial —asegurar el imperio de la ley como expresión de la voluntad popular—, mientras el artículo 1,1 califica el Estado de derecho de «social y democrático».

El Estado de derecho de corte clásico, con un presupuesto burgués y liberal, estaba ya muy alejado en el tiempo para satisfacer las exigencias de modernidad con que había de elaborarse el texto de la Constitución. Claro es que tales exigencias no impo-

13. Cfr. Silvio Basile, «Los "valores superiores", los principios fundamentales y los derechos y libertades públicas», en el libro colectivo dirigido por los profesores García de Enterría y Predieri, *La Constitución española de 1978*, Civitas, Madrid, 1980, pp. 256-257.

nían la utilización de un concepto, predominantemente teórico, poco utilizado como tal en las Constituciones. Lo importante era tenerlo en cuenta, en el tratamiento normativo de la relación de los ciudadanos con el Estado, la misión de éste y el ejercicio del poder. Sin embargo, eran varias las circunstancias que favorecían ciertas pretensiones definitorias. Como España se encontraba en un momento a la vez de transición y organizativo, había el deseo de acudir a expresiones de valor simbólico para expresar el adentramiento en las formas democráticas. Sobre todo se hacía preciso buscar puntos de encuentro y compromiso entre las fuerzas políticas actuantes. La democracia liberal, cristiana y social, integrada en la derecha y el centro, había de reconocer la evolución que las propias ideologías habían experimentado al darse cuenta de que la sociedad no podía ser un reducto burgués ni el Estado de derecho reflejo exclusivamente de la abstención estatal y de los límites del poder. Por su parte, la posición de la izquierda, exaltando el postulado del socialismo en la libertad, abandonaba, al menos en la práctica, la vieja tesis marxista que reduce el derecho al papel de superestructura del capitalismo, para ver en él un conjunto de normas técnicas con la función de organizar y transformar la vida social, por lo que se disponía a participar en una Constitución que, sin ser exponente de su ideología, supusiese el reconocimiento del pluralismo político. Una sociedad no puede ser, al mismo tiempo, de base capitalista y socialista. Mas el neocapitalismo moderno ha tenido que corregir buena parte de sus dogmas y hacer concesiones, si no para abdicar ante el sistema opuesto, sí para contribuir a la subsistencia del propio.

He ahí, posiblemente, algunos de los factores determinantes de que se acudiera a la fórmula del Estado social de derecho. La condición de teóricos de la ciencia política ostentada por la mayoría de los miembros de la Ponencia constitucional del Congreso explica, también, que se sintieran atraídos por la idea. No creo, sin embargo, que todo consistiera en un virtuosismo profesional o en afán doctrinario. Ciertas expresiones dogmáticas, muy decantadas por el pensamiento especulativo, servían para poner de manifiesto el terreno que se pisaba, tener conciencia de hasta donde se llegaba y, en definitiva, marcar las orientaciones del texto constitucional que se estaba elaborando y facilitar su identificación. Estar de acuerdo en que la Constitución habría de organizar un Estado de derecho, abstractamente entendido, era una obviedad, importante sin duda, aunque poco significativa, porque no podía afrontarse con otro criterio la empresa constituyente. Calificar de social al Estado de derecho ya era un paso, marcaba una sintonía en el contexto político y, todavía más ampliamente, en el histórico-cultural. Daniel Bell enmarca la actitud del hombre ante el mundo en tres coordenadas. «Durante la mayor parte de la historia humana —escribe— *la realidad era la naturaleza*, y por ello en la poesía y la imaginación los hombres trataban de vincular el ego individual al mundo natural. Luego *la realidad fue la técnica*, los instrumentos y objetos hechos por el hombre, aunque con una existencia independiente fuera de él, el mundo reificado. Ahora *la realidad es ante todo el mundo social* —ni la naturaleza ni los objetos, sólo los hombres— experimentado a través de la conciencia recíproca de uno mismo y de otros.»[14] Naturalmente, no supongo que, en esta visión tan panorámica, Bell haya incluido el Estado social de derecho; pero, indiscutiblemente, también en este concepto está presente la primacía de los hombres y de sus ansias por lograr formas organizativas de la convivencia, en virtud de las cuales la idea de la dominación ceda el puesto a la de integración social conseguida mediante el ejercicio del poder dentro de un Estado que se adentra profundamente en todos los temas de la sociedad.

La incorporación expresa del concepto de Estado de derecho tiene aires de novedad en la historia del constitucionalismo español. La Constitución de 1812 expresa en el preámbulo la voluntad de conseguir «el buen gobierno y la recta administración del Estado», pero después no vuelve a referirse a ésta en términos tan generales, sino sólo para regular lo relativo al «Consejo de Estado» y a los «Secretarios de Estado». La palabra clave para expresar el todo colectivo, la unidad y la independencia es la de «Nación». Lo mismo ocurrirá en las Constituciones posteriores. Con la palabra «Nación» alternan las de «Patria», «Reino» y «Monarquía». El Proyecto de Constitución del Ministerio Istúriz (1836) utilizó como rúbrica del capítulo II «De la división de los poderes del Estado». La fórmula, con un alcance definitorio y clasificatorio, no ganó carta de naturaleza. Las Constituciones del siglo XIX tendrían como esquema ordenador ocuparse «De los españoles» (completando lo relativo a la nacionalidad con los derechos relativos a los mismos, y así la de 1876 dirá «De los españoles y sus derechos»), del poder legislativo, del ejecutivo y del judicial. La Constitución de 1869 utilizó por primera vez la palabra «Estado» para decir que «todo español está obligado... a contribuir a los gastos del Estado en proporción de sus haberes». Y la de 1876, para decir que «la religión católica, apostólica, romana, es la del Estado». Como antecedente del Estado social de derecho se cita el ar-

14. Daniel Bell, *El advenimiento de la sociedad post-industrial*, cit., pp. 562-563.

tículo 1, párrafo 1.°, de la Constitución de 9 de diciembre de 1931, que dice: «España es una República democrática de trabajadores de toda clase, que se organiza en régimen de Libertad y de Justicia»; pero la palabra Estado no se emplea con directa referencia a España, sino después, en el párrafo 3.°, conforme al cual «la República constituye un Estado integral, compatible con la autonomía de los Municipios y las Regiones».

En el campo del derecho constitucional comparado el precedente más claro procede de la Ley Fundamental de Bonn que, en el artículo 20,1, dispone: «La República Federal Alemana es un Estado federal, democrático y social.» Además, con referencia al orden constitucional de los Estados regionales, el artículo 28,1 establece que «deberá responder a los principios del Estado de derecho republicano, democrático y social». En la Constitución de Italia hay claros rasgos del Estado social (artículo 1,1, artículos 2,3 y 4 y títulos II y III), si bien no utiliza la expresión. La Constitución de Francia califica a la República francesa de «indivisible, laica, democrática y social». La Constitución portuguesa, mucho más avanzada, enuncia como programa político la «transformación» de Portugal en «una sociedad sin clases» (artículo 1), al mismo tiempo que declara como objetivo del Estado democrático «la transición hacia el socialismo» (artículo 2). Como diferencia curiosa entre estos textos constitucionales y el español se observa que en todos ellos o sólo se hace la afirmación del Estado democrático (como sucede con la Constitución italiana) o se antepone este calificativo al de social (como hacen las Constituciones alemana y francesa), mientras la española invierte el orden de estos términos, colocando en último lugar el calificativo de democrático. Además, es nota propia de nuestra Constitución la general conceptuación del Estado (social) como de derecho, pues las Constituciones de Italia y Francia aluden exclusivamente al Estado y la Ley Fundamental de Bonn, si bien se sirve del concepto de Estado de derecho, no es en el artículo 20,1, con referencia al Estado federal, sino en el artículo 28,1, al referirse al orden constitucional de los Estados regionales. Como recuerda Óscar Alzaga, la expresión fue acuñada por el diputado socialdemócrata Carl Schmid, quien se inspiró en Hermann Heller, y se extendió entre algunos comentaristas de la Constitución de Weimar, que propiamente no la empleaba, para consagrarse en los años 1946 y 1947 por varias Constituciones de los Länders.[15] Aunque su uso implique cierta concesión al doctrinarismo, no creo que sea ésta la razón funda-

15. Óscar Alzaga, *La Constitución española de 1978*, Ediciones Foro, Madrid, 1978, pp. 78-79.

mental de haberse acogido por la Constitución española. Hay que ver más bien aquí el deseo de marcar la diferencia con la situación política anterior, buscando lo que podía considerarse en el contexto europeo occidental como signo de un progresismo moderado (por más que en el ámbito de las Leyes Fundamentales también se aplicó el calificativo de social al Estado y a la Monarquía) y como modo de encontrar un punto de convergencia entre las distintas ideologías.

Hay cierta tendencia a entender que el Estado social de derecho es de más difícil configuración y consecución que el Estado de derecho liberal, ya que en éste la Constitución se limita a la tutela de una serie de libertades y derechos en favor del particular, mientras el Estado social asume obligaciones cuya realización práctica puede no ser alcanzada. Por ello ha llegado a considerarse más como la realización de un fin que como un concepto jurídico.[16] Aun cuando en la articulación metodológica del pensamiento jurídico y de las categorías correspondientes está muy difundida la distinción entre los conceptos y los fines, creo que no existe contradicción entre ellos. Los fines son susceptibles de alojarse en conceptos. La jurisprudencia teleológica no es, en rigor, el abandono de los conceptos por sí mismos, sino más bien la recusación de unos conceptos insensibles a los fines (valores e intereses) tal y como pretende la dogmática tradicional. Tampoco me parece irrebatible el argumento de que sea causa de dificultades para la conformación conceptual la distinta misión del Estado de derecho liberal, predominantemente abstencionista y creador de unas garantías jurídicas individuales, frente a las obligaciones positivas asumidas por el Estado social, que tiende a conseguir en la práctica con las consiguientes dificultades de realización. En pura lógica, es cierto que la riqueza de un concepto se mide por su abstracción, por el menor apoyo de que esté necesitado en la realidad. Luego en la medida en que el contenido se incremente y complique, como ocurre con el Estado social, el concepto se resiente. Mas, por otra parte, pienso que el problema que plantea la consecución de los efectos prácticos deseados, esto es, la realización de las obligaciones sociales asumidas por el Estado, incide en el campo de la operatividad y de la eficacia, no en el de la articulación lógica. Me parece atinada la observación de Lucas Verdú cuando dice que las «antinomias entre las exigencias sociales y las

16. En este sentido, citando a Forsthoff, se expresan Luis Sánchez Agesta (en *Sistema político de la Constitución española de 1978*), cit., pp. 79-80 y Fernando Garrido Falla (en la obra colectiva, dirigida por él, *Comentarios a la Constitución*, Civitas, Madrid, 1980, p. 27).

de la seguridad jurídica, que parecen producirse en el plano conceptual, realmente no dimanan de éste, porque no creo que exista obstáculo lógico alguno para concebir un Estado que además de ser social sea de derecho, que es una posibilidad perfectamente explicable por sí misma como otras adjetivaciones que pudieran añadirse como, por ejemplo, republicano, regional o federal».[17] No obstante, ha de reconocerse que la construcción del Estado de derecho impulsada por el liberalismo ha dado lugar a desarrollos normativos muy elaborados y es más estructural (en el sentido genérico del término) que funcional, mientras la construcción del Estado social responde preferentemente a una visión funcional del derecho.

4. SIGNIFICADO, IMPORTANCIA Y FINALIDAD DEL ARTÍCULO 9,2 DE LA CONSTITUCIÓN COMO PROYECCIÓN DEL ESTADO SOCIAL DE DERECHO

En la Constitución española de 1978, la utilización del concepto de Estado de derecho como modo de referirse a este modelo de Estado no es mero nominalismo. Incluso si no se hubiera calificado así al Estado, dada la regulación constitucional, se impondría la misma calificación, aunque faltara la expresa formulación constitucional.

De todos los preceptos que pueden ser entendidos como representativos del Estado social de derecho, es, sin duda, en el artículo 9,2 donde con mayor énfasis aparece reflejado. Los apartados 1 y 3 del mismo artículo son, sin más, expresión del Estado de derecho: sometimiento de los poderes públicos a la Constitución y al resto del ordenamiento jurídico y garantía del principio de legalidad. Entre uno y otro precepto, el apartado 2 dice: «Corresponde a los poderes públicos promover las condiciones para que la libertad y la igualdad del individuo y de los grupos en que se integran sean reales y efectivas; remover los obstáculos que impidan o dificulten su plenitud y facilitar la participación de todos los ciudadanos en la vida política, económica, social y cultural.»

Aun cuando en el precepto hay una enunciación de propósitos hecha mediante el empleo de expresiones que, si bien tienden a la efectividad práctica, en sí mismas adolecen de cierto retoricis-

17. Pablo Lucas Verdú, *La lucha por el Estado de derecho*, cit., p. 102.

mo, no por eso debe ser considerado como un precepto inútil. Evidentemente, como tantas veces sucede en la Constitución, no estamos ante una norma reductible a los arquetipos clásicos de la solución de un conflicto de intereses (como ocurre con las normas del derecho civil) o de la imposición de una sanción por haber observado determinada conducta (como en el derecho penal); tampoco es una norma organizativa, como lo son muchas del derecho público y en concreto del derecho constitucional. Como en tantas ocasiones en nuestro texto constitucional, el esquema kelseniano, según el cual «si es A. debe ser B.», resulta por completo inexpresivo. Si consideramos inseparable de la norma la coacción que ha de ponerse inmediatamente en marcha en caso de incumplimiento, tampoco por esta vía penetramos en la plenitud de sentido del precepto, por más que no haya de descartarse la posibilidad de su aplicación jurídica, sobre todo si ésta se considera referida al conjunto del ordenamiento jurídico. Evidentemente, estamos ante una ordenación finalista y de marcado carácter funcional. Norberto Bobbio, a quien tanto le ha preocupado el funcionalismo, distingue cuatro tipos de funciones: de una parte, la función represiva y la promocional; y de otra parte, la función conservadora (o de estabilización) y la innovadora (o de transformación). Aunque se trata, como dice Bobbio, de cuestiones diversas, hay un nexo entre la función represiva y la conservadora, como también lo hay entre la función promocional y la innovadora.[18] Con la cita de Bobbio no intento atribuirle la inspiración de esta norma constitucional, que vendría a significar la segunda penetración italiana en la misma, pues ya se ha dicho que en el artículo 9,2 está presente el artículo 3,2 de la Constitución de Italia.[19] No obstante, creo que la Constitución proporciona aquí un ejemplo de la concurrencia de la función promocional y la transformadora, con predominio de esta última, y dentro de ambas acusa su presencia la función social del derecho.

El artículo 9,2 tiene un sentido de totalidad. Preocupación del legislador ha sido dotar al precepto de la mayor comprensión. Hay en él como una tensión acumulativa. Destinatarios son, por una parte, los poderes públicos sobre los que recae el deber ser y, por otra parte, los individuos, los grupos y todos los ciudada-

18. Bobbio, *Della struttura alla funzione*, Edizioni di Comunità, Milán, 1977, pp. 115-116.
19. He aquí el precepto italiano: «Es obligación de la República remover los obstáculos de orden económico y social que, limitando de hecho la libertad e igualdad de los ciudadanos, impiden el pleno desarrollo de la personalidad humana y la efectiva participación de todos los trabajadores en la organización política, económica y social del país.»

nos, que se consideran como protegidos o beneficiarios. El tema central lo integran la libertad y la igualdad. Y el fin perseguido es hacerlas reales y efectivas, remover los obstáculos que impidan o dificulten su plenitud y facilitar la participación de todos los ciudadanos en la vida política, económica, cultural y social. La norma versa, pues, sobre el conjunto social y sobre él se proyecta, imprimiéndole impulso y propugnando su transformación. Pone de relieve o, al menos, da como sobreentendida la disconformidad con lo socialmente vigente y traza las líneas esenciales de un paradigma hacia el que ha de conducirse, desde y por el derecho, a la sociedad.

Muchas veces he escrito que la función social del derecho no queda atendida por seguir a lo que ya aparece en la realidad, en la vida, en los hechos, de tal manera que las normas sean reflejo de esos presupuestos fácticos, sino que está también y, sobre todo, en la fuerza rectificadora que ha de desplegar. No ya por el narcisismo de invocar las propias ideas, sino para poner de manifiesto que no improviso ante la Constitución una actitud panegírica, me permito recordar que hace ya muchos años advertí la pertinencia de distinguir entre la función social como dato o presupuesto, tema eminentemente sociológico, y la función social como fin, que incluye una posición axiológica. «Vistas ambas funciones —me he permitido sostener— desde el plano de lo jurídico, se observa el siguiente elemento común: la total referencia del derecho a la realidad social. Total referencia no quiere decir, sin embargo, radical adscripción o subordinación. Sí es cierto, en cambio, que el derecho está al servicio de la realidad social; pero también modificando, en su caso, una realidad social dada.» A su vez, la función social como fin tiene dos sentidos. «En un primer sentido... consiste en que la ordenación jurídica sea exponente de la realidad social... Esto no puede hoy concebirse sino mediante un procedimiento de indispensable base democrática en la elaboración de las normas, empezando por las estructuras del propio sistema político. Nadie, por sí solo, puede erigirse en intérprete directo —y menos en dictador— de algo que tiene su raíz en el pueblo.

Ello no significa, sin embargo, que el resultado obtenido sea intrínsecamente indiscutible. El derecho aflora, sí, a impulsos de una voluntad general. Mas no consiste sólo en ser voluntad, sino en ser voluntad orientada hacia el valor de la justicia... En un segundo sentido, la función social tiende a modificar determinadas estructuras sociales y los correspondientes cuadros jurídicos. Es el idealismo del cambio. En él, la función social no estriba en la subordinación del derecho a realidades dadas, sino en un nuevo modo de configurar esas realidades...»[20]

El artículo 9,2 de la Constitución se preocupa de la comunicación entre la realidad social y el ordenamiento jurídico. Esa realidad es, al propio tiempo, la que en un determinado momento se muestra como tal y las que podemos considerar como tendencias y aspiraciones sociales dirigidas al cambio o la transformación. El ordenamiento, en lugar de mantener e inmovilizar las situaciones ya creadas, asume el cometido de trascenderlas. No se trata sólo de que la presencia de unas aspiraciones sociales y de unos valores o principios constitucionales dé lugar a que el ordenamiento jurídico, sin variaciones formales en su enunciación escrita, pueda tomar un nuevo sentido. Esto es lo que subrayó Hermann Heller, un autor al que tanto debe en sus inicios la teoría del Estado social de derecho, al sostener «la necesidad en que se halla la normatividad jurídica de ser complementada por una normalidad social a la que se le da valor de manera positiva». En desarrollo de esta idea, escribe: «Si se prescinde de la normalidad social, positivamente valorada, la Constitución, como mera formación normativa de sentido, dice siempre muy poco. La mayoría de los preceptos jurídicos y, sobre todo, los más importantes, cobran únicamente un sentido practicable cuando se ponen en relación con los principios jurídicos que son expresión de la estructura social... Un ejemplo clásico de lo que antecede es el precepto de la igualdad ante la ley que existe en todas las democracias y cuyo contenido tiene importancia decisiva para determinar la estructura constitucional de cada Estado. Pero ese precepto recibe únicamente su contenido de las concepciones que dominan en la realidad social, y que en la Constitución misma no se formulan o sólo se formulan en muy pequeña parte, sobre lo que debe estimarse igual o desigual. Originariamente el precepto de la igualdad, cuya letra no ha experimentado después cambio alguno, se refería tan sólo a la igualdad jurídica de los varones; hoy, en ciertos Estados, se refiere también a la de las mujeres; en la primera mitad del siglo XIX significaba sólo la igualdad de los derechos políticos, mientras actualmente, y en medida creciente, significa también la igualdad social y hasta hace una década se aplicaba "según la opinión dominante", nada más que a la Administración, en tanto que hoy se interpreta como límite y

20. A. Hernández Gil, *La función social de la posesión*, Alianza Editorial, Madrid, 1969, pp. 73-75. Si, como he dicho, transcribo estos textos para probar que me he expresado antes en términos coincidentes con la orientación marcada por la Constitución, también quiero aclarar que no he tenido intervención alguna en la elaboración del apartado 2 del artículo 9.

pauta también para el legislador.»[21] Las observaciones de Heller están, sin duda, inspiradas en textos constitucionales atenidos aún a la democracia política liberal, con cuadros de derechos todavía muy estrictos, y predominio de las normas de carácter organizativo. El proceso de cambio emanaba de la llamada «normalidad social», aunque terminara por penetrar en la aplicación del derecho y en la legislación. La Constitución española es mucho más activa. Ella misma encarna el protagonismo del papel directivo en la conquista de la democracia social. No se circunscribe a abrir las puertas para hacer propicia la comunicación con la sociedad, de suerte que los movimientos, las tensiones y las tendencias procedentes de ésta, pueden convertirse, por vía refleja, en normatividades, sino que afronta el problema en el plano de la enunciación de las normas, a las que asigna esa función transformadora.

Los sujetos de la proposición normativa a que es reductible el artículo 9,2 son la libertad y la igualdad. Todo lo en él establecido las tiene por base. En la norma constitucional se percibe un claro contraste entre lo que es de suyo y lo que debe resultar de la acción de los poderes públicos. «La libertad y la igualdad de los individuos y los grupos», reputada como una realidad de los unos y los otros, quiere decir que les son inherentes, por lo cual no proceden de una concesión. La norma constitucional constata, o reconoce algo que es así —o debe ser así— de antemano. Esto se ve con toda nitidez en el individuo y, mejor aún, en la persona. La libertad —ya nos hemos ocupado del tema— es el factor esencial del concepto de persona, y la igualdad el presupuesto indispensable para que todas las personas sean libres. Sin embargo, un grado igual de inherencia de la libertad y la igualdad no se da respecto de los grupos. Ciertamente, en los grupos constitucionalmente previstos, como son los partidos políticos, los sindicatos de trabajadores y las asociaciones empresariales (artículo 6 y 7) se ha cuidado de establecer la libertad de creación y de ejercicio de la actividad, así como la estructura y el funcionamiento democráticos, característica esta última que también se predica de las organizaciones profesionales (artículo 52). Cabe, no obstante, la duda de que ocurra exactamente lo mismo en todo posible agregado social. Aun en los grupos constitucionalmente contemplados como tales, la libertad se manifiesta en un sentido no coincidente por completo con el que tiene en la persona. Así, por ejemplo, en el grupo que es el partido político, hay una libertad de creación, que es donde aquella comienza; el acto de existir es, consiguiente-

21. Hermann Heller, *Teoría del Estado*, versión española de Luis Tobio, Fondo de Cultura Económica, México, 1974, p. 276.

mente, libre, en cuanto proyección de la voluntad. Diversamente, la libertad de la persona no procede de que haya una libertad de «creación», aun cuando se admitiera con la máxima amplitud la planificación familiar, porque la libertad de la persona no es generada o transmitida, sino absolutamente inherente a su dimensión antropológica y ética, como expresión de su individualidad. También se aprecian diferencias en orden a la igualdad. En las personas supone la equiparación; hay un completo correlato. En cambio, no puede establecerse el mismo correlato, por ejemplo, entre la familia y una organización profesional o una asociación de consumidores. Cierto es, sin embargo, que todos los grupos sociales están integrados por personas, y posiblemente por eso, para que la persona aparezca siempre acompañada de su inseparable áurea de libertad y de igualdad, se afirman también en los grupos, en los que indiscutiblemente han de concurrir dentro de un sistema democrático, por más que puedan apreciarse diferencias con el modo de ser encarnadas por los individuos. Responde también a la preocupación de sobrepasar una posición estrictamente liberal, acentuando la estructura democrática, que tiene su eje en la sociedad, en tanto el eje del liberalismo se encuentra siempre en el individuo. En los individuos y en los grupos está, en consecuencia, la total articulación de la sociedad. Si bien la Constitución resalta, como valor superior del ordenamiento jurídico, el pluralismo político, es claro que, aunque no haga una proclamación paralela, propicia igualmente el pluralismo social, que actúa como correctivo de la estratificación estrictamente clasista por cuanto estimula la agrupación y el recíproco entendimiento con base en las funciones que se desempeñan en la sociedad. Claro es que las numerosas razones justificativas de los grupos, especialmente en el seno de un Estado social de derecho, no permiten sin embargo su completa equiparación a las personas como lo hace la Constitución.

Mientras el respeto a la libertad y la igualdad se manifiesta en un acto normativo de reconocimiento, hacerlas reales y efectivas es un funcionalismo dirigido a la transformación de una realidad social dada. En este horizonte aparece la democracia social. De ella, como observa Sartori, cabe hablar en dos sentidos. En uno, que puede llamarse primario, se aplica a un *ethos*, a una costumbre, a una manera de vivir; es algo así como el estado natural de la sociedad. En otro sentido —que Sartori llama «secundario» y es el específico— «no designa una manera de vivir en la sociedad, sino más bien una manera de gobernar la sociedad». Esta democracia social, dice el propio autor, «confina con la democracia económica y se puede transformar en democracia socialista».

En el primer caso estamos aludiendo al substrato y el fundamento «extrapolítico» (quizá sería mejor decir prepolítico) de la democracia política. En el segundo, la expresión designa una política que tiene por objeto «crear desde arriba las condiciones» que producen una sociedad democrática.[22] Consiguientemente, el valor designativo de la democracia social cambia según tenga como referente una realidad, o bien, sea el resultado de una política. Una democracia a establecer contempla el artículo 9,2 mediante su implícita, aunque rotunda, proclamación de la dimensión social de la democracia. «No se parte de ella, pero hay que llegar a ella», parece ser el compromiso constitucional. ¿Cómo? Haciendo que la libertad y la igualdad sean reales y efectivas. Esto supone lo siguiente: 1.º En el contexto histórico tomado en consideración no son reales y efectivas y se traza como pauta constitucional alcanzarlas mediante la acción de los poderes públicos. 2.º La realidad y la efectividad figuran enunciadas en términos de declaración, pero también en términos de prescripción. El «para qué» es eminentemente funcional y finalista. La visión que se ofrece del conjunto social es diacrónica, por lo que se muestra como un proceso en marcha. 3.º La libertad y la igualdad que, en cuanto atributos, conciernen a los individuos y los grupos, y así se reconoce constitucionalmente, han de ser reales y efectivas para esos mismos individuos y grupos. Les son inherentes. No consisten, por tanto, en concesiones emanadas del Estado. Pero es precisa su cooperación para alcanzarlas.

5. EFECTIVIDAD E INTERDEPENDENCIA DE LA LIBERTAD Y LA IGUALDAD EN EL MARCO DEL ESTADO SOCIAL DE DERECHO

¿De dónde ha de proceder y en qué ha de consistir la acción conducente a la finalidad constitucional formulada?

Siguiendo la tónica de nuestra Constitución, obligados por la norma son los poderes públicos. Como inmediatamente antes, el artículo 9,1 dice que están sujetos a la Constitución y al resto del ordenamiento jurídico, si luego el mismo artículo (ap. 2) dispone que les corresponde hacer reales y efectivas la libertad y la igualdad, el mandato constitucional no puede ser más terminante. En los poderes públicos quedan comprendidos el Legislador, el Gobierno y la Administración, el Poder judicial y el Tribu-

22. Cfr. Giovanni Sartori, *Théorie de la démocratie*, Librairie Armand Colin, París, 1973, p. 291.

nal Constitucional. Y de todos ellos debe proceder, en el ámbito de sus respectivas competencias, la acción conducente a la finalidad normativamente configurada.

Aunque, como hemos dicho, el artículo 9,2 es eminentemente funcional y finalista, no falta en él la alusión a los medios a través de los cuales han de conseguirse las reales y efectivas libertad e igualdad de los individuos y de los grupos. Ahora bien, la que puede considerarse como instrumentación u operatividad práctica del objetivo propuesto viene expresada de una manera que, necesariamente, resulta abstracta o muy genérica. En primer término, incumbe a los poderes públicos «promover las condiciones» para el logro de ese objetivo. A mi juicio, la idea aparece expresada con la preocupación de dotarla de una gran virtualidad o fuerza de comprensión. En ella se integra tanto la acción directa de los poderes públicos, con enlace inmediato entre medio y fin, como también la adopción de medidas que propicien una movilidad social satisfactoria. En rigor, la subsiguiente alusión a la operatividad, cifrada en «remover los obstáculos que impidan o dificulten» la plenitud de la libertad y la igualdad, queda comprendida en la promoción de las condiciones, porque el significado positivo de este giro hace sobreentender, que si han de promoverse las condiciones, tanto más habrán de eliminarse las de signo contrario. De todas maneras, con la remoción de los obstáculos como forma de actuar, se está admitiendo la hipótesis de un contexto social diríamos adverso o insuficiente desde el punto de vista de la prescripción constitucional. Por otra parte, aquí es donde aparece subrayado el sentido de la libertad y del igualitarismo presentes en el precepto, ya que uno y otro se predican en «su plenitud». La norma, en cambio, se flexibiliza al establecer como cometido de los poderes públicos «facilitar la participación de todos los ciudadanos en la vida política, económica, cultural y social...». «Facilitar» es un indicativo más tenue que «promover» y «remover». Los grupos no figuran incluidos en esta participación que viene imputada a los ciudadanos. Más exactamente quizá, lo que hay es una mutación de plano o de perspectiva. Si se facilita la participación de todos los ciudadanos en las distintas manifestaciones de la vida de la sociedad, se les facilita también la participación en los grupos, ya mediante la creación de los mismos, ya mediante la adscripción a ellos.

La libertad y la igualdad, sin perjuicio de sus propios contenidos, son interdependientes. La interdependencia cobra sobre todo importancia cuando no se la considera meramente formales, sino reales y efectivas. Una concepción puramente liberal pone, claro es, el acento en la libertad. Si somos libres, ya estamos igualados en la libertad, y eso es todo. Esto no es así para un Estado social tal y como el que enuncia y propugna la Constitución. La igualdad ni tiene como marco exclusivo la libertad, ni es tampoco una consecuencia necesaria de ésta. Ciertamente, la libertad es condición o presupuesto de la igualdad, que ha de darse sin contradecir a aquélla. Los hombres no somos iguales en la misma medida en que lo son dos objetos, porque la individualidad inherente a la personalidad de cada uno nos hace irrrepetibles. A su vez, la igualdad es también presupuesto o condición de la libertad. El *ser libres*, aún emanando insuprimiblemente de nosotros mismos, requiere para su efectividad de una organización social que nos *haga libres*; y de esta libertad es condición la igualdad. Sin igualdad, la libertad, lejos de mostrarse compartida, produce esa gran adulteración que son los actos de hegemonía de los poderosos y los actos de entrega o de rebeldía de los sometidos. Que se condicionen mutuamente no quiere decir que baste la libertad para que haya igualdad y a la inversa. Tiene razón, en parte, Sartori cuando, enfrentándose con este problema, escribe: «La igualdad puede ser considerada como una forma de libertad en igual medida que somos conscientes de que si nuestras piernas sostienen nuestro cuerpo (y condicionan, consiguientemente, nuestra actitud para marchar) nuestro cuerpo no se reduce... a un par de piernas.» O bien: «Si es verdad que la libertad política no resuelve el problema de la falta de pan, también es verdad que el pan no resuelve el problema de la libertad política.»[23] Sin embargo, inferir de aquí la negación del condicionamiento y la completa independencia de ambos conceptos no parece una conclusión convincente. La libertad política es sólo una de las expresiones de la libertad que, lógicamente, cubre un área en la que pueden presentarse todos los ciudadanos con igual derecho de sufragio, pero en posiciones socioeconómicas abiertamente encontradas. Si la libertad y la igualdad se extienden también a estas áreas, la correlación, sin duda, es mucho mayor. Pese a ello, afirmando tal correlación e interdependencia, no quiero decir que exclusivamente la libertad dé el fruto de la igualdad y exclusivamente la igualdad dé el fruto de la libertad. Cuentan de modo decisivo el trabajo, los bienes, las necesidades, las relaciones intersubjetivas y, en definitiva, todo el complejo entramado social dentro de un contexto histórico. La libertad y la igualdad, con arreglo a la Constitución, figuran en el punto de partida como atributos del individuo y de los grupos, y en el fin. Allí, en el punto de partida, como dadas y aquí, en el fin, realizándose y realizadas; allí superpuestas a la organización

23. Cfr. Sartori, ob. cit., p. 273.

social y aquí como resultado de la misma. Encarnan el por qué y el para qué de la convivencia, dentro del sistema en el que todos los elementos tienen que ser tratados en función de esas coordenadas.

La organización de la sociedad conforme al modelo del Estado social de derecho extiende e intensifica la libertad y la igualdad mutuamente condicionadas. Las extiende al no quedar circunscritas al ámbito de la política, comprendiendo la vida social en general, la vida económica y la cultural. Las intensifica por cuanto ante ellas, en vez de adoptar el papel de la abstención, asume la preocupación activa de su efectividad práctica. Tienen, pues, una esfera de acción más amplia y un mayor coeficiente de realización. Una y otra, sin embargo, no son alcanzables en términos definitivos. La marcha histórica hacia ellas se adivina como incesante e interminable.

La igualdad es susceptible de expresarse en diferentes niveles. En el nivel mínimo aparece la exclusivamente jurídica, que se manifiesta en dispensar el mismo trato a todas las personas, lo cual trae como consecuencia que la posición social y económica, si bien no determina diferencias, tampoco evita o corrige las que efectivamente existen, sino que, al contrario, resultan reafirmadas al tratar lo mismo a quienes ocupan posiciones distintas. El nivel máximo de la igualdad lo depara la organización marxista de la sociedad, que sustrae a la propiedad individual los bienes e instrumentos de producción, entregados a la titularidad y a la planificación estatal. Entre el nivel mínimo y el máximo quedan la igualdad política, la social y la económica, entendidas éstas como la igualdad de oportunidades y la equilibrada distribución de la riqueza.

El Estado social de derecho desborda la igualdad jurídica, asume la igualdad política y penetra en la esfera social y en la económica, sin llegar, claro es, al nivel máximo encarnado por el sistema económico-social marxista. El desbordamiento de una igualdad exclusivamente jurídica (en el sentido formal) está presente en la Constitución —ya nos hemos ocupado del tema a propósito de la persona—, si bien tiene como límite la reconocida «libertad de empresa en el marco de la economía de mercado» (artículo 38), que supone la normativización del modelo económico del capitalismo, aunque con algunos correctivos. El mismo artículo 38, como contrapunto al reconocimiento de la libertad de empresa, establece que «los poderes públicos garantizan y protegen su ejercicio y la defensa de la productividad de acuerdo con la exigencia de la economía general y, en su caso, de la planificación». Por tanto, la economía de mercado no agota el *factum* económico;

por encima, si no como elemento de la estructura, sí como intereses protegidos, figuran las exigencias de la economía general y la defensa de la producción para llegar, en su caso, a la planificación que, aun cuando designada condicionalmente a modo de hipótesis última, no se descarta. En el artículo 40 es muy terminante la proclamación de que los poderes públicos «promoverán las condiciones favorables para el desarrollo social y económico y para una distribución de la renta regional y personal más equitativa». Este desarrollo, canalizado hacia una distribución más equitativa de la renta, es claro exponente de propósitos de homogeneización social. La distribución por el Estado implica siempre una redistribución correctora de las atribuciones y percepciones que se derivan de la pura espontaneidad social. La misma preocupación por la distribución aparece en otros preceptos. El artículo 130 se refiere a la modernización y el desarrollo de todos los sectores económicos «a fin de equiparar el nivel de vida de todos los españoles». El artículo 131 propugna la planificación de la actividad económica de manera que redunde en «el crecimiento de la renta y de la riqueza y su más justa distribución». Si comparamos la libertad de la empresa, invocada en el marco de la economía de mercado, con los estímulos favorecedores del desarrollo social y económico y de la distribución de la riqueza y de la renta, conforme a criterios de equidad, justicia y equiparación del nivel de vida, vemos que la Constitución, en el artículo 38, se atiene a una libertad que considera dada o vigente, y se limita a reconocerla, en tanto que la igualdad viene encarecida prescriptivamente mediante la reiteración de la puesta en marcha de una acción pública conducente al logro del equilibrio social (artículos 40, 130 y 131). Sin embargo, no es ésta la interpretación válida para el total contexto constitucional. Porque conforme al artículo 9,2, básico en la materia, también la libertad ha de ser real y efectiva. Sin que la libertad de empresa constituya un coto cerrado sustraído al proceso de transformación social.

La incidencia de la igualdad sobre la libertad, en una primera toma de contacto, trae consigo correcciones a la libertad. No obstante, penetrando más profundamente en el condicionamiento y en la mutua integración, se observa cómo las correcciones a la libertad, lejos de ser modos de eludirla o eliminarla, son vías para salir a su encuentro. La historia reciente del principio de la autonomía de la voluntad en el campo del derecho privado es una buena prueba. Según la formulación clásica del principio, las personas son libres para contratar y para determinar convencionalmente el contenido regulador del contrato, el cual, una vez concluido, obliga con base en el vínculo creado en ejercicio de la libertad. Es lo que en otra ocasión he llamado autodecisión, autorregulación y autoobligarse.[24] El generalizado proceso de socialización que se ha desarrollado en torno al principio de la autonomía de la voluntad, superficialmente entendido, parece que no hace sino reducir el coeficiente de la libertad en la contratación. La ley, en efecto, ha tenido que penetrar en los que antes eran espacios jurídicos vacíos o en blanco. Si pensamos que la libertad es sólo autonomía, y dejamos al margen que la libertad de hecho exista o no, bastando el mero reconocimiento de la misma, toda interferencia de la ley puede suponer una restricción de la libertad. Sin embargo, el fondo del problema es muy distinto. Hay que evitar confundir el reconocimiento de la libertad, despreocupándose de si efectivamente existe en la práctica, con su efectiva consecución. Ésta no se logra con la mera libertad potencial e inicial. Se imponen sacrificios —incluso sacrificios de ciertos aspectos de la libertad— para lograrla finalmente. La libertad existe cuando la voluntad puede decidir sin ceder indeclinablemente ante otra voluntad más poderosa o ante la presión de las circunstancias impositivas de un obrar determinado. Ahora bien, la libertad no se identifica con el poder de decisión. Mientras la autonomía por sí sola constituye una abstracción, el poder de decisión equivale a ostentar el efectivo disfrute de la libertad que, en consecuencia, dota de contenido a la autonomía. Mas ahí no se agota su función dentro del modelo del Estado social de derecho. Ha de tenerse siempre en cuenta que se trata de la libertad de todos, es decir, compartida, solidariamente distribuida, lo cual requiere contemplarla no sólo desde el punto de vista de quien la ejercita, sino también desde el punto de vista de su proyección en el conjunto de la sociedad.

En la línea expuesta figura la norma constitucional que, luego de reconocer el derecho a la propiedad privada y a la herencia, dispone que «la función social de estos derechos delimitará su contenido, de acuerdo con las leyes» (art. 33). La libertad y la propiedad fueron dos de las grandes polarizaciones del liberalismo como afirmación de las prerrogativas del individuo. La propiedad encarnó el prototipo del derecho absoluto, entregando por entero a la voluntad del dueño el destino económico de los bienes. Junto al poder de dominación reflejado en los actos de disfrute y disposición de la cosa, estaba el poder de exclusión, que fortalecía el derecho de propiedad no sólo sustrayendo a los demás la cosa de que se es propietario, sino excluyendo también las posibilidades, en general, de que otros fueran propietarios. El arbitrio individual

24. A. Hernández Gil, *Derecho de obligaciones*, Madrid, 1972, p. 231.

desembocaba en una arbitrariedad social. La afirmación de la libertad del propietario se desentendía por completo de la libertado de quienes aspiraban a serlo. Bajo el concepto genérico de la función social de propiedad se comprenden diversas modalidades de enfoque de esta institución que van desde considerar, moderadamente, que *tiene* o *cumple* una función social, hasta entender, más radicalmente, que *sólo es* una función social. La propiedad como derecho subjetivo dotado de una función, a la vez individual y social, queda dentro del pensamiento democrático progresista y también es propugnada, desde hace tiempo, por la doctrina social católica. La Constitución de Weimar, en su artículo 153, consagró como principio directivo reiterado por la Ley Fundamental de Bonn: «La propiedad obliga. Su uso ha de constituir, al mismo tiempo, un servicio para el bien común.» La Encíclica *Quadragésimo anno* también distinguiría entre el aspecto individual de la propiedad como modo de servir a quien la ostenta y el uso que ha de hacerse de ella al servicio del bienestar general. La Constitución italiana liga el reconocimiento de la propiedad privada a su garantía por la ley, que establecerá las modalidades de adquisición y de goce, así como sus límites, con el fin de «asegurar su función social y de hacerla más accesible a todos» (artículo 42,2). Nuestra norma constitucional es más estricta. Reconocida la institución de la propiedad privada, su contenido tiene que delimitarse con base en la función social y de acuerdo con las leyes. La delimitación del contenido significa determinar cómo ha de configurarse la propiedad privada y también cuáles son los bienes objetos de la misma. Del contenido forma parte cómo es la propiedad y a qué bienes se extiende. Todo ello es materia reservada a la ley. Así resulta del artículo 33,2 y del artículo 132, que somete a la determinación de la ley cuales son los bienes de dominio público, salvo los directamente declarados como tales por la Constitución. Si, con arreglo a la norma general del artículo 53,1, la ley que regule —y sólo ella puede hacerlo— el ejercicio de los derechos y libertades fundamentales reconocidos en el capítulo segundo (del Título I) entre los cuales se encuentra el de propiedad, se debe *respetar el contenido esencial* de los mismos, esto supone la existencia de un contenido esencial constitucionalmente fijado. En lo dispuesto acerca de la propiedad se suscita la duda de si hay un contenido constitucional fijado o si la determinación de éste corresponde a la ley, lo que sería contrario al artículo 53,1. A mi juicio, la Constitución sólo enuncia un criterio para que la ley lleve a cabo la determinación del contenido, y este criterio es la función social. Consiguientemente, la propiedad privada, incluso en lo relativo a la exclusión de la misma en el que haya de ser ámbito de los bienes de dominio público, queda entregada a la ley en mayor medida que otros derechos y libertades fundamentales, ya que a ésta corresponde dotar a la función social de una conformación normativa configuradora del régimen jurídico. De todas maneras, con la propiedad así concebida, el centro de protección no queda en la libertad de ejercicio del derecho por quien llega a ostentarle. Si a la función social se une la exigencia de que la libertad y la igualdad han de ser reales y efectivas, es evidente que la Constitución no se limita a la tutela de la propiedad ya establecida, sino que hace suyo el problema de la distribución del derecho de propiedad.

6. LOS PRINCIPIOS RECTORES DE LA POLÍTICA SOCIAL Y ECONÓMICA

Lo dispuesto con carácter general en el artículo 9,2 de la Constitución si, por una parte, puede considerarse como proyección del concepto del Estado social de derecho, por otra parte viene a constituir un presupuesto de los «principios rectores de la política social y económica», materia del Capítulo tercero del Título I, que es donde el Estado social de derecho encuentra su más específica articulación normativa. Comparando el contenido del Capítulo tercero con el del Capítulo segundo —«derechos y deberes de los ciudadanos»— se aprecia que la distribución de los respectivos contenidos se resiente de cierto convencionalismo carente de rigor sistemático. No tiene fácil justificación que los preceptos relativos a la propiedad privada y a su función social (artículo 33), a la libertad de empresa y a la economía de mercado (artículo 38), claramente concernientes a la organización social, queden fuera de los principios rectores de la política social y económica, mientras figura incluida entre éstos la llamada protección integral de los hijos con independencia de su filiación, que tiene una dimensión marcadamente personalista. El encuadramiento en uno u otro lugar no es indiferente, puesto que la protección dispensada varía de intensidad. Los principios rectores de la política social y económica —ya lo hemos recordado— no tienen la significación de derechos constitucionalmente fijados como tales, ya que su misión es informadora de la legislación positiva, de la práctica judicial y de la actuación de los poderes públicos, estando asistidos de protección jurisdiccional únicamente ante la jurisdicción ordinaria a través de las leyes que los desarrollen. El artículo 9,2, sin configurar un modelo de sociedad, ateniéndose a cómo ésta se manifiesta de hecho dentro de los cauces del neocapitalismo, tiende a introducir correcciones que encuentran su especial expresión constitucional en el Capítulo tercero (del Título I), relativo a los aspectos sociales, económicos y culturales de la democracia que, por lo mismo, no es estrictamente política. El enunciado de los principios rectores de la política social y económica es predominantemente programático. Contrasta la resuelta proclamación de la efectividad de la libertad y la igualdad, la remoción de los obstáculos impeditivos de su plenitud y la encarecida participación de todos los ciudadanos en las distintas manifestaciones de la vida social con el ritmo lento a que se somete la instrumentación legal de esos fines. Lo que marca la Constitución es una orientación de la acción política referida a la sociedad, la economía y la cultura. Por una parte, esta orientación supone preconfigurar una política del Estado a la que debe servirse desde todos los poderes públicos en cumplimiento de la Constitución. Mas, por otra parte, la previsión del artículo 9,2 y del Capítulo tercero (del Título I) tendrán uno u otro alcance en función de cuándo se desarrollen y cómo se interpreten los principios programáticos enunciados. Indiscutiblemente, se trata de unos postulados muy sensibles a las ideologías que, en consecuencia, tendrán uno u otro alcance, una u otra realización según cual sea la composición política del Parlamento y del Gobierno. La mayoría de edad a los dieciocho años, el reconocimiento del derecho de sufragio, la abolición de la pena de muerte y tantas otras normas de esta clase tienen una expresión invariable, lo que no ocurre con los llamados principios rectores de la política social y económica.

En razón de ello nos encontramos con que el Estado social de derecho no se encierra en una fórmula normativa rigurosa ni es una realidad plena, sino una posibilidad abierta, de alcance variable y de realización más o menos retardada, más o menos progresiva. No obstante, su posibilidad constitucional aparece precisamente en esta parte de la norma fundamental, que, sin duda, evoca el preámbulo cuando proclama la voluntad de «establecer una sociedad democrática avanzada».

El artículo 9,2, especialmente, y también, aunque en menor medida, el Capítulo tercero han suscitado los recelos de algunos analistas del texto constitucional que imputan a la Constitución propósitos de remodelación de la sociedad, excesos de igualitarismo y mimetismo ejercido por el polémico artículo 3,2 de la Constitución italiana. Sin dejar de reconocer cierto fondo de verosimilitud a estas aseveraciones, no por ello el sentido ha de ser de censura. La Constitución se ha elaborado con la participación de fuerzas políticas de ideologías divergentes. Si uno de los puntos de convergencia fue el Estado social de derecho y nota caracterizadora de éste es su mayor penetración en la sociedad que no ha de aceptarse simplemente como autorregulada, era preciso declararlo así, en lugar de limitarse a dejar intacto el modelo capitalista puro, por más que tampoco hubiera de ser reemplazado por su opuesto el modelo socialista. No es cierto que la inspiración proceda en exclusiva de la Constitución italiana, aunque, sin duda, se tuvo a la vista este dato del derecho comparado. Sin embargo, no es indispensable acudir a ella para encontrar consagrado el principio de la efectividad de los derechos y las libertades, claramente inserto en la Declaración Universal de Derechos Humanos, que en su artículo 28 proclama: «Toda persona tiene derecho a que se establezca un orden social internacional en el que los derechos y libertades propugnados en esta Declaración se hagan plenamente efectivos.» Si bien la Declaración Universal carece de fuerza vinculante directa, es indiscutible su autoridad moral,[25] y tiene, según la Constitución (artículo 10,2) un valor interpretativo. El principio recibe consagración normativa en el Pacto Internacional de los derechos económicos, sociales y culturales que, en el preámbulo, explica así su contenido regulador: «Reconociendo que con arreglo a la Declaración Universal de Derechos Humanos no puede realizarse el ideal del ser humano libre, liberado del temor y de la miseria, a menos que se creen las condiciones que permitan a cada persona gozar de los derechos económicos, sociales y culturales, tanto como de sus derechos civiles y políticos.» Las ideas de la plenitud y efectividad de los derechos y las libertades aparecen en la Declaración Universal, y la creación de las «condiciones» que los hagan posibles, como finalidad de las normas, es decir, gran parte de lo establecido en el artículo 9,2, encuentra también cumplida expresión en el Pacto Internacional.

7. ¿AÑADE ALGO AL ESTADO SOCIAL DE DERECHO EL CALIFICATIVO DE DEMOCRÁTICO?

El hecho de que la Constitución, además de calificar al Estado de derecho de social, lo denomine o califique de democrático, suscita el problema de saber con qué significado emplea este segundo término. En un sentido general, democráticos son tanto el Estado de derecho liberal como el social. Siempre que se afirme el imperio de la ley como expresión de la voluntad del pueblo, origen de todos los poderes (y éste es el criterio de la Constitución), el Es-

25. Cfr. M. T. Szmitkowski, «Reconoissance du droit au developpement et doctrine chrétienne», en *René Cassin amicorum discipulorumque liber*, IV, París, 1972, p. 121.

tado de derecho es democrático, se diga o no expresamente. Hay, no obstante, la posibilidad de conferir al Estado democrático un significado específico añadido a ese otro común o general. El Estado social de derecho, al sobrepasar el marco de la democracia política en que se desenvuelve el Estado liberal, hace concesiones a la democracia social y económica. Ahora bien, la realización plena de ésta se encuentra en el específicamente denominado Estado democrático que, aunque históricamente no haya surgido siempre y sólo a partir del Estado social, ideológicamente ocupa una posición más avanzada que la del Estado social. Mientras ciertas manifestaciones del Estado social pueden ser concomitantes con un Estado de base liberal que se transforma, el Estado democrático en sentido específico supone el abandono del modelo liberal. En tanto el Estado social corrige, mas no excluye la sociedad neocapitalista, el Estado democrático incorpora un cambio cualitativo. Cuando se presenta de una manera plena es la conformación jurídica, social, económica y política de una sociedad y un Estado socialistas. Elías Díaz formula el concepto más amplio del mismo en los siguientes términos: «... sólo a través de la democracia y el socialismo cabe dar cumplimiento efectivo y real a los derechos y libertades del hombre, objetivo éste que constituye la pretensión central del Estado de derecho.»[26] Con arreglo a tal punto de vista, inspirado en la ideología del socialismo democrático, el Estado democrático aparece como una tercera etapa o fase del Estado de derecho caracterizada por la realización histórica concreta de aquellos postulados acerca de la libertad y de la igualdad que ni el Estado liberal ni el social logran dotar de efectividad práctica. Ciertamente, el Estado social puede considerarse como una vía de penetración y hasta como una plataforma de lanzamiento del Estado democrático. Sin embargo, no es necesaria ni exclusivamente así. El estado socialista, en sus orígenes, y más modernamente, las democracias populares, no han surgido como el desarrollo de un previo Estado social. En éste, los valores de la libertad y la igualdad aparecen proporcionalmente combinados, en una relación de recíproca equivalencia, con el fin de impedir que la exaltación de la libertad individual conduzca al mantenimiento y la reafirmación de las desigualdades reales o de hecho. El Estado democrático ofrece la igualdad mucho más radicalizada. En vez de limitarse a proponer una expectativa, que luego se alcanzará o no, el Estado en su misión conformadora del sistema de convivencia, se preocupa de establecer una organización capaz de construir una estructura social igualitaria.

26. Elías Díaz, *Estado de derecho y sociedad democrática*, Cuadernos para el Diálogo, Madrid, 1966, p. 131.

¿En cuál de las dos significaciones, la genérica o la específica, se sirve la Constitución del término «democrático» aplicado al Estado de derecho? Evidentemente, no la utiliza en la acepción de que el Estado conformado constitucionalmente sea socialista. ¿Cabe sin embargo sostener que nada añade el Estado democrático al Estado social? ¿Es democrático tan sólo porque el poder emana del pueblo? Lucas Verdú, cuando todavía estaba en curso de debate la Constitución, pero ya figuraba en el Anteproyecto el texto convertido luego en norma legal, describió así el Estado democrático de derecho: «Exige la socialización de los medios de producción, la autogestión social en todos los niveles y el paso de la representación política a la participación política.» Ateniéndose a este concepto, su respuesta fue terminante: «El Anteproyecto —dijo— dista años luz de la meta anterior.»[27] La metáfora de los años luz, que marca una gran distancia, supone una negación. La regulación constitucional del Estado de derecho es la propia del Estado liberal, si bien con los complementos y correcciones correspondientes al Estado social. Falta una regulación que se corresponda con el Estado democrático. ¿Estamos entonces ante una palabra obvia —el mero recuerdo de la democracia— o ante una palabra sin sentido —el imposible Estado democrático en su significación específica—? Considero que el hecho de que la Constitución no consagre el Estado democrático en el específico y pleno significado del mismo no conduce a la hipótesis contraria, o sea, que la expresión aparezca utilizada con la finalidad genérica, ya puesta de manifiesto en el preámbulo y en otras normas, de referirse al origen y al fundamento del poder. Las Constituciones italiana y alemana yuxtaponen «social» a «democrático»; al Estado, considerado como democrático, se le añade el calificativo de social. La Constitución española invierte el orden de los calificativos, con lo que «democrático», en principio e intencionalmente, va más allá de «social». El precepto constitucional da a entender que el Estado de derecho no queda estricta y necesariamente encerrado en el modelo del Estado social. Se contempla la posibilidad del Estado democrático. La regulación constitucional, que hace algunas concesiones al Estado social, no llega a consagrar un Estado democrático como posición más avanzada. Hay normas que le contradicen, como son las concernientes a la propiedad privada y a la libertad de empresa. No obstante, otras normas, como las relativas a la subordinación de toda la riqueza del país al interés general (artículo 128), al acceso de los trabaja-

27. Pablo Lucas Verdú, «El título I del Anteproyecto constitucional», en *Estudios sobre el Proyecto de Constitución*, Centro de Estudios Constitucionales, 1978, p. 14.

dores a la propiedad de los medios de producción (artículo 129,2), a la equiparación del nivel de vida de todos los españoles (artículo 130) y a la planificación de la actividad económica general para atender a las necesidades colectivas (artículo 131), que suponen una transformación de la sociedad, según el grado de intensidad y de extensión con que se desarrollen, podrán ser sólo realizaciones del Estado social, o bien, aproximaciones al Estado democrático.

XII. Consideración final
sobre el cambio político español

Sin intentar un capítulo de conclusiones, impropio de un libro de contenido muy heterogéneo, quiero, no obstante, como consideración final, integrar la transición española en el concepto de cambio y en los modelos y tipos en que se manifiesta, materia tratada con carácter general en el capítulo I.

De los tres grandes tipos de cambio a los que hemos llamado, respectivamente, cambio cultural, cambio social y cambio político, es en este último en el que de modo específico se integra el proceso español. Del cambio cultural en sentido antropológico profundo hay, lógicamente, que prescindir. Al cambio social puede acudirse de modo reflejo en cuanto, dentro de él y como una de sus manifestaciones, se encuentra el cambio político. Por otra parte, si en el ámbito del cambio social quedan comprendidas las variaciones o transformaciones que sobrepasan la normal movilidad de las sociedades, también en esos términos genéricos podemos servirnos del concepto de cambio social. Sin embargo, el componente del cambio español es esencialmente y, en algunos puntos, exclusivamente político. Al calificarle así me estoy refiriendo al marco jurídico dentro del cual se planteó —la Ley para la Reforma política— y también a la predominante actitud de los partidos y las corrientes de opinión. Las imputaciones hechas al régimen precedente concernía, sobre todo, a lo político. Un desarrollo económico se había alcanzado. Buenas intenciones sociales, y también mejoras, no faltaron. La gran ausente había sido, durante muchos años, la política en su dimensión democrática y pluralista. Los partidos de la derecha, de la que el centro es una versión menos apegada al conservadurismo ancestral, aceptaban sin reparos de fondo el modelo capitalista de la sociedad. Para muchos de sus miembros —y los miembros eran no pocas veces más importantes que los partidos—, algunos de los cuales supieron estar hábilmente en la fase liquidatoria de una situación, así como en la constitutiva de la otra, el problema, en bastantes aspectos, guardaba parecido con una operación de cirujía estética aplicada a la política. Los partidos de la izquierda, que propugnaban en sus programas las realizaciones sociales y económicas de la democracia, con el consiguiente reflejo en el cambio del modelo social, se expresaron predominantemente en el lenguaje común de la democracia política, que si no significaba para ellos la democracia total, era en todo caso la previa y compartida. Aquí se concentró el cambio, por lo menos el inmediato. Cierto que la Constitución, hecha con la colaboración de la derecha, el centro y la izquierda, no se limita a dar la imagen de un Estado de derecho de corte liberal celoso del *status* del ciudadano y de las libertades formales, atenido a una sociedad regulada por sí misma, ya que se preocupa de la misión transformadora de la sociedad para que no permanezca indefinidamente invariable o entregada en exclusiva a su juego autorregulador. Sin embargo, ésta es una posibilidad abierta hacia el futuro de la que distamos en función correlativa y proporcional a cuáles sean las ideologías en ejercicio del poder. Hay, por tanto, un cambio político que ya se ha alcanzado, aunque pende todavía de desarrollo, arraigo y consolidación. Por el contrario, el cambio social está más en la lejanía. Sobre él versan algunas declaraciones constitucionales. No creo que éstas sean mera retórica o vaguedad programática. Desde la Constitución se otea la transformación de la sociedad y asume el proyecto de alcanzarla. Pero se necesita de una acción impulsora que todavía no se ha desplegado.

El cambio político, en sí mismo considerado, es un cambio *de* sistema. Por consiguiente, cualitativo. Con ello quiere decirse que no se trata de correcciones introducidas en el sistema anterior. Éste es reemplazado por otro sistema político. Como momentos de la mayor conmoción jurídica en la operación de cambio o sustitución pueden considerarse la proclamación por la Ley para la Reforma política de la democracia de la ley y la soberanía del pueblo y la promulgación de la Constitución con su importantísima disposición derogatoria.

La expresión sistema político utilizada para designar el sujeto del que se predica el cambio, por la versatilidad de la noción de sistema, resulta un tanto antigua. El significado específico del cambio depende del ámbito que se atribuya al contenido político del sistema. Si en él quedara comprendido globalmente el Estado, en su sentido histórico-cultural y jurídico, la afirmación del cambio de sistema político llevaría consigo un cambio de Estado en su alcance más radical o absoluto, esto es, no como modificación, sino como la extinción del Estado procedente y el surgimiento de otro distinto, dado el carácter cualitativo atribuido al cambio. Esto no parece así. Sin duda alguna no lo es en el plano del derecho internacional donde la vieja máxima «forma regiminis mutata, non mutatur ipsa civitas» ha inspirado el principio de la continuidad por el que la personalidad internacional de un Estado permanece invariable por profundas que sean las mutaciones introducidas en la organización constitucional, en tanto subsistan el elemento material (el territorio) y el personal (la población) del Estado. En ningún momento se ha puesto en duda en nuestro caso la personalidad internacional del Estado español. La transición hacia la democracia se ha considerado como desencadenante de la incorporación de España a foros internacionales de los que antes se encontraba alejada, como fue la incorporación al Consejo de Europa antes de aprobarse la Constitución o es ahora la posibilidad de integrarse en la OTAN; pero en estos y otros casos se trata de estimaciones políticas no dependientes del surgimiento de un nuevo Estado. Aunque desde el punto de vista del derecho interno —tan vacilante en estas hipótesis— la cuestión no es exactamente la misma, sobre todo porque al poder constituyente le incumbe pronunciarse al respecto, falta la base para sostener que la nueva forma política del Estado haya afectado a la identidad del mismo. Luego por sistema político hay que entender la estructura constitucional del Estado, en la que ahora aparece conformado éste como un Estado social y democrático del derecho bajo la forma política de la Monarquía parlamentaria, en sustitución del anterior Estado autocrático.

Si delimitado el contenido del cambio, analizamos el modo de realizarse, son utilizables para explicarle los conceptos de revisión, reforma, revolución y ruptura. De los cuatro, contribuyen a configurar el cambio el primero y el segundo y, en parte, el cuarto. El tercero queda excluido.

Si por revisión (y para este concepto y los demás nos atenemos al ensayo de teorización expuesto en el capítulo I) entendemos la rectificación de un sistema o de una ideología efectuada desde su seno, la Ley de 4 de enero de 1977, procedente de las propias Cortes orgánicas, cabe considerarla como la revisión del sistema y de la ideología inspiradora efectuada desde el interior. Es una visión superficial de esta Ley, según ya he puesto de manifiesto, considerarla sólo como el instrumento creador de los órganos y del procedimiento para llevar a cabo una reforma constitucional. Ella misma, antes de la puesta en marcha del procedimiento de reforma, desde el día de su vigencia, modificó sustancialmente el sistema político en el seno del cual se produjo, lo que significaba la revisión en su raíz de los dogmas políticos tantas veces proclamados. Si no se hubiera llevado a la práctica la reforma prevista, la estructura constitucional, por el hecho sólo de la vigencia de la Ley, ya habría sufrido una profunda alteración. Con la reforma, advino un sistema político distinto. Ahora bien, juzgada la Ley desde el interior del sistema o régimen político que la produjo, supuso una corrección del mismo que luego desembocaría en su abandono. Hay, por lo tanto, un momento o una fase en que el fenómeno del cambio político prefiero considerarle encajado en el concepto de revisión. La revisión del propio sistema hizo posible la reforma. La iniciativa constituyente partió, pues, de un órgano del viejo ordenamiento, aunque recibiera también otros impulsos.

En el concepto de reforma se integra de modo más pleno el cambio político. La propia Ley lo incorpora a su denominación, a su contenido y a su fin. El análisis jurídico-político de los datos legales y de la propia realidad conduce también a la misma conclusión. En el mundo actual, tan envuelto en las redes de la ley, gran parte de la actividad del legislador es reformadora. Emplazada la reforma en el ámbito constitucional viene a ser un puente de comunicación entre el poder constituido y el constituyente, puesto que en virtud del derecho constituido se abre paso al ejercicio del constituyente. De todas las notas que pueden servir para caracterizarla es esencialmente definitoria la de mantener un hilo de comunicación entre el punto de partida y el cambio constitucional en que se desemboca. Hay, pues, continuidad, una continuidad jurídica opuesta a la ruptura revolucionaria; lo cual quiere decir que pacta el vacío jurídico. La continuidad de esta clase no equivale necesariamente al continuismo político en todos los casos, salvo si se reputa, políticamente también, que hay continuismo por el sólo hecho de que exista comunicación, o lo que es lo mismo, por la falta de ruptura. Como también tiende a considerarse dentro del mismo orden de ideas que el reformismo implica una posición moderada ante la temática del cambio, lo cual es, ciertamente, posible en determinados contextos, pero no de un modo necesario, excepto si lo que quiere decirse es que la reforma excluye la revolución, a donde nunca llega, en efecto. Con todas las dificultades inherentes a operar con un concepto de contenido variable y flexible y dependiente de diversas estimaciones, como reforma hay que entender sustancialmente el cambio político español. La nota de la continuidad se da de una manera muy clara, puesto que ha existido un hilo de comunicación entre el ordenamiento jurídico anterior y el resultante de la reforma. La Ley para la Reforma política, procedente de las Cortes orgánicas, interpretada y aplicada por las Cortes democráticas, condujo a la

Constitución y con ella al nuevo sistema político. Faltó, pues, el vacío legislativo —el vacío jurídico completo no creo que exista ni siquiera en un proceso revolucionario—, aunque fueran muchas las incertidumbres sobre las normas vigentes y eficaces hasta llegar a la Constitución. Entre los rasgos que singularizan la reforma figuran los siguientes:

1.º Ésta no ha consistido en dar cumplimiento a una cláusula o disposición de reforma constitucional incardinada en la misma Ley a reformar —como ocurriría ahora si se reformase la Constitución en cumplimiento de lo dispuesto en los artículo 166 a 169—, sino que, tras introducirse una profunda mutación, de orientación democrática, en el sistema precedente, se configuró *ex novo*, con el fin de realizar la reforma y no por si se realizaba, un procedimiento reformador, que ya suponía un cambio constitucional, sin esperar al resultado, esto es, a la materialización de la reforma en un texto.

2.º El cambio político español, instrumentado formalmente mediante la Ley de 4 de enero de 1977, no es explicable sin embargo sólo en términos de estricta legalidad. Junto a la reforma como oferta desde el poder, está el hecho real de que las fuerzas políticas y sociales y, todavía más ampliamente, la gran mayoría de los ciudadanos convergieron en la predominante voluntad tendente al adentramiento en la libertad y en la democracia. Si bien la reforma no constituía el ideal de muchas de las fuerzas políticas, que propugnaban la ruptura, tuvo las ventajas, flexiblemente entendida en su formulación y en el modo de llevarla a la práctica, de brindar un cauce por el que se encontraba salida a la situación anterior, evitándose las puras e incontrolables vías de hecho y los enfrentamientos radicales. La ruptura habría exigido la acción revolucionaria; y las revoluciones no se debaten ni se pactan; simplemente se hacen o se evitan. La figura de una ruptura no revolucionaria es híbrida y de difícil delimitación.

3.º A la reforma, legalmente prevista en términos muy amplios, se le confirió un alcance total, por cuanto de ella fue fruto la Constitución, y no la simple y limitada modificación parcial de la supralegalidad precedente de donde había surgido. La Ley de 1977 únicamente estableció límites formales relativos al procedimiento a seguir; pero no fijó límites sustanciales expresos ni tampoco se infieren límites tácitos determinantes de exclusiones restrictivas de la reforma, por lo que las normas configuradoras de ésta han de reputarse como esencialmente flexibles y dirigidas a facilitarla en lugar de a dificultarla, siempre bajo el designio de la democracia.

Los conceptos de revolución y ruptura están íntimamente relacionados, así en su conformación teórica como en la experiencia. En rigor, la ruptura es el efecto destructivo que provoca en un ordenamiento la revolución; o bien, la solución de continuidad que abre entre el viejo y el nuevo ordenamiento. En el planteamiento del proceso de cambio, durante la que podría denominarse fase constitucional, la ruptura se contrapuso a la reforma como posición más avanzada o progresista, si bien esgrimida por sí sola, sin su significación revolucionaria. A medida que se avanzó en el proceso y pudo percibirse por las fuerzas políticas la realidad y la profundidad de la mutación, la pugna entre la reforma y la ruptura fue declinando. Faltaron la ruptura previa y/o el hecho revolucionario. Medió un hilo de comunicación entre el anterior sistema político y el instaurado, entre uno y otro ordenamiento jurídico. Ahora bien, ese enlace o contacto no quiere decir en todo caso continuación y en ningún caso continuismo. Además, el hilo de comunicación fue roto por la amplia y circunstanciada disposición derogatoria de la Constitución. Hizo el papel de cirujano el legislador en lugar del revolucionario. No hubo, pues, una ruptura previa o inicial como punto de partida. Sí hubo una ruptura final, jurídica y, por tanto, incruenta, con la que terminó la reforma. Así vino alzado el nuevo edificio constitucional. Se había construido con un andamiaje reformista, pero era obra de las Cortes y del pueblo. El andamiaje fue retirado. La Ley para la Reforma política era la primera derogada por la Constitución.

En resumen:

  (i)   *cambio del sistema político*
 (ii)   *iniciado por y con la revisión del precedente*
(iii)   *y conformado como reforma*
 (iv)   *llevada a cabo por las Cortes y el pueblo*
  (v)   *sin un hecho revolucionario ni ruptura previa*
 (vi)   *porque medió un hilo de comunicación*
(vii)   *roto jurídicamente al final por la disposición derogatoria de la Constitución.*

Notas y observaciones
sobre el anteproyecto de Constitución

«TÍTULO I

»Principios generales»

Dado el significado propio o específico que tiene en el derecho la expresión «principios generales» es preferible evitarla. Gran parte del contenido del título no tiene el rango de principios. Éstos, además, son supralegales e inspiradores de las leyes. Será preferible decir:

Disposiciones generales

«*Artículo 1.* 1. España se constituye en un Estado social y democrático de Derecho, que propugna como valores superiores de su ordenamiento jurídico la libertad, la justicia, la igualdad y el respeto al pluralismo político.

»2. Los poderes de todos los órganos del Estado emanan del pueblo español, en el que reside la soberanía.

»3. La forma política del Estado español es la Monarquía parlamentaria.»

La frase «España se constituye en ...» podría ser reemplazada por otra más directa y objetiva como la de «España es...» Con un giro similar a éste suelen empezar muchas Constituciones como las de Francia, Alemania, Italia, Portugal, etc. Lo mismo se observa en la Constitución española de 1931.

Probablemente con el «se constituye» quiere aludirse al carácter «constituyente» de la norma. Constituirse concierne al acto por el que algo comienza. Este acto lo representa la Constitución; pero una vez elaborada y promulgada la Constitución deja de ser derecho constituyente para consagrarse como derecho constituido, por lo que sería preferible decir cómo es España en cuanto Estado.

El apartado 1 trata como valores no sólo la libertad, la justicia y la igualdad, que lo son, sino también al «pluralismo político» que, por una parte, es la expresión de una estructura democrática y, por otra parte, en cuanto valor, queda comprendido en la libertad. Convendría matizar la diferencia.

En cuanto al apartado 2, no hace falta decir «pueblo español». Bastaría decir que los poderes... «emanan del pueblo». Parece más oportuno, si se tiene en cuenta que en el artículo 2 se afirma, al mismo tiempo que la unidad de España, «la solidaridad entre sus pueblos», que son, en su variedad, españoles. La unidad no se predica del pueblo, sino de España.

La redacción del artículo 1 sería:

1. España es un Estado social y democrático de derecho que reconoce el pluralismo político y propugna como valores superiores de su ordenamiento jurídico la libertad, la justicia y la igualdad.

2. Los poderes de todos los órganos del Estado emanan del pueblo, en el que reside la soberanía.

3. La forma política del Estado español es la Monarquía parlamentaria.

«*Artículo 2.* La Constitución se fundamenta en la unidad de España y la solidaridad entre sus pueblos y reconoce el derecho a la autonomía de las nacionalidades y regiones que la integran.»

(Se trata esta materia en el examen del título VIII.)

«*Artículo 4.* Los partidos políticos expresan el pluralismo democrático, concurren a la formación y manifestación de la voluntad popular y son instrumento fundamental para la participación política. Se forman y ejercen su actividad libremente dentro del respeto a la Constitución y a la ley.»

La expresión «se forman» referida a la constitución de los partidos es poco precisa. Posiblemente se ha acudido a ella, en lugar de decirse «se constituyen», porque seguidamente se habla de «la Constitución», con el valor denominativo que le es propio. Puede sustituirse la frase que aparece en la parte final del artículo 4 por esta otra:

Es libre, tanto la creación de los partidos políticos como el ejercicio de sus actividades, dentro del respeto a la Constitución y a la ley. (Cfr. el art. 6, inciso segundo, de la Constitución.)

«*Artículo 5.* Los sindicatos de trabajadores, las organizaciones profesionales y las asociaciones empresariales, contribuyen a la defensa y promoción de los intereses económicos y sociales. Se forman y ejercen su actividad libremente dentro del respeto a la Constitución y a la ley.»

Por la misma razón indicada en el artículo anterior, el «se formen» sería sustituible así:

Su creación y el ejercicio de sus actividades son libres dentro del respeto a la Constitución y a la ley. (Cfr. el art. 7, inciso segundo, de la Constitución.)

«*Artículo 6.* 1. Los tratados internacionales válidamente celebrados tendrán, una vez publicados, jerarquía superior a la de las leyes.

»2. Sus disposiciones sólo podrán ser derogadas, modificadas o suspendidas en las formas previstas en los propios tratados o de acuerdo con las normas generales de Derecho internacional.

»3. Se podrá atribuir por un tratado o una ley orgánica el ejercicio de poderes derivados de la Constitución a instituciones de Derecho internacional, en régimen de paridad.»

En el tema de la fuerza obligatoria de los tratados y su valor jurídico, son conocidas las fundamentaciones y las críticas de la tesis dualista y la monista que, respectivamente, se atienen a la diversidad y a la unidad del orden jurídico al contraponer en un caso las fuentes de procedencia de las normas y al sostener en el otro su unidad. El artículo 6 refleja acusadamente la tesis monista al atribuir a los tratados una jerarquía normativa superior a la de las leyes. Como justificación pueden aducirse algunos textos constitucionales modernos.

Quizá la abierta proclamación de la jerarquía superior de los tratados resulta demasiado rotunda, sobre todo al aparecer en el artículo 6 aislada del régimen de aprobación y ratificación de los tratados contenida en el artículo 55.

Sin abandonar la tesis monista puede hacerse una formulación más mitigada, diciendo, como lo hace el Código civil (artículo 1-6), que las normas de los tratados forman parte del ordenamiento jurídico.

Lo realmente importante es que las disposiciones de los tratados, como establece el apartado 2, sólo puedan ser derogadas, modificadas o suspendidas en las formas previstas en ellas o de acuerdo con las normas generales del Derecho internacional. Con ello se evita una derogación o modificación unilateral de los tratados y se mantiene la fuerza vinculante del pacto.

Podría ser éste el texto del artículo 6, apartado 1:

1. *Las normas o disposiciones de los tratados internacionales, una vez publicados éstos en el Boletín Oficial del Estado, forman parte del ordenamiento jurídico.* (Cfr. el art. 96, apartado 1, de la Constitución.)

Los apartados 2 y 3 quedarían lo mismo.

«*Artículo 7.* 1. La bandera de España es la de los colores rojo, gualda y rojo, en tres franjas horizontales, siendo la gualda de doble anchura que las rojas.

»2. Los Estatutos podrán reconocer banderas y enseñas propias que, en los actos oficiales y edificios públicos de los Territorios Autónomos, se utilizarán junto a la bandera de España.»

Quizá sea la seguidamente propuesta una descripción más precisa de la bandera de España.

El apartado 2 debe anteponer los Territorios Autónomos a los edificios públicos y los actos oficiales.

El texto quedaría así:

1. *La bandera de España la forman tres franjas horizontales de color rojo, gualda y rojo, siendo la gualda, colocada en el centro, de doble anchura que cada una de las rojas.* (Cfr. el art. 4, apartado 1 de la Constitución.)

2. *Los Estatutos podrán reconocer banderas y enseñas propias que, en los Territorios Autónomos, se utilizarán junto a la bandera de España en los edificios públicos y en los actos oficiales.* (Cfr. el art. 4, apartado 2, de la Constitución.)

«*Artículo 9.* 1. Todos los poderes públicos y los ciudadanos están sujetos a la Constitución y al ordenamiento jurídico, cuyos principios rectores son la libertad y la igualdad.

»2. Corresponde a los poderes públicos promover las condiciones para que la libertad y la igualdad del individuo y de los grupos en que éste desarrolla su personalidad sea real y efectiva; remover los obstáculos que impidan o dificulten su plenitud, y facilitar la efectiva participación de todos los ciudadanos en la organización política, económica, cultural y social del país.

»3. Se reconocen los principios de publicidad y jerarquía normativa, de legalidad, de irretroactividad de las normas punitivas, sancionadoras, fiscales y restrictivas de derechos individuales y sociales, de seguridad jurídica, de exclusión de la doble sanción por los mismos hechos y de responsabilidad de los poderes públicos.»

La frase «todos los poderes políticos y los ciudadanos» es un tanto equívoca porque sintácticamente puede significar que los poderes se califican de públicos y de ciudadanos. Para mencionar a éstos como ciudadanos, no en cuanto abjetivo, sino en su función de substantivo, refiriéndose a las personas, es preferible decir:

Los ciudadanos y los poderes públicos están sujetos a...

La frase que aparece en el apartado 2: «remover los obstáculos que impidan o dificulten su plenitud...», intercalada entre las dos declaraciones fundamentales, es innecesaria, porque si los poderes públicos han de «promover» las condiciones para que la libertad y la igualdad sean efectivas, ello implica que han de removerse los obstáculos. El «su» que antecede a «plenitud» es un posesivo ambiguo. Hay que evitar repetir la palabra «efectiva». El «desarrollo de la personalidad» tiene encaje más adecuado en el artículo 13 que se sirve de la misma idea.

Hay que dar al apartado 3 un carácter más claramente enunciativo y separar con la mayor nitidez los diversos elementos.

«Retroactividad» es una errata material que ha de ser sustituida por «irretroactividad». Parece que la seguridad jurídica y la exclusión de la doble sanción son conceptos que siguen refiriéndose a la «irretroactividad», cuando no es así. Afirmar la irretroactividad de las normas punitivas, las sancionadoras, las fiscales y las restrictivas, es correcto. Pero conviene subrayar que estas normas son necesariamente irretroactivas, dejando a salvo que las demás normas también lo son, en principio, si no disponen otra cosa, es decir, no necesariamente.

En consecuencia, el contenido del artículo 9 sería éste:

1. Los ciudadanos y los poderes públicos están sujetos a la Constitución y al ordenamiento jurídico. (Cfr. el art. 9, apartado 1, de la Constitución.)

2. Corresponde a los poderes públicos promover las condiciones para que la libertad y la igualdad de los individuos y de los grupos en que se integran se realicen plenamente, así como facilitar la efectiva participación de todos los ciudadanos en la organización política, económica, cultural y social del país. (Cfr. el art. 9, apartado 2, de la Constitución.)

3. Se reconocen como principios del ordenamiento jurídico los de publicidad y jerarquía normativas; el de legalidad; el de la irretroactividad de las normas punitivas, sin perjuicio del carácter también irre-

troactivo de todas las normas, salvo disposición en contrario; el princi-
pio prohibitivo de la doble sanción por los mismos hechos, y el de la
responsabilidad de los poderes públicos.

«TÍTULO II

»De los derechos y deberes fundamentales»

«CAPÍTULO PRIMERO
»De los españoles y extranjeros

»*Artículo 11.* 1. La nacionalidad española se adquiere y se pierde de
acuerdo con las disposiciones del derecho civil.
»2. Los españoles son mayores de edad a los dicciocho años.»
La conservación de la nacionalidad tiene un tratamiento jurídico
propio, por lo que debería mencionársela expresamente como objeto de
regulación, que no está designado de modo completo refiriéndose a la
adquisición y a la pérdida.
La norma, tan importante, de la mayoría de edad, queda enmarcada
entre otras dos de significado diferente, como ocurre, sobre todo, con la
de la doble nacionalidad. Merece dedicarle un artículo aparte, que
aquí se designa como 11 bis. Por lo demás sólo se introduce alguna
corrección gramatical.
El artículo 11 quedaría así:
*1. La nacionalidad española se adquiere, conserva y pierde conforme
a las disposiciones del derecho civil.* (Cfr. el art. 11, apartado 1, de la
Constitución.)
*2. El Estado podrá concertar tratados de doble nacionalidad con los
países de cultura ibérica o que hayan tenido particular vinculación histórica con España.*
Agregar otro artículo (aquí designado 11 bis) con el mismo contenido, aunque con redacción distinta:
*Los españoles adquieren la mayoría de edad cumplidos los dieciocho
años.* (Cfr. el art. 12 de la Constitución.)
«*Artículo 12.* 1. La condición jurídica del extranjero se regulará
por la ley y por los tratados, atendiendo siempre al principio de
efectiva reciprocidad. Solamente los españoles serán titulares de derechos políticos.
»2. Los extranjeros residentes en España gozarán de las libertades
públicas del presente título, en los términos que la ley establezca.
»3. La extradición sólo se concederá en cumplimiento de un tratado
y siempre que exista reciprocidad efectiva. En ningún caso se concederá
la extradición por delitos políticos.
»4. La ley establecerá los términos en que los ciudadanos de otros
países, perseguidos en los mismos por la defensa de los derechos y libertades democráticos reconocidos en la Constitución, gozarán del derecho de asilo.»
El apartado 2 resulta ambiguo, más aún al servirse de una expresión

como la de «libertades públicas», que es la rúbrica del capítulo segundo del título primero, poco acertada por lo que se dirá después.

Tiene también el inconveniente de que no establece ningún criterio para que la ley determine el régimen jurídico de los extranjeros. Circunscribir este régimen a las libertades no es exacto, porque de las libertades se derivan derechos que han de reconocerse al extranjero.

En lugar de decir que sólo los españoles tienen los derechos políticos —tema tratado en otro lugar— es preferible decir que los extranjeros carecen de derechos políticos.

En el nuevo texto del apartado 2 se formula un criterio constitucional sobre los derechos y libertades de los extranjeros que podrá servir de base para su desarrollo por la ley.

El derecho de asilo hay que reconocerlo más directamente en el plano constitucional, sin perjuicio de que la ley lo desarrolle.

Podrá quedar así el texto, resultante de la revisión del artículo 12:

1. La condición jurídica del extranjero se regulará por la ley y los tratados, atendiendo siempre al principio de la efectiva reciprocidad.

2. Los extranjeros residentes en España gozarán de los derechos y libertades directamente dirigidos a la protección de la dignidad de la persona, la vida y la libertad, sin que puedan ostentar los derechos políticos ni derivarse del ordenamiento jurídico español aquellos derechos que hayan de regirse por su ley personal. Sobre esta base la ley establecerá la regulación correspondiente. (Cfr. el art. 13, apartado 2, de la Constitución.)

3. La extradición sólo se concederá en cumplimiento de un tratado y siempre que exista reciprocidad efectiva. Quedan excluidos de la extradición los delitos políticos.

4. Gozarán del derecho de asilo los ciudadanos de otros países perseguidos por la defensa de los derechos y libertades democráticos reconocidos en la Constitución. La ley fijará los términos de esta protección.

«CAPÍTULO SEGUNDO
»De las libertades públicas

»*Artículo 13.* La dignidad, los derechos inviolables de la persona humana y el libre desarrollo de la personalidad, son fundamento del orden político y de la paz social, dentro del respeto a la ley y a los derechos de los demás.»

La denominación o rúbrica del capítulo no es correcta ni coherente y en algún caso resulta contradictoria.

El contenido del capítulo lo forman no sólo las libertades públicas, sino, incluso en mayor proporción, los derechos llamados «del hombre» o «humanos» o «fundamentales». Precisamente el primer artículo del capítulo, el 13, lo proclama así al resaltar como base del orden político y de la paz social «los derechos inviolables de la persona». El artículo 45,1, alude a «los derechos y libertades reconocidas en el capítulo segundo». El artículo 47, todavía más concretamente, se remite a «los derechos reconocidos en los artículos 17, 18, apartados 2 y 3, 19...»

¿Cómo enunciar el contenido con sólo la referencia a las libertades públicas? La realidad es que hay libertades y derechos y que éstos en gran medida se traducen en la realización de las libertades.

Por otra parte, algunas libertades consisten en la exclusión de la exteriorización pública, como la de que nadie está obligado a declarar sobre sus creencias religiosas o la garantía de la intimidad personal. La omisión de los derechos no se salva, sino que al contrario se acentúa con la denominación «de los derechos y deberes fundamentales» utilizada para designar el contenido del título segundo. Parece entonces que los derechos no se contienen en este capítulo segundo, cuando no es así.

Además de reconocerse derechos, se imponen deberes, que tampoco figuran mencionados. Por todo ello podría pensarse en alguna titulación así:

De los derechos, deberes y libertades de la persona,

o

De los derechos humanos, de los deberes y de las libertades fundamentales,

o

De los derechos fundamentales, de los deberes y de las libertades de la persona. (Cfr. las denominaciones utilizadas por el Título I y el Capítulo segundo, así como por las Secciones 1.ª y 2.ª de la Constitución.)

«La dignidad», expresión con la que comienza el artículo, debe ir más directamente afirmada de la persona.

«El respeto a la ley y a los derechos de los demás» puede ser introducido más sustancialmente en la declaración, en lugar de aparecer, como en el texto, a modo de marco o límite.

Teniendo en cuenta estas observaciones, la redacción del artículo 13 sería:

La dignidad de la persona, los derechos inviolables que le son inherentes, el libre desarrollo de la personalidad, el respeto a la ley y a los derechos de los demás, son el fundamento del orden político y de la paz social. (Cfr. el art. 10, apartado 1, de la Constitución.)

«*Artículo 14.* Todos los españoles son iguales ante la ley sin discriminaciones por razón de sexo, de raza, de nacimiento, de religión, de opinión o de cualesquiera otras condiciones personales o sociales.»

Puede hacerse una ordenación más racional de las circunstancias no discriminadoras como afirmación de la igualdad de los españoles. Quizá sea preferible llamarlas «circunstancias», en lugar de «condiciones», para eludir el carácter técnico-jurídico de esta última palabra, en el que aquí no se utiliza.

Luego la redacción del artículo 14, sería:

Todos los españoles son iguales ante la ley sin discriminaciones por razón de nacimiento, raza, sexo, religión, opinión o por cualesquiera otras circunstancias personales o sociales. (Cfr. el artículo 14 de la Constitución.)

«*Artículo 15.* 1. Todos tienen derecho a la vida y a la integridad física.

»2. Nadie puede ser sometido a tortura ni a penas o tratos inhumanos o degradantes.»

El «todos», tan repetido, es poco expresivo y poco cualitativo para reconocer el derecho a la vida que ha de predicarse precisamente de la persona.

Los dos apartados del artículo son condensables en uno. Éste sería el texto del artículo 15:

La persona tiene derecho a la vida y a la integridad física, sin que en ningún caso pueda ser sometida a tortura, ni a penas o tratos inhumanos o degradantes.

«Artículo 16. 1. Se garantiza la libertad religiosa y de cultos de los individuos y de las comunidades, así como la de profesión filosófica o ideológica, con la única limitación del orden público protegido por las leyes.

»2. Nadie podrá ser obligado a declarar sobre sus creencias religiosas.

»3. Ninguna confesión tendrá carácter estatal. Los poderes públicos tendrán en cuenta las creencias religiosas de la sociedad española y mantendrán las consiguientes relaciones de cooperación.»

La mención de una «profesión filosófica» como exponente de la libertad no parece tener justificación:

— porque suscita el equívoco del sentido «profesional» o «profesionalizado», aunque se comprende por el contexto que no es realmente así;

— porque la filosofía es hoy esencialmente una ciencia o una variedad del conocimiento, y el artículo 20,3 reconoce la libertad de investigación científica;

— porque, desde otro punto de vista, significa la libertad para expresar ideas y opiniones, ulteriormente consagrada en otro precepto (artículo 20,1).

Si no quiere circunscribirse la libertad regulada en el artículo 16, a la religiosa, se puede completar con la libertad ideológica —también mencionada— y la libertad de creencias.

El límite del orden público está expresado en términos demasiado generales, ya que sólo habrá de actuar respecto de las manifestaciones externas de la religión, las ideologías y las creencias.

Para armonizar los apartados 1 y 2, de suerte que ambos tengan el mismo ámbito, se puede completar la no obligación de declarar, comprendiendo, además de la religión, las creencias en general y la ideología.

El «mantendrán» que aparece en el apartado 3 es un imperativo que se traduce en la «obligación» o en el «deber de cooperar», cuando más bien se trata de una posibilidad o de una facultad. Ya es suficiente el imperativo «tendrán en cuenta». Hay que evitar la reiteración «tendrá/tendrán».

Quedaría así el artículo 16:

1. Se garantiza la libertad religiosa y de cultos de los individuos y de las comunidades, así como la de profesar cualquier creencia o ideología con la única limitación, en sus manifestaciones externas, del orden público protegido por las leyes. (Cfr. el art. 16, apartado 1, de la Constitución.)

2. *Nadie podrá ser obligado a declarar sobre su religión, creencias o ideología.* (Cfr. el art. 16, apartado 2, de la Constitución.)

3. *Ninguna confesión revestirá el carácter de estatal. Los poderes públicos tendrán en cuenta las creencias religiosas de la sociedad española y podrán mantener las consiguientes relaciones de cooperación.*

«*Artículo 17.* 1. Nadie podrá ser privado de su libertad más que en los casos previstos por la ley y en la forma que ésta disponga.

»2. La detención preventiva no podrá durar más de setenta y dos horas, y el detenido deberá ser puesto en libertad o a disposición de la autoridad judicial dentro de las veinticuatro horas siguientes a la de haberse practicado la detención. Dentro de las expresadas setenta y dos horas, deberá el juez dictar la oportuna resolución sobre la situación procesal del detenido.

»3. Toda persona detenida debe ser informada, en el plazo más corto posible, y de modo que le sea comprensible, de sus derechos y de las razones de su detención, no pudiendo ser obligada a prestar declaración sin la presencia de abogado.

»4. La ley regulará un procedimiento de "habeas corpus" para producir la inmediata puesta a disposición judicial de toda persona detenida ilegalmente.»

La libertad personal —materia de este artículo— es, sin duda, la más esencial de todas ellas, su presupuesto indispensable. Luego su enunciación negativa («nadie podrá ser privado de su libertad») no es suficiente. La no privación de la libertad debe presentarse como la consecuencia de su expreso reconocimiento. Junto a la libertad ha de recogerse el derecho a la seguridad. Sólo con la seguridad se alcanza efectivamente la libertad. La Convención de Salvaguardia de los Derechos del Hombre y las Libertades dice en su artículo 5: «Toda persona tiene derecho a la libertad y a la seguridad.» La Declaración Universal de Derechos Humanos también afirma positivamente la libertad como derecho unido a la seguridad.

No parece suficiente garantía de la libertad la derivada de que nadie podrá ser detenido sino «en los casos previstos por la ley y en la forma que ésta disponga». Debe darse un rango constitucional a las garantías. Ciertamente que el apartado 2 del artículo 17, al ocuparse de la detención preventiva, persigue esa finalidad. Pero no es suficiente. El artículo 17, de suma importancia, quedará más completo si se traen a él también los apartados 1, 2 y 3 del artículo 24, porque las garantías jurisdiccionales —y no sólo las relativas a la detención preventiva— son un capítulo importante de las consecuencias derivadas del reconocimiento de la libertad como derecho humano básico. Además, en el mismo apartado 1 del artículo 17, es preciso dejar constancia del carácter constitucional, y no meramente legal, de las excepciones a la libertad.

El régimen de la detención preventiva (apartado 2 del artículo 17), sin alterar sus términos, precisa ser aclarado.

Luego el texto podría ser el siguiente, con algunas correcciones:

1. *Toda persona tiene derecho a la libertad y a la seguridad. Nadie*

puede ser privado de su libertad sino con la observancia de lo establecido en este artículo y sólo en los casos expresamente previstos en la ley. (Cfr. el art. 17, apartado 1, de la Constitución.)

2. *La detención preventiva no puede exceder en ningún caso de setenta y dos horas. Dentro de las primeras veinticuatro horas, el detenido será puesto en libertad o a disposición del juez, que habrá de resolver sobre la libertad o prisión del detenido antes que transcurran las setenta y dos horas.*

3. *El detenido debe ser suficientemente informado, en el plazo más breve posible, de las causas de su detención y de sus derechos, no pudiendo ser obligado a prestar declaración sin la presencia de abogado.*

4. *La ley regulará un procedimiento de «habeas corpus» para la inmediata puesta a disposición judicial de una persona ilegalmente detenida.*

5. *El sometido a un procedimiento penal tiene derecho a que la causa no sea sustraída a la competencia del juez o tribunal a que corresponda por ley anterior, a la asistencia de letrado, a un proceso público con todas las garantías jurisdiccionales, a utilizar los medios de prueba convenientes para su defensa, a no declarar contra sí mismo, a no confesarse culpable y a la presunción de inocencia.* (Cfr. el art. 24, apartado 2, de la Constitución.)

6. *Nadie puede ser condenado o sancionado por actos u omisiones que en el momento de cometerse no constituyan delito o falta administrativa, y tampoco puede imponérsele una pena o sanción más grave que la aplicable al tiempo de cometer la infracción.*

7. *Las penas privativas de libertad tendrán como finalidad la reeducación y reintegración social. En ningún caso se admite la condena a trabajos forzados.*

Al trasladar al artículo 17 (...) los apartados 2 a 4 del artículo 24 —por la razón ya indicada— se han hecho las siguientes rectificaciones:

— *sustituir, en el apartado 2, la técnicamente dudosa expresión «juez natural» por la mención del «juez competente» conforme a la ley anterior;*

— *añadir a Juez, Tribunal, ya que éste es el que normalmente ostenta la función juzgadora;*

— *corregir ligeramente el apartado 3;*

— *y sustituir el circunloquio «penas privativas de libertad (que) no podrán suponer en ningún caso, trabajos forzados» por «en ningún caso se admitirá la condena a trabajos forzados».*

«Artículo 18. 1. Se garantiza el honor y la intimidad personal y familiar.

»2. El domicilio es inviolable. Ninguna investigación domiciliaria podrá realizarse sin mandato judicial.

»3. Se garantiza el secreto de las comunicaciones postales, telegráficas y telefónicas, salvo mandato judicial.

»4. La ley limitará el uso de la informática para garantizar el honor y la intimidad personal y familiar de los ciudadanos.»

Cabe globalizar la enunciación de estos derechos que tienen como base común el respeto a una esfera de intimidad o vida privada.

Parece preferible, especialmente en este caso, hablar de reconocimiento y protección mejor que decir «se garantizan». Lo que en realidad se garantiza es la protección, porque la lesión del derecho no puede evitarse.

La expresión «investigación domiciliaria» se sustituye por la de «investigación en el domicilio» porque lo realmente excluido es la penetración en éste. Técnicamente, la resolución del juez es un «mandamiento» y no un «mandato».

Como el artículo 20,6 da como reconocido el derecho a la propia imagen, habrá que mencionarle aquí.

Quedaría así el artículo 18:

1. Se reconocen y protegen los derechos a la intimidad personal y familiar, a la propia imagen, al honor, a la inviolabilidad del domicilio y al secreto de las comunicaciones en todas sus variedades. No puede realizarse ninguna investigación en el domicilio ni respecto de las comunicaciones si no es en virtud de mandamiento judicial. (Cfr. el art. 18, apartados 1 y 2, de la Constitución.)

2. La ley limitará el uso de la informática de manera que quede a salvo el respeto a la intimidad personal y familiar y al honor de los ciudadanos.

«*Artículo 19.* 1. Se reconoce la libertad de residencia y circulación en el territorio español.

»2. Todos los españoles tienen derecho a entrar y salir libremente de España en los términos que la ley establezca. Este derecho no podrá ser limitado por motivos políticos o ideológicos.»

Es perfectamente eliminable el «todos», tan utilizado, ya que en «los españoles» se comprenden cuantos tengan esta condición.

«Establezca» resulta muy indeterminado. Mejor «establecidos».

Se sugiere el siguiente texto del artículo 19:

1. Se reconoce la libertad de residencia y circulación en todo el territorio español.

2. Los españoles tienen derecho a entrar y salir libremente de España en los términos establecidos por la ley, sin que pueda ser limitado por motivos políticos o ideológicos. (Cfr. los párrafos 1.º y 2.º del artículo 19 de la Constitución.)

«*Artículo 20.* 1. Se reconoce el derecho a expresar y defender ideas y opiniones, usando libremente la palabra, el escrito y la imagen, sin censura previa.

»2. Se garantiza la protección de los derechos inherentes a la producción literaria, artística y científica.

»3. Se reconoce la libertad de cátedra, de creación artística y de investigación científica.

»4. Se reconoce la libertad de comunicar o recibir información objetiva y veraz por cualquier medio de difusión.

»5. Los poderes públicos garantizarán el acceso a los medios de comunicación social de su propiedad o sometidos directamente o indirectamente a su control de los distintos grupos sociales y políticos, respetando el pluralismo de la sociedad y las diversas lenguas de España.

»6. Estas libertades tienen su límite en el respeto a los derechos reconocidos en este título, en los preceptos de las leyes que las desarrollan, y especialmente en el derecho al honor, a la intimidad y a la propia imagen.

»7. No podrá acordarse el secuestro de publicaciones y grabaciones, salvo mandato judicial y por causa de delito.»

El denominador común de estos derechos es la libertad de expresión, difusión e información.

Puede comenzarse con una formulación unitaria que evite decir en los apartados 1, 2, 3, y 4 «se reconoce», «se garantiza», «se reconoce» y «se reconoce».

Los siete apartados son reducibles a tres.

En el apartado 1, «libremente» conviene anteponerlo a todo lo demás. Parece mejor «difundir» que «defender» (acaso se trate de una errata).

La censura previa debe quedar excluida no sólo respecto de la libertad de expresión (en los términos del apartado 1), sino también respecto de la producción literaria, artística y científica y de la libertad de información.

Hay cierta duplicidad en lo relativo a la creación artística, literaria y científica, que conviene salvar.

Que la información haya de ser «objetiva» parece excesivo. Es suficiente la veracidad.

El apartado 5 del artículo 20 es confuso en su redacción. También el 6. Por eso se proponen otras fórmulas.

El apartado 7 (5 del texto propuesto) se rectifica: para hacer la dicción positiva; para sustituir, como en otras ocasiones, «mandato» por «mandamiento»; y para distinguir entre el secuestro ordenado por un mandamiento judicial, que puede ser preventivo, y el derivado de una sentencia.

Podría reconstruirse así el texto del artículo 20:

1. Se reconocen y protegen los derechos:

a) A expresar y difundir libremente los pensamientos, ideas y opiniones mediante la palabra, el escrito o cualquier otro medio de reproducción.

b) A la producción y creación literaria, artística y científica.

c) A la libertad de cátedra.

d) A comunicar o recibir libremente información veraz por cualquier medio de difusión.

2. El ejercicio de estos derechos no puede restringirse mediante ningún tipo de censura previa.

3. Habrá de conferirse por los poderes públicos, respecto de los medios de comunicación social que les pertenezcan o en los sometidos a su control directo o indirecto, el derecho de acceso a los mismos en favor de los distintos grupos sociales y políticos, teniendo en cuenta el pluralismo de la sociedad y las diversas lenguas de España.

4. Los derechos y libertades reconocidos en los apartados anteriores tienen como límite el respeto al conjunto de los derechos objeto del presente título y los relativos al honor, la intimidad y la propia imagen.

5. Sólo podrá acordarse el secuestro de publicaciones y grabaciones en virtud de mandamiento judicial o por sentencia firme. (Cfr. el artículo 20 de la Constitución.)

«Artículo 21. 1. Los españoles tienen el derecho de reunión pacífica y sin armas.

»2. La ley regulará el derecho de reunión que no necesitará autorización previa, salvo en los casos de reuniones al aire libre y de manifestaciones.»

No debe requerirse la necesaria condición de español al reconocer el derecho de reunión, porque la presencia de extranjeros podría implicar la ilegalidad de la reunión, aparte de que se trata de un derecho que, como expresión de las libertades públicas, comprende a los extranjeros.

La frase «derecho de reunión pacífica» no es gramaticalmente correcta.

Consiguientemente:

1. Queda reconocido el derecho a reunirse pacíficamente y sin armas. (Cfr. el art. 21, apartado 1, de la Constitución.)

2. La ley regulará el derecho de reunión, que sólo necesitará autorización previa en los casos de reuniones al aire libre y de manifestaciones.

«Artículo 22. 1. Se reconoce el derecho de asociación.

»2. Se reconoce el derecho de fundación con arreglo a la ley.

»3. Las asociaciones y fundaciones que atenten al ordenamiento constitucional o intenten fines tipificados como delito, son ilegales.

»4. Las asociaciones constituidas al amparo de este artículo deberán inscribirse en un registro a los solos efectos de publicidad.

»5. Las asociaciones y fundaciones no podrán ser disueltas ni suspendidas en sus actividades si no es en virtud de resolución judicial motivada.

»6. Se prohíben en todo caso las asociaciones secretas y las de carácter paramilitar.»

La observación que puede hacerse al conjunto del artículo es que, a unos efectos, distingue la regulación de las asociaciones y las fundaciones y, a otros efectos, las agrupa. Convendría distinguir, aunque ello obligue a introducir un artículo más.

El artículo 22 podría quedar así:

1. Se reconoce el derecho de asociación.

2. Las asociaciones que atenten al ordenamiento constitucional o intenten fines tipificados como delito, son ilegales.

3. Se prohíben en todo caso las asociaciones secretas y las de carácter paramilitar.

4. Las asociaciones constituidas al amparo de este artículo deberán inscribirse en un Registro a los solos efectos de su publicidad.

5. Las asociaciones no podrán ser disueltas ni suspendidas en sus actividades, sino en virtud de resolución judicial motivada. (Cfr. el artículo 22 de la Constitución.)

Art. 22 bis. 1. Se reconoce el derecho de fundación.

2. Regirá también para las fundaciones lo dispuesto en los apartados 2 y 5 del artículo anterior. (Cfr. el art. 34 de la Constitución.)

«Artículo 24. 1. Toda persona tiene derecho al acceso efectivo a

los tribunales para la tutela de sus derechos e intereses legítimos, sin que en ningún caso pueda producirse indefensión.

»2. Asimismo todos tienen derecho al juez natural, a la defensa y a la asistencia de letrado, a ser informados de la acusación formulada contra ellos, a un proceso público sin dilaciones indebidas y con todas las garantías, a utilizar los medios de prueba convenientes para su defensa, a no declarar contra sí mismos, a no confesarse culpables y a la presunción de inocencia.

»3. Nadie puede ser condenado o sancionado por acciones u omisiones que en el momento de cometerse no constituyan delito, falta o infracción administrativa, según el ordenamiento jurídico vigente en aquel momento, tampoco puede ser impuesta una pena o sanción más grave que la aplicable al tiempo de cometerse la infracción.

»4. Las penas privativas de libertad tendrán una finalidad de reeducación y de reinserción social y no podrán suponer, en ningún caso, trabajos forzados.»

Introducido en el artículo 17, por las razones que se expusieron, los apartados 2 a 4 de este artículo, el 24, queda circunscrito a su apartado 1. En él se regula la protección jurisdiccional de los derechos. No parece éste el lugar adecuado, pues continúan reconociéndose otros derechos en los artículos siguientes, que también habrán de ser objeto de tutela jurisdiccional. Debe regularse, por tanto, esta materia al final del capítulo.

«*Artículo 25.* 1. Los ciudadanos tienen obligación de contribuir a la defensa de España y están sujetos a los deberes militares que fija la ley.

»2. Se reconoce la objeción de conciencia. La ley la regulará con las debidas garantías, imponiendo una prestación social sustitutiva.

»3. Podrá establecerse un servicio civil para el cumplimiento de fines de interés general.»

Sólo algunas pequeñas variantes de redacción en el apartado 1. La principal observación es que, reconocida la objeción de conciencia por el apartado 2, debe configurarse como un derecho.

1. Los ciudadanos tienen la obligación de contribuir a la defensa de España y están sujetos al cumplimiento de los deberes del servicio militar que fija la ley.

2. Se reconoce el derecho a la objeción de conciencia. La ley lo regulará, con las debidas garantías, imponiendo una prestación social sustitutiva. (Cfr., en cuanto a la objeción de conciencia, el art. 53,2, de la Constitución que la protege con el recurso de amparo.)

«*Artículo 26.* 1. Todos tienen el deber de contribuir a levantar las cargas públicas atendiendo a su patrimonio, rentas y actividad de acuerdo con una legislación fiscal inspirada en los principios de equidad y progresividad y en ningún caso confiscatoria.

»2. Sólo podrán establecerse prestaciones personales o patrimoniales con arreglo a una ley.»

Las cargas deben calificarse no sólo de públicas, sino también de sociales. Esto es una realidad incluso actualmente.

El concepto de «ingresos» es más amplio que el de rentas.

Las actividades sujetas a tributación serán las retribuidas.

Hay una mayor subordinación al patrimonio diciendo «en razón de su patrimonio» que «atendiendo».

La «progresividad» no excluye la «proporcionalidad», que además traduce la idea de igualdad de trato.

Las prestaciones personales o patrimoniales que necesitan de una ley para establecerse serán las de carácter fiscal o público, puesto que en el derecho privado las prestaciones quedan entregadas a la autonomía de la voluntad.

1. Incumbe a todos el deber de contribuir a levantar las cargas públicas y sociales, en razón de su patrimonio, ingresos y actividades retribuidas, de acuerdo con una legislación fiscal inspirada en los principios de la igualdad, la proporcionalidad y la progresividad, que en ningún caso tendrá alcance confiscatorio.

2. Sólo podrán establecerse prestaciones personales o patrimoniales, de carácter fiscal, con arreglo a la ley. (Cfr. el art. 31 de la Constitución.)

«*Artículo 27.* 1. A partir de la edad núbil, el hombre y la mujer tienen el derecho a contraer matrimonio y a crear y mantener, en igualdad de derechos, relaciones estables de familia.

»2. El derecho civil regulará las formas del matrimonio, los derechos y deberes de los cónyuges, las causas de separación y disolución, y sus efectos.»

Aunque la fórmula «a partir de la edad núbil», como condicionante del derecho a contraer matrimonio, aparece en el artículo 12 de la Convención de Salvaguardia de los Derechos del Hombre y de las Libertades Fundamentales no debe de figurar en la parte relativa al reconocimiento del derecho que corresponde al hombre y la mujer por el solo hecho de serlo, aunque su ejercicio esté subordinado al requisito de capacidad de la edad núbil. Dado que el Anteproyecto de la Constitución no fija la edad núbil, hay que entenderla regulada por el derecho civil, y como el apartado 2 del artículo 27 contiene la remisión al mismo, parece oportuno incluir en tal regulación lo concerniente a la capacidad, que comprende la edad, y concierne el ejercicio del derecho y no a su reconocimiento.

La «igualdad de derechos» es, sin duda, también una igualdad de deberes. Bastará, por tanto, decir «en régimen de igualdad».

Acogiendo estas dos observaciones se llega al siguiente texto:

1. El hombre y la mujer tienen derecho a contraer matrimonio y a crear y mantener, en régimen de igualdad, relaciones estables de familia.

2. El derecho civil regulará la capacidad para contraer matrimonio, las formas de éste, los derechos y deberes de los cónyuges, las causas de separación y disolución y sus efectos. (Cfr. el art. 32 de la Constitución.)

«*Artículo 28.* 1. Todos tienen el derecho a la educación.

»2. La educación tendrá por objeto el pleno desarrollo de la personalidad humana en el respeto a los principios democráticos de convivencia y a los derechos y libertades fundamentales.

»3. Los poderes públicos garantizan el derecho que asiste a los padres para que sus hijos reciban la formación religiosa y moral que esté de acuerdo con sus propias convicciones.

»4. La enseñanza básica es obligatoria y gratuita.

»5. Los poderes públicos garantizan el derecho de todos a la educación, mediante una programación general de la enseñanza, con participación efectiva de todos los sectores afectados y la creación de centros docentes.

»6. Se reconoce a las personas físicas y jurídicas la libertad de creación de centros docentes, dentro del respeto a los principios constitucionales.

»7. Los profesores, los padres y, en su caso, los alumnos intervendrán en el control y gestión de todos los centros sostenidos por la Administración con fondos públicos.

»8. Los poderes públicos inspeccionarán y homologarán el sistema educativo para garantizar el cumplimiento de las leyes.

»9. Los poderes públicos ayudarán a los centros docentes que reúnan los requisitos que la ley establezca.

»10. La ley regulará la autonomía de las universidades.»

Este precepto se ocupa del derecho a la educación, mientras el artículo 29 se refiere al derecho de propiedad. Sería mejor aproximar la propiedad al matrimonio y la familia como instituciones de derecho civil. Otro tanto habría de hacerse con lo relativo a la filiación y a la igualdad de deberes de los padres respecto de los hijos habidos dentro o fuera del matrimonio (artículo 34), si es que a este criterio se le ha querido dar una significación verdaderamente civil.

Tendríamos, pues: art. 27 (matrimonio y familia), art. 28 (filiación), art. 29 (propiedad).

De todas maneras, para hacer más fácil la compulsa de estas observaciones con el texto del Anteproyecto, nos atenemos al mismo orden de éste.

La educación se enuncia en el apartado 1 como derecho, pero como según el apartado 4 la enseñanza básica es obligatoria, resulta evidente que lo proclamado constitucionalmente es el derecho y el deber de la educación.

El derecho a determinada formación religiosa y moral no es sólo de los padres respecto de los hijos, sino también de los mayores de edad.

Proclamado en el apartado 1 el derecho de «todos» a la educación, no hace falta repetirlo en el apartado 5.

En su apartado 2 se puede sustituir «tendrá por objeto» por «se inspirará», porque indudablemente no se está aludiendo al objeto o materia de la educación, sino a su finalidad. Preferible al «pleno desarrollo de la personalidad humana» creemos «el pleno desarrollo de las posibilidades de cada uno», con lo que se singulariza la adecuación del fin a la persona.

El «en su caso, los alumnos» del apartado 7 requiere alguna aclaración. Se querrá decir que intervendrán los alumnos en condiciones de aptitud para ello.

Hay que consagrar, de modo directo, constitucionalmente, la organización de las Universidades en régimen de autonomía.

En consecuencia:

1. Se reconoce a todas las personas el derecho y el deber de la educación.

2. La educación se inspirará en el pleno desarrollo de las posibilidades de cada uno dentro del respeto a los principios de la convivencia democrática y a los derechos y libertades fundamentales.

3. La enseñanza básica es obligatoria y gratuita.

4. Se reconoce el derecho que asiste a los padres, respecto de sus hijos, y a los mayores de edad, de recibir la formación religiosa y moral de acuerdo con sus creencias.

5. Los poderes públicos:

a) Harán una programación general de la enseñanza, con participación efectiva de todos los sectores afectados.

b) Crearán los centros docentes adecuados, sin perjuicio de reconocer la libre creación de éstos a las personas físicas y jurídicas, dentro del respeto a los principios constitucionales.

c) Inspeccionarán y homologarán el sistema educativo para asegurar el cumplimiento de sus fines conforme a la Constitución y a la ley.

d) Prestarán ayuda a los centros docentes que reúnan todos los requisitos exigidos.

6. En el control y la gestión de todos los centros sostenidos por la Administración con fondos públicos intervendrán los profesores, los padres y los alumnos con edad apta para ello.

7. La organización de las Universidades se basará en la autonomía que será regulada por las leyes.

«*Artículo 29.* 1. Se reconoce el derecho a la propiedad privada y a la herencia.

»2. La función social de estos derechos delimitará su contenido, de acuerdo con las leyes.

»3. Ningún español podrá ser privado de sus bienes excepto por causa justificada de utilidad pública o interés social, previa la correspondiente indemnización y de conformidad con lo dispuesto por las leyes.»

La función social no incide únicamente sobre el contenido, sino también sobre el ejercicio de los derechos.

La expropiación no es predicable sólo del «español» —que hace pensar, además, en la persona física—, sino también del extranjero que sea propietario de bienes en España, y de las personas jurídicas; luego sería mejor construir el sujeto con el término «nadie».

Afectados por la expropiación pueden resultar también los derechos y no sólo los bienes.

La indemnización, en la legislación actual, no es estrictamente previa respecto de la ocupación, como ocurre con las expropiaciones urgentes. La rigurosa exigencia de una indemnización «previa» suponemos que no habrá pasado desapercibida.

La redacción podría ser ésta:

1. Se reconoce el derecho a la propiedad privada y a la herencia.

2. *La función social inherente a estos derechos se tendrá en cuenta por la ley al delimitar su contenido y regular su ejercicio.*
3. *Nadie podrá ser privado de sus bienes y derechos sino por causa justificada de utilidad pública o interés social, previa la correspondiente indemnización y de conformidad con lo dispuesto en las leyes.* (Cfr. el art. 33, apartado 3, de la Constitución.)

«*Artículo 30.* 1. Todos los españoles tienen derecho al trabajo y el deber de trabajar. Se reconoce el derecho a la libre elección de profesión u oficio y a la promoción personal a través del trabajo.

»2. Los trabajadores tienen derecho a una remuneración suficiente para satisfacer las necesidades de su vida personal y familiar. En ningún caso podrá hacerse discriminación por razón de sexo.

»3. Para hacer efectivo el derecho reconocido en los párrafos anteriores, la ley regulará un estatuto de los trabajadores.»

Sin prescindir de ninguno de los criterios normativos contenidos en el artículo, cabe ir a una formulación con estas modificaciones: llevar la no discriminación por razón de sexo a la norma básica que reconoce el derecho al trabajo; evitar, siquiera una vez, la palabra derecho; y prescindir de la faceta explicativa del inciso primero del apartado 3.

Quedaría así:

1. Todos los españoles tienen el deber de trabajar y el derecho al trabajo, sin que pueda hacerse en ningún caso discriminación por razón de sexo.

2. Se reconocen los derechos a la libre elección de profesión u oficio, a la promoción personal a través del trabajo y a una remuneración suficiente para satisfacer las necesidades de la vida personal y familiar del trabajador.

3. La ley regulará un estatuto de los trabajadores.

Todavía más sintéticamente:

1. Todos los españoles tienen el deber de trabajar y el derecho al trabajo, a la libre elección de profesión u oficio, a la promoción social a través del trabajo y a una remuneración suficiente para satisfacer sus necesidades y las de su familia, sin que en ningún caso pueda hacerse discriminación por razón de sexo. (Cfr. el apartado 1 del art. 35 de la Constitución.)

2. La ley regulará un estatuto de los trabajadores. (Cfr. el apartado 2 del art. 35 de la Constitución.)

«*Artículo 31.* 1. Todos tienen derecho a sindicarse libremente. La ley podrá excluir o limitar el ejercicio de este derecho para determinadas categorías de servidores del Estado. La libertad sindical comprende el derecho a fundar sindicatos y a afiliarse al de su elección, así como el derecho de los sindicatos a formar confederaciones y a fundar organizaciones sindicales internacionales o afiliarse a las mismas. Nadie podrá ser obligado a afiliarse a un sindicato.

»2. La ley garantizará el derecho a la negociación colectiva laboral entre los representantes sindicales de los trabajadores y empresarios, así como la fuerza vinculante de los convenios.

»3. Se reconoce el derecho a la huelga de los trabajadores para la defensa de sus intereses. La ley regulará el ejercicio de este derecho, que no podrá atentar al mantenimiento de los servicios esenciales de la comunidad.»

Está falto el apartado 1 de una estructuración similar a la utilizada en otros preceptos.

Es más amplia la expresión «libertad sindical» que la de «derecho a sindicarse libremente», porque comprende no sólo la libertad de afiliarse o sindicarse sino la de fundar sindicatos. Por eso debe pasar al apartado 1.

La libertad de afiliación parece más claramente reconocida diciendo que «nadie podrá ser obligado a la afiliación sindical» en lugar de «nadie podrá ser obligado a afiliarse a un sindicato» porque la primera expresión sirve mejor al fin generalizador a que se tiende. El derecho a la negociación colectiva debe reconocerse con carácter constitucional y no como mera remisión a la ley.

La expresión «esenciales» con que se califican los servicios de la comunidad excluidos del ejercicio del derecho a la huelga, es vaga y un tanto metafísica. Es mejor decir «indispensables». Por otra parte, no se trata tanto de una exclusión total del ejercicio del derecho como de armonizarlo con el mantenimiento de los servicios indispensables.

Quedaría así el texto del artículo 31:

1. Se reconoce la libertad sindical que comprende el derecho a fundar sindicatos y el de afiliarse.

2. La ley podrá excluir o limitar este derecho a quienes presten determinados servicios al Estado.

3. Nadie podrá ser obligado a afiliarse a un sindicato.

4. Los sindicatos tienen derecho a formar confederaciones y a fundar organizaciones sindicales internacionales o afiliarse a las mismas.

5. Los trabajadores y los empresarios tienen derecho a la negociación colectiva laboral, siendo vinculantes los convenios concertados.

6. Asiste a los trabajadores el derecho a la huelga en defensa de sus intereses, si bien el ejercicio de este derecho habrá de armonizarse con el mantenimiento de los servicios indispensables para la comunidad.

7. Las leyes, ateniéndose al contenido esencial de los derechos definidos en los dos apartados precedentes, establecerán su regulación.

«Artículo 33. 1. Todos los españoles tendrán el derecho de petición o reclamación personal y colectiva, por escrito, en la forma y con los efectos que determine la ley.

»2. No podrá ser ejercitado este derecho por las Fuerzas o Institutos Armados o por los demás cuerpos sometidos a disciplina militar, ni por quienes a ellos pertenezcan.»

Parece excesiva la completa exclusión del derecho de petición de quienes pertenezcan a Fuerzas o Institutos Armados o a Cuerpos sometidos a disciplina militar. La exclusión institucional es clara y debe ser completa, si bien añadiendo el sometimiento a su propia legislación. La exclusión de las personas, en los términos absolutos que se hace, conduce a extremos como el de que quien esté prestando el servicio militar no pueda presentar una instancia. Parece que los militares y quienes prestan el servicio militar podrán ejercitar el derecho de petición de carácter general en todo lo que no quede comprendido en su propio régimen ni afecte a la disciplina militar.

Podría ser éste el texto:

1. Los españoles tendrán el derecho de petición o reclamación personal y colectiva, por escrito, en la forma que determine la ley.

2. Las Fuerzas o Institutos Armados y los demás Cuerpos sometidos a disciplina militar, no podrán ejercitar este derecho de carácter general, quedando sometidos a su propia legislación. Quienes pertenezcan a tales Fuerzas, Institutos o Cuerpos podrán ejercitarle en todo lo que no concierna a su propio régimen ni afecte a la disciplina militar. (Cfr. el art. 29, apartado 2, de la Constitución.)

«CAPÍTULO TERCERO
»Principios rectores y derechos económicos y sociales

La denominación «principios rectores y derechos económicos y sociales» parece partir de una separación entre los «principios» y los «derechos», cuando más bien se trata de derechos proclamados en forma de principios. El artículo 45,3 se refiere a ellos como «*los principios* reconocidos en el Capítulo tercero», es decir, prescinde de los llamados «derechos», sin duda porque la misión que les asigna es, entre otras, la de «informar la legislación positiva», sin que puedan ser alegados directamente como derechos subjetivos.

Los calificativos de «económicos» y «sociales», tanto aplicados a los principios como a los derechos, tienen algunos inconvenientes.

Los «derechos económicos» carecen de un significado finalista, que es el perseguido, ya que lo son por razón de la materia. No ocurre lo mismo con los «derechos sociales», en los que es muy marcada la finalidad tuitiva que los hace específicamente sociales, como el derecho al trabajo, a la negociación colectiva, a la huelga, etc.

Acaso sería mejor decir: «Principios sociales informadores del ordenamiento jurídico.» De mantener ambas categorías, parece oportuno anteponer «sociales» (por su mayor comprensión y su sentido finalista) a «económicos». (Cfr. el epígrafe del Capítulo tercero, Título I de la Constitución.)

«Artículo 34. 1. Los poderes públicos aseguran la protección económica, jurídica y social de la familia, en particular, por medio de prestaciones sociales, de disposiciones fiscales y de cualquier otra medida adecuada.

»2. La madre y los hijos, iguales éstos ante la ley con independencia de su filiación, disfrutarán de la protección oficial del Estado y de todos los poderes públicos.

»3. Los padres tienen para con los hijos habidos fuera del matrimonio los mismos deberes que respecto de los nacidos en él, sin perjuicio del respeto a la institución familiar.»

Respecto de la protección de la familia, decir que se le dispensará una protección «social» para agregar luego «en particular, mediante prestaciones sociales» envuelve una redundancia. El segundo término no es nada significativo, como tampoco lo es el giro «y de cualquier otra medida adecuada», que entraña una generalización indefinida.

Consiguientemente, el reconocimiento institucional de la familia es susceptible de una formulación más sintética.

En cuanto al apartado 2 se observa: que la igualdad de los hijos ante la ley con independencia de la filiación se declara de manera incidental; que la protección del Estado es siempre «oficial», por lo que no necesita decirse; y que como se hace la salvedad de que no se toma en cuenta la filiación de los hijos, también habrá de resaltarse que no se tiene en cuenta el estado matrimonial de la madre. Por otra parte, la tutela de la madre en general y de los hijos, con independencia de la filiación, está ya reconocida en el derecho social vigente.

El régimen de igualdad de los deberes de los padres para con los hijos habidos dentro o fuera del matrimonio, enmarcado como principio o derecho social, podría suscitar la cuestión de si su alcance queda circunscrito al sector del ordenamiento jurídico que de un modo concreto se reputa social o si, en cambio, aunque el principio sea de inspiración social, su ámbito normativo se extiende a todo el ordenamiento jurídico. Por el conjunto del artículo y dado lo dispuesto en el art. 14 sobre la igualdad de los españoles ante la ley, no ofrece duda el alcance general del art. 34, aunque el lugar en que aparece emplazado no es el más idóneo. ¿Por qué se concede una mayor o más inmediata protección constitucional a la propiedad privada —incluida en el Capítulo segundo, con una tutela específicamente acentuada, conforme al art. 45— que a la familia, a la igualdad de la filiación y a la igualdad de los deberes de los padres?

La redacción del artículo 34 sería ésta:

1. Los poderes públicos aseguran la protección jurídica, social y económica de la familia. (Cfr. el art. 39, apartado 1, de la Constitución.)

2. La madre y los hijos disfrutarán de la tutela del Estado y de todos los poderes públicos, con independencia de que la madre tenga o no un estado matrimonial y cualquiera sea la filiación de los hijos. (Cfr. el apartado 2 del mismo artículo.)

3. Los padres tienen los mismos deberes para los hijos, ya sean habidos dentro o fuera del matrimonio, sin perjuicio del respeto a la institución familiar.

«*Artículo 35.* Los poderes públicos asumen la obligación prioritaria de fomentar una política que asegure el pleno empleo y la formación y readaptación profesionales, velar por la seguridad e higiene en el trabajo; garantizar el descanso necesario, mediante la limitación de la jornada laboral, vacaciones periódicas retribuidas y la proclamación de centros adecuados, y proteger y mantener un régimen público de seguridad social para todos.»

Parece que el cometido total del precepto es el de fijar determinadas obligaciones asumidas por los poderes públicos. Sin embargo, con la redacción utilizada sólo se califica de obligación y de prioritaria a la primera.

Por otra parte, el contenido de las llamadas «obligaciones» está recogido en el ordenamiento jurídico vigente. Luego de algún modo habría de ponerse el énfasis no en el reconocimiento de las obligaciones, sino en su máximo desarrollo o en llevarlas hasta sus últimas consecuencias.

Así podría ser redactado el artículo 35:

Los poderes públicos asumen como obligaciones prioritarias, cuyo desarrollo y efectividad habrán de estimular:

a) Fomentar una política que asegure el pleno empleo y la formación y readaptación profesionales.

b) Velar por la seguridad e higiene del trabajo.

c) Garantizar el descanso necesario mediante la limitación de la jornada laboral, las vacaciones periódicas retribuidas y la promoción de centros adecuados, y

d) Proteger y mantener un régimen público de Seguridad social para todos.

«*Artículo 36.* 1. Se reconoce el derecho a la protección de la salud.

»2. Compete a los poderes públicos organizar y tutelar la sanidad y la higiene, así como garantizar las prestaciones y servicios necesarios. La ley establecerá los derechos y deberes de todos al respecto.

»3. Los poderes públicos fomentan la educación física y el deporte y facilitan la adecuada utilización del ocio.»

«*Artículo 37.* 1. Los poderes públicos promoverán y tutelarán el acceso de todos a la cultura.

»2. Los poderes públicos promoverán la ciencia, la investigación y la técnica en beneficio del interés general.»

Los artículos 36 y 37 se refieren a la protección de la salud y la cultura. Aparece en ellos cuatro veces la tan repetida expresión «los poderes públicos».

Los dos artículos podrían quedar reducidos a uno dividido en dos apartados, con algunas variaciones de estilo.

Así:

1. Se reconoce el derecho a la protección de la salud y de la cultura.

2. Compete a los poderes públicos:

a) Organizar la sanidad y la higiene, así como asegurar las prestaciones y los servicios necesarios.

b) Fomentar la educación física, el deporte y la adecuada utilización del ocio.

c) Promover el acceso de todos a la cultura; y

d) Estimular el desarrollo de la ciencia, la investigación y la técnica en beneficio del interés general.

«*Artículo 38.* 1. Todos tienen el derecho a disfrutar y el deber de preservar el medio ambiente. La ley regulará los procedimientos para el ejercicio de este derecho.

»2. Los poderes públicos velarán por la utilización racional de los recursos naturales, la conservación del paisaje y por la protección y mejora del medio ambiente.

»3. Para los atentados más graves contra el paisaje protegido y el medio ambiente se establecerán por ley sanciones penales y la obligación de reparar el daño producido.»

Como objeto de tutela debe mencionarse en la declaración general del apartado 1 también la naturaleza y no sólo el medio ambiente. Así habría una mayor correlación con el apartado 2. Es más correcto anteponer el deber al derecho.

La regulación por la ley es preferible dejarla para el final del artículo. En lugar de «sanciones penales», que podrían considerarse como administrativas, que han de eludirse todo lo posible, decir precisamente «la ley penal». La reparación del daño producido será una consecuencia del delito que no necesita especificarse. Esta fórmula es coherente con la del artículo 39 que se remite a la ley penal. La utilización queda más matizada añadiendo a la caificación de «racional» la de «cívica».

Con estas variaciones el texto sería:

1. Corresponde a todos el deber de preservar la naturaleza y el medio ambiente, así como el derecho a disfrutarlos.

2. Los poderes públicos velarán por la utilización racional y cívica de los recursos naturales, la conservación del paisaje y la protección y mejora del medio ambiente.

3. La ley regulará el cumplimiento de estos deberes y el ejercicio de estos derechos. Los graves atentados contra los bienes protegidos se sancionarán por la ley penal.

«*Artículo 40*. Todos los españoles tienen derecho a disfrutar de una vivienda digna y adecuada. Los poderes públicos promoverán las condiciones para hacer efectivo este derecho y regularán la utilización del suelo de acuerdo con el interés general.»

El derecho a la vivienda tiene una significación familiar que ha de resaltarse como una de las manifestaciones de la reconocida protección jurídica, social y económica de la familia.

Está bien decir que se regulará la utilización del suelo de acuerdo con el interés general, pero haciendo esta declaración a propósito de dotar de efectividad el derecho a la vivienda, parece obligado invocar el interés representado por la construcción de viviendas.

Luego:

1. Todos los españoles tienen derecho a disfrutar de una vivienda digna y adecuada, para sí y para su familia.

2. Los poderes públicos promoverán las condiciones para hacer efectivo este derecho y regularán la utilización del suelo de acuerdo con el interés general y para facilitar la construcción de viviendas. (Cfr. el párrafo 1.º del artículo 47 de la Constitución.)

«*Artículo 41*. Los poderes públicos promoverán las condiciones para la participación libre y eficaz de la juventud en el desarrollo político, social, económico y cultural.»

«Los poderes públicos *promoverán las condiciones...*» es una expresión que suele utilizarse después de reconocido el derecho y en el sentido de propiciar su desarrollo, como puede observarse, por ejemplo, en el artículo anterior. Por sí sola parece vaga.

Luego en este caso parece preferible reemplazarla por el reconocimiento del derecho. La eficacia de la participación, resaltada en el precepto, ya dota de un sentido promocional a la actuación de los poderes públicos.

He aquí una redacción posible: *Se reconoce a la juventud el derecho a su libre y eficaz participación en el desarrollo político, social, económico y cultural.*

«*Artículo 42.* Los poderes públicos garantizarán a los disminuidos físicos o mentales y personas incapacitadas una atención especializada y un reforzamiento del amparo que los derechos fundamentales de este título otorgan a todos los ciudadanos.»

Es indispensable introducir a los niños entre los especialmente tutelados, ya que constituyen el conjunto más amplio de los necesitados de una atención especializada.

En vez de «incapacitados» —que legalmente presupone la declaración judicial de incapacitación— decir «incapaces», que comprende a todos los afectados por una incapacidad, aunque no estén judicialmente incapacitados.

Como el artículo 35 al ocuparse de la protección de la madre y los hijos, la enuncia como deber del «Estado y todos los poderes públicos», otro tanto, dada la analogía de situaciones, puede decirse aquí.

De algún modo habría que matizar las situaciones de necesidad o abandono para hacer, al menos, más específica su protección.

Se puede incluir aquí a los ciudadanos de la tercera edad para evitar otro artículo de contenido similar.

El «reforzamiento del amparo» referido a los derechos fundamentales (a todos) no tiene mucho sentido, pues el niño o el incapaz no pueden ejercitar algunos de los derechos (por ejemplo, los políticos) ni ser suplida su falta de capacidad.

En razón de todo ello:

El Estado y los poderes públicos dispensarán a los niños (Cfr. el art. 39, apartado 4 de la Constitución), *a los disminuidos físicos o mentales, a los incapaces y a los ciudadanos comprendidos en la tercera edad, una atención especializada, que alcanzará a prestaciones asistenciales y económicas cuando, familiar o socialmente, se encuentren en situaciones de necesidad.*

«*Artículo 44.* 1. Todos tienen derecho al control de la calidad de los productos de consumo general y a una información fidedigna sobre los mismos.

»2. Con este fin los poderes públicos fomentarán la participación de las organizaciones de consumidores.

»3. La ley regulará el control de la organización del comercio interior, del régimen general de autorización de los productos comerciales y de la publicidad de los mismos.»

Como el derecho al control es inseparable de la posibilidad de su ejercicio, conviene prescindir del «todos» y enunciarlo en forma reflexiva menos personalizada.

La frase explicativa «con este fin» sobra. En cambio, hay que indicar en donde participarán las organizaciones de consumidores.

La prestación de un servicio público de control se traduce en una inspección y de ella debe hablarse en el apartado 3.

Así:

1. Se reconoce el derecho al control de la calidad de los productos de consumo general y a una información fidedigna acerca de los mismos.

2. Los poderes públicos fomentarán la participación en el control de las organizaciones de consumidores.

3. La ley regulará la inspección de la calidad de los productos en la organización del comercio interior, en el régimen general de las autorizaciones de los productos comerciales y en la publicidad de los mismos.

«CAPÍTULO CUARTO
»Garantías de los derechos fundamentales

«*Artículo 45.* 1. Los derechos y libertades reconocidos en el Capítulo dos del presente título vinculan a todos los poderes públicos. Sólo por ley, que en todo caso deberá respetar su contenido esencial, podrá desarrollarse el ejercicio de tales derechos y libertades.

»2. Cualquier ciudadano podrá recabar la tutela de los derechos reconocidos en el Capítulo segundo ante los Tribunales ordinarios, por un procedimiento basado en los principios de preferencia y sumariedad y a través del recurso extraordinario de amparo ante el Tribunal Constitucional.

»3. El reconocimiento, el respeto y la protección de los principios reconocidos en el Capítulo tercero informará la legislación positiva, la práctica judicial y la actuación de los poderes públicos. Sin embargo, no podrán ser alegados, directamente, como derechos subjetivos, ante los tribunales.»

De nuevo se plantea aquí una cuestión terminológica. Al capítulo segundo se le titula «Libertades públicas». Al tercero, «Principios rectores y derechos económicos y sociales». Ahora, en el Capítulo cuarto, que contiene unas normas comunes a las dos anteriores, se dice «Garantías de los derechos fundamentales». Si se quiere ver una correlación y no una inconsecuencia, hay que pensar que al conjunto de unos y otros derechos se les llama «fundamentales». La disparidad e incluso la anarquía terminológica, no imputable sólo al Anteproyecto, sino a la teoría general, hace que todo sea posible.

Nosotros hemos propuesto un cambio en las respectivas denominaciones de los Capítulos segundo y tercero y ahora debe ser tenido en cuenta, diciendo:

Garantías de los derechos y libertades constitucionalmente reconocidos. (Cfr. la rúbrica del Capítulo cuarto del Título I de la Constitución.)

Artículo 45 (transcrito anteriormente).

Este artículo es de suma importancia por su contenido, las cuestiones que obliga a replantear y las que suscita.

Como a los «poderes públicos» se les ha hecho reiteradísimamente sujetos del deber del reconocimiento de los derechos y libertades, la declaración de que los derechos y libertades reconocidos en el Capítulo vincula a todos los poderes públicos es otra reiteración, en este caso generalizadora, de la misma idea. Podrían, por tanto, evitarse las constantes referencias a los poderes públicos. Por otra parte, más exacto que decir que los derechos y libertades «*reconocidos*... vinculan a todos los poderes públicos» sería decir que el *reconocimiento de los derechos y libertades por la Constitución* vincula a los poderes públicos.

Otra duda suscita el inciso primero del apartado 1. Efectivamente, los poderes públicos quedan vinculados. ¿Pero no hay ya un efecto directo del reconocimiento en favor del ciudadano? Así resulta del apartado 2. De algún modo habría de hacerse presente la efectividad de los derechos y libertades con base en la Constitución, aunque, además, los poderes públicos queden vinculados.

El inciso segundo del apartado primero, al establecer que «sólo por ley, que en todo caso deberá respetar su contenido esencial, podrá desarrollarse el ejercicio de tales derechos y libertades», vuelve a tener como destinatario a los poderes públicos. O sea, los poderes públicos quedan vinculados por el reconocimiento y habrán de desarrollar el ejercicio de los derechos y las libertades «sólo por ley». Al enunciar los diversos derechos en particular, se ha hecho referencia a la ley para la determinación del contenido del derecho. Lo que ocurre es que no siempre se ha procedido lo mismo; unas veces, muchas, se ha aludido a la ley y otras veces, bastantes, no. Entonces la fórmula general del apartado 2 del artículo 45 sirve para reiterar las particulares menciones a la ley y para suplir la falta de mención, enunciando con carácter general la necesidad de la ley para cuanto concierna al contenido esencial del derecho.

Pienso que la Constitución, al reconocer el derecho, no puede describirle o configurarle de un modo suficientemente completo. Este cometido incumbe a la ley. Me parece muy bien que ésta, como dice el precepto analizado «deberá respetar su contenido esencial» (aunque podría decirse más claramente «el contenido esencial del derecho reconocido en la Constitución»). Por eso creo: *a*) que el reconocimiento del derecho en la Constitución le dota de una efectividad inmediata sin que necesariamente haya de esperarse a su desarrollo por la ley, aunque ésta pueda introducir luego concreciones que, ciertamente, afectarán al contenido y alcance del derecho, mas no a su existencia, que deriva del reconocimiento por la Constitución; y *b*), que si determinar de un modo más completo el contenido y el alcance del derecho o la libertad incumbe exclusivamente a la ley, el total tema del desarrollo del ejercicio, es decir, todas las consecuencias de la actuación de los derechos y las libertades no deben introducirse sin embargo de manera exclusiva en el ámbito de la ley. Después de la ley, agotado por la misma el cometido que le es propio, ha de darse entrada a la potestad reglamentaria. Por ejemplo, en unos derechos tan necesitados de regulación especificativa como los de reunión o asociación, es evidente que se requiere la determinación por la ley de su alcance con respecto al contenido esencial constitucionalmente fijado.

¿Pero no podrá haber una regulación ulterior, más especificativa, de carácter reglamentario? Parece, por tanto, que «sólo por ley» significa la necesidad y la anteposición de ésta, si bien no la exclusión ilimitada del reglamento en aspectos propios del mismo. Todo ello nos lleva a entender que imputar a la ley íntegramente el desarrollo del ejercicio de los derechos y las libertades parece excesivo.

El apartado 2 del artículo 45 exige algunas reflexiones. La norma fundamental del mismo es la del inciso primero: «cualquier ciudadano podrá recabar la tutela de los derechos reconocidos en el Capítulo segundo ante los Tribunales ordinarios». Con la aclaración de que han de incluirse también las libertades, estamos de acuerdo. Es más, creemos que queda proclamada aquí la posibilidad de la tutela de los derechos y las libertades con base en la Constitución, sin hacerse necesario el compás de espera de una ley que introduzca las especificaciones propias del caso. Ahora bien, esa tutela, que consiste en el ejercicio de los derechos ante los Tribunales ordinarios se canaliza a través de dos cauces jurisdiccionales: «un procedimiento basado en los principios de preferencia y sumariedad y a través del recurso extraordinario de amparo ante el Tribunal Constitucional». Si la mención de estas vías jurisdiccionales para la tutela judicial de los derechos y libertades reconocidos en el capítulo segundo se estima que es exhaustiva —y así se infiere de su literalidad— nos encontraríamos con que a partir sólo de la Constitución los derechos y libertades reconocidas carecerían de una tutela jurisdiccional por estas dos razones que, en rigor, se reducen a una: ese procedimiento preferente y sumario a que se refiere el apartado 2 del artículo 45 carece todavía de configuración normativa; y el recurso extraordinario de amparo ante el Tribunal Constitucional, aunque recogido en el artículo 152,1 b) de la Constitución, también carece del desarrollo indispensable; aparte de que, como se trata de un recurso extraordinario, susceptible de ser interpuesto sólo después de haber agotado los recursos ordinarios y los procedimientos en que recayeran, no puede ser en ningún caso un modo de ejercicio directo de un derecho, sino un medio de impugnar la resolución judicial que no lo haya reconocido. Dado que, por lo dicho, se llega a una conclusión contradictoria, como es la de afirmar la tutela jurisdiccional sin cauce procesal inmediato eficiente, es preciso evitar ese desenlace y decir: que cualquier ciudadano puede recabar la tutela jurisdiccional; que puede acudir a los Jueces y Tribunales ordinarios competentes utilizando el procedimiento que, por razón de la materia, resulte el adecuado; y que sin perjuicio de ello, podrán además, en su día, utilizarse los dos procedimientos específicamente señalados. Es decir, se necesita evitar el carácter exhaustivo de las dos menciones que se hacen de los procedimientos a través de los cuales se consigue la tutela jurisdiccional y señalar cómo, ante los Jueces y Tribunales ordinarios y a través de los procedimientos ordinarios, se pueden hacer valer los derechos y libertades. Esto es además lo ortodoxo procesalmente, porque los procedimientos sumarios o extraordinarios aparecen yuxtapuestos a los ordinarios, pero no excluyan éstos. Constituyen una facilidad que se concede al que acude a los Tribunales, sin que esta facilidad especial haga desaparecer el medio de ejercicio judicial ordinario de los derechos. Luego aunque se introduzca en el ordenamiento procesal un procedimiento sumario para la actuación de estos derechos, no por ello quedaría eliminado el ejercicio por el procedimiento ordinario.

En el sentido resultante de lo expuesto propugnamos varias rectificaciones en los apartados 1 y 2 del artículo 45, que luego quedarán reflejadas en la redacción.

El apartado 3 del artículo 45 también precisa ser reconsiderado. La directriz a que responde es la siguiente: en tanto los derechos y libertades reconocidos en el Capítulo segundo se consideran dotados de efectividad judicial como derechos subjetivos (tema del apartado 2), los «principios reconocidos» en el Capítulo tercero «no podrán ser alegados directamente como derechos subjetivos de los Tribunales», según dice literalmente el apartado 3. Sin duda, para justificar a nivel terminológico la diferencia de trato jurisdiccional conferido a lo que es contenido del Capítulo segundo y a lo que es contenido del Capítulo tercero, la remisión por el apartado 3 del artículo 45 al Capítulo dos se hace con la designación «derechos reconocidos» (cuando el Título del Capítulo los denomina «libertades públicas») y la remisión del mismo precepto al Capítulo tercero se hace con la fórmula «principios reconocidos» (cuando el título del Capítulo es «principios rectores y derechos económicos y sociales»). Si sólo hubiera una cuestión terminológica, circunscrita a las denominaciones de los Capítulos, carecería de importancia. Bastaría con armonizar las diferentes fórmulas utilizadas para la designación de la misma materia.

El problema está en saber si los llamados principios informadores desprovistos de la entidad de derechos subjetivos y de ejercicio jurisdiccional son efectivamente sólo eso.

Pienso que no. Las fórmulas de enunciación utilizadas para los «derechos» del Capítulo segundo y los «principios» del Capítulo tercero son, en muchas ocasiones, las mismas. Así, las expresiones relativas al reconocimiento de los derechos que pueblan el Capítulo segundo, aparecen también en el Capítulo tercero como cuando se dice: «se reconoce el derecho a la protección de la salud» (artículo 36,1); «todos los españoles tienen derecho a disfrutar una vivienda adecuada» (artículo 40), «los poderes públicos garantizarán...» (artículo 42, 43...), etc. A veces se aprecia en el Capítulo tercero alguna enunciación más genérica como puede verse, por ejemplo, en el artículo 35.

Pero lo importante es que muchos de los «principios» o «derechos» del Capítulo tercero tienen la entidad de verdaderos derechos en la legislación actualmente vigente. Sin ir más lejos, ocurre así con el conjunto de obligaciones que han de asumir los poderes públicos, según el artículo 35, entre las que se mencionan: velar por la seguridad e higiene del trabajo; garantizar el descanso necesario, mediante la limitación de la jornada laboral, vacaciones periódicas y retribuidas y la promoción de centros adecuados; proteger y mantener el régimen público de la seguridad social para todos. Otro tanto ocurre con la protección de la familia (artículo 34,1) o con la igualdad de los hijos en el reconocimiento de los derechos atribuidos, con independencia de la filiación (artículo 34,2), etc. Respecto de estas y otras declaraciones contenidas en el Capítulo tercero, la Constitución podrá significar que esos criterios reguladores asumen el rango legislativo supremo y que la Constitución estimula y refuerza su tratamiento por el ordenamiento jurídico. Sin embargo, no son principios o derechos que irrumpen *ex novo* con el texto constitucional. Tienen ya una anterior presencia legislativa. Por lo tanto, no resulta correcto ni exacto reducir esa ordenación —que es constitucional, pero que también aparece en el ordenamiento anterior— a meros principios carentes de la entidad de derechos subjetivos y desprovistos de tutela jurisdiccional. Parece preciso matizar y distinguir.

En cuanto criterios o principios constitucionales tendrán una misión informadora de la política legislativa a seguir. Sin embargo, hay que dejar a salvo, con todas sus consecuencias jurisdiccionales, esos derechos —como los relativos a la limitación de la jornada de trabajo, vacaciones retribuidas, seguridad social, etc.— que, si bien a escala normativa y temporal distinta, gozan ya de un reconocimiento y efectividad, aunque tal reconocimiento y efectividad no tengan el mismo alcance que el que lograrán cuando la misión informadora que constitucionalmente se les asigne se traduzca en el ordenamiento jurídico derivado.

Hemos dicho que la misión informadora va referida, y así se hace en primer término, a la «legislación *positiva*». La calificación de positiva aplicada a la legislación es un tanto perturbadora, porque hace pensar (siquiera sea en un orden puramente semántico y lógico) que la Constitución no fuera también legislación positiva. Por otra parte, si a veces conviene subrayar el carácter «positivo» del derecho para distinguirlo del derecho natural (admitido por ciertos confesionalismos ideológicos y filosóficos) a nada conduce calificar de «positiva» la legislación, ya que así lo es por sí misma.

Una función informadora respecto de la «práctica judicial» tiene dudoso encaje si se parte de que «los principios reconocidos» por el Capítulo tercero, «no podrán ser alegados, directamente... ante los Tribunales». Sólo cabe pensar en una alegación indirecta. ¿Pero existe realmente esa posibilidad? A lo sumo, la incidencia en la práctica judicial es imaginable como criterio interpretativo. Por eso sería mejor hablar de aplicación judicial.

En consecuencia, el texto del artículo 45 podría ser éste:

1. Los derechos y libertades reconocidos en el Capítulo segundo del presente Título vinculan a todos los poderes públicos, y sólo por ley, con absoluto respeto a la Constitución, podrá determinarse, cuando sea necesario, cuanto concierne a su contenido esencial.

2. Cualquier ciudadano podrá instar la protección jurisdiccional de los derechos y libertades reconocidos en el Capítulo segundo ante los Tribunales ordinarios competentes y por el procedimiento ordinario adecuado en razón de la materia, sin perjuicio de que sean dotados de efectividad jurisdiccional por un procedimiento preferente y sumario, y a través del recurso de amparo de que conoce el Tribunal Constitucional.

3. El reconocimiento y la protección de los principios y derechos reconocidos en el Capítulo tercero informará el ordenamiento jurídico, la aplicación judicial y la actuación de los poderes públicos.

No podrán ser invocados directamente como derechos constitucionales ante los Tribunales, si bien conservarán su efectividad jurisdiccional, sin perjuicio de las modificaciones que puedan introducirse, en tanto sean reconocidos por la legislación vigente. (Cfr., en cuanto a este apartado, el art. 53, apartado 3, de la Constitución.)

«CAPÍTULO QUINTO
»Suspensión de los derechos fundamentales

»*Artículo 47.* 1. Los derechos reconocidos en los artículos diecisiete; dieciocho, apartados dos y tres; diecinueve; veinte, apartados uno, cuatro y siete, y artículo veintiuno, podrán ser suspendidos cuando se acuerde la declaración de estado de excepción o de guerra, en los términos previstos por la Constitución. El derecho a la huelga reconocido en el artículo treinta y uno, tres, y el de adopción de medidas de conflicto colectivo reconocido en el artículo treinta y dos, dos, sólo podrán ser suspendidos en los casos de declaración del estado de guerra a que se refiere el artículo noventa y cuatro.

»2. Con arreglo a la ley y por sentencia firme procederá, como pena accesoria, la privación temporal de los derechos de libertad de expresión, de enseñanza, de reunión, de asociación, de sufragio y de ejercicio de cargo público, por razones de seguridad del Estado, protección de la moral y protección de los derechos y libertades de los ciudadanos.»

En el apartado 1 parece más sencillo decir que los «derechos podrán ser suspendidos cuando se declare el estado de excepción», en lugar de «cuando se acuerde la declaración del estado de excepción».

El inciso final del apartado 2, a partir de «por razones de seguridad del Estado...», suscita confusión. Hay que dejar claro si esas razones de seguridad, protección de la moral y de los derechos y libertades, determinan *ex lege* que en todo caso la pena accesoria incorpora la privación temporal, o si no se produce necesariamente, sino a través del arbitrio judicial. Como se contempla estrictamente la pena, y no el delito, parece que la última hipótesis no debe darse. Luego si, en todo caso, la pena accesoria comportará la privación de derechos, el inciso último viene a ser, como hemos visto en otra ocasión, una explicación del fundamento de la norma que no debe formar parte de su contenido.

Más correcta que la expresión «privación temporal de los derechos» es la de «suspensión temporal» o simplemente «suspensión», porque no se trata de derechos que se pierdan a partir de la condena para luego readquirirlos, sino que su ejercicio queda suspendido.

Es dudoso incluir el derecho de enseñanza cuando no se ejerza en razón de un cargo público.

El apartado 1 debe descomponerse en dos.

Ésta sería la redacción del artículo 47:

1. Los derechos reconocidos en los artículos 17, 18, apartados 2) y 3), artículos 19, 20, apartado 1 a) y artículo 21, podrán ser suspendidos cuando se declare el estado de excepción o de guerra en los términos previstos por la Constitución.

2. El derecho a la huelga reconocido en el artículo 31, apartado 3, y el de adopción de medidas de conflicto colectivo reconocido en el ar-

tículo 31, apartado 2, sólo podrán ser suspendidos en los casos de decla-
ración del estado de guerra a que se refiere el artículo 94.

3. *Con arreglo a la ley penal y por sentencia firme procederá, como*
pena accesoria, la suspensión temporal de los derechos de libertad de
expresión, de reunión, de asociación, de sufragio y de ejercicio de cargo
público.

«TÍTULO III

»De la Corona

»*Artículo 48.* 1. El Rey es el Jefe del Estado, símbolo de su unidad
y permanencia. Arbitra y modera el funcionamiento regular de las instituciones; tutela los derechos y libertades reconocidos por la Constitución; asume la alta representación del Estado en las relaciones internacionales y ejerce las funciones que le atribuyen expresamente la
Constitución y las leyes.

»2. Su título es el de Rey de España y podrá utilizar los demás
que correspondan a la Corona.

»3. La persona del Rey es inviolable y no está sujeta a responsabilidad. Sus actos, salvo lo previsto en el artículo cincuenta y siete,
dos, estarán siempre refrendados por las personas a quienes corresponda, careciendo de validez sin dicho refrendo.»

Para expresar más claramente que el Rey es símbolo de unidad y
permanencia debe calificarse el Estado de «español» como lo hace el
artículo 1,3 al decir que «la forma política del *Estado español* es la
Monarquía». La unidad y permanencia remiten, sobre todo, a España.
Por otra parte, la elipsis de la conjunción «y» y del artículo «el» antes
de «símbolo» hacen la frase literaria y un tanto imprecisa.

Al señalar las funciones del Rey es preferible decir que «ampara»
los derechos y libertades..., en vez de «tutela» porque esta expresión
tiene un más específico sentido jurisdiccional.

Como el refrendo de los actos del Rey aparece regulado en el artículo 56, que determina a quienes incumbe, conviene remitirse a él, ya
que la expresión «las personas a quienes corresponda» resulta innecesariamente ambigua.

Con estos leves retoques, la redacción del artículo 48 sería:

1. El Rey es el Jefe del Estado español y el símbolo de su unidad
y permanencia. Arbitra y modera el funcionamiento regular de las ins-
tituciones, ampara los derechos y libertades reconocidos por la Cons-
titución; asume la alta representación del Estado en las relaciones inter-
nacionales y ejerce las funciones que le atribuyen expresamente la Cons-
titución y las leyes. (Cfr. el art. 56, apartado 1, de la Constitución.)

2. Su título es el de Rey de España y podrá utilizar los demás que
correspondan a la Corona.

3. La persona del Rey es inviolable y no está sujeta a responsabi-
dad. Sus actos estarán siempre refrendados en la forma establecida en

el artículo 56, careciendo de validez sin dicho refrendo, salvo lo dispuesto en el artículo 57. (Cfr. el art. 56, apartado 3, de la Constitución.)

«*Artículo 49.* 1. La Corona de España es hereditaria en los sucesores de S. M. Don Juan Carlos I de Borbón. La sucesión en el Trono seguirá el orden regular de primogenitura y representación, siendo preferida siempre la línea anterior a las posteriores; en la misma línea, el grado más próximo al más remoto; en el mismo grado, el varón a la hembra, y en el mismo sexo, la persona de más edad a la de menos.

»2. El Príncipe heredero, desde su nacimiento o desde que se produzca el hecho que origine el llamamiento, tendrá la dignidad de Príncipe de Asturias y los demás títulos vinculados tradicionalmente al sucesor de la Corona de España.

»3. Extinguidas todas las líneas no excluidas por la ley, las Cortes Generales proveerán a la sucesión en la Corona en la forma que más convenga a los intereses de España.

»4. Las abdicaciones y renuncias y cualquier duda de hecho o de derecho que ocurra en el orden de sucesión a la Corona se resolverán por una ley.»

El orden de suceder a partir de Don Juan Carlos I reproduce literalmente el de la Constitución de 1876, que ya aparece con las mismas palabras en la de 1869. También figura en las Constituciones de 1856 y de 1845, con la leve diferencia de que éstas dicen «será según», en lugar de «seguirá».

No obstante, la identidad se da en cuanto que en las precedentes Constituciones hay una norma equivalente a la recogida en el artículo 49,1 del Anteproyecto. Pero la identidad a nivel del contexto normativo no es plena. Porque en la Constitución de 1876, y en las anteriores, después de esa norma general, equivalente a la del Anteproyecto, se articulaban otras más especificativas del orden sucesorio, haciéndose alusión directa a personas determinadas por la relación de parentesco e incluso algunas nominalmente.

Así, la Constitución de 1876 en su artículo 60 dice, como ahora el 49 del Anteproyecto: «La sucesión al Trono de España seguirá el orden regular de primogenitura y representación, siendo preferida siempre la línea anterior a las posteriores; en la misma línea, el grado más próximo al más remoto; en el mismo grado, el varón a la hembra, y en el mismo caso, la persona de más edad a la de menos.» Pero seguidamente el artículo 61 introduce muy concretas puntualizaciones: «Extinguidas las líneas de los descendientes legítimos de Don Alfonso XII de Borbón, sucederán por el orden que queda establecido, sus hermanos, su tía, hermana de su madre, y sus legítimos descendientes, y los de sus tíos, hermanos de Don Fernando VII, si no estuvieren excluidos.» Estas puntualizaciones tienen el doble alcance de representar una interpretación, a la vez auténtica y sistemática de la norma general del artículo 60, y un desarrollo y concreción del orden de suceder. Los criterios interpretativos que aporta son: que la línea anterior es la descendente porque sólo extinguida esta línea se buscan parientes de otra línea, que en el caso de la Constitución de 1876 pertenecen a la línea colateral y no a la ascendente; y que la filiación para determinar la descendencia habrá de ser la legítima. El desarrollo, en concreto, por el artículo 61 de la norma general del artículo 60 hay que verlo en la determinación de los llamamientos.

Dentro del artículo 49 del Anteproyecto hay dos normas complementarias de la del apartado 1, que son las contenidas en los apartados 2 y 3, pero su cometido interpretativo y determinativo del desarrollo de la norma general tiene un alcance marcadamente inferior al del artículo 61 de la Constitución de 1876.

El apartado 2 dice que «El príncipe heredero, desde su nacimiento o desde que se produzca el hecho que origine el llamamiento, tendrá la dignidad de Príncipe de Asturias, y los demás títulos vinculados tradicionalmente al sucesor de la Corona de España». La finalidad de esta norma no es propiamente decir quién es el Príncipe heredero, sino establecer que le corresponde desde su nacimiento o desde el llamamiento la dignidad de Príncipe de Asturias y los demás títulos vinculados tradicionalmente a la Corona. La prueba está en que la condición de Príncipe heredero de Don Felipe no resulta constitucionalmente del apartado 2, sino del apartado 1. Es el Príncipe heredero por la triple combinación de la descendencia, la primogenitura y la prioridad del varón dentro del mismo grado de parentesco. Pero incluso que la línea descendente es la anterior y la preferida respecto de las posteriores es algo que ha de considerarse implícito, en virtud de los principios generales del derecho sucesorio y de la tradición histórica que ajustan la sucesión al criterio de que el cariño —y de ahí la jerarquización de las líneas— desciende, asciende y se extiende.

También es muy escaso el alcance interpretativo y determinativo del apartado 3, cuando dice: «Extinguidas todas las líneas no excluidas por la ley, las Cortes proveerán a la sucesión de la Corona en la forma que más convenga a los intereses de España.» La norma es eminentemente abstracta. La Constitución del 76 marca tres fases: extinción de la línea de los descendientes legítimos; extinción de los llamamientos hechos a favor de parientes de otra línea en la propia Constitución; y llamamiento por las Cortes. El Anteproyecto, de un modo mucho más sintético, reduce todo a dos hipótesis configuradas en términos muy genéricos y abstractos: «Extinguidas todas las líneas no excluidas por la ley, las Cortes proveerán...» Si la interpretación se hace a nivel contextual, es decir, dentro del conjunto normativo representado por el Anteproyecto de Constitución, se produce cierta perplejidad. Porque habría de acudirse a la norma que se refiere a las líneas dentro de la Constitución, el apartado 1 del artículo 49, y la verdad es que por esta vía no se logra una integración lógico-sistemática. En primer término choca que, en lugar de aludirse de manera positiva y directa a la extinción de las líneas llamadas, designadas o establecidas por la ley, se utilice el circunloquio de predicar la extinción respecto de las líneas «no excluidas por la ley». Si la no exclusión de líneas la llevamos al apartado 1, que contiene la regla general, nos encontramos con que en él hay líneas, pero no exclusiones. La fórmula utilizada por el apartado 1, que ya es abstracta, refuerza su abstracción con el apartado 3. Porque el apartado 1 no determina cuáles son las líneas llamadas, sino que sólo la línea anterior es preferida siempre a las posteriores. Si la línea anterior se menciona en singular y las posteriores en plural, nos encontramos con que las líneas habrán de ser las tres posibles: recta descendente, recta ascendente y colateral. Ahora bien, si por esta vía se resuelve el problema de saber cuáles son las líneas, las que en ningún caso pueden encontrarse son las líneas «no excluidas». Si están llamadas todas las líneas posibles, todas serán líneas «no excluidas». Luego llegaríamos a la conclusión de que únicamente agotadas las líneas, con sus diversas combinaciones, del apartado 1, estaríamos en el supuesto del apartado 3. Pero este supuesto no puede darse porque las líneas por sí mismas, no habiendo ninguna exclusión, no se agotan. Pueden faltar los descendientes, pues los ascendientes se remotan indefinidamente. Por otra parte, para que hubiera líneas no excluidas, tendría que haber líneas excluidas. Y esto no es así en el Anteproyecto de Constitución, porque en él no hay ninguna línea excluida expresamente.

De donde se infiere que, conforme al Anteproyecto de Constitución: o se acepta que las líneas no excluidas por ley son las no nombradas, y como en el apartado 1 están comprendidas todas las líneas, la exclusión aunque está formulada normativamente, no puede darse en la práctica, lo que equivale a decir que no hay ley de exclusión; o bien, se entiende que las líneas «no excluidas» por ley han de serlo conforme a una ley distinta de la Constitución. El hecho de que se diga «por la ley» hace sospechar que sea esto lo que se ha querido dar a entender, sobre todo si se tiene en cuenta que en otras ocasiones se distingue entre Constitución y ley, y cuando la remisión es a la Constitución se la designa con su nombre. Este criterio es digno de meditarse. ¿Satisface las exigencias de la seguridad jurídica, tan necesaria en esta materia, que el orden de suceder en el Trono no esté completamente regulado en la Constitución y haya de acudirse fuera de ella, aunque sea a la ley, para conocer algo tan importante como es hasta dónde llegan los llamamientos a la Corona? Creo que no. Sería preferible, por más claro, cierto y seguro, que la totalidad del orden sucesorio estuviera regulado en la Constitución.

Si esto es así ¿dónde queda esa ley flotante de la que sólo sabemos que no es la Constitución? Lógicamente ha de encontrarse en el pasado o en el futuro. Si pertenece al pasado, es decir, si se trata de una ley ya dictada, podrían plantearse problemas relativos a su vigencia. Convendría, pues, decir cuál es la ley de exclusión de líneas y reconocerle constitucionalmente vigencia y ampliación, no con la ambigüedad «de la ley», sino con su cita expresa. Si, por el contrario, no se trata de una ley dictada, sino simplemente posible o pendiente, se desemboca en una situación poco satisfactoria. Porque como el Anteproyecto no formula ningún criterio para determinar las líneas excluidas, nos encontraríamos con un espacio normativo en blanco que podría ser cubierto por una ley ordinaria. Todavía más grave que tener dudas acerca de cuál sea la ley de la exclusión perteneciente al pasado, es tener la incertidumbre que se presenta de no saber si la ley llegará a dictarse y cómo.

El inciso final del apartado 3 dice que, extinguidas las líneas, «las Cortes Generales proveerán a la sucesión en la Corona en la forma que más convenga a los intereses de España». La fórmula, en lo sustancial, también está tomada de la Constitución de 1876 y de las anteriores, aunque la generalización en el Anteproyecto es mayor, ya que confiere a las Cortes la prerrogativa de proveer a la sucesión, mientras que la del 76, más limitadamente, decía que las Cortes «harán nuevos llamamientos». Claro es que, en rigor, el Anteproyecto, salvo la nebulosa de la ley de la exclusión, hace en el artículo 49,1, todos los llamamientos posibles en la dinastía de Don Juan Carlos I de Borbón.

Para la sucesión en la Corona se enuncia un criterio —el que más convenga a los intereses de España—, pero no ningún procedimiento para llegar a él. Para que provea un órgano colegiado, como las Cortes Generales, es indispensable adoptar un acuerdo. Ha de suponerse que han de intervenir el Congreso y el Senado. ¿Actuando de manera sucesiva o conjunta? ¿Con qué régimen de mayoría? Parece que habrá de ser cualificada. Si se piensa que el sentido del precepto es que las Cortes, llegado el caso de proveer, tengan que ponerse de acuerdo para determinar también el procedimiento, el problema no se resuelve, sino que adquiere una manifestación previa como es la de fijar el procedimiento para determinar cuál sea el que se haya de seguir. Todo aconseja una mayor reflexión y precisión.

El apartado 4 agrupa materias heterogéneas. Está bien establecer que las dudas de hecho o de derecho se resuelvan por medio de la ley. ¿Pero cómo establecer otro tanto respecto de la abdicación o la renuncia? Si éstas se producen, se pondrá en marcha el orden sucesorio, y aunque se alude a una ley, ésta no tendrá el alcance de resolver dudas propiamente dichas, sino el de pronunciarse acerca de la abdicación o renuncia, como respecto de la abdicación establecía la Constitución de 1876, al exigir una ley especial (artículo 55, quinto).

A diferencia de lo hecho con relación a otros artículos, respecto del 49 —tan importante— no proponemos una nueva redacción. Nos limitamos a señalar la conveniencia de una reconsideración del problema. Los criterios podrían ser éstos:

1.° Mantener la fórmula del apartado 1 por su tradición histórica y constitucional e incluso por su simbolismo, aunque desde el punto de vista de la técnica legislativa es un precepto conceptuoso, compendioso e impreciso.

2.° Completar esa regla general con unas puntualizaciones acerca de los llamamientos, que se hacen particularmente necesarios si se agota la línea recta descendente.

3.° Dotar de rango constitucional a todo el orden sucesorio de la Corona, sin remitirse a otras leyes. (Cfr., con relación a este punto, el art. 57, apartado 3 de la Constitución, que sustituye la frase «Extinguidas todas las líneas no excluidas por ley» —contenida en el mismo apartado del artículo 49, según el texto inicial— por la siguiente: «Extinguidas todas las líneas llamadas en Derecho.»)

4.° Sustraer las abdicaciones y renuncias del régimen de las dudas de hecho o de derecho.

5.º Si hay una previsión suficientemente determinativa del orden sucesorio, la hipótesis final de la extinción de las líneas o la falta de llamamientos pierde importancia, porque se hace poco verosímil; pero de todas maneras no es bastante con decir que las Cortes proveerán; parece indispensable fijar el procedimiento cómo hayan de proveer ambas Cámaras.

«Artículo 50. El consorte del Rey o de la Reina no podrá asumir funciones constitucionales, salvo lo dispuesto para la Regencia.»

Este artículo deja sin aclarar suficientemente si el título de Rey o Reina corresponde al consorte, porque sólo dice que el «consorte del Rey o de la Reina no podrá asumir funciones constitucionales». Inmediatamente surge la pregunta: ¿el consorte, carente de funciones constitucionales, ostenta el título de Rey o de Reina? Parece que debe ser así. La privación de las funciones constitucionales no implica la privación de la comunicación del honor que representa el título. El artículo 64 del Código civil reconoce como regla general la comunicación de los honores entre cónyuges.

Luego el artículo 50 quedaría así:

El consorte del Rey o de la Reina, que ostentará el título de Reina o de Rey, no podrá sin embargo asumir funciones constitucionales, salvo lo dispuesto para la Regencia. (Cfr. el art. 58 de la Constitución.)

«Artículo 51. 1. Cuando el Rey fuere menor de edad, el padre o la madre del Rey y, en su defecto, el pariente más próximo a suceder en la Corona, según el orden establecido en la Constitución, entrará a ejercer inmediatamente la Regencia y la ejercerá durante el tiempo de la minoría de edad del Rey.

»2. De la misma manera se procederá cuando el Rey se inhabilitara para el ejercicio de su autoridad y la imposibilidad fuese reconocida por las Cortes Generales.

»3. Si no hubiese ninguna persona a quien corresponda la Regencia, ésta será nombrada por las Cortes y se compondrá de una, tres o cinco personas.

»4. Para ejercer la Regencia es preciso ser español y mayor de edad.»

El apartado 1 puede formularse de manera más precisa. «El padre o la madre» suscita la duda de si hay un orden de prelación, como le hay, o si se trata de una simple disyunción. Luego convendrá aclarar: «el padre y en su defecto...». La frase siguiente requiere una alteración para evitar la redundancia. Dirá: «a falta de ambos...».

La referencia al «pariente más próximo a suceder en la Corona...», llamado a la Regencia, plantea el problema de saber de quién ha de ser el sucesor pariente más próximo: si respecto del Rey que ha causado la sucesión por la que ha advenido a la Corona el menor, o bien, respecto del menor mismo. La primera hipótesis responde a la idea de atribuir la Regencia a quien habría sido llamado a la Corona de no existir el menor. La segunda hipótesis —buscar el pariente más próximo del menor— parece anticipar unos efectos que sólo tendrían lugar normalmente a falta del menor por su fallecimiento. Es jurídicamente más correcta la primera solución. En el campo del Derecho civil, cuando se abre una sucesión con varios llamamientos, aunque sean sucesivos, el parentesco y la sucesión se determinan con relación al causante de la situación creada.

El llamamiento del Regente requiere otro requisito: que sea capaz y español. El apartado 4 dice que «para ejercer la Regencia es preciso ser español y mayor de edad». La norma no es completamente exacta. La capacidad y la condición de español no pueden funcionar como meros requisitos de ejercicio del cargo, sino como requisitos para ser llamado, porque no tendría razón de ser que se designara Regente a quien no tuviera capacidad; pero capacidad no sólo para ejercer la Regencia, sino para ostentar el título de Regente. Esto trae consigo que la condición de pariente más próximo no es suficiente, ya que si el pariente más próximo es menor de edad correrá el orden del llamamiento.

La expresión «se inhabilitara» es equívoca, por lo que puede sustituirse por «quedara impedido». Mejor que «para el ejercicio de su autoridad», decir «para el ejercicio de sus funciones».

Texto revisado del artículo 51:

1. Cuando el Rey fuera menor de edad, el padre y en su defecto la madre y, a falta de ambos, el pariente más próximo en grado del causante de la sucesión, con exclusión del menor y según el orden establecido en la Constitución, siempre que sea español y mayor de edad, será llamado inmediatamente a la Regencia y la ejercerá durante la minoría de edad del Rey.

2. De la misma manera se procederá cuando el Rey quedara impedido para el ejercicio de su función y así fuese reconocido por las Cortes Generales.

3. A falta de persona para sumir la Regencia, ésta será nombrada por las Cortes y podrá recaer en una, tres o cinco personas.

(Se observa que no hay nada dispuesto para suplir el ejercicio de las funciones del Rey en las hipótesis de ausencia y enfermedad; casos que son objeto de regulación por otras Constituciones como las de Gran Bretaña, Dinamarca, Noruega y Suecia.)

«*Artículo 52.* 1. Será tutor del Rey menor la persona que en su testamento hubiese nombrado el Rey difunto, siempre que sea mayor de edad y español de nacimiento; si no lo hubiese nombrado, será tutor el padre o la madre, mientras permanezcan viudos. En su defecto lo nombrarán las Cortes, pero no podrán estar reunidos los cargos de regente y de tutor sino en el padre, madre o ascendientes directos del Rey.

»2. El ejercicio de la tutela es también incompatible con el de todo cargo o representación política.»

El requisito de capacidad de la mayoría de edad y ser español de nacimiento es común a las dos formas de designación de tutor y en el texto se menciona sólo respecto del tutor testamentario.

La no acumulabilidad de los cargos de tutor y Regente, salvo la excepción establecida, debe recogerse como regla aparte, y no con la adversativa «pero» después de las Cortes.

El «también» del apartado 3, sobra.

Podría quedar así el artículo 52:

1. Será tutor del Rey menor de edad la persona que el Rey fallecido hubiese nombrado en su testamento.

2. A falta de nombramiento testamentario, será tutor el padre o la madre mientras permanezcan viudos.

3. En su defecto, nombrarán tutor las Cortes Generales.

4. El tutor habrá de ser en todo caso mayor de edad y español de nacimiento.

5. No podrán reunirse en la misma persona los cargos de Regente y tutor, salvo cuando se trata del padre, de la madre o de ascendientes directos del Rey.

6. El ejercicio de la tutela es incompatible con todo cargo o representación política.

«*Artículo 53.* 1. El Rey, al ser proclamado ante las Cortes Generales, prestará juramento de desempeñar fielmente sus funciones, guardar y hacer guardar la Constitución y las leyes y respetar y tutelar los derechos de los ciudadanos.

»2. El Príncipe heredero, al ser mayor de edad, y el Regente al hacerse cargo de sus funciones, prestarán el mismo juramento del número anterior, así como el de fidelidad al Rey.»

En el apartado 1, inciso último, debe sustituirse la palabra «tutelar» por la de «amparar», además de por la razón ya indicada en otras ocasiones, porque en el artículo 52 se regula la tutela con el significado propio del Derecho civil y conviene evitar la identidad terminológica para supuestos distintos.

El juramento a prestar por el Príncipe heredero al ser mayor de edad —regulado en el apartado 2— suscita la duda de si lo presta al asumir las funciones de Rey o por la mayoría de edad como literalmente dice el precepto.

A la primera interpretación inclina el hecho de que presta el mismo juramento previsto para el Rey en el apartado 1, que también ha de prestarlo el Regente, a saber: desempeñar fielmente sus funciones (de Rey), guardar y hacer guardar la Institución y las Leyes y respetar y tutelar los derechos de los ciudadanos. Parece que jurar, en presente, el ejercicio de las funciones de Rey presupone serlo.

A la interpretación contraria, o sea que el juramento lo presta el Príncipe por ser mayor de edad, conducen entre otros, los siguientes argumentos: que expresamente sólo se menciona como supuesto del juramento el ser «mayor de edad»; que, según el inciso último, ha de prestarse también el juramento de «fidelidad al Rey», lo que no se justificaría si jurara quien fuera Rey; y que en la Constitución de 1869 se regula un juramento a prestar por el Príncipe de Asturias al cumplir los dieciocho años, si bien no se refería al ejercicio de las funciones de Rey ni incorporaba la fidelidad a éste.

Si esta segunda es la interpretación válida, conviene introducir algunas aclaraciones, como la de designar al Príncipe heredero como Príncipe de Asturias, con lo que queda más claro que no es Rey y, abundando en la misma idea, subrayar que el juramento se presta sólo por la mayoría de edad.

La fidelidad al Rey no debe considerarse como otro juramento —y así lo dice el actual apartado 2— sino como parte añadida al juramento.

He aquí el texto del artículo 53:

1. El Rey, al ser proclamado ante las Cortes Generales, prestará juramento de desempeñar fielmente sus funciones, guardar y hacer guardar la Constitución y las Leyes y respetar y amparar los derechos de los ciudadanos. (Cfr. el art. 61, apartado 1, de la Constitución en el solo aspecto de que elimina la expresión «tutelar».)

2. El Príncipe de Asturias, cuando alcance la mayoría de edad, y el Regente, al hacerse cargo de sus funciones, prestarán el juramento del apartado anterior, añadiendo a los términos del mismo la fidelidad al Rey.

«*Artículo 54.* Corresponde al Rey:

»*a*) Nombrar al Presidente del Gobierno en los términos previstos por el artículo noventa y siete y poner fin a sus funciones, cuando aquél le presente la dimisión del Gobierno.

»*b*) Nombrar y separar a los Ministros a propuesta del Presidente del Gobierno.

»*c*) Convocar y disolver las Cortes Generales y convocar elecciones, en los términos previstos en la Constitución.

»*d*) Sancionar y promulgar las leyes.

»*e*) Convocar a referéndum en los casos previstos en la Constitución.

»*f*) El mando supremo de las Fuerzas Armadas.

»*g*) Expedir los decretos acordados en Consejo de Ministros; conferir los empleos civiles y militares y conceder honores o distinciones con arreglo a las leyes.

»*h*) Ejercer el derecho de gracia con arreglo a la ley.

»*i*) Presidir el Consejo de Ministros cuando ello sea necesario y ser informado por el Presidente del Gobierno de los asuntos de Estado.»

El artículo 54 es el expresamente dedicado a decir qué corresponde al Rey. Empieza diciendo: «Corresponde al Rey», sin calificar los cometidos que se le confieren de atribuciones, facultades, prerrogativas o de otra forma. Posiblemente es un acierto que refleja una tradición constitucional. Las Constituciones de 1869 y 1876 decían también simplemente «Corresponde al Rey...» La de 1856 hablaba de lo que corresponde al Rey, «además de las prerrogativas que señala la Constitución». Si bien el artículo 54 tiene ese exclusivo objeto, no queda comprendido en él *todo* lo que corresponde al Rey, que ha de completarse con lo dispuesto de modo muy general en el artículo 48,1, con lo establecido para el ámbito internacional en el artículo 55 y con el apartado 2 del artículo 57.

Convendría colocar en un primer plano la función de sancionar y promulgar las leyes —que así aparece en otras Constituciones, incluso en artículo aparte— y buscar una ordenación más homogénea en la que aparezcan juntos los actos de carácter parlamentario o relacionados con él, los actos concernientes al ejecutivo, el mando de las Fuerzas Armadas y el derecho de gracia.

Como todas las enunciaciones comienzan con un infinitivo, salvo «El mando supremo de las Fuerzas Armadas», anteponer «Ostentar». Mejor quizá que «Ejercer el derecho de gracia...», «Hacer uso...»

Resultaría así el artículo 54:

Corresponde al Rey:

a) *Sancionar y promulgar las leyes.*

b) *Convocar y disolver las Cortes y convocar elecciones en los términos previstos en la Constitución.*

c) *Convocar a referéndum en los casos y en la forma que establece la Constitución.*

d) *Nombrar al Presidente del Gobierno, conforme a lo dispuesto en el artículo 97, y poner fin a sus funciones cuando aquél le presente la dimisión.*

e) *Nombrar y separar a los Ministros a propuesta del Presidente del Gobierno.*

f) *Expedir los decretos acordados en Consejo de Ministros, conferir los empleos civiles y militares y conceder honores o distinciones con arreglo a las leyes.*

g) *Presidir el Consejo de Ministros cuando ello sea necesario y ser informado por el Presidente del Gobierno de los asuntos de Estado.*

h) *Ostentar el mando supremo de las Fuerzas Armadas.*

i) *Hacer uso del derecho de gracia con arreglo a la ley.*

(Cfr., en cuanto al orden de enunciación de los cometidos, el art. 62 de la Constitución.)

«*Artículo 55.* 1. El Rey acredita a los embajadores y otros representantes diplomáticos. Los representantes extranjeros en España están acreditados ante él.

»2. El Rey autoriza la celebración de los tratados internacionales y, en su caso, los ratifica. Sin embargo, la conclusión de tratados que afecten a materia de competencia de las Cortes Generales deberá ser previamente autorizada mediante ley.

»3. Cuando un tratado sea contrario a la Constitución, su conclusión deberá ser autorizada mediante el procedimiento previsto para la revisión constitucional.

»4. Las Cortes Generales serán oportunamente informadas de la conclusión de los restantes tratados.

»5. Al Rey corresponde, previa autorización de las Cortes Generales, declarar la guerra y concluir la paz.»

El artículo 55, en lo relativo a tratados internacionales, que es la parte más delicada y opinable, confiere al Rey atribuciones para autorizar la celebración de los tratados internacionales y, en su caso, ratificarlos. Formulamos las siguientes observaciones:

A) Los conceptos de «celebración» y «ratificación» no son suficientemente claros. Sobre todo la «celebración» pone de relieve un pacto o convenio bilateral o plurilateral que supone la intervención concurrente y coetánea de las partes contratantes, cuando la realidad es que hoy no es ésta la forma usual, ni siquiera normal, de suscribir los tratados, ya que predomina el régimen de la adhesión o sucesiva incorporación a los mismos de los diferentes Estados. Por ello es preferible utilizar, además del concepto de «celebración», el de «adhesión». El empleo del término «conclusión», que aparece en los apartados 2 y 3 en sustitución de «celebración», o con el propósito de comprender la celebración y la ratificación, no refleja la idea recogida por la palabra «adhesión».

B) El esquema normativo de la regulación contenida en el artículo 55 está representado por tres hipótesis que, ordenadas de mayor a menor —y no lo hace así el precepto que empieza con la hipótesis media para seguir con la mayor y la menor— son las siguientes:

a) «Cuando un tratado sea contrario a la Constitución» (apartado 3). El giro no es muy feliz, pues lo contrario a la Constitución no será formalmente el tratado, sino el contenido de éste, es decir, la regulación convencional del tratado pugna con la regulación constitucional de la misma materia. Habrá de hacerse, pues, la oportuna corrección.

En esta hipótesis —dado que el contenido regulativo del tratado discrepa de la regulación constitucional— se introduce, sin duda con acierto, la garantía parlamentaria máxima, ya que la conclusión del tratado —y lo mismo la adhesión— deberá ser autorizada mediante el procedimiento previsto para la revisión constitucional en los artículos 157 a 159, con la mayoría cualificada requerida a tal fin. Aunque la autorización por este procedimiento concierne a la conclusión, y aunque en ella no se comprenda la ratificación, ésta, llevada a cabo por el Rey, tendrá siempre como presupuesto la garantía de ese importante acto parlamentario.

Sin embargo, surge el siguiente problema: una cosa es aplicar a la conclusión del tratado el procedimiento de revisión o reforma de la Constitución y otra revisar o reformar ésta. El Anteproyecto se inclina por lo primero; el mecanismo revisorio se aplica al tratado y no a la Constitución, según los términos literales del precepto no contradichos por ningún otro criterio interpretativo. Pero si es así, se desemboca en un resultado jurídicamente poco satisfactorio como es el de que la Constitución, si no se reforma, mantiene una regulación no coincidente con la del tratado. Conviene reflexionar sobre este punto y ver que, utilizado el procedimiento para la reforma de la Constitución, debería introducirse la reforma en ella, con lo que se evitaría que la Constitución continuara manteniendo un contenido modificado fuera de ella. La Constitución francesa, contemplando la misma hipótesis, la resuelve en el sentido de que cuando el tratado contenga una cláusula contraria a la Constitución «la autorización de ratificarlo o aprobarlo no puede realizarse sino después de la revisión de la Constitución» (artículo 54). Es decir, la ratificación o aprobación del tratado queda subordinada a la previa revisión constitucional. De esta manera se elimina otra dificultad, que es la de saber cuál es la naturaleza del acto llevado a cabo por las Cortes para autorizar un tratado por el procedimiento de la reforma constitucional, sin reformar ésta.

b) «Conclusión de tratados que afectan a materias de la competencia de las Cortes.» Materias de la competencia propia de las Cortes, además de la Constitución, son las leyes. Basta que el tratado quede en su campo de acción para encontrarnos en esta hipótesis. No es necesario que suponga una modificación de las leyes, como requieren otras Constituciones.

El procedimiento que en este caso se utiliza para la conclusión del tratado es el de que «deberá ser previamente autorizado mediante ley». La ley no aprueba o ratifica el tratado; confiere una autorización previa. ¿Es garantía eficiente la autorización previa por las Cortes? ¿Resulta el Rey suficientemente asistido por éstas en cometidos que se le atribuyen para autorizar la celebración de los tratados y, en su caso, ratificarlos? Desde el punto de vista formal, sí, por cuanto se acude a las Cortes y a la Ley. Sin embargo, en realidad todo depende de cuál sea el objeto de conocimiento en la autorización previa y cuáles los términos de ésta. Sólo si la autorización conferida por las Cortes para concluir el tratado tiene por objeto el conocimiento total del contenido del tratado y queda subordinada a que el tratado, una vez concluido, no contenga variación alguna, el sistema será eficiente; porque aunque la autorización sea previa, habrá identidad entre el contenido autorizado y el contenido pactado. En cambio, el sistema no será seguro si la autorización se concediera en virtud de un conocimiento no total o en términos que exigieran un ulterior desarrollo. Para que la garantía fuera plena sería mejor que la ley contuviera, en lugar de la autorización previa para concluir el tratado, la aprobación de éste. La Constitución francesa, en casos similares, como el de que los tratados modifiquen disposiciones legislativas o versen sobre el comercio o sean relativos al estado de las personas, etc., dispone que «no pueden ser ratificados o aprobados si no en virtud de una ley» (art. 53). Lo mismo exige el artículo 80 de la Constitución italiana para una amplia gama de tratados. Otro tanto viene a establecer el artículo 59 de la Constitución de la República Federal Alemana.

c) «Conclusión de los restantes tratados.» Ésta es la tercera hipótesis contemplada por el apartado 4 del artículo 55. Lógicamente, se comprende que aquí figuran incluidos los tratados que no contradigan el contenido regulativo de la Constitución y los que no se refieran a materias de la competencia de las Cortes.

Si los tratados no afectan a materias de la competencia de las Cortes parece, en principio, suficiente que éstas queden informadas. Pero todo depende de que, en efecto, conciernan a materias ajenas por completo a la competencia de las Cortes, porque de no ser así estaríamos en la regla del apartado 2 que exige la previa autorización del tratado por las Cortes mediante ley. ¿Cómo se discierne y resuelve si los tratados son ajenos a la competencia de las Cortes? He aquí lo importante. Son las mismas Cortes las facultadas para pronunciarse sobre lo que es materia de su competencia. Tanto en el Reglamento del Congreso de los Diputados (artículo 36) como en el del Senado (artículo 39) figuran constituidas las respectivas Comisiones de Competencia Legislativa, con el carácter de Comisiones Permanentes, que tienen por objeto impedir que la competencia de las Cámaras sea desconocida. ¿Se satisface esta exigencia en el precepto del apartado 4? Es un tanto eufémico; dispone que «las Cortes Generales serán oportunamente informadas de la conclusión de los restantes tratados». Si paramos la atención en «oportunamente» hay base para pensar que la información a las Cortes se les facilitará antes que el tratado esté terminado. Si, por el contrario, tenemos en cuenta que lo previsto es una mera información, sin establecer el efecto o los fines de la información, surge la duda de que a través de esta información pudieran actuar las Comisiones de Competencia Legislativa antes de la conclusión de los tratados. Y la duda aumenta si se advierte que la información va referida a «la conclusión» de los tratados. Por todo ello resulta más seguro decir que las Cortes sean previamente informadas. Mientras en el caso de los tratados que afectan a materias de la competencia de las Cortes nos parece insuficiente que la conclusión sea previamente autorizada por las Cortes, en este caso sí quedarán a cubierto las prerrogativas de las Cortes, exigiendo una información previa a las mismas, es decir antes de que el tratado esté concluido, con el fin de que las Cortes puedan hacer uso de sus derechos. Se dirá que después de la conclusión viene la ratificación con lo que, antes de producirse ésta, cabría la intervención de la Comisión de Competencia Legislativa. Sin embargo, no es recomendable crear una situación de incertidumbre o conflicto entre ambos momentos.

Con relación especialmente a estos tratados que, en principio, no afectan a materias propias de la ley, se produce un fenómeno curioso. Según el artículo 6 del Anteproyecto, para el que propugnamos una modificación, los tratados válidamente celebrados, todos ellos, una vez publicados, tienen jerarquía superior a la de las leyes. Y entonces nos encontramos con que estos tratados, ajenos a la competencia legislativa de las Cortes, ocupan sin embargo en la jerarquía de las normas una escala superior a la de la ley. Luego por la vía del tratado puede suceder que una materia meramente reglamentaria se superponga en su rango a la ley.

C) Tras la incursión por las tres hipótesis del artículo 55 relativas al régimen de los tratados, volvemos ahora a la norma fundamental, que es la del apartado 2, inciso 1. Dice que «el Rey autoriza la celebración de los tratados internacionales y, en su caso, los ratifica». Y no siempre la ratificación es necesaria.

La norma está formulada en términos demasiado absolutos. Porque aún atenidos al propio texto del Anteproyecto y sin tener en cuenta por ahora las modificaciones aquí propugnadas, los poderes reales no son tan amplios como comienza anunciándose, por cuanto seguidamente se establecen las tres intervenciones de las Cortes, ya examinadas, en orden a la conclusión de los tratados, que son: la autorización de la conclusión por el procedimiento de la revisión constitucional, la autorización previa por medio de ley y la información a las Cortes.

Siendo esto así, la estructura del conjunto normativo regulador del régimen de conclusión y ratificación de tratados, no es fiel a la realidad de lo ordenado. Porque no es exacto, como se da a entender, que se trate de un cometido del Rey respecto del cual actúen algunas excepciones. La verdad es que en el régimen de la conclusión de los tratados hay siempre una intervención en las Cortes, y ésta debe aparecer a nivel de la norma general.

Si del texto del Anteproyecto pasamos al que resultaría de aceptarse las modificaciones propugnadas, que reflejan la preocupación de hacer más eficiente el cometido de las Cortes, el argumento se refuerza.

En teoría general, la no atribución al Jefe del Estado o al Ejecutivo de las facultades totales de autorización y ratificación de los tratados es la directriz dominante. Charles Rousseau (*Derecho Internacional Público*, trad. esp. de Trías de Bes, 1966) dice con relación a la competencia exclusiva del ejecutivo:

«Era en otro tiempo, el de las monarquías absolutas. En Francia fue el del Segundo Imperio. También ha sido el del Japón (Constitución de 11 de febrero de 1889) hasta la Constitución de 3 de noviembre de 1946.» El mismo autor dice respecto de la competencia exclusiva del legislativo que «es la característica de los Estados que mantienen el gobierno de Asamblea». Sobre todo importa la siguiente aseveración de Ch. Rousseau: «La competencia repartida entre el ejecutivo y el legislativo constituye el derecho común de la mayor parte de los Estados.» (pp. 35-36.)

Y así resulta de diversas Constituciones. La de Bélgica confiere al Rey la facultad de firmar los tratados, entre otros, los de comercio «dando conocimiento a las Cámaras... y adjuntando todas las copias que convengan». Así lo establece el artículo 68, en su primer párrafo, y el segundo párrafo agrega: «Los tratados de comercio y cuantos sean susceptibles de gravar al Estado u obligar individualmente a súbditos belgas, sólo surtirán efecto después de haber obtenido el asentimiento de las Cámaras.» La Constitución de los Países Bajos dispone en su artículo 60, párrafo 1.º, que «los tratados... serán concertados por el Rey o con el apoderamiento del Rey y, en la medida que el tratado lo requiera, sancionado por el Rey»; y a continuación, el párrafo 2.º previene: «Los tratados se comunicarán tan pronto como fuese posible a los Estados Generales (que se componen de las dos Cámaras Legislativas), y no serán sancionados ni entrarán en vigor mientras no hayan sido ratificados por los Estados Generales.» Conforme al artículo 37 de la Constitución de Luxemburgo, «el Gran Duque concierta los tratados, que no surtirán efecto antes de haber sido aprobados por la ley». Aun cuando la Constitución de la República francesa asigna al Presidente la facultad de negociar y ratificar los tratados (artículo 52), lo cierto es que conforme al artículo 53 un conjunto muy amplio de tratados han de ser «ratificados o aprobados» en virtud de una ley. Otro tanto viene a disponer la Constitución de la República Federal Alemana (artículo 59) con las peculiaridades del sistema federal.

Las dos Constituciones españolas precedentes confieren a las Cortes una intervención muy señalada. Según el artículo 55 de la Constitución de 1876 «el Rey necesita ser autorizado por una ley especial... para ratificar los tratados de alianza ofensiva, los especiales de comercio, los que estipulen dar subsidios a alguna Potencia extranjera y todos aquellos que puedan obligar individualmente a los españoles». Es decir, que los tratados sólo podrían desplegar un efecto equivalente al del ordenamiento jurídico —tener fuerza obligatoria para los españoles— si la ratificación venía autorizada por una ley especial. Como ésta se requería para la «ratificación» y no para la «celebración» del tratado, cabría que la ley recayera sobre el tratado mismo sin incurrir en el inconveniente de la ley previa. La Constitución de 1931, después de conferir al Presidente de la República facultades para negociar, firmar y ratificar tratados, disponía: «Los tratados de carácter político, los de comercio, los que supongan gravamen para la Hacienda Pública o individualmente para los ciudadanos españoles y, en general, todos aquellos que exijan para su ejecución medidas de orden legislativo, sólo obligarán a la Nación si han sido aprobados por las Cortes» (artículo 76).

D) Contra el reforzamiento, respecto del texto del Anteproyecto, del control parlamentario de los tratados podrá argüirse una pérdida de la agilidad negociadora. Sin descartar que pueda ser así, aunque en gran medida depende no tanto de las medidas de control sino de cómo sean cumplidas, lo cierto es que el derecho constitucional español precedente y el derecho constitucional de países de nuestra órbita cultural, marcan la directriz de que los Parlamentos aprueben e incluso ratifiquen mediante ley los tratados que hayan de producir efectos modificativos del ordenamiento jurídico y sean directamente vinculantes para los individuos. Ello está, además, en armonía con el sistema legislativo de la Constitución. Si la potestad legislativa reside en las Cortes Generales (artículo 71); si el Rey promulga y sanciona las leyes (artículo 51), y si los tratados incluso se colocan jerárquicamente por encima de las leyes (artículo 6), o aunque sólo equivalgan a ellas, aplicar a los tratados un régimen de aprobación similar al de las leyes está en armonía con su valor jurídico.

Acaso la fórmula de la aprobación mediante ley podría flexibilizarse, no dando una intervención a las Cortes, con el alcance de aprobar los tratados mediante ley, en aquellos casos en que los tratados tengan un contenido que, si bien por razón de la materia queden dentro del ámbito de la competencia de las Cortes, no signifiquen sin embargo una modificación de disposiciones legislativas. El tratado en estos casos introduce una ordenación que, o es coincidente con la interna, o amplía la regulación sin introducir modificaciones en el ordenamiento preexistente. La hipótesis *B*), *b*) de estas notas podría entonces configurarse de la forma que se propone, con lo que se restringiría, en tanto la hipótesis *B*), *c*) vendría incrementada.

E) El apartado 5 del artículo 55 alude demasiado simplemente a la declaración de guerra. La regla de que el Rey requiere la previa autorización de las Cortes es obligada. Sin embargo, parece oportuno hacer una previa invocación del pacifismo, la concordia internacional y el cumplimiento de los compromisos contraídos, contemplando la declaración de guerra como una hipótesis extrema.

Todo lo expuesto queda reflejado en las dos posibles redacciones propuestas. La segunda sólo se diferencia de la primera en el apartado 2, letras *b*) y *c*).

1. El Rey acredita a los embajadores y otros representantes diplomáticos de España. Los embajadores y representantes diplomáticos extranjeros están acreditados ante él.

2. El Rey autoriza la celebración o la adhesión a los tratados internacionales y, en su caso, los ratifica, con la intervención de las Cortes

Generales en la forma que seguidamente se establece. (Cfr. el art. 63, apartado 1, de la Constitución.)

a) *Si los tratados contienen alguna cláusula o regulación contraria a la Constitución, habrá de ser reformada ésta antes de la conclusión y ratificación de aquéllos.* (Cfr. el art. 95, apartado 1, de la Constitución.)

b) *Cuando el tratado afecte a materias de la competencia de las Cortes Generales, será aprobado en virtud de una ley.*

c) *De los tratados que se consideren ajenos a la competencia de las Cortes Generales se dará, no obstante, cuenta previa a las mismas.*

3. *Si agotados los medios pacíficos de concordia internacional, y cumplidos los compromisos contraídos por el Estado, España se viera afectada por un conflicto armado, el Rey necesita la autorización de las Cortes Generales para firmar una declaración de guerra. La misma autorización requiere para concertar la paz.*

Cabría introducir la siguiente variación, en razón de lo argumentado, en el apartado 2, letras b) y c):

1...

2...

a)...

b) *Los tratados de paz, los de carácter político, los tratados, acuerdos o convenios relativos a la organización internacional, los que supongan un gravamen para la Hacienda Pública y todos aquellos que determinen modificaciones en las leyes requieren la aprobación de las Cortes Generales en virtud de una ley.* (Cfr. el art. 94, apartado 1, de la Constitución.)

c) *De los demás tratados se dará cuenta previa a las Cortes Generales.*

3. ...

«TÍTULO IV

»De las Cortes Generales

»Capítulo primero
»De las Cámaras

»*Artículo 58.* 1. Las Cortes Generales estarán formadas por el Congreso de los Diputados y el Senado.

»2. Nadie podrá ser miembro de las dos Cámaras simultáneamente, ni acumular el mandato de una Asamblea de Territorio Autónomo con el de Diputado al Congreso.

»3. Los miembros de las Cortes Generales representan al pueblo español y no están ligados por mandato imperativo.

»4. Las reuniones de Parlamentarios que se celebren sin convocatoria reglamentaria, no vincularán a las Cámaras, y no podrán ejercer sus funciones, ni ostentar sus privilegios.»

La regla del apartado 2 de que nadie podrá ser miembro de las dos

Cámaras simultáneamente contempla una situación que debe evitarla el derecho electoral, impidiendo que se pueda ser candidato a diputado y senador, con lo que no sería posible la dualidad. Si no obstante se mantiene la regla a nivel parlamentario, la expresión «nadie» resulta innecesariamente generalizadora. Bastará decir que no se puede ser miembro de las dos Cámaras simultáneamente.

No parece correcto expresar en términos de futuro que «las Cortes Generales estarán formadas...» porque la formación de las Cámaras la establece en términos de presente la propia Constitución.

En el Anteproyecto abunda el uso indiscriminado de las expresiones en presente y en futuro. Así vemos que en el artículo 58, los apartados 1 y 2 están en futuro, el 3 en presente y el 4 combina el presente del subjuntivo «celebren» con el futuro «no vincularán», «no podrán».

Conviene evitar estas diferencias terminológicas y acaso sea un criterio oportuno el de que la norma directamente constitucional vaya en presente, salvo cuando de modo expreso se refiera a un tiempo futuro.

En el apartado 4 del artículo 58 no se sabe exactamente cuál es el sujeto de... «sus privilegios», si los parlamentarios o las Cámaras. Si se trata de los parlamentarios parece que no les asistirá «el privilegio» de la inviolabilidad, porque según el artículo 63,1, sólo se goza de ésta en los actos realizados y para las opiniones manifestadas en el ejercicio de sus funciones. En cambio, la inmunidad seguirá asistiendo al parlamentario. En todo caso, el concepto de «privilegio», que en un sentido jurídico estricto representa el derecho individualmente reconocido, no sirve para configurar los derechos de los parlamentarios. La prueba está en que el artículo 63, al referirse a la inviolabilidad y a la inmunidad, no las califica de privilegios.

En virtud de las anteriores observaciones, cabría modificar algunos aspectos del artículo 58 de la siguiente forma:

1. Las Cortes están formadas por el Congreso de los Diputados y el Senado. (Cfr. el art. 66, apartado 1, de la Constitución.)

2. El miembro de una Cámara no puede ser simultáneamente miembro de la otra, ni acumular el mandato de una Asamblea de Territorio Autónomo con el de Diputado del Congreso.

3. ...

4. Las reuniones de parlamentarios que se celebren sin convocatoria reglamentaria, no vincularán a las Cámaras, y aquéllos no podrán ejercer sus funciones ni estarán protegidos por la inviolabilidad.

«Artículo 59. 1. Los Diputados del Congreso se eligen por sufragio universal, libre, igual, directo y secreto.

»2. El Congreso es elegido por cuatro años. El mandato de los Diputados termina cuatro años después de su elección o el día de la disolución de la Cámara.

»3. Son electores y elegibles todos los españoles mayores de edad que estén en el pleno uso de sus derechos políticos. La Ley reconocerá y el Estado facilitará el ejercicio del derecho de sufragio a los españoles que se encuentren fuera del territorio de España.»

La expresión «el Congreso es elegido por cuatro años» con que comienza el apartado 2, sin ser incorrecta desde el punto de vista del significado, no resulta por completo exacta, ya que los elegidos son los Diputados que forman el Congreso y no el Congreso como institución. Podría hablarse de legislatura, como se hace en otros lugares, para aludir al tiempo de duración de cada etapa parlamentaria (artículo 60, 2 y 4), si bien habrá de puntualizarse que la legislatura es la del Congreso, ya que el régimen del Senado es diferente. A su vez, la duración del mandato de los Diputados se establecerá con relación a la legislatura.

Si se admite, como ocurre en el derecho electoral vigente, que existan sustituciones para las vacantes producidas, no se puede decir en términos absolutos que el mandato de los Diputados termina cuatro años después de su elección.

En consecuencia, cabría redactar así el apartado 2 del artículo 59:

2. *La duración de cada legislatura del Congreso es de cuatro años. El mandato de los Diputados termina con la legislatura, bien por el transcurso de los cuatro años o bien por la disolución de las Cortes.*

«*Artículo 60.* 1. El Senado se compone de los representantes de los distintos Territorios Autónomos que integran España.

»2. Los Senadores serán elegidos por las Asambleas legislativas de los Territorios Autónomos, entre sus miembros, por un período igual al de su propia legislatura, con arreglo a un sistema de representación proporcional y de manera que se asegure la representación de las diversas áreas del Territorio.

»3. Cada Territorio Autónomo designará diez Senadores y otro más por cada quinientos mil habitantes o fracción superior a doscientos cincuenta mil habitantes. Ningún Territorio Autónomo podrá designar un número de Senadores igual o mayor al doble del número de Senadores que corresponda a otro Territorio Autónomo.

. »4. Al comienzo de cada legislatura, el Congreso de los Diputados, por mayoría de tres quintos de votantes que represente, al menos, la mayoría absoluta de la Cámara, podrá elegir hasta veinte Senadores de entre personas que hubieran prestado servicios eminentes en la vida cultural, política, económica o administrativa de España.»

Se ve que la duración de la legislatura del Senado ha querido establecerse de modo diferente. Conforme al apartado 2, los Senadores serán elegidos por las Asambleas legislativas de los Territorios Autónomos entre sus miembros, por un período igual al de su propia legislatura. Luego la duración de la legislatura del Senado no viene fijada directamente, sino con relación al tiempo de duración de las legislaturas de las Asambleas de los Territorios Autónomos. Esto puede plantear algún problema si en cada Asamblea no se establece un mismo plazo para cada legislatura o si no coinciden estas legislaturas, como será frecuente, en su comienzo.

Aparte de lo indicado, queda sin resolver cuál es el tiempo de duración de la legislatura para los veinte Senadores elegidos por el Congreso de los Diputados conforme a lo dispuesto en el apartado 4. Tampoco se conoce cuál es el tiempo de duración de la legislatura para los Senadores elegidos en las provincias que no se hayan constituido en Territorios Autónomos a que se refiere la disposición transitoria 5.ª.

«*Artículo 61.* 1. La ley electoral determinará los casos de inegibilidad e incompatibilidad de los Diputados y Senadores que comprenderá, en todo caso:

»a) A los altos cargos de la Administración del Estado, que determine la ley, con la excepción, en todo caso, de los miembros del Gobierno.

»b) A los militares profesionales y miembros de las Fuerzas de Orden Público y Policía Gubernativa, en activo.

»c) A los Jueces y Fiscales en activo.

»d) A los miembros de las Juntas Electorales.

»e) A los componentes del Tribunal Constitucional.»

Se repite tres veces la palabra «caso». En el apartado 1, en vez de decirse «los casos de inegibilidad e incompatibilidad», parece jurídicamente más adecuado decir «las causas de inegibilidad e incompatibilidad». El «en todo caso» del apartado 1 es indispensable, porque se trata de que tengan carácter imperativo las causas de inegibilidad e incompatibilidad establecidas por la Constitución, sin perjuicio de que puedan introducirse otras. En cambio, el «en todo caso» del apartado 1, letra a) no es necesario, ya que la excepción de los miembros del Gobierno queda claramente establecida si se dice «con excepción de los miembros del Gobierno».

Las pequeñas observaciones al artículo 61 incidirían en su texto del modo siguiente:

1. La ley electoral determinará las causas de inegibilidad e incompatibilidad de los Diputados y Senadores que comprenderán, en todo caso: (Cfr. el art. 70, apartado 1, de la Constitución.)

...

b) *A los altos cargos de la Administración del Estado que determine la ley con la excepción de los miembros del Gobierno.* (Cfr. el art. 70, apartado 1 b), de la Constitución.)

«*Artículo 64.* 1. Las Cámaras establecen sus propios Reglamentos y el estatuto de su personal y aprueban autónomamente sus presupuestos.

»2. Las Cámaras eligen sus respectivos Presidentes y los miembros de sus Mesas. Las sesiones conjuntas serán presididas por el Presidente del Congreso.

»3. Los Presidentes de las Cámaras ejercen en nombre de las mismas todos los poderes administrativos y facultades de policía en el interior de sus respectivas sedes.»

Cuando dice el apartado 1 que las Cámaras «aprueban autónomamente sus presupuestos», no queda suficientemente claro si el alcance de la autonomía es el de que serán las propias Cámaras, sin intervención del Gobierno, las que aprueben sus presupuestos o si quiere significarse que cada una de las Cámaras es autónoma respecto de la otra para la aprobación de sus presupuestos. Convendría aclararlo. (Cfr. el art. 72, apartado 1, de la Constitución.)

El apartado 2 debe decir «*las Cámaras eligen sus respectivos Presidentes y los demás miembros de sus Mesas*», porque el Presidente también es miembro de la Mesa. (Cfr. el art. 72, apartado 2, de la Constitución.)

En el apartado 3, mejor que «*los poderes administrativos*», será decir «*las funciones administrativas*».

«*Artículo 65.* 1. Las Cortes Generales celebrarán dos períodos ordinarios de sesiones: el primero de septiembre a diciembre y el segundo de febrero a julio.

»2. Podrán celebrarse períodos extraordinarios de sesiones a petición del Gobierno, de la Diputación Permanente o de la mayoría absoluta de los miembros de cualquiera de las Cámaras. Los períodos extraordinarios de sesiones deberán convocarse por los respectivos Presidentes, sobre un orden del día determinado, y serán clausurados una vez que éste haya sido agotado.»

Tanto la frase «celebrarán dos períodos ordinarios de sesiones» como la de «podrán celebrarse períodos extraordinarios» no parecen correctas, porque los períodos no se celebran. El período es una denominación temporal que se refiere a las sesiones o reuniones, pero no se celebran períodos.

En consecuencia, sería preferible esta redacción:

1. Las Cámaras se reunirán en dos períodos ordinarios de sesiones... (Cfr. art. 73, apartado 1, de la Constitución.)

2. Podrán reunirse en períodos extraordinarios de sesiones...

«*Artículo 69.* 1. Para adoptar acuerdos las Cámaras deben estar reunidas reglamentariamente y con asistencia de la mayoría de sus miembros.

»2. Dichos acuerdos para ser válidos deberán ser aprobados por la mayoría de los miembros presentes, sin perjuicio de las mayorías que establezca la Constitución, las leyes orgánicas y los reglamentos de las Cámaras.

»3. El voto de Senadores y Diputados es personal e indelegable.»

En el apartado 2 se utiliza una fórmula poco elegante cuando dice «dichos acuerdos para ser válidos deberán ser aprobados». Quizá sería mejor decir:

2. Para la validez de los acuerdos se requiere que sean aprobados por la mayoría de los miembros presentes... o para la validez de los acuerdos es necesario que sean aprobados por la mayoría de los miembres presentes...

«CAPÍTULO SEGUNDO

»De la elaboración de las leyes

»*Artículo 72.* Son materias propias de la ley:

»*a*) El desarrollo de los derechos y deberes comprendidos en el Título II y, en lo que proceda, de los principios generales declarados en el Título I.

»*b*) El desarrollo de las instituciones de la presente Constitución, incluyendo el derecho electoral, sin perjuicio de las autonomías reglamentarias de las Cámaras y cuantas remisiones contenga la presente Constitución a la ley.

»c) Las normas básicas en materia de orden público.

»d) El derecho civil.

»e) El derecho penal, procesal y judicial.

»f) Las normas básicas del derecho mercantil, laboral y de la Seguridad Social.

»g) Las normas básicas de la Administración, y de la función pública y de la defensa nacional.

»h) Administración y contabilidad. Los Presupuestos del Estado.

»i) Las cuestiones financieras y fiscales, así como los textos básicos de la planificación y ordenación económica y social.

»j) Las normas básicas sobre la ordenación del sector público de la economía.

»k) Las normas básicas en materia de obras públicas y transportes.

»l) Las normas básicas de la educación y de los planes generales de enseñanza.

»m) Las normas básicas sobre el régimen del suelo, urbanismo y vivienda.

»n) Las delegaciones normativas concedidas al Gobierno.

»o) Cualquier otra materia cuya regulación legal sea acordada por la mayoría absoluta del Congreso. Dicho acuerdo podrá comprender la suspensión de disposiciones reglamentarias sin perjuicio de tercero, en los términos que una ley establezca.»

Como ya se observó al tratar el artículo 45, cierto aspecto del desarrollo de los derechos, sobre todo en lo que concierne a su ejercicio, puede llegar a tener una dimensión reglamentaria.

El reconocimiento del derecho corresponde a la Constitución. La delimitación precisa de su contenido es materia de la ley, a la que frecuentemente invoca la Constitución; pero en muchos casos será necesario además el desarrollo reglamentario. Por eso representa una excesiva generalización convertir en materia exclusiva de la ley todo cuanto concierne al desarrollo de los derechos. Si por desarrollo entendemos la delimitación del contenido constitucionalmente fijado, sí es cierto que el tema corresponde en exclusiva a la ley, mas si el desarrollo alcanza a algunas facetas ordenadoras de la actuación, parece que puede realizarse, sin vulnerar la reserva de ley, a escala reglamentaria. Piénsese, por ejemplo, que las reuniones al aire libre o las manifestaciones sujetas a una autorización previa. Los trámites relativos a la solicitud y concesión de esta autorización, en su aspecto estrictamente administrativo, quedan dentro de la potestad reglamentaria.

Remitirse, como lo hace el apartado a) del artículo 72,1, al Título II de la Constitución y después al Título I, es contrario a la ordenación natural y numeral.

El reparo que hacemos a la palabra «desarrollo» aplicada a los derechos, no se extiende a las instituciones («el desarrollo de las instituciones de la presente Constitución», dice el apartado b). Porque las instituciones son grandes categorías no sólo normativas, sino sociales, que acumulan numerosos derechos. Por lo tanto, el paso de la institución globalmente considerada a los derechos en particular es un desarrollo que efectivamente incumbe a la ley.

En el apartado *e)* aparece, después del derecho penal y el procesal, el judicial. El concepto de derecho judicial no es unívoco como el derecho penal o el procesal. Incluso se habla del derecho judicial de modo preferente para aludir al creado por los jueces en el ejercicio de sus funciones de aplicación de la ley. Como no es éste el significado que quiere dársele aquí, sería mejor designarle como derecho concerniente a la organización judicial.

Las «normas básicas... de la defensa nacional» deberán incluirse con separación de las normas de la Administración y de la función pública.

Consiguientemente el apartado *a)* podría decir:

La regulación, en lo que proceda, de las materias comprendidas en el Título I y, en todo caso, la regulación de los derechos y deberes comprendidos en el Título II.

En el apartado *b)* *in fine* sustituir «contenga» por «contiene», o sea:

... cuantas remisiones contiene la presente Constitución a la ley.

En el apartado *e)* decir:

El derecho penal, el procesal y el concerniente a la organización judicial.

Deberá intercalarse en lugar aparte «la defensa nacional».

(El artículo 72 del Anteproyecto, relativo a la determinación expresa de las materias reservadas a la ley, no aparece ni tiene su equivalente en la Constitución.)

«*Artículo 74.* 1. Las Cortes Generales podrán autorizar al Gobierno mediante una ley de bases, para dictar legislación delegada sobre materias determinadas.

»2. No podrá otorgarse ninguna delegación legislativa de modo implícito ni en un texto que no sea presentado expresamente como ley de bases.

»3. Las leyes de bases mencionarán expresamente el objeto y alcance de la delegación legislativa, e indicarán el plazo dentro del cual es válida.

»4. Sin perjuicio de la competencia propia de los Tribunales, las Comisiones de las Cortes podrán pedir la suspensión de la legislación delegada. En caso de uso incorrecto de la delegación, la resolución corresponde al Pleno.

»5. Las leyes de bases podrán establecer en cada caso fórmulas adicionales de control.»

El carácter restrictivo de la delegación legislativa que aparece en los apartados 2 y 3 puede fortalecerse anteponiendo el requisito de la Ley de Bases y el contenido de ésta a la exclusión de una delegación implícita.

En el apartado 3 las palabras «determinarán» y «fijarán» parecen más rigurosas que «mencionarán» e «indicarán».

Los dos apartados 2 y 3 pueden refundirse en uno que diría:

2. La delegación legislativa sólo podrá otorgarse en un texto presentado expresamente como Ley de Bases, que también expresamente determinará el objeto y el alcance de la delegación legislativa y fijará el plazo dentro del cual sea válida, sin que nunca pueda entenderse conferida la delegación de un modo implícito.

«*Artículo 75*. Las delegaciones legislativas no podrán en ningún caso:

»*a*) Autorizar la modificación de la propia Ley de Bases.

»*b*) Facultar para dictar normas con carácter retroactivo.

»*c*) Permitir la subdelegación a autoridades distintas del propio Gobierno.»

La repetida expresión «en ningún caso» puede sustituirse en el párrafo inicial del artículo 75, que podría decir:

Quedan excluidas de la delegación legislativa las siguientes materias...

«*Artículo 76*. Cuando una proposición de ley o una enmienda fueran contrarias a una delegación legislativa autorizada por Ley de Bases, el Gobierno podrá pedir que no se tramite. En tal caso podrá pedirse la tramitación de una proposición de ley para la derogación total o parcial de la Ley de Bases.»

Figuran muy seguidos en su único párrafo «podrá pedir» y «podrá pedirse».

Quizá cabría redactar así el artículo 76:

Si una proposición de ley o una enmienda fueran contrarias a una delegación legislativa autorizada por Ley de Bases, al Gobierno le asistirá la facultad de oponerse a que se tramiten. En tal caso puede instarse la tramitación de una proposición de ley para la derogación total o parcial de la Ley de Bases. (Cfr. el art. 84 de la Constitución.)

«*Artículo 77*. Los actos del Gobierno por los que se promulgue legislación delegada recibirán el título de decretos legislativos y serán siempre informados por el Consejo de Estado que, en todo caso, se pronunciará sobre su conformidad o disconformidad con la Ley de Bases.»

Sustituir de nuevo «en todo caso», reconstruyendo así la frase:

... por el Consejo de Estado que, necesariamente, habrá de pronunciarse sobre su conformidad o disconformidad con la Ley de Bases.

«*Artículo 78*. 1. En casos de extraordinaria y urgente necesidad el Gobierno podrá dictar disposiciones legislativas provisionales que tomarán la forma de decretos-leyes, que regulen materias enumeradas en el artículo 72 y no afecten a la ordenación de las instituciones del Estado, los derechos y libertades de los ciudadanos regulados en el Título II ni al régimen de los Territorios Autónomos.

»2. Estos decretos-leyes deberán ser inmediatamente presentados ante las Cortes Generales, convocadas al efecto si no estuvieran reunidas, y caducarán si no fueran convalidados por las mismas en el plazo de los treinta días siguientes a su promulgación.

»3. Durante el plazo establecido en el párrafo anterior las Cortes podrán tramitarlos como proyecto de ley por el procedimiento de urgencia.»

Es acertado el carácter restrictivo con que se regulan los Decretos-Leyes. Pero por el régimen del apartado 2 del artículo 78 resulta un tanto complicado. La idea esencial es que si los Decretos-Leyes no se convalidan por las Cortes en el plazo de los treinta días siguientes a su promulgación, quedarán privados de efectos. En técnica jurídica, quizá con acusadas connotaciones civilísticas, el concepto de «convalidación» que se utiliza por el apartado 2 para expresar la conformidad de las

Cortes, y el concepto de «caducidad» que se emplea por el mismo apartado para referirse a la pérdida de efectos o extinción del Decreto-Ley, no son completamente correctos.

La «convalidación» se produce cuando un acto jurídico adolece de algún defecto o irregularidad que posteriormente se subsana por la misma persona u órgano de donde procede el acto. Como aquí no quiere significarse que el acto sea irregular, sino que requiere de la voluntad de la Cortes para producir definitivamente efectos, sería mejor servirse del concepto de «ratificación».

Tampoco el concepto de «caducidad» resulta del todo pertinente, ya que en su acepción civil y procesal implica el perecimiento de un derecho por su no ejercicio dentro de un tiempo determinado, y no es éste el caso.

Por otra parte, es delicado el problema que se plantea con relación a los efectos ya producidos por los Decretos-Leyes no ratificados o convalidados por las Cortes, pues se trata de normas promulgadas antes de saber si han de subsistir o extinguirse, ya que el plazo de un mes se cuenta, según el precepto, a partir de la promulgación del Decreto-Ley. Nos limitamos a llamar la atención sobre esta situación y las consecuencias que pueden producirse.

Una redacción posible, sin tener en cuenta el problema de fondo suscitado, sería ésta:

...

2. *Estos Decretos-Leyes deberán ser presentados inmediatamente a las Cortes Generales, que se convocarán a tal fin si no estuvieren reunidas, y quedarán privados de efectos si las mismas no los ratificaran en un plazo de treinta días a partir de su promulgación.*

«*Artículo 79.* 1. Corresponde a la potestad reglamentaria del Gobierno la regulación de las materias no reservadas a la ley, sin perjuicio de lo previsto en el Título VIII.

»2. En caso de duda sobre el carácter legislativo o reglamentario de una norma, y previo dictamen de la Comisión de Competencia Legislativa del Congreso y del Consejo de Estado, resolverá el Tribunal Constitucional.»

Se ocupa de los casos de duda sobre el carácter legal o reglamentario de una norma, y luego de exigir un dictamen previo de la Comisión de Competencia Legislativa del Congreso y del Consejo de Estado, dispone, sin más, que «resolverá el Tribunal Constitucional».

¿A instancia de quién y por qué procedimiento? Convendría decirlo, sobre todo en lo que respecta a la legitimación para acudir al Tribunal Constitucional, ya que el artículo 153 regula expresamente esta legitimación determinando quiénes pueden acudir a él.

«*Artículo 80.* 1. La iniciativa legislativa corresponde al Gobierno y a los Diputados, bien directamente, o bien a través de los grupos parlamentarios.

»2. El Senado podrá solicitar del Gobierno la adopción de un proyecto de ley o remitir ante la Mesa del Congreso una proposición de ley, delegando ante dicha Cámara un máximo de tres Senadores encargados de su defensa.

»3. El mismo derecho podrá ejercerse también por las Asambleas de los Territorios Autónomos. En tal supuesto se actuará de acuerdo con lo dispuesto en el apartado anterior.

»4. Podrán someterse al Congreso proposiciones de ley articuladas y motivadas, con las firmas acreditadas de quinientos mil electores. La iniciativa popular no procede en materia tributaria, de carácter internacional, ni en lo relativo a la prerrogativa de gracia. La ley regulará el ejercicio de este derecho.»

Este artículo permite un leve retoque. De los tres «podrá» habrá que evitar alguno. También puede corregirse la remisión que hace el inciso último del apartado 3 al apartado 2. De un lado para eliminar «tal supuesto» y de otro lado para decir que la aplicación del apartado 2 es analógica, ya que se refiere al Senado, a la Mesa del Congreso y a tres Senadores, mientras el apartado 3 se ocupa de los Territorios Autónomos.

La rectificación a introducir en el apartado 3 sería ésta:

3. *El mismo derecho corresponde a las Asambleas de los Territorios Autónomos. Para su ejercicio se aplicará por analogía lo dispuesto en el apartado anterior.*

«Artículo 81. 1. Los proyectos de ley del Gobierno serán aprobados en Consejo de Ministros y siempre que se trate de leyes orgánicas o leyes de bases irán acompañados del informe del Consejo de Estado.

»2. En todo caso irán acompañados de una exposición de motivos y de cuantos antecedentes establezca una ley orgánica de régimen jurídico de la Administración, sin perjuicio de los que reclamen las Cámaras.»

El contenido de este artículo puede distribuirse de modo distinto, colocando al final la hipótesis más específica, que es la de los Proyectos de Leyes orgánicas o Leyes de Bases para los que se exige el requisito también específico del informe del Consejo de Estado.

La redacción sería la siguiente:

1. *Los Proyectos de Ley del Gobierno serán aprobados en Consejo de Ministros.*

2. *Deberán ir siempre precedidos de una exposición de motivos y acompañados de cuantos antecedentes establezca una Ley Orgánica de Régimen Jurídico de la Administración, sin perjuicio de los que reclamen las Cámaras.*

3. *Los Proyectos de Leyes orgánicas o de bases irán acompañados del informe del Consejo de Estado.*

«Artículo 83. 1. Aprobado por el Congreso un proyecto o proposición de ley, el Presidente de dicha Cámara dará inmediata cuenta del mismo al Presidente del Senado, el cual lo someterá a la deliberación de éste.

»2. El Senado, en el plazo de un mes a partir del día de la recepción del texto, puede, mediante mensaje motivado, oponer su veto al mismo. En este caso, el proyecto no podrá ser sometido al Rey para su sanción, salvo que el Congreso acepte las enmiendas propuestas por el Senado o ratifique por mayoría absoluta de sus miembros el texto inicialmente aprobado.

»3. El plazo de un mes se reducirá al de diez días naturales en los proyectos declarados urgentes por el Gobierno o por el Congreso de los Diputados.»

El apartado 1 permite otra redacción que eluda decir «dicha Cámara».

Podría ser ésta:

1. Aprobado un proyecto o proposición de ley por el Congreso de los Diputados, su Presidente dará inmediata cuenta del mismo al Presidente del Senado, el cual lo someterá a la deliberación de éste. (Cfr. el art. 90 de la Constitución.)

«*Artículo 84.* Las leyes aprobadas definitivamente por las Cortes Generales serán sancionadas por el Rey en el plazo de quince días, quien las promulgará y ordenará inmediatamente su publicación.»

Lo que interesa es la inmediata publicación de las leyes aprobadas definitivamente por las Cortes Generales y sancionadas por el Rey en el plazo de quince días. Por lo tanto, en lugar de decir que el Rey «*ordenará inmediatamente su publicación*», parece más correcto decir: «*ordenará su inmediata publicación*». En definitiva: «*las leyes aprobadas definitivamente por las Cortes serán sancionadas por el Rey en el plazo de quince días, quien las promulgará y ordenará su inmediata publicación*». (Cfr. el art. 91 de la Constitución.)

«*Artículo 85.* 1. La aprobación de las leyes votadas por las Cortes Generales y aún no sancionadas, las decisiones políticas de especial trascendencia y la derogación de leyes en vigor, podrán ser sometidas a referéndum de todos los ciudadanos.

»2. En los dos primeros supuestos del número anterior al referéndum será convocado por el Rey, a propuesta del Gobierno, a iniciativa de cualquiera de las Cámaras, o de tres asambleas de Territorios Autónomos. En el tercer supuesto, la iniciativa podrá proceder también de setecientos cincuentas mil electores.

»3. El plazo previsto en el artículo anterior, para la sanción real, se contará en este supuesto, a partir de la publicación oficial del resultado del referéndum.

»4. El resultado del referéndum se impone a todos los ciudadanos y a todos los órganos del Estado.

»5. Una ley orgánica regulará las condiciones del referéndum legislativo y del constitucional, así como la iniciativa popular a que se refiere el presente artículo y la establecida en el artículo 80.»

No es exacto que en el referéndum intervengan «todos los ciudadanos». En la Constitución se hace un uso no uniforme de la palabra «ciudadano». La verdad es que «ciudadanos» tiene un sentido tan comprensivo por lo menos como «españoles». Pero el derecho de voto no corresponde a todos los españoles, sino a los mayores de edad. Así lo aclara con acierto el artículo 23, cuando establece en su apartado 1 que «todos los ciudadanos mayores de edad tienen derecho a participar en los asuntos públicos, directamente o por medio de representantes». Es claro que en el referéndum hay una participación directa de los ciudadanos mayores de edad con derecho de sufragio. Luego habrá de hacerse esta puntualización.

Hay que evitar en lo posible la tan repetida expresión «supuesto».

Mejor que hablar de que el referéndum «se impone» es decir que «obliga».

En conjunto, el artículo está necesitado de una reestructuración clarificadora, como la siguiente:

1. Podrán ser sometidas a referéndum de todos los ciudadanos mayores de edad la aprobación de las leyes votadas por las Cortes Generales y aún no sancionadas, las decisiones políticas de especial trascendencia y la derogación de leyes en vigor.

2. El referéndum será convocado por el Rey, a propuesta del Gobierno, por iniciativa de cualquiera de las Cámaras o de tres Asambleas de Territorios Autónomos.

3. Corresponde también la iniciativa del referéndum relativo a la derogación de leyes a un número no menor de setecientos cincuenta mil electores.

4. El plazo previsto en el artículo anterior para la sanción real se contará a partir de la publicación oficial del resultado del referéndum, que obliga a todos los españoles y a todos los órganos del Estado.

5. Una Ley Orgánica regulará el ejercicio del referéndum legislativo y del constitucional, así como el ejercicio de la iniciativa popular a que se refiere el apartado 3 de este artículo y la establecida en el artículo 80.

«Capítulo TERCERO

»De las relaciones entre el Gobierno y las Cortes Generales

«*Artículo 87.* Las Cámaras podrán recabar la información que precisen del Gobierno y de sus Departamentos y de cualesquiera autoridades, incluyendo las de los Territorios Autónomos.»

Sólo un cambio de giro en la expresión para evitar el «podrán» y referirse mejor a organismos que a autoridades, por lo que diría:

Las Cámaras están asistidas de la facultad de recabar la información que precisen del Gobierno y de sus Departamentos o de otros Organismos, incluyendo los pertenecientes a Territorios Autónomos.

«*Artículo 88.* 1. Las Cámaras y sus Comisiones pueden reclamar la presencia de los miembros del Gobierno.

»2. Los miembros del Gobierno tienen acceso a las sesiones de las Cámaras y a sus Comisiones y la facultad de hacerse oír en ellas, y podrán solicitar que informen ante las mismas funcionarios de sus Departamentos.»

Se puede refundir en un solo párrafo. Parece que el acceso de los miembros del Gobierno a las Cámaras habrá de reconocerse siempre, mientras que el acceso a las sesiones de las Comisiones sólo tendrá lugar cuando se debatan en éstas asuntos que conciernan al Departamento del miembro del Gobierno.

Mejor que la facultad de «hacerse oír» es la de «hacer uso de la palabra».

Con estas observaciones, el texto sería el siguiente:

Los miembros del Gobierno tienen siempre acceso a las sesiones de las Cámaras, así como a las de las Comisiones cuando se debatan en éstas asuntos que conciernan a sus Departamentos. Las Cámaras y las Comisiones pueden reclamar la presencia de los miembros del Gobierno. Estos tienen la facultad de hacer uso de la palabra en ellas y la de solicitar que informen ante las Comisiones funcionarios de sus Departamentos.

«*Artículo 89.* 1. El Gobierno y sus miembros están sometidos a las interpelaciones y preguntas que se produzcan en las Cámaras. En los reglamentos de éstas se establecerá un día fijo a la semana para su debate.»

...

Para evitar los colectivos «Gobierno» y «miembros» que tienen significado similar, decir: «el Gobierno y cada uno de sus miembros».

En lugar de «preguntas que se produzcan en las Cámaras», decir «preguntas que se les formulen en las Cámaras».

Consiguientemente, el apartado 1 quedaría así:

1. El Gobierno y cada uno de sus miembros están sometidos a las interpelaciones y las preguntas que se les formulen en las Cámaras. Para esta clase de debates los Reglamentos establecerán un día fijo a la semana.

2. ...

(Cfr. el art. 111, apartado, 1, de la Constitución.)

«TÍTULO V

»Del Gobierno y de la Administración»

«CAPÍTULO PRIMERO
»Del Gobierno

»*Artículo 95.* El Gobierno dirige la política, la Administración civil y militar y la defensa del Estado. Ejerce la función ejecutiva y la potestad reglamentaria de acuerdo con la Constitución y las leyes.»

En la democracia, el Gobierno encarna una opción política establecida en el poder. La diferencia fundamental entre la democracia y la autocracia radica en que en ésta no hay más política que la instalada en el poder, en definitiva la del jefe o dictador y su gobierno, mientras que en un régimen democrático la política tiene una expresión mucho más amplia y nutrida de diversidades. La política es una realidad vivida por el pueblo y emanada de él, en la que participan todos los ciudadanos personalmente y a través de los partidos, los grupos y las organizaciones sindicales. La política no es sólo la del Gobierno. Junto a ella está la de todos los partidos con presencia parlamentaria e incluso la de los que no la tienen. La oposición encarna una política como alternativa con más o menos posibilidades. En una Constitución que tiene como fundamento la unidad de España y la autonomía de sus regiones, éstas aparecen también, a través de sus Consejos de Gobierno y Asamblea, como cauces de una importante acción política.

Por todo ello, entendemos que el inicio del artículo 95, al decir que «el Gobierno dirige la política», tiene un significado a la vez simplista y exclusivista. Parece sencillamente, al menos al nivel lingüístico, que toda la política está dirigida por el Gobierno, cuando en realidad no es así.

Por ello proponemos un texto en el que se matiza el alcance de la acción política. La referencia de ésta al Estado, permite e incluso obliga a no aludir de nuevo al Estado.

La expresión «tiene a su cargo» no es muy convincente, pero tiende, sobre todo, a evitar el «dirige», que luego se repite en el artículo 96 respecto del Presidente del Gobierno.

Sería ésta la redacción del artículo 95:

El Gobierno tiene a su cargo la política general del Estado, la Administración civil y la militar. Ejerce la función ejecutiva y la potestad reglamentaria de acuerdo con la Constitución y las leyes.

«*Artículo 96.* 1. El Gobierno se compone del Presidente, de los Vicepresidentes, en su caso, y de los demás miembros que establezca la ley.

»2. El Presidente del Gobierno dirige la acción de éste, distribuye y coordina las funciones de los demás miembros de aquél, sin perjuicio de la competencia y responsabilidad directa de éstos por la gestión de sus Departamentos.»

En el apartado 2 son posibles algunas modificaciones, a saber:

— Limitar el sujeto de la oración a «el Presidente» para luego decir que «dirige la acción del Gobierno».

— Eliminar «distribuye», porque si bien el Presidente coordina las funciones de los demás miembros del Gobierno, no las «distribuye» por cuanto éstas vienen distribuidas y atribuidas con relación a los distintos Departamentos, que tienen fijadas sus respectivas competencias.

— La preposición «por» del renglón penúltimo es probablemente una errata.

El texto resultante del artículo 96 diría:

1. ...

2. *El Presidente dirige la acción del Gobierno y coordina las funciones de los demás miembros del mismo, sin perjuicio de la competencia y la responsabilidad directa de éstos en la gestión de sus Departamentos.* (Cfr. el art. 98, apartado 2, de la Constitución.)

«*Artículo 97.* 1. Al comienzo de cada legislatura, y en los demás supuestos constitucionales en que así proceda, el Rey, previa consulta con los Presidentes de ambas Cámaras de las Cortes Generales y los portavoces designados por los grupos parlamentarios, propondrá un candidato a la Presidencia del Gobierno.

»2. El candidato designado conforme a lo previsto en el apartado anterior expondrá ante el Congreso de los Diputados el programa político del Gobierno que se propone formar y solicitará la confianza del Congreso sobre el mismo.

»3. Si el Congreso de los Diputados, por el voto de la mayoría absoluta de sus miembros, otorga su confianza a un candidato designado según lo previsto en el apartado 1, el Rey le nombrará Presidente del Gobierno.

»4. Si en los diez días siguientes, ninguno de los candidatos hubiere recibido la confianza del Congreso, por mayoría absoluta, el Congreso podrá otorgar su confianza por mayoría simple.

»5. Si en el plazo de quince días siguientes no hubiera sido posible el nombramiento de un Presidente del Gobierno de acuerdo con lo previsto en los apartados anteriores, el Rey disolverá el Congreso de los Diputados y convocará nuevas elecciones.

»6. Los demás miembros del Gobierno son nombrados y separados por el Rey, a propuesta del Presidente.»

Este artículo suscita muchas reflexiones, y aún sin apartarse del régimen de designación del Presidente del Gobierno que consagra, está necesitado de clarificaciones que unas veces se circunscriben a lo terminológico y otras alcanzan a lo conceptual.

A) El apartado 1 contempla como primera hipótesis la de la formación del Gobierno «al comienzo de cada legislatura». Es, por tanto, la situación que se produce cuando, tras la celebración de unas elecciones generales, se han reunido y constituido las nuevas Cortes. Si de ese comienzo del apartado 1 pasamos al apartado 5, en el que de no haber dado resultado el procedimiento seguido para la designación de Presidente del Gobierno, se dispone que «el Rey disolverá el Congreso de los Diputados y convocará nuevas elecciones», preocupa que en los comienzos de una legislatura pueda plantearse una solución de tanta trascendencia como la de disolver el Congreso, lo que traería consigo la apertura de un nuevo proceso electoral. Sin embargo, una meditación serena pone de manifiesto que ésta es más una hipótesis dialéctica que una realidad, porque únicamente se desembocaría en la disolución si fuera uno el candidato propuesto para Presidente y no obtuviera la mayoría de la mitad más uno de los miembros del Congreso, pero como hay la posibilidad de acudir a otras propuestas y resolver la designación de Presidente por el régimen de la mayoría simple normalmente obtendrá ésta uno de los candidatos. De todos modos, conviene precisar con la mayor claridad el acceso de los candidatos para las votaciones por mayoría simple, según luego pondremos de manifiesto.

B) Como ya hemos dicho, el apartado 1 toma ante todo en consideración la designación de Presidente del Gobierno al comienzo de cada legislatura. Seguidamente dice: «y en los demás supuestos constitucionales en que así proceda». Una vez más rectificamos la palabra «supuesto» para sustituir el giro en que se encuentra por el de «y siempre que constitucionalmente proceda».

El apartado 1 sigue diciendo que el Rey para proponer el candidato consultará previamente «con los Presidentes de ambas Cámaras de las Cortes Generales y los portavoces designados por los grupos parlamentarios». Si tenemos en cuenta que podemos estar en el comienzo de una legislatura, se plantea el problema de si los Presidentes a consultar serán los definitivos o pueden ser los interinos. De no decir nada podrán serlos los unos o los otros, pero conviene darse cuenta de esa doble posibilidad y, en su caso, aceptarla. La consulta a los portavoces designados por los grupos parlamentarios merece alguna reserva. Los grupos no son siempre el reflejo de todos y cada uno de los partidos políticos. Quizá fuera mejor la consulta a los dirigentes o representantes de los propios partidos, sobre todo cuando se procede a la formación del Gobierno al comienzo de cada legislatura.

C) El apartado 2 previene que el candidato propuesto «expondrá ante el Congreso de los Diputados el programa político del Gobierno que se propone formar y solicitará la confianza del Congreso sobre el mismo». Lo sometido a la confianza del Gobierno ¿es sólo el programa político del Gobierno que se propone formar o también el propio Gobierno a formar y no sólo su programa político?

La expresión «el mismo» con que finaliza el apartado es anfibológica. ¿Se refiere a «el programa político» previamente mencionado, o también al «Gobierno», que si bien funciona como complemento determinativo de «el programa político» es también antecedente de la siguiente oración de relativo «que se va a formar»? De tal referencia dependerá sobre qué haya de recaer la solicitud de confianza, y ciertamente parece que, a pesar de la anfibología, el sentido de las palabras vincula la expresión nominal «el mismo» más al programa político que al propio Gobierno, porque no sería necesaria la mención del programa y sí será siempre necesaria la mención del Gobierno.

Hay, por tanto, más argumentos a favor del programa que a favor de la formación del Gobierno. Muy importante es el de que el candidato no presenta un Gobierno ya formado, como ocurre por ejemplo en Italia (artículo 94 de la Constitución), sino el propósito de formar un Gobierno para llevar a cabo un programa político, que es lo importante. De todas formas, convendría eliminar la expresión «el mismo».

D) El sentido de conjunto del precepto es el de que si el primero de los candidatos no obtiene la mayoría absoluta (tratándose sólo de uno sería preferible decir la mitad más uno de los votos de los miembros del Congreso) ha de acudirse a la propuesta de otros candidatos, pero la pluralidad de candidatos, gramaticalmente resulta sólo implícita; no viene establecida de un modo expreso ni se dice si los candidatos ulteriores a los primeramente designados habrán de proponerse sucesiva o simultáneamente.

El apartado 1 habla de «un candidato» que es el primero propuesto, El apartado 2 trata de «el candidato» designado conforme a lo previsto en el apartado anterior. Evidentemente se ocupa del mismo candidato y no de ningún otro.

El apartado 3 introduce un rasgo de indeterminación al referirse a «un candidato según lo previsto en el apartado 1». Esta indeterminación da base para pensar que pueden ser propuestos diversos candidatos porque ya no se trata del mismo candidato del apartado 1, sino de otro u otros designados por igual procedimiento.

El apartado 4, también por vía indirecta, confirma la pluralidad de candidatos posibles al hablar de «ninguno de los candidatos».

Hay que evitar estas ambigüedades y aludir de un modo directo a la proposición de otros candidatos.

Siendo varios los candidatos posibles, se plantea la cuestión del orden sucesivo y de la simultaneidad. Sin duda, del candidato primero al segundo ha de haber una sucesión. No son candidatos propuestos simultáneamente. Pero a partir de aquí se plantea el problema de determinar cuándo empieza la simultaneidad para la elección de candidatos, ya que podrá haber una mayoría simple cuando concurran a la votación varios. Como complemento de este problema se plantea también el de si el primero y el segundo de los candidatos sucesivamente propuestos habrán de formar parte de los que concurran simultáneamente. No parece que el primero y el segundo candidatos hayan de ser eliminados y que la votación para obtener la mayoría simple se proyecte sólo sobre otros candidatos ulteriormente designados. Habrán de figurar también los que no obtuvieron la mayoría absoluta; incluso cabe preguntarse si la mayoría simple se habrá de obtener a expensas exclusivamente de los dos candidatos o si se ha de introducir otro candidato e incluso si se habrán de introducir más candidatos.

E) El *dies a quo* del plazo de los diez días a que se refiere el apartado 4 no está establecido. Empieza diciendo «si en los diez días siguientes...» ¿Desde qué momento han de contarse los diez días del apartado 4? El apartado 3, donde debería estar la clave, se refiere al caso de que el Congreso de los Diputados otorgue la confianza a un candidato propuesto que es justamente el caso contrario a aquel que presupone la entrada en juego del apartado 4, que tiene lugar cuando ninguno de los candidatos haya obtenido la confianza del Congreso de los Diputados. Además, tampoco convirtiendo en negativo el apartado 3 nos suministra dato alguno de cuál sea el *dies a quo* del plazo establecido en el apartado siguiente. En efecto, el apartado 3 trata de otorgar la confianza a «uno» de los candidatos de los propuestos y no cabe pensar que los diez días hayan de contarse desde que no se otorgue la confianza a un candidato. Sería absurdo. Como lo sería que se refiriera al definitivo no otorgamiento de confianza al último de los candidatos propuestos porque ¿qué función desempeñarían entonces los diez días? Tal función parece que deba ser precisamente la de determinar que alguno sea el último candidato.

El apartado 2, que también regula el otorgamiento de confianza, sí puede convertirse en negativo para aclarar el cómputo del apartado 4, porque se refiere a la confianza del primer candidato. Parece, por tanto, que los diez días del apartado 4 habrán de contarse desde que el primer candidato no obtiene la confianza del Congreso de los Diputados.

Pero el apartado 1 nos suministra otro criterio. Podrían contarse los diez días desde el de la proposición del primer candidato a la Presidencia.

¿Qué criterio seguir? Acaso el más correcto, dejando aparte la brevedad del plazo, sería el del apartado 1, porque en ese momento es cuando se inicia el proceso para la designación de Presidente del Gobierno. Sin embargo, el apartado 2 está más próximo al 4 y tiene más posibilidades gramaticales para ser el antecedente determinativo del cómputo del plazo. En este caso los diez días, al empezar a computarse después, permiten un ámbito temporal mayor.

Con base en las anteriores consideraciones sería este otro texto el posible del artículo 97:

1. Al comienzo de cada legislatura y siempre que constitucionalmente proceda, el Rey, previa consulta a los Presidentes de ambas Cámaras de las Cortes Generales y a los representantes de los partidos o grupos políticos, propondrá un candidato a la Presidencia del Gobierno.

2. El candidato propuesto comparecerá ante el Congreso de los Diputados para exponer el programa político del Gobierno que se propone formar y solicitará la confianza del Congreso.

3. Si el Congreso de los Diputados, por el voto de la mitad más uno de sus miembros, otorga su confianza al candidato propuesto, el Rey le nombrará Presidente del Gobierno.

4. Si el candidato no obtuviera la confianza, el Rey propondrá otro u otros candidatos, hasta que uno de ellos reciba la confianza del Congreso de los Diputados por la mayoría prevista en el apartado anterior.

5. Si transcurridos diez días contados a partir de la comparecencia ante el Congreso de los Diputados del primero de los candidatos propuestos, ninguno hubiera obtenido la confianza por el voto de la mitad más uno de los miembros del Congreso, el otorgamiento de la confianza habrá de resolverse por mayoría simple entre los candidatos presentados por el Rey, y éste nombrará Presidente del Gobierno al elegido.

6. De no haber sido posible el nombramiento de Presidente del Gobierno conforme a lo previsto en los apartados anteriores, el Rey disolverá el Congreso de los Diputados y convocará nuevas elecciones.

7. Los demás miembros del Gobierno son nombrados y separados por el Rey, a propuesta del Presidente. (Cfr. el art. 99 de la Constitución.)

«Artículo 99. 1. Los miembros del Gobierno no podrán ejercer otras funciones representativas que las derivadas del mandato parlamentario, ni cualquier otra función pública que no derive de su cargo, ni actividad profesional o mercantil alguna.

»2. Una ley orgánica regulará el estatuto y las incompatibilidades de los miembros del Gobierno.»

Requiere algunos esclarecimientos, sobre todo el apartado 1, y para que haya mayor coherencia con otros preceptos, como el 98 y el 100, debe aludirse no sólo «a los miembros del Gobierno», sino «al Presidente y los demás miembros del Gobierno».

Como se trata de una prohibición, debe enunciarse en los términos propios de ésta. Entre las actividades prohibidas debe incluirse la industrial.

Resultaría de estas observaciones la siguiente redacción:

1. Está prohibido al Presidente y a los demás miembros del Gobierno:

a) El desempeño de funciones representativas distintas de las comprendidas en el mandato parlamentario, así como cualquier otra función pública que no derive de su cargo.

b) El ejercicio o la participación en actividades profesionales, industriales o mercantiles.

2. *Una Ley orgánica regulará el estatuto y las incompatibilidades del Presidente y los demás miembros del Gobierno.*

«*Artículo 100.* 1. La responsabilidad criminal del Presidente y los demás miembros del Gobierno será exigible, en su caso, ante la Sala de lo Penal del Tribunal Supremo.

»2. Si la acusación fuere por traición o por cualquier delito contra la seguridad del Estado, sólo podrá ser planteada por iniciativa de la cuarta parte de los miembros del Congreso, y con la aprobación de la mayoría absoluta del mismo.

»3. La prerrogativa real de gracia no será aplicable a ninguno de los supuestos del presente artículo.»

Este artículo suscita en primer término el problema de si comprende toda la responsabilidad criminal del Presidente y los demás miembros del Gobierno, con lo que se reconocería la especialidad de un fuero propio representado por la competencia de la Sala de lo Penal del Tribunal Supremo o si, diversamente, la responsabilidad criminal tomada en consideración es de modo exclusivo aquella en que puedan incurrir en el ejercicio de sus cargos. Parece preferible conferir este alcance limitado a la intervención de la Sala de lo Penal del Tribunal Supremo, porque de esta manera hay una menor desviación del principio de la unidad jurisdiccional consagrado por el artículo 107. Y sobre todo, lo que cuenta no es la persona por sí, sino en cuanto ejerce un cargo. Covendría, no obstante, aclararlo.

No es correcto hablar de «la acusación planteada por iniciativa de la cuarta parte de los miembros del Congreso y con la aprobación de la mayoría absoluta del mismo». La acusación, su planteamiento y mantenimiento, corresponde al Ministerio Fiscal. La iniciativa parlamentaria puede representar sólo una imputación dirigida a la iniciación del procedimiento judicial.

La consideración de la gracia como una «prerrogativa real» no concuerda plenamente con el carácter de «derecho de gracia» que se le reconoce en el artículo 54. Sería, por tanto, preferible la uniformidad en la nomenclatura y decir que no es aplicable el derecho de gracia.

(Cfr., por lo que concierne al extremo relativo al ejercicio de las funciones, el apartado 2 del artículo 102 de la Constitución.)

«CAPÍTULO SEGUNDO
»De la Administración

»*Artículo 104.* 1. Toda la actividad de la Administración pública está sometida al control jurisdiccional.

2. Los tribunales controlan la legalidad de la actuación administrativa y el sometimiento a los fines que la justifican.»

Los dos apartados de que consta vienen a decir lo mismo. El segundo reitera el primero en lo relativo al control jurisdiccional de la actuación de la Administración, si bien especifica un aspecto no comprendido en aquél. Podría reducirse el precepto a un párrafo único que dijera:

Los Tribunales controlan jurisdiccionalmente la actividad de la Administración pública y el sometimiento de la misma a los fines que la justifican. (Cfr. el art. 106, apartado 1, de la Constitución.)

«*Artículo 106.* El Consejo de Estado es el supremo órgano consultivo del Gobierno. La ley regulará su composición y competencia.»

Como en el Anteproyecto de Constitución (artículo 79 y 81) hay determinados actos en los que es preceptiva la intervención del Consejo de Estado, en la remisión que hace el artículo 106 a una Ley que regulará su composición y competencia convendría añadir que esta Ley habrá de recoger la competencia que directamente le atribuye la Constitución.

Quedaría así el texto:

El Consejo de Estado es el supremo órgano consultivo del Gobierno. La Ley regulará su composición y competencia, teniendo en cuenta respecto de ésta lo dispuesto en los artículos 79 y 81 de la Constitución.

TÍTULO VI

»Del poder judicial

El Anteproyecto de Constitución, al referirse al legislativo y al ejecutivo, evita la expresión «poder». Así, el Título IV bajo la rúbrica «De las Cortes Generales» dedica el Capítulo segundo a «la elaboración de las leyes» y el artículo 71 dispone que «las Cortes Generales ejercen la potestad legislativa...» El Título V, bajo la denominación «Del Gobierno y de la Administración», consta de dos capítulos, uno referido al Gobierno y otro a la Administración, cuyos cometidos establece seguidamente. El artículo 95 dice que el Gobierno... «ejerce la función ejecutiva».

En cambio, el tema de la justicia se configura como «poder judicial...» Con ello el Anteproyecto se aparta de las Constituciones de 1876 y 1931 y se acerca a la de 1869 que, como el Anteproyecto, trataba «Del poder judicial», aunque también, a diferencia del Anteproyecto, «Del poder legislativo». Probablemente obedece a que las Cortes, además de la potestad legislativa, tienen la de controlar la acción del Gobierno, y el Gobierno, además de ejercer la función ejecutiva, ejerce la potestad reglamentaria. El poder judicial es más unitario: únicamente ejerce la potestad jurisdiccional. Su nombre se identifica con su —única— función.

«*Artículo 107.* 1. La justicia emana del pueblo y se administra en nombre del Rey por Jueces y Magistrados integrantes del poder judicial, independientes, inamovibles, responsables y sometidos únicamente al imperio de la ley.

»2. El ejercicio de la potestad jurisdiccional en todo tipo de procesos, juzgando y haciendo ejecutar lo juzgado, corresponde en exclusiva a los Juzgados y Tribunales determinados por las leyes, según las normas de competencia y procedimiento que las mismas establecen.

»3. El principio de unidad jurisdiccional es la base de la organización y funcionamiento de los Tribunales. La ley regulará el ejercicio de la jurisdicción militar en el ámbito estrictamente castrense y de acuerdo con los principios de la Constitución.

»4. Se prohíben los Tribunales de excepción, salvo lo dispuesto en cuanto a los estados de excepción.»

El sintagma «integrante del poder judicial», que aparece hacia la mitad del apartado 1, rompe sintácticamente la armonía del conjunto en el que hay expresiones muy felices. Sin embargo, ahí es donde figura la expresión «poder judicial», de señalado relieve.

He aquí dos posibles redacciones equivalentes:

La justicia emana del pueblo y se administra en nombre del Rey por los Jueces y Magistrados que integran el poder judicial, y que, sometidos únicamente al imperio de la ley, habrán de ser independientes, inamovibles y responsables.

O bien:

La justicia emana del pueblo y se administra en nombre del Rey. Los Jueces y Magistrados que integran el poder judicial sólo están sometidos al imperio de la ley y habrán de ser independientes, inamovibles y responsables.

El apartado 2 empieza aludiendo al «ejercicio de la potestad jurisdiccional» y, en cambio, no menciona la «jurisdicción», que parece indispensable, al invocar las leyes reguladoras de la competencia y el procedimiento. Por otro lado, «juzgando y haciendo ejecutar lo juzgado», frase tomada de la Ley Orgánica del Poder Judicial de 1870, equivale a potestad jurisdiccional. ¿Por qué no acercarse más a ésta y empezar «la potestad de aplicar...», en vez de las leyes, «las normas jurídicas»? Porque el concepto de «norma jurídica» ha tenido plena consagración en nuestro ordenamiento, sobre todo a partir de la reforma del Título preliminar del Código civil, y la verdad es que los Jueces no se limitan a la aplicación de las leyes en sentido formal, sino también la costumbre, los principios generales del derecho y la jurisprudencia.

«Exclusivamente» parece mejor y más sencillo que «en exclusiva».

La función jurisdiccional o la potestad de aplicar las normas no corresponde a «los Juzgados», sino más propiamente al Juez, que es el único con esa misión y el equivalente a «Tribunales». Háblase, pues, de «Jueces y Tribunales».

En el apartado 3, al proclamar el principio básico de la «unidad jurisdiccional», se alude sólo a la «organización y funcionamiento de los Tribunales», omitiendo a los Jueces, y aunque es cierto que lo dicho de los Tribunales es aplicable a los Jueces, no hay necesidad de tener que reputarlo como sobreentendido. Cabe referirse a «la organización judicial y su funcionamiento».

La regulación directamente constitucional de los estados de alarma, de excepción y de guerra no recoge explícitamente ni supone de modo implícito que se introduzcan Tribunales distintos de los ordinarios, por lo que no parece correcto el inciso final del apartado 4 del artículo 107 al decir: «salvo lo dispuesto en cuanto a los estados de excepción», que admite la posibilidad de Tribunales «de excepción» (reiteración poco elegante) o distintos de los ordinarios. El artículo 94,1, de alcance general, establece que «una ley orgánica regulará los estados de alarma, de excepción y de guerra y las competencias y limitaciones correspondientes».

Hay dos posibilidades: o dejar sencillamente prohibidos los Tribunales de excepción (Cfr. el art. 117, apartado 6, de la Constitución); o dejar a salvo lo que disponga la Ley Orgánica prevista en el artículo 94. Por otra parte, no hay «estado de excepción», sino un estado de excepción y respecto de éste ni con relación a los otros estados —de alarma y de guerra— nada se dispone con alcance jurisdiccional.

La redacción del artículo 107 podría ser:

1. La justicia emana del pueblo y se administra en nombre del Rey, por los Jueces y Magistrados que integran el poder judicial y que, sometidos únicamente al imperio de la ley, han de ser independientes, inamovibles y responsables.

2. La potestad de aplicar las normas jurídicas, juzgando y haciendo ejecutar lo juzgado, corresponde exclusivamente a los Jueces y Tribunales, conforme a lo establecido por las leyes acerca de la jurisdicción, la competencia y el procedimiento. (Cfr. el art. 117, apartado 3, de la Constitución.)

3. El principio de unidad jurisdiccional es la base de la organización judicial y de su funcionamiento. La ley regulará el ejercicio de la jurisdicción militar en el ámbito estrictamente castrense y de acuerdo con los principios de la Constitución.

4. Se prohíben los Tribunales de excepción. (Cfr. el apartado 6 del art. 117 de la Constitución.) En caso de utilizar la fórmula alternativa a que se alude precedentemente, añadirla al texto.

«*Artículo 108.* Todos deben acatar las decisiones firmes de los Tribunales y prestar la colaboración que éstos les requieran en el desarrollo del proceso y en la ejecución de las sentencias y demás resoluciones judiciales.»

El genérico «todos» se reitera demasiado a lo largo del Anteproyecto y no es por completo exacto en el ámbito jurisdiccional, ya que la cosa juzgada civil circunscribe los efectos a las partes, salvo en cuestiones muy determinadas, como las relativas al estado civil y a la validez o nulidad de disposiciones testamentarias (artículo 1.252 del Código civil).

El término «decisiones» peca de autoritarismo y no corresponde a los actos necesariamente atenidos a la ley y motivados, como son las sentencias.

Hay que anteponer «Jueces» a «Tribunales».

Utilizando, como proponemos, los términos de «sentencias y resoluciones», en el comienzo del precepto, luego, al final, basta aludir a lo resuelto.

Parece preferible «el curso del proceso» que el «desarrollo».

En razón a lo expuesto, quedaría así el artículo 108:

Es obligado acatar las sentencias y demás resoluciones firmes de los Jueces y los Tribunales, así como prestar la colaboración requerida por éstos en el curso del proceso y en la ejecución y cumplimiento de lo resuelto. (Cfr. el art. 118 de la Constitución.)

«*Artículo 109.* La justicia es gratuita en el orden penal y laboral; también lo es en el civil y contencioso-administrativo cuando así lo disponga la ley y en todo caso respecto a quienes acrediten insuficiencia de recursos para litigar.»

Dada la redacción, parece calificarse a un mismo orden de «penal y laboral» y a otro de «civil y contencioso administrativo».

Convendría anteponer la preposición (en) y el artículo (el) para marcar la separación.

«*Artículo 110.* 1. La legislación procesal se inspirará en los principios de eficacia, rapidez y economía.

»2. Las actuaciones judiciales serán públicas, salvo el secreto de la investigación sumarial. Podrá acordarse excepcionalmente su celebración a puerta cerrada por resolución motivada y causa grave.

»3. Toda sentencia ha de ser motivada y pronunciada en audiencia pública.

»4. El procedimiento será predominantemente oral, sobre todo en materia criminal.

»5. Está autorizado el análisis y crítica de las resoluciones judiciales, siempre que no implique desacato a los tribunales o a sus miembros, y con respeto a la ejecución de las resoluciones firmes.»

En este artículo hay cierta confusión entre el carácter público que tienen algunas actuaciones en determinadas fases, como ocurre con el juicio oral en materia criminal, y el acceso a las actuaciones judiciales para tomar conocimiento de las mismas, que es un derecho de las partes y de los que demuestren legítimo interés, con la excepción del secreto de la investigación sumarial.

En la siguiente redacción se intenta salvar la confusión advertida en el artículo 110:

1. La legislación procesal se inspirará en los principios de eficacia, rapidez y economía.

2. Las partes interesadas o quienes justifiquen interés legítimo tendrán acceso a las actuaciones judiciales, salvo el secreto de la investigación sumarial.

3. El procedimiento será predominantemente oral, sobre todo en materia criminal, cuyos debates serán públicos, salvo cuando concurra una causa grave apreciada en resolución motivada.

4. Toda sentencia ha de ser motivada y pronunciada en audiencia pública.

5. Están autorizados el análisis y la crítica de las resoluciones judiciales, siempre que no impliquen desacato a los Tribunales o a sus miembros y con el respeto debido a las resoluciones firmes.

«*Artículo 112.* 1. La ley orgánica del poder judicial determinará la constitución, funcionamiento y gobierno de los Juzgados y Tribunales, así como el estatuto jurídico de los Jueces y Magistrados y demás funcionarios y personal al servicio de la administración de justicia, de acuerdo con los principios democráticos que inspiran la Constitución.

»2. El Consejo General del Poder Judicial es el órgano de gobierno de la administración de justicia. La Ley Orgánica establecerá su estatuto y funciones, en particular en materia de nombramientos, ascensos e inspección. Sus miembros estarán sujetos al mismo régimen de incompatibilidades que el de los miembros del Tribunal Constitucional.

»3. El Consejo General del Poder Judicial estará integrado por el Presidente del Tribunal Supremo, que lo presidirá, y por veinte miembros nombrados por el Rey, doce de ellos a propuesta y en representación de las distintas categorías de las carreras judiciales y ocho a propuesta del Congreso de los Diputados, entre juristas de reconocida competencia con más de quince años de ejercicio en su profesión.

»4. El ámbito de competencia de las Audiencias Territoriales no excederá, en ningún caso, del correspondiente al Territorio Autónomo. La ley fijará la composición y funcionamiento de los órganos de gobierno de aquéllas.»

El apartado 2, *in fine*, previene que los miembros del Consejo General del Poder Judicial «estarán sujetos al mismo régimen de incompatibilidades que los miembros del Tribunal Constitucional». Esta norma de remisión no resulta muy correcta porque, aunque sin mención expresa, se remite al apartado 4 del artículo 150, que después de establecer determinadas incompatibilidades para los miembros del Tribunal Constitucional, dice: «y, en general, tendrán las incompatibilidades propias de los miembros del poder judicial», con lo que hay una especie de doble y recíproco reenvío.

Este juego de remisiones es extraño por cuanto equivale a decir que las incompatibilidades para ser miembros del Consejo General del Poder Judicial se rigen por las de los miembros del Tribunal Constitucional y las de los miembros de éste por las propias del Poder judicial.

Aparte de la duplicidad, que ha de evitarse, por cuanto crea un confusionismo, la traslación al Consejo General del Poder Judicial de las incompatibilidades para ser miembros del Tribunal Constitucional no puede hacerse de un modo completo, porque el Presidente del Tribunal Supremo, que preside el Consejo General del Poder Judicial, está en pleno ejercicio activo de la más alta función judicial y jurisdiccional, y por eso preside el Consejo, mientras todos los miembros del Tribunal Constitucional, incluyendo su Presidente, están sujetos, según el artículo 150,4, a la incompatibilidad de ejercer la «función judicial y la fiscal», expresión ésta también poco feliz aplicada al propio Tribunal Constitucional, ya que en el seno del mismo sus miembros ejercen una función judicial.

El tema de las incompatibilidades ligadas al ejercicio del poder judicial quizá no deba ser totalmente constitucional. Basta con las declaraciones fundamentales que contiene al respecto el Anteproyecto: la inelegibilidad e incompatibilidad como diputados y senadores de los Jueces y Fiscales en activo, la independencia como nota definitoria del poder judicial y su ejercicio, y la prohibición de desempeñar cargos públicos o pertenecer a un partido político.

No obstante, si quiere hacerse el tema específicamente constitucional, siquiera sea a escala del Consejo General, habrán de determinarse de un modo directo las incompatibilidades; y respecto del Tribunal Constitucional, que se regula después, remitirse en lo pertinente a las incompatibilidades; incompatibilidades para ser miembros del Consejo

General del Poder Judicial, bien entendido que la paridad no es completa por lo dicho con relación al Presidente del Tribunal Supremo, que preside el Consejo General y ejerce la función judicial.

En el apartado 4 se debe sustituir «competencia» por «jurisdicción», ya que la proyección de las funciones de las Audiencias sobre el territorio es de orden jurisdiccional. Lo prueba el propio artículo 113 cuando dice, en este caso correctamente: «El Tribunal Supremo, con jurisdicción en toda España...»

(Cfr. el art. 122 de la Constitución, que suprime, en materia de incompatibilidades de los miembros del Consejo General del Poder Judicial, su remisión a las de los miembros del Tribunal Constitucional, así como también suprime la referencia a las Audiencias Territoriales. En cuanto al régimen de incompatibilidades de los miembros del Tribunal Constitucional, cfr. el art. 159, apartado 4, de la Constitución.)

«*Artículo 116.* La policía judicial depende de los Tribunales y del Ministerio Fiscal en sus funciones de averiguación del delito y descubrimiento y aseguramiento del delincuente, en los términos que la ley establezca.»

Aunque la expresión «Tribunales» se usa a veces en una acepción genérica que comprende también a los «Jueces», éstos deben ser aquí expresamente mencionados, ya que correspondiéndoles la función instructora de los sumarios, la dependencia de la policía judicial es más acusada respecto de los Jueces que respecto de los Tribunales.

«Aseguramiento» podría sustituirse por «seguridad».

Consiguientemente, podría ser ésta la redacción del artículo 116:

La policía judicial depende de los Jueces, de los Tribunales y del Ministerio Fiscal, en sus funciones de averiguación del delito y del descubrimiento y seguridad del delincuente, en los términos que la ley establezca. (Cfr. el art. 126 de la Constitución.)

«*Artículo 117.* 1. Los Jueces y Magistrados, mientras se hallen en activo, no podrán desempeñar cargos públicos ni pertenecer a un partido político.

»2. La ley establecerá el régimen de incompatibilidades de los miembros del poder judicial, que deberá asegurar la total independencia de los mismos.»

No hay coherencia entre lo dispuesto en el artículo 61 acerca de la inelegibilidad e incompatibilidad parlamentarias, en las que se incluye a los ««Fiscales en activo», y el artículo 117, que se refiere sólo a «Jueces y Magistrados», con exclusión de los Fiscales. Por otra parte, el artículo 61 menciona a «los Jueces» y no a los Magistrados. (Cfr. el art. 127, apartado 1, de la Constitución.)

«TÍTULO VII

»Economía y Hacienda

»*Artículo 118.* 1. La economía y toda la riqueza del país en sus distintas formas, y sea cual fuere su titularidad, está subordinada a los intereses generales, y podrá ser objeto, en su caso, de expropiación forzosa con arreglo a la Constitución y a las leyes.

»2. Los poderes públicos podrán intervenir conforme a la ley en la dirección, coordinación y explotación de las empresas cuando así lo exigieran los intereses generales.

»3. La ley podrá reservar al sector público los servicios públicos esenciales, la explotación de fuentes de energía o las actividades que constituyan monopolio.»

La «economía», entendida globalmente, tiene un significado muy abstracto para considerarla como objeto de expropiación. Por otra parte, «toda la riqueza del país en sus diversas formas», a la que seguidamente alude el apartado 1, sobrepasa, desde el punto de vista de la comprensión, a la propia economía, ya que puede representar valores e intereses que, aun siendo susceptibles de una estimación económica, pueden encarnar otras estimaciones, por ejemplo, de orden histórico, cultural o artístico, que sean las determinantes de la conveniencia de la expropiación.

Al ocuparse el Anteproyecto en el artículo 29 de la expropiación forzosa —y a este artículo hay que considerar que se refiere el apartado 1 del artículo 118 cuando dice que la expropiación se hará «con arreglo a la Constitución»— la hace descansar en la utilidad pública y en el interés social. El artículo 118 subordina la economía y la riqueza a «los intereses generales». Éstos actuarán, en su caso, como causa justificativa de la expropiación. Si el interés social amplía el tradicional concepto de la utilidad pública, los «intereses generales» van más allá; globalizan todo interés colectivo. Con lo que tiene de relativa y acaso de convencional la distinción entre unos «intereses generales» y el «interés social», convendría sin embargo, y por razones de armonía, hablar de «interés general».

Además, esta expresión, en singular, tiene una connotación más objetiva y unitaria.

Habrá de hacerse la misma sustitución en el apartado 2.

En el apartado 3, la reiteración «reservar al sector *público* los servicios *públicos*» puede evitarse aludiendo a «los servicios esenciales», quizá con la matización «para la comunidad».

Con todo ello el artículo 118 resultaría así:

1. Toda la riqueza del país, tanto en su expresión económica como la representativa de otros valores, cualesquiera sean sus titulares, está al servicio del interés general y queda sometida, en su caso, al régimen de expropiación forzosa con arreglo a la Constitución y a las leyes.

2. A los poderes públicos incumbe intervenir conforme a la ley en la dirección, explotación y coordinación de las empresas cuando así lo exija el interés general.

3. La ley podrá reservar al sector público los servicios esenciales para la comunidad, la explotación de las fuentes de energía y las actividades desarrolladas en régimen de monopolio. (Cfr. el art. 128 de la Constitución.)

«*Artículo 119*. 1. La ley establecerá la forma de participación de los interesados en la actividad de todos los organismos públicos, cuya función afecte a la calidad de la vida o al bienestar social.

»2. Los poderes públicos promoverán eficazmente las diversas formas de participación en la empresa y facilitarán un marco legislativo adecuado para las empresas cooperativas.»

La participación en los organismos públicos cuya función afecte a la calidad de la vida o al bienestar social, debe reconocerse con amplitud a todos los ciudadanos. Lógicamente habrá unos más interesados en participar, pero la participación no deriva de su interés, sino del general reconocimiento. En este sentido se propone rectificar el apartado 1, introduciendo también la idea del fomento de la calidad de la vida y el bienestar social, y no el mero «afecte», poco expresivo.

Diversamente, en el apartado 2 conviene referirse a los interesados en la participación en la empresa, porque se requiere una previa relación con ésta para participar.

Mejor quizá «entidades cooperativas» que «empresas cooperativas».

La expresión «marco legislativo» es metafórica. Sin duda con ella se trata de evitar la mención, tan frecuente, de la ley; pero puede buscarse otra fórmula que comprenda no sólo el «facilitarán», sino también el anterior «promoverán».

Podría ser éste el texto del artículo 119.

1. La ley establecerá la forma de participación ciudadana en la actividad de los organismos públicos cuya función se dirija al fomento de la calidad de la vida o al bienestar social.

2. Los poderes públicos adoptarán las medidas conducentes a promover de modo eficaz las diversas formas de participar los interesados en la empresa, y facilitarán asimismo el incremento de las entidades cooperativas. (Cfr. el art. 129 de la Constitución.)

«*Artículo 120.* El Estado atenderá a la modernización y desarrollo de todos los sectores económicos, y en particular de la agricultura, de la ganadería y de la pesca, a fin de equiparar las condiciones y nivel de vida de todos los españoles.»

Curiosamente este artículo, y algunos de los que le siguen, hace sujeto del poder público al «Estado», palabra que se ha evitado muchas veces quizá por la preocupación de las autonomías o sencillamente por el deseo de alcanzar la máxima generalización posible. ¿Es consciente e intencional la alteración?

Gramaticalmente no es correcta la concordancia entre «los sectores económicos, y en particular de la agricultura, de la ganadería, de la pesca». Habría que decir, después de «los sectores económicos», «y en particular los de la agricultura...», etc.

Quizá fuera oportuno referir «condiciones» a empleo o trabajo, como fin equiparativo específico dentro de la general equiparación en el nivel de vida.

(Cfr. el art. 130, apartado 1, de la Constitución.)

«*Artículo 121.* 1. El Estado podrá planificar la actividad económica para atender a las necesidades colectivas, equilibrar y armonizar el desarrollo regional y sectorial y estimular el crecimiento de los recursos del país.

»2. Para la elaboración democrática de los planes, el Gobierno tendrá en cuenta las previsiones que le sean suministradas por los Territorios Autónomos y el asesoramiento y colaboración de los sindicatos y otras organizaciones profesionales y empresariales, mediante la constitución de un Consejo, cuya composición y funciones se desarrollarán por ley.»

El apartado 2 suscita la pregunta de si la elaboración democrática de los planes es cometido del Gobierno. ¿Y la intervención del Parlamento? Por otra parte, se enlaza la elaboración democrática con las previsiones suministradas por los Territorios autónomos y el asesoramiento y colaboración de los sindicatos y otras organizaciones profesionales. Pensamos que la ponderación de estos elementos de juicio no excluye la más propia expresión de la democracia representada por las Cortes Generales.

Denominar «Consejo» al órgano a constituir es una especificación innecesaria. Bastaría con referirse a la constitución de un órgano colegiado.

«*Artículo 122.* La ley regulará el régimen jurídico de los bienes de dominio público y de los comunales, inspirándose en los principios de inalienabilidad, imprescriptibilidad e inembargabilidad, así como su desafectación, sin que en tal supuesto y mientras no corresponda con arreglo a la ley su enajenación o reversión, puedan ser destinados a usos o fines que no sean de interés general y permanente.

»2. En todo caso son bienes de dominio público por su naturaleza la zona marítimo-terrestre, las playas, el mar territorial, la plataforma continental y sus recursos naturales.»

Es opinable que el tema de los bienes de dominio público tenga rango constitucional.

En cualquier caso, la redacción del apartado 1 convendría clarificarla y hacerla más directa.

Respecto del apartado 2 se advierte que sólo se ocupa de los bienes de dominio público «marítimos». Quedan fuera sectores muy importantes de bienes de la misma naturaleza. Posiblemente se ha tenido en cuenta el abuso con que la propiedad privada, sobre todo en los últimos años, ha invadido las inmediaciones del mar. De todas maneras choca que, por ejemplo, los recursos naturales de la plataforma continental se reputen bienes de dominio público, y se omita toda referencia a tantos otros. Si bien la singularidad de la hipótesis queda salvada con la expresión «en todo caso», sería oportuno aludir, en términos genéricos, a los demás bienes.

No se justifica que, aunque de forma indirecta, se considere como permanente el uso que ha de darse a los bienes de dominio público.

La redacción del apartado 1 podría ser ésta:

1. El régimen jurídico de los bienes de dominio público y de los comunales se atendrá a los criterios de la inalienabilidad, la imprescriptibilidad y la inembargabilidad. Tales bienes habrán de ser destinados a fines o usos de interés general, salvo cuando, una vez desafectados, proceda con arreglo a la ley y su enajenación o reversión. (Cfr. el art. 132 de la Constitución.)

«*Artículo 124,5.*

...

»5. Aprobados los presupuestos generales del Estado, únicamente el Gobierno podrá presentar proyectos de ley que impliquen aumento del gasto público o disminución de los ingresos, y toda proposición o enmienda que entrañe aumento de gastos o disminución de ingresos requerirá la conformidad del Gobierno para su tramitación.»

Reproduce, casi literalmente, el artículo 96 del Reglamento de las Cortes Españolas de 15 de noviembre de 1971. La expresión «únicamente el Gobierno podrá presentar proyectos de ley...» no es exacta jurídicamente, porque sólo del Gobierno han de proceder siempre los proyectos de ley, y no exclusivamente en esta materia.

He aquí otra posible redacción del artículo 124,5:

Aprobados los presupuestos generales del Estado, el aumento del gasto público o la disminución de ingresos, requiere la aprobación por medio de ley procedente de un proyecto presentado por el Gobierno. Toda proposición de ley o enmienda que entrañe aumento de gastos o disminución de ingresos necesitará la conformidad del Gobierno para su tramitación. (Cfr. el art. 134, apartado 5, de la Constitución en cuanto suprime «únicamente».)

«*Artículo 125.* El Gobierno necesita estar autorizado por ley para disponer o transigir válidamente sobre los derechos y bienes de que sea titular el Estado. Será nulo todo acto que infrinja este precepto.»

Aunque el concepto de acto de disposición o «disponer», como dice el texto, es muy amplio, tiene un más claro significado jurídico-patrimonial el término «enajenación». Si bien la jurisprudencia asimila a la enajenación el gravamen, conviene mencionar éste.

Debe dejarse claro que la ley ha de autorizar concreta y expresamente el acto.

La exigencia de que para disponer y transigir sobre bienes y derechos (éste debe ser el orden y no derechos y bienes) de que sea titular el Estado, el Gobierno ha de estar autorizado por ley, es muy rigurosa y casi imposible de cumplir en la práctica. Nos encontraríamos, por ejemplo, con que la simple compra o venta del material de oficina para o del Estado quedaría sometida a este régimen que, según el texto, no admite excepciones.

La vigente Ley del Patrimonio del Estado (artículo 96) requiere la autorización mediante ley para la enajenación de bienes cuyo valor exceda de veinte millones de pesetas.

Se acepte o no, en definitiva, ese criterio, parece oportuno dejar a salvo que la ley (que habrá de llamarse general por contraposición a la ley que autorice un acto concreto) podrá determinar los límites de actuación del precepto con base en la naturaleza o en la entidad económica de los bienes.

En cuanto a la nulidad, parece aconsejable calificarla de pleno derecho para evitar la posibilidad de la confirmación o sanación del acto.

En consecuencia, podría hacerse la siguiente recomposición del precepto:

1. El Gobierno, para la realización de actos de enajenación, grava-

men o transacción relativos a bienes o derechos de que sea titular el Estado, necesita ser autorizado expresamente por ley. Será nulo de pleno derecho todo acto contrario a este precepto.

2. No obstante, una ley general determinará qué bienes o derechos, por su naturaleza o su limitada entidad económica, podrán quedar excluidos de la autorización exigida en el apartado anterior.

(En la Constitución no hay un precepto equivalente al inicial artículo 125.)

«TÍTULO VIII

«De los Territorios Autónomos»

En orden al reconocimiento de autonomías, dentro de la unidad de España, se observa un pluralismo terminológico que si, en parte, es producto de la polisemia, exponente de la riqueza lingüística, sobre todo obedece a la dificultad que encierra el tema. Esta dificultad, además de responder a realidades intrínsecas, obedece en gran medida a las diferencias ideológicas de los grupos políticos e incluso de personas adscritas o no a ellos.

La palabra «región» es, para unos, el máximo que puede concederse. Partiendo de que la unidad de España está representada no ya sólo por la supraestructura jurídica del Estado, sino por la realidad histórica, social y cultural que es la nación, se considera que un fraccionamiento interno compatible con la unidad de la nación o la unidad nacional, sólo hace permisible la categoría «región», que, siendo intranacional, consagra diferencias que se dan dentro de esa unidad.

Por el contrario, para otros, constituye la «región» un mínimo insuficiente e insatisfactorio para encarnar la total expresión jurídico-política del fenómeno autonómico. No descartan la posibilidad de regiones autónomas. Sin embargo, rechazan que sean el prototipo y el marco exclusivo de la autonomía. Si no la totalidad de España, sí de determinadas partes de ella, constituyen, desde este punto de vista, verdaderas naciones por su tradición, sus costumbres, su lengua y, en general, su cultura.

Para los unos la nación, referida a España, no permite ningún fraccionamiento ni ningún tipo de uso distinto del de identificarla con España. Ésta no es una suma de naciones ni siquiera de regiones, sino la unidad global que trasciende las diferencias de orden interior, únicas admitidas.

Otros, en cambio, piensan que el todo global, donde el fraccionamiento autonómico se recompone e integra, está constituido por el Estado y, en concreto, por un Estado próximo al federal e incluso por el propio Estado federal.

En la elaboración del Anteproyecto constitucional han estado presentes dos tendencias que, si entre sí son contrapuestas —región frente a nación— no se corresponden, sin embargo, con ninguna de las dos posiciones radicales posibles, que serían, respectivamente, la negación de toda forma de autonomía, incluso la de alcance meramente regional, y la afirmación de una independencia fuera incluso del marco del Estado federal, es decir, la secesión.

El conflicto entre esas dos posiciones contrapuestas, aunque no sean las más radicales, se ha resuelto en términos de conciliación y compromiso, o sea, no imponiéndose por entero ni una autonomía circunscrita a la región ni una autonomía que alcance el nivel de la nación. Para expresar que la autonomía no queda recogida por entero en ninguna de las dos posiciones alternativas, no se ha encontrado una palabra por sí sola definidora de esta situación intermedia. Por eso el artículo 2, que es el antecedente y el fundamento de los artículos 128 y siguientes, utiliza una serie de giros, ninguno suficiente por sí mismo para expresar la idea. El pluralismo léxico pone de relieve, al mismo tiempo que una gran riqueza expresiva, la falta de precisión conceptual.

De todas las palabras utilizadas, la rigurosamente indispensable, compartida o admitida sin sacrificios y renuncias, es la palabra «autonomía». Pero ésta, claro es, no resuelve el problema, ni en su función de sustantivo, que es como aparece en el artículo 2, ni en su función de adjetivo, que es como se emplea en el Título VIII cuando designa su contenido con la denominación «De los territorios autónomos». Y no basta «autonomía» en tanto que sustantivo porque inmediatamente surgen las preguntas: ¿Qué es lo designado con ella? ¿Autonomía de qué? ¿O con qué alcance? ¿Cuál es lo enmarcado como su contenido? Tampoco basta en su función de adjetivo, porque todo depende de qué prediquemos la autonomía, si de la región o de la nación.

El artículo 2 y los artículos 128 y siguientes, aunque todos integran la Constitución, pertenecen sin embargo a sectores muy distintos. El artículo 2 figura en el Título I, al comienzo de la llamada parte dogmática, eminentemente ideológica, declaratoria de principios y de derechos. Los artículos 128 a 149, que forman el Título VIII, figuran en la parte propiamente organizativa. Pues bien, el problema de determinar el alcance de la autonomía se ha resuelto de modo distinto en uno y otro sector de la Constitución, porque ninguna de las diversas palabras y expresiones que anteceden y subsiguen a la de «autonomía» en el artículo 2 del Título I aparece luego en el Título VIII, salvo en la remisión que el artículo 128,1, hace al artículo 2.

En efecto, el artículo 2, antes de reconocer «el derecho a la autonomía», hace la proclamación de dos grandes principios: el primero, la «unidad de España». Si hemos de pensar —y nada induce a dudarlo— que el lenguaje no es pura forma o verbalismo indiferente, sino conexión entre significante y significado, lo que ante todo se proclama es la unidad de España. Es, pues, sólo y siempre una. «España» no es un mero concepto jurídico o político; es una realidad geográfica, histórica y cultural; ahora, antes y hacia el futuro. Cierto que no se emplea el término «nación», ¿pero qué es la unidad de España en esa dimensión histórico-cultural? No se requiere un gran esfuerzo para pensar —y sentir— que ahí late la idea, o si se prefiere, la vivencia de la nación.

El otro principio proclamado a título de precedente y de fundamento en el contexto del artículo 2 aparece en la frase «y la solidaridad entre sus pueblos». ¿Niega la solidaridad entre «sus» pueblos la unidad de España? La contestación afirmativa supondría reconocer una contradicción. Y a esta contradicción sólo podría llegarse en el caso de que no fuera posible otra explicación. A nuestro juicio, es conciliable la unidad de España, no con la estricta diversidad de sus pueblos, pero sí cuando éstos se presentan como solidarios entre sí. He aquí un factor de suma importancia. La solidaridad, por supuesto en el derecho, y lo mismo en el más amplio campo de las realidades sociales y en la explicación científica de las mismas, no supone el simple contacto o relación entre términos diferentes. No hay solidaridad sin diversidad, pero correlativamente no hay solidaridad sin unidad. La solidaridad, en la misma medida que presupone las diferencias, presupone también la unidad. No, claro es, la unidad de lo único, sino la unidad, en sentido orgánico y funcional. Pueblos entre sí solidarios no son los meramente relacionados. Sin un interés común no hay solidaridad. El doble juego de la propia significación y del común coexistir interdependiente: esto es lo que quiere decir. Lo único y lo uniforme no son las expresiones exclusivas de la unidad de España. Ésta se expresa también a través de la solidaridad que diferencia y une.

Mientras como antecedente del reconocimiento de la autonomía figuran la unidad de España y la solidaridad entre los pueblos, al predicar la autonomía, el artículo 2 la afirma respecto de las «nacionalidades» y las «regiones».

Llegados a este punto, se advierte que en el artículo 2 son distinguibles tres niveles expresivos, perfectamente diferenciados. El primero concierne al fundamento de la propia norma, y está constituido por la unidad de España y la solidaridad entre sus pueblos. Es algo de donde la Constitución, a la vez, parte y lo constata. El segundo nivel, representado por el reconocimiento que se hace del derecho a la autonomía, tiene un valor normativo vinculante directo en cuanto configura, sobre la base precedentemente expuesta, una situación jurídica concerniente a la propia organización del Estado. El tercer nivel significativo, que es la parte final de la norma, determina quiénes desempeñan el papel de sujetos respecto del reconocimiento de la autonomía.

¿Por qué el reconocimiento de la autonomía se predica, al mismo tiempo, de las «nacionalidades» y de las «regiones»? El hecho de que en la norma del artículo 2 no figure como sujeto del reconocimiento de la autonomía un solo término, sino los dos indicados, copulativamente unidos, obedece, sin duda, a que los redactores del Anteproyecto no han encontrado una palabra que por sí recogiera el criterio sincrético con que se ha procedido. Se pudo hacer sujeto de la autonomía al «pueblo», a las «nacionalidades» o a las «regiones». Al «pueblo» se le dejó en la parte de la norma que es explicativa sin implicar una normatividad directa. «Nacionalidades» y «regiones» aparecen en la parte que tiene un alcance normativo directo. De ambas se afirma el reconocimiento de la autonomía; pero no de una sola. El uso conjunto de una y otra expresión pone de relieve la existencia de un compromiso; de una parte, se admiten las «nacionalidades» en tanto se da entrada también a las «regiones»; y de otra parte, se admiten las «regiones» en tanto figuren también las «nacionalidades».

En principio, parece cierto que el énfasis autonómico de la expresión «nacionalidades» es superior o más marcado. ¿Significa además que las entidades autonómicas resultantes tienen el rango de naciones, y que, consiguientemente, la unidad de España resulta perturbada o sencillamente rota? Algunos piensan que sí. Con un argumento muy simple: consideran que «nacionalidad» deriva de «nación» y que, en consecuencia, afirmar el reconocimiento de la autonomía con referencia a las «nacionalidades» entraña la posibilidad de admitir naciones distintas. Esto no es así ateniéndonos al contexto de la norma y menos aún si se toma en cuenta el contexto constitucional, o más exactamente, aquel sector del mismo que concierne a las autonomías. La mención de las «nacionalidades» es inseparable de la proclamación de la unidad de España y de la solidaridad entre sus pueblos, concepto este último que si bien distiende la idea de la unidad de España, al admitir la existencia de pueblos diferentes, establece entre ellos la trabazón entrelazante de la solidaridad. Pero si ampliamos el alcance del contexto, acudiendo al Título VIII, la tesis se refuerza por cuanto en esta parte de la Constitución, que es la parte organizativa, no aparecen las «nacionalidades» ni las «regiones», salvo en la remisión que el artículo 128,1, hace al artículo 2. La autonomía se predica de los «territorios», y así la rúbrica que recoge la denominación del Título dice: «De los territorios autónomos», giro que se usa, siempre que hay necesidad, en todos los artículos integrantes del Título. Importa mucho resaltar que, si en el ámbito ideológico, los redactores del Anteproyecto no pudieron coincidir en una palabra como definidora exclusiva de sus respectivos puntos de vista, al penetrar en la regulación jurídico-constitucional-administrativa de las autonomías, sí fue alcanzada la coincidencia mayoritaria en un término: «Territorios». El término probablemente no es el ideal común ni el ideal de ninguno. El territorio aporta un factor indispensable para la autonomía; pero sin duda alguna insuficiente, porque el sustrato de la autonomía no está constituido por el mero hecho de poder demarcar una extensión superficial dentro de unos límites, sino que esa demarcación se hace posible en tanto concurran tradiciones, historia, cultura y sentimientos dotados de una significación propia. Ahora bien, esa falta de relieve, de vigor o de fuerza aglutinadora y expresiva del término «territorio» tiene el valor de no tomar partido por ninguna de las dos expresiones respectivamente predilectas y en litigio, a saber: «nacionalidades» y «regiones».

Importa mucho advertir que la dualidad terminológica presente en el artículo 2 y superada en el Título VIII con la expresión «territorios» no genera esquemas autonómicos de grado diferente. La regulación que ofrece el Anteproyecto no preconfigura dos o más modos distintos de ser la autonomía. El modelo es el mismo. Claro está que se trata de un modelo flexible. En la práctica dará lugar a variaciones. Éstas pueden originarse principalmente con base en que si bien hay una atribución de competencias al Estado, tal atribución no es constitucionalmente fija en virtud de la facultad reconocida al Estado de conferir o transmitir competencias a los territorios autónomos por medio de una ley (artículo 127). Sin embargo, en el plano de la ordenación constitucional, no hay una autonomía de o para las «nacionalidades» y otra de o para las «regiones».

Por lo demás, es preciso reconocer la imposibilidad de admitir el simplicismo de que la «nacionalidad» es un derivado de «nación» que presupone de un modo necesario la existencia de ésta. La nación, llamada con agudeza por un pensador político «falsa idea clara», no es hoy el correlato inseparable del Estado ni el soporte exclusivo de la soberanía. La dicotomía nación-Estado, durante considerable tiempo categoría político-jurídica básica y uniforme, ha sido ampliamente desbordada en un doble sentido: el supranacional, que nos muestra la existencia de organizaciones políticas interestatales con los consiguientes desplazamientos y distribuciones de la soberanía; y el infranacional, que supone la presencia de nacionalidades diferentes en el seno de un Estado, incluso de un Estado-nación. Si etimológicamente nacionalidad deriva de nación, es claro que la fidelidad etimológica no es la única ni siquiera la más importante ley del lenguaje, en el que influye más que el origen de las palabras, el uso de las mismas. Por eso, aunque nacionalidad proceda de nación, la mayor amplitud designativa de nacionalidad, por su carácter abstracto o genérico, que le confiere una comprensión superior, hace posible afirmar —y así sucede de hecho— la nacionalidad respecto de grupos o colectividades que no forman necesariamente una nación. La nacionalidad, como sentimiento, espíritu o cohesión, es una de las características de la nación; pero hay, sin duda, nacionalidades sin la estructura de la nación. Por eso Rustow se refiere con acierto a la nacionalidad como una variable. «Los límites del Estado —dice— pueden no coincidir con los límites de la autoconciencia nacional: el Estado puede incluir minorías étnicas que no sientan la misma vinculación a la nación y excluir, en cambio, a ciertos grupos nacionales que quedan más allá de las fronteras.» (Voz «Nación» de la *Enciclopedia Internacional de las Ciencias Sociales*, trad. esp. 1975, vol. 7.)

A su vez, el concepto de región ha perdido el estricto significado de parte de una nación. En el lenguaje internacional de nuestros días hay zonas o sectores regionales de los que forman parte amplios grupos estatales y nacionales.

Todo ello conduce a pensar que el espejismo de las palabras no puede convertirse en criterio decisivo. Cierto que hay una escala de valoraciones y sentimientos que también cuentan en la política y tienen poco que ver con el rigor de los conceptos. Pero a los fines de una consideración predominantemente jurídica, el juicio acerca de las autonomías ha de formularse con base en el contenido regulador considerado en su conjunto. El viejo y vigente principio general del derecho según el cual los contratos son lo que son y no el nombre que se les da, cuenta aquí también.

«Artículo 128. 1.

...

»2. Cada uno de los Territorios Autónomos podrá adoptar, en su Estatuto, la denominación oficial que mejor corresponda a su identidad histórica.»

Sustituir «*podrá adoptar... la denominación*», que es una expresión facultativa, por la imperativa «*adoptará*». Todo Territorio Autónomo ha de tener una denominación. El aspecto facultativo de la norma queda en que es el propio Territorio Autónomo el que la adoptará en correspondencia con su identidad histórica. (Cfr. el art. 147, apartado 2 a), de la Constitución.)

«*Artículo 129*. 1. La iniciativa del proceso autonómico corresponde a los Ayuntamientos de una o varias provincias limítrofes o territorios insulares con características históricas o culturales comunes. Para ello será preciso que lo soliciten las dos terceras partes del número de municipios cuya población represente la mayoría del censo del ámbito territorial de referencia.

»2. ...

»3. ...»

Dada la estructura sintáctica de este apartado, «*limítrofes*» rige no sólo con «*varias provincias*», sino también con *una*. Y si es una la provincia que puede constituirse en régimen de autonomía, no tiene sentido decir que sea limítrofe. El requisito de «limítrofes» sólo es exigible cuando se trate de varias provincias.

Puede ofrecerse esta redacción:

La iniciativa del proceso autonómico corresponde a los Ayuntamientos de una provincia y a los de varias provincias limítrofes o de los territorios insulares que tengan características históricas y culturales comunes.

«*Artículo 133*. 1. A la Asamblea corresponde la potestad normativa, la aprobación de los presupuestos y el control del Consejo de Gobierno, sin perjuicio de las demás facultades que le atribuyan los respectivos estatutos y las leyes. Las normas emanadas de la Asamblea se denominarán leyes territoriales.

»2. La Asamblea será elegida por sufragio universal, libre, igual, directo y secreto, con arreglo a un sistema de representación proporcional que asegure, además, la representación de las diversas zonas del territorio.

»3. Todas las normas y acuerdos de la Asamblea deberán respetar la Constitución, el Estatuto y los compromisos internacionales del Estado.

»4. El Presidente del Territorio Autónomo, en nombre del Rey, promulga las leyes territoriales aprobadas por la Asamblea legislativa.»

Dado que, según el apartado 1, *in fine*, las normas emanadas de la Asamblea se denominarán «leyes territoriales», debe decirse, al comienzo del apartado, «potestad legislativa», en vez de normativa, como se dice en el artículo 71 respecto a las Cortes Generales; más aún cuando el propio artículo 71, al afirmar la potestad legislativa de las Cortes, deja a salvo lo previsto en el Título VIII relativo a los Territorios Autónomos.

En el apartado 3 habrá que repetir «leyes territoriales» y evitar que el femenino de plural «todas» rija con «acuerdos».

El artículo 132,3 dispone que la organización institucional autónoma se basará en una Asamblea, en un Consejo de Gobierno y en un Presidente. Son tres, por tanto, los órganos: dos colectivos (Asamblea y Consejo de Gobierno) y uno unipersonal (Presidente). Plantea algún problema la identificación del Presidente. ¿Qué preside? El artículo 133 dedica tres apartados a la Asamblea y en el apartado 4 dice que «el Presidente del Territorio Autónomo» promulga las leyes en nombre del Rey. Esto es, no se le denomina ni Presidente de la Asamblea ni Presidente del Consejo de Gobierno, sino del «Territorio Autónomo». El artículo 135 confiere la dirección de cada Territorio Autónomo a un «Presidente elegido por la Asamblea y nombrado por el Rey», al que atribuye la suprema representación del Territorio. Y el artículo 136 agrupa al «Presidente y los Consejeros del Territorio Autónomo». Todo hace suponer que el llamado Presidente del Territorio Autónomo es el «Presidente del Consejo de Gobierno». Pero no está completamente claro. De un lado, porque en la denominación del Presidente se omite la referencia al «Consejo de Gobierno», y de otro lado, por que queda en la penumbra el Presidente de la Asamblea. La Asamblea habrá de tener un Presidente; pero éste surgirá de la Asamblea misma y no se le individualiza en la regulación legal.

Para la deseable claridad, al menos en el apartado 4 del artículo 133, habrá de decirse: «El Presidente del Consejo de Gobierno del Territorio Autónomo...»

Luego:

1. Corresponde a la Asamblea la potestad legislativa.

...

3. Las leyes territoriales y los acuerdos de la Asamblea...

4. El Presidente del Consejo de Gobierno del Territorio Autónomo...

«*Artículo 135.* 1. La dirección del Consejo de Gobierno de cada Territorio Autónomo corresponde a un Presidente elegido por la Asamblea y nombrado por el Rey.

»2. ...»

En el apartado 1 el indefinido «un» conviene evitarlo porque sólo hay un Presidente, que no debe ser aludido indeterminadamente, sino con el artículo determinado «el» (o «al»).

Luego:

1. La dirección del Consejo de Gobierno de cada Territorio Autónomo corresponderá al Presidente elegido por la Asamblea y nombrado por el Rey.

«*Artículo 137.* La regulación y administración de las materias no atribuidas expresamente al Estado por esta Constitución, podrá corresponder a los Territorios Autónomos en virtud de sus respectivos Estatutos. Las materias no asumidas expresamente en los respectivos Estatutos por el Territorio Autónomo se entenderán, en todo caso, como de competencia propia del Estado, pero éste podrá distribuir o transmitir las facultades por medio de una Ley.»

«*Artículo 138.* A los efectos de lo prevenido en el precedente artículo, se entienden como de la exclusiva competencia del Estado las siguientes materias:

»1. La regulación de las condiciones básicas que garanticen la igualdad de todos los españoles en el ejercicio de los derechos y el cumplimiento de los deberes constitucionales.

»2. Nacionalidad, inmigración, emigración; extranjería y derecho de asilo.

»3. Relaciones internacionales, representación diplomática, consular y, en general, en el exterior; la celebración de tratados y fiscalización del cumplimiento de las obligaciones internacionales derivadas de los mismos.

»4. Defensa y Fuerzas Armadas.

»5. Leyes penales, extradición; legislación penitenciaria, sin perjuicio de las específicas instituciones de reinserción social de los respectivos Territorios Autónomos.

»6. Determinación de las fuentes del Derecho; aplicación y eficacia de las normas jurídicas y régimen supletorio del Derecho privado.

»7. Relaciones jurídico-civiles relativas a la forma del matrimonio; ordenación de los Registros e hipotecas; bases de las obligaciones contractuales y la regulación de los estatutos personal, real y formal para coordinar la aplicación y resolver los conflictos entre las distintas legislaciones civiles de España.

»8. Leyes procesales, sin perjuicio de las necesarias especialidades que en este orden se deriven de las particularidades del Derecho sustantivo del Territorio Autónomo.

»9. Relaciones jurídico-mercantiles, referentes al estatuto del comerciante y sociedades mercantiles; procedimientos concursales; normas básicas, garantías comunes y eficacia de los títulos valores; principios generales de la contratación mercantil; derecho marítimo.

»10. Circulación de mercancías y capitales; garantías para el abastecimiento del mercado interior.

»11. Régimen aduanero y arancelario; comercio exterior.

»12. Sistema monetario: divisas, cambio y convertibilidad; bases generales de la ordenación del crédito y la banca.

»13. Pesas y medidas; determinación de la hora oficial.

»14. Coordinación y planificación general de la actividad económica e industrial.

»15. Hacienda general y deuda del Estado.

»16. Legislación sobre propiedad intelectual e industrial.

»17. Relaciones jurídico-laborales, formas y modalidades de la contratación; derechos y obligaciones de los sujetos intervinientes y demás aspectos relativos a la eficacia de las relaciones laborales en todo el territorio del Estado.

»18. Sanidad exterior; programación y coordinación general de la sanidad y legislación sobre productos farmacéuticos.

»19. Legislación básica y régimen económico de la Seguridad Social, sin perjuicio de la ejecución de sus servicios por los Territorios Autónomos.

»20. Las bases del régimen jurídico de las Administraciones públicas y del régimen estatutario de sus funcionarios, para garantizar a los administrados un tratamiento general común ante ellas; el procedimiento administrativo común, sin perjuicio de las especialidades derivadas de la organización propia de los Territorios Autónomos; legislación sobre expropiación forzosa; legislación básica sobre contratos y concesiones administrativas y el sistema de responsabilidad de todas las Administraciones públicas.

»21. Pesca marítima.

»22. Marina Mercante y abanderamiento de buques; iluminación de costas y señales marítimas; puertos de interés general; aeropuertos; tránsito y transporte aéreo; abanderamiento y matriculación de aeronaves.

»23. Ferrocarriles y transportes terrestres que transcurran por más de una región o Territorio Autónomo; régimen general de comunicaciones, matriculación y circulación de vehículos a motor; líneas aéreas; correos y telecomunicaciones; cables submarinos y radiocomunicación.

»24. Aprovechamientos hidráulicos e instalaciones eléctricas, cuando las aguas discurran fuera del Territorio Autónomo o cuando su aprovechamiento afecte a otro Territorio o el transporte de energía salga de su ámbito jurisdiccional.

»25. Obras públicas de interés general para el Estado o cuya realización afecte a más de un Territorio Autónomo.

»26. Recursos mineros y energéticos.

»27. Normas básicas del régimen de prensa, radio y televisión y, en general, de los demás medios de comunicación social, sin perjuicio de las facultades que en su desarrollo y ejecución correspondan a los Territorios Autónomos.

»28. La Administración de Justicia. El Estado fijará las bases que permitan armonizar el ejercicio de la función judicial en todo el Estado, de acuerdo con el principio de unidad del poder judicial y de los distintos cuerpos profesionales que lo integran, sin perjuicio de la intervención de los Territorios Autónomos en la organización de la misma.

»29. Orden público, sin perjuicio de la posibilidad de crear policías territoriales que coadyuven al sostenimiento del orden público en la forma que se establezca en los Estatutos.

»30. Requisitos de expedición y homologación de títulos y convalidación de los estudios académicos y profesionales.

»31. Régimen de la producción, comercio, tenencia y uso de armas y explosivos.

»32. Estadística para fines estatales.»

Para la determinación del alcance de las autonomías es tema central y básico la distribución de competencias entre el Estado y los Territorios Autónomos. El artículo 138 determina las materias de la exclusiva competencia del Estado. Con todos los problemas que plantea una enunciación pormenorizada, ha de reconocerse que, en principio, es sustancial la reserva de atribuciones del Estado. Los cometidos o competencias esenciales de éste, tanto en el orden interno como en el internacional, las conserva. No pueden surgir al amparo de las autonomías Estados paralelos.

Ahora bien, el tema es tan importante como delicado y la relación entre lo establecido en el artículo 137 y en el 138 precisa algún esclarecimiento. En orden a la fijación de las competencias del Estado y de los Territorios Autónomos, cabe observar la siguiente:

a) «Materias no atribuidas expresamente al Estado por la Constitución.» Respecto de estas materias el artículo 137 previene que «su regulación y administración... podrá corresponder a los Territorios Autónomos en virtud de sus respectivos Estatutos». O sea, según este precepto, el campo de competencias posibles de los Territorios Autónomos queda circunscrito a las materias no atribuidas expresamente al Estado. Ello no significa que las materias no atribuidas al Estado corresponderán a los Territorios. Podrán corresponder, y que correspondan o no depende de los términos de los respectivos Estatutos. La atribución tendrá, en consecuencia, un alcance variable; pero es total en el sentido de que incumbe a los Territorios Autónomos tanto la regulación como la administración.

b) «Materias no asumidas expresamente en los respectivos Estatutos por el Territorio Autónomo.» Se trata, sin duda, de materias asumibles, pero no asumidas. En esta situación sólo pueden encontrarse las no atribuidas expresamente al Estado. Respecto de ellas se dispone que se entenderán como de la competencia del Estado, de lo cual se infiere que le incumben no sólo las expresamente asumidas, sino también las no asumidas por los Estatutos. Estas materias son el resultado de contrastar las asumidas estatutariamente con las no atribuidas a la competencia exclusiva del Estado. Con relación a tales materias, «el Estado —termina diciendo el precepto— podrá distribuir o transmitir las facultades por medio de una ley». ¿Distribuir entre quién? Parece que los únicos posibles titulares son el Territorio Autónomo y el Estado. Luego la distribución se hará por el Estado. La transmisión, a que también se refiere, significará una completa transferencia. Mientras antes el artículo 137 y luego el artículo 138 utilizan la expresión «materias», aquí se habla de «facultades». Convendrá perseverar en la misma denominación. Pero, sobre todo, conviene meditar si la distribución o transmisión por ley es pertinente y concorde con lo expuesto en los artículos 131 y 132. En el primero de estos artículos se regula el procedimiento de elaboración y preparación de los Estatutos. El artículo 132 confiere a los Estatutos el rango de «norma institucional básica de cada Territorio Autónomo». En el contenido preceptivo de los Estatutos ha de figurar la determinación de las competencias asumidas. Y con arreglo al propio artículo hay un procedimiento para la reforma de los Estatutos en el que corresponde la iniciativa para la modificación a la Asamblea. Pues bien, toda alteración en el régimen de competencias asumidas por el Territorio Autónomo supone una modificación de los Estatutos. ¿La potestad del Estado de distribuir o transmitir materias puede llevarse a cabo sin la reforma de los Estatutos y sin la intervención de la Asamblea del Territorio Autónomo?

c) El párrafo inicial del artículo 138 suscita alguna preocupación. El cometido del artículo en su conjunto es fijar las materias de la exclusiva competencia del Estado que seguidamente enuncia. Y como entrada o introducción dispone: «a los efectos de lo prevenido en el precedente artículo, *se entienden* como de la exclusiva competencia del Estado las siguientes materias».

A nuestro juicio, un precepto tan importante como el artículo 138 —que es la clave del régimen autonómico— no debe circunscribir su alcance a los efectos del artículo anterior. Se le asigna así un carácter meramente interpretativo y limitado, cuando la realidad es que la fijación de la competencia del Estado debe ser válida a todos los efectos.

Además, no hay entre ambos artículos una correspondencia terminológica y conceptual clara. El artículo 137 empieza aludiendo a las materias no atribuidas «expresamente» al Estado. El artículo 138 fija directamente y en términos positivos cuáles son las materias de la competencia «exclusiva» del Estado. Sería mejor, en un orden lógico, invertir la colocación de los artículos, anteponiendo el contenido del artículo 138.

Por otra parte, el artículo 137 distingue (a sensu contrario) entre las materias expresamente atribuidas al Estado, que requieren una mención, y las que «se entenderán» de su competencia. Estas últimas incumben al Estado presuntivamente —ése es el significado jurídico tradicional de «se entenderán»— y no por determinación expresa. Hay una contradicción entre el «se entenderán» del artículo 137, que son materias no determinadas expresamente, y el «se entienden» del artículo 138, que va a seguido de una enunciación especificativa de materias.

Toda la claridad es necesaria cuando se trata de establecer:

— que hay unas materias de la competencia exclusiva del Estado y que son indelegables;

— que hay otras materias de la competencia de los Territorios Autónomos asumidas por los Estatutos;

— y que cuando los Estatutos no han asumido todas las materias propias de su competencia, pueden después asumirlas siempre que no se trate de las materias que integran las competencias exclusivas del Estado.

d) Con relación al artículo 138, aparte de lo expuesto anteriormente, cabe observar:

1.º La frase «regulación de las condiciones básicas que garanticen la igualdad de todos los españoles en el ejercicio de los derechos...» parece un tanto ambigua y en algún aspecto («condiciones básicas») poco jurídica. Acaso sería preferible redactar así el apartado 1: *La regulación de las libertades, derechos y deberes de rango constitucional, que han de ser comunes a todos los españoles.*

2.º Si bien conforme al código civil (sobre todo antes de la reforma del Título preliminar, pues luego el criterio se ha debilitado) la «determinación de las fuentes del derecho» (apartado 6 del artículo 138 del Anteproyecto de Constitución) forma parte de las normas de «aplicación general y directa en toda España», algunas Compilaciones forales, como la de Aragón y sobre todo la de Navarra, han introducido su propio sistema de fuentes del derecho, y conforme al actual artículo 13 del Código civil es claro que la regulación de las fuentes no queda sustraída a los derechos forales o especiales, por lo que el texto constitucional resulta en este punto más restrictivo que el Código civil. (Cfr. el art. 149, 8.ª, de la Constitución.

3.º Reemplazar la expresión arcaizante e incompleta de «Registros e hipotecas» (aunque así lo decía también la Constitución de 1931) por las de *sistema registral o régimen registral* que comprenden no sólo el Registro de la Propiedad Inmobiliaria, sino el de otros bienes, el Registro mercantil y el Registro civil. En este sentido convendría modificar el apartado 6. (Cfr. el art. 149, 8.ª, de la Constitución.)

4.º También es arcaizante (pese a que decía lo mismo la Constitución de 1931) y especialmente después de la reforma del Título preliminar del Código civil, referirse a «los Estatutos personal, real y formal» como fórmula para resolver los conflictos entre las distintas legislaciones civiles de España. Además, se dejan fuera las normas de derecho internacional privado. Consiguientemente, podría decirse en el apartado 7: *«Las reglas resolutorias de los conflictos de derecho internacional privado y las relativas al ámbito de aplicación de los regímenes jurídicos civiles coexistentes en España.»* (Cfr. el art. 149, 8.ª, de la Constitución.)

5.º La expresión «ámbito jurisdiccional» del apartado 24, que obedece al propósito de no repetir «territorio» o decir «territorial», no es muy adecuada. Cabría esta redacción: *«aprovechamientos hidráulicos e instalaciones eléctricas, cuando las aguas discurran fuera del Territorio Autónomo o cuando su aprovechamiento afecte a territorio distinto o el transporte de energía salga de su ámbito de procedencia».* (Cfr. el art. 149, 22.ª, de la Constitución.)

«Artículo 140. 1. Todos los españoles tienen en cualquier Territorio Autónomo los mismos derechos y obligaciones.

»2. Ningún Territorio Autónomo podrá adoptar medidas que, directa o indirectamente, obstaculicen la libre circulación de las personas o de las cosas o limiten el derecho de los españoles a establecerse en cualquier parte del Estado y ejercer su profesión, trabajo o cualquier tipo de función pública.

»3. El Derecho del Estado prevalece sobre el de los Territorios Autónomos en todo lo que no esté atribuido a la exclusiva competencia de éstos. Será en todo caso supletorio del Derecho propio de los Territorios Autónomos.»

El apartado 1 dispone que «todos los españoles tienen en cualquier Territorio Autónomo los mismos derechos y obligaciones». Con ello se proclama un criterio de igualdad. Esta norma puede considerarse como reflejo o proyección del artículo 14, que establece la igualdad ante la ley, y más directamente del artículo 138,1 (comprendido dentro del título VIII), según el cual corresponde al Estado «la regulación de las condiciones básicas que garanticen la igualdad de todos los españoles en el ejercicio de los derechos y el cumplimiento de los deberes constitucionales». Hay, pues, una igualdad que alcanza a todos los españoles y no se modifica por la existencia de Territorios Autónomos. Sin embargo, esta igualdad no puede darse de un modo absoluto respecto del total régimen jurídico, ya que en los Territorios Autónomos habrá un ordenamiento diferente en todo aquello que no sea materia reservada al Estado. Por tanto, se entiende bien la igualdad proclamada por el artículo 138, que se da a escala del ejercicio de los derechos y del cumplimiento de los deberes *constitucionales*. En cambio, la norma del apartado 1 del artículo 140 resulta demasiado abstracta. No puede querer decir que todos los españoles, en cada uno de los Territorios Autónomos, tendrán los mismos derechos que los españoles ligados a esos territorios por vínculo de específica ciudadanía o vecindad, ya que en este caso la peculiaridad del régimen autonómico resultaría negada. Acaso su verdadero significado sea que, a escala de derechos y deberes constitucionales, no habrá discriminación entre los españoles adscritos o no a un Territorio Autónomo. Pero esto ya resulta del artículo 138,1. Y, en definitiva, es lo que viene a establecer más concretamente el apartado 2 del artículo 140.

Luego podría prescindirse del apartado 1 del artículo 140. (Cfr. el art. 139 de la Constitución.)

La observación anterior conduce a otra: que no figura en el Anteproyecto ninguna norma relativa al vínculo que une al ciudadano con un Territorio Autónomo determinado, es decir, lo que, según el Código civil, es la «vecindad civil». ¿Cómo se adquiere esta vecindad o ciudadanía respecto de un Territorio Autónomo? ¿Quiénes la ostentan? En materia de nacionalidad, el Anteproyecto se remite al Derecho civil. En materia de vecindad o adscripción a un Territorio guarda silencio. Conforme al artículo 133, la Asamblea se elegirá por sufragio universal. ¿Quiénes tienen derecho de sufragio?

El apartado 3 del artículo 140 requiere alguna corrección. ¿Puede decirse que el derecho del Estado «prevalece» sobre el de los Territorios Autónomos «en todo lo que no esté atribuido a la exclusiva competencia de éstos»? La prevalencia supone un conflicto y una superioridad o superposición. Y no es esto lo que ocurre, según nuestro criterio. Se trata, tan sólo, de que lo no atribuido a la exclusiva competencia legislativa del Territorio Autónomo, queda atenido al derecho del Estado. Sería mejor decir que el derecho del Estado «rige» o «se aplica» a las materias no atribuidas en exclusiva a la competencia de los Territorios Autónomos.

Después se confiere al derecho del Estado la función de supletorio. Parece bien este reconocimiento, que está en armonía con lo establecido en el Código civil (artículo 13,2).

La diferencia entre la aplicación del llamado derecho del Estado a lo no regido por el derecho propio y la aplicación supletoria de aquél, es correcta. En la primera hipótesis se trata de que falta el derecho propio. En la segunda hipótesis —la de la función supletoria— ocurre que, habiendo un derecho propio, éste ofrece alguna laguna o imperfección que se salva acudiendo al derecho del Estado, en función de supletorio.

Con la supresión del apartado 1 y la modificación propuesta en el apartado 3, llegamos al siguiente texto del artículo 140:

1. *(Lo mismo que dice el apartado 2 del Anteproyecto.)*

2. *El derecho del Estado rige en los Territorios Autónomos en todo lo no atribuido a la exclusiva competencia de éstos. Además se aplica como supletorio del derecho propio de cada Territorio Autónomo.*

«Artículo 141. El control de la actividad de los órganos autonómicos se ejercerá:

»a) El relativo a la constitucionalidad y legalidad, por el Tribunal Constitucional.

»b) El concerniente al uso de las funciones delegadas a que se hace referencia en el artículo 139 por el Gobierno, previo dictamen vinculante del Consejo de Estado, sin perjuicio del que pueda corresponder a los Tribunales.

»c) El de la Administración autonómica, por la jurisdicción contencioso-administrativa.

»d) El económico y presupuestario, con intervención del Tribunal de Cuentas.»

Es pertinente que, en el ejercicio de la actividad de los órganos autonómicos, el control de la constitucionalidad corresponda al Tribunal Constitucional, como establece el apartado *a).* Sin embargo, no parece que el control de la «legalidad» corresponda exclusivamente al Tribunal Constitucional. Es también cometido de los Tribunales ordinarios y en particular de la jurisdicción contencioso-administrativa a que alude el apartado *c)* (Cfr. el art. 153 de la Constitución.)

En el apartado *b)* se confiere al Gobierno el control concerniente al uso de las funciones delegadas a que hace referencia el artículo 139. Según el apartado 2 del artículo 139, las leyes de bases aprobadas por las Cortes Generales podrán atribuir a los Territorios Autónomos la facultad de dictar la correspondiente legislación delegada. Ateniéndose a las reglas generales de la delegación contenidas en los artículos 74 y siguientes, tenemos que la autorización habrá de proceder de las Cortes, correspondiendo al Gobierno la promulgación de la legislación delegada. En el caso de los Territorios Autónomos, el ejercicio de la delegación será cometido del «Consejo de Gobierno» que, según el artículo 134, ejerce las funciones ejecutivas y administrativas y la potestad reglamentaria en relación con las funciones propias y las delegadas.

Pues bien, dentro de este sistema resulta un tanto extraño que el control concerniente al ejercicio de las funciones delegadas se asigne al Gobierno (central), aunque con la limitación del dictamen vinculante del Consejo de Estado y sin perjuicio del cometido que pueda corresponder a los Tribunales. Según el artículo 74,4, el control de la delegación, sin perjuicio también de la competencia propia de los Tribunales, corresponde a las Comisiones de las Cortes, y al Pleno «en caso de uso incorrecto de la delegación». ¿Por qué en los Territorios Autónomos el control se desplaza al Gobierno (central) que no ha intervenido en la delegación?

«Artículo 143. 1. Los textos aprobados por la Asamblea del Terri-

torio Autónomo serán inmediatamente comunicados por el Presidente de éste al Gobierno. Éste, en el plazo de un mes, podrá solicitar de la Asamblea una segunda deliberación sobre todos o algunos de los extremos del mismo. En este caso, el texto, para ser aprobado como ley territorial, requerirá la votación favorable de la mayoría absoluta de los miembros de la Asamblea.

»2. La ley territorial no puede ser promulgada antes de haber transcurrido el plazo fijado en el apartado anterior, salvo que el Gobierno comunicare al Presidente del Territorio Autónomo su consentimiento expreso.

»3. El plazo antes indicado puede reducirse en una tercera parte, cuando el proyecto en cuestión hubiera sido declarado urgente por la Asamblea del Territorio Autónomo.»

Este artículo plantea el delicado problema de la intervención del Gobierno (central) en la actividad legislativa de las Asambleas de los Territorios Autónomos. Parece hallarse inspirado en el artículo 127 de la Constitución italiana. El Gobierno puede obligar a la Asamblea a una segunda deliberación en la que, para la aprobación de la ley territorial, se requiere la mayoría absoluta de los miembros de la Asamblea. Según la Constitución italiana, obtenida, en trámite de reconsideración, la mayoría absoluta, le cabe al Gobierno de la República promover la cuestión de la legalidad ante el Tribunal Constitucional. No contiene el artículo 143 previsión equivalente; pero puede llegarse a igual resultado a través del artículo 141, que confiere el control de la actividad de los órganos autonómicos (entre ellos la Asamblea) al Tribunal Constitucional, por lo que se refiere a la constitucionalidad y la legalidad.

Sin adentrarnos en el problema de fondo, cabe hacer un reparo terminológico. El apartado 1, al tomar en consideración lo que habiendo sido aprobado por la Asamblea ha de ser reconsiderado a impulsos del Gobierno, habla de «textos aprobados». Lógicamente no cabe llamarlos leyes. La palabra «texto» vuelve a emplearla el propio apartado 1. Pero tanto «textos aprobados» como «textos» son expresiones, aunque hábiles y cautelosas, poco jurídicas. La realidad es que, faltando una deliberación parlamentaria y no habiéndose producido, claro es, la promulgación, nada impide hablar de «proyectos de ley». Y, en definitiva, la expresión «proyecto» termina por utilizarla el artículo 143.

Diría, pues, el apartado 1 del artículo 143:

1. *Los proyectos de ley aprobados por la Asamblea del Territorio Autónomo serán inmediatamente comunicados por el Presidente al Gobierno. Éste, en el plazo de un mes, podrá solicitar de la Asamblea una segunda deliberación sobre todos o algunos extremos de los mismos. En tal caso, el proyecto, para ser aprobado como ley territorial, requerirá la votación favorable de la mayoría absoluta de los miembros de la Asamblea.*

(No hay un precepto similar al 143 del Anteproyecto en la Constitución.)

«TÍTULO IX

»Del Tribunal Constitucional

»*Artículo 150. 1.* El Tribunal Constitucional se compone de once miembros nombrados por el Rey, cuatro a propuesta del Congreso por mayoría de tres quintos de sus miembros, tres a propuesta del Senado por idéntica mayoría, dos a propuesta del Gobierno y dos a propuesta del Consejo General del Poder Judicial.

»2. Los miembros del Tribunal Constitucional deberán ser nombrados entre magistrados y fiscales, profesores numerarios de Facultades de Derecho y Ciencias Políticas de cualquier Universidad española, y abogados, todos ellos con más de veinte años de ejercicio profesional.

»3. Los miembros del Tribunal Constitucional serán designados por un período de nueve años y se renovarán por terceras partes cada tres años.

»4. La condición de miembro del Tribunal Constitucional es incompatible con todo mandato representativo, cargo político o administrativo, función judicial y fiscal, ejercicio de la carrera forense, desempeño de cargo directivo de un partido político o empleo al servicio del mismo, y, en general, tendrán las incompatibilidades propias de los miembros del poder judicial. Serán asimismo independientes e inamovibles durante el ejercicio de su mandato.»

A) La determinación de las cualidades que han de concurrir para ostentar la condición de miembros del Tribunal Constitucional requiere algunas puntualizaciones.

Al referirse el Anteproyecto de Constitución a los funcionarios de las carreras judicial y fiscal no lo hace siempre de una manera armónica y completa. El artículo 61 considera incluidos en las causas de inelegibilidad e incompatibilidad para Diputados y Senadores a «los Jueces y Fiscales en activo», y no menciona a los Magistrados, lo que no tendría importancia si siempre se expresara así, pues habría que estimar comprendidos los Magistrados entre los Jueces. Pero el artículo 117, al fijar la incompatibilidad para el desempeño de cargos públicos, menciona a «los Jueces y Magistrados», lo que significa, además de la no inclusión de los Fiscales —según ya hemos puesto de manifiesto al examinar el artículo 117 que debe ser rectificado en el sentido de incluirlos—, la consideración de los Magistrados con entidad propia y no incluidos en los Jueces. Si ahora el artículo 150, en el apartado 2, alude a los «Magistrados y Fiscales» vuelve a incurrir en una falta de armonía. Probablemente ocurre —y ésta puede ser la justificación— que, al exigirse veinte años de ejercicio profesional para poder ser nombrado miembro del Tribunal Constitucional, el Juez ya ostentará la categoría de Magistrado. Sin embargo, esta hipótesis no puede darse como absolutamente cierta siempre. Es sólo una probabilidad estadística dentro de la actual organización de la carrera. Por otra parte, la referencia específica a los Magistrados y la exigencia de veinte años de ejercicio profesional, hace pensar en que se haya ejercido durante ese tiempo como Magistrado, lo que no es razonable, ya que el desempeño de la función de Juez debe computarse también, y para ello es mejor mencionar a los Jueces, o bien, utilizar la fórmula más comprensiva de «funcionarios de las carreras judicial y fiscal». Además, la discriminación del Juez no parece oportuna, si se tiene en cuenta que figuran comprendidos los Fiscales de todas las categorías, sin establecer una distinción equivalente a la de Jueces y Magistrados.

B) En cuanto al Profesorado numerario también se plantea algún problema. Damos por supuesto que no se ha querido limitar la posibilidad del nombramiento a los Catedráticos. Igual posibilidad se reconoce a los Profesores Agregados y a los Profesores Adjuntos, ya que también son numerarios. Sin embargo, al fijar la procedencia de los profesores numerarios se opera con un criterio restrictivo, ya que han de pertenecer a las «Facultades de Derecho y Ciencias Políticas de cualquier Universidad». La Universidad no cuenta nada más que territorial y administrativamente, porque a una determinada Universidad están adscritas las Facultades. La restricción se introduce, no por la materia de que se sea Profesor, sino por la Facultad en que se profesa. Y las dos Facultades elegidas son la de Derecho y la de Ciencias Políticas. En la designación de esta Facultad hay una omisión, pues su nombre completo es «Facultad de Ciencias Políticas y Sociología». La razón de que el Profesor lo sea de una Facultad de Derecho es bien clara: el conocimiento del derecho se considera como especialmente idóneo para el ejercicio de la actividad a desempeñar en el Tribunal Constitucional. No obstante, todas las disciplinas que integran la Licenciatura de Derecho no tienen de modo absoluto un contenido jurídico, como le ocurre a la Economía Política, o bien el derecho objeto de estudio no es el vigente, como sucede con la Historia del derecho o con el Derecho romano. En cuanto a la Facultad de Ciencias Políticas y Sociología, hay que pensar que lo tenido en cuenta como materia de dedicación sería, además del derecho, los temas de la política, en sus diversas manifestaciones (jurídicas, históricas, ideológicas, etc.) y la sociología. Si todo lo que es materia de conocimiento en las Facultades de Ciencias Políticas y Sociología se reputa idóneo, desde el punto de vista de poder formar parte el profesorado del Tribunal Constitucional, no parece suficientemente coherente que se prescinda por completo de las Facultades de Ciencias Económicas y Empresariales, en donde también se cursan determinadas materias jurídicas, aparte de estudiarse disciplinas muy relacionadas con la ciencia política y la sociología.

A la vista de las anteriores consideraciones, tal vez sería mejor:

— o referirse a los Profesores numerarios de disciplinas jurídicas de cualquier Universidad española (Cfr. el art. 159, apartado 2, de la Constitución);

— o incluir también a los Profesores numerarios de las Facultades de Ciencias Económicas y Empresariales;

— o —y esta fórmula sería la misma del Anteproyecto, sólo que correctamente formulada— referirse a la Facultad de Ciencias Políticas y Sociología.

C) En cuanto al tiempo del ejercicio profesional no parece que, dadas las diferencias de extracción y dedicación, puedan convertirse en requisito común los veinte años en todos los casos. Está muy claro que ocupa un primer plano el ejercicio cuando la idoneidad se busca en razón de los conocimientos adquiridos con base principalmente en la experiencia. Esto es así, sin duda, en los abogados; en buena parte, ocurre otro tanto con los funcionarios judiciales y fiscales. Pero no es lo mismo en el caso del Profesorado. Un profesor de Derecho político, en el que ocupa un lugar tan destacado el Derecho constitucional, e incluso, en general, un profesor, obtiene sobre todo los conocimientos por la vía teórica y por la acusada especialización de sus estudios. Puede haber, en consecuencia, personas idóneas para la función sin esperar al transcurso de los veinte años. Por otra parte, la docencia es un tipo de ejercitación muy distinto a la del abogado, porque la experiencia docente se anticipa a la condición de profesor numerario y se obtiene en grado suficiente con una dedicación menos dilatada, si se tienen en cuenta los factores cognoscitivos científicos que tan directamente concurren en la formación.

D) Respecto del apartado 4.º, relativo a las incompatibilidades de los miembros del Tribunal Constitucional, observamos:

1..º La expresión «cargo político o administrativo» carece de arraigo en nuestra terminología. Sería preferible decir «cargos públicos», como dice el propio Anteproyecto en el artículo 117 al ocuparse de las incompatibilidades de los Jueces y Magistrados, tanto más si se tiene en cuenta que el artículo 150 tiende a equiparar estas incompatibilidades con las de los miembros del poder judicial. Además, el cargo político no público (en cuanto no establece una dependencia del Estado o de la Administración) se considera expresamente en el mismo precepto cuando señala como incompatibilidad el «desempeño de cargo directivo de un partido político o empleo al servicio del mismo».

2.º No es muy congruente con el cometido del Tribunal Constitucional establecer como incompatibilidad de sus miembros el ejercicio de la «función judicial», ya que los miembros del Tribunal Constitucional, y éste en cuanto organismo, por la propia naturaleza de las cosas y por la regulación contenida en la Constitución, asumen una función judicial. Lo que ha querido decirse es que los funcionarios de las carreras judicial y fiscal, para desempeñar su cometido en el Tribunal Constitucional, habrán de estar excedentes en sus carreras de procedencia. Enúnciese, pues, la incompatibilidad refiriéndose a los funcionarios judiciales y fiscales en activo. Y no como causa impeditiva del nombramiento, sino del desempeño de la función, por lo que el nombrado habrá de pasar a la situación de excedente. (Cfr. el art. 159, apartado 4, de la Constitución.)

3.º Aunque en el lenguaje usual se habla de la «carrera forense», en un sentido técnico-administrativo estricto el abogado no se integra en una carrera y el ejercicio no lo es de ésta, sino de una profesión. La abogacía, aun cuando han incidido sobre ella algunas manifestaciones de la socialización de las actividades, es una de las antiguas profesiones liberales, de ejercicio libre, sin limitación en el número ni en la pertenencia a un cuerpo, aunque sí a un Colegio. Podría decirse «ejercicio de la profesión de abogado». Pero como en la «carrera forense» en su acepción amplia y no técnica pueden considerarse comprendidos los procuradores que, por razones fácilmente explicables, deben ser también incompatibles, la fórmula completa de la incompatibilidad sería el «ejercicio de la profesión de abogado y la de procuradores de los Tribunales». (Cfr. el mismo apartado 4, *in fine*, del art. 159 de la Constitución.)

4.º Conforme al artículo 117, a los funcionarios de las carreras judicial (y fiscal, según la aclaración propuesta por nosotros) se les prohíbe, mientras se hallen en activo, pertenecer a un partido político. Como para ser miembro del Tribunal Constitucional no pueden hallarse en activo, deja de regir la prohibición. La incompatibilidad de los miembros del Tribunal Constitucional respecto de los partidos políticos no se expresa con relación a la pertenencia a los mismos, sino al «desempeño de cargo directivo de un partido político o empleo al servicio del mismo». Está claro que la simple militancia en un partido es posible. Sin embargo, puede suscitarse alguna duda cuando el apartado 4 del artículo 150, de manera muy amplia, dispone que los miembros del Tribunal Constitucional, «en general», tendrán las incompatibilidades propias de los miembros del poder judicial, pues una de tales incompatibilidades es la de pertenecer a un partido político. Sin prescindir de la regla analógica representada por las incompatibilidades propias del poder judicial, cabría matizarla diciendo: *además de las incompatibilidades expresamente previstas para los miembros del Tribunal Constitucional, tendrán, en lo que no resulte contradictorio con su régimen propio de incompatibilidades, las establecidas para los miembros del poder judicial.* (Cfr. el art. 159, apartado 4, párrafo segundo, de la Constitución.)

5.º La regla final del apartado 4 —«serán asimismo independientes e inamovibles durante el ejercicio de su mandato»— debería figurar al principio, con algunas rectificaciones, porque las incompatibilidades se dirigen, sobre todo, a garantizar la independencia. Por otra parte, la responsabilidad y el solo sometimiento a la ley, que integran también el Estatuto básico del Poder Judicial, deberían afirmarse asimismo, de un modo directo, de los miembros del Tribunal Constitucional.

Convendría eludir la frase «durante el ejercicio de su *mandato*», ya que aun cuando el nombramiento proceda de la elección, no ejercen un mandato, sino que desempeñan un cargo.

Parece más correcto convertir en texto del artículo 150, primero de los dedicados a la regulación del Tribunal Constitucional, el contenido del artículo 152. Como este artículo traza los rasgos esenciales del Tribunal y de su competencia, una consideración lógico-sistemática conduce a concederle prioridad respecto del artículo dedicado a la composición del Tribunal.

Quizá habría de introducirse alguna leve variación en la redacción del párrafo inicial del artículo 152 (que pasaría a ser artículo 150), diciendo:

El Tribunal Constitucional, con jurisdicción en todo el Territorio del Estado, es competente para conocer...

«*Artículo 151.* El Tribunal Constitucional será presidido por aquel de sus miembros que el Rey designe cada tres años a propuesta del mismo Tribunal en pleno.»

La redacción induce a pensar en un miembro que preside más que en un Presidente del Tribunal.

Quizá sería preferible decir:

El Presidente del Tribunal Constitucional será nombrado, entre sus miembros, por el Rey, a propuesta del mismo Tribunal en pleno y por un período de tres años. (Cfr. el art. 160 de la Constitución.)

«*Artículo 152.* 1. El Tribunal Constitucional tiene jurisdicción en todo el territorio del Estado y es competente para conocer de las siguientes materias:

»*a*) Del recurso de constitucionalidad de leyes y normas con fuerza de ley del Estado y de los Territorios Autónomos.

»*b*) De los recursos de amparo por violación de los derechos establecidos en el capítulo segundo del Título II de esta Constitución, cuando se hubieren agotado los demás recursos.

»*c*) De los conflictos jurídicos entre los órganos centrales y los de los Territorios Autónomos y los de éstos entre sí.

»*d*) De los demás casos previstos en la Constitución o en las leyes orgánicas.»

A) Dado que el apartado primero opera sólo como introducción respecto de los siguientes apartados designados por letras, y como no hay ninguna otra parte del artículo designado después numeralmente, sería obligado prescindir del número 1. (Cfr. el art. 161 de la Constitución, que introdujo un apartado 2.)

Como cada uno de los apartados comienza con «del» y «de las», hay que suprimir el sintagma, completamente innecesario, «de las siguientes materias». (Cfr. el apartado 1 del mismo artículo.)

B) El artículo 45,2 califica de «extraordinario» el recurso de amparo, mientras el artículo 152,b) dice sólo «de los recursos de amparo» sin calificarlos de extraordinarios. De tener este carácter el recurso, el lugar adecuado para decirlo sería el artículo 152. Sin embargo, será mejor prescindir del calificativo de «extraordinario» en el artículo 45,2.

Procesalmente un recurso es extraordinario cuando funciona como un medio impugnatorio excepcional. El recurso propiamente dicho tiene un efecto devolutivo por virtud del cual pasa a conocer de la materia litigiosa, sometiéndola a nuevo examen, un Tribunal distinto y superior como ocurre con los recursos de apelación y casación. También ocurre lo mismo con el recurso de revisión civil, porque si bien la Ley de Enjuiciamiento Civil no excluye, en principio, de la revisión las sentencias dictadas por el Tribunal Supremo, la jurisprudencia las ha eliminado y, consiguientemente, actúa como Tribunal distinto y superior el Tribunal Supremo. El carácter extraordinario del recurso de revisión en la jurisdicción civil (y lo mismo ocurre en la jurisdicción contencioso-administrativa y en la penal) descansa en estos dos órdenes de factores: la muy estricta limitación taxativa de las causas impugnatorias de la sentencia contra la que se interpone; y el que la sentencia ha de ser firme y con valor de cosa juzgada en el momento de interponerse el recurso. En rigor, la firmeza de la sentencia objeto de revisión es la que tipifica como extraordinario en su sentido más radical a este recurso. Por eso no pueden interponerse los demás recursos, ya que todos ellos presuponen que la sentencia no haya ganado firmeza. Sin embargo, el recurso de revisión no exige, para interponerse, haber agotado previamente los demás recursos. Nada se opone a interponer recurso de revisión contra una sentencia de primera instancia sin haber utilizado el recurso de apelación. Por otra parte, según ya hemos indicado, con arreglo a la jurisprudencia de la Sala Primera del Tribunal Supremo, al quedar excluidas de la revisión sus propias sentencias, quiere decir que no puede ser precedente de la revisión la casación.

Donde más énfasis ha puesto la jurisprudencia en la calificación de los medios impugnatorios como extraordinarios con base en la necesidad de haber agotado previamente los demás recursos, dándole el significado de último remedio, es a propósito de los incidentes de nulidad de actuaciones y del recurso de casación por quebrantamiento de forma. En uno y otro caso cualquier falta de impugnación (o de protesta) respecto de la resolución creadora de la nulidad o del quebrantamiento de forma, y la no utilización de iguales remedios respecto de las resoluciones interlocutorias posteriores, impide acudir luego a la nulidad o a la casación por quebrantamiento de forma. En cambio, en el recurso de casación por infracción de ley, el carácter extraordinario se hace descansar sobre todo en la limitación numérica y conceptual de los motivos de impugnación.

Respecto de la calificación del recurso de amparo como recurso y como extraordinario se plantean diferentes problemas:

a) Ante todo, como la regulación del Tribunal Constitucional en aspectos tan importantes como el funcionamiento y el procedimiento queda pendiente de una ley orgánica (artículo 156), faltan indispensables elementos de juicio para una conceptuación segura. Sin embargo, el hecho de que la Constitución anticipe que la tutela de los derechos establecidos en el Capítulo segundo del Título II tiene como cauce procesal un recurso de amparo, calificado en un lugar de extraordinario (artículo 45,2) y del que en otro lugar se dice que se requiere haber agotado los demás recursos (artículo 152,b), predetermina el posterior desarrollo a escala de la Ley orgánica.

b) Si característica de todo recurso propiamente dicho es que verse sobre una resolución dictada y que, al impugnarse, pasa a conocer de la cuestión debatida un Tribunal distinto y superior respecto del que la pronunció (efecto devolutivo) es claro que, siendo la materia litigiosa la tutela de unos derechos (o más exactamente de los derechos humanos y las libertades fundamentales), tal tutela no puede conferirse de un modo directo e inmediato a través de lo que procesalmente no se configura como demanda, sino como recurso. Por el solo hecho de tratarse de un recurso, y más aún si se le califica de extraordinario y se exige haber agotado los demás recursos, ello significa como indispensable: que con anterioridad al recurso de amparo se haya seguido un procedimiento o proceso dirigido a la garantía de esos derechos y libertades; que en tal procedimiento haya recaído alguna resolución; y que respecto de tal resolución quepan recursos distintos del de amparo, que serán los «demás recursos», cuyo agotamiento se exige como condición necesaria para acudir al de amparo. De la regulación contenida en el Anteproyecto no aparece que en la que podríamos llamar jurisdicción constitucional existan Jueces o Tribunales que dicten las resoluciones o sentencias respecto de las cuales quepa recurrir, en vía de amparo, ante el Tribunal Constitucional, actuando como Tribunal superior y *ad quem*. Y esto sería indispensable, para que, propiamente, el Tribunal Constitucional conociera de un recurso extraordinario de amparo. Tal es lo que se observa, en la jurisdicción civil, con los pasos marcados por la primera instancia (ante el Juez), el recurso de apelación (ante la Audiencia) y el recurso de casación (ante el Tribunal Supremo). Aunque con un desarrollo menor, también se atienen a esta línea la jurisdicción contencioso-administrativa y la penal. Y aquí falta. Sólo en términos de conjetura sería imaginable que el «procedimiento basado en los principios de preferencia y sumariedad» a que se refiere el artículo 45,2, pudiera organizarse y funcionar en el seno de un orden jurisdiccional constitucional, respecto del cual el Tribunal Constitucional, al conocer del recurso de amparo, actuara como Tribunal Superior. Pero que pudiera haber un enlace entre ese procedimiento sumario y preferente, pendiente de regular, y el recurso de amparo, no resulta del artículo 45,2, ya que enuncia conjunta pero separadamente, como vías distintas de la tutela jurisdiccional, el procedimiento sumario y el recurso de amparo, y el artículo 152, al regular la competencia del Tribunal Constitucional, nada dice que concierna al procedimiento sumario. Sólo en términos también de conjetura podría considerarse implícito en el apartado *d*) del artículo 152 cuando alude a «los demás casos previstos en la Constitución».

Entonces sólo cabe pensar en otras dos posibilidades: una sería la de que sin actuar el Tribunal Constitucional como Tribunal *ad quem*, pudiera él conocer en vías de recurso de amparo, de resoluciones dictadas por él mismo, como ocurre en los recursos (impropios, por faltar el efecto devolutivo) de reposición y súplica. No hay base alguna para suponerlo así, salvo el enigma que representa el apartado *d*) del artículo 152, cuando incluye en la competencia del Tribunal Constitucional el conocimiento de «los demás casos previstos en la Constitución o en las Leyes orgánicas».

¿Por qué procedimiento?

La otra posibilidad es que el recurso de amparo verse sobre resoluciones emanadas de otros ámbitos jurisdiccionales o de actuación del derecho. La tutela de los derechos humanos y las libertades, que tanto acentúa el Anteproyecto, y el rango de superioridad y especialidad máximas que se confiere al Tribunal en «materia de garantías constitucionales» (artículo 113,1), incluso respecto del Tribunal Supremo, explica que se pretenda una a la vez amplia y excepcional protección. A esta conclusión se llega sobre todo con apoyo en el precedente de la Constitución de 1931 (artículo 121) y de la Ley del Tribunal de Garantías Constitucionales de 14 de junio de 1933. Sin duda alguna, éstas han sido las fuentes inspiradoras de los redactores del Anteproyecto. Sin embargo, la fórmula utilizada implica un rigorismo y un reducionismo procesal que limita en el Anteproyecto las posibilidades del amparo, en el caso de la violación de los derechos protegidos. Hay como una falta de acomodación entre el espíritu que tiende a realizar el Anteproyecto en el sentido de facilitar la tutela jurisdiccional de las garantías y las limitaciones que se introducen. Estas limitaciones están patentes en la formulación procesal que se hace del recurso de amparo y resultan, sobre todo, si se compara el recurso de amparo del Anteproyecto con el de la Constitución de 1931 y la Ley de 14 de junio de 1933.

En efecto:

1.º Sin perjuicio de que las motivaciones determinantes de que un recurso se califique de «extraordinario» puedan ser varias, según hemos visto, siempre tienen como significado común el estrechamiento, en sentido restrictivo, del cauce impugnativo. Por tanto, no es armónica esta restricción con la generosidad con que quiere garantizarse la tutela jurisdiccional de los derechos y las libertades del Capítulo 2.º del Título II. Por supuesto, en la Constitución de 1931, de donde se toma la denominación «recurso de amparo», no se calificó de extraordinario. Es aconsejable prescindir de tal denominación que, además, no se utiliza por el precepto directamente regulador, sino con ocasión de una remisión al mismo. (Cfr. el art. 53, apartado 2, de la Constitución.)

2.º Mayor restricción supone todavía la exigencia de haber «agotado los demás recursos». Nótese que sólo con tal agotamiento se abre la vía impugnatoria del recurso de amparo. Si este recurso apareciera, dentro de un sistema procesal, como el último de unos recursos junto a otros, precedentes, posibles, el camino hasta llegar a él podría ser largo, pero identificable. Ahora bien, cuando el recurso de amparo aparece aislado y no se conocen los demás recursos posibles ni siquiera si tienen la naturaleza de tales, el agotamiento de los «demás recursos» es una abstracción problemática o un camino difícilmente identificable, ya que no se revela siquiera en qué ámbito jurisdiccional o de actuación han podido entablarse. (Cfr. el art. 161, apartado 1, b) de la Constitución.)

3.º En este orden de ideas, la Constitución de 1931, siendo muy amplia en su dicción, resulta más orientadora y menos restrictiva. El artículo 121, apartado b), señala como de la competencia del Tribunal «el recurso de amparo de garantías individuales cuando hubiera sido ineficaz la reclamación ante otras Autoridades». La procedencia de los actos generadores de la posibilidad del recurso de amparo no es exclusivamente jurisdiccional, ya que en la fórmula «otras Autoridades» están comprendidas no sólo las dotadas de un poder judicial, sino todas las que, en los diversos campos de la Administración, tengan facultades decisorias. Por otra parte, no se requiere el riguroso agotamiento de los demás recursos. Basta con que, habiéndose ejercitado el derecho, haya resultado ineficaz la reclamación, lo que es muy distinto. No tiene siquiera el rango de formalismo. Es la elemental necesidad de que haya un interés en recurrir por no haber obtenido satisfacción un derecho. Mas no se requiere la puntual utilización de todos los demás recursos. Incluso puede suceder que el acto generador del recurso de amparo no sea la resolución dictada en un recurso precedente. Por otra parte, la Ley de 14 de junio de 1933, al configurar los requisitos del recurso de amparo, enlazaba la pertinencia de éste con el Tribunal de Urgencia previsto en el artículo 105 de la Constitución de 1931, que puede ser el antecedente del procedimiento preferente y sumario del artículo 45 del Anteproyecto. Según el artículo 46,2 de la Ley de 1933, era preciso para recurrir en amparo ante el Tribunal Constitucional que la petición de amparo no hubiera sido admitida o resuelta o hubiera sido denegada por el Tribunal de Urgencia. En el Anteproyecto, como ya hemos dicho, falta por saber con claridad si hay alguna conexión entre el procedimiento preferente y sumario y el recurso de amparo. Parece necesario un esclarecimiento.

C) En el apartado c) del artículo 152, quizá mejor que «conflictos jurídicos», decir y *de los conflictos jurisdiccionales o de competencia y los demás que puedan plantearse entre...* (Cfr. el art. 161, apartado 1, c) de la Constitución.)

Para guardar coherencia con el apartado anterior que habla en singular de «recurso de inconstitucionalidad», decir *recurso de amparo*. (Cfr. el mismo artículo, apartado 1, b.)

«*Artículo 153.* 1. Están legitimados para interponer:

»a) El recurso de inconstitucionalidad, el Presidente del Congreso de los Diputados, el Presidente del Senado, el Presidente del Gobierno, los Presidentes de las Asambleas de los Territorios Autónomos, los Presidentes de los Consejos de Gobierno de los mismos, el Defensor del Pueblo, cincuenta Diputados y veinticinco Senadores.

»b) El recurso de amparo, toda persona natural o jurídica que invoque un interés legítimo y el Defensor del Pueblo.

»c) Para plantear los conflictos jurídicos a que se refiere el artículo ciento cincuenta y dos, el Gobierno y los Consejos de Gobierno de los Territorios Autónomos, según los casos.

»d) En los supuestos previstos en el apartado d) del artículo ciento cincuenta y dos, las personas físicas o jurídicas previstas por las leyes orgánicas.»

La remisión que hace el apartado d) del artículo 153 al apartado d) del artículo 152 no es correcta porque este precepto se limita a decir: «de los demás casos previstos en la Constitución o en las Leyes orgánicas». Es él mismo un puro precepto de remisión, sin determinación expresa de los casos, al que no cabe referirse con la fórmula «en los supuestos previos en el apartado a) del artículo 152...»

Podría rectificarse el apartado d) del artículo 52, en el que cuadra mal la expresión «casos», diciendo: *de las demás cuestiones previstas en la Constitución o en las Leyes orgánicas.* (Cfr. el art. 161, apartado 1, d), de la Constitución.)

El apartado d) del artículo 153 podría decir entonces: *en las cuestiones*

*a que se refiere el apartado d) del artículo 152, la legitimación corres-
ponderá a las personas físicas y jurídicas que dispongan las Leyes orgánicas.* (Cfr. el art. 162, apartado 2, de la Constitución.)

Tampoco en el artículo 153 ha de numerarse el apartado primero, si
se mantiene la misma estructura (la Constitución añadió un apartado 2).

«*Artículo 154.* Cuando algún Juez o Tribunal de oficio considere en
algún proceso que una norma legal invocada puede ser contraria a la
Constitución, planteará la cuestión ante el Tribunal Constitucional para
que decida sobre la constitucionalidad de aquélla.»

No está claro qué ha de hacer el Juez o Tribunal que considere como
posible la inconstitucionalidad de alguna norma legal: si interponer el
recurso de inconstitucionalidad, tal como previene el artículo 153, a),
o bien acudir en consulta. Parece más adecuada la fórmula de la
consulta, que es la utilizada por el artículo 100 de la Constitución
de 1931. Este mismo precepto establecía la suspensión del procedimiento
en tanto resolvía el Tribunal de Garantías Constitucionales. Procesalmente es lo correcto, pues si el Juez o Tribunal no tienen facultades
para apreciar la inconstitucionalidad y el procedimiento en donde se
suscite la duda no se suspende hasta tanto resuelva el Tribunal Constitucional, podría llegarse a una solución del caso concreto contraria
a la Constitución. Contra este argumento únicamente puede objetarse
que puede suponer una tardanza la suspensión del procedimiento. Quizá
sería obviable, al menos en parte, esta dificultad estableciendo en la Ley
orgánica reguladora del Tribunal Constitucional o en una Ley procesal
la tramitación preferente ante el mismo de las consultas formuladas
por los Jueces o Tribunales. El hecho mismo de que se trate de una
consulta y no de un recurso permite proceder con mayor rapidez.

La posible inconstitucionalidad la refiere este precepto exclusivamente
a «una norma legal», concepto más estricto que el de «leyes o normas
con fuerza de ley» utilizado por el artículo 152, a). Conviene servirse de
una terminología, si no idéntica, armónica. Téngase en cuenta además
que la ley no es la única fuente del derecho.

Lo que debe determinar la consulta no es el hecho de que pueda
ser contraria a la Constitución una norma «invocada» por las partes.
Estimamos que la procedencia de la consulta ha de ponerse en relación
con la aplicación de la norma. Dado que rige el principio «iura novit
curia» en la aplicación del derecho, no es indispensable que la norma
sea invocada. Si ha de aplicarse por el Juez o Tribunal, aunque las
partes litigantes no la hayan aducido, también procederá la consulta.
No es indispensable decir que la apreciación del Juez o Tribunal haya
de hacerse «de oficio». Hay incluso un cierto contrasentido entre esa
apreciación de oficio y que la norma haya de ser invocada por las partes.
Por otro lado, cuando el Juez o Tribunal pueda hacer una apreciación
«ex-officio» no queda excluida necesariamente la posible alegación de
las partes. «Ex-officio» quiere decir sin necesidad de alegación, mas no
con exclusión en todo caso de la misma.

En consecuencia, el texto del artículo 154 sería éste:

*Cuando el Juez o Tribunal ante quien se sustancie un proceso dude
si es o no conforme con la Constitución una norma jurídica con fuerza*

de ley, que haya de aplicar, suspenderá el procedimiento y acudirá en consulta al Tribunal Constitucional, que decidirá sobre la constitucionalidad de la norma. (Cfr. el art. 163 de la Constitución.)

«*Artículo 155.* 1. Las sentencias del Tribunal Constitucional tienen efectos plenos e inmediatos a partir del día siguiente a su publicación en el «Boletín Oficial del Estado». Tienen eficacia frente a todos y no cabe recurso contra ellas.

»2. Salvo que en la sentencia se disponga otra cosa, se aplicará el principio de conservación de la norma para todas aquellas partes de la ley no afectadas por la inconstitucionalidad. Se respetarán los derechos adquiridos «de buena fe hasta el momento de la publicación del fallo».

La proclamación de que las sentencias tienen efectos plenos frente a todos está formulada en términos demasiado absolutos. No siempre la cosa juzgada puede tener ese alcance. Es posible que ocurra así cuando se declare la inconstitucionalidad de una norma. En cambio, las sentencias resolutorias de un recurso de amparo por la que se declare la violación de un derecho sólo tendrán efecto entre las partes.

En el apartado 2 el término adecuado es «fallo» y no «sentencia», porque sólo el fallo tiene valor de parte dispositiva.

No hace falta invocar «el principio de conservación de la norma», que es una formulación dogmática. Basta indicar que la inconstitucionalidad queda circunscrita a la parte de la ley afectada.

Sería ésta la redacción del artículo 155:

1. Las sentencias del Tribunal Constitucional tienen el valor de cosa juzgada a partir del día siguiente al de su publicación en el «Boletín Oficial del Estado» y no cabe recurso alguno contra ellas. Las que declaren la inconstitucionalidad de una ley o de una norma con fuerza de ley y todas las que no se limiten a la estimación subjetiva de un derecho tienen plenos efectos frente a todos. (Cfr. el art. 164, apartado 1, de la Constitución.)

2. Salvo que en el fallo se disponga otra cosa, subsistirá la vigencia de la ley en la parte no afectada por la inconstitucionalidad. Se respetarán los derechos adquiridos de buena fe hasta el momento de la publicación de la sentencia. (Cfr. el apartado 2 del mismo artículo.)

«*Artículo 156.* Una ley orgánica regulará el funcionamiento del Tribunal Constitucional, el estatuto de sus miembros y el procedimiento ante el mismo.»

El precepto remite a una ley orgánica lo relativo al funcionamiento del Tribunal, el procedimiento y el estatuto de sus miembros. Esta remisión no es suficientemente completa ni quizá exacta. Quedan fuera de ella la constitución y el gobierno del Tribunal y el estatuto de los funcionarios, distintos de los miembros, que estén a su servicio, materias todas expresamente mencionadas, como objeto de ley orgánica por el artículo 112 apartado 1 del Anteproyecto.

Los factores cuya falta advertimos figuran en el apartado 1 del artículo 112 que se refiere a la Ley Orgánica del Poder Judicial. Ha de haber cierto paralelismo entre ambos preceptos. Y el paralelismo también se quiebra porque el apartado 1) del artículo 112 termina diciendo: «de acuerdo con los principios democráticos que inspiran la Constitución». Diversamente, el artículo 156 no hace alusión alguna a los principios democráticos inspiradores o informadores de la Constitución.

Entendemos que una específica referencia a los principios democráticos puede no ser indispensable, ya que, en términos generales, válidos para todas las instituciones, el artículo 1 de la Constitución empieza proclamando que «España se constituye en un Estado social y democrático de derecho...» Sin embargo, de estimarse oportuna la reiteración específica de tales principios, no parece coherente invocarlos respecto del Poder judicial y omitirlos con relación a la justicia constitucional que guarda más directa relación con la estructura política del Estado.

Podría ser el siguiente el texto:

Una Ley orgánica regulará la constitución del Tribunal, su gobierno y funcionamiento, el estatuto de sus miembros y el de todos los funcionarios al servicio del mismo, así como el procedimiento. (Cfr. el art. 165 de la Constitución, así como el art. 122, que suprimió la referencia a los «principios democráticos».)

«TITULO X

»De la reforma constitucional

»*Artículo 157.* La iniciativa de reforma constitucional se ejercerá en los términos del artículo ochenta.»

Dado que se trata de una norma de remisión, podría incorporarse al artículo 158, como apartado 1.

Su redacción podría hacerse más estricta así:

La iniciativa de reforma constitucional se rige por lo dispuesto en el artículo 80.

Una reflexión en cuanto al fondo. Para la aprobación de la reforma constitucional se sigue un criterio restrictivo por comprensibles razones. Sin embargo, para la iniciativa rigen las reglas generales del artículo 80. ¿No cabría pensar en alguna restricción de la iniciativa? Por ejemplo, el artículo 80 sustrae de la iniciativa popular las materias tributarias, las de carácter internacional y el derecho de gracia. ¿Por qué no también la reforma constitucional?

«*Artículo 158.* 1. Los proyectos de reforma constitucional deberán ser aprobados por una mayoría de tres quintos en cada una de las Cámaras. Si no hubiera acuerdo entre ambas, se intentará obtenerlo mediante la creación de una Comisión mixta, de composición proporcional, integrada por Diputados y Senadores, que procurará presentar un texto que será votado por el Congreso y el Senado.

»2. De no lograrse la aprobación mediante el procedimiento del apartado anterior, y siempre que el texto hubiere obtenido el voto favorable de la mayoría absoluta en el Senado, el Congreso por mayoría de dos tercios podrá aprobar la reforma.

»3. Aprobada la reforma por las Cortes Generales, será sometida a referéndum para su ratificación.»

El «deberán ser aprobados» del apartado 1 recuerda un poco al famoso «deberán contraer matrimonio» del antiguo artículo 42 del Código civil. Lo que quiere decirse no es que deberán aprobarse, sino que, para aprobarse (juicio hipotético y no imperativo), se requiere (imperativo) la mayoría de los tres quintos.

«Si no hubiese acuerdo entre ambas Cámaras» no parece que es exactamente la situación que se produce cuando falte la mayoría de los tres quintos. Sin duda, esta mayoría puede faltar en las dos Cámaras o sólo en una. Y esto es lo que ha de preverse. Nada se dice respecto del régimen de mayorías a que haya de atenerse la votación por el Congreso y el Senado del texto elaborado por la Comisión Mixta. Será el mismo de los tres quintos, pero convendrá aclararlo.

Con las rectificaciones apuntadas y alguna otra, resultaría el siguiente texto del artículo 158:

1. Los proyectos de reforma constitucional requieren, para ser aprobados, la mayoría de los tres quintos en cada una de las Cámaras. De no lograrlo, se constituirá una Comisión mixta, de composición proporcional, integrada por Diputados y Senadores, que preparará un texto para someterlo a votación, ante el Congreso y el Senado, conforme al mismo régimen de mayorías.

2. De no lograrse la aprobación con arreglo a lo dispuesto en el apartado anterior, y siempre que el texto hubiere obtenido la mayoría absoluta en el Senado, el Congreso podrá aprobar la reforma por la mayoría de los dos tercios.

«Artículo 159. No procede la reforma constitucional ni trámite alguno de los indicados en tiempo de guerra o de declaración de alguno de los estados de excepción.»

A tenor del artículo 94, no hay un concepto genérico de «estado de excepción», sino tres estados: el de alarma, el de excepción y el de guerra. Luego, estrictamente, no puede hablarse de «algunos de los estados de excepción». El estado de excepción es sólo uno.

La redacción del artículo 159 sería más precisa así:

No procede la reforma constitucional ni la tramitación de la misma en tiempo de guerra o de declaración de alguno de los estados previstos en el artículo 94. (Cfr. el art. 169 de la Constitución.)

Índice onomástico

COLECCIÓN TEXTOS

Colección Documento

Obras publicadas

NOTTINGHAM
UNIVERSITY LIBRARY